2021 시험대비

9급 공무원

파워
특강

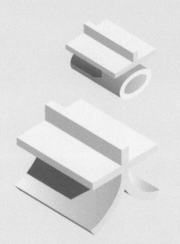

사회복지학
개론

2000년대 들어와서 꾸준히 이어지던 공무원 시험의 인기는 현재에도 변함이 없으며 9급 공무원 시험 합격선이 지속적으로 상승하고 높은 체감 경쟁률도 보이고 있습니다.

최근의 공무원 시험은 과거와는 달리 단편적인 지식을 확인하는 수준의 문제보다는 기본 개념을 응용한 수능형 문제, 또는 과목에 따라 매우 지엽적인 영역의 문제 등 다소 높은 난이도의 문제가 출제되는 경향을 보입니다. 그럼에도 불구하고 합격선이 올라가는 것은 그만큼 합격을 위한 철저한 준비가 필요하다는 것을 의미합니다.

사회복지학개론은 많은 수험생이 선택하고 고득점을 목표로 하는 과목으로 한 문제 한 문제가 시험의 당락에 영향을 미칠 수 있는 중요한 과목입니다. 방대한 양으로 학습에 부담이 있을 수 있지만, 시험의 난도 자체가 높은 편은 아니므로 빈출 내용을 중심으로 공부한다면 고득점을 얻을 수 있습니다.

본서는 광범위한 내용을 체계적으로 정리하여 수험생으로 하여금 보다 효율적인 학습이 가능하도록 구성하였습니다. 핵심이론에 더해 해당 이론에서 출제된 기출문제를 수록하여 실제 출제경향 파악 및 중요 내용에 대한 확인이 가능하도록 하였으며, 출제 가능성이 높은 다양한 유형의 예상문제를 단원평가로 수록하여 학습내용을 점검할 수 있도록 하였습니다. 또한 2020년 최근 기출 문제분석을 수록하여 자신의 실력을 최종적으로 평가해 볼 수 있도록 구성하였습니다.

신념을 가지고 도전하는 사람은 반드시 그 꿈을 이룰 수 있습니다. 서원각 파워특강 시리즈와 함께 공무원 시험 합격이라는 꿈을 이룰 수 있도록 열심히 응원하겠습니다.

Structure

step 1

**핵심이론
정리**

방대한 양의 기본이론을 체계적으로 정리하여 필수적인 핵심이론을 담았습니다. 사회복지학개론 영역을 세분화하여 그 흐름을 쉽게 파악할 수 있습니다. 서원각만의 빅데이터로 구축된 빈출 내용을 수록하여 이론 학습과 동시에 문제 출제 포인트 파악이 가능합니다.

step 2

**기출문제
파악**

공무원 시험에서 가장 중요한 것은 기출 동향을 파악하는 것입니다. 이론정리와 기출문제를 함께 수록하여 개념이해와 출제경향 파악이 즉각적으로 이루어지도록 구성했습니다. 이를 통해 문제에 대한 이해와 해결능력을 동시에 향상시켜 학습의 효율성을 높였습니다.

step3

**예상문제
연계**

문제가 다루고 있는 개념과 문제 유형, 문제 난도에 따라 엄선한 예상문제를 수록하여 문제풀이를 통해 기본개념과 빈출이론을 다시 한 번 학습할 수 있도록 구성하였습니다. 예상문제를 통해 응용력과 문제해결능력을 향상시켜 보다 탄탄하게 실전을 준비할 수 있습니다.

step 4

**최신
기출분석**

부록으로 최근 시행된 2020년 국가직 및 지방직 기출문제를 수록하였습니다. 최신 기출 동향을 파악하고 학습된 이론을 기출과 연계하여 정리할 수 있습니다.

step 5

반복학습

반복학습은 자신의 약점을 보완하고 학습한 내용을 온전히 자기 것으로 만드는 과정입니다. 반복학습을 통해 이전 학습에서 확실하게 깨닫지 못했던 세세한 부분까지 철저히 파악하여 보다 완벽하게 실전에 대비할 수 있습니다.

핵심이론정리

1. 이론 정리
사회복지학개론 핵심이론을 이해하기 쉽게 체계적으로 요약하여 정리했습니다.

2. 기출문제 연계
이론학습이 기출문제 풀이와 바로 연결될 수 있도록 이론과 기출문제를 함께 수록하였습니다.

3. 포인트 팁
학습의 포인트가 될 수 있는 중요 내용을 한눈에 파악할 수 있도록 구성하였습니다.

문제유형파악

1. 단원별 예상문제
기출문제 분석을 통해 예상문제를 엄선하여 다양한 유형과 난도로 구성하였습니다.

2. 핵심을 콕!
핵심이론을 반영한 문제 구성으로 앞서 배운 이론복습과 실전대비가 동시에 가능합니다.

3. 친절한 해설
수험생의 빠른 이해를 돕기 위해 세심하고 친절한 해설을 담았습니다.

실전완벽대비

1. 2020년 국가직, 지방직 기출문제
최신 기출문제를 풀며 출제 경향을 파악하고, 스스로의 학습상태를 점검할 수 있습니다.

2. 실전감각 up!
최신 기출문제를 통해 실전감각을 익히고 보다 완벽하게 시험에 대비할 수 있습니다.

Contents

03 사회보장론

04 사회복지실천론

Contents

부록　최신 기출문제분석

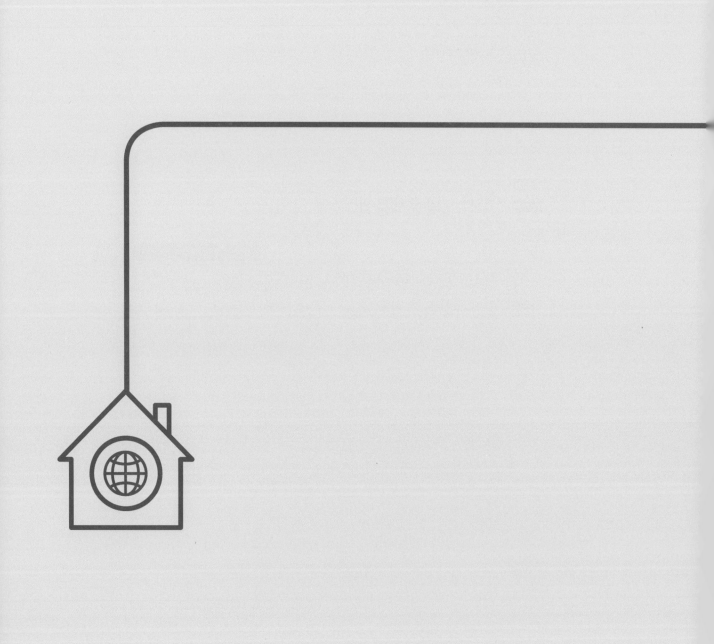

01

사회복지의 이해

01 사회복지의 의의

기출문제

🔎 사회복지(social welfare)에서 '사회적(social)'이 의미하는 것으로 적절하지 않은 것은?
▶ 2020. 7. 11. 인사혁신처

① 개인, 집단, 사회 전체 간의 사회 내적인 관계를 의미한다.
② 영리적인 요소보다는 비영리적인 속성을 갖는다는 의미이다.
③ 공동체적 삶의 요소를 중시하는 의미이다.
④ 이타적 속성이 제거된 개인적 삶의 요소를 중시함을 의미한다.

Tip '사회적'이라는 의미는 물질적이거나 영리적인 요소보다는 비영리적이며 이타적 속성의 공동체적 삶의 요소에 관심을 기울이는 것을 말한다.

┃정답 ④

section 1 사회복지의 개념

(1) 어의적 개념

① '사회복지(Social Welfare) = 사회(social) + 안락하고 만족한 생활상태(well) + 지내다(fare)'로 사회적으로 잘 지내는 행복한 상태 또는 만족스런 상태를 의미한다.

② 사회복지란 인간생활의 이상적인 상태와 그 상태를 지향하는 실천활동까지를 포함하는 개념이다.

③ 인간이 가치적인 존재로 행복을 누리며 충실한 삶을 살아가는 것이 그 이상이며 생활목표가 됨을 말한다.

Point 팁 미국의 경우 사회복지(Social Welfare)와 사회사업(Social Work)이라는 용어를 함께 사용하며, 영국은 사회적 서비스(Social Service)라는 용어를 사용한다.

(2) 광의·협의의 개념

① 협의의 개념

　㉠ 한정된 사회적 약자나 요보호자들을 위한 실천활동으로 보며, 사회사업 또는 사회복지사업과 동의어로 사용된다.

　㉡ 국가보조를 받고 있는 자(사회생활 곤란자, 장애인, 노인, 아동 등)가 자립하여 능력을 발휘할 수 있도록 지도, 치료, 재활 등의 서비스를 행하는 것이다.

　㉢ 윌렌스키와 르보의 사회복지모형 중 잔여적·보충적 사회복지에 해당한다.

　㉣ 카두신(Kadushin) 교수의 견해 : "사회복지는 흔히 국민전체의 복지를 지원·제고시키는 것이라고 정의되고 있지만, 실제로 사회복지의 범위는 보다 협의적이고 잔여적 방향을 취하고 있다."고 지적하고 "현 미국의 사회복지는 국민 중 특수계층의 욕구를 충족시키려는 정책, 급여, 프로그램, 서비스를 의미한다."고 하였다.

② 광의의 개념

　㉠ 공식적으로 조직되고 사회적으로 후원을 받는 제도, 기관 프로그램으로서 국민의 전부 또는 일부의 경제 상태, 건강 또는 대인간의 적응능력을 유지하거나 개선하는 기능을 의미한다.

ⓛ 사회사업뿐만 아니라 사회정책, 사회보장, 보건, 의료, 주택, 고용, 교육 등이 포함되는 것으로 국가에 있어서 최지한 및 평균적인 욕구가 충족되지 않는 개인, 가족, 집단 등에 대한 여러 사회적 서비스를 총칭하는 것이다.

ⓒ 윌렌스키와 르보의 사회복지모형 중 제도적 개념에 가깝다.

③ **복합적 개념**

㉠ 협의의 내용과 광의의 내용 이외에 토목, 건축, 재정, 군사, 금융, 경찰 등 전 국민의 사회생활의 안정과 발전에 공헌하는 일체의 사회적 정책을 총칭하는 것이다.

ⓛ 사회복지의 보충적 개념과 제도적 개념을 개별적으로 각각의 의미를 찾는 것이 아니라 연속선상의 위치를 중시한다.

ⓒ 로마니신(Romanyshyn)의 정의 : "사회복지는 개인과 사회전체의 복지를 증진시키려는 모든 형태의 사회적 노력을 포함하며, 사회문제의 치료와 예방, 인적 자원의 개발, 인간생활의 향상에 직접적 관련을 갖는 일체의 시책과 과정을 포함한다. 또 사회복지는 개인이나 가정에 대한 사회적 서비스의 제공뿐만 아니라, 사회제도를 강화시키거나 개선시키려는 노력을 포함하는 것이다."라고 정의하였다.

㉣ 프리드랜더(Friedlander)와 압테(Apte)의 정의 : "사회복지란 국민의 복지를 도모하고, 사회질서를 원활히 유지하는 데 반드시 필요하다고 생각되는 사회적 욕구를 충족시키기 위한 제반 시책으로서의 입법, 프로그램, 급여 및 서비스를 포함시키는 제도이다."라고 정의하였다.

> ※ **사회복지가 지향하는 이념**
> ① **풍요의 이념** … 모든 인류에게 복된 생활을 보장해줄 수 있을 만큼의 충분한 물질적 풍요를 추구한다.
> ② **상호관계의 이념** … 질서가 잘 잡힌 사회에서 국가, 지역사회, 가족 또는 개인들은 조화를 이루며 상호 간의 번영을 추구한다.
> ③ **개발계획의 이념** … 인류는 그들의 정치적 · 경제적 · 사회적 협력을 위한 제도적인 기구를 통해 물질적 풍부와 사회적 평등이라는 바람직한 목적에 접근해야 한다.

기출문제

😀 **윌렌스키(Wilensky)와 르보(Lebeaux)의 제도적 개념에 대한 설명으로 옳은 것은?**

▶ 2020. 6. 13. 지방직/서울특별시

① 제도적 개념에서는 가족 또는 시장 같은 다른 사회제도의 기능이 원활하게 수행되지 못할 때 사회복지 제도를 활용하는 것으로 본다.

② 제도적 개념에서의 사회복지는 보충적, 일시적, 대체적 성격을 지닌다.

③ 제도적 개념에서는 사회복지가 그 사회의 필수적이고 정상적인 제일선(first line)의 기능을 수행하는 것으로 이해한다.

④ 제도적 개념에서의 사회복지는 대상범위를 기준으로 볼 때 선별적 사회복지와 연결되어있다.

Tip ③ 윌렌스키와 르보의 제도적 개념에서 사회복지는 1차적 기능이며, 제도적으로 국가가 적극 개입함으로써 개인이나 집단이 만족할 만한 수준의 복지가 구현될 수 있는 모델이다. ①②④는 잔여적 개념에 해당한다.

😀 **사회복지의 잔여적 개념에 대한 설명으로 가장 옳은 것은?**

▶ 2019. 6. 15. 제2회 서울특별시

① 사회복지는 가족, 시장과 동등한 위상을 갖는다.

② 사회복지 활동이 필요하지 않은 것이 궁극적인 지향이다.

③ 시장의 불완전한 분배는 불가피하므로 사회복지는 사회 유지에 있어서 필수적이다.

④ 사회복지는 포괄적인 사회제도로서의 위치를 확보한다.

Tip 사회복지의 잔여적 개념은 가족, 시장을 통해 개인의 욕구가 충족될 수 있음을 전제로 하며 사회복지는 보충적 성격을 띤다는 것이다. 따라서 사회복지 활동이 필요하지 않은 것이 궁극적인 지향이다. ①③④는 사회복지의 제도적 개념에 대한 설명이다.

정답 ③, ②

(3) 잔여적 · 제도적 개념

윌렌스키(Wilensky)와 르보(Lebeaux)는 사회복지의 기능을 '잔여적'인 것과 '제도적'인 것으로 구분하고 있다.

① 잔여적 개념(보충적 개념, 보완적 개념)

    ㉠ 가족이나 시장이 정상적인 기능을 수행하지 못할 때 이의 보완적 기능을 사회복지가 담당한다.

    ㉡ 사회복지의 혜택을 받는 사람들은 비정상적 · 병리적인 사람이고 적응을 하지 못하는 사람으로 간주한다.

    ㉢ 급격한 사회변화를 반영하지 못하고 있으며, 현대 사회복지활동의 다양한 측면들을 충분히 설명하지 못하고 있다.

    ㉣ 사회복지는 그 기능을 임시로 보충할 뿐이며, 사회복지활동이 사회를 유지하고 발전시키는 데 필수적이라고 생각되지는 않는다.

    ㉤ 초기산업사회 및 자유주의 국가에서 나타난다.

② 제도적 개념

    ㉠ 현대의 산업사회에 있어서 가족과 시장경제 제도는 제 기능을 발휘할 수 없기 때문에 사회복지가 사회유지에 필수적 기능을 해야 한다는 것이다.

    ㉡ 사회복지서비스가 1차적 기능이며, 제도적으로 국가가 적극 개입함으로써 개인이나 집단이 만족할 만한 수준의 복지가 구현될 수 있는 모델이다.

    ㉢ 어떤 긴급함이나 비정상적인 문제들에 국한되지 않는 광범위한 제도나 정책을 수립함으로써 사회복지문제에 예방적 · 조직적 · 계획적으로 대처하려는 것이다.

    ㉣ 사회복지는 현대의 산업사회에서 각 개인의 자아완성을 돕기 위해 타당하고 정당한 기능을 수행하는 것으로 받아들여진다.

    ㉤ 후기산업사회의 복지국가에서 많이 나타난다.

Point, 팁 **제도적 개념의 등장배경**

    ㉠ 현대의 산업사회에서는 핵가족화가 불가피하고 가족기능이 약화되기 때문에 아동의 양육에 어려움을 겪는다.

    ㉡ 경제제도가 생산과 분배에 따른 제기능을 온전히 수행할 수 없어 예상하지 못한 실직과 빈곤을 경험할 가능성이 높아지게 된다.

(4) 우리나라의 법적 의미의 사회복지

① 헌법 제34조의 내용

ㄱ 모든 국민은 인간다운 생활을 할 권리를 가진다.

ㄴ 국가는 사회보장·사회복지의 증진에 노력할 의무를 진다.

ㄷ 국가는 여자의 복지와 권익의 향상을 위하여 노력하여야 한다.

ㄹ 국가는 노인과 청소년의 복지향상을 위한 정책을 실시할 의무를 진다.

ㅁ 신체장애자 및 질병·노령 기타의 사유로 생활능력이 없는 국민은 법률이 정하는 바에 의하여 국가의 보호를 받는다.

ㅂ 국가는 재해를 예방하고 그 위험으로부터 국민을 보호하기 위하여 노력하여야 한다.

② 사회복지사업법 제2조 제1호 … 사회복지사업을 "법률에 따른 보호·선도 또는 복지에 관한 사업과 사회복지상담, 직업지원, 무료 숙박, 지역사회복지, 의료복지, 재가복지, 사회복지관 운영, 정신질환자 및 한센병력자의 사회복귀에 관한 사업 등 각종 복지사업과 이와 관련된 자원봉사활동 및 복지시설의 운영 또는 지원을 목적으로 하는 사업"으로 규정하고 있다.

(5) 사회복지개념의 변화

① 사회복지개념의 기준(윌렌스키와 르보 제시)

ㄱ **공식적 조직** : 현대산업사회에서 사회복지활동은 공식적 조직에 의해 제공되며, 개인적 차원의 자선은 비공식적으로 조직화된 것이므로 엄밀한 의미에서의 사회복지활동이라고 할 수 없다.

ㄴ **프로그램의 주된 목표로서 이윤추구 배제** : 사회복지는 이윤추구를 배제한 활동이어야 한다. 시장경제체제 내에서 이윤추구를 위해 제공되는 서비스는 대부분 사회복지에서 제외되나, 최근의 사회복지활동은 영리조직의 활동을 인정하고 있으므로 절대적인 기준이 되기는 어렵다.

ㄷ **사회적 승인과 사회적 책임** : 사회복지는 사회적으로 승인된 목적과 방법으로 수행되며 사회적 책임을 가지는 활동이다.

ㄹ **인간의 욕구에 대한 통합적 관점** : 인간의 욕구는 신체적·심리적·사회적·문화적 욕구 등 복잡하고 다양하므로 사회복지서비스 또한 다양한 형태를 취하게 되며, 통합적인 관점에 입각하여 접근하는 활동이다.

ㅁ **인간의 소비욕구에 대한 직접적 관심** : 사회복지는 인간의 의식주를 비롯한 다양한 결핍문제에 대하여 직접적인 서비스를 제공함으로써 개인의 소비자로서의 욕구에 직접적 관심을 가진 활동이다.

기출문제

문 윌렌스키와 르보(Wilensky & Lebeaux)가 제시한 사회복지의 개념에 대한 설명으로 옳지 않은 것은? ▶ 2015. 4. 18. 인사혁신처 시행

① 전통적으로 잔여적 개념의 사회복지 기능이 강했으나, 산업화가 진전되면서 제도적 개념이 강조되었다.

② 잔여적 개념의 사회복지는 가족이나 시장경제가 제 기능을 원활히 수행하지 못할 경우에 파생되는 문제를 보완 내지는 해소하기 위한 제도로 필요하다고 보았다.

③ 잔여적 개념의 사회복지는 소극적이고 한정적인 사회복지개념으로 복지 대상자를 사회적 약자나 요보호 대상자로 제한한다.

④ 제도적 개념의 사회복지는 사회문제의 발생 원인에 있어 개인의 책임을 강조한다.

Tip ④ 제도적 개념의 사회복지는 사회문제의 발생 원인에 있어 사회의 책임을 강조한다. 개인의 책임을 강조하는 것은 잔여적 개념의 사회복지이다.

정답 ④

사회복지 관련 개념들에 대한 설명으로 옳지 않은 것은?

▶ 2014. 3. 22. 사회복지직

① 일반적으로 사회복지는 정책과 제도적인 측면을 강조할 때 사용하고, 사회사업은 개인이나 집단을 돕는 전문적인 방법이나 기술에 초점을 두는 개념이다.

② 광의적 개념의 사회복지는 사회정책, 보건, 의료, 주택, 고용 등을 포괄한다.

③ 사회복지를 보편주의 원칙으로 모든 국민에게 제공하려는 시도는 제도적 개념보다 잔여적 개념의 사회복지라고 할 수 있다.

④ 사회사업은 사후적, 치료적 성격을 갖는 반면에 사회복지는 사전적, 예방적 성격을 갖는다고 볼 수 있다.

> Tip 사회복지에서의 보편주의… 모든 국민을 대상으로 하고 사회문제에 대한 사회적 책임을 강조하면서 국가의 시장개입을 찬성하는 제도적 개념을 말한다.

② **시대적 개념변화**

㉠ **전통적 의미의 사회복지**: 상호부조나 자선사업, 인보사업 등으로 못사는 사람들의 빈곤과 고통을 경감시켜 줌으로써 사회불균형 상태를 개선하여 복지사회를 이룩하려 하였다.

㉡ **현대적 의미의 사회복지**
- 사회복지의 개념이 점차 사적 복지에서 공적 복지로 변화·확대되어 가고 있다.
- 특히 고도의 소비수준, 열망수준의 상승, 욕구에 대한 사회개입의 확대는 종래의 사회복지제도와 서비스로서는 도저히 해결할 수 없는 것이다.
- 사회구성원인 개인이 최소한이 생활을 영위할 수 있도록 소득수준을 유지시키며, 주택·보건 및 교육을 받을 수 있는 복지사회를 건설하려는 것으로 사회사업, 사회보장, 사회정책, 사회계획 등을 말한다.

③ **로마니신(Romanyshyn)의 사회복지개념의 변화**

㉠ 사회복지의 잔여적(보충적) 모형에서 제도적 모형으로 변화

㉡ 자선에서 시민의 권리로 변화(시혜적 차원 → 권리적 차원)

㉢ 특수성에서 보편성의 성향으로 변화

㉣ 최저조건에서 최적조건의 지급이나 서비스로 변화

㉤ 개인의 변화에서 사회개혁으로 변화

㉥ 민간지원에서 공공지원으로 변화

㉦ 빈민복지에서 복지사회의 구현으로 변화

(6) 사회복지의 유사개념

① **사회사업** … 사회복지라는 광범한 제도에 속한 가장 중심적 역할을 수행하는 전문직이며, 사람들이 사회문제를 예방·해결하게 도와주고, 그들의 사회적 기능력을 회복하고 고양시켜 주고자 돕는 사회제도적 방법의 하나이다.

> **Point 팁** 프리드랜더(Friedlander)와 압테(Apte)의 정의 … "사회사업이란 인간관계에 대한 과학적 지식과 기술을 토대로 하여, 개인이나 집단이나 지역사회로 하여금 사회적 또는 개인적 만족과 자립성을 갖도록 돕는 전문적 서비스이다."라고 정의하고 있다. 이에 비해 "사회복지는 생활과 건강상태를 만족스러운 수준에 미칠 수 있도록 개인과 집단을 돕는 것을 목적으로 하는 사회적 서비스와 제도의 조직적인 체계이다."라고 하였다.

[사회복지와 사회사업의 비교]

구분	사회복지	사회사업
목적	사회적 시책에 의한 제도적 체계, 예방, 방빈	전문적 사회사업에 의한 기술적 체계, 치료, 구빈
대상	개인, 집단, 국가에 의해 수행	개인, 집단, 기관에 의해 수행
성격	적극적, 생산적, 조직적, 일반적	소극적, 사후적, 소비적, 선별적
어의	이상적인 면 강조	실천적인 면 강조
기능	제도적, 정책적	지식 · 기술의 측면
실천	고정적	역동적
전문성	광범위한 분야	각 분야의 전문성

② **사회보장** … 사회보장이란 사회보장기본법 제3조에서 "출산, 양육, 실업, 노령, 장애, 질병, 빈곤 및 사망 등의 사회적 위험으로부터 모든 국민을 보호하고 국민 삶의 질을 향상시키는 데 필요한 소득 · 서비스를 보장하는 사회보험, 공공부조, 사회서비스를 말한다."라고 정의하고 있다.

③ **사회복지사업** … 사회복지사업은 법률용어로 사용되는데, 사회복지사업법 제2조 제1항에서 "사회복지사업이란 다음의 법률에 의한 보호 · 선도 또는 복지에 관한 사업과 사회복지상담, 직업지원, 무료 숙박, 지역사회복지, 의료복지, 재가복지, 사회복지관 운영, 정신질환자 및 한센병력자 사회복귀에 관한 사업 등 각종 복지사업과 이와 관련된 자원봉사활동 및 복지시설의 운영 또는 지원을 목적으로 하는 사업을 말한다."라고 정의하고 있다.

Point 팁 **관련법률**

ⓐ 「국민기초생활 보장법」
ⓑ 「아동복지법」
ⓒ 「노인복지법」
ⓓ 「장애인복지법」
ⓔ 「한부모가족지원법」
ⓕ 「영유아보육법」
ⓖ 「성매매방지 및 피해자보호 등에 관한 법률」
ⓗ 「정신건강증진 및 정신질환자 복지서비스 지원에 관한 법률」
ⓘ 「성폭력방지 및 피해자보호 등에 관한 법률」
ⓙ 「입양특례법」
ⓚ 「일제하 일본군위안부 피해자에 대한 생활안정지원 및 기념사업 등에 관한 법률」
ⓛ 「사회복지공동모금회법」
ⓜ 「장애인 · 노인 · 임산부 등의 편의증진 보장에 관한 법률」
ⓝ 「가정폭력방지 및 피해자보호 등에 관한 법률」
㉮ 「농어촌주민의 보건복지 증진을 위한 특별법」
㉯ 「식품등 기부 활성화에 관한 법률」
㉰ 「의료급여법」

기출문제

🗨 **「사회복지사업법」에서 정하고 있는 사회복지사업을 규정하고 있지 않은 법률은?**
▶ 2014. 4. 19. 안전행정부

① 「한부모가족지원법」
② 「정신보건법」
③ 「청소년기본법」
④ 「식품기부 활성화에 관한 법률」

Tip ③ 「청소년기본법」은 사회복지 사업 관련 법률로 규정되어 있지 않다.
※ 「정신보건법」은 「정신건강 증진 및 정신질환자 복지 서비스 지원에 관한 법률」 로 개정되었다.

∥**정답** ③

기출문제

㉣「기초연금법」

㉤「긴급복지지원법」

㉥「다문화가족지원법」

㉦「장애인연금법」

㉧「장애인활동 지원에 관한 법률」

㉨「노숙인 등의 복지 및 자립지원에 관한 법률」

㉩「보호관찰 등에 관한 법률」

㉪「장애아동 복지지원법」

㉫「발달장애인 권리보장 및 지원에 관한 법률」

㉬「청소년복지 지원법」

㉭ 그 밖에 대통령령으로 정하는 법률

- 「건강가정기본법」
- 「북한이탈주민의 보호 및 정착지원에 관한 법률」
- 「자살예방 및 생명존중문화 조성을 위한 법률」
- 「장애인 · 노인 등을 위한 보조기기 지원 및 활용촉진에 관한 법률」

section 2 사회복지의 동기

(1) 상호부조

① 의의 … 서로가 서로를 돕는 상호부조의 동기는 가장 오래되고 가장 보편적인 사회복지의 동기로서 오늘날에도 가족, 이웃, 노동조합, 지역사회, 다양한 사회복지제도 등을 통해 여전히 중요한 사회복지의 동기로 작용한다.

② 상호부조의 중심으로서 가족

㉠ 가족에 대한 국가정책의 목적

- 가족이 강한 구조를 유지함으로써 가족의 기능을 수행하도록 지원한다.
- 가족에게 건강한 성장 · 생활 환경을 제공함으로써 정신적 대인관계상의 문제를 최소화한다.
- 가족성원들의 상호부조를 증가하여 사회복지비용과 활동을 줄인다.

㉡ 가족을 강화하기 위한 정책과 제도 : 가족수당 또는 아동수당, 부양가족에 대한 세금공제, 가족을 전체로서 지원하는 프로그램과 서비스 등이 있다.

③ 가족 이외의 상호부조 조직과 활동

㉠ 자조집단 : 비슷한 욕구를 가진 사람들이 서로를 돕기 위해 조직된 집단으로서, 알코올 중독자, 알코올 중독자의 가족, 약물 중독자, 에이즈 환자, 화상 환자, 학대받는 여성, 자녀를 학대하는 부모, 과식자 등의 다양한 자조집단이 운영되고 있다.

㉡ 자원봉사자 조직 : 자원봉사자들의 주요 동기 중 하나는 다른 사람을 돕기 위한 상호부조이지만, 자원봉사를 통해 사회적 지위를 얻거나 사회적으로 인정을 받거나, 또는 자신이 도움이 된다는 유용감을 느끼는 경우에도 흔히 일어난다.

(2) 종교적 교리

① **의의** … 대부분의 종교에서는 다른 사람들에 대한 책임감을 교리로서 강조한다. 종교적 동기에서 비롯되는 자선은 받는 사람보다는 주는 사람의 행동과 태도에 비중을 두는 특성이 있다.

② **자선의 제도화**
  - ㉠ 종교의 자선활동은 대부분 기관·조직을 통해 제도화되었다.
  - ㉡ 개신교의 경우 교회 또는 교회가 후원하는 조직이나 집단을 중심으로 자선활동을 전개하고 있으며 개별 신자들은 십일조, 헌금, 자원봉사 등을 통해 자선활동에 직·간접적으로 관여한다.
  - ㉢ 자선활동이 제도화됨에 따라 자선의 방법과 양, 수혜자의 자격요건 등의 개념이 형성되었다.

(3) 정치적 배려

① **정치적 권력의 획득과 유지**
  - ㉠ 미국은 1930년대 대공황으로 대규모 실업과 이로 인한 사회경제적 문제가 발생하자 정부는 정치적 권력을 유지하기 위한 방법으로 사회보장제도를 고안하였다.
  - ㉡ 미국은 최근의 복지개혁에서 빈곤층을 위한 소득보장 프로그램인 AFDC를 폐지한 반면, 객관적으로 볼 때 정부의 재정적자에 훨씬 부담이 되어 개혁 대상이 되어야 하는 노령연금은 그대로 유지하였다. 이는 AFDC수급자들의 정치적인 힘이 약한 반면, 노령연금수급자들의 정치적인 힘은 강하기 때문인 것으로 이해할 수 있다.

② **사회불안의 회피** … 사회복지에 대한 국가의 책임을 처음으로 분명히 한 영국의 구빈법의 주요 동기 중 하나는 간혹 강도들로 변하는 부랑거지들의 위협을 줄이기 위한 것이었다.

③ **정치적 부산물로서 사회복지** … 때로 사회복지 프로그램과 서비스는 의도적인 의사결정에 의하기보다는 다른 정책의 부산물로서 개발되기도 한다.

기출문제

(4) 경제적 이익

① **사회문제비용의 감소** … 국가 또는 정부는 사회복지 프로그램을 통해 사회문제와 그 결과를 경감하거나 제거함으로써 사회비용을 줄일 수 있다.

Point,팁 관련 예시

　　⊙ 실업자의 직업훈련에 투자함으로써 공공복지에의 의존을 줄인다.

　　ⓛ 상담서비스를 통해 가족갈등을 줄이고 가족해체를 미연에 방지함으로써 가족해체에
　　　따른 사회비용을 경감할 수 있다.

　　ⓒ 1997년 말 경제위기로 인한 사회문제비용을 감소하기 위해 국민기초생활보장제도를
　　　도입하였다.

② **사회문제가 경제에 미치는 영향**

　　⊙ **생산측면**: 사회문제로 인해 사람들이 노동하지 않거나 노동할 수 없게 되므로, 사람들의 생산적 고용을 증진하기 위한 목적으로 사회복지 프로그램을 고안할 필요가 있다.

　　ⓛ **소비측면**: 미국의 대공황이 과잉생산의 결과라는 주장이 있듯이, 생산물을 소비하지 못하거나 잉여생산물을 수출하지 못하는 사회는 고통을 겪게 된다. 따라서 빈곤문제로 인해 많은 사람들의 구매력이 떨어진다면, 사회는 빈곤계층의 구매력을 증진하기 위한 사회복지 프로그램을 발전시킨다.

③ **경제적 부산물로서 사회복지** … 사회복지제도는 일단 형성되면, 소멸되기보다는 확대되는 경향이 있다. 즉, 사회복지 프로그램은 그 지속기간이 늘어날수록 프로그램에 드는 비용과 적용범위, 수급자의 수가 자동적으로 증가한다.

(5) 이데올로기 명분

① **사회복지 동기관련 주요 이데올로기**

　　⊙ **이타주의**: 외부로부터 어떤 보상도 기대하지 않고 다른 사람을 이롭게 하는 행동을 수행하는 것을 의미한다.

　　ⓛ **인간중심주의**: 이타주의가 개인적인 차원이라면, 인간중심주의는 사회적 차원에서 인류의 복지와 행복에 관심을 두고 이를 증진하도록 돕는 것을 의미한다.

　　ⓒ **복지주의**: 사회복지는 다양한 이데올로기뿐 아니라 그 자체 이데올로기의 영향을 받는다.

② 이데올로기의 제도화 … 우리나라의 아산사회복지재단·삼성복지재단, 미국의 카네기재단·록펠러재단·포드재단 등은 이데올로기가 제도화된 민간조직의 예이다.

Point 팁

시장실패와 정부실패의 원인

시장실패의 원인	정부실패의 원인
㉠ 사회복지 재화나 서비스의 공공재적인 성격	㉠ 공공서비스 공급의 독점성: 경쟁의 결여
㉡ 사회복지 재화나 서비스의 긍정적 외부효과	㉡ 파생적 외부효과: 비의도적 부작용
㉢ 정보 선택의 중요성	㉢ 정보의 불충분성(대리손실): 정부 감시 미흡
㉣ 역선택	㉣ 정부조직의 내부성: 내부목표와 사회목표의 괴리
㉤ 도덕적 해이	㉤ 비용과 수익(혜택)의 분리: 서비스의 무가격성
㉥ 위험 발생의 비독립성(상호의존성)의 문제	㉥ X의 비효율성
㉦ 규모의 경제	㉦ 권력의 편재로 인한 가치배분의 불공평성

---

section 3 사회복지의 특성과 한계기준

(1) 사회복지의 특성

① 사회적 책임과 주관성

  ㉠ 사회복지는 사회적·공공적인 목적으로 인하여 사회적인 책임으로 전개된다.

  ㉡ 사회복지는 공적·사회적 목적에 의해 규정된 활동이기 때문에 사회적 자금(공적 기금 및 지역사회 성금)에 의하여 충당된다.

② 조직적 활동성

  ㉠ 사회복지는 공식의 조직을 기본으로 하는 조직적 활동이어야 하는데, 이는 사회적 책임과 주관성에서 생겨나는 필연적인 한 측면이다.

  ㉡ 사회복지는 사회적으로 승인된 제시설 및 기관에 의거하는 정규적·전문적·조직적 활동이 된다.

③ 이용자와의 직접적인 관계성 … 사회복지는 인간의 소비욕구에 직접 관계하는, 즉 이용자 개인에게 직접 관계되는 것이어야 한다.

④ 인간의 복지우선성 … 사회복지는 그 무엇보다도 인간의 복지를 우선시하며 그것을 제일의 직접 목적으로 삼는다. 따라서 사회복지는 인간의 복지를 제일의 목적으로 하여 사람에게 보다 직접 작용하는 사회적·조직적 정책이다.

기출문제

문 시장실패에 따른 국가개입의 필요성을 주장하는 논거 중 정보의 비대칭성과 관련 있는 것만을 모두 고르면?

▶ 2020. 7. 11. 인사혁신처

㉠ 공공재
㉡ 외부효과
㉢ 중고차 매매시장
㉣ 역의 선택

① ㉠, ㉡
② ㉡, ㉢
③ ㉢, ㉣
④ ㉡, ㉢, ㉣

Tip ㉢㉣: 생산자에게 유리한 정보, 소비자에게 불리한 정보의 비대칭성으로 인해 소비자의 합리적인 선택을 이끌어내기 어렵게 되는 문제가 발생한다.

㉠ 공공재: 다른 사람의 부담에 의해 생산된 공공재를 공짜로 소비하는 무임승차자가 발생한다.

㉡ 외부효과: 어떤 경제주체의 행위가 시장기구를 통하지 않은 상태에서 다른 경제주체의 경제활동에 영향을 미치는 경우를 말한다.

정답 ③

기출문제

🔖 우리나라 사회보장제도 가운데 주요 재원조달방식이 다른 것은?
▶ 2020. 6. 13. 지방직/서울특별시

① 국민기초생활보장제도
② 국민연금제도
③ 건강보험제도
④ 고용보험제도

Tip ① 국민기초생활보장제도는 공공부조로서 공적 재원인 조세로 조달된다.
②③④ 사회보험으로서 가입자의 보험료로 조달됨이 원칙이다.

▌정답 ①

(2) 사회복지의 한계기준

① **공식적인 조직** … 동냥, 개인적 자선, 이웃이나 가족 내에서의 상호부조적 서비스나 도움은 조직화된 것이 아니기 때문에 사회복지활동에서 제외된다.

② **사회적 후원과 책임** … 사회적 후원(사회적으로 승인된 목적과 방법, 공식적 책임의 존재)은 이윤추구를 전제로 한 후원금에 의해 제공되는 서비스와 사회복지서비스를 구분하는 중요한 요인이다. 또한 사회적 후원의 본질은 공공의 이익을 반영하고 지역사회에 대한 책임있는 서비스를 제공하는 것이다.

③ **프로그램 주목적에서의 이윤추구 배제** … 이윤을 추구하고 서비스에 있어 요금을 받는 대부분의 활동은 사회복지에서 제외된다.

④ **기능적 일반화**
  ㉠ 인간욕구의 통합적 관점이다.
  ㉡ 다양한 활동을 수행하는 사회복지는 전체적인 관점에서 볼 때 기능적·일반적인 것으로 기술된다.
  ㉢ 충족되지 않는 욕구가 있는 곳에서는 어디서든지 사회복지서비스가 제공된다.

⑤ **인간의 소비욕구에 관한 일반적 관심** … 상담과 의료서비스 등과 같은 각 개인과 가족들의 절박한 소비욕구를 충족시키기 위한 직접적 서비스를 제공한다.

※ **사회복지체계**
① 광의의 복지부문
  ㉠ 사회보장
   • 사회보험 : 국민연금, 건강보험, 노인장기요양보험, 산재보험, 고용보험
   • 공공부조 : 국민기초생활보장법, 의료급여법 등
   • 사회복지사업 : 노인복지사업, 장애인복지사업, 아동복지사업, 한부모가족지원사업, 교정복지사업 등
  ㉡ 사회복지관련사업
   • 보건, 교육, 고용, 주거
   • 사회사업 : 개별사회사업, 집단사회사업, 지역사회조직사업
② 사적 복지부문
  ㉠ 가족(부양)
  ㉡ 지역사회(상부상조)
  ㉢ 기업복지(기업 내 복지, 기업연금 등)
  ㉣ 민간복지기관·단체(자원봉사활동)
  ㉤ 금융제도(생명보험)
  ㉥ 복지사업(실버산업, 유료시설 등)

1 사회복지개념에 대한 설명으로 옳지 않은 것은?

① 광의적 개념으로서의 사회복지는 모든 사회 구성원을 사회복지제도의 대상으로 규정한다.

② 광의적 개념으로서의 사회복지는 윌렌스키와 르보의 사회복지 개념 중 제도적 개념과 유사하다.

③ 한정적 개념으로서의 사회복지는 사회적 약자를 위한 보호적·치료적·예방적 서비스 모두를 포함한다.

④ 한정적 개념으로서의 사회복지는 가족이나 시장 기구를 통해 복지욕구를 충족하지 못한 사회구성원을 지원하기 위한 사적 노력을 의미한다.

2 전통적으로 사회복지의 개념형성에 영향을 끼친 것으로서 거리가 먼 것은?

① 사회문제 ② 사회적 욕구

③ 사회적 위험 ④ 사회적 투자

3 다음 중 사회복지의 제도적 이념에 대한 설명으로 옳지 않은 것은?

① 사회복지를 국가의 1차적 기능으로 본다.

② 전 국민 누구나 사회복지 대상으로 간주한다.

③ 후기산업사회에 많이 나타나는 복지형태이다.

④ 가족과 시장을 인간욕구 해결중심제도로 이용한다.

4 윌렌스키(Wilensky)와 르보(Lebeaux)가 정의한 사회복지의 개념 중 잔여적 개념에 해당하는 설명을 모두 고르면?

> ㉠ 가족이나 시장이 정상적인 기능을 수행하지 못할 때 이의 보완적 기능을 사회복지가 담당한다.
>
> ㉡ 사회복지서비스가 1차적 기능이며, 제도적으로 국가가 적극 개입함으로써 만족할 만한 수준의 복지가 구현될 수 있다.
>
> ㉢ 사회복지의 혜택을 받는 사람들을 사회에 적응하지 못하는 비정상적이고 병리적인 사람으로 간주한다.
>
> ㉣ 초기산업사회 및 자유주의 국가에서 나타나는 개념이다.
>
> ㉤ 사회복지문제에 예방적 · 조직적 · 계획적으로 대처한다.
>
> ㉥ 사회복지는 각 개인의 자아완성을 돕기 위해 타당하고 정당한 기능을 수행한다.

① ㉠㉡㉢
② ㉠㉢㉣
③ ㉡㉣㉤
④ ㉢㉤㉥

5 다음 중 프리드랜더(Friedlander)의 사회복지개념에 대한 설명이 아닌 것은?

① 사회복지는 사회적 시책에 의한 제도적 체계, 예방, 방빈을 목적으로 한다.
② 사회정책은 자원통제에 있어 진보적인 재분배대책을 포함한다.
③ 사회봉사는 일차적으로 인간자원의 보존, 보호 및 개량에 관심을 둔 조직적 활동이다.
④ 사회사업은 전문적 서비스이고, 개인 또는 집단이 사회 또는 개인적 만족과 독립을 획득하도록 도와주는 것이다.

6 다음 중 현대적 의미의 사회복지를 설명한 것으로 가장 옳은 것은?

① 인간의 이상적인 생활상태를 말한다.
② 사회복지는 빈민과 약자를 위한 실천활동이다.
③ 복지를 추구하기 위한 민간부분의 활동에 한정한다.
④ 사회복지는 이상적 · 실천적 활동으로서 사회성까지 포함한다.

7 사회복지의 개념에 대한 설명으로 옳지 않은 것은?

① 사회복지를 국가보조를 받고 있는 자가 자립하여 능력을 발휘할 수 있도록 지도, 치료, 재활 등의 서비스를 행하는 것으로 보는 것은 협의의 개념이다.

② 광의의 개념에 따르면 사회복지는 사회사업뿐만 아니라 사회정책, 사회보장, 보건, 의료, 주택, 고용, 교육 등을 포함한다.

③ 프리드랜더(Friedlander)와 압테(Apte)는 사회복지란 개인과 사회전체의 복지를 증진시키려는 모든 형태의 사회적 노력과 사회문제의 치료와 예방, 삶의 질 향상에 영향을 미치는 일체의 시책을 포함한다고 보는 복합적인 입장을 취한다.

④ 우리나라는 헌법 제34조에 모든 국민은 인간다운 생활을 할 권리를 가지며, 국가는 사회보장·사회복지의 증진에 노력할 의무를 가진다고 명시하고 있다.

8 사회복지의 개념변화 방향으로 바른 것은?

① 사회보험에서 공공부조로

② 민간의 자발적 지원에서 공공지원으로

③ 전 국민에서 요보호자 중심으로

④ 최적수준에서 최저수준으로

9 다음 중 사회복지의 성격이 아닌 것은?

① 치료적이고 개별적이다.

② 이상적인 면을 강조한다.

③ 예방적이고 적극적이다.

④ 사회적 시책에 의한 제도적 체계다.

10 사회복지와 관련한 용어에 대한 설명으로 옳은 것은?

① 사회보장은 인적 자원(human resources)의 보존, 보호, 개선을 직접적 목적으로 하는 조직화된 활동으로 사회입법과 민간단체를 통해 제공되는 보호조치를 말한다.

② 사회서비스는 기본적이며 보편적인 인간의 욕구를 해결하기 위한 서비스로서 소득보장, 의료, 교육, 주택, 개별적 서비스 등을 포함한다.

③ 사회사업은 사회적 시책에 의한 제도적 체계이며, 사회복지는 전문적 사회사업에 의한 기술적 체계를 말한다.

④ 사회안전망은 대량실업, 재해, 전시 등 국가위기 상황에서 국가가 국민에게 기초생활을 보장해 주어 안정된 사회생활을 하도록 만드는 보호조치로 민간에서 제공되는 것은 제외된다.

11 잔여적 개념에 따른 사회복지의 특성으로 옳지 않은 것은?

① 가족이나 시장경제가 제 기능을 원활하게 수행하지 못할 경우 파생되는 문제를 해결하기 위해 필요하다.

② 사회를 유지하는 데 필수적 기능을 수행하지 않는다.

③ 일시적, 임시적, 보충적인 성격을 갖는다.

④ 국민 전 계층을 사회복지의 대상에 포함한다.

12 사회복지를 통해 사회문제비용을 감소시킨 예로 적절하지 않은 것은?

① 실업자의 직업훈련 프로그램을 지원함으로써 공공복지에 의존을 줄인다.

② 가족문제 상담서비스를 통해 가족갈등을 줄이고 가족해체를 미연에 방지한다.

③ 우리나라는 1997년 말 경제위기를 극복하기 위해 국민기초생활보장제도를 도입하였다.

④ 영국 구빈법의 주요 목적 중 하나는 강도로 변하는 부랑자의 위협을 줄이기 위한 것이었다.

13 다음 중 협의의 사회복지개념과 관련된 법률이 아닌 것은?

① 아동복지법

② 고용보험법

③ 정신건강증진 및 정신질환자 복지서비스 지원에 관한 법률

④ 입양특례법

14 우리나라의 사회복지권을 인정한 조항은?

① 헌법 제10조　　　　　　　　　② 헌법 제11조

③ 헌법 제15조　　　　　　　　　④ 헌법 제20조

15 다음 중 사회복지 동기관련 이데올로기로 볼 수 없는 것은?

① 개인주의　　　　　　　　　　② 이타주의

③ 인간중심주의　　　　　　　　④ 복지주의

16 다음 중 사회사업에 대한 설명으로 옳지 않은 것은?

① 치료와 구빈에 목적을 둔 실천적인 면을 강조한다.

② 전문적 사회사업가에 의한 기술적 체계이다.

③ 개인과 집단 및 기관단체, 국가에 의해 수행된다.

④ 소극적 · 사무적 · 소비적 · 선별적 측면이 강하다.

17 다음 중 구조적(제도적) 사회복지에 대한 설명으로 잘못 연결된 것은?

① 대상 – 모든 국민
② 결정방법 – 선별원칙
③ 시대적 배경 – 현대복지사회
④ 처방 – 제도적 조치, 표준화, 사회보험 또는 일반적 급부

18 사회복지와 사회사업의 특성을 비교한 것 중 옳지 않은 것은?

① 사회복지는 개인·집단·국가에 의해 수행되고, 사회사업은 개인·집단·기관에 의해 수행된다.
② 사회복지의 성격은 적극적·생산적·조직적·일반적이고, 사회사업의 성격은 소극적·사후적·소비적·선별적이다.
③ 사회복지와 사회사업 모두 사회적 시책에 의한 제도적 체계, 예방, 방빈을 목적으로 한다.
④ 어의면에서 사회복지는 이상적인 면을 강조하고, 사회사업은 실천적인 면을 강조한다.

19 사회복지의 특성끼리 바르게 연결되지 않은 것은?

① 치료적, 역동적
② 예방적, 적극적
③ 제도적, 환경지향적
④ 이상적, 고정적

20 다음과 같이 사회복지에 대한 정의를 내린 사람은?

사회복지란 개인이나 집단의 생활이나 건강이 만족할 만한 수준에 도달할 수 있도록 계획된 사회적 서비스 또는 제도의 조직적 체계이다.

① W.A. Friedlander
② R.M. Titmuss
③ R. Mishra
④ A. Dunham

정답및해설

1	④	2	④	3	④	4	②	5	②
6	④	7	③	8	②	9	①	10	②
11	④	12	④	13	②	14	①	15	①
16	③	17	②	18	③	19	①	20	①

1 ④ 한정적 개념으로서의 사회복지는 가족 또는 시장 기구를 통하여 복지욕구를 충족하지 못한 사회구성원을 지원하기 위한 공적 노력을 의미한다.

2 전통적으로 사회복지의 개념형성에 영향을 끼친 것은 사회문제, 사회적 욕구, 사회적 위험과 관련이 있다. 사회복지가 인적자본을 유지시켜 경제발전에 기여하는 사회적 투자기능도 하지만 간접적이므로 ④가 답이 된다.

3 현대의 산업사회에 있어서 가족과 시장경제 제도는 제 기능을 발휘할 수 없기 때문에 사회복지가 사회유지에 필수적 기능을 해야 한다.

4 잔여적 개념이 사회복지를 보충적, 보완적으로 보는 입장이라면 제도적 개념은 사회복지가 사회를 유지하는 데 필수적인 기능을 한다고 보는 입장이다. ⓒⓓⓗ은 사회복지의 제도적 개념에 해당하는 설명이다.

5 ② 티트머스(Titmuss)의 사회정책에 대한 정의이다. 티트머스는 사회정책을 사회복지제도라고 하였는데, 이외에도 사회정책은 유익한 것을 목적으로 하며, 경제적 목적뿐만 아니라 비경제적 목적까지 포함한다.

6 현대적 의미의 사회복지는 인간의 이상적인 상태와 그 상태를 지향하는 실천활동까지 포함하는 민간·국가부분의 활동이다.

7 프리드랜더(Friedlander)와 압테(Apte)의 정의 … 사회복지란 국민의 복지를 도모하고, 사회질서를 원활히 유지하는 데 반드시 필요하다고 생각되는 사회적 욕구를 충족시키기 위한 제반 시책으로서의 입법, 프로그램, 급여 및 서비스를 포함시키는 제도이다.
③ 사회복지에 대한 로마니신(Romanyshyn)의 정의이다.

8 ① 공공부조에서 사회보험으로 변화되었다.
③ 요보호자 중심에서 전 국민으로 변화되었다.
④ 최저수준에서 최적수준으로 변화되었다.

9 ① 사회사업에 관한 설명이다.

10 ① 사회보장은 출산, 양육, 실업, 노령, 장애, 질병, 빈곤 및 사망 등의 사회적 위험으로부터 모든 국민을 보호하고 국민 삶의 질을 향상시키는 데 필요한 소득·서비스를 보장하는 사회보험, 공공부조, 사회서비스를 말한다.
③ 사회사업은 실천을 강조하고 특정대상에 대한 치료적, 사후적, 소극적 지식과 기술, 전문 활동을 뜻하며, 사회복지는 이상을 강조하고 불특정대상에 대한 예방적, 사전적, 적극적인 제도나 정책을 뜻한다.
④ 사회안전망은 대량실업, 재해, 전시 등 국가위기 상황에서 국가가 국민에게 기초생활을 보장해 주어 안정된 사회생활을 하도록 만드는 보호조치로 공공 사회안전망과 민간 사회안전망으로 구분한다. 민간 사회안전망은 공공의 부족한 부분을 보완하기 위해 사회복지단체, 시민단체, 종교단체, 직능단체들에 의해 전개되고 있다.

11 ④ 제도적 개념에 따른 사회복지의 특성이다.

12 사회문제 비용의 감소 … 국가는 사회복지 프로그램을 통해 사회문제와 그 결과를 경감시키거나 제거함으로써 사회비용을 줄일 수 있다.
④ 사회복지를 통해 사회불안을 회피한 예로 볼 수 있다.

13 협의의 사회복지개념과 관련된 법률은 사회복지사업법 제2조에서 규정하고 있다.
② 고용보험법은 사회보장기본법에 정의되어 있으며, 광의의 사회복지개념에 포함된다.

14 모든 국민은 인간으로서의 존엄과 가치를 가지며 행복을 추구할 권리를 가진다. 국가는 개인이 가지는 불가침의 기본적 인권을 확인하고 이를 보장할 의무를 진다〈헌법 제10조〉.

15 ① 개인주의는 경제발전 동기에 가깝다.
※ 사회복지 동기관련 주요 이데올로기
  ㉠ 이타주의: 외부로부터 어떤 보상도 기대하지 않고 다른 사람을 이롭게 하는 행동을 수행한다.
  ㉡ 인간중심주의: 사회적 차원에서 인류의 복지와 행복에 관심을 두고 이를 증진하도록 돕는다.
  ㉢ 복지주의: 사회복지는 다양한 이데올로기뿐 아니라 그 자체 이데올로기의 영향을 받는다.

16 ③ 사회사업은 개인 및 집단, 기관에 의해 수행된다. 개인, 집단, 국가에 의해 수행되는 것은 사회복지이다.

17 한정적 사회복지와 제도적 사회복지

구분	한정적(보충적)			제도적(구조적)		
생활책임관	개인책임			사회책임		
시대배경	근대자유사회(전산업사회)			현대복지사회		
대상 및 결정방법	• 정상적인 생활을 영위하지 못하는 사람		• 개별원칙	• 모든 국민		• 보편원칙
처방(기술 및 정책수단)	• 임시구제	• 개별화	• 공공부조	• 제도적 조치 • 사회보험 또는 일반적 급부	• 표준화	

18 ③ 사회복지는 사회적 시책에 의한 제도적 체계, 예방, 방빈을 목적으로 하고, 사회사업은 전문적 사회사업에 의한 기술적 체계, 치료, 구빈을 목적으로 한다.

19 ① 사회사업의 특성에 해당한다.

 ※ 사회사업과 사회복지
  ㉠ 사회사업 : 역동적, 선별적, 개인변화, 인간지향적
  ㉡ 사회복지 : 고정적, 사회통합, 사회환경변화

20 프리드랜더(W.A. Friedlander)는 사회복지란 개인, 집단의 생활이나 건강이 만족할 만한 수준에 도달할 수 있도록 계획된 사회적 서비스와 제도의 조직적 체계라고 정의하였다.

 ② 티트머스(R.M. Titmuss)는 사회복지란 가족, 아동생활, 건강, 사회적응, 여가, 생활수준 및 사회적 관계성과 같은 영역에 있어서 인간의 욕구를 해결할 수 있도록 도와주는 사회적 행복의 추진을 위한 조직적 노력이라고 정의하였다.

 ④ 던햄(A. Dunham)은 사회복지란 인간노력의 광범위한 분야이고, 인구의 일부 또는 전체의 경제적 조건, 건강과 경제력을 개선·유지함으로써 사회적 행복을 증진시키려는 조직적 활동이라고 정의하였다.

02 사회복지의 구성

기출문제

section 1 사회복지의 주체

(1) 개념

사회복지의 주체란 사회복지서비스를 제공하는 장본인으로 사람 또는 기관을 말한다. 주체에 따라 사회복지서비스의 목적이나 방향에 영향을 미친다.

(2) 종류

① 전통적 주체

　㉠ 공공주체 : 국가, 지방자치단체

　㉡ 민간주체 : 사회복지법인, 사단법인, 재단법인, 기타 단체 및 개인

② 제3섹터

　㉠ 제1섹터 : 국가(정부)

　㉡ 제2섹터 : 시장

　㉢ 제3섹터 : 정부, 시장 및 가족과 같은 체계 사이에 공식적 – 비공식적 조직, 공공 – 민간, 영리 – 비영리 사이에 중간적인 역할을 하는 공식적·비영리적·사적 기관

③ 정책주체, 운영주체, 실천주체

　㉠ 정책주체 : 국가, 지방자치단체

　㉡ 운영주체 : 사회복지법인, 국가, 지방자치단체, 종교단체, 복지재단, 시민사회단체, 개인 등

　㉢ 실천주체 : 개인적 주체(사회복지사, 간호사, 임상심리사, 작업치료사 등)

(3) 경향

① 전통적인 사회일수록 사회복지의 책임이 개인, 가족, 부락, 교회 등에 있었기 때문에 상호부조와 자조사업이 사회복지의 기본형태이었으나, 현대사회에는 복지의 책임이 국가와 사회에 있다는 인식이 지배적이다.

② 사회주의 사회에서는 각자의 욕구에 따른 복지서비스와 무료의 원칙을 강조하지만, 자본주의 사회에서는 각자의 능력에 따른 복지서비스와 유료의 원칙을 강조한다.

Point 팁

사회복지의 형태
ㄱ 개인 : 상호부조, 박애사업
ㄴ 가족 : 가족복지, 재가복지
ㄷ 직장 : 기업복지, 공제회
ㄹ 교회 : 자선사업
ㅁ 부락 : 인보사업, 혼상계
ㅂ 지역사회 : 지역사회사업, 공동모금
ㅅ 국가 : 사회보장, 사회정책

section 2 사회복지의 대상

(1) 개념

과거에는 사회적 약자나 요보호자가 사회복지의 대상이었으나, 오늘날은 국민 전체를 그 대상으로 한다.

(2) 종류

① 사회적 욕구

 ㄱ 물질적 욕구

 • 1차적 욕구 : 음식, 주택, 의료, 소득, 교육 등이 있다.
 • 2차적 욕구 : 스포츠, 예술, 여가 등의 문화적 욕구와 사회참여 등이 있다.

 ㄴ 정서적 욕구 : 정서장애, 애정결핍 등이 있다.

※ 학자에 따른 욕구의 분류
① 매슬로우(Maslow)의 욕구 5단계이론
 ㄱ 생리적 욕구 : 인간의 욕구 중에서 배고픔, 갈증, 수면, 성욕, 피로 등의 가장 기본적이고 강한 생물학적 생존의 욕구이다.
 ㄴ 안전의 욕구 : 일단 생리적 욕구가 만족되면 개인은 새로운 안전욕구에 관심을 갖게 되는데, 이러한 동기는 개인의 환경 내에서 안전성, 안락함, 평정, 평온 등으로 적절히 보장받고자 하는 욕구이다.
 ㄷ 애정과 소속의 욕구 : 주로 생리적 및 안전의 욕구가 충족되었을 때 건전한 사랑의 관계로 나타나는데, 개인은 한 집단 내에서 타인과의 애정적인 관계, 준거집단, 사회적 관계 등을 갈망하는 욕구를 말한다.
 ㄹ 존경의 욕구 : 사회적으로 사랑을 받고 남을 사랑하려는 욕구, 즉 자기존중과 타인으로부터의 존경을 받고자 하는 것이다. 이러한 욕구는 개인의 능력, 신뢰감, 자신감, 자기개발, 긍정적인 자아관 등을 통해 나타나게 된다.
 ㅁ 자아실현의 욕구 : 자아실현은 자신이 성취할 수 있는 모든 것을 이루려는 욕구를 말한다.

기출문제

문 매슬로우(Maslow)가 주장한 인간의 5가지 위계적 욕구를 순서대로 바르게 나열한 것은?
▶ 2015. 4. 18. 인사혁신처

ㄱ 생리적 욕구
ㄴ 소속과 애정의 욕구
ㄷ 안전의 욕구
ㄹ 자아실현의 욕구
ㅁ 자기존중의 욕구

① ㄱ - ㄴ - ㄷ - ㄹ - ㅁ
② ㄱ - ㄴ - ㄷ - ㅁ - ㄹ
③ ㄱ - ㄷ - ㄴ - ㄹ - ㅁ
④ ㄱ - ㄷ - ㄴ - ㅁ - ㄹ

Tip 매슬로우 욕구 5단계이론

상 ↑ ↓ 하

| 자아실현의 욕구 |
| 자기존중의 욕구 |
| 사회적 욕구 (소속과 애정의 욕구) |
| 안전의 욕구 |
| 생리적 욕구 |

정답 ④

기출문제

🔖 브래드쇼(Bradshow)의 욕구개념에 대한 설명으로 옳은 것은?

▶ 2020. 6. 13. 지방직/서울특별시

① 감지적 욕구(felt need) : 실제의 욕구충족을 위한 구체적인 행위 혹은 서비스 수요로 파악되는 욕구를 의미한다.

② 표현적 욕구(expressed need) : 특정 집단 구성원의 욕구와 유사한 다른 집단 구성원들의 욕구를 비교할 때 나타나는 욕구를 의미한다.

③ 비교적 욕구(comparative need) : 욕구상태에 있는 당사자의 느낌에 의해 인식되는 욕구를 의미한다.

④ 규범적 욕구(normative need) : 전문가 규정해 놓은 바람직한 욕구 수준에 미치지 못할 때 그 차이로 규정되는 욕구를 의미한다.

Tip ① 감지적 욕구(felt need) : 욕구상태에 있는 당사자의 느낌에 의해 인식되는 것인데, 이것은 어떤 욕구상태에 있는지 또는 어떤 서비스를 필요로 하고 있는지 물어서 파악하는 욕구이다.

② 표현적 욕구(expressed need) : 감지된 욕구가 실제의 욕구충족 추구행위로 나타난 것이며, 수요라고도 할 수 있다

③ 비교적 욕구(comparative need) : 어떤 서비스를 받고 있는 사람들과 비슷한 특성을 갖고 있으면서도 서비스를 받지 않고 있는 사람들을 욕구상태에 있는 것으로 규정하는 것을 말한다.

‖정답 ④

② 브래드쇼(Bradshow)의 사회적 욕구이론

　㉠ **규범적 욕구** : 전문가, 행정가, 사회과학자들이 욕구의 상태를 규정하는 것으로, 미리 바람직한 욕구충족의 수준을 정해놓고 이 수준과 실제 상태와의 차이에 의하여 욕구의 정도를 규정하거나 최고의 욕구수준을 정해놓고 실제 상태와의 차이에 의하여 욕구의 정도를 규정하는 것이다.

　㉡ **감지된 욕구** : 욕구상태에 있는 당사자의 느낌에 의해 인식되는 것인데, 이것은 어떤 욕구상태에 있는지 또는 어떤 서비스를 필요로 하고 있는지 물어서 파악하는 욕구이다(= 느낀 욕구, 느껴진 욕구, 감촉적 욕구).

　㉢ **표현적 욕구** : 감지된 욕구가 실제의 욕구충족 추구행위로 나타난 것이며, 수요라고도 할 수 있다(= 표출된 욕구, 표현된 욕구).

　㉣ **비교적 욕구** : 어떤 서비스를 받고 있는 사람들과 비슷한 특성을 갖고 있으면서도 서비스를 받지 않고 있는 사람들을 욕구상태에 있는 것으로 규정하는 것을 말한다(= 상대적 욕구).

② **사회적 문제**

　㉠ **일탈(탈선)** : 규범에서 벗어난 반사회적 행위 또는 상황을 말하며 범죄, 비행, 자살, 알코올중독, 마약중독 등이 있다.

　• 기능론적 관점(사회적 부적응) : 사회의 구조적 결함에 의하여 초래되고 사회적으로 인정된 규범에 의하여 적절한 사회화가 이루어지지 못하고 기회가 결핍될 때 초래된다고 본다. 이렇게 초래된 역기능을 일탈행위라고 하며 이것이 사회안정을 위협하기 때문에 사회문제라고 한다.

　• 갈등론적 관점(사회적 불평등) : 법적 체계와 지역사회규범에 의하여 규정되어 있는 강력한 사회집단의 가치에 저촉되는 행위를 일탈행위라 한다.

　• 상호작용주의적 관점 : 인간과 사회 간의 관계성에서 비롯되는데 집단들이 특정 행위를 일탈되었다고 낙인하는 경우이다.

　㉡ **불평등** : 빈곤, 실업, 소외, 계층갈등, 지역격차, 박탈, 분배문제 등을 말한다.

Point 팁 **빈곤의 원인**

　㉠ 기능주의적 관점 : 가구주 또는 가구원의 사망, 질병, 노령, 낮은 교육수준, 부적응 등 개인적 결함으로 빈곤이 발생한다.

　㉡ 갈등주의적 관점 : 이해관계의 대립이나 잉여노동가치의 수탈 등 사회제도의 결함으로 빈곤이 발생한다고 본다.

　㉢ 상호(낙인)주의적 관점 : 개인의 동기부족, 낮은 열망수준, 무절제, 게으름, 의타심, 과다한 출산, 부적응 등 문화적 현상으로 빈곤이 발생한다.

　㉢ **사회해체** : 사회의 급속한 변화로 사회조직이 급격히 해체되는 현상이 나타나는 것을 말하며, 결손가정·빈곤가정 등 가족해체와 홍등가·환락가·빈민촌 등 지역사회해체 및 국가해체, 제도적 해체, 이데올로기 해체 등의 병리현상이 나타난다.

Point 팁 5대 사회악과 4D

ⓐ 베버리지의 5대 사회악 : 궁핍(빈곤), 질병, 무지, 불결, 나태

ⓑ 4D : 빈곤, 범죄(비행), 질병, 의존

(3) 경향

오늘날 사회복지의 대상은 사회구성원 전체로 확대되는 경향이 있다. 산업사회를 살아가는 현대인들은 빈곤, 질병, 사고, 과밀, 공해 등에 의해 고통받고 있으며 누구나 사회복지의 대상이 될 가능성에 직면해 있다.

section 3 사회복지의 기능

(1) 필요성

하나의 국가와 사회가 존립하기 위해서는 그 구성원인 개인, 가족, 주민, 국민들이 마음 놓고 살아갈 수 있는 수많은 기능이 국가와 사회로부터 제공되어야 하고, 이러한 기능을 가장 효과적이고도 효율적으로 수행하기 위한 사회제도가 있어야 한다.

(2) 사회복지개념을 사회제도로서 파악하는 기능

① **생산·분배·소비의 기능** … 사회구성원들이 일상생활을 영위하는 데 필요한 재화와 서비스를 생산·분배·소비하는 과정과 관련된 기능을 말한다. 이러한 기능을 주로 수행하는 제도를 경제제도라 한다.

② **사회화의 기능** … 사회화라고 하는 것은 사회가 향유하는 일반적 지식, 사회적 가치, 그리고 행동양태를 그 사회구성원들에게 전달시키는 과정을 말한다. 한 개인이 어떠한 사회화의 과정을 거치느냐 하는 것은 그가 자신의 가정생활, 학교생활, 사회생활에 얼마나 잘 적응할 수 있느냐의 토대가 되기 때문에 특히 유년시절의 가족관계를 통한 사회화가 중요시된다. 이 때문에 사회화의 기능을 수행하는 가장 1차적인 제도를 가족제도라 한다.

③ **사회통제의 기능** … 사회통제라고 하는 것은 사회가 그 구성원들에게 사회의 규범에 순응하게 하는 것을 말한다. 사회구성원들에게 가장 광범위하게, 가장 강력하게 규범의 준수를 요구할 수 있는 곳은 정부이기 때문에 사회통제를 담당하는 1차적인 제도를 정치제도라 한다.

④ **사회통합의 기능** … 사회체계를 구성하는 사회단위조직들 간의 관계와 관련된 기능을 말한다. 이러한 기능을 수행하는 가장 대표적인 제도로서 종교제도를 들 수 있다.

📖 지역사회에서 이루어지는 활동과 워렌(Warren)이 제시한 지역사회의 기능을 바르게 연결한 것은?

▶ 2020. 6. 13. 지방직/서울특별시

① 지역주민이 자원봉사 활동을 하는 것 : 사회통제 기능
② 아동을 가정과 학교에서 교육시키는 것 : 사회화 기능
③ 이웃 간의 상호작용이나 유대감으로 자신의 행동을 자제하는 것 : 사회통합 기능
④ 지역주민이 지역에서 상품을 생산·비하는 것 : 상부상조 기능

Tip ① 사회통합 기능
③ 사회통제 기능
④ 생산·분배·소비의 기능

정답 ②

⑤ 상부상조의 기능 … 사회구성원들이 이상에서 살펴본 주요 사회제도에 의해서 자기들의 욕구를 충족할 수 없는 경우에 사회구성원 간 서로 도와주는 사회적 기능을 말한다. 대표적인 제도로 사회복지를 들 수 있다.

(3) 관점에 따른 사회복지의 기능

① 기능주의적 관점 … 사회통합과 질서유지의 기능을 한다.

② 갈등주의적 관점 … 사회연대와 사회통합의 기능을 한다.

③ 자본주의적 관점 … 상부상조와 재분배의 기능을 한다.

Point 팁 Romanyshyn의 사회복지체계로서의 기능
　ⓐ 사회적 급여 : 보험, 연금
　ⓑ 사회적 서비스 : 교육, 가족제도를 통한 사회화의 사회통제
　ⓒ 사회적 행동

section 4 사회복지의 접근방법

(1) 정책적 접근방법(모든 국민)

① 사회복지를 자본주의 사회 · 경제제도의 구조적 모순으로 생긴 사회문제를 해결하는 사회정책으로 보는 견해이다. 이러한 관점에서 사회문제는 개인의 책임이라기보다는 사회 · 국가의 책임으로서, 국가정책에 의해 사회복지가 전개되어야한다는 것이다.

② 모든 국민들의 생활과 복지수준을 전체적으로 향상시켜 인간다운 생활을 보장하기 위한 국가정책으로, 전체성을 강조하고 있으며 융통성보다는 고정성이 강하다.

③ 사회개혁정책은 '온정주의 · 보수주의 시대 → 자유주의 시대 → 사회민주주의 시대'의 진화단계를 거친다.

④ 사회복지정책의 핵심적 가치로 평등성, 공평성, 적정성을 들 수 있다.

⑤ 빈민 및 노동자 계급의 복지에 관심을 두어 빈민 · 노동자 · 국민을 위한 사회보장, 사회봉사, 노사협의제 등이 이에 해당한다.

(2) 전문적 접근방법(개인)

① 사회복지의 전문적 접근에 있어 그 대상은 개인이 된다.

② 사회복지를 인간관계의 조정기술로 보는 견해로, 문제의 소재가 인간의 부적응이나 욕구불만에서 일어난다고 본다.

③ 사회복지 대상의 개별성을 강조하기 때문에 융통성을 발휘할 수 있다.

④ 클라이언트의 성격 및 심리적 결함을 사회문제의 원인으로 보기 때문에 환경조건의 개선이나 성격개발에 중점을 둔다.

⑤ 사회복지사업은 고도의 전문적 지식과 기술을 지닌 사회사업가의 원조 하에 이루어지며 개별사회사업, 집단사회사업, 지역사회복지, 사회복지행정, 사회복지조사로 분류될 수 있다.

(3) 통합적 접근방법(개인 · 집단 · 지역사회)

① 통합적 접근에 대한 대상은 개인만이 아니라 집단도 된다.

② 사회복지의 목적이 문제해결지향에 있다는 견해이다.

③ 사회복지의 전문적인 접근방법과 정책적인 접근방법의 통합적 접근을 필요로 한다.

④ 가족해체 · 지역사회해체 등의 사회해체로 인해 나타나는 사회문제(이혼, 가출, 홍등가, 빈민지역 등)를 예방 · 치료하기 위한 방법이다.

section 5 사회복지의 재원

(1) 의의

복지서비스 제공에 필요한 조직 · 인재 · 물재 등의 운용에 드는 제반경비를 조달하는 방법을 말한다. 조달방법은 사회복지정책의 유형에 따라서 다양하게 발달되어 왔다.

> **Point**
> **사회정책의 재원**
> ㉠ **사회정책의 재원** : 국고(조세)
> ㉡ **사회사업의 재원** : 헌금

(2) 종류

① **공공재원** … 법률의 근거 또는 예산조치에 기초하여 국가와 지방 공공단체에 의해 지출되는 재원이다. 일반세(소득세, 소비세 등), 목적세, 조세비용 등이 있다.

② **민간재원** … 복지서비스의 제공에 필요한 제반경비 중 세금 등에 의한 공적 재원 이외의 민간에서 조달되는 재원을 말한다. 이에는 사용자 부담, 자발적 기여, 기업복지, 가족 간 이전 등이 있다.

사회복지 재원의 특징에 대한 설명으로 옳지 않은 것은?
▶ 2019. 4. 6. 인사혁신처

① 일반조세를 재원으로 하는 사회복지정책은 안정성과 지속성을 갖는다.

② 모금은 「사회복지공동모금회법」을 근거로 공동모금제도를 실시하고 있다.

③ 사회보험료는 피보험자의 강제가입에 의해 납부되는 것이 원칙이다.

④ 수익자 부담은 저소득층의 자기존중감을 높여 서비스가 남용된다.

> **Tip** 수익자 부담이 저소득층 및 서비스 이용자들의 자기존중감을 높여 긍정적 영향을 줄 수 있지만, 사용자가 서비스 이용에 드는 모든 비용을 부담해야 하기 때문에 저소득층의 경우 비용 부담으로 인한 이용이 억제될 수 있다는 문제점이 있다.

정답 ④

(3) 사회복지 재원조달 방식

① 4대 보험료

　㉠ 징수비용이 저렴하고 간편하다.

　㉡ 목적세의 성격으로 피보험자의 납부의지가 조세에 비해 높다.

　㉢ 보험료가 적립된 경우 공공투자의 재원으로 사용할 수 있다.

② 조세

　㉠ 조세를 통하여 저소득층의 생존권을 보장하는데 필요한 최저수준의 비용과 서비스를 정부가 책임질 수 있다.

　㉡ 일반조세를 재원으로 하는 사회복지정책은 안정성 및 지속성을 갖는다.

　㉢ 재원 확보를 둘러싸고 다른 정책분야와 경합하게 되는 특징을 보인다.

③ **자발적 기여** … 1997년 사회복지공동모금회법의 제정으로 사회복지공동모금회가 중심이 되어 모금을 실시하고 있다.

　㉠ **모금방법**: 방송사, 신문사, 사랑의 열매, ARS, 개별 신청 등

　㉡ **배분방법**: 신청사업, 기획사업, 긴급지원사업, 지정기탁사업 등

Point 팁
　사회복지공동모금 … 사회복지사업이나 그 밖의 사회복지활동 지원에 필요한 재원을 조성하기 위하여 「사회복지공동모금회법」에 따라 기부금품을 모집하는 것이다.

1 다음 중 인간의 사회적 기본욕구에 해당하는 것은?

① 보건, 의료, 주택, 소득

② 환경, 문화, 예술, 주택

③ 보건, 주택, 교통, 소득

④ 보건, 환경, 주택, 교통

2 다음 중 사회문제에 관한 특성적 요소로 보기 어려운 것은?

① 사회적 가치나 규범으로부터 벗어나야 한다.

② 사회문제의 원인이 사회적이어야 한다.

③ 다수의 사람들이 사회문제현상으로 인해 부정적인 영향을 받고 있다.

④ 사회적 현상이 자연적·인위적 현상이든 관계없이 사회문제로 판단해야 한다.

3 다음 중 사회복지의 대상(객체)에 대한 설명으로 옳지 않은 것은?

① 사회복지는 복지서비스를 제공하는 사람이나 기관을 말한다.

② 욕구에 대한 서비스로 개인주의 이념과 기능주의적 이론에 기반하고 있다.

③ 문제에 대한 해결로서 집단주의적 이념과 갈등주의적 이론에 근거하였다.

④ 사회복지의 대상은 사회적 욕구와 사회문제로 전통적으로는 요보호자였으나 오늘날은 국민 전체로 확대되었다.

4 다음 중 제도적 사회복지의 기능과 연관된 것으로 가장 옳지 않은 것은?

① 상호경쟁의 기능   ② 생산·소비·분배의 기능
③ 사회적 통제의 기능   ④ 사회적 통합의 기능

5 사회문제를 해결하는 사회복지 공급에 해당하는 주체는 다양하다. 다음 중 사회복지법인과 관련된 사항으로 옳지 않은 것은?

① 상법인의 성격이다.   ② 특수법인의 성격이다.
③ 재단법인의 성격이다.   ④ 사회복지사업법에 근거한다.

6 사회복지기능을 모든 국민이 사회생활의 요구를 충족시키기 위해 적당한 제도나 자원을 선택하여 그것을 건설적으로 이용할 수 있게 하는 것이라고 할 때 다음 중 어디에 해당되는가?

① 평가적 기능   ② 조정적 기능
③ 이송적 기능   ④ 개발적 기능

7 다음 중 사회복지재정의 특성으로 옳은 것은?

① 사회복지재정의 지출이 국민의 권리에만 기초해서는 안 된다.
② 경제적 효율성이 기본적으로 중시되어야 한다.
③ 사회복지재정의 지출은 국민경제의 추세나 국민생활 추이와는 별개로 작용한다.
④ 사회복지재정의 지출은 국가가 하며 법률이 정하는 경우 외에도 재정지출을 해야 한다.

8 다음 중 빈곤의 원인을 개인의 동기결여에서 찾는 이론은?

① 기능이론   ② 낙인이론

③ 신갈등이론   ④ 갈등이론

9 공적연금의 재원조달방식 중 부과방식에 대한 설명으로 옳지 않은 것은?

① 제도를 도입함과 동시에 급여를 지급할 수 있다.

② 세대 간 소득재분배가 발생한다.

③ 적립방식에 비해 인플레이션에 취약하다.

④ 인구노령화에 따른 인구구조의 변화에 취약하다.

10 다음 중 사회복지의 정책적 접근법이 바르게 짝지어진 것은?

① 사회정책, 사회봉사   ② 사회사업, 사회정책

③ 사회행동, 개발사회사업   ④ 사회행동, 사회사업

11 다음 중 사회복지에서 사회적 요구에 속하는 것은?

① 사회불평등   ② 반사회적 행위

③ 탈선   ④ 사회환경적 서비스

12 다음 중 민간부분 사회복지의 필요성에 대한 설명으로 옳지 않은 것은?

① 민간기관이 사회복지욕구를 충족시킬 수 있는 자원을 통제할 수 있다.

② 사적인 자조집단의 중요성이 인식되고 있다.

③ 클라이언트를 위해 때로 정부와 대립되는 입장에는 대변자 기능을 할 수 있다.

④ 민간기관은 종파적 서비스 또는 이익집단을 위한 적절한 서비스를 제공할 수 있다.

13 다음 중 사회제도와 1차적 기능의 연결이 옳지 않은 것은?

① 가족 – 사회화 기능

② 사회복지 – 보충적 기능

③ 정치 – 사회통제 기능

④ 경제 – 생산·분배·소비의 기능

14 사회복지의 기능 중 사회화 기능에 해당하는 것은?

① 생활에 필요한 재화와 서비스의 분배

② 사회의 공통적 가치관과 행동양태의 전수

③ 일정한 법과 규범을 지키도록 함으로써 사회를 존속·유지

④ 개인이나 가족이 스스로 문제를 해결할 수 없을 때 사회구성원 간에 서로 도와주는 기능

15 사회복지의 제도적 기능으로 볼 수 없는 것은?

① 사회화의 기능

② 상부상조의 기능

③ 사회문제해결의 기능

④ 사회적 통합의 기능

정답및해설

1	①	2	④	3	①	4	①	5	①
6	③	7	②	8	②	9	③	10	①
11	④	12	①	13	②	14	②	15	③

1 인간의 기본욕구(basic needs)는 인간에게 공통적이고, 인간이 생존하는 데 필수적이므로 일정한 기준이 존재해야 하기 때문에 개인이 스스로 기본욕구를 충족시키지 못하고 사회적 문제로 부각될 때 사회가 그 기본욕구를 충족시켜 주어야 하는 의무가 발생된다. 따라서 인간의 기본욕구로서 생존권과 밀접한 소득, 보건, 주거, 교육, 환경, 근로, 의료 등이 있지만 교통, 예술 등은 해당된다고 보기 어렵다. 좀 더 구체적으로 브래드쇼(Bradshow)의 사회적 욕구이론, 매슬로우(Maslow)의 욕구 5단계 이론, 앨더퍼(Alderfer)의 ERG이론 등은 필수적 숙지사항이다.

2 어떤 사회적 현상이 사회문제로 되기 위해서는 그 원인이 홍수, 지진, 화재, 태풍 등 자연적으로 만들어진 현상이 아니라 인간관계 내지 인간이 만든 사회조직, 구조 및 제도 등과 같이 인간이 만든 현상이어야 한다. 또한 사람들 또는 영향력 있는 일부 사람들이 문제로 판단하는 경우에 해당한다.

3 ① 사회복지의 주체(기관)에 대한 설명이다.

4 사회복지개념을 사회제도로서 파악하는 기능
　　㉠ 상부상조의 기능(사회복지제도) : 사회성원간 서로 도와주는 기능
　　㉡ 생산·분배·소비의 기능(경제제도) : 생활에 필요한 재화와 서비스를 분배하는 기능
　　㉢ 사회화의 기능(가족제도) : 가치관, 지식, 규범 등을 전수해 주는 기능
　　㉣ 사회적 통제의 기능(정치제도) : 사회규범을 순응하게 하는 기능
　　㉤ 사회적 통합의 기능(종교제도) : 사회구성원 상호간의 신뢰를 바탕으로 사기를 진작시켜 사회적 규범을 자발적으로 따르도록 충성심을 강화하는 기능을 한다.

5 사회복지서비스 공급의 주체는 개인, 법인, 단체 등이다. 법인의 경우 영리를 목적으로 하는 사단법인, 즉 상(기업)법인은 해당되지 않는다.

6 사회복지의 기능
　　㉠ 평가적 기능 : 복지원조의 시초에 문제의 당사자가 필요한 사회자원과 현실적으로 가능한 해결방법을 발견하도록 하는 기능이다(사전평가).
　　㉡ 조정자의 기능 : 개인이 갖는 다수의 상호관계에 모순이 되지 않게 원조함과 동시에 지역사회에 있어서 각종 생활관련시책 운영이 생활자로서의 주민의 입장에 의해 제어할 수 있는 제도를 실현하는 기능이다.
　　㉢ 개발적 기능 : 국민의 잠재된 문제해결능력을 발견하여 발전시킬 수 있도록 원조하는 기능이다.
　　㉣ 보호적 기능 : 위 기능을 충족하지 못한 부분에 대하여 사회관계를 보호하는 기능이다.
　　㉤ 이송적 기능 : 모든 국민이 사회생활의 요구를 충족시키기 위해 적당한 제도나 자원을 선택하여 그것을 건설적으로 이용할 수 있게 하는 기능이다.

7 사회복지재정의 지출은 국민의 권리에 기초하여 법률제정을 통해 공공재(public goods)에 기반을 둔 공동소비적인 성격을 지니고 지출되어야 한다.

8 낙인이론은 빈곤의 원인을 개인의 동기부족, 낮은 열망수준, 무절제, 게으름, 의타심, 과다한 출산, 부적응 등에서 찾는다.

9 부과방식과 적립방식
  ㉠ 부과방식 : 현재 일하고 있는 사람들에게서 거둔 돈으로 은퇴한 사람들에게 혜택을 지급하는 방식으로 1년을 수지단위로 한다. 인플레이션으로부터 연금의 가치를 보호할 수 있으며, 경제성장에 비례하여 가치를 향상시키고 완전 연금을 즉각적으로 지불할 수 있는 장점이 있으나 인구구조 변화에 영향을 받고 다음 세대의 부담이 과중되어 재정운영이 불안하다는 단점이 있다.
  ㉡ 적립방식 : 국민이 낸 보험료와 적립된 기금의 투자수익을 합한 총액이 미래에 발생할 급여총액을 지불하는데 충분한 수준의 기금을 만들고 이 기금에서 나오는 수익으로 연금을 지급하는 방식으로 인구구조의 변화에 강하고 재정의 안정적 운영이 가능하며, 보험료의 평준화, 적립기금의 조성 등의 장점이 있으나 인플레이션에 취약하고 경제성장의 과실을 연금수령자에게 배분할 수 없고 연금을 받기 위해 장기간의 불입을 필요로 한다는 단점이 있다.

10 정책적 접근법에 의하면 사회문제와 사회복지는 역사적 · 사회적 존재형태이므로 사회제도의 결함으로 생긴 문제를 해결할 수 있는 대책이다. 사회봉사, 사회개별, 사회개혁, 사회정책이 이에 속한다.

11 사회환경적 서비스는 생활의 질과 관계하는 사회적 요구에 속한다.

12 국가 및 공공기관의 조세정책 및 고용정책을 통해서 사회복지욕구를 충족시킬 수 있는 자원을 통제할 수 있다.

13 ② 사회복지의 1차적 기능은 상부상조 기능이다.

14 ① 생산 · 분배 · 소비의 기능
  ③ 사회통제의 기능
  ④ 상부상조의 기능

15 사회복지의 제도적 기능
  ㉠ 생산 · 분배 · 소비의 기능 : 삶에 필요한 재화나 서비스의 생산 · 분배 · 소비
  ㉡ 사회화의 기능 : 사회의 공통적 가치관과 행동양태 전수
  ㉢ 사회통제의 기능 : 사회가 구성원들에게 사회의 규범에 순응하게 하는 것
  ㉣ 사회적 통합의 기능 : 사회 각 집단 · 단체 · 기관들간에 결속력 유지
  ㉤ 상부상조의 기능 : 스스로 문제를 해결할 수 없을 때 사회구성원 간에 서로 도와주는 기능

03 사회복지의 모형과 가치관

기출문제

section 1 사회복지의 모형

(1) 윌렌스키(H.L. Wilensky)와 르보(Lebeaux)의 복지모형

① 보충적 모델(선별주의)
  ⊙ 가족과 시장이 제기능을 수행하지 못하는 경우 사회복지가 일시적으로 개입하는 것을 말한다.
  ⓛ 초기 산업사회 및 자유(방임)주의 국가에서 나타난다.

② 제도적 모델(보편주의)
  ⊙ 사회복지서비스가 제도적으로 수행되는 경우로, 국가의 적극적인 개입으로 복지가 구현되는 것을 말한다.
  ⓛ 평등, 빈곤으로부터 자유, 우애의 3대 가치를 강조한다.
  ⓒ 사회보험이 중심이 되어 퇴직 및 생활위험을 방지하기 위한 연금제도 등을 시행한다.

(2) 티트머스(R.M. Titmuss)의 복지모형

① 보완적(잔여적) 복지모델
  ⊙ 사회복지는 사회 최저한의 경계선상에 있는 빈곤자와 요보호자들에 대한 급부만을 제공한다.
  ⓛ 개인복지요구의 자연적 통로인 가정과 시장의 기능이 제대로 발휘되지 못할 때 사회복지가 일시적·잠정적으로 개입하는 것이다.

② 산업적 업적성취(업적달성, 업적수행)모델 … 사회적 욕구가 업적, 업무수행 및 생산성에 기반을 두고 충족되어야 한다. 따라서 사회복지제도는 경제의 부속물로서 경제성장의 수단으로 받아들인다.

③ 제도적 재분배모델 … 복지정책의 진취적 입장을 표명하며, 욕구의 원리에 입각한 시장경제 메커니즘 밖에서 보편적·선택적 서비스를 제공한다.

> ※ R.M. Titmuss가 제시한 복지형태
> ① 사회복지 … 소득보장, 건강, 교육, 개별적 사회서비스 등 전통적인 광의의 사회복지서비스
> ② 재정복지 … 아동이 있는 가구에 대한 조세감면 등 국가의 조세정책에 의해 간접적으로 국민들의 복지 향상
> ③ 기업복지 … 기업에서 제공하는 의료보험, 기업연금 등 개인이 속한 기업에서 제공하는 사회복지급여

문 윌렌스키와 르보(Wilensky & Lebeaux)는 사회복지제도와 다른 사회제도의 관계를 어떻게 규정하는가에 따라 사회복지의 개념을 두 가지로 나누었다. 사회복지의 두 개념에 대한 설명으로 옳지 않은 것은?
▶ 2013. 8. 24. 제1회 지방직

① 잔여적 개념은 사회복지란 가족이나 시장경제가 제 기능을 수행하지 못할 때 생기는 문제를 보완하거나 해소하는 제도라고 설명한다.
② 제도적 개념은 사회복지가 사회를 유지하기 위한 사회구성원간의 상부상조로서, 다른 사회제도가 수행하는 기능과 구별되며 독립적으로 수행된다고 설명한다.
③ 잔여적 개념은 보편주의와 자유주의 이념에, 제도적 개념은 예외주의와 보수주의 이념에 기반을 두고 있다고 설명한다.
④ 잔여적 개념은 사회문제의 발생원인에서 개인의 책임을, 제도적 개념은 사회구조적 책임을 강조한다고 설명한다.

Tip ③ 잔여적 개념은 예외주의와 보수주의 이념에, 제도적 개념은 보편주의와 자유주의 이념에 기반을 두고 있다고 설명한다.

정답 ③

(3) 마샬(Marshall)의 복지모형

① 시민권의 개념을 기반으로 하여 정치적으로는 민주주의를, 사회적으로는 복지사회를, 경제적으로는 혼합경제의 자본주의로서 민주 – 복지 – 자본주의의 복지모형을 표방한다.

② 시민권은 시민적, 정치적, 사회적 3개의 요소가 있으며 이는 자유권, 참정권 그리고 최소한의 경제적 복지와 보장을 통한 그 사회의 문화수준에 알맞는 생활을 할 수 있는 복지권을 내포한 의미이다.

(4) 파커(J. Parker)의 복지모형

① **자유방임주의형** … 개인주의에 기초하여 경제성장과 부의 극대화에 큰 가치를 부여하며, 국가의 최소 개입화와 개인적 교환력에 의존하고 능력에 따라 배분할 것을 주장하며, 선별주의적 선택을 강조한다.

② **사회주의형** … 경제적 · 정치적 평등과 공동권을 강조하고, 능력보다 요구에 따른 자원배분을 주장하며 적극적 국가개입을 강조한다.

③ **자유주의형** … 시장의 경제활동을 생활기회와 개인적 자유, 기회구조의 배분자로서 인정하며, 스스로 부양할 수 없는 사람에 대한 최저수준을 보장하는 수준에서 국가의 개입을 허용한다. 기회의 평등과 개인의 자유를 중시한다.

④ **사회민주주의형** … 평등 · 자유 · 우애 · 인도주의의 가치를 강조하며, 기존의 시장제도는 불평등을 제거하지 못한다는 판단 하에 시장제도를 수정한 형태이다. 국가는 공동선의 구현자이며, 산업사회의 문제와 욕구에 대한 실용적 반응으로 빈곤을 제거하는 역할을 해야 한다고 본다.

(5) 조지(George)와 윌딩(Wilding)의 복지모형

① 4분법(1976)

㉠ 반집합주의(자유주의적 이념)

- 반집합주의자들이 주장하는 기본적인 가치는 자유, 개인주의, 불평등이며 시장에서 발생하는 빈곤과 불평등을 자연스럽고 바람직한 것으로 받아들인다.
- 사회란 개인의 자발적 협동과 경쟁에 기초하여 형성되어야 하며 국가의 역할은 최소한에 머물러야 한다고 본다.
- 국가는 문제가 되지 않을 정도의 최소의 개입과 보완적인 역할을 수행해야 한다고 보아 복지국가를 반대하는 입장을 취한다.
- 이들은 잔여적 개념의 사회복지만을 받아들인다. 대표적인 학자로는 Hayek, Friedman, Powell이 있다.

ⓛ 소극적 집합주의(수정자유주의)

- 반집합주의자들과 마찬가지로 자유와 개인주의를 기본적인 가치로 받아들인다. 불평등도 인정하지만 지나친 불평등은 수정되어야 한다고 주장한다.
- 기본적으로 실용주의적·개인주의적 가치를 지닌다.
- 시장경제를 인정하고 시장실패를 보충하는 수단으로써 복지국가를 인정하며, 국가가 국민 최저수준을 보장해야 한다고 본다.
- 대표적인 학자로는 Beveridge, Keynes, Gallbraith 등이 있다.

ⓒ 페이비언 사회주의(사회민주주의)

- 기본적 가치로 평등, 자유, 우애를 주장한다.
- 적극적 자유, 평등을 사회의 중요한 가치로 여겨 불평등요소가 있는 시장경제를 대폭 수정해야 한다고 본다.
- 복지국가를 옹호하며 복지국가를 통해 자원재분배, 사회통합을 이룩해야 한다고 주장한다.
- 대표적인 학자로는 Titmuss, Grosland, Tawney, Marshall 등이 있다.

ⓔ 마르크스주의(사회주의)

- 적극적 자유, 즉 평등과 자유를 강조하여 시장경제를 부정한다.
- 복지국가를 사회주의로 가는 중간단계로 보지 않으며, 오히려 자본주의를 강화하는 역할을 한다고 본다.
- 개인 및 가족의 요구와 사회자원의 무료원칙을 주장한다.
- 대표적인 학자로는 Laski, Milband, O'Connor 등이 있다.

② 6분법(1994)

ⓙ 신우파

- 3대 가치 : 자유, 개인주의, 불평등
- 자유를 소극적 개념, 강제가 없는 상태로 파악하여, 복지에서 국가의 역할이 강화되는 것에 가장 강한 적대감을 보인다.
- 개인은 자신의 이익을 최대한 자유롭게 추구해야 하고, 그 결과에 대해서 책임을 져야 한다는 것이 개인주의의 핵심사상으로, 서구에서 이런 입장을 보수주의와 연합하였다.
- 신우파는 평등보다는 자유를 우선시하기 때문에 결과적으로 불평등을 옹호하는 입장이 된다.

ⓛ 중도노선

- 시장경제를 선호하지만 시장경제가 언제나 원활하게 작동하지는 않는다는 입장을 취한다.
- 국가 차원의 복지정책을 통해 자본주의의 사회적 폐해를 완화할 필요가 있다고 본다.
- 정부의 활동이 필연적이거나 효율적일 때에만 제한적으로 국가개입을 인정하며, 근본적으로는 정부의 개입을 최소화하는 것이 바람직하다고 본다.

기출문제

問 사회복지에 대한 설명으로 옳지 않은 것은?

▶ 2016. 3. 19. 사회복지직

① 복지 다원주의(welfare pluralism)는 정부뿐만 아니라 민간부문의 조직들도 복지제공의 주체가 된다고 본다.
② 에스핑 안데르센(Esping-Andersen)은 복지국가의 유형을 분류하는데 있어 탈상품화 정도가 높을수록 복지선진국을 의미한다고 보았다.
③ 윌렌스키와 르보(Wilensky & Lebeaux)는 사회복지의 개념을 '잔여적 개념'과 '제도적 개념'으로 구분하였다.
④ 조지와 윌딩(George & Wilding)이 제시한 '신우파'는 소극적 집합주의 성향을 가지며 자유보다 평등과 우애를 옹호한다.

Tip ④ 조지와 윌딩(George & Wilding)이 제시한 '신우파'는 반집합주의 성향을 가지며 평등과 우애보다 자유를 옹호한다. 신우파의 3대 가치는 자유, 개인주의, 불평등이다.

정답 ④

ⓒ 사회민주주의

• 중심적 사회가치 : 평등, 자유, 우애

• 파생적 사회가치 : 민주주의, 인도주의

• 불평등은 사회정의에 어긋나는 것이며, 사회통합을 위해서는 불평등의 완화가
필수적이라고 본다.

• 과도한 불평등의 감소는 국민최저선의 설정, 기회의 평등 촉진, 취약자에 대한
적극적 차별의 시행을 통해 이루어 질 수 있다고 본다.

ⓔ 마르크스주의

• 복지국가를 자본주의국가의 한 형태로 해석하며, 복지국가보다는 복지자본주의
라는 표현이 더 정확하다고 주장한다.

• 경제적 평등과 계급갈등에 대한 강조는 정부의 강력하고 적극적인 역할로 이어
진다. 산업민주주의와 대기업 및 영리단체의 국유화를 요구한다.

ⓜ 페미니즘

• 복지국가가 여성들이 평등한 지위를 보장받을 수 있도록 하는 데 필요한 서비스
를 제공할 수 있다는 측면은 지지하지만, 한편 남성들이 정책입안자이고 여성들
은 단지 정책수혜자로 머문다고 본다.

• 여성집단에 대한 불공정한 대우, 빈곤의 여성화경향, 여성에 대한 과중한 돌봄노
동 부여 등에 비판을 제시한다.

ⓗ 녹색주의(생태주의)

• 탈산업사회에 등장하였다.

• 복지국가의 급여 및 서비스를 경제성장과 소비확대의 산물로 보고 이를 지구환
경의 심각한 문제로 본다.

• 사회복지서비스는 현금급여의 형태보다는 현물서비스를 제공함으로써 성장과 소
비를 줄여야 한다고 주장한다.

(6) 퍼니스(Furniss)와 틸튼(Tilton)의 복지모형

① 적극적 국가

ㄱ 적극적 국가의 한 모형으로 미국을 예로 들며, 적극적 국가의 형태를 복지
국가로 보지 않는다.

ㄴ 자유와 경제적 효율을 우선적 중요 가치로 인식하며, 경제성장을 위해 국가
와 기업 간의 협동 강조, 개인의 재산소유를 중시한다.

ㄷ 가장 근본적인 목표는 자본주의 사회에서 일어나는 시장에서의 문제들과 재
분배를 요구하는 세력으로부터 자본가들을 보호하는 것이다.

ㄹ 경제적 효율성에 반하는 복지정책에 대한 강한 저항이 있으며, 공공부조보다는
수익자부담의 원칙에 입각한 사회보험 프로그램에 더 의존한다.

ㅁ 사회복지는 사회통제적 기능을 수행하므로 시장에서의 역할이 미미하거나 없
는 사람은 복지체계에서 가장 적고 치욕감을 갖는 급여를 받는다.

② 사회보장국가

　㉠ 사회보장국가에 가장 가까운 모형으로 영국의 복지제도를 주장한다.

　㉡ 개인의 사유재산을 보장하고 국가와 기업 간의 협동을 유지하되, 사회복지를 통하여 국민들의 최저생활을 보장하는 것을 중시한다.

　㉢ 사회보험 이외에 공공부조나 보편적 서비스 제공과 같은 다른 프로그램들이 중요하게 되며, 사회보험도 보험원칙에 엄격하게 의존해서는 안 된다.

　㉣ 최저수준의 보장은 국가가 전부 부담하는 것이 아닌 기본적으로 사회보험에 의해 충당하고 부족한 부분을 국가가 보조하는 것이다.

　㉤ 사회보장국가는 기회의 평등으로서, 개인이 자신이나 가족을 위해 스스로 노력하여 사회보장을 해결하도록 하는 것을 강조한다.

③ 사회복지국가

　㉠ 사회복지국가에 가장 가까운 모형으로 스웨덴의 복지제도를 주장한다.

　㉡ 적극적 국가와 사회보장국가에서 정부와 기업 간의 협동을 강조했다면, 사회복지국가는 정부와 노동조합 간의 협동을 강조한다.

　㉢ 모든 시민에게 최저수준만 보장하고 나머지는 경쟁원리에 맡겨버린 사회보장국가를 비판하면서 평등·협동·연대의식에 기초를 둔 전반적인 삶의 질의 평등을 추구한다.

　㉣ 정부는 전통적인 사회보험이나 공공부조 프로그램에의 의존에서 벗어나 복지서비스의 제공을 확대하고 연대적 임금정책, 환경계획, 공익사업이 강조된다.

　㉤ 정책결정의 힘을 고용자와 일반시민이 갖도록 하는 것이 궁극적인 목표이다.

(7) 미쉬라(Mishra)의 복지모형

① 다원적 복지국가 … 분화된 복지국가라고도 한다. 사회복지는 경제와 구분·대립되어 경제에 나쁜 영향을 주는 사회복지는 제한되며 잔여적인 역할을 한다. 사회복지정책은 이익집단들의 다양한 이익추구 과정에서 이루어지므로 포괄적이거나 통합적이지 않고 단편화되는 경향이 있다. 미국, 영국 등 영어권 국가들이 포함된다.

② 조합주의적 복지국가 … 통합된 복지국가라고도 한다. 사회복지와 경제는 상호의존적인 관계로 보아 사회복지정책과 경제정책의 밀접한 관계를 인정한다. 사회구성원들의 이익이 통합되는 복지국가 형태를 취하며 오스트리아, 스웨덴 등이 포함된다.

(8) 에스핑 앤더슨(Esping-Andersen)의 복지국가 유형

① 서구 유럽 국가의 정치·이데올기적 전통에 근거하여 자유주의적 복지국가, 보수주의적(조합주의적) 복지국가, 사회민주주의적 복지국가로 구분하였다.

② 기준

　㉠ **탈상품화**: 시민들이 자신이 필요하다고 생각할 때 자유롭게, 그리고 직업·수입·일반적 복지를 상실할 위험이 없는 상태에서 노동에서 손을 떼고도 사회적으로 용인될 만한 생활수준을 영위할 수 있는 정도를 말한다.

　㉡ **계층화**: 복지혜택 정도가 계층별로 나누어지는 정도를 의미한다.

③ 복지국가 유형 간 비교

복지체제	자유주의	보수주의	사민주의
탈상품화 수준	낮음	중간	높음
계층화	계층 간 대립 심화	계층 간 차이 유지	계층 간 연대·통합
사회권의 기초	도움이 필요한 욕구	고용지위	시민 됨
주된 프로그램	공공부조	현금급여	현금급여 + 사회서비스
급여	낮고 잔여적	기여에 비례	높고 재분배적
국가의 역할	주변적	보조적	중심적
해당 국가	미국, 캐나다 등	독일, 프랑스 등	스웨덴, 노르웨이 등

section 2   사회복지의 가치와 이념

(1) 프리들랜더(Fridlander)의 사회복지의 기본원리(가치관)

① **개인존중의 원리(개인의 존엄성)** … 모든 사람은 인간으로서의 가치, 품위, 존엄을 가진다.

② **자발성존중의 원리(자기결정의 원리)** … 개인이 무엇을 요구하며 그것을 어떻게 충족할 것인가를 자기 스스로 결정할 권리를 가진다.

③ **기회균등의 원리** … 모든 인간은 균등한 기회를 가진다. 단, 개인의 능력에 따라 제한될 수 있다.

④ **사회연대의 원리(상호부조의 원리)** … 모든 사람은 자기 자신, 가족 및 사회에 대해 상호책임을 진다.

(2) 사회복지의 가치

① **인간의 존엄성** … 사회복지는 인간은 어떠한 상황 속에 있거나 어떠한 차이를 가지고 있든 존귀한 생명과 인격을 가지고 생존하는 존재라고 하는 인간존중의 사상으로부터 출발한다. 이러한 가치는 인권사상에 기초하며, 평등주의, 사회적 공정성과도 연결된다. 우리나라 헌법 제10조에서는 "모든 국민은 인간으로서의 존엄과 가치를 가지며 행복을 추구할 권리를 가진다."고 선언하고 있으며, 이것은 인간다운 생활을 보장할 때 가능하게 된다.

② **평등** … 헌법 제11조 제1항에서는 "모든 국민은 법 앞에 평등하다."고 명시하고 있다. 평등은 사회적 자원배분의 재분배를 통하여 사회구성원의 삶의 질을 골고루 향상시키고자 하는 가치이다.

Point 팁 | 평등의 개념
- ⊙ **수량적 평등**: 평등의 개념 가운데 가장 적극적인 것으로, 모든 사람을 똑같이 취급하여 사람들의 욕구나 능력의 차이에 상관없이 사회적 자원을 똑같이 분배하는 것을 의미한다(=산술적 평등, 결과의 평등).
- ⓒ **비례적 평등**: 개인의 욕구, 능력, 기여 등에 따라 사회적 자원을 상이하게 배분하는 것으로, 흔히 공평(equity)이라고 한다.
- ⓒ **기회의 평등**: 평등의 개념 가운데 가장 소극적인 것으로, 결과를 얻을 수 있는 과정상의 기회만을 똑같이 해주는 것을 의미한다. 따라서 과정상의 기회만 평등하다면 그로 인한 결과의 불평등은 아무런 상관이 없다.

③ **효율** … 최소한의 자원을 사용하여 최대한의 결과를 산출하는 것을 의미한다. 큰 효율을 얻기 위해서는 주어진 투입을 이용해 산출을 극대화 시키거나, 산출은 유지하면서 투입을 감소시키는 방안이 있다.

Point 팁 | 효율의 종류
- ⊙ **수단으로서의 효율**
  - 목표효율성: 사회복지정책이 목표로 하는 대상들에게 그 정책에 사용되는 자원이 얼마나 집중적으로 할당되는가의 여부를 판단하는 기준
  - 운영효율성: 사회복지정책을 운영하는 데 있어 얼마나 적은 비용을 사용하는가가 기준
- ⓒ **배분적 효율**: 사회적 자원의 배분은 다른 사람의 효용을 저해하지 않고서는 더 이상 특정 사람의 효용을 높이는 것이 불가능한 상태

④ **자유** … 남에게 얽매이거나 구속받지 않고 마음대로 행동하는 것을 뜻한다.

Point 팁 | 자유의 구분
- ⊙ **소극적 자유**: 다른 사람의 간섭이 없이 자신의 의지대로 행할 수 있는 자유, 국가의 개입을 자유의 침해로 간주
- ⓒ **적극적 자유**: 자신이 원하는 것을 할 수 있는 자유, 정부에 의한 자유

기출문제

🔍 **사회복지의 기본 가치 중 평등에 대한 설명으로 옳은 것은?**
▶ 2016. 3. 19. 사회복지직
① 비례적 평등은 개인의 욕구 등에 따라 사회적 자원을 상이하게 배분하는 것으로, 형평(equity)을 평등의 개념으로 본다.
② 조건의 평등은 개인의 능력이나 장애와 상관 없이 기회를 모든 사람에게 균등하게 제공하고, 동일한 업적에 대해 동일한 보상을 제공한다.
③ 수량적 평등은 개인의 기여도와 상관 없이 사회적 자원을 똑같이 분배하는 것을 강조하며, 어느 사회에서나 현실적으로 실현가능하다.
④ 기회의 평등은 참여와 시작 단계에서부터 평등을 강조하기 때문에 가장 적극적인 평등개념이라 할 수 있다.

Tip ② 조건의 평등 : 기회의 평등과 연결되는 개념이며, 사회적 기회를 획득하려는 자유경쟁의 출발조건을 정비하고자 노력하는 것이다. 동일한 업적에 대해 동일한 보상을 제공하는 것은 비례적 평등에 해당한다.
③ 수량적 평등 : 평등의 개념 중 가장 적극적인 것으로 결과의 평등이라 할 수 있으며, 개인의 기여도와 상관없이 사회적 자원을 똑같이 분배하는 것을 강조한다. 하지만 이러한 평등은 현실적으로 실현하기가 어렵다.
④ 기회의 평등 : 참여와 시작 단계에서의 평등을 강조하지만, 결과의 평등은 보장하지 않기 때문에 가장 소극적인 평등의 개념이라고 볼 수 있다.

| 정답 ①

⑤ 연대 … 뒤르켐(Durkheim)이 사회적 관계를 설명하기 위해 창안한 개념으로 사회복지를 대표하는 가치 가운데 하나이다.

Point 팁 연대의 종류
ㄱ **기계적 연대**: 가족이나 부족사회에서 흔히 나타나는 연대로 공통의 대인관계나 가치, 신념이 존재할 때 가능
ㄴ **유기적 연대**: 현대사회에서 나타나는 연대로 기능의 상이성에 근거한 연대

⑥ 정의 … 흔히 절차상의 정의, 실질적 정의, 능동적 과정으로서의 정의로 구분된다.

Point 팁 정의의 구분
ㄱ **절차상의 정의**: 법률에서의 합법적 정의를 강조
ㄴ **실질적 정의**: 결과로서 분배적 정의, 사회복지에서 특히 강조하는 가치
ㄷ **능동적 과정으로서의 정의**: 불의한 현상을 예방하고 치료하는 사회적 과정 강조

(3) 사회복지의 이념

① 자유방임주의
ㄱ 개인의 자유, 능력, 노력을 중시한다.
ㄴ 시장경제에서 발생하는 빈곤문제를 개인의 노력의 부족이나 무능력, 인성의 결함으로 간주한다.
ㄷ 최소의 국가 개입 하에서의 개인적 교환력에 의존한다.
ㄹ 빈곤의 상대적 개념보다는 절대적 개념과 관련되며, 빈곤이 심각한 사회 문제가 되거나 타인의 삶에 위협이 될 경우에만 국가가 최소한으로 복지적 서비스를 제공하여야 한다고 주장한다.

② 자유주의
ㄱ 기본적인 바탕은 자유방임주의와 비슷하지만, 자신의 욕구를 스스로 충족시킬 수 없는 사람에 대해서는 국가가 최저생계비나 최저생활수준을 보장해주어야 한다는 입장을 보인다.
ㄴ 국가의 최소 복지기능을 인정한다.

③ 신자유주의
ㄱ 복지국가의 확대가 자본주의의 불황과 자본축적의 위기를 가지고 왔다고 보고, 국가의 복지서비스를 축소하여 시장 경쟁원리를 다시 회복해야 한다고 본다.
ㄴ 국가의 개입을 억제하는 전통적인 자유주의의 부활이자, 조지와 월딩의 신우파 이념이나 신보수주의 이념과 같은 의미이다.
ㄷ 사회복지를 개인의 노동능력과 경제성장을 저해하는 부정적인 제도로 본다.

② 대부분의 복지서비스는 시장의 경쟁논리에 맡겨야 한다고 주장하며, 국가는 시장의 자유경쟁원리를 유지하면서 자신을 스스로 책임질 수 없는 시민들에게만 복지혜택을 주어야 한다고 본다.

④ **사회민주주의**

　㉠ 사회복지는 시민의 권리라고 본다.

　㉡ 평등, 개인의 복지, 자유 등을 중요한 가치로 보며 보편적 복지국가의 모형을 강조한다.

　㉢ 국가는 과도한 불평등을 억제하고 국민의 복지적 욕구를 충족시키기 위해 최저생활과 기회균등을 보장해야 하며, 보편적인 복지정책을 통해 사회자원의 재분배를 이루어야 한다고 본다.

⑤ **마르크스주의**

　㉠ 복지국가를 자본주의 국가의 한 형태로 본다.

　㉡ 복지국가를 자본주의 사회의 구조에 기인하는 부산물로 간주한다.

　㉡ 국가의 최소 복지기능을 인정한다.

⑥ **신마르크스주의**

　㉠ 1970년대 후반 이후 복지국가 위기 논쟁에 있어 복지국가에 대해 비판적인 입장을 가지고 대두된 이념이다.

　㉡ 신마르크스주의자들은 사회정책의 성장의 주요한 요인으로 계급갈등론, 자본의 필요성, 자본주의 체제의 필요성으로 보는데, 이 때문에 국가가 개입할 수밖에 없다고 본다.

　㉢ 대표적인 학자로는 오코너, 고프, 오페 등이 있다.

⑦ **페미니즘**

　㉠ 사회복지정책과 복지국가를 성인지적 관점으로 보는 새로운 시각의 이론이다.

　㉡ 여성의 시각과 입장을 과감하게 도입함으로써 사회보장체계 내에서 발생하고 있는 여성집단에 대한 불공정한 대우, 빈곤 여성, 여성에 대한 과중한 가사부담 등에 대해서도 강력한 비판을 제시한다.

⑧ **녹색주의**

　㉠ 자유주의나 사회주의 모두 산업화를 중시하여 환경을 파괴했다고 보며, 이로 인해 범죄, 질병, 실업, 제3세계의 빈곤, 불평등이 발생한다고 본다.

　㉡ 환경파괴 예방을 위해 경제성장뿐만 아니라 공공복지의 지출도 감소하여야 한다고 주장한다.

사회복지의 모형과 가치관

1 조지와 윌딩의 복지모형 중 반집합주의에 대한 설명으로 옳은 것은?

① 자유시장체계는 공동목적성취에 비효율적이라고 본다.
② 경제성장은 불평등을 수반하고, 정부의 적극적 개입이 필요하다고 본다.
③ 정부개입은 자원낭비를 초래한다고 본다.
④ 보편적 복지국가를 옹호한다.

2 사회복지의 이념에 대한 설명으로 옳지 않은 것은?

① 교육, 직업, 사회적 지위 등에서 남성과 동등한 권리를 획득하는데 관심을 두는 것은 자유주의적 페미니즘이다.
② 주택을 사회공공재로 규정하고 국가가 집값을 규제하는 것은 자유방임주의 이념에 기초하는 것이다.
③ 신우파는 시장의 역할을 강조하지만 모든 종류의 정부개입을 반대하는 것은 아니다.
④ 마르크스주의는 자유, 평등, 우애를 사회적 가치로 강조한다.

3 사회복지의 이념에 대한 설명으로 옳지 않은 것은?

① 사회민주주의에서는 조세정책을 포함하여 적극적이고 보편적 복지정책을 통해 자원배분을 강조한다.
② 사회주의에서는 개인의 능력보다 욕구에 기초한 자원분배를 강조한다.
③ 자유주의에서는 평등한 사회와 공동체 사회를 강조한다.
④ 자유방임주의에서는 불평등한 사회현상을 옹호한다.

4 다음 중 잔여적 모형에 대한 설명으로 옳지 않은 것은?

① 자본주의 사회의 복지모형이다.　　　② 개인주의와 상통한다.
③ 사회적 재분배기능을 강조한다.　　　④ 개인 욕구충족의 일차적 통로는 시장이다.

5 다음 중 사회복지모형의 비교설명으로 옳지 않은 것은?

① 잔여적 모형은 자유, 시장경제의 원칙, 제도적 모형은 평등과 우애를 강조한다.
② 잔여적 모형은 능력에 따른 분배원칙, 제도적 모형은 욕구에 따른 분배를 강조한다.
③ 잔여적 모형은 보편적 서비스 원칙, 제도적 모형은 선별주의적 서비스를 강조한다.
④ 잔여적 모형은 수익자의 부담원칙, 제도적 모형은 일반조세에 의한다.

6 다음 중 잔여주의의 사회복지 목표로 볼 수 있는 것은?

① 평등　　　　　　　　　　　　　　② 균등
③ 최저생활의 보장　　　　　　　　　④ 자유

7 J. Parker의 견해로서 평등권과 공동권의 가치를 중시하며 능력보다는 요구에 따라 자원배분이 이루어지는 모형은?

① 자유방임형　　　　　　　　　　　② 사회주의형
③ 자유주의형　　　　　　　　　　　④ 마르크스주의형

8 보완적 사회복지모형에서 가장 강조되는 것은?

① 개인의 책임   ② 제도적 책임
③ 국가의 책임   ④ 집단의 책임

9 R.M. Titmuss의 사회복지모형이 바르게 연결된 것은?

① 보완적 모형 – 제도적 모형
② 반집합주의 – 소극적 집합주의 – 페이비안 사회주의 – 마르크스주의
③ 자유방임형 – 자유주의형 – 사회주의형
④ 보완적 모형 – 산업적 업적성취모형 – 제도적 재분배모형

10 파커의 복지모형 중 국가의 최소개입을 강조하는 모형은?

① 사회주의형   ② 자유방임주의형
③ 자유주의형   ④ 사회민주주의형

11 페이비안 사회주의에 대한 설명으로 옳지 않은 것은?

① 보편주의 원칙을 지향한다.
② 정부가 복지정책에 대하여 적극적으로 개입한다.
③ 소극적 자유를 추구한다.
④ 사회민주국가에 입각한 점진적 사회주의 사상이다.

12 다음의 관계설정이 옳지 않은 것은?

① 반집합주의 – 시장경제의 옹호
② 소극적 집합주의 – 적극적 자유
③ 마르크스주의 – 정부의 역할 강조
④ 페이비안 사회주의 – 보편주의 원칙 추구

13 다음 중 상호부조의 원리에 속하는 것은?

① 자발성존중의 원리   ② 기회균등의 원리
③ 개인존중의 원리   ④ 사회연대의 원리

14 사회복지의 가치와 이념에 대한 설명으로 바르게 연결된 것을 모두 고르면?

> ㉠ 인간의 존엄성 – 우리나라 헌법 제10조는 모든 국민은 인간으로서의 존엄과 가치를 가지며 행복을 추구
> 할 권리를 가진다고 명시하고 있다.
> ㉡ 목표효율성 – 사회복지정책이 목표로 하는 대상들에게 그 정책에 사용되는 자원이 얼마나 집중적으로 할
> 당되는가의 여부를 판단하는 기준이다.
> ㉢ 실질적 정의 – 불의한 현상을 예방하고 치료하는 사회적 과정을 강조한다.
> ㉣ 신자유주의 – 복지국가의 확대가 자본주의의 불황과 자본축적의 위기를 가지고 왔다고 보는 입장이다.
> ㉤ 녹색주의 – 사회복지정책과 복지국가를 성인지적 관점으로 보는 새로운 시각의 이론이다.

① ㉠㉢   ② ㉡㉤
③ ㉠㉡㉣   ④ ㉡㉣㉤

15 다음 사회복지관 중에서 수정자본주의적 이데올로기에 해당하지 않는 것은?

① 복지국가란 국가에서 적극적으로 국민의 복리증진을 위해 노력하는 것이다.

② 사회적 결함에 대해 국가는 강제적으로 관여하여 수정·보충할 권리와 책임을 갖는다.

③ 제1의 과제는 사회복지를 확충하거나 사회의 집합적 기능을 증대하는 것이다.

④ 가진 자와 못가진 자의 격차로 평등주의적 사회복지의 발달을 저해한다는 비판도 있으나, 미국·일본 등 서구사회에서는 긍정적으로 받아들이고 있다.

정답및해설

1	③	2	②	3	③	4	③	5	③
6	③	7	②	8	①	9	④	10	②
11	③	12	②	13	④	14	③	15	④

1 반집합주의는 자유주의적 이념으로 자유와 개인주의를 강조하며 시장에서 발생하는 빈곤과 불평등을 자연스러운 것으로 받아들인다. 국가의 역할은 최소한에 머물러야 하며 잔여적 개념의 사회복지만을 인정한다.

2 ② 자유방임주의는 개인의 자유, 능력, 노력을 중시하고 경제성장과 부의 극대화에 큰 가치를 부여하며 계약과 합의에 있어서 개별적 선택을 강조한다. 따라서 주택이나 소득, 교육 등의 수준에 차이가 나는 것을 당연시하여 불평등한 사회현상을 옹호하게 된다.

3 ③ 평등한 사회와 공동체 사회를 강조하는 것은 사회민주주의에서이다.

4 ③ 사회적 재분배기능을 강조하는 것은 제도적 모형이다.

5 잔여적 모형은 개인의 능력에 따른 대우를 받는 능력주의 · 실적주의를 강조하고, 제도적 모형은 욕구에 의한 분배 및 소득의 재분배를 강조한다. 그러므로 잔여적 모형은 선별주의적 서비스를, 제도적 모형은 보편적 서비스를 강조한다.

6 잔여주의…사회복지가 경제나 가족이 하고 남은 나머지의 기능을 담당한다고 보며, 사회복지의 목표를 국민의 최저생활 보장에 둔다.
  ※ 잔여적 모형과 제도적 모형
  ㉠ 잔여적 모형
  • 간섭받지 않는 자유, 개인주의, 시장경제 원칙의 극대화 추구
  • 사회적 서비스 제공시 대상자의 생산성이나 경제력, 성품 등을 고려
  • 개인의 상황변화 간의 비교에만 집착하여 빈곤 수준을 낮게 책정(빈곤에 대한 개인책임 강조)
  • 복지서비스 제공에 대한 국가의 책임을 극소화시킬 수 있는 선별주의
  • 사회적 서비스의 재원 마련시에 수익자 부담의 원칙을 중요시하고 부의 수직적 재분배를 경시
  • 국가 차원의 사회복지 지출을 억제하고 더 많은 자원을 시장경제확대를 위해 재투자하여야 함을 강조
  ㉡ 제도적 모형
  • 평등, 빈곤으로부터의 자유, 우애 추구
  • 사회적 서비스 제공의 결정기준으로 욕구 존재 및 정도를 고려
  • 빈곤자의 소득수준을 다른 사회구성원의 수준과 비교하는 상대적 빈곤개념을 사용하거나 사회적 박탈개념을 사용하여 빈곤수준을 높게 책정(빈곤의 사회적 책임강조)
  • 보편주의를 통해 국가의 책임을 확대
  • 사회적 재분배기능을 강조하여 내국세(직접세 선호)에 의한 재원조달방식 선호
  • 사회개발을 중시하여 사회복지 지출의 투자적 측면을 강조하고, 경제불황 및 공황의 타개, 불평등의 해소, 정치적 안정 등에 대한 사회정책의 기여 강조

7 파커(J. Parker)의 사회복지모형

　㉠ 자유방임주의형 : 개인주의에 기초하여 경제성장과 부의 극대화에 큰 가치를 부여하며, 국가의 최초 개입화와 개인적 교환력에 의존하고 능력에 따라 배분할 것을 주장하며, 선별주의적 선택을 강조한다.

　㉡ 사회주의형 : 경제적·정치적 평등과 공동권을 강조하고, 능력보다 요구에 따른 자원배분을 주장하며 적극적 국가개입을 강조한다.

　㉢ 자유주의형 : 시장의 경제활동을 생활기회와 개인적 자유, 기회구조의 배분자로서 인정하며, 스스로 부양할 수 없는 사람에 대한 최저수준을 보장하는 수준에서 국가의 개입을 허용한다.

　㉣ 사회민주주의형 : 평등·자유·우애·인도주의의 가치를 강조하며, 기존의 시장제도는 불평등을 제거하지 못한다는 판단 하에 시장제도를 수정한 형태이다.

8 보완적 사회복지모형은 개인의 책임을 강조하며, 사회 최저한의 경계선상에 있는 빈곤자와 요보호자들에 대한 급부만을 제공한다.

9 ① 윌렌스키(H.L. Wilensky)의 복지모형이다.

　② 조지(George)와 윌딩(Wilding)의 복지모형이다.

　③ 파커(J. Parker)의 복지모형이다.

　※ 티트머스(R.M. Titmuss)의 사회복지모형

　㉠ 보완적 모형 : 사적 시장이나 가족 및 공공부조나 요보호대상자에 해당한다.

　㉡ 산업적 업적성취모형 : 사회복지의 주요 역할을 경제의 부수적 차원으로 보기 때문에 개인의 욕구는 자신이 경제적으로 기여한 업적에 기반하여 충족되어야 한다.

　㉢ 제도적 재분배모형 : 사회복지제도는 사회의 구조적 불평등을 보상하기 위해 어느 정도 욕구원칙에 기반해야 한다(욕구원리, 사회평등의 원리, 재분배체계들의 총합에 기반).

10 파커(J. Parker)의 복지모형

　㉠ 자유방임주의형 : 개인주의에 기초하여 경제성장과 부의 극대화에 큰 가치를 둔다. 즉, 시장경제체제에서 계약과 선택을 강조하며 국가는 최소개입해야 한다고 본다.

　㉡ 사회주의형 : 시장체제를 악으로 규정하고 거부하며 적극적인 국가개입을 허용한다. 경제적·정치적 평등과 공동권을 강조하고 능력보다 요구에 따른 자원배분을 주장한다.

　㉢ 자유주의형 : 생활기회와 개인적 자유, 기회구조의 배분방법으로서 시장의 필요성을 인정한다. 스스로 부양할 수 없는 사람에 대한 최저수준을 보장하는 수준에서 국가의 개입을 허용한다.

　㉣ 사회민주주의형 : 평등·자유·우애·인도주의의 가치를 강조하며 기존의 시장제도는 불평등을 제거하지 못한다는 판단 하에 시장제도를 수정한 형태이다. 국가는 공동선의 구현자이며 산업사회문제와 욕구에 대한 실용적 반응으로 빈곤을 제거하는 역할을 해야 한다고 본다.

11 ③ 페이비안 사회주의는 적극적 자유를 추구한다.

　※ 페이비안 사회주의(사회민주주의)

　㉠ 기본적 가치로 평등, 자유, 우애를 주장한다.

　㉡ 적극적 자유, 평등을 사회의 중요한 가치로 여겨 불평등요소가 있는 시장경제를 대폭 수정해야 한다고 본다.

　㉢ 복지국가를 옹호하며 복지국가를 통해 자원재분배, 사회통합을 이룩해야 한다고 주장한다.

12 조지(George)와 윌딩(Wilding)의 복지모형유형 비교

구분	반집합주의	소극적 집합주의	페이비안 사회주의	마르크스주의
사회가치	소극적 자유 (개인주의, 불평등 인정)	소극적 자유 (실용주의, 인본주의)	적극적 자유, 평등	적극적 자유 평등, 우애
사회조직	시장경제의 옹호	시장경제의 보완	시장경제의 수정	시장경제의 부정
정부의 역할	최소			최대
복지국가	잔여적	국가가 국민의 최저수준 보장	보편주의 원칙 추구 (복지국가주의)	복지국가로는 빈곤제거 불가능 (복지국가 반대)

13 프리드랜더(Friedlander)가 설명한 사회복지의 기본적 가치관

ⓐ 개인존중의 원리 : 모든 사람은 인간으로서의 가치, 품위, 존엄을 가진다.

ⓑ 자발성존중의 원리 : 개인이 무엇을 요구하며 그것을 어떻게 존중할 것인가를 자기 스스로 결정할 권리를 가진다(자기결정의 원리).

ⓒ 기회균등의 원리 : 모든 인간은 개인의 능력에 따라 균등한 기회를 가진다.

ⓓ 사회연대의 원리 : 모든 사람은 자기 자신, 가족 및 사회에 대해 상호책임을 진다(상호부조의 원리).

14 ⓒ 능동적 과정으로서의 정의에 대한 설명이다. 실질적 정의란 사회복지에서 특히 강조하는 가치로, 결과로서 분배적 정의를 말한다.

ⓔ 페미니즘에 대한 설명이다. 녹색주의는 자유주의나 사회주의 모두 산업화를 중시하여 환경을 파괴했다고 보며, 이로 인해 범죄, 질병, 실업, 제3세계의 빈곤, 불평등이 발생했다고 보는 입장이다.

15 ④ 자본주의 이데올로기에 대한 설명이다.

04 사회복지에 관한 이론

section 1 사회문제에 대한 이론적 관점

(1) 기능주의적 관점

① 사회문제의 대상 … 사회적 부적응

② 사회문제의 원인 … 개인, 가족, 일탈적 하위문화, 사회제도의 일부

③ 사회문제의 정의

    ㉠ 사회체계가 상위체계에 대하여 기능적 요건을 충족하지 못하고 있는 상태

    ㉡ 사회체계가 사회적으로 합의된 규범을 준수하지 못하고 있는 상태

    ㉢ 사회체계가 사회화 과정과 결과에서 실패한 상태

④ 사회문제의 해결방안

    ㉠ 개입하는 주체는 사회측이어야 한다.

    ㉡ 사회화 기능과 통제기능을 강화하거나 수정, 재사회화 또는 재활기능 강화, 물질적 및 기회의 분배기능 강화 또는 수정

    ㉢ 교육기회 및 여건 보장, 개별사회서비스 강화, 공적 교육제도의 개선, 조세제도 개선, 사회복지제도 개선 등

⑤ 관련 이론 … 사회병리론, 사회해체론, 사회변동론, 일탈행위론, 하위문화론

(2) 갈등주의(변증법적 갈등주의) - Marx

① 사회문제의 대상 … 사회적 불평등

② 사회문제의 원인 … 비합법적인 사회통제와 착취, 희소자원의 불균등한 분배, 불균등한 분배를 가져오는 사회의 권위와 권력의 구조

③ 사회문제의 정의

    ㉠ 희소자원의 불균등한 소유로 발생하는 갈등현상

    ㉡ 희소자원을 통제하는 데 있어 권위와 권력이 유형화되어 있는 것에 대한 불만적인 반응

④ 사회문제의 해결방안 … 자본주의 체제 재조직

(3) 통합주의(기능적 갈등주의) - Simmel

① 사회문제의 대상 … 사회해체

② 사회문제의 원인 … 사회제도(+개인)

③ 사회문제의 정의 … 갈등의 결과로서 사회체계의 통합과 발전에 역기능적인 현상을 나타내고 있는 것

④ 사회문제의 해결방안 … 단편적인 개혁, 개선, 보완(단기적으로 해결 가능)

[기능주의 · 갈등주의 · 통합주의 비교]

구분	기능주의 관점	갈등주의 관점	통합주의 관점
대상문제	사회적 부적응	사회적 불평등	사회해체
사회문제의 정의	• 한 사회체계가 사회적으로 합의된 규범을 준수하지 못하고 있는 상태 • 어떤 사회체계가 사회화 과정과 결과에서 실패한 상태	• 희소자원의 불균등한 소유로 인해 발생하는 갈등현상 • 희소자원을 통제하는데 있어 권위와 권력이 유형화되어 있는 것에 대한 불만적인 반응	자원의 불평등한 분배에 대한 갈등의 결과로서 사회체계의 통합과 발전에 역기능적인 현상을 나타내고 있는 상태
사회문제의 원인	사회체계 일부의 기능인 사회화 기능과 사회통제 기능의 실패	사회제도	주로 사회제도에 있으나 어느 정도 개인에게도 있다고 봄
사회문제의 해결	• 사회의 사회화 기능과 통제기능 강화 · 수정 • 재사회화 · 재활기능 강화 • 사회의 분배기능 강화	• 사회체제 자체의 변화 • 불평등한 지배를 영속화시키고 있는 사회체제자체의 재조직화	제도의 단편적 개혁 · 개선 · 보완
사회정책	고용정책 (실업보험, 완전고용 등)	다수의 이익을 보장하는 방향으로 소득정책 (최저임금제, 법정노동시간제)	사회입법(사회보장, 노사협의제도 등)
사회사업	전통적 방법, 심리모델 (가족치료, 상담사업)	전통적 · 심리적 방법을 비판하면서 급진모델 (사회행동, 혁명)	개혁적 모델(지역사회복지, 기업복지 등)

(4) 상징적 상호작용주의

① 사회문제의 원인

　㉠ 상호작용에서 어떤 현상이나 행동에 대한 의미에 동의할 수 없다는 판단을 하는 것

　㉡ 어떤 현상을 바람직하지 않은 행동으로 낙인을 찍는 것

　㉢ 어떤 행위에 대하여 다른 의미로 사회화된 것

기출문제

❓ **사회문제에 대한 설명으로 옳지 않은 것은?**

▶ 2014. 3. 22. 사회복지직

① 사회문제는 시간에 따라 달리 정의될 수 있다.

② 사회문제는 공간에 따라 달리 정의될 수 있다.

③ 사회문제는 가치중립적이다.

④ 사회문제를 정의하는 데에는 기준이 존재한다.

Tip 사회문제란 어떤 현상이 사회적 가치에서 벗어나는 것을 말하며 그 사회적 가치란 기능주의나 갈등주의 등에 따라 다르게 작용하는 가치 지향적인 개념이다.

정답 ③

② 사회문제의 정의

　㉠ 집단의 의미대로 행동하지 않는 것

　㉡ 같은 현상이나 행동도 의미를 부여하는 데 따라 사회문제가 되지 않을 수도 있음

③ 사회문제의 해결방안

　㉠ 적절히 상징에 의미를 부여하고 동의할 수 있도록 사회화 또는 재사회화

　㉡ 직질한 사회화제도나 재사회화 제도의 확립

　㉢ 낙인행위를 유발할 수 있는 상황을 조성하지 않음

　㉣ 낙인행위에서 얻어지는 이득 제거

　㉤ 부정적인 낙인사용에 신중을 기할 것

section 2 사회복지정책의 발달이론

(1) 산업화이론(수렴이론, 기술결정론)

① 복지국가 또는 사회복지제도의 생성과 변화를 산업화의 결과로 해석한다. 산업화는 도시화, 제조업 중심으로의 산업구조 변화를 수반하며 이 과정에서 산업재해, 불평등의 심화, 범죄문제, 주택문제, 상·하수도문제 등 각종 도시 문제가 발생한다. 이러한 사회문제에 대한 사회적·국가적 대응의 결과가 사회복지제도 및 복지국가라고 할 수 있다.

② 인간의 합리적 이성에 대한 믿음을 전제로 하고 있다. 합리이론에 의하면 합리적 이성을 가진 인간은 산업화과정에서 나타나는 각종 사회문제에 대하여 합리적 해결책을 제시하며, 이 해결책 중의 한 영역이 사회복지라고 설명한다.

③ 경제발전을 중요시 한다. 즉, 경제발달은 산업발전 및 자본주의 국가의 발전을 의미하여 복지국가는 바로 이러한 기초 위에 성립하는 것이 된다.

(2) 계급정치이론(사회민주주의 이론)

① 노동자계급의 성장과 이들의 정치적 참여시스템에 주목한다. 노동자계급의 성장이 초기 사회복지제도나 복지국가의 출현에 중요한 요인이었음을 보여주고 있다.

② 복지국가의 성장·발전을 사회민주주의와 연계시킨다. 즉, 노동자계급의 이해를 대변하는 사회민주주의 및 좌파 정당의 성장과 집권이 복지국가의 팽창에 중요한 역할을 했다고 본다.

(3) 국가중심이론

① 국가의 정책결정 및 형성능력, 국가의 제도지향성, 국가행위자의 확대성향에 기초하여 국가 및 관료집단의 자기강화 경향에 주목한다.

② 자본, 노동계급, 사회의 이익집단, 산업화 등이 복지국가의 형성과 발전에 일정한 정도 영향을 주고 있음을 인지하고 있으나, 기본적으로 그러한 영향이 독립적·상대적으로 자율적인 국가에 의해 매개되고 있음을 강조한다.

③ 국가, 특히 관료조직의 정책형성능력을 강조한다.

④ 국가의 중앙집권적·조합주의적인 형태가 사회복지의 발전에 중요하다고 설명한다.

⑤ 관료조직의 독자적 이해관계를 강조한다.

(4) 다원주의론

① 민주주의 사회를 전제로 하고 있으며, 다원화된 집단과 이들 간의 경쟁과 제휴정치를 통하여 복지국가가 발전한다고 본다.

② 다양한 집단의 정치적 참여를 중시하고, 권력이 국가보다는 시민사회에 분산되어 있으며, 국가가 중립적 위치에서 다양한 집단들의 경쟁과 갈등을 조절하고 협의를 이끌어 내는 시스템 관리자로서 기능한다고 본다.

(5) 엘리트 이론

① 사회복지정책은 소수나 개인의 우수한 능력으로 이루어졌다고 본다.

② 권력은 항상 소수에 의해 행사되며, 다수의 일반인들은 권력행사에 참여하지 못한다고 보는 것이다.

③ 권력이 국민에게 나오는 것이 아닌 정당이나 국가의 엘리트들에 의해 비롯된다고 생각하며, 자신의 이익이나 권력유지를 위해 정부를 통제하고, 국민을 통제하려는 속성을 가지고 있다.

(6) 사회양심이론

① 베이커에 의해 정립되었다.

② 인간 상호 간에 존재하는 사랑이 국가나 사회를 통해 구체화된 것이 사회복지제도이며, 사회적 욕구에 대해 국민들의 인식을 어떻게 제고시킬 것인가와 그것에 대한 사회적 의무감을 어떻게 확대시킬 수 있는가가 사회복지제도의 성립에 중요한 변수가 된다.

③ 사회복지에 대한 발전과정을 단선적이고 진화론적으로 가정하며 낙관적으로 바라보아 사회복지제도가 점진적으로 계속해서 향상되는 것으로 보고 있다.

기출문제

(7) 사회정의론

① 사회복지의 변천을 사회정의개념의 진화로 설명한다. 이러한 시대별 사회정의 개념의 변화에 따라 정의를 실현하는 주체와 장치들이 필요한데, 이를 담당하면서 변화되어 온 것 중 하나가 사회복지제도라고 할 수 있다.

② 원시시대 … 사회가 친밀한 대인관계를 기본으로 하고 있었기 때문에 사회정의의 개념보다 관대함이 복지의 기본요소였다.

③ 봉건시대 … 엄격한 계급적 구분이 존재하면서 계급간의 인정적 대인관계의 친분범위가 제한되었다. 이때의 사회정의는 1차적으로 기득권의 보호였고, 구빈이나 구호는 2차적 사회정의로 통용되었다.

④ 자본주의 사회 … 개인의 업적에 대한 보상이 사회정의의 원리가 되었고, 보완적으로 욕구에 따른 분배가 사회정의의 일부를 구성하게 되었다.

(8) 시민권이론

① 사회복지제도는 시민권의 분화현상과 사회권의 확립이라는 진화적 과정에 따라 개선·확대된 것이라고 본다.

② 마샬(T.H. Marshall)에 의하면 영국의 경우 18세기에서 19세기에 공민권이 확립되었고 19세기에서 20세기 사이에 참정권이, 20세기 중반까지 사회권이 조성되었다고 한다. 특히 20세기 사회권의 발달은 복지권의 확립 및 복지국가의 발전에 중요한 의미를 지닌다고 본다.

③ 시민권의 구성요소
  ㉠ 공민권 : 개인의 자유에 필요한 권리로 신체의 자유, 표현·사상·신념의 자유, 사유재산권 등을 말한다.
  ㉡ 정치권 : 정치권력의 행사에 참여할 수 있는 권리를 말한다.
  ㉢ 사회권(복지권) : 최소한의 경제적 복지 및 보장과 사회의 보편적 기준에 맞는 시민적 존재로서 생활을 누릴 권리를 말한다.

④ 비판
  ㉠ 영국의 사례에 국한되었으며, 시민권의 적용이 백인 남성에게 한정된다.
  ㉡ 시민권의 발전을 자연적 진화로 규정하여 투쟁을 통한 획득 시민권 획득에 대해 간과하고 있다.

問 마셜(Marshall)의 「시민권론」에 대한 비판의 내용에 해당하지 않는 것은?

▶ 2019. 2. 23. 제1회 서울특별시

① 남성 백인에게만 유효한 권리 범주에 불과하며, 여성과 흑인 등 다른 집단의 권리는 보장하지 못했다.
② 영국의 사례에 국한된 측면이 있다.
③ 시민권의 발전을 자연적인 진화의 과정으로 간주하여, 투쟁을 통해 실질적으로 획득될 수 있다는 것을 간과하고 있다.
④ 관찰 시점에 따라 상이한 유형으로 구분될 수 있으며, 명확한 구분이 어려운 애매한 사례도 존재한다.

Tip 마셜은 사회복지정책을 '시민에게 서비스를 제공하여 복지를 향상시키기 위한 정부의 정책'이라고 정의하면서 사회보험, 공공부조, 보건서비스, 복지서비스, 주택 정책 등이 포함된다고 하였다.
④ 마셜은 시민권의 변천을 진화론의 입장에서 규정하고 시민권의 요소를 공민적, 정치적, 사회적 요소로 구분하였다.

▌정답 ④

(9) 음모이론(사회통제이론)

① 인도주의나 사회적 인정 혹은 양심에 도전하는 입장을 취하는 견해로, 사회복지정책이 발달하는 이유를 지배계층이 기존의 사회질서가 위협받고 있다고 느끼는 때에 사회변화를 통해 위기를 전환하기 때문이라고 본다.

② 사회복지의 확대는 대중을 위한 것이 아닌 지배층의 이해를 대변하는 것이라고 주장한다.

③ 음모이론은 정책결정자의 의도보다는 정책의 결과에 의존하고 있다.

(10) 전파이론(확산이론)

① 한 나라의 사회복지정책이 다른 나라에 영향을 미친다고 본다.

② 국제관계가 긴밀하게 이루어지는 현대사회에서 국가 간 교류로 사회복지정책과 사회보장의 아이디어와 경험이 한 나라에서 다른 나라로 전파, 확산된다는 것이다.

(11) 독점자본이론

① 복지국가 발전을 독점자본주의 속성과 연결시켜 설명하였다.

② **도구주의 관점**… 전통적 마르크스주의 국가의 역할에 관한 관점에 가장 근접한 것으로 국가의 역할은 자본가들의 이익을 수행하는 도구에 지나지 않는다고 본다.

③ **구조주의 관점**… 자본가들이 국가기구에 영향력을 행사하여 국가를 도구화하는 것이 아니라 자본주의 경제의 구조 자체에 문제가 있으므로 국가의 기능은 자본가의 이익과 합치될 수밖에 없다고 본다.

④ **정치적 계급투쟁의 관점**… 복지국가가 반드시 자본가계급의 이익만을 위해 존재하는 것은 아니고, 자본가계급과 노동자계급의 정치적·계급적 투쟁에 따라 그 성격이 결정된다고 본다.

(12) 코포라티즘

① 코포라티즘(Corporatism)은 복지정책 형성과정에 있어서 국가가 능동적이고 적극적인 주도권을 행사한다는 점을 강조한다.

② 국가 전체의 이익 확대와 사회질서의 유지를 위해서, 사회를 일정한 방향으로 유도할 목적을 가지고 국가가 의도적으로 사회집단과 개인의 이익 및 가치를 통제 조정하는 수단을 의미한다.

기출문제

사회복지발달이론에 대한 설명으로 옳지 않은 것은?

▶ 2015. 3. 14. 사회복지직

① 권력자원론은 노동자계급의 정치적 세력이 확대되면 그 결과로 사회복지가 발전한다고 본다.

② 시민권이론은 역사적으로 공민권, 정치권에 이어 사회권(복지권)이 확대되었다고 본다.

③ 수렴이론은 산업화에 의해 새로운 욕구가 만들어지고 이를 해결하기 위해 사회복지가 확대된다고 본다.

④ 확산이론은 다양한 이익집단들의 활동으로 인해 사회복지가 발전한다고 본다.

Tip ④ 확산이론은 한 나라의 사회복지 정책이 다른 나라에 영향을 미친다는 데 초점을 맞춘 이론으로 긴밀한 관계에 있는 국가나 인접한 국가 간의 제도가 서로 닮아간다는 이론이다.

정답 ④

사회복지에 관한 이론

1 사회복지정책의 발달이론에 대한 설명으로 옳지 않은 것은?

① 수렴이론은 경제발전을 중요시한다.
② 계급정치이론은 노동자계급의 정치적 참여시스템에 주목한다.
③ 음모이론은 정책결정자의 의도보다는 정책의 결과에 의존한다.
④ 사회양심이론은 인간의 합리적 이성에 대한 믿음을 전제로 하고 있다.

2 사회복지발달이론 중 기술결정론에 대한 설명으로 옳은 것은?

① 자본주의가 발전할수록 산업재해 등의 다양한 사회문제가 나타나며 국가는 이들을 지원하는 사회복지정책을 준비하게 된다.
② 사회복지에 대한 욕구가 증가하고 이것을 해결할 수 있는 경제적 자원이 있으면 반드시 사회복지가 발달한다.
③ 사회복지의 발달이 기술의 발전을 좌우한다는 입장이다.
④ 사회복지정책을 결정하는 과정에서 지배계층과 각종 이해집단의 선택이 정책에 반영된다.

3 사회복지의 각 관점에 대한 설명으로 옳지 않은 것은?

① 기능주의적 관점은 사회를 조직적 · 안정적이며 통합적인 체계로 본다.
② 통합주의적 관점을 신갈등주의 관점이라고도 한다.
③ 갈등주의적 관점은 사회행동이나 급진적인 측면에서 해결책을 모색한다.
④ 사회사업의 전통적 방법이나 심리요법을 중요시하는 것은 갈등주의적 관점이다.

4 다음 중 사회사업에 있어서 심리요법을 강조하는 것은?

① 기능주의 　　　　　　　　　　② 통합주의
③ 갈등주의 　　　　　　　　　　④ 제도주의

5 사회문제에 대한 이론적 관점을 비교한 것으로 잘못된 것은?

① 기능주의적 관점은 사회문제를 해결하기 위하여 사회화 기능과 통제기능을 강화하거나 수정해야 한다는 입장이다.

② 갈등주의적 관점은 다수의 이익을 보장하는 방향으로 소득 정책을 수립해야 한다고 주장한다.

③ 사회행동이나 혁명 같이 전통적·심리적 방법을 비판하는 급진적 성격의 사회사업은 갈등주의 관점의 맥락이다.

④ 통합주의적 관점은 사회문제의 원인이 전적으로 사회제도에 있다고 본다.

6 사회복지제도의 발달을 산업화 이론으로 설명한 것 중 옳지 않은 것은?

① 산업재해, 실업 등의 사회문제들은 복지수요를 증대시켰다.

② 도시화에 부수된 사회문제들은 복지욕구를 증대시켰다.

③ 노동자 계급의 정치적 세력 증대가 복지서비스를 확대시켰다.

④ 여성의 사회참여 증가 및 가족구조의 변화 등이 복지서비스의 확대를 불러왔다.

7 사회복지의 발달이론 중 사회양심이론에 관한 설명으로 옳지 않은 것은?

① 인간이 타인에 대한 사랑을 가지고 있다는 것을 기초로 하고 있다.

② 복지국가는 독점자본의 축척을 심화하고 자본주의 모순을 은폐하는 역할을 한다고 본다.

③ 사랑이 국가나 사회를 통해 구체화된 것이 사회복지제도라고 본다.

④ 사회복지에 대한 발전과정을 단선적이고 진화론적으로 가정하며 낙관적으로 바라보아 사회복지제도가 점진적으로 계속해서 향상되는 것으로 본다.

8 마샬(T.H. Marshall)의 시민권론 중에서 복지국가의 발전에 중요한 의미를 지니는 것은?

① 공민권   ② 참정권
③ 사회권   ④ 시민권

9 다음 중 통합주의적 사회복지관에 대한 설명으로 옳지 않은 것은?

① 신갈등주의적 관점이라고도 한다.

② 사회적 불평등을 대상으로 한다.

③ 갈등을 사회화의 한 형태·열이 아닌 재통합을 추구하고 이를 증진시키는 것으로 본다.

④ 입법과 정책수립을 통하여 갈등을 수용하고자 한다.

10 다음 중 사회복지의 이론적 관점에 대한 설명으로 옳지 않은 것은?

① 기능주의적 관점은 구성원의 상호협력을 통한 합의와 역할분화로써 효율성을 강조한다.

② 갈등주의적 관점은 다수의 이익을 보장하려는 방향으로 정책을 수립한다.

③ 신갈등주의는 종래의 전통적·심리적 요법을 비판하고 사회행동이나 급진적 모델에 의존하려고 한다.

④ 통합주의적 관점에서 갈등의 원천은 다양성과 이익조화성을 주장한다.

11 사회복지발달이론 중 수렴이론에 대한 설명으로 옳지 않은 것은?

① 현대사회를 이해하기 위한 주요 변수로 산업화와 경제발전을 들고 있다.

② 산업사회의 사회구조를 결정짓는 열쇠는 기술 즉, 산업화이며 어느 수준의 산업화를 이룬 국가들의 사회복지 제도들은 어느 한 점으로 수렴되어 비슷하다고 주장한다.

③ 인도주의 사상에 기초하여 이타주의와 사회적 책임성 맥락에서 사회복지제도의 발달을 설명한다.

④ 일단 산업화가 시작되면 사회복지제도의 도입은 거의 필연적이며, 기술이 발전하면 할수록 사회복지는 발달 하게 된다고 본다.

12 다음 중 사회복지정책 발달과 관련된 내용으로 옳지 않은 것은?

① 산업화이론은 복지국가 또는 사회복지제도의 생성과 변화를 산업화의 결과로 해석한다.

② 계급정치이론은 노동자계급의 성장과 이들의 정치적 참여시스템에 주목하며, 노동자계급을 초기 사회복지제 도의 출현에 중요한 요인으로 본다.

③ 베이커에 의해 정립된 사회양심이론은 사회복지제도를 인간 상호 간에 존재하는 사랑이 국가나 사회를 통해 구체화된 것이라고 정의한다.

④ 다원주의론은 사회주의 국가를 전제로 하여 다원화된 집단과 이들 간의 경쟁, 제휴를 통하며 복지국가로 발 전한다는 입장이다.

13 사회복지정책 형성과 기능에 관한 이론 설명으로 옳은 것은?

① 사회양심론 : 거리의 계급투쟁을 지향하고 자본가, 노동자, 국가가 협력하여 연합체적으로 국가의 사회경제정책을 결정하는 체제로서, 국가는 중립적인 조정자의 역할을 수행한다.

② 음모이론 : 사회복지정책은 사회전체의 안정과 질서의 유지를 통한 사회 통제와 현상의 유지에 목적이 있기 때문에 진정한 수혜층은 지배층이다.

③ 확산이론 : 사회복지정책은 타인의 고통을 해소하려는 개인의 이타적 양심이 국가를 통해 발현하는 것이라고 보고 현재 사회복지서비스가 완전하지는 않더라도 사회복지문제들은 해결될 것이라는 낙관론적인 관점을 갖는다.

④ 코포라티즘 : 한 나라의 사회복지정책이 다른 나라에 영향을 미친다는데 초점을 두고 있으며, 사회복지정책의 확대 과정은 국제적 모방(processes of imitation)이라는 관점이다.

14 다음 설명이 전제로 하고 있는 학파는?

> 성격을 현실적으로 구성하는 자아는 타인들의 작용에 의해 변화될 수 있는 성질의 것이 아니라 본래 개인의 내적·외적 경험을 스스로 발달시킬 수 있는 창조적인 힘을 가지고 있다.

① 체제이론   ② 통합주의
③ 진단주의   ④ 기능주의

15 사회복지의 갈등주의적 관점에 대한 설명으로 옳지 않은 것은?

① 사회정책도 노동자의 이익을 보장하는 방향으로 입안된다.
② 사회구성원의 사회적 부적응을 대상으로 한다.
③ 대표적인 학자로는 K. Marx, G. Simmel 등이 있다.
④ 이익집단의 대립이 심화되면 집단행동에 의해 자원배분을 재조정한다.

정답및해설

1	④	2	①	3	④	4	①	5	④
6	③	7	②	8	③	9	②	10	③
11	③	12	④	13	②	14	④	15	②

1 ④ 산업화이론(수렴이론)은 인간의 합리적 이성에 대한 믿음을 전제로 하고, 복지국가 또는 사회복지제도의 생성과 변화를 산업화의 결과로 해석한다.

2 ② 산업화로 인한 사회복지의 욕구와 경제적 자원이 있으면 반드시 사회복지가 발달하는 것은 아니다.
③ 기술의 발전이 사회복지의 발달을 좌우한다는 입장이다.
④ 사회복지의 발달에 영향을 미치는 정치적 합의에 관해서는 아무 언급이 없고, 사회경제적 변화에만 주목하기 때문에 경제결정론이라고 비판받기도 한다.

3 ④ 사회사업의 전통적 방법이나 심리요법을 중요시하는 것은 기능주의적 관점이다.

4 기능주의적 관점
　㉠ 사회구성원의 사회적 부적응에 관심을 둔다.
　㉡ 사회를 하나의 체계로 보고 사회가 상호의존적 부분들로 전체를 구성한 것이므로 구성원의 상호협력을 통한 합의와 역할분화로써 효율성을 강조한다.
　㉢ 사회의 통합과 안정 및 발전을 위해서는 갈등이나 불만 등의 분열적 요소는 제거되어야 하고 이의 적응이 중요한 사회복지의 기능이다.
　㉣ 기능주의자들은 사회의 기능적 필요조건(적응·의사소통·사회화·통제 등)이 있고 이러한 기능적 필요조건의 요구를 해결하기 위하여 기관이나 제도가 창조되어야 한다는 주장이다.
　㉤ 사회복지의 전통적 방법이나 고용정책 및 심리요법을 중시한다.
　㉥ 이론적 중심은 체계이론, 구조주의, 행태주의 등이다.

5 ④ 통합주의적 관점은 사회문제의 원인이 주로 사회제도에 있으나 개인 역시 어느 정도의 원인제공을 한다고 보는 입장이다.

6 ③ 계급정치이론에 관한 설명이다.

7 ② 마르크스주의 이론의 주장이다.

8 20세기 중반까지 사회권이 조성되었고, 이것은 복지권의 확립 및 복지국가의 발전에 중요한 의미를 지닌다고 본다.

9 ② 갈등주의적 관점에 대한 설명이다.
  ※ 통합주의적 관점
    ⊙ 사회체계 간의 역동적인 질서유지가 파괴되었을 때 야기되는 사회해체를 대상으로 하며, 이를 신갈등주의라고도 한다.
    ⓒ 통합주의자들은 갈등을 사회악으로 보는 기능주의자의 태도와는 달리 갈등은 사회화의 한 형태이고 사회를 분열시키는 것이 아니라
      재통합시켜 준다고 주장한다.
    ⓒ 통합주의자들은 이익의 대립성만을 주장하는 것이 아니라 이익의 조화성을 주장하며 이해관계도 생산관계에서만 나오는 것이 아니라
      분배관계 또는 다양한 자원(재산·권력·권위·기회 등)의 불평등한 배분에서 찾고 있는 것이 특징이다.
    ⓔ 사회갈등의 제도화, 즉 입법과 정책수립을 통하여 갈등을 수용하고자 한다.

10 ③ 갈등주의적 관점에 대한 내용이며 신갈등주의(통합주의)적 관점은 입법과 정책수립을 통하여 갈등을 수용하려는 것을 주장한다.

11 ③ 사회양심이론에 관한 설명이다.
  ※ 사회양심이론 … 사회복지의 발달을 어떤 인구집단의 집단적인 사회양심의 축적이라는 맥락에서 이해하여야 한다고 보았으며, 인간이란
    이타주의적 본능을 가지고 있기 때문에 자신의 자녀뿐만 아니라 친척·친구·이웃들도 보호하고 싶어 한다고 설명한다.

12 ④ 다원주의론은 민주주의 국가를 전제로 한다.

13 ① 코포라티즘에 대한 설명이다.
  ③ 사회양심론에 대한 설명이다.
  ④ 확산이론에 대한 설명이다.

14 기능주의
  ⊙ 사회부적응에 관심(사회의 상호관련성 또는 상호의존성 강조)
  ⓒ 사회는 성원들 간의 가치와 재화 및 협동에 의하여 합의 조직된 통합적 체계
  ⓒ 기능주의적 접근은 사회의 분열적 요소를 제거하고 그러한 성원을 사회에 적응시키도록 하는 것
  ⓔ 사회사업의 전통적 방법 또는 심리요법 중시

15 ② 기능주의적 관점에 해당하는 내용이다. 갈등주의는 사회적 불평등을 대상으로 한다.

05 사회복지의 윤리

기출문제

section 1 사회복지 윤리의 의미

(1) 가치와 윤리

① 가치가 보편적이고 관념적인 체계인 반면, 윤리는 가치와 일치된 행위로 이끄는 행농상의 규칙들이다.

② 가치가 좋고 바람직한 것에 대한 선호나 믿음이라면, 윤리는 어떤 행동에 대한 옳고 그름을 나타내는 판단기준으로 인간이 마땅히 행하거나 지켜야 할 도리이다.

③ 가치와 윤리는 사회의 변화에 따라 변화한다.

④ 사회복지의 가치는 사회복지실천이 추구해야 하는 방향성을 제시하며, 윤리는 전문직으로서의 사회복지사가 반드시 지켜야 하는 행동의 원칙과 지침을 제공한다.

(2) 사회복지의 윤리

① 윤리는 사회복지사가 사회복지의 가치기준에 맞는 판단이나 실천행동을 하도록 도와주는 구체적 행동원칙이자 지침이다.

② 사회가 다원화되고 복잡해지면서 전문가 집단으로서의 구체적인 행동원칙과 규칙을 필요로 하게 되었다.

③ 1970년대부터 사회복지사는 사회복지의 윤리에 관심을 갖기 시작하였고, 윤리적 행동원칙이나 기준을 윤리강령으로 제정하여 이를 준수하고 있다.

(3) 사회복지사 윤리강령의 발달과정

① 1973. 2. 윤리강령 초안제정 결의

② 1982. 1. 사회복지사 윤리강령 제정

③ 1988. 3. 제1차 사회복지사 윤리강령 개정

④ 1992. 10. 제2차 사회복지사 윤리강령 개정

⑤ 2001. 12. 제3차 사회복지사 윤리강령 개정

문 사회복지사 윤리강령의 기능에 해당하지 않는 것은?

▶ 2013. 8. 24. 제1회 지방직

① 사회복지사에게 윤리적 딜레마에 대한 지침을 제공한다.
② 외부의 통제로부터 사회복지 전문직의 전문성을 보호한다.
③ 사회복지사를 실천오류(malpractice) 소송으로부터 보호한다.
④ 동료나 기관과 갈등이 생길 때 사회복지사를 법적으로 보호한다.

Tip ④ 윤리강령은 법적 제재의 힘을 갖지는 못한다.

┃정답 ④

section ② 사회복지사 윤리강령

(1) 전문

사회복지사는 인본주의 · 평등주의 사상에 기초하여, 모든 인간의 존엄성과 가치를 존중하고 천부의 자유권과 생존권의 보장활동에 헌신한다. 특히 사회적 · 경제적 약자들의 편에 서서 사회정의와 평등 · 자유와 민주주의 가치를 실현하는 데 앞장선다. 또한 도움을 필요로 하는 사람들의 사회적 지위와 기능을 향상시키기 위해 저들과 함께 일하며, 사회제도 개선과 관련된 제반 활동에 주도적으로 참여한다. 사회복지사는 개인의 주체성과 자기결정권을 보장하는 데 최선을 다하고, 어떠한 여건에서도 개인이 부당하게 희생되는 일이 없도록 한다. 이러한 사명을 실천하기 위하여 전문적 지식과 기술을 개발하고 사회적 가치를 실현하는 전문가로서의 능력과 품위를 유지하기 위해 노력한다. 이에 우리는 클라이언트 · 동료 · 기관 그리고 지역사회 및 전체사회와 관련된 사회복지사의 행위와 활동을 판단 · 평가하여 인도하는 윤리기준을 다음과 같이 선언하고 이를 준수할 것을 다짐한다.

(2) 윤리기준

① 사회복지사의 기본적 윤리기준

㉠ 전문가로서의 자세
- 사회복지사는 전문가로서의 품위와 자질을 유지하고, 자신이 맡고 있는 업무에 대해 책임을 진다.
- 사회복지사는 클라이언트의 종교 · 인종 · 성 · 연령 · 국적 · 결혼상태 · 성 취향 · 경제적 지위 · 정치적 신념 · 정신, 신체적 장애 · 기타 개인적 선호, 특징, 조건, 지위를 이유로 차별 대우를 하지 않는다.
- 사회복지사는 전문가로서 성실하고 공정하게 업무를 수행하며 이 과정에서 어떠한 부당한 압력에도 타협하지 않는다.
- 사회복지사는 사회정의 실현과 클라이언트의 복지 증진에 헌신하며 이를 위한 환경 조성을 국가와 사회에 요구해야 한다.
- 사회복지사는 전문적 가치와 판단에 따라 업무를 수행함에 있어 기관 내외로부터 부당한 간섭이나 압력을 받지 않는다.
- 사회복지사는 자신의 이익을 위해 사회복지 전문직의 가치와 권위를 훼손해서는 안 된다.
- 사회복지사는 한국사회복지사협회 등 전문가단체 활동에 적극 참여하여 사회정의 실현과 사회복지사의 권익옹호를 위해 노력해야 한다.

문 〈보기〉의 설명에 해당하는 「사회복지사 윤리강령」 기준은?
▶ 2019. 6. 15. 제2회 서울특별시

〈보기〉
- 사회복지사는 클라이언트의 지불능력에 상관없이 서비스를 제공해야 하며 이를 이유로 차별대우를 해서는 안 된다.
- 사회복지사는 전문가로서의 품위와 자질을 유지하고 자신이 맡고 있는 업무에 대해 책임을 진다.

① 기본적 윤리기준
② 사회에 대한 윤리기준
③ 클라이언트에 대한 윤리기준
④ 기관에 대한 윤리기준

Tip 사회복지사의 기본적 윤리기준 중 경제적 이득에 대한 태도와 전문가로서의 자세에 해당되는 내용이다.

정답 ①

ⓒ 전문성 개발을 위한 노력

- 사회복지사는 클라이언트에게 최상의 서비스를 제공하기 위해 지식과 기술을 개발하는 데 최선을 다하며 이를 활용하고 전파할 책임이 있다.
- 클라이언트를 대상으로 연구하는 사회복지사는 저들의 권리를 보장하기위해, 자발적이고 고지된 동의를 얻어야 한다.
- 연구과정에서 얻은 정보는 비밀보장의 원칙에서 다루어져야 하고 이 과정에서 클라이언트는 신체적, 정신적 불편이나 위험, 위해 등으로부터 보호되어야 한다.
- 사회복지사는 전문성을 개발하기 위해 노력하되 이를 이유로 서비스의 제공을 소홀히 해서는 안 된다.
- 사회복지사는 한국사회복지사협회 등이 실시하는 제반 교육에 적극 참여 하여야 한다.

ⓒ 경제적 이득에 대한 태도

- 사회복지사는 클라이언트의 지불능력에 상관없이 서비스를 제공해야 하며 이를 이유로 차별대우를 해서는 안 된다.
- 사회복지사는 필요한 경우에 제공된 서비스에 대해 공정하고 합리적으로 이용료를 책정해야 한다.
- 사회복지사는 업무와 관련하여 정당하지 않은 방법으로 경제적 이득을 취해서는 안 된다.

② 사회복지사의 클라이언트에 대한 윤리기준

ⓐ 클라이언트와의 관계

- 사회복지사는 클라이언트의 권익옹호를 최우선의 가치로 삼고 행동한다.
- 사회복지사는 클라이언트에 대하여 인간으로서의 존엄성을 존중해야 하며 전문적 기술과 능력을 최대한 발휘한다.
- 사회복지사는 클라이언트가 자기결정권을 최대한 행사할 수 있도록 도와야 하며 저들의 이익을 최대한 대변해야 한다.
- 사회복지사는 클라이언트의 사생활을 존중하고 보호하며 직무 수행과정에서 얻는 정보에 대해 철저하게 비밀을 유지해야 한다.
- 사회복지사는 클라이언트가 받는 서비스의 범위와 내용에 대해 정확하고 충분한 정보를 제공함으로써 알 권리를 인정하고 존중해야 한다.
- 사회복지사는 문서·사진·컴퓨터·파일 등의 형태로 된 클라이언트의 정보에 대해 비밀보장의 한계, 정보를 얻어야 하는 목적 및 활용에 대해 구체적으로 알려야 하며 정보 공개 시에는 동의를 얻어야 한다.
- 사회복지사는 개인적 이익을 위해 클라이언트와의 전문적 관계를 이용하여서는 안 된다.
- 사회복지사는 어떠한 상황에서도 클라이언트와 부적절한 성적관계를 가져서는 안 된다.
- 사회복지사는 사회복지증진을 위한 환경조성에 클라이언트를 동반자로 인정하고 함께 일해야 한다.

기출문제

😀 「사회복지사 윤리강령」상 사회복지사의 윤리기준으로 가장 옳지 않은 것은?

▶ 2019. 2. 23. 제1회 서울특별시

① 적법하고도 적절한 논의 없이 동료 혹은 다른 기관의 클라이언트와 전문적 관계를 맺어도 된다.
② 클라이언트의 지불능력에 상관없이 서비스를 제공해야 한다.
③ 전문가단체 활동에 적극 참여하여 사회복지사의 권익 옹호를 위해 노력하여야 한다.
④ 기관의 부당한 정책이나 요구에 대해 즉시 사회복지윤리위원회에 보고해야 한다.

Tip 동료의 클라이언트와의 관계
ⓐ 사회복지사는 적법하고도 적절한 논의 없이 동료 혹은, 다른 기관의 클라이언트와 전문적 관계를 맺어서는 안 된다.
ⓑ 사회복지사는 긴급한 사정으로 인해 동료의 클라이언트를 맡게 된 경우, 자신의 의뢰인처럼 관심을 갖고 서비스를 제공한다.

▎정답 ①

     ⓒ 동료의 클라이언트와의 관계
- 사회복지사는 적법하고도 적절한 논의 없이 동료 혹은 다른 기관의 클라이언트와 전문적 관계를 맺어서는 안 된다.
- 사회복지사는 긴급한 사정으로 인해 동료의 클라이언트를 맡게 된 경우 자신의 의뢰인처럼 관심을 갖고 서비스를 제공한다.

③ 사회복지사의 동료에 대한 윤리기준

     ㉠ 동료
- 사회복지사는 존중과 신뢰로서 동료를 대하며 전문가로서의 지위와 인격을 훼손하는 언행을 하지 않는다.
- 사회복지사는 사회복지 전문직의 이익과 권익을 증진시키기 위해 동료와 협력해야 한다.
- 사회복지사는 동료의 윤리적이고 전문적인 행위를 촉진시켜야 하며 이에 반하는 경우에는 제반 법률규정이나 윤리기준에 따라 대처해야 한다.
- 사회복지사가 전문인 판단과 실천이 미흡하여 문제를 야기했을 때에는 적절한 조치를 취하여 클라이언트의 이익을 보호해야 한다.
- 사회복지사는 전문직 내 다른 구성원이 행한 비윤리적 행위에 대해, 제반 법률규정이나 윤리기준에 따라 조치를 취해야 한다.
- 사회복지사는 동료 및 타전문직 동료의 직무 가치와 내용을 인정·이해하며, 상호간에 민주적 직무관계를 이루도록 노력해야 한다.

     ㉡ 슈퍼바이저
- 슈퍼바이저는 개인적인 이익의 추구를 위해 자신의 지위를 이용해서는 안 된다.
- 슈퍼바이저는 전문적 기준에 의해 공정하게 책임을 수행하며 사회복지사, 수련생 및 실습생에 대한 평가는 저들과 공유해야 한다.
- 사회복지사는 슈퍼바이저의 전문적 지도와 조언을 존중해야 하며 슈퍼바이저는 사회복지사의 전문적 업무수행을 도와야 한다.
- 슈퍼바이저는 사회복지사 수련생 및 실습생에 대해 인격적·성적으로 수치심을 주는 행위를 해서는 안 된다.

④ 사회복지사의 사회에 대한 윤리기준

     ㉠ 사회복지사는 인권존중과 인간평등을 위해 헌신해야 하며 사회적 약자를 옹호하고 대변하는 일을 주도해야 한다.

     ㉡ 사회복지사는 필요한 사회서비스를 개발하기 위한 사회정책의 수립·발전·입법·집행에 적극적으로 참여하고 지원해야 한다.

     ㉢ 사회복지사는 사회 환경을 개선하고 사회정의를 증진시키기 위한 사회정책의 수립·발전·입법·집행을 요구하고 옹호해야 한다.

     ㉣ 사회복지사는 자신이 일하는 지역사회의 문제를 이해하고, 그것을 해결하는 일에 적극적으로 참여해야 한다.

우리나라 사회복지사 윤리강령의 내용으로 옳지 않은 것은?

▶ 2020. 6. 13. 지방직/서울특별시

① 클라이언트를 대상으로 연구하는 사회복지사는 저들의 권리를 보장하기 위해, 자발적이고 고지된 동의를 얻어야 한다.
② 사회복지사는 한국사회복지사협회의 윤리적 권고와 결정을 존중하여야 한다.
③ 사회복지사는 슈퍼바이저의 전문적 지도와 조언을 존중해야 하며, 슈퍼바이저는 사회복지사의 전문적 업무수행을 도와야 한다.
④ 사회복지사는 동료 혹은, 다른 기관의 클라이언트라 하여도 저들의 이익을 위해 최상의 서비스를 제공하여야 한다.

Tip ※ 동료의 클라이언트와의 관계
㉠ 사회복지사는 적법하고도 적절한 논의 없이 동료 혹은 다른 기관의 클라이언트와 전문적 관계를 맺어서는 안 된다.
㉡ 사회복지사는 긴급한 사정으로 인해 동료의 클라이언트를 맡게 된 경우 자신의 의뢰인처럼 관심을 갖고 서비스를 제공한다.

정답 ④

문 우리나라 「사회복지사 윤리강령」에 대한 설명으로 옳지 않은 것은?

▶ 2020. 7. 11. 인사혁신처

① 윤리강령은 전문과 윤리기준으로 구성되어 있다.

② 윤리기준은 기본적 윤리기준 이외에 클라이언트, 동료, 협회, 국가에 대한 윤리기준을 각각 제시하고 있다.

③ 기본적 윤리기준에는 전문가로서의 자세, 전문성 개발을 위한 노력 등의 내용으로 구성되어 있다.

④ 사회복지윤리위원회의 구성과 운영에 관한 내용도 포함되어 있다.

> **Tip** ② 기본적인 윤리기준 이외에 사회복지사의 클라이언트, 동료, 사회, 기관에 대한 윤리기준을 각각 제시하고 있다.
> ① 윤리강령은 전문과 윤리기준으로 구성되어 있다.
> ③ 기본적 윤리기준에는 전문가로서의 자세, 전문성 개발을 위한 노력, 경제적 이득에 대한 태도에 대한 윤리기준을 각각 제시하고 있다.
> ④ 사회복지윤리위원회의 구성과 운영에 대한 내용도 포함하고 있다.

정답 ②

⑤ 사회복지사의 기관에 대한 윤리기준

  ㉠ 사회복지사는 기관의 정책과 사업 목표의 달성, 서비스의 효율성과 효과성의 증진을 위해 노력함으로써 클라이언트에게 이익이 되도록 해야 한다.

  ㉡ 사회복지사는 기관의 부당한 정책이나 요구에 대하여 전문직의 가치와 지식을 근거로 이에 대응하고 즉시 사회복지윤리위원회에 보고해야 한다.

  ㉢ 사회복지사는 소속기관 활동에 적극 참여함으로써 기관의 성장발전을 위해 노력해야 한다.

⑥ 사회복지윤리위원회의 구성과 운영

  ㉠ 한국사회복지사협회는 사회복지윤리위원회를 구성하여 사회복지윤리실천의 질적인 향상을 도모하여야 한다.

  ㉡ 사회복지윤리위원회는 윤리강령을 위배하거나 침해하는 행위를 접수받아 공식적인 절차를 통해 대처하여야 한다.

  ㉢ 사회복지사는 한국사회복지사협회의 윤리적 권고와 결정을 존중하여야 한다.

1 2001년 개정된 우리나라 사회복지사 윤리강령의 전문에 명시하고 있는 기본이념에 해당하는 것만을 모두 고른 것은?

> ㉠ 인간의 존엄성   ㉡ 자유권과 생존권
> ㉢ 사회정의   ㉣ 문화적 다양성
> ㉤ 자기결정권

① ㉠, ㉡, ㉢   ② ㉠, ㉡, ㉢, ㉤
③ ㉠, ㉢, ㉣, ㉤   ④ ㉠, ㉡, ㉢, ㉣, ㉤

2 우리나라 「사회복지사 윤리강령」에 관한 설명으로 옳지 않은 것은?

① 사회복지사는 클라이언트의 지불능력에 상관없이 서비스를 제공해야 하며 이를 이유로 차별대우를 해서는 안된다.

② 사회복지사는 적법하고도 적절한 논의 없이 동료 혹은 다른 기관의 클라이언트와 전문적 관계를 맺어서는 안된다.

③ 사회복지사는 필요한 사회서비스를 개발하기 위한 사회정책의 수립·발전·입법·집행에 적극적으로 참여하고 지원해야 한다.

④ 사회복지사는 전문가로서 성실하고 공정하게 업무를 수행하며, 이 과정에서 클라이언트의 요구 외에 어떠한 부당한 압력에도 타협하지 않는다.

3 다음에 제시된 사회복지사의 윤리적 책임은?

> 사회복지사는 문제해결 과정에서 클라이언트 스스로 자신의 목표를 수립할 수 있도록 도움을 제공해야 한다.

① 클라이언트의 사생활 및 비밀 보장
② 클라이언트에 대한 수용
③ 클라이언트의 자기결정 존중
④ 클라이언트의 개별적 다양성 존중

4 슈퍼바이저로서 사회복지사의 동료에 대한 윤리기준으로 옳지 않은 것은?

① 슈퍼바이저는 개인적인 이익의 추구를 위해 자신의 지위를 이용해서는 안 된다.
② 슈퍼바이저는 전문적 기준에 의해 공정하게 책임을 수행하며 사회복지사, 수련생 및 실습생에 대한 평가는 저들과 공유하지 않아야 한다.
③ 사회복지사는 슈퍼바이저의 전문적 지도와 조언을 존중해야 하며 슈퍼바이저는 사회복지사의 전문적 업무수행을 도와야 한다.
④ 슈퍼바이저는 사회복지사 수련생 및 실습생에 대해 인격적 · 성적으로 수치심을 주는 행위를 해서는 안 된다.

5 '사회복지사는 클라이언트의 권익옹호를 최우선의 가치로 삼고 행동한다.'에서 설명하는 사회복지사의 윤리기준은?

① 클라이언트에 대한 윤리기준
② 기본적 윤리기준
③ 사회에 대한 윤리기준
④ 기관에 대한 윤리기준

6 **클라이언트의 비밀보장에 대한 설명으로 옳지 않은 것은?**

① 사회복지사는 클라이언트로부터 모든 정보에 대해 무조건적으로 비밀을 보장해 주어야 한다.

② 기관 내에서 업무상 비밀을 밝혀야 할 경우에는 비밀을 공유하게 된 모든 사회복지사들이 비밀보장의 의무를 져야 한다.

③ 비밀보장의 권리가 클라이언트의 다른 권리와 상충될 때에는 두 권리를 비교하여 더 중요하다고 판단되어지는 권리를 옹호한다.

④ 클라이언트와 타인의 권리가 충돌했을 때 양 권리를 비교하여 그 중에서 중요한 권리를 택해야 한다.

7 **사회복지사와 클라이언트 관계가 어긋난 것은?**

① 통제된 정서적 관여　　　　　　　　② 심판적 태도

③ 의도적 감정표현　　　　　　　　　④ 비밀보장

8 **다음 중 사회복지사 윤리강령에 대한 설명으로 옳지 않은 것은?**

① 1970년대부터 사회복지사는 사회복지의 윤리에 관심을 갖기 시작하였다.

② 한국사회복지사협회는 사회복지윤리위원회를 구성하여야 한다.

③ 사회복지사의 기본적 윤리기준에는 전문가로서의 자세, 전문성 개발을 위한 노력, 경제적 이득에 대한 태도를 포함하고 있다.

④ 사회복지사는 클라이언트의 사생활을 존중하고 보호하며, 직무 수행과정에서 얻는 정보는 비밀을 유지하지 않아도 된다.

9 사회복지사의 기관에 대한 윤리기준이 아닌 것은?

① 사회복지사는 기관의 부당한 정책이나 요구에 대하여, 전문직의 가치와 지식을 근거로 이에 대응하고 즉시 사회복지윤리위원회에 보고해야 한다.

② 사회복지사는 기관의 정책과 사업 목표의 달성, 서비스의 효율성과 효과성의 증진을 위해 노력함으로써, 클라이언트에게 이익이 되도록 해야 한다.

③ 사회복지사는 인권존중과 인간평등을 위해 헌신해야 하며, 사회적 약자를 옹호하고 대변하는 일을 주도해야 한다.

④ 사회복지사는 소속기관 활동에 적극 참여함으로써, 기관의 성장발전을 위해 노력해야 한다.

10 클라이언트에 대한 비밀보장의 제한 경우가 아닌 것은?

① 클라이언트가 타인에게 영향을 미치는 경우
② 사회복지기관에 대한 지대한 권리를 침해한 경우
③ 비밀보장을 해주지 않아도 클라이언트에게는 어떠한 나쁜 영향도 미치지 않는 경우
④ 클라이언트가 워커에게 미치는 영향이 아주 심각한 경우

정답및해설

1	②	2	④	3	③	4	②	5	①
6	①	7	②	8	④	9	③	10	③

1 사회복지사 윤리강령 전문(2001. 12. 제3차 개정)

사회복지사는 인본주의·평등주의 사상에 기초하여, 모든 <u>인간의 존엄성</u>과 가치를 존중하고 천부의 <u>자유권과 생존권</u>의 보장활동에 헌신한다. 특히 사회적·경제적 약자들의 편에 서서 <u>사회정의</u>와 평등·자유와 민주주의 가치를 실현하는 데 앞장선다. 또한 도움을 필요로 하는 사람들의 사회적 지위와 기능을 향상시키기 위해 저들과 함께 일하며, 사회제도 개선과 관련된 제반 활동에 주도적으로 참여한다. 사회복지사는 개인의 주체성과 <u>자기결정권</u>을 보장하는 데 최선을 다하고, 어떠한 여건에서도 개인이 부당하게 희생되는 일이 없도록 한다. 이러한 사명을 실천하기 위하여 전문적 지식과 기술을 개발하고 사회적 가치를 실현하는 전문가로서의 능력과 품위를 유지하기 위해 노력한다. 이에 우리는 클라이언트·동료·기관 그리고 지역사회 및 전체사회와 관련된 사회복지사의 행위와 활동을 판단·평가하여 인도하는 윤리기준을 다음과 같이 선언하고 이를 준수할 것을 다짐한다.

2 ④ 사회복지사는 전문가로서 성실하고 공정하게 업무를 수행하며, 이 과정에서 어떠한 부당한 압력에도 타협하지 않는다.

3 사회복지사는 클라이언트가 자기결정권을 최대한 행사할 수 있도록 도와야 하며, 그 욕구를 결정하는 잠재적 힘을 자극하여 활동할 수 있도록 도와주어야 한다.

4 ② 슈퍼바이저는 전문적 기준에 의해 공정하게 책임을 수행하며 사회복지사, 수련생 및 실습생에 대한 평가는 저들과 공유해야 한다.

5 ① 사회복지사의 클라이언트와의 관계에 대한 윤리기준이다.

6 ① 클라이언트의 비밀보장은 사회복지사의 의무이다. 그러나 클라이언트의 비밀도 무제한적으로 보장될 수는 없다. 특히 클라이언트의 비밀을 지킬 권리는 그 구체적 적용에 있어서 타인의 권리와의 충돌로 여러 가지 제한을 받을 수 있다.

7 사회복지사가 사회복지대상자를 돕기 위해서는 개별화, 의도적인 감정표현, 통제된 정서적 관여, 수용, 비심판적 태도, 자기결정, 비밀보장의 원리를 지켜야 한다.

8 ④ 직무 수행과정에서 얻는 정보에 대해 철저하게 비밀을 유지해야 한다.

9 ③ 사회복지사의 사회에 대한 윤리기준에 관한 내용이다.

10 클라이언트에 대한 비밀보장이 제한 가능한 경우
ㄱ 지역사회 전체에 좋지 않은 영향을 미치는 경우
ㄴ 클라이언트의 비밀을 보장함으로써 타인에게 영향을 미치는 경우
ㄷ 사회복지기관에 대한 지대한 권리를 침해하는 경우
ㄹ 클라이언트가 워커에게 미치는 영향이 아주 심각한 경우

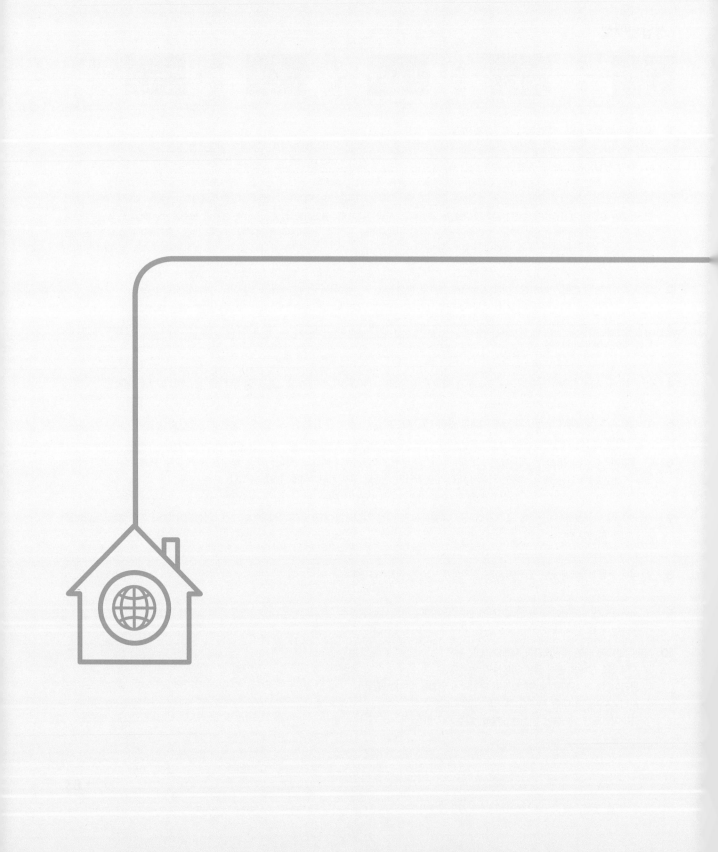

02

사회복지의 발달사

01 서구 사회복지의 역사

기출문제

문 엘리자베스 구빈법(The Elizabeth Poor Law, 1601)에 대한 설명으로 가장 옳은 것은?

▶ 2019. 2. 23. 제1회 서울특별시

① 근로능력이 있는 건강한 빈민(The able-bodied poor)이 교정원 또는 열악한 수준의 작업장에서 강제노역을 하도록 하였다.
② 공동작업장을 설치하여 임금지불과 직업보도 등을 처음 시작하게 되었다.
③ 빈민의 도시 유입을 막기 위해 농촌 노동력의 이동을 통제하는 제도이다.
④ 저임금 노동자의 생활비를 위해서 임금을 보충해 주는 빈민의 처우 개선 제도이다.

Tip ② 작업장시험법에 대한 설명이다.
③ 정주법에 대한 설명이다.
④ 스핀햄랜드법에 대한 설명이다.

section 1 영국 사회복지의 역사

(1) 구빈법

① 구빈법 제정의 시대적 배경

　㉠ 인클로저 운동(Enclosure Movement) : 15 ~ 17세기에 일어난 운동으로 공유지가 사유지로 전환되는 과정을 말한다. 이 운동은 공동경작이나 공유의 관습이 농업발달에 방해가 되었고 농업에 비해 목양업의 이익이 더 많았기 때문에 일어나게 되었는데, 이 때문에 수많은 농민·농업노동자 등이 일자리를 잃게 되어 부랑빈민으로 전락하였다.

　㉡ 수도원의 해체 : 봉건영주의 몰락으로 수도원이 해체되면서 수도원에서 빈민구제를 목적으로 설치·운영하던 수도원 숙박소가 문을 닫게 되자, 많은 빈민들이 길거리에 버려지게 되었다. 이를 계기로 교구중심의 종교적 자선에 대한 비판이 일기 시작했고, 빈민구제사업은 국가 주도로 이루어져야 한다는 여론이 높아졌다.

② 엘리자베스 구빈법(1601)

　㉠ 빈민구제를 정부책임으로 인식

　　• 비록 중상주의적 발상에 기반을 둔 것이기는 하나, 빈민에 대한 공적 구제를 중앙정부의 책임으로 인정하였다는 점에서 역사적 의미를 찾을 수 있다.
　　• 수급자의 권리에 대한 인식보다 이들의 통제에 목적이 있었으며, 잔여적 모형의 전형이었다는 점에서 복지국가의 출발로 보기는 곤란하다.

　㉡ 행정적 기관의 수립

　　• 추밀원을 정점으로 하는 중앙집권적 빈민통제를 특성으로 하며, 빈민의 관리를 국가의 책임으로 하되 빈민의 권리는 아직 수용되지 않았다.
　　• 각 교구에는 교구 위원회의 임명을 받은 빈민감독관이 구빈세징수 음식물이나 돈을 배분하고 교구의 구빈원을 지도·감독하는 일 등을 담당하였다.

　㉢ 빈곤자에 대한 부조의 재원은 조세를 통해 운영 : 구빈법에 필요한 재원은 교구 주민들에게 능력에 따라 부과하는 구빈세로써 충당하였다. 초기에는 지방 소득세의 성격을 띠었으나, 차츰 부동산에 대한 재산세의 형태로 전환되었다.

　㉣ 노동능력의 유무에 따라 빈민을 구분하여 대처(작업장·구빈원의 활용)

　　• 노동능력이 있는 빈민은 교정원이나 작업장에 수용하여 노동을 하게 하였고, 이들에 대한 자선을 금지하고, 이주도 제한하였다.

┃정답 ①

- 노동능력이 없는 성인빈민은 구빈원에 수용하여 보호함을 원칙으로 하되, 거주할 집이 있으면 원외구제를 병행하였다.
- ㉤ 요부양아동을 보호함과 동시에 도제제도를 도입 : 요보호아동은 시민에게 무료 위탁보호를 시키거나, 유료로 위탁할 경우에는 최저입찰자에게 위탁보호시켜 도제로써 활용하도록 하였다.
- ㉥ 친족부양의 책임 강조 : 가족책임을 우선적 원칙으로 삼았기 때문에, 보호할 가족이 있을 경우에는 구제의 대상에서 제외하였다.

Point 팁

엘리자베스 구빈법의 현대적 의의
- ㉠ 세계 최초로 구빈을 법으로 규정하였다.
- ㉡ 현대사회보장제도 중 공공부조의 시초이다.
- ㉢ 빈민구제에 대한 정부의 책임을 인정함으로써 구빈원리를 확립하였다.
- ㉣ 빈민구제담당 행정기관을 설립하여 구빈세를 부과하였다.
- ㉤ 요보호아동을 공적으로 보호하였다.
- ㉥ 노동능력 유무에 따라 작업장과 구빈원을 활용하였다.
- ㉦ 친족부양책임을 강조하였다.
- ㉧ 부랑자의 발생 방지에 주력하였다.

③ **구빈법의 변화과정**
- ㉠ **정주법**(The Settlement Act of 1662)
  - 주소법 또는 거주지법이라고도 하며 빈민의 자유로운 이동을 금지한 법령이었다.
  - 구빈의 대상이 될 수 있다고 판단되는 새로운 전입자를 그들의 출생 교구로 추방할 수 있도록 하였다. 보다 나은 구제를 찾아 빈민들이 떠도는 것을 막음으로써, 노동력을 안정적으로 확보하고자 했던 농업자본가들의 이해가 반영된 제도였다.
  - 정주법은 빈민의 주거선택과 이전의 자유를 침해한 것으로서 비판받게 되었다.
- ㉡ **작업장법**(The Workhouse act of 1696)
  - 노동 가능한 빈민들에게 기술을 가르쳐 국가의 부의 증대에 기여하는 한편 빈민에게 수입을 줄 수 있는 기회를 마련하는 데 목적이 있다.
  - 길거리의 걸인이나 부랑자가 줄어들었지만, 작업장에서 만든 제품은 타 기업의 제품과 질적인 면에서 경쟁이 되지 않아 교구민의 구빈세 부담이 증가하였다.
  - 작업장에서의 빈민 혹사, 노동력 착취 등이 문제시되었다.
- ㉢ **작업장시험법**(Workhouse Test Act of 1722)
  - 오늘날 직업보도 프로그램의 시초로 나치블법이라고도 한다.
  - 작업장을 단일 교구단위나 인접한 교구들 간의 연합에 의해서 세울 수 있도록 하였다. 작업장은 구제를 억제시키는 기능을 하는 곳이어서, 작업장의 여러 열악한 조건들을 받아들일 정도로 다급한 사람들만이 구제를 받도록 한 법이다.

기출문제

영국의 빈민정책에 대한 설명으로 옳은 것은?

▶ 2016. 3. 19. 사회복지직

① 엘리자베스 구빈법(1601)은 노동능력과 상관 없이 모든 빈민에게 동일한 구호를 제공하였다.
② 정주법(1662년)은 빈민들의 이동을 금지하여 빈곤문제를 교구 단위로 해결하고자 하였다.
③ 스핀햄랜드법(1795년)은 최저생계를 보장하여 결과적으로 근로동기를 강화시켰다.
④ 신구빈법(1834년)은 노동능력이 있는 자에 대해 원외구제를 지속하고, 노동능력이 없는 자에게는 원내구제를 제공하였다.

Tip ② 정주법(1662년)은 노동자의 이동에 관한 조건을 법령으로 규제하였고, 빈민들의 이동을 금지하여 빈곤문제를 교구 단위로 해결하고자 하였다.
① 엘리자베스의 구빈법(1601년)은 노동능력이 있는 빈민은 작업장에, 노동능력이 없는 빈민은 구빈원에, 빈곤아동은 직업훈련 등으로 노동능력 유무에 따라 범주화하여 차별처우 하였다.
③ 스핀햄랜드법(1795년)은 최저생계를 보장을 통한 생존권 보장을 목적으로 하였지만, 수급자들의 근로동기 저하 및 도덕적 해이 등의 문제를 발생시켰다.
④ 신구빈법(1834년)은 노동능력이 있는 자는 작업장에 배치하여 원내구제를 제공하고, 노인·유아·병약자와 아동을 거느린 과부 등 노동능력이 없는 자에게는 원외구제가 지속되었다.

정답 ②

윤 다음 설명에 해당하는 제도와 관련된 법은?

▶ 2015. 4. 18. 인사혁신처

지역의 식량가격을 기준으로 최저생계비를 설정하여 최저생활기준에 미달되는 임금의 부족액을 보조하는 일종의 임금보조제도이다.

① 엘리자베스 구빈법
(The Elizabethan Poor Law, 1601)
② 스핀햄랜드법
(The Speenhamland Act, 1795)
③ 길버트법
(The Gilbert's Act, 1782)
④ 정주법
(The Settlement Act, 1662)

Tip ① 최초로 빈민구제에 대한 국민의 책임을 명시했다는 점에서 근대적 사회 복지의 출발점이었다. 그 전까지 빈민들을 구제하는 책임은 교구의 교회가 졌으나 이 법의 발효 이후 지방기금으로 지방관리에 의한 지방 빈민에 대한 구빈 행정의 원칙이 세워졌다.
③ 작업장법에서 추구하는 원내구조 중심에서 일부 원외구조를 도입한 법이다. 원외구조를 시행 시 전문가가 반드시 필요하게 된다. 자원봉사자 성격을 가졌던 빈민감독관이 아닌 유급직 구빈 사무원을 고용하였다. 이것이 바로 현재의 사회복지 전담공무원의 시초이다. 토마스 길버트법의 특징은 일을 못하는 노동자들에게 현금 급여를 제공했다고 하는데 이것이 지금의 실업수당의 모습이다.
④ 빈민의 소속교구를 명확히 하고 도시유입 빈민을 막기 위해서 제정되었다. 이 법에 의해 정주는 출생, 결혼, 도제, 상속 등에 의해서 결정되었다.

정답 ②

• 작업장시험법에는 구빈신청을 억제함으로써 구빈세 부담을 줄여보려는 의도도 포함되어 있었다. 작업조건이 매우 나쁜 작업장에서 일하기를 기피하는 빈민들이 적지 않을 것이기 때문에, 자연히 구제대상자수를 줄일 수 있고, 따라서 구빈세 부담을 줄일 수 있을 것이라 보았다.

ⓔ **길버트법**(Gilbert's Act of 1782)
• 작업장에서의 빈민의 비참한 생활과 착취를 개선할 것을 목적으로 하여, 노동은 가능하나 자활능력이 없는 빈민을 작업장에 보내는 대신에 자기 가정 내에서 또는 인근의 적당한 직장에서 취업하도록 알선해 주는 법이다.
• 노동능력이 있는 구제빈민들은 가정 근처의 지주, 농업경영자 기타 고용주 등에게 임금보조수당을 지원하여 고용하게 함으로써 최저생계비 수준의 급료를 지급하였다. 시설외 구제방식을 적극 채용하였음을 알 수 있다.
• 작업장을 중심으로 한 공공부조체계로부터의 최초의 일탈이었다는 점에서 그 의의가 크다.
• 이로부터 원외구제방식은 이후 구빈행정의 주된 운영방식으로 자리 잡게 되었고, 빈민구제를 둘러싼 정책의 중요한 논의주제가 되었다.

ⓜ **스핀햄랜드법**(Speenhamland Act of 1795)
• 식품의 가격과 자녀의 수에 따라 등급화하여 임금을 보충해 주기로 결정하였다.
• 최저생활기준에 미달하는 임금의 부족분을 보조해 주는 것을 목적으로 하였다.
• 오늘날의 가족수당 또는 최저생활보장의 기반이 되었다.
• 구빈세를 재원으로 하여 임금보조금을 지급함으로써 고용주를 위한 제도가 되어 버렸을 뿐 아니라, 궁극적으로는 구빈세부담의 주요 원인이 되어 후일 구빈법개정을 위한 움직임의 빌미를 제공하게 되었다.

ⓗ **공장법**(The Factory Act of 1833)
• 19세기 초 공장에서 비인도적인 처분을 받는 아동의 노동조건과 작업환경을 개선시키기 위한 법이다.
• 주요 내용
−9세 이하의 아동을 고용하는 것을 금지한다.
−아동의 1일 노동시간을 12시간으로 제한하고 야간노동을 금지한다.
−아동에 대해 교육을 실시한다.
−후생복지와 위생환경을 개선한다.

④ **개정 구빈법**(Poor Law Reform of 1834)
㉠ **구빈제도에 대한 비판**
• 높은 구빈비용 부담의 문제 : 스핀햄랜드 제도가 원인이 되었다.
• 교구 간 비용부담의 불공평성 문제 : 교구의 규모가 작을수록 부담이 컸고, 산업지역보다 농어촌교구의 부담이 상대적으로 컸다.
• 교구 내 비용부담의 불공평성 문제 : 구빈세가 소득보다는 재산을 중심으로 부과되었던 관계로, 산업자본가보다 토지나 가옥 등의 재산소유자의 부담이 상대적으로 컸다.

- 구빈행정상의 문제 : 구빈행정의 중앙집권화 및 전국적 통일은 지방자치를 존중해온 영국의 독특한 전통으로 인해 실현되지 못하였고, 이것이 지역간 비형평성 문제를 심화시킨 이유의 하나가 되었다.

ⓛ 왕립위원회의 6가지 기본원칙
- 스핀햄랜드법의 임금보조제도를 철폐한다.
- 노동이 가능한 자는 작업장에 배치한다.
- 병자, 노인, 허약자, 아동을 거느린 과부에게만 원외구호를 준다.
- 교구단위의 구호행정을 구빈법연맹으로 통합한다.
- 구빈수혜자의 생활조건은 자활하는 최하급노동자의 생활조건보다 높지 않아야 한다(열등처우의 원칙).
- 왕명에 의하여 중앙통제위원회를 설립한다.

ⓒ 개정 구빈법의 3원칙
- 열등처우의 원칙 : 구빈법으로부터 구제받는 빈민의 상태는 구제받지 않는 최하층 노동자보다 낮은 수준이어야 한다.

> **Point 팁**
>
> **열등처우의 세 가지 구성요소**
> ㉠ 포퍼(pauper)라고 하는 스티그마의 부여에 의한 개인적 명예의 박탈
> ㉡ 작업장에 수용함에 의한 개인적 이주자유의 박탈
> ㉢ 선거권의 박탈에 의한 정치적 자유의 박탈

- 작업장제도의 원칙 : 노동능력이 있는 빈민에 대한 재가구호를 폐지하고 구제를 작업장 내에서의 구제로 제한한다.
- 전국적 통일의 원칙 : 각 교구에 따라 상이하게 시행되고 있는 구빈행정을 전국적으로 통일시킨다.

(2) 사회개혁

① 사회개량운동
  ㉠ 차티스트운동 : 1830년경 노동자들이 보통선거권을 비롯하여 무기명투표, 의원들의 재산자격 및 세비지급의 폐지, 평등선거구안 등의 정치적 요구를 관철시키기 위한 운동이었으나 실패로 돌아갔다. 그러나 노동자들은 이를 계기로 하여 그들의 관심을 정치적 목적에서 경제적 조건개선의 구체적 수단으로 전환하여 노동자 자신들 소유로 최초의 소비조합 매점을 개설하였다.
  ㉡ 노동조합운동 : 노동시간의 단축, 아동의 최저노동연령을 10세로 인상, 마을을 위생적으로 개선, 마을주민의 악습폐지 등을 중시하였는데, 이러한 사항들을 지지하는 공장주들이 각 지방에 생겨나 노동조합운동이 활성화되었다.

② 자선조직운동

㉠ **자선조직협회(Charity Organization Society)의 창설** : 빈민구제기관들은 빈민구제에만 관심을 쏟았고, 빈곤의 원인이 되는 사회적 조건과 구체적·합리적인 구제방법 등에 대해서는 관심이 없었다. 또한 빈민들에 대한 개별적인 조사·평가나 기관들간의 정보교환·의사교환·조정 등이 이루어지지 않았고, 물자나 물품의 제공에 있어서 커다란 낭비와 중복, 무의미한 봉사 등이 이루어지고 있었다. 이와 같은 시대적 상황을 극복하고 서비스의 효과적인 제공을 촉진하기 위해 찰머스(T. Chalmers), 데니슨(E. Denison), 힐(O. Hill), 로크(C. Loch) 등은 1869년 런던 자선조직협회를 창설하였다.

㉡ **자선조직협회(COS)의 활동원칙**
• 빈민 중 보호받을 가치가 있는 빈민은 친절과 성의로 대하고, 그 외의 빈민은 공공기관에서 억압적 방법으로 취급할 것
• 자선기관들 간에 구호 실시상의 중복을 피할 것
• 개인의 필요에 대해 신중한 조사를 한 다음 대처할 것
• 질병과 같이 빈곤을 초래할 수 있는 특정한 문제를 가진 사람에 대해서는 원조를 하지만 태만·음주·낭비를 일삼는 자에게는 원조를 하지 말 것
• 봉사자는 무보수로 시간과 노력을 제공할 것

㉢ **자선조직협회(COS)의 한계** : 자선조직협회는 빈곤에 대해 자유주의적 죄악관을 가지고 있었기 때문에 빈곤을 개인의 도덕적 책임으로만 돌리고 빈곤발생의 사회적 기반에 대해서는 등한시하였다.

③ 인보관운동

㉠ 빈민지구를 실제로 조사하여 그 지구에 대한 생활실태를 자세히 파악하고 구제의 필요가 있는 사람들에게 조력해 준다.

㉡ 인도주의·박애주의 정신을 바탕으로 하는 상류계층인들이 빈민지구에 이주하여 자선활동을 하였다.

㉢ 런던의 토인비홀(Toynbee Hall, 1884)과 시카고의 헐하우스(Hull House, 1889)가 대표적 인보관들이다.

Point 인보관운동의 사회적 기능
㉠ 사회조사를 통해 다수의 통계자료를 법률제정에 활용하도록 한다.
㉡ 지역주민들에 대해 아동위생, 보건교육, 소년소녀들에 대한 기술교육, 문명퇴치 및 성인교육 등의 교육적 사업을 한다.
㉢ 체육관을 설치하여 옥외활동을 장려하고 오락·예술활동을 권장한다.
㉣ 인보관을 설립하여 주택·도서관·시민회관 등으로 활용하게 한다.

Point 팁 **자선조직협회와 인보관운동**

	자선조직협회	인보관운동
주체	• 신흥자본가, 상류층(기득권층)	• 젊은 대학생과 중류층 중심
빈곤관	• 빈곤은 개인의 책임 • 자유주의 사회개량운동 • 자조윤리를 강조한 빈민개량운동	• 빈곤은 사회구조적 원인 • 실직하게 되는 것은 개인의 무지나 게으름과 같은 도덕적인 문제가 아니라 산업화의 착취의 결과라 주장
이데올로기	• 사회진화론, 보수주의 • 인도주의적 기능과 사회통제적 기능을 동시에 담당 • 정부가 제공하는 원조에 대한 수혜 자격을 평가 : 조사와 등급제를 통한 빈민통제(사회통제적 기능)	• 진보주의, 급진주의 • 빈곤의 원인이 사회환경에 있음 • 계층별 도덕성 강조
서비스	• 서비스조정에 초점 • 원조의 중복제공 방지	• 서비스 자체 • 사회개혁시도
주요내용	• 개별사회사업을 탄생시킴. 개별원조기술 최초로 발전시킴. 사회복지의 과학성을 높임. • 기관등록 : 기관끼리 협력해서 중복 구제를 막음. 사회복지 구제의 효율성 높임. • 공공의 구빈정책에는 반대 • 부자와 빈자의 불평등 인정	• 3R운동 Residence(거주), Research(조사), Reform(개혁) • 연구조사를 통해 사회제도를 개혁해야 한다는 기본개념 • 바네트 목사에 의하여 주도 • 박애보다는 법규 중시(입법에 영향)
영향	• 현대 개별사회사업가의 시초 • 기능론적 시각	• 집단사회사업 발달의 효시 • 원인론적 시각

④ 사회조사활동

　㉠ 1880년대 이후 부스(C. Booth)의 런던 빈민굴 조사와 라운트리(S. Rowntree)에 의한 요크(York)시 조사를 대표적으로 들 수 있다.

　㉡ 이들 사회조사에 의해서 빈곤은 개인적 속성에 의해서 결정되는 것이 아니고, 사회적·구조적 결함에 의해서 발생하는 것이라는 점이 입증되었다.

　㉢ 이와 같은 조사결과는 사회개혁을 위한 효과적 대책의 필요성과 보다 나은 사회복지정책이나 계획을 실시하기 위해서는 과학적·합리적인 사회조사가 선행되어야 함을 인식하게 하였다.

(3) 사회보험

① 사회보험제도의 등장배경

　㉠ 산업화 이후의 자본주의 발전과 함께 각종 사회문제가 대두되었다.

　㉡ 사회문제의 해결에 대한 가족 및 시장기능의 한계에 부딪쳤다.

　㉢ 노동운동의 정치세력화를 통한 정치적 압력이 가중되었다.

　㉣ 근대국가의 성장과 개입적 기능이 확대되었다.

기출문제

문 19세기 인보관운동(settlement house movement)에 대한 설명으로 옳은 것만을 모두 고르면?

▶ 2020. 6. 13. 지방직/서울특별시

㉠ 문제의 원인을 개인에게서 찾고자 하였다.
㉡ 집단사회사업과 지역사회복지 발전의 기초가 되었다.
㉢ 문제의 원인을 사회적 환경에서 찾고자 하였다.
㉣ 원조의 중복을 막기 위해 빈민의 생활상태를 조사하였다.

① ㉠, ㉢　　② ㉠, ㉣
③ ㉡, ㉢　　④ ㉡, ㉣

Tip ㉠, ㉣ 자선조직협회(COS)는 빈곤을 개인의 도덕적 책임으로만 돌리고 빈곤발생의 사회적 기반에 대해서는 등한시하였다. 또한 자선기관 간 중복과 재원낭비를 방지하고자 우애방문원에 의한 빈민 가정 방문, 조사, 등록을 하였다.

|정답 ③

② 베버리지 보고서

㉠ 베버리지 보고서의 작성배경 : 1941년 6월 영국 정부는 당시의 사회적 서비스의 구조나 그 효율성을 조사하고, 필요한 개혁을 실시하기 위해서 사회보험 및 그 관련사업에 관한 정부부처간 조사위원회를 설치하면서 베버리지를 위원장으로 임명했다. 그 성과가 1942년 11월 '사회보험 및 관련서비스'로 발간되어 국회에 제출되었다.

㉡ 베버리지 보고서의 사회보장에 대한 정의와 방법

• 정의 : 실업·질병·재해로 인한 소득의 중단 또는 노령, 은퇴, 부양자의 사망, 출산, 결혼 및 사망 등의 예외적 지출의 경우에 대비할 수 있는 일정 소득의 보장을 말한다.

• 지도원칙
–미봉책이 아닌 혁명적인 방법을 모색한다.
–빈곤퇴치의 핵심이라 할 수 있는 사회보험은 소득보장을 목적으로 해야 한다.
–사회보장은 정부와 개인의 협력에 의해서 달성되며, 국가는 국민생활의 최저생활을 보장할 책임이 있다.
–정부는 국민이 최저한도 이상의 생활을 영위하는 데에 필요한 동기·기회 획득의 의욕을 저하시켜서는 안된다.

• 전제조건 : 사회보장계획의 성공을 위한 3가지 전제조건으로 아동수당, 국민보건서비스, 완전고용을 들고 있다.

• 사회발전을 저해하는 5가지 해악 : 빈곤·질병·무지·불결·나태는 사회발전을 저해하는 5가지 해악이다. 빈곤은 소득보장(연금)으로, 질병은 의료보장으로, 무지는 의무교육으로, 불결은 주택정책으로, 나태는 직업·노동정책으로 대처해야 한다고 하였다.

㉢ 베버리지 보고서의 6대 원칙

• 균일급여의 원칙 : 보편성의 원칙에 따라 모든 국민에게 평등하게 최저한도의 소득을 보장한다.

• 균일갹출의 원칙 : 보험료도 소득의 다과에 상관없이 일률적으로 갹출한다.

• 관리·운영 통합의 원칙 : 사회보장의 모든 부문별 행정·운영을 일원화하여 통합한다.

• 급여 적절성의 원칙 : 급여의 종류와 수준이 최소한 인간다운 생활을 영위하는 데 적절해야 한다.

• 적용범위 포괄성의 원칙 : 기본적 생활욕구의 충족을 위해 사회보장의 모든 분야에서 급여가 고르게 이루어져야 한다.

• 대상 분류화의 원칙 : 노동연령의 여섯 계층을 피용자, 자영업자, 가정주부, 노동연령 미달자, 정년 퇴직자 등으로 나눈 다음 계층별 대책을 수립하여야 한다.

ㄹ 베버리지 보고서의 한계

- 베버리지의 개인적인 보고서로 전락 : 정부 입장에서 보면 보고서의 내용이 영국의 관료주의 전통에 어긋나고 과도하게 혁신적이며 국가의 부담 또한 가중시키기 때문에 심한 반대를 하였다. 따라서 이 보고서는 위원회 구성원들의 서명을 받지 못한 채 베버리지만이 서명을 한 개인적인 보고서로 전락하고 말았다.
- 균일갹출의 역진성
- 균일갹출은 일종의 인두세의 성격을 띠었기 때문에 역진성이 크게 작용하였다. 따라서 급여개선을 하기 위해 보험료를 올리기만 해도 저소득층은 이를 부담할 수 없게 되었다.
- 인플레이션이 일어나게 되면 급여를 하는 데 있어서 재원이 압박을 받기 때문에 급여 개선이 이루어지지 않을 뿐더러 실질가치마저 하락하였다.
- 사적 기업연금의 발달 : 균일갹출의 역진성으로 급여의 개선을 기대할 수 없게 되면서 사적 기업연금이 발달하게 되었다.

③ 사회보장에 관한 법률제정

ㄱ 사회보장청 설치 : 베버리지 보고서를 기초로 하여 1944년 사회보장청이 설치되고, 오랜 역사를 가졌던 영국의 구빈법은 폐지되었다. 또한 경제적인 소득보장정책인 사회보상체계가 확립되었다. 1948년 사회보장법이 전면 실시되었다.

ㄴ 사회보장 관계법률의 제정

- 가족수당법(1945)
- 국민보험법(1946)
- 산업재해법(1946)
- 국민보건서비스법(1946)
- 국민부조법(1948)

(4) 대처 정부의 사회개혁(대처리즘)

① 대처 정부의 복지관 … 대처 정부의 수상인 대처 여사는 불평등과 자본주의를 예찬하였으며 복지국가란 '국가라는 수단을 통한 자본화의 정치강령'이라고 주장하였다. 즉, 복지국가는 국가에 대한 소득 이전의 기구이며, 사회의 부자로부터 빈자에게 무상의 급여를 제공하는 기구의 역할을 하고 있다는 것이다.

② 영국 사회보장제도의 결함

ㄱ 지금까지의 사회보장제도는 너무 복잡한데, 이는 약 30여 종의 급여가 있을 뿐만 아니라 적격자 규칙이 서로 모순되는 경우가 많고 보충급여 한 부분을 운영하는 데에도 4만여 명의 직원이 필요하기 때문이다.

ⓛ 필요로 하는 가진 사람들에게 효과적인 원조를 할 수 없다. 가장 원조를 필요로 하는 사람은 자녀를 가진 저소득층의 세대(실업자나 저임금 근로세대 포함)임에도 불구하고 가족소득보장제도는 수급률이 낮게 책정되어 있다.

ⓒ '빈곤의 덫'과 '실업의 덫'을 방치하고 있다.

ⓔ 자조노력이나 선택의 자유를 제한하고 있다.

ⓜ 국가연금제도에 있어서 장래의 세대가 부담하게 될 재정의 방대함을 고려하지 않고 있다.

③ 대처 정부의 사회보장개혁

　ⓐ 파울러 개혁의 주요 내용

　　• 사회복지적 문제에 대해 일관성 있게 대처할 수 있으며 이해하기 쉽고 운영하기 편한 제도를 만든다.

　　• 연금재정문제를 해결하고 자원활용의 선택의 폭을 증대시킨다.

　　• 최대의 니드를 필요로 하는 사람에게 효과적인 급여를 실시한다.

　　• 사회보장제도와 조세제도와의 협조관계를 강화한다.

　　• 사회보장정책은 지속적인 경제성장을 방해해서는 안되므로 사회보장제도와 경제에 대한 정부의 일반적 제목표를 조정해야 한다.

　　• 사회보장은 국가의 책임만이 아니므로 개인과 국가의 제휴에 의해서 이루어져야 한다.

　ⓑ 파울러 개혁의 특징

　　• 복지제공의 국가책임을 축소하고 민영화를 촉진하였다. 이에 따라 가족의 역할과 책임의 강조, 개인책임의 강조, 영리적 기업의 복지활동범위 확장, 자선단체나 자원봉사자 등의 비공식부문을 사회복지영역에 동원, 여성노동력 특히 주부의 노동력 활용 등의 방안을 마련하였다.

　　• 복지 민영화에는 한계가 있음을 인식하고 사회복지분야에 시장원리를 도입·확대하였다. 이것은 국가 복지의 대상을 복지를 가장 필요로 하는 사람에 한정하겠다는 의미로 필요에 상응한 복지에서 지불 능력에 상응한 복지로 전환하고자 하는 의도를 나타낸 것이다.

　　• 지방재정을 통제하기 위해 개별적 방식을 포괄적·직접적 통제방식으로 전환하며, 지방자치단체의 지출을 억제하였다.

　　• 복지축소정책의 일환으로 보편주의보다는 선별주의적 복지를 강화·확대하였다.

　ⓒ 파울러 개혁의 의의 : 대처 정부하의 파울러 개혁은 전후 베버리지 구상을 구축하는 사회보장제도에 대한 혁명적인 개혁이었으며, 과거 40년간의 복지정책과는 다른 발전된 방향으로 전환하였다는 데에 그 의의가 있다.

section 2 미국 사회복지의 역사

(1) 식민지시대의 구빈체계

① 영국의 구빈법 도입

　ㄱ **구빈대상자** : 병자, 장애인, 아동을 양육하는 과부 등 고용이 불가능한 사람들과 계절적 실업자였다.

　ㄴ **구빈방법**

　　• 거택보호방식, 현금·물품의 지급, 세의 감면, 의료비 대여 등의 방법이 행해졌다.

　　• 조금이라도 노동이 가능한 노인, 여성, 아동 등은 경매에 의하여 강제로 농장에 보내지거나 노동에 종사하게 하였다.

② 메사추세츠 주의회의 위원회 조직

　ㄱ 구빈원은 가장 경제적인 구호방식이다.

　ㄴ 원외구제는 낭비적이고 비싸며 빈민의 도덕성을 파괴한다.

　ㄷ 빈민은 농업에 고용되어야 한다.

　ㄹ 시민위원회가 구빈원을 지도·감독해야 한다.

　ㅁ 폭주는 가장 중요한 빈곤의 원인이다.

③ 뉴욕시 입법부의 건의

　ㄱ 각 군에 농업종사와 자녀교육을 위한 고용원을 설립한다.

　ㄴ 건강한 걸인과 부랑인 등을 위하여 작업장을 추천한다.

　ㄷ 길거리 걸인을 벌하고 빈민을 주에 넘긴다.

　ㄹ 이동의 명령과 빈민법 소송을 폐지한다.

　ㅁ 18 ～ 50세 사이 건강하지 못한 남자는 빈민명부에 기재한다.

(2) 경제공황과 사회보장

① 경제대공황의 영향

　ㄱ 경제대공황으로 인해 상품가격이 떨어지고 근로자가 직장을 잃었으며 시민들은 저축한 돈을 잃게 되었다.

　ㄴ 실업자, 영양실조 아동, 집 없는 부랑인 등을 구제하는 일은 지방의 민간사회복지기관에 의해 수행되었지만, 실업자와 빈민이 계속적으로 증가하자 사적·공적 기관은 그 기능을 상실하였다.

　ㄷ 빈곤의 원인은 사회 자체의 결함에 의해 발생한 것이므로, 구제대책은 정부의 책임이라는 생각이 지배적이었다.

기출문제

② **루즈벨트의 뉴딜정책**

㉠ 1933년 3월 4일에 제32대 대통령으로 취임한 루즈벨트는 불황과 실업, 경제의 마비사태로부터 미국을 새롭게 부응시키고자 뉴딜(New Deal)정책을 선포하였다.

㉡ **뉴딜정책의 목표**

- 부흥정책 : 은행, 산업, 농업의 부흥을 위한 일련의 정책을 말한다.
- 구제정책 : 실업구제를 위한 정책을 말한다.
- 개혁정책 : 실업과 빈곤의 책임이 개인의 책임이라는 자유방임사상의 개혁과 통제경제, 사회보장, 노동문제개혁 등에 관한 정책이다.

㉢ **무직청소년을 위한 취업사업**

- 시민자원보존단 사업 : 1933년 3월 루즈벨트 대통령 재임중 제정된 최초의 사회입법에 의해 18 ~ 25세까지의 전국의 미혼청년을 동원하여 캠프에 수용한 후 식수, 삼림개발, 도로보수, 하천공사의 일을 하게 하고 급료를 지불하도록 한 것이다.
- 전국청년국 : 1935년 6월 사업촉진국으로부터 독립된 부서로서 16 ~ 24세까지의 빈곤한 고교생 · 대학생들이 학업을 계속할 수 있도록 임시직을 부여하여 경제적 원조를 행하였으며, 18 ~ 25세까지의 미혼의 실업청년들로 하여금 이 사업을 통하여 경험과 훈련을 쌓게 하였다.

㉣ **경제보장위원회와 사회보장법** : 1934년 6월 루즈벨트 대통령은 국민생활보장제도의 연구를 주임무로 하는 위원회를 설치하였고, 1935년 8월 15일 '사회보장법(Social Security Act)'을 제정 · 공포하였다. 이 사회보장법은 사회보험, 공공부조, 보건 및 복지 서비스 등 3가지 프로그램으로 구성되어 있다.

- 사회보험 프로그램 : 연방 노령보험체계, 연방과 주가 함께 하는 실업보상제도가 있다.
- 공공부조 프로그램 : 노령부조, 요보호맹인부조, 요보호아동부조 등을 위해 연방이 지원하는 제도가 있다.
- 보건 및 복지 서비스 프로그램 : 모자보건서비스, 장애아동을 위한 서비스, 아동복지서비스, 직업재활 및 공중보건 서비스 등이 있다.

(3) 신연방주의와 사회복지개혁

① **1960년대 사회복지정책의 특징**

㉠ 세계적인 석유파동으로 인한 경제침체로 실업과 빈곤대책을 강구하기 위한 많은 정책들이 나왔다.

㉡ 흑인과 여성의 인권운동, 학생운동, 반전운동 등 시민의 권익옹호운동이 대두되어 사회사업분야에서도 사회개혁과 권익옹호 프로그램에 관심을 갖고 발전시켜 나갔다.

ⓒ 연방정부 차원에서 사회복지에 관한 많은 법령을 새로 재정·개정하였고, 관대한 복지정책을 펴나갔다.

② 1980년대 사회복지정책의 특징

ⓐ 정부는 복지비용을 최소화하였다.

ⓑ 연방정부는 복지정책과 프로그램에 있어서 그 역할을 최소화하였다.

ⓒ 절실한 욕구 결핍자만이 복지부조를 받을 수 있었다.

ⓓ 복지부조는 가능한 한 단기간 제공되어야 한다.

③ 레이건(R. Reagan) 정부의 사회복지정책(레이거노믹스)

ⓐ 정부투자가 대기업의 경제성장을 촉진시키며 간접적으로 복지가 증대된다는 '공급측의 경제'를 강조하였다.

ⓑ '공급측의 경제'를 자극하기 위해 연방경제의 소비를 감소시키는 정책을 실시하였는데, 그 하나가 복지 프로그램의 감축이고, 또 다른 하나는 신연방주의의 표방이었다.

ⓒ 레이건의 공급측면에 대한 접근은 실패하여 경제성장뿐 아니라 빈곤의 감축도 달성하지 못하였다. 그리하여 레이건 정부하에서의 빈곤은 급격하게 증가하였고 복지체계에 대한 개혁도 이루어지지 못하였다.

④ 신연방주의 이데올로기

ⓐ 개념 : 연방이 자본주의에 지나치게 개입했다는 의미에서 연방주의를 축소하고 주정부에 권한을 이양한다는 주의이다.

ⓑ 특징

• 복지국가를 반대하지는 않지만 온정주의적 국가는 반대한다.

• 시장경제를 중시한다.

• 전통적 가치와 제도·종교·가족제도를 중시한다.

• 완전 평등주의는 위험하다.

• 압도적으로 적대적인 사회에서는 미국적 민주주의가 지속되기가 불가능하다.

⑤ 신자유주의

ⓐ 과도한 사회복지 지출이 경제성장을 둔화시키고 정부의 재정위기를 불러왔다는 신념체계를 기반으로 한다.

ⓑ 복지비용의 삭감 및 지출 구성의 변화, 공공서비스를 포함한 공공부문의 민영화 및 기업에 대한 규제의 완화, 지방정부의 역할 축소, 노조를 포함한 사회세력의 약화 등의 정책기조를 견지하였다.

ⓒ 종전의 공공급여에 의한 복지보다는 복지제공의 전제조건으로 노동할 것을 요구하는 노동연계복지를 선호하게 되었다. 그러나 임금 수준의 하락으로 '노동하는 빈곤자'가 증가하고 소득불평등문제는 심화되었다.

⑥ 복지국가의 재편

　㉠ 복지국가 재편요인 : 1990년대 이후 경제체제가 '지구경제화' 또는 '탈산업화' 되면서 노동시장의 유연화, 정치구조의 균열조짐, 이혼, 낮은 출산율 등 가족체계의 불안정, 노동자의 동질성 약화, 인구의 고령화, 고실업 등은 새로운 변화를 요구하였다.

　㉡ 복지국가 재편방향 사회복지원칙의 재편성 : 신연방주의의 영향으로 사회복지원칙이 재편성되었다.

　　• 수혜대상은 전쟁으로 인해 수혜를 필요로 하는 사람으로 제한한다.
　　• 복지비리를 근절한다.
　　• 노동능력이 있는 자에게는 노동의무를 부과한다.
　　• 부당한 급여를 배제한다.
　　• 부양의무자에게 부양을 강제한다.
　　• 복지행정의 능률성과 효율성을 높인다.
　　• 연방의 권한을 축소하고 주정부에 권한을 이양하여 지방분권화를 추진한다.

　㉢ AFDC(Aid to Families with Dependent Children : 요보호아동을 가진 가정에 대한 부조)를 폐지하고 1997년 '빈곤가구를 위한 한시부조 프로그램'인 TANF(Temporary Assistance for Needy Families)로 대체하였다.

section 3 독일 사회복지의 역사

(1) 루터의 공동금고(共同金庫)제도

① 루터는 「독일 국민의 기독교 귀족에 대한 호소」라는 공동선언문(1520)에서 구걸은 절대 금지시켜야 하며 빈민에게 금전·식량·의복 등을 제공하기 위한 공동금고를 각 교구에 설치하도록 권장하였다.

② 공동금고에서는 수공업이나 농업에 종사하는 가난한 사람이 다른 곳에서 도움을 받을 수 없을 경우에 무이자로 자금을 대출해 주었다. 또한 대출받은 사람이 자금의 상환을 할 수 없을 때에는 그대로 탕감해 주었다.

③ 공동금고의 수입은 교회지구의 수입이나 자유로운 기부, 시민의 과세로 충당했으며 그 관리 업무는 선출된 시민에게 맡겼다.

(2) J.L. Vives의 구빈책

① 시 지역을 여러 교구로 나눈 뒤 빈민가정의 생활실태를 조사하게 하여 일할 수 있는 사람, 치료와 요양을 받아야 할 사람, 구빈원에 수용하여야 할 사람으로 구분하였다.

② 노동력이 있는 빈민은 일을 해야 하며, 걸식은 금지된다.

③ 노인이나 일할 수 없는 빈민은 병원이나 구빈원에 수용한다.

④ 빈민에게 직업훈련을 시키고 고용과 재활을 통해 그들을 돕는다.

(3) 함부르크 구빈제도(1788)

① 비베스(Vives)의 구빈책을 함부르크시에서 도입한 것으로 무직·구직자의 해소와 부랑자의 감소 등을 위해 중앙국을 설치하고, 시를 각 구로 분할하여 감독관으로 하여금 자조의 도움을 주고자 했다.

② 초기에는 문전구걸금지, 빈민직업학교, 병원건립, 요보호자의 구제, 갱생의 통합적 제도의 설립 등의 효과를 보았으나, 인구의 집중과 요보호자의 증대에 따른 상담원과 그 재원 및 활동을 전개하지 못했기에 붕괴되었다.

(4) 엘버펠트 제도(1852)

① 함부르크 구빈제도의 미비점을 수정·보완하여 독일의 엘버펠트시가 채택·시행한 제도이다. 이 제도는 전적으로 공공의 조세에 의해 운영되었다.

② 시를 546지구로 구분하되, 각 지구에 약 300명의 주민이 배당되도록 하고 빈민의 경우 4명 이하가 되도록 구분한다.

③ 각 지구에 구빈위원을 두는데, 빈민구제담당관 또는 빈민의 상담상대역을 하며 방문조사와 생활실태를 파악한다.

④ 14개의 대지구를 조직하고 1명의 감찰기관하에 통합시키고 제반업무를 관장시킨다.

Point 팁

엘버펠트(Elberfeld) 제도의 기본원칙
㉠ 각 보호위원 책임하에 소수의 요보호자를 둔다.
㉡ 빈민보호와 감독을 중앙집권화한다.
㉢ 보호위원이 장기간 근무를 하므로 전문적 서비스를 실시할 수 있다.
㉣ 극빈자의 방지와 재활에 주력한다.
㉤ 구빈업무 관련자의 회의를 활성화한다.

기출문제

서구 사회복지의 발달과정에 대한 설명으로 옳지 않은 것은?
▶ 2020. 7. 11. 인사혁신처

① 중세시대 사회복지는 교회나 수도원을 중심으로 한 자선의 형태로 수행되었다.
② 엘리자베스 구빈법은 빈민구제에 대한 국가의 책임을 인정한 법이다.
③ 영국의 자선조직협회는 우애방문원을 통해 가정방문 및 조사, 지원활동을 실시하였다.
④ 국가주도 사회보험제도는 20세기 초 영국에서 최초로 도입되었다.

Tip ④ 19세기 독일에서 세계 최초로 사회보험제도가 등장하였다. 세계 최초의 의료보험, 산재보험, 노령폐질연금 정책을 실시하였으며 노동운동을 선동하는 사회주의자들을 직접적으로 탄압하고 노동자계급을 국가내로 통합시키기 위한 회유책을 동시에 진행하였다.

정답 ④

(5) 사회보험

① 독일에서 세계 최초로 사회보험제도를 등장하게 한 요소

  ㉠ 늦게 시작하였으나 빠르게 진행된 산업화

  ㉡ 이에 따른 노동자 생활조건의 악화

  ㉢ 이러한 상황에 대처하기 위한 수단으로써 확산된 노동운동의 정치화와 이에 대한 지배세력의 견제

  ㉣ 사회문제에 대한 국가개입의 필요성에 관한 관념의 대두

  ㉤ 비스마르크의 독특한 통치스타일

② 비스마르크 사회보험의 특징

  ㉠ 사민당의 세력증대에 대처한 '사회주의자 진압법'이라는 탄압책과 함께 노동자를 국가에 충성하도록 유도하는 회유책이다.

  ㉡ 비스마르크의 사회보장계획은 계급주의적 사회구조를 보험체계의 근간으로 삼는 분산적, 수평적 구조를 특징으로 발전하여, 독일 사회보장제도의 발전을 저해하는 주요한 요인이 되었다.

  ㉢ 사회보험이 노동자계급을 생활위험으로부터 보호하게 되면 사회문제가 첨예화되는 것을 막고 노동자들을 국가에 결속시킬 수 있으리라는 계산에서 프로이센 정부가 국가적 차원의 사회보장제도를 제안했다.

③ 비스마르크의 사회보험정책 3가지

  ㉠ 1883년의 질병보험(의료보험법, 건강보험법)

  ㉡ 1884년의 재해보험(상해보험법, 산재보험법)

  ㉢ 1889년의 폐질 및 노령연금법(연금보험법, 노령폐질보험법)

서구 사회복지의 역사

1 다음에 제시된 엘리자베스구빈법 이후 개정구빈법까지의 영국구빈법을 제정된 시기 순으로 바르게 나열한 것은?

> ㉠ 스핀햄랜드법(Speenhamland Act)
> ㉡ 작업장테스트법(Workhouse Test Act)
> ㉢ 정주법(The Settlement Act)
> ㉣ 길버트법(Gilbert's Act)

① ㉠ → ㉡ → ㉢ → ㉣　　　　　　　② ㉡ → ㉢ → ㉠ → ㉣
③ ㉢ → ㉡ → ㉣ → ㉠　　　　　　　④ ㉣ → ㉡ → ㉢ → ㉠

2 영국의 사회복지발달 과정에서 나타났던 사회복지 법제의 의도에 대한 설명으로 옳은 것은?

① 정주법(1662) – 농촌 지역 노동자들의 도시 지역 이주와 정착을 장려하려는 제도
② 작업장법(1696) – 최저생계비 이하 임금 노동자에 대해 임금보조를 해주기 위한 제도
③ 길버트법(1782) – 빈민들의 작업장(workhouse)에서의 혹사를 방지하기 위한 제도
④ 스핀햄랜드법(1795) – 노동 능력이 있는 빈민의 원외구호(outdoor relief)를 제한하기 위한 제도

3 엘리자베스 구빈법의 주요 내용이 아닌 것은?

① 구빈세(Poor Tax)를 교구민에게 의무화하는 등 구빈구제는 정부(지방정부)의 책임으로 간주되었다.
② 치안판사의 감독하에 빈민감독관이 빈민의 구호신청을 접수하고 생활실태를 조사하고 구호자격을 판정하는 일을 하였다.
③ 구호의 대상자는 생활실태조사에 근거하여 거주기간에 관계없이 빈민 모두가 그 대상이었다.
④ 빈민구호의 수준은 최소적격원칙에 입각하였다.

4   다음 중 엘버펠드(elberfeld)제도의 기본원칙이 아닌 것은?

① 빈민보호와 감독을 중앙집권화한다.

② 각 보호의원의 책임하에 소수의 요보호자를 둔다.

③ 극빈자 방지와 재활에 주력한다.

④ 보호의원들의 단기근무제로 자원봉사제도를 확립한다.

5   다음 중 서로 연결이 옳지 않은 것은?

① 길버트법 – 원외구제 인정

② 엘리자베스 구빈법 – 빈곤아동보호구제

③ 개정 구빈법 – 임금보조제도

④ 사회개량운동 – 노동자 소비조합매점 설치

6   노동이 가능한 빈민을 연합구 공동작업장에 종사하게 한 것은 무슨 방법인가?

① 거주지법

② 베버리지 보고서

③ 작업장법

④ 공장법

7   다음은 미국의 사회복지정책에 대한 설명이다. 신연방주의 하의 사회복지정책의 특징에 해당하는 것을 모두 고르면?

> ㉠ 복지국가는 반대하지 않지만 온정주의적 국가는 반대한다.
> ㉡ 전통적 가치와 제도, 종교, 가족제도를 중시한다.
> ㉢ 정부는 복지비용을 최소화하였다.
> ㉣ 시민의 권익옹호운동이 대두되어 사회사업분야에서도 사회개혁과 권익옹호 프로그램이 발전하였다.

① ㉠㉡

② ㉠㉢

③ ㉡㉣

④ ㉢㉣

8 다음 중 오늘날의 직업보도 프로그램과 유사한 성격을 가진 법은?

① 거주지법　　　　　　　　　② 개정 구빈법
③ 작업장법　　　　　　　　　④ 길버트법

9 사회복지 역사에 대한 설명으로 옳은 것을 모두 고른 것은?

ⓐ 「엘리자베스 구빈법」에서는 빈민의 자유로운 이동을 금지하였다.
ⓑ 1834년 「신구빈법」은 열등처우의 원칙을 전제로 하였다.
ⓒ 독일의 비스마르크는 사회보험제도를 도입하였다.
ⓓ 베버리지 보고서에서는 소득수준에 따른 보험료 차등납부의 원칙을 제시하였다.

---

① ㉠㉡　　　　　　　　　　② ㉡㉢
③ ㉡㉢㉣　　　　　　　　　④ ㉠㉡㉢㉣

10 다음 중 길버트법에 대한 설명으로 옳은 것은?

① 왕명에 의하여 중앙통제위원회를 설립하였다.
② 교구단위의 구호행정을 구빈법연맹으로 통합한다.
③ 스핀햄랜드법의 임금보조를 철폐하고자 개정된 구제법이다.
④ 노동능력빈민과 실업자를 위해 일자리와 연금, 시주 또는 현금급여가 제공되었다.

11 베버리지가 제시한 사회보험의 원칙이 아닌 것은?

① 보편성의 원칙에 따라 모든 국민에게 평등하게 최저한도의 소득을 보장한다.
② 보험료는 소득에 따라 차별적으로 갹출한다.
③ 사회보장의 모든 부분별 행정운영을 일원하여 통합한다.
④ 급여의 종류와 수준이 최소한 인간다운 생활을 영위하는 데 적절해야 한다.

12 다음 중 1834년 개정 구빈법 도입의 배경으로 옳지 않은 것은?

① 교구 간 비용부담의 불공평성 문제가 제기되었다.

② 스핀햄랜드 제도로 인한 높은 구빈비용 부담의 문제가 제기되었다.

③ 구빈행정의 중앙집권화 및 전국적 통일을 이루고자 함이다.

④ 산업자본가보다 토지나 가옥 등의 재산소유자의 부담이 상대적으로 커서 불공평성 문제가 심각해졌다.

13 다음 중 스핀햄랜드법에 대한 내용으로 옳지 않은 것은?

① 버크셔에서 비공식적으로 시작되었다.

② 가족수에 따라 연동비율로 저임금 노동자의 임금을 보충하였다.

③ 노령자, 장애인 등에 대한 원외구제를 확대하였다.

④ 빈민을 노동능력자, 노동무능력자, 빈곤아동으로 분류하여 구제하였다.

14 다음 중 서로 연결이 잘못된 것은?

① 정주법 – 주민의 자유이동 보장

② 엘리자베스 구빈법 – 공공부조의 시초

③ 스핀햄랜드법 – 기준치 미달의 임금보조제도

④ 길버트법 – 빈민구제위원회법, 원외구제 인정

15 다음 중 영국의 인보사업과 관계가 없는 것은?

① 런던의 토인비홀과 시카고의 헐하우스가 대표적인 인보관이다.

② 인도주의·박애주의 정신을 바탕으로 하였다.

③ 대표위원에 베버리지가 있다.

④ 빈민지구를 실제로 조사하여 그 지역에 대한 생활상을 자세히 파악하고 구제의 필요가 있는 사람에게 조력해 준다.

16 자선조직협회의 원칙으로 볼 수 없는 것은?

① 봉사자는 무보수로 일한다.

② 협력과 조화를 원칙으로 한다.

③ 개인의 사례에 대해 충분히 조사를 한 다음 대처한다.

④ 모든 빈민을 원조의 대상으로 한다.

17 자선조직협회의 활동이 현대에 미친 영향을 옳게 설명한 것은?

① 클라이언트에게 적극적으로 급여를 지급하였다.

② 자선활동을 전문적인 개인사업으로 발전시키도록 조성하였다.

③ 사회적 차원에서 자의적인 구제방법을 강조하였다.

④ 빈곤의 책임이 개인적 책임뿐만 아니라 사회적 책임으로 확대되었다.

18 다음 중 사회보험제도의 등장배경과 관련이 없는 것은?

① 산업화 이후의 자본주의 발전과 병행한 각종 사회문제의 심화

② 제1차 세계대전과 경제대공황

③ 노동운동의 정치세력화를 통한 정치적 압력

④ 가족 및 시장기능의 한계 및 그것에 대한 인식

19 구빈법의 개정법 중에서 성격이 다른 하나를 고르면?

① 정주법   ② 신구빈법

③ 스핀햄랜드법   ④ 작업장법

20 미국 존슨 대통령의 '빈곤에 대한 전쟁'으로 보강된 구빈정책은?

① 노령부조

② 실업보장

③ 잉여물자제도

④ 요구호아동 가족보호

21 미국의 뉴딜정책에 관한 설명 중 옳지 않은 것은?

① 목표는 경제공황의 악순환을 방지하는 것이다.

② 부흥·구제·개혁을 정책목표로 하고 있다.

③ 실업자 구제를 위해 민간기업을 적극적으로 보조하는 정책을 취했다.

④ 빈곤문제에 대해 정부가 소극적인 자세에서 적극적인 자세를 취하는 계기가 되었다.

22 미국 레이건 행정부의 신연방주의 복지정책에 대한 설명으로 옳지 않은 것은?

① 연방경제의 소비를 감소시키는 정책을 실시하여 복지프로그램이 감축되었다.

② 신연방주의는 경제성장을 촉진시켜 빈곤을 감소시켰다.

③ 연방의 사회복지 권한을 축소하고 주정부의 권한을 강화시켰다.

④ 복지국가는 반대하지는 않지만 온정주의적 국가는 반대하였다.

23 다음 중 복지국가의 위기에 대한 설명과 관련이 없는 것은?

① 포디즘 생산체계의 확립

② 노동연계복지를 강조하는 신자유주의 전략

③ 영국의 대처리즘과 미국의 레이거노믹스의 등장

④ 1970년대 석유파동으로 인한 경제 위기

24 다음 중 비스마르크 사회보험의 특징으로 옳지 않은 것은?

① 프로이센 정부가 국가적 차원의 사회보장제도를 제안했다.
② 독일 사회보장제도의 발전을 저해하는 주요한 요인이 되었다.
③ 노동자를 국가에 충성하도록 유도하는 회유책이다.
④ 집합적, 수직적 구조를 특징으로 발전했다.

25 비베스(Vives)의 빈민구제 프로그램의 내용으로 옳지 않은 것은?

① 구걸은 금지되어야 한다.
② 각 지구에 보호위원을 두어 빈민의 상담을 담당하게 하였다.
③ 빈민에게는 직업을 주고 정신질환자를 위해서 정신병원을 설립하여 치료해야 한다.
④ 교구별로 빈민가정의 생활상을 조사하여, 자선금을 분배하지 말고 직업훈련 · 고용 · 재활의 방법으로 원조해야 한다.

26 독일은 산업화가 비교적 늦게 시작되었음에도 불구하고 세계 최초로 사회보험제도를 도입하였다. 다음 중 독일에서 가장 빠르게 사회보험제도를 등장하게 한 요소에 해당하지 않는 것은?

① 빠르게 진행된 산업화
② 베버리지 보고서
③ 비스마르크의 독특한 통치스타일
④ 사회문제에 대한 국가개입의 필요성에 관한 관념의 대두

27 함부르크(Hamburg) 제도의 미비점을 보완 · 수정하여 시행한 제도로서 공공의 조세에 의해 운영된 제도는?

① 엘버펠트(Elberfeld) 제도
② 이플(Yple) 제도
③ 스핀햄랜드(Speenhamland) 제도
④ 커티지(Cottage) 제도

28 다음 중 엘버펠트(Elberfeld) 제도의 내용이 아닌 것은?

① 각 지구에 보호위원을 두어 빈민구제담당관 또는 빈민의 상담상대역을 하며 방문조사와 생활실태를 파악한다.

② 14개의 대구를 조직하고 1명의 감찰기관하에 통합시키고 제반업무를 관장시킨다.

③ 중앙위원회는 원외구제취급관을 감독하고 시의 병원·구빈원 및 교정시설을 감독하는 전체제도의 최고기관이다.

④ 시를 교구별 지구로 구분하여 각 지구에는 1명의 서기와 2명의 고문을 배치하여 빈민가정의 생활상을 조사한다.

29 베버리지가 제시한 5대 악과 이를 제거하기 위한 대처가 바르게 연결되지 않은 것은?

① 빈곤 – 소득보장

② 나태 – 노동정책

③ 불결 – 위생관리

④ 무지 – 의무교육

30 서양의 사회보험 발달과정에 대한 설명으로 옳지 않은 것은?

① 사회보험이 최초로 실시된 국가는 독일이다.

② 독일은 2002년 낮은 출산율과 기대여명 연장에 대한 조치 마련을 위해 연금개혁을 단행하였다.

③ 프랑스에서는 연금수령 개시연령을 65세에서 67세로 늦추는 연금개혁법에 대한 국민들의 반대시위가 일었다.

④ 일본의 실업보험제도는 노동조합에 의해 설립된 실업기금을 중심으로 국가가 이를 보조하는 방식이다.

정답및해설

1	③	2	③	3	③	4	④	5	③
6	③	7	①	8	③	9	②	10	④
11	②	12	③	13	④	14	①	15	③
16	④	17	④	18	②	19	③	20	③
21	③	22	②	23	①	24	④	25	②
26	②	27	①	28	④	29	③	30	④

1 ⓒ 정주법 1662년
ⓛ 작업장테스트법 1722년
ⓔ 길버트법 1782년
ⓖ 스핀햄랜드법 1795년

2 ① 정주법 : 빈민의 자유로운 이동을 금지하기 위해 교구와 귀족들의 압력으로 제정된 법이다.
② 작업장법 : 노동능력이 있는 빈민을 고용함으로써 작업장에서의 노동을 통해 그들의 근로의욕을 강화시키고, 국가적인 부의 증대에 기여하고자 만들어진 법이다.
④ 스핀햄랜드법 : 최저생활기준에 미달하는 임금의 부족분을 보조해 주는 것을 목적으로 한다. 길버트법에서 시행된 원외구호가 스핀햄랜드법으로 인해 확대되었다.

3 ③ 구호의 대상자는 구호신청을 요건으로 하여 해당 교구에 3년 이상 거주한 자만 신청할 수 있었다.

4 ④ 보호의원들의 단기근무제 전문적 서비스를 실시하였다.
※ 엘버펠드제도 … 함부르크 구빈제도의 미비점을 수정·보완하여 독일의 엘버펠트시에서 채택하여 시행한 제도이다. 이 제도의 특징은 전적으로 공공의 조세에 의해 운영되었다는 점이다.

5 ③ 개정 구빈법은 1834년에 제정된 것으로 스핀햄랜드법에 의한 임금보조를 철폐하고 구빈비용의 감소를 위한 법으로 균일처우의 원칙에 근거하고 있다.

6 작업장법
ⓐ 노동이 가능한 빈민을 고용하여 국부의 증진을 기하고자 하는데 있다.
ⓑ 상습적인 부랑아나 걸인을 연합구의 공동작업장에 종사하게 하였다.
ⓒ 현행 직업보도프로그램의 원조가 된다.

7 신연방주의 이데올로기 … 연방이 자본주의에 지나치게 개입했다는 의미에서 연방주의를 축소하고 주정부에 권한을 이양한다는 주의이다.
ⓒ 1980년대 사회복지정책의 특징이다.
ⓔ 1960년대 사회복지정책의 특징이다.

8 ③ 작업장법(Workhse Test Act 1722)은 노동가능한 빈민을 고용하여 국가의 부를 증대하고자 하는 목적에서 제정되었으며, 오늘날 직업보도 프로그램의 시초가 되었다.

9 ㉠ 「정주법」에 대한 설명이다.
　　㉣ 베버리지 보고서는 균일급여와 균일거출을 원칙으로 한다.

10 ①②③ 구빈비용 감소를 위해 설립된 왕립위원회의 6가지 기본원칙에 대한 내용이다.

11 베버리지의 사회보장의 원칙
　　㉠ 균일급여의 원칙
　　㉡ 균일갹출의 원칙
　　㉢ 운영통합의 원칙
　　㉣ 급여의 적절성 보장의 원칙
　　㉤ 대상분류화의 원칙
　　㉥ 적용범위 포괄성의 원칙

12 ③ 영국은 지방자치를 존중해온 독특한 전통으로 인하여 구빈행정의 중앙집권화 및 전국적 통일을 이루지 못하였다.

13 ④ 엘리자베스 구빈법에 대한 설명이다.

14 ① 정주법은 부랑자나 빈민들이 부자 교구에서 구걸을 하거나 도시에서 직업을 구하려고 부랑생활을 하는 경우가 많았기 때문에 이를 막기 위하여 출생, 결혼, 도제관계, 상속과 관련지어 개개인들에게 특정지역의 정주권을 부여하여 이방인이 특정지역으로 몰려와 구빈법에 의존하게 되는 것을 저지하려는 목적에서 제정되었다. 빈민의 도시유입을 차단하고 노동자의 이동이 제한되어 실업, 요구토지의 양적 증대가 초래되었다.

15 ③ 베버리지는 사회보험 및 관련서비스에 관한 정부부처간 조사위원회의 위원장이었다.

16 ④ 빈민 중 보호받을 가치가 있는 자만 원조의 대상으로 한정하여 태만·음주·낭비를 일삼는 자에게는 원조를 하지 않도록 하였다.

17 현대사회사업에 미친 영향
　　㉠ 빈곤의 책임은 개인적 책임뿐만 아니라 사회적 책임으로 확대되었다.
　　㉡ 자의적인 구제방법보다는 조정·합리화하였다.
　　㉢ 방문구제를 통해 현대적인 사회사업방법론을 확립시켰다.
　　㉣ 자선활동을 전문적 사회사업으로 발전시켰다.
　　㉤ 클라이언트에게 시여보다는 절약과 자립조성에 기여하였다.

18 ② 미국의 사회보장법 제정배경에 해당한다.

 ※ 사회보험제도의 등장배경

  ㉠ 산업화 이후의 자본주의 발전과 함께 각종 사회문제가 대두되었다.

  ㉡ 사회문제의 해결에 대한 가족 및 시장기능의 한계에 부딪쳤다.

  ㉢ 노동운동의 정치세력화를 통한 정치적 압력이 가중되었다.

  ㉣ 근대국가의 성장과 개입적 기능이 확대되었다.

19 스핀햄랜드법은 인도주의화와 관련된 법률이다.

20 미국의 구빈정책 … 20세기 초까지는 영국의 엘리자베스 구빈법의 기초에 따른 시혜적 구빈정책과 사회개량운동이 주된 내용이었으나, 1930년대 세계대공황을 계기로 빈곤대책은 사회적 문제로 대두되었다.

 ㉠ 뉴딜정책하의 빈곤정책 : 요구호아동 가족보호(AFDC), 실업보상, 노령부조

 ㉡ 1964년 존슨 대통령 '빈곤에 대한 전쟁 : 식량권제도, 잉여물자제도, 직업훈련(1964)

21 ③ 대규모의 노동력을 투입할 수 있는 공공사업을 정부 차원에서 단행하였다. 그 대표적인 예로는 자원보존청년단, 테네시강 유역개발공사 등이 있다.

22 ② 경제성장을 촉진시키면 간접적으로 복지가 증대된다는 공급측의 경제를 강조했던 레이건 행정부의 정책은 경제성장뿐 아니라 빈곤의 감축도 달성하지 못하였다.

 ※ 레이건의 신연방주의 … 레이건 대통령이 취임 1년째 되는 1982년 1월의 연두 교서에서 제시한 정책으로, 연방정부가 관장하고 있는 복지나 공공사업을 주정부에 이관한다는 구상에 기초하여 연방정부는 주정부나 지방자치제에의 교부금을 삭감하고 아울러 복지와 공공사업 등에 관한 사무권한을 대폭 이양하였다.

23 ① 포디즘 생산체계란 포드 자동차에서 적용한 생산방식으로 일품종 대량 생산체제를 말한다. 이는 산업사회를 대표하는 체제로 산업화의 등장은 복지국가의 발전과 관련된다.

24 ④ 비스마르크의 사회보장계획은 계급주의적 사회구조를 보험체계의 근간으로 삼는 분산적, 수평적 구조를 특징으로 발전했다.

25 ② 엘버펠트(Elberfeld)의 특징에 대한 설명이다. 비베스의 제안은 1788년 함부르크 구빈제도에 영향을 주었고, 함부르크 제도의 미비점을 수용·보완한 것이 엘버펠드 제도이다.

26 ② 베버리지 보고서는 영국의 사회보장제도 확립에 기초를 이루는 문서이다.

 ※ 독일에서 세계 최초로 사회보험제도를 등장하게 한 요소

  ㉠ 늦게 시작하였으나 빠르게 진행된 산업화

  ㉡ 노동자 생활조건의 악화

  ㉢ 노동운동의 정치화와 이에 대한 지배세력의 견제

  ㉣ 사회문제에 대한 국가개입의 필요성에 관한 관념의 대두

  ㉤ 비스마르크의 독특한 통치스타일

27 ① 엘버펠트(Elberfeld) 제도는 함부르크(Hamberg) 제도의 미비점을 보완·수정하여 엘버펠트시가 채택하고 시행한 제도로서 전적으로 공공의 조세기금에 의해 운영되어 많은 성과를 거두었다.

　※ 엘버펠트(Elberfeld) 제도의 기본원칙

　　㉠ 각 보호위원 책임하에 소수의 요보호자를 둔다.

　　㉡ 빈민보호와 감독을 중앙집권화한다.

　　㉢ 보호위원이 장기간 근무를 하므로 전문적 서비스를 실시할 수 있다.

　　㉣ 극빈자의 방지와 재활에 주력한다.

　　㉤ 구빈업무 관련자의 회의를 활성화한다.

28 ④ 비베스(L. Vives)가 주장한 빈민구제안의 내용이다. 엘버펠드에서는 시를 546지구로 구분하되 각 지구에 약 300명의 주민이 배당하도록 하고 빈민의 경우 4명 이하가 되도록 구분하였다.

29 ③ 베버리지는 '빈곤'은 소득보장으로, '질병'은 의료보장으로, '무지'는 의무교육으로, '불결'은 주택정책으로, '나태'는 직업·노동정책으로 대처해야 한다고 했다.

30 임의적·자발적 실업보험제도 … 노동조합에 의해 자발적으로 설립된 실업기금이 정부로부터 인가를 받아 운영되는 형태로 덴마크, 핀란드, 스웨덴, 필리핀 등에서 실시하고 있다.

02 우리나라 사회복지의 역사

기출문제

section 1 제1단계[사회복지의 전사(前史)]

(1) 고대

① 기자조선 문혜왕 원년(B.C. 843)에 윤환법을 세워 빈민을 구제하였다.

② 정경왕 13년(B.C. 710)에 큰 흉년이 들어 조정에서 중국의 제나라와 노나라에 가서 양곡을 구입하여 기민을 구제하였다.

③ 효숭왕 9년(B.C. 675)에는 제양원을 설립하여 환과고독(홀아비, 과부, 고아, 무자녀노인)의 무의무식한 4궁(四窮)을 수양하였다.

Point 팁
> **환과고독(4궁)**
> ⊙ 환(鰥) : 60세 이상의 자로서 처가 없는 자
> ⊙ 과(寡) : 50세 이상의 자로서 부가 없는 자
> ⊙ 고(孤) : 16세 이하의 자로서 부모가 없는 자
> ⊙ 독(獨) : 60세 이상의 자로서 자식이 없는 자

(2) 삼국시대

① 성격 … 천재지변 등의 각종 재난이 있을 때, 왕이 어진 정치를 베푸는 한 방편으로 국가의 비축양곡을 내어 백성들에 대한 구제사업이 행해졌다.

② 구제사업의 내용
  ⊙ 관곡(官穀)의 지급 : 각종 재해를 입은 빈곤한 백성들에게 정부에서 비축하고 있는 관곡을 배급하여 구제하는 것이다.
  ⊙ 사궁구휼 : 환과고독의 무의무탁한 빈민을 구제하는 것으로, 군주들이 친히 방문하여 위로하고 의류, 곡물, 관재 등을 급여하여 구제하였다.
  ⊙ 조조(租調)의 감면 : 백성들이 입은 재해정도에 따라 조세를 감면해 주었다.
  ⊙ 대곡자모구면(貸穀子母俱免) : 춘궁기 등에 백성이 대여한 관곡을 거두어들일 때에 재해로 인한 흉작으로 상환이 어려울 때에는 그 원본 및 이자를 감면해 주는 것이다.
  ⊙ 경형방수(輕刑放囚) : 천재지변과 같은 자연재난은 위정자인 군주의 잘못에 대한 신의 분노 또는 죄라고 하여 군주는 죄인의 형벌 경감, 석방 등으로 선정을 베풀어 신의 노여움을 풀고자 한 것이다.

기출문제

ⓑ **왕의 책기감선(責己減膳)** : 각종 재난의 발생이 왕 자신의 잘못에서 기인한 것이라 하여 스스로 죄인으로 생각하고 뜰 아래 방에서 기거하고 식사도 적게 하여 근신하는 것이다.

ⓢ **역농방재** : 백성들이 영농에 정진하도록 권장하고 각종의 재해에 대비하는 것이다.

③ **창제(創製)**

㉠ 삼국 공통의 구제제도이다.

㉡ 가장 오랜 역사를 갖는 일반적 구제제도이다.

㉢ 부락별로 곡창(부경)을 설치하여 병농공용으로 운용하였다.

㉣ 발창진급 · 발창진휼을 중심으로 풍수해, 질병, 전란 시에 양곡을 방출하였다.

④ **진대법**

㉠ **진대법의 제정[고구려 고국천왕 16년, 194(삼국사기)]**

• 춘궁기(3 ~ 7월)에 관곡을 빈곤한 사람에게 그 가족수의 다소에 따라 필요한 양을 빌려 주었다가 추수기인 10월에 납입하게 하는 제도이다.

• 최초의 빈민구제기관이다.

• 후세 고려의 의창과 조선의 환곡 · 사창으로 연결되었다.

㉡ **진대법의 목적**

• 춘궁기에 빈민을 구제한다.

• 영농자본을 대여함으로써 농민의 생활을 안정시킨다.

• 관곡을 유용하게 사용함으로써 그 낭비와 사장을 없앤다.

• 일반 국민의 생활을 안정시킨다.

(3) 고려시대

① **성격**

㉠ 불교에 의한 구빈 · 고아보호 · 양로사업 등이 추진되었다.

㉡ 구빈과 관련된 공적 기관이 설립되었다.

㉢ 조세수입과 민간재원으로 그 재원을 충당하였다.

② **5대 진휼사업**

㉠ **은면지제(恩免之制)** : 개국, 즉위, 제사, 불사, 경사, 전쟁 후 기타 적절한 시기에 왕이 조세를 탕감 · 경감해 주는 각종 은전을 실시하였다.

㉡ **재면지제(災免之制)** : 천재지변, 전쟁, 질병 등으로 인한 이재민의 조세, 부역 및 형벌 등의 전부 또는 일부를 감면해 주는 것이다.

㉢ **환과고독진대지제** : 빈곤한 홀아비, 과부, 고아, 노인들은 우선적으로 보호를 받아야 할 대상자로 지정하고 구휼하였다.

ⓔ 수한질여진대지제(水旱疾癘賑貸之制) : 이재민에게 쌀, 잡곡, 소금, 간장, 의류 등의 각종 물품과 의료, 주택 등을 급여하는 사업이다.

ⓜ 납속보관지제 : 흉년·재해 시 백성을 구휼하기 위한 재원조달의 한 방편으로서, 일정관직을 주고 금전을 상납받는 것이다.

③ 상설구제기관

ⓖ 흑창 : 고구려의 진대법으로부터 영향을 받아 태조 때 설치한 빈민구제기관으로, 평상시에 관곡을 저장하였다가 비상시에 빈궁한 백성에게 대여하고, 수확기에 거두어들이는 것이다.

ⓛ 제위보 : 빈민구제사업과 이재민구제사업을 모두 맡은 구제기관으로, 광종 14년(953)에 설치되었으며 국가에서 하사한 기금으로 이식을 통해 그 재원을 조달하였다.

ⓒ 의창 : 흑창이 변화한 것으로 규모가 확대되었으며, 미곡뿐만 아니라 소금이나 기타 생필품을 구휼하였다.

ⓔ 상평창 : 본래 물가를 조절하는 기구로서, 흉년이 들어 곡가가 오르면 시가보다 싼 값으로 내다 팔아 가격을 조절함으로써 백성들의 생활을 안정시켰다. 후기에 가서는 진휼보다는 조적을 통한 물가조절 기능만을 담당하게 되었다.

ⓜ 동서대비원 : 환자의 치료나 빈민구제를 위주로 하였으며, 현대의 병원과 복지원(수용시설)을 겸한 기관이었다.

ⓑ 혜민국 : 빈민을 구조하고 약품을 지급하는 등의 서민만을 위한 국립구료기관이다.

ⓢ 유비창 : 빈민의 구제와 물가조절 등 의창과 상평창의 복합적 기능을 하였다.

④ 임시구제기관

ⓖ 동서제위도감 : 재난 시 빈민을 구제하고 병자를 치료하였다.

ⓛ 구제도감 : 대비원이나 제위보로 감당하기 힘든 재난 시에 그 보충적 역할을 하였다.

ⓒ 구급도감 : 기근에 대응하기 위해 설치·운영되었다.

ⓔ 진제도감 : 천재지변에 의한 재난의 진휼을 하는 기관으로 구제도감이나 구급도감과 유사한 기능을 하였다.

ⓜ 진제색 : 비상시에 일시적으로 설치되었던 임시적 구빈기관이었다.

기출문제

🔵문 **다음 설명에 해당하는 제도를 실시한 조선 시대의 구제기관은?**

▶ 2020. 6. 13. 지방직/서울특별시

풍년이 들어 곡물 가격이 떨어지면 국가는 곡식을 사들여 저장하고, 흉년이 들어 곡물 가격이 오르면 국가는 저장한 곡물을 방출하여 곡물 가격을 떨어뜨렸다. 이 제도는 곡물 가격의 변동에 따라 생활을 위협받는 일반 농민을 보호하고 물가를 안정시키기 위한 정책이었다.

① 사창
② 의창
③ 흑창
④ 상평창

Tip ④ 상평창 : 물가를 조절하는 기구로서, 흉년이 들어 곡가가 오르면 시가보다 싼 값으로 내다 팔아 가격을 조절함으로써 백성들의 생활을 안정시켰다.
① 사창 : 조선시대 각 지방 군현의 촌락에 설치된 곡물 대여 기관이다.
② 의창 : 흑창이 변화한 것으로 규모가 확대되었으며, 미곡뿐만 아니라 소금이나 기타 생필품을 구휼하였다.
③ 흑창 : 고구려의 진대법으로부터 영향을 받아 태조 때 설치한 빈민구제기관으로, 평상시에 관곡을 저장하였다가 비상시에 빈궁한 백성에게 대여하고, 수확기에 거두어들이는 것이다.

정답 ④

(4) 조선시대

① **성격** … 빈민의 구제는 왕의 책임이며 신속한 구제를 중시한다.

> **Point 팁** 주요 특징
> ㉠ 빈민의 구제는 왕의 책임이다.
> ㉡ 신속한 구제를 중시한다.
> ㉢ 1차적인 구빈행정의 실시책임을 지방관이 진다.
> ㉣ 중앙정부는 구호관계의 교서나 법을 제정한다.
> ㉤ 중앙정부는 지방의 구호행정을 지도·감독한다.

② **구제제도의 법적 기초**
　㉠ 이전(吏典) : 혜민서(惠民署)와 활인서(活人署) 등의 의료구제기관을 두는 규정이 있다.
　㉡ 호전(戶典) : 비장관리의 궁민진휼의 구제책임에 관한 규정이 있으며, 경성과 각 지방에 상평창을 두어 백성들의 경제생활을 돕도록 하고, 수군과 지방관리들은 흉년에 대비하여 소금과 해초를 준비할 것 등을 규정하고 있다.
　㉢ 예전(禮典) : 경로, 결혼비용보조, 노인과 고아에 대한 수양 및 의과관급, 의약규제 등이 규정되어 있다.
　㉣ 병전(兵典) : 면역, 구휼의 제도를 규정하고 있다.

③ **비황제도**
　㉠ 곡물저장을 통해 빈민을 구제하는 창제를 구축으로 하였다.
　㉡ 상평창, 의창(환곡), 사창을 두어 백성의 복지를 도모하였으나 조선말기에 부정부패의 온상이 되었다.

> **Point 팁** 사창 … 순수하게 사민의 공동저축으로 상부상조였고, 연대책임으로 자치적으로 운영되었으며, 구제의 적절성·신속성을 보였다.

　㉢ 삼창과 함께 숙종부터 영조에 이르는 60~70년간 중앙직속으로 교제창(북부지방), 제민창(남부지방)을 두어 이재민을 구제하였다.

④ **구황제도**
　㉠ 사궁에 대한 보호 : 진제장, 자휼전칙, 진휼청이 담당하였다.
　㉡ 노인보호사업
　　• 국가의 경사가 있을 때 궁정에서 노인연을 베풀었다.
　　• 기로소 : 정2품 이상, 70세 이상의 문관들이 모여 놀도록 만든 곳으로, 왕이 춘추에 향응을 베풀었다.
　　• 기로직 : 60세 이상의 선비에게 부여하는 과거제도이다.
　　• 노부모를 부양해야 하는 사형 또는 유형자에 대해 감형 또는 환영을 하였다.

ⓒ **시식사업**: 흉년·재난 시에 사원 또는 기타 적당한 곳에 취사장과 식탁을 설치하여 빈민들에게 음식을 제공하였다.

ⓔ **진휼 및 진대사업**: 이재민 또는 빈민에게 유·무상으로 양곡, 미역, 소금, 채소 등을 빌려주거나 급여하였다.

ⓜ **고조제도**: 생계가 곤란하여 혼례나 장례를 치르지 못하는 자에게 비용을 조달해 주었다.

ⓗ **관곡의 염가매출과 방곡사업**: 흉년 또는 풍년으로 인해 곡가변동으로 경제가 불안정해지는 것을 막기 위해 곡가를 안정시켰다.

ⓢ **견감제도**: 흉년 또는 재해를 당한 백성에게 지세·호세·부역 등을 감면하거나 대부된 환곡을 면제·경감해 주는 것이다.

ⓞ **원납제도**: 구빈에 소요되는 재원의 충당을 위해 곡물을 받고 관직을 제공하는 것이다.

⑤ **구료제도**

ⓐ 태조 원년(1392)에 궁내 의료담당의 전의감과 일반백성의 의료기관인 혜민서 및 동서대비원, 의학연구소인 제생원을 설치하였다.

ⓑ 고종 31년(1894)에는 광제원, 의학교, 대한의원 등을 설치하여 신식 의료사업을 보급하였다.

ⓒ 융희 3년(1909)에 자혜의원을 개설하여 현대의료를 시작하고 전염병 예방을 위한 종두예방 규정도 제정하였다.

⑥ **자휼전칙**

ⓐ 조선 후기의 가장 대표적인 아동복지 관련법령으로서 정조 7년(1783)에 반포된 유기아, 행걸아의 구제에 관한 법령이다.

ⓑ 요구호아동의 구휼에 있어 개인·민간의 책임보다 국가의 책임과 역할을 다소 인정한 것이다.

ⓒ 정조의 전교와 보호전반에 대한 9개의 절목으로 구성되어 있다.

Point 팁 **9절목의 내용**
　ⓐ 나이와 구제기간
　ⓑ 행걸아 구제에 있어 1차적으로 친족책임의 원칙
　ⓒ 행걸아 구제방법
　ⓓ 유기아의 발견과 보고 절차
　ⓔ 유기아 구휼에 있어 유모제도
　ⓗ 행걸아, 유기아 입양과 추거
　ⓢ 의복과 의료시혜
　ⓞ 지방에서의 절차와 재정
　ⓩ 행걸아, 유기아에 대한 식이법과 낭관에 의한 사후감독

기출문제

⑦ 향약 및 계

　ⓐ 향약 : 향촌 지역주민의 교화를 목적으로 자치적으로 정한 규약을 말하는데, 그 목적은 조합원 상호 간에 선을 권장하고 악을 징계하며 서로 도움으로써 복리증진과 질서유지를 꾀하는 데 있었다.

　ⓑ 계 : 회의, 친목, 노동경합, 조합, 종교적 의례와 같은 여러가지 기능을 목적으로 하여 지역주민들 간에 조직되었던 것이다.

(5) 일제시대

① 성격 … 주로 조선총독부에 의해 이루어진 조선에 대한 구제사업은 천황의 인정을 강조하고 식민지 국민들의 불만을 희석시키려는 목적과, 아울러 교화구제사업을 적극적으로 전개하여 일본 제국주의 목적을 달성하고 조선민중의 반일행동을 억제시키려는 목적에 의한 것이었다.

② 일제시대의 구호사업

　ⓐ 은사금 이재구조기금 관리규칙(1914) : 이재민들을 위해 식량이나 의류, 의료비 등을 지원하고자 한 기금충원대책이었으나 그 정도가 미미하였다.

　ⓑ 은사진휼자금 궁민구조규정(1916) : 폐질, 중병자나 무의탁 노유병약자들을 식량급여만을 통해서 궁민을 구조하고자 하였다.

　ⓒ 행려병인 구호자금 관리규칙(1917) : 무의탁 행려병자들을 규칙에 의거 구호소를 설치하고 구호하였다.

　ⓓ 방면위원제도(1927) : 빈민의 생활실태를 조사하고 그 개선과 향상을 위해 노력하고 조사활동을 통해 사회결함을 예방 · 보정함을 목적으로 하였다.

　ⓔ 조선구호령(1944)

　　• 제정배경 : 조선총독부는 일본에서 제정 · 실시된 구호법을 거의 그대로 가져다가 조선구호령으로 제정 · 공포하여 실시하였다. 그러나 조선구호령이 우리나라에서 실시된 것은 구빈목적에서라기보다는 전시체제하에서 식민지 통치를 보다 강화하고 식민지 통치의 효율성을 높이기 위한 목적에서 이루어졌다.

　　• 의의 : 근대적 사회사업의 법적 근거를 마련하여 국가가 국민의 빈곤 · 폐질 등에 대하여 보상할 책임이 있으며, 나아가 국민생활을 보장할 의무가 있음을 법령으로 규정하였다는 데에 그 의의가 있다.

　　• 급여내용 : 생활부조, 의료부조, 조사부조, 생업부조, 장제부조 등

　　• 구호대상

　　－65세 이상의 노쇠자

　　－13세 이하의 유아

　　－임산부

　　－폐질 · 질병 기타 정신 또는 신체장애로 인해 노동을 하기에 지장이 있는 자

section 2 제2단계(사회복지제도의 도입기)

(1) 미군정시대

① 성격

ㅤ㉠ 구호의 법적 · 제도적 근거는 형식적으로는 일제의 것을 계승하였으나, 기본적으로 군정하의 법령과 필요한 규정에 의해 구성되었다.

ㅤ㉡ 정부조직에 보건후생부를 두어 사변재해의 구제, 일반 빈곤한 자의 공공구제, 아동의 후생 및 기타 필요한 보호, 노무자의 후생 및 은급제, 주택문제 등과 같은 업무를 관장하였다.

② 미군정시대의 구호사업

ㅤ㉠ 일반적인 구호사업

ㅤㅤ• 시설구호 : 아동, 노인, 행려불구자를 수용 · 보호

ㅤㅤ• 응급구호 : 토착무직의 빈민, 빈곤한 피난민, 실업자

ㅤㅤ• 이재구호 : 피난민, 이재민에 대한 일시적 제공

ㅤㅤ• 공공구호 : 65세 이상의 노인과 소아를 부양하는 여자, 임산부 · 불구폐질자

ㅤ㉡ 주택구호사업 : 간이주택, 임시주택을 건설하거나 기존의 적산가옥 활용하여 대응하였으나 임시적이고 비계획적인 성격으로 보호의 수준은 미약했다.

ㅤ㉢ 실업구조사업 : 해방 이후 심각한 실업문제를 귀농알선사업과 취로사업, 직업소개사업으로 극복하고자 했다.

ㅤ㉣ 전재민 수용구호사업 : 전재민들이 정착할 수 있도록 전재민 수용소를 통해 임시적으로 가료, 의식, 주택을 제공하고 취업을 알선하였다. 임시성, 관료들의 부정, 자원의 부족 등으로 그 보호의 수준이 매우 열악했다.

(2) 한국정부 수립과 6 · 25전쟁

① 우리나라에서 근대적 사회복지사업이 전개된 것은 1950년대에서 비롯된다.

② 수많은 요보호대상자들이 생활보호나 구호를 요하는 상황하에서 사회복지사업의 성격은 극히 자선적 · 구호적이며 사후대책적이었다.

③ 국가적 · 전문적 차원에서보다는 민간적 · 자발적인 차원에서 수행되는 가운데 그 내용이 영세적 · 비전문적인 것이었다.

④ 사회복지기관과 시설 운영이 종교단체 또는 외원단체들에 의해 주도되어 어려운 상황을 대처해 나갈 수 있었다.

⑤ 일부 외원기관에서 사회복지사업 교육을 받은 전문 인력을 고용하여 사회복지사업의 전문적 기능을 수행하기 시작함으로써 이러한 사회복지사업의 전문직의 필요성이 나타나기 시작했다.

section 3 제3단계(사회복지제도의 확립기)

(1) 성격

경제개발과 더불어 사회복지부문에 대한 개발도 점차 증대되면서 현행 복지체계가 수립되기 시작하였다. 1963년 제정된 '사회보장에 관한 법률'에 의하면, 우리나라의 복지체계는 사회보장의 범주 속에 사회보험, 공공부조, 사회복지서비스의 3개 부문을 포함시키고 있다.

(2) 1960년대

① 특징

  ㉠ 전재·수재로 인한 긴급구호사업과 시설보호사업 위주였고, 이후 근로자와 영세민을 위한 생활보호와 사회보험이 시작되었다.

  ㉡ 사회복지제도가 경제성장과 경제개발정책에 밀려 보완적 기능밖에 수행할 수 없었다.

② 사회복지 관련 주요 이슈 … 공무원연금법(1960), 갱생보호법(1961), 아동복리법(1961), 고아입양특례법(1961), 윤락행위 등 방지법(1961), 군사원호보호법(1961), 재해구호법(1962), 사회보장에 관한 법률(1963), 산업재해보상보험법(1963) 등의 제정으로 사회보험과 공공부조, 사회복지 서비스의 제도적 기반을 구축하기 시작하였다.

Point 팁 제3공화국 헌법 … 전문에서 정치·경제·사회·문화의 모든 영역에 있어서, 각인의 기회를 균등히 하고 의무를 완수하게 하여 안으로는 국민생활의 균등한 향상을 기하고 밖으로는 항구적인 세계평화에 이바지함으로써 국민의 안전과 자유와 행복을 영원히 확보할 것을 다짐하고 있다. 이 헌법은 인간다운 생활을 할 권리가 헌법조항으로 신설된데 의의가 있다.

(3) 1970년대

① 특징 … 공무원·군인·교원 등을 위한 사회보험이 정착하였고, 의료보험이 시작되었다.

② 사회복지 관련 주요 이슈 … 사회복지사업법(1970), 국민복지연금법(1973), 사립학교교원연금법(1973), 의료보호법(1977) 등이 제정되었다.

(4) 1980년대

① 특징

㉠ 자유방임주의에 입각한 복지정책이 실시되었다.

㉡ 국민기초생활보호수급권자가 최저생계비에도 못 미치는 생활비를 지급받았다.

② 사회복지 관련 주요 이슈 … 아동복지법 확대개정(1981, 1984), 노인복지법(1981), 장애인복지법(1981) 최저임금법(1986), 보호관찰법(1988), 모자복지법(1989), 남녀고용평등법(1987) 등이 제정되었다.

section 4 제4단계(사회복지제도의 확대기)

(1) 노태우 정부

① 성격 … 국민연금과 의료보험이 확대·실시되었고, 사회복지관·보육사업 및 시설이 확충되었으며, 사회복지전문요원을 대거 확충함으로써 사회복지전달체계가 확립되었다.

② 사회복지 관련법률 … 노인복지법(1989)·장애인복지법(1989) 등의 개정, 국민연금의 실시(1988), 최저임금제의 도입(1988), 의료보험의 실시(1989), 모자복지법의 제정(1989), 탁아제도 확립을 위한 아동복지법시행령 개정(1989), 장애인고용촉진 등에 관한 법률(1990)·영유아보육법 제정(1991), 사회복지사업법의 개정(1992) 등이 이루어졌다.

(2) 김영삼 정부

① 성격 … 기본정책의 원리는 신자유주의에 기초하고 있으며, 공공복지에서는 생산적 복지원칙을 강조하였으며, 지금까지의 '공공부조대상' 위주의 서비스 제공에서 벗어나 보편주의를 지향하고자 하였다.

② 사회복지 관련법률 … 고용보험제 제정(1993) 및 실시(1995), 군단위 이하 지역의 주민을 대상으로 한 국민연금 실시(1996), 윤락행위 등 방지법 개정(1994), 성폭력범죄의 처벌 및 피해자 등에 관한 법률 제정(1994), 사회보장기본법 제정(1995), 정신보건법 제정(1995), 여성발전기본법 제정(1995), 국민복지기획단 구성(1995), 삶의 질 세계화를 위한 국민복지의 기본구상 발표(1996), 노사관계개혁위원회 구성(1996), 국민의료보험법 제정(1997), 사회복지공동모금회법 제정(1997) 등이 이루어졌다.

(3) 김대중 정부

① **성격** … 공정한 시장질서 확립을 통해 분배하고, 국가에 의한 재분배적 복지를 추구하며, 자활을 위한 사회적 투자를 행하였다.

② **사회복지 관련 주요 이슈** … 노사정위원회 출범(1998), 고용보험 1인 사업장까지 확대(1998), 실직자복지대책 수립 및 시행(1998), 공무원–교원의보 및 지역의보 통합(1998), 총리실 산하 4대 사회보험 통합기획단 구성(1998), 사회복지공동모금회법 제정(1998), 국민건강보험법 제정(1999), 전국민 연금실시(1999), 국민기초생활보장법 제정(1999), 소비자생활협동조합법 제정(1999), 교원노조 합법화, 민주노총 합법화(1999), 노사정위원회 법제화(1999), 산재보험 1인 사업장까지 확대(2000), 국민시초생활보장제도 시행(2000), 의료보험의 통합운영(2000), 의료보험급여의 365일 연중 실시(2000) 등이 이루어졌다.

(4) 노무현 정부

① **성격** … 전국민을 위한 참여복지실현을 목표로 노인일자리, 연금제도, 요양체계, 평생교육 활성화 등 종합적인 고령사회 대책을 수립하였고, 보육문제 해결과 여성의 사회참여 확대를 위해 국가지원을 늘렸다.

② **사회복지 관련 주요 이슈** … 농어촌주민의 보건복지증진을 위한 특별법 제정(2004), 건강가정기본법 제정(2004), 청소년복지지원법 제정(2004), 농림어업인 삶의 질 향상 및 농산어촌지역개발촉진에 관한 특별법 제정(2004), 국민연금법 개정(2007), 기초노령연금법 제정(2007), 장애수당 확대(2005) 등이 이루어졌다.

(5) 이명박 정부

① **성격** … 시장기능에 복지 개념을 도입하여 수혜자들이 기다리지 않도록 적극적으로 찾아가서 서비스를 제공하는 '능동적 복지'를 지향한다. 또한 모든 복지시스템에 원 스톱 복지전달체계를 구축해서 태아에서 노후까지 맞춤형 복지를 제공하는 것을 목표로 삼았다.

② **사회복지 관련 주요 이슈** … 공무원 연금법 개정(2009), 장애인 연금법 제정(2010), 5세아 누리과정, 0~2세아 무상보육(2012), 적극적 노동 시장 정책 확대(ALMP, 2008), 든든한 학자금 대출(ICL, 2010), 맞춤형 국가 장학금(반값 등록금, 2012), 근로장려세제(EITC, 2009) 등이 이루어졌다.

(6) 박근혜 정부

① **성격** … 맞춤형 고용·복지 추진전략을 중심으로 국가발전의 선순환을 지향하고 있다. 대체로 이명박 정부의 보편적 복지정책을 수용하였으며 기초연금 도입, 고용·복지 연계, 저소득층 맞춤형 급여체계 구축 등에 역점을 두고 있다.

② **사회복지 관련 주요 이슈** … 장기요양 치매 특별등급 신설(2014), 기초연금법 제정(2014), 기초보장 맞춤형 급여(2014), 무상보육·무상교육 실현과 내실화(2013~), 든든학자금 대출이자 인하, 반값등록금 지원 확대(2013), EITC 확대 등이 이루어졌다.

(7) 문재인 정부

① **성격** … '모두가 누리는 포용적 복지국가'를 모토로 사람으로서 대우받아야 할 최소한의 존엄성을 보장하는 포용적 복지체계 강화를 추진한다. 포용적 복지는 국민 삶의 질을 고르게 높이는 것으로 소득 불평등 완화, 사회안전망 확충, 복지 사각지대 해소와 관련 있다.

② **사회복지 관련 주요 이슈** … 청년고용촉진수당 도입(2017), 노인일자리 참여수당 인상(2017), 치매국가책임제(2017), 건강보험 비급여 축소(2017), 주 52시간 근로(2018), 선택진료 폐지(2018), 아동수당 도입(2018), 기초연금 인상(2018), 실업급여 인상(2019) 등이 주목할 만하다.

기출문제

1 다음에 해당하는 사회복지제도의 시기는?

> 시장기능에 복지 개념을 도입하여 수혜자들이 기다리지 않도록 적극적으로 찾아가 서비스를 제공하는 능동적 복지를 지향한다.

① 이명박 정부
② 노무현 정부
③ 김대중 정부
④ 김영삼 정부

2 다음 중 삼국시대 이래 정부에서 비축하고 있는 관곡을 빈곤한 백성들에게 배급하여 구제한 것은?

① 대곡자모구면
② 관곡의 지급
③ 사궁구휼
④ 조조감면

3 삼국시대의 구제사업에 대한 설명으로 옳지 않은 것은?

① 삼국시대에는 각종 재난이 있을 때 왕이 어진 정치를 베푸는 한 방편으로 국가의 비축양곡을 내어 백성들에 대한 구제사업을 실시하였다.
② 창제(創製)는 백제의 독특한 구제제도로 가장 오랜 역사를 갖는 일반적 구제제도이다.
③ 백성들이 입은 재해정도에 다라 조세를 감면해 주기도 하였다.
④ 고구려의 진대법은 후에 고려의 의창과 조선의 환곡·사창으로 연결되었다.

4 백성의 생활편의를 도모하여 일시적인 경제생활을 조정하는 데 목적을 둔 구제제도는?

① 상평창
② 혜민국
③ 의창
④ 흑창

5 다음 중 빈민 및 이재민 구제사업에 목적을 둔 고려시대의 구제제도는?

① 유비창
② 제위보
③ 창제
④ 동서대비원

6 조선시대의 구황제도에 대한 설명으로 옳은 것은?

① 사궁에 대한 보호는 진제장에서 전적으로 담당하였다.
② 고조제도는 흉년이나 재난 시에 사원 또는 기타 적당한 곳에 취사장과 식탁을 설치하여 빈민들에게 음식을 제공하는 제도이다.
③ 견감제도는 구빈에 소요되는 재원의 충당을 위해 곡물을 받고 관직을 제공하는 제도이다.
④ 노인보호사업의 일환으로 노부모를 부양해야 하는 사형수에 대해 감형을 해주기도 하였다.

7 우리나라에서 가장 오랜 역사를 갖고 있는 구제제도는?

① 창제
② 향약
③ 의창
④ 혜민국

8 고려시대의 사회복지에 대한 설명 중 옳지 않은 것은?

① 창제를 통해 빈민에게 즉각적인 진대·규휼을 하였다.
② 진대법을 통해 빈민의 경제생활안정을 도모하였다.
③ 제위보를 통해 빈민구제사업을 실시하였다.
④ 재면법의 제정을 통해 국민의 부담을 감면하였다.

9 다음 설명 중 옳지 않은 것은?

① 흑창은 고려 태조 때에 설치된 상설구빈기관으로서 고구려의 진대법에서 영향을 받은 바 크다.
② 제위보는 광종 14년(953)에 설치된 것으로 빈민, 행려자의 구호와 질병의 치료를 맡아보던 기관이다.
③ 상평창은 고려 성종 12년(993)에 양경 12목에 설치된 기관으로서 조적을 통한 물가조절기능과 빈민의 구빈이 라는 양대 기능이 있었다.
④ 혜민국은 세종 때 서울 2개소에 설치하여 성내 환자를 구휼하는 것을 관장하였다.

10 다음의 설명 중 우리나라의 사회복지제도의 확립기에 해당하는 내용이 아닌 것은?

① 1963년 제정된 사회보장에 관한 법률에 따르면 우리나라의 복지체계는 사회보험, 공공부조, 사회복지서비스의 3개 부문을 포함한다.

② 경제성장과 경제개발정책에 밀려 보완적 기능밖에 수행할 수 없었다.

③ 자유방임주의에 입각한 복지정책이 실시되었다.

④ 시장기능에 복지 개념을 도입하여 수혜자들이 기다리지 않도록 적극적으로 찾아가서 서비스를 제공하는 능동적 복지를 지향한다.

11 다음 중 아동복지의 성격을 띤 법령은?

① 조선구호령
② 자휼전칙
③ 조선수난구호령
④ 은사진휼자금

12 다음 고려시대의 진휼사업에 해당하지 않는 것은?

① 은면지세
② 자휼전칙
③ 납속보관제
④ 재면지제

13 조선시대 구제사업의 원칙으로 옳지 않은 것은?

① 1차적인 구빈행정의 책임은 왕에게 있다.
② 신속한 구제를 중시한다.
③ 중앙정부는 구호관계의 법을 제정한다.
④ 중앙정부는 지방의 구호행정을 지도 · 감독한다.

14 1944년 실시된 조선 구호령의 구호대상에 해당하지 않는 것은?

① 10세 아동
② 임산부
③ 60세 노쇠자
④ 정신 질환자

15 다음 중 일제시대 사회사업의 특징으로 옳지 않은 것은?

① 황금신민으로서 일본에게 충성하도록 하는 동기가 내재되어 있었다.
② 공적 차원으로 대부시를 중심으로 상설구제기관과 임시구제기관으로 대부된다.
③ 사회사업이 하나의 학문으로 태동되기 시작하였다.
④ 사회사업이라는 용어가 본격적으로 사용되었다.

16 일제시대 폐질, 중병자, 무의탁노인 병자를 대상으로 식량급여를 통한 궁민구조를 규정한 것은?

① 은사금 이재구조기금 관리규칙
② 은사진휼자금 궁민구조규정
③ 행려병인 구호자금 관리규칙
④ 방면위원제도

17 사회복지법 제정연도를 순서대로 배열한 것은?

㉠ 국민연금법	㉡ 사회복지사업법
㉢ 모자복지법	㉣ 사회보장기본법
㉤ 영유아보육법	㉥ 사회복지공동모금법

① ㉠ - ㉡ - ㉤ - ㉢ - ㉣ - ㉥
② ㉡ - ㉠ - ㉢ - ㉤ - ㉣ - ㉥
③ ㉣ - ㉡ - ㉠ - ㉥ - ㉢ - ㉤
④ ㉤ - ㉡ - ㉣ - ㉠ - ㉥ - ㉢

18 제3공화국에 제정된 사회복지 관계법률이 아닌 것은?

① 아동복리법
② 생활보호법
③ 공무원연금법
④ 노인복지법

19 미군정기간 동안의 사회사업의 성격에 해당하는 것은?

① 자선적 · 구호적이며 사후대책적이었다.
② 빈민의 기본적 욕구해결보다는 통치질서의 안정에 주안점을 두었다.
③ 위민정치의 이념으로 관과 민의 원만한 관계를 도모하는 데 있었다.
④ 사회복지시책은 다소 즉흥적이었고, 사회복지시설은 일제 때부터 운영해 오던 것을 답습하였다.

20 고려시대 구제기관에 대한 설명으로 옳은 것은?

① 흑창은 진대법의 영향을 받아 태조 때 설치한 빈민구제기관으로 평상시에 관곡을 저장하였다가 비상시에 백성에게 무료로 제공한다.
② 의창은 흑창이 변화한 것으로 미곡이 아닌 소금이나 기타 생필품을 구휼하는 기관이다.
③ 혜민국은 빈민을 구조하고 약품을 지급하는 등 서민을 위한 국립구료기관이다.
④ 상평창은 본래 물가를 조절하는 기구였지만 고려 후기로 갈수록 물가조절보다는 진휼에 기능을 담당하였다.

정답및해설

1	①	2	②	3	②	4	①	5	②
6	④	7	①	8	②	9	④	10	④
11	②	12	②	13	①	14	③	15	②
16	②	17	②	18	④	19	④	20	③

1 ① 이명박 정부는 능동적 복지와 모든 복지시스템에 원 스톱 복지전달체계를 구축하여 맞춤형 복지를 제공하는 것을 목표로 삼았다.

2 관곡(官穀)의 지급 … 각종 재해를 입은 빈곤한 백성들에게 정부에서 비축하고 있는 관곡을 배급하여 구제하는 것이다.
① 대여된 관곡을 상환함에 있어 그 상환이 곤란할 때 그 원곡 및 이자를 감면해 주는 것이다.
③ 환과고독의 무의탁한 빈민을 구제하는 것이다.
④ 재해로 인해 심각한 피해를 입은 지역의 주민들에게 재해를 입은 정도에 따라 조세를 감면해 주는 것이다.

3 창제(創製) … 삼국 공통의 구제제도로 가장 오랜 역사를 갖는 일반적 구제제도이다. 부락별로 곡창을 설치하여 병농공용으로 운용하며 풍수해, 질병, 전란 시에 양곡을 방출하였다.

4 ② 빈민을 치료하고 약품을 지급하는 국립구료기관이다.
③④ 고구려 진대법에 영향을 받은 구빈제도에 해당한다.

5 제위보 … 광종 14년에 빈민과 행려자의 구호와 치료를 위해 설치된 기관으로, 재원은 국가에서 하사한 미곡을 기금으로 이식하여 사용하였다.

6 ① 사궁에 대한 보호는 진제장, 자율전칙, 진휼청이 담당하였다.
② 시식사업에 대한 설명이다. 고조제도는 생계가 곤란하여 혼례나 장례를 치르지 못하는 자에게 비용을 조달해 주는 제도이다.
③ 원납제도에 대한 설명이다. 견감제도는 흉년 또는 재해를 당한 백성에게 지세, 호세, 부역 등을 감면하거나 대부된 환곡을 면제, 경감해 주는 제도이다.

7 ① 삼국의 공통된 구제제도로서 가장 오래된 일반적인 구제제도이다. 이는 본래 전쟁 시에 필요한 군곡을 확보하기 위하여 설치한 것이었으나, 갑작스런 재해나 질병이 발생했을 때에는 왕명을 받아 비축 양곡을 빈민에게 방출하였다.
② 조선시대의 지역적 자치단체이다.
③ 고려시대의 구제제도이다.
④ 고려시대의 의료구호기관이다.

8 ② 진대법은 고구려 때의 구제제도로서 흉년이나 춘궁기에 곡식을 백성들에게 대부해 주었다가 풍작 때에 다시 갚게 하는 제도였다.

9 ④ 혜민국은 태조 때 처음 설치되었으며, 서민과 가난한 백성에게 질병을 치료해 주고 건강을 보살펴 주는 기능을 수행하였다.

10 ④ 사회복지제도 확대기에 해당하는 이명박 정부의 사회복지제도의 성격이다.

11 ② 자휼전칙은 조선후기의 가장 대표적인 아동복지 관련법령으로서 정조 7년(1783)에 반포된 유기아, 행걸아의 구제에 관한 법령이다.
①③④ 조선총독부 시대의 구제사업의 법적 근거에 해당한다.

12 ② 자휼전칙은 조선 후기의 대표적인 아동복지 관련법령이다.
※ 고려의 5대 진휼사업
　　㉠ 은면지제 : 개국, 즉위, 불사, 경사, 난후 등 적당한 시기에 왕이 결채 또는 조조를 탕감하거나 부역자에게 조조를 감해주는 각종의 은
　　　전이 실시되었다.
　　㉡ 재면지제 : 천재지변 또는 전재와 질병 등으로 인한 이재민 등의 조세, 부역 및 형벌 등을 전부 또는 일부를 감면해 주는 것이다.
　　㉢ 환과고독진대제 : 빈곤하여 자활할 수 없는 홀아비, 과부, 고아 및 노인의 4궁을 우선적으로 진휼하였다.
　　㉣ 수한질여진대제 : 이궁재민에게 각종의 물품과 의료, 주택 등을 급여하는 사업으로서 의원과 약물을 배치하여 질병을 치료하고 행려
　　　자에게 숙박도 제공하였다.
　　㉤ 납속보관제 : 구휼재정의 부족을 보충하기 위하여 일정 관직을 주고 금전을 상납받는 것이다.

13 ① 빈민구제의 책임은 왕에게 있으나, 1차적인 책임은 지방관에게 있다.
※ 조선시대의 구빈구제원칙
　　㉠ 왕의 책임주의 : 빈민구제의 책임은 왕에게 있다.
　　㉡ 현물주의 : 구제는 우선적으로 생명연장에 필수적인 식료품을 공급하는 것이 기본이다.
　　㉢ 신속구제의 원칙 : 구제의 신속성을 중요시한다.
　　㉣ 국비우선의 원칙 : 구제의 재원은 국비에서 우선적으로 충당하고, 구제 대부에 의해서 발생한 이익으로 이를 보충한다는 원칙이다.
　　㉤ 중앙감독의 원칙 : 구제행정에 대한 1차적인 책임은 전적으로 지방관에게 일임하며, 중앙정부는 구호관계의 조서나 법을 제정하고 지
　　　방구호행정에 대한 지도·감독을 한다.

14 ③ 조선 구호령의 구호대상은 13세 이하의 유아, 임산부, 65세 이상의 노쇠자, 정신·신체장애로 노동을 하기에 지장이 있는 자이다.

15 ② 고려시대의 구제사업에 대한 설명이다.

16 일제시대의 구호사업
　　㉠ 은사금 이재구조기금 관리규칙(1914) : 이재민들을 위해 식량이나 의류, 의료비 등을 지원하고자 한 기금충원대책이었으나 그 정도가 미
　　　미하였다.
　　㉡ 은사진휼자금 궁민구조규정(1916) : 폐질, 중병자, 무의탁 노유병약자들을 식량급여만을 통해서 구조하고자 하였다.
　　㉢ 행려병인 구호자금 관리규칙(1917) : 무의탁 행려병자들을 규칙에 의거 구호소를 설치하고 구호하였다.
　　㉣ 방면위원제도(1927) : 빈민의 생활실태를 조사하고 그 개선과 향상을 위해 노력하며 조사활동을 통해 사회결함을 예방·보정함을 목적으
　　　로 하였다.
　　㉤ 조선구호령(1944) : 일반적인 구호에 관한 법으로 모자보호법과 의료보호법을 부분적으로 첨가한 근대적 공공부조의 성격을 띠었다.

17 사회복지사업법(1970) - 국민연금법(1973) - 모자복지법(1989) - 영유아보육법(1991) - 사회보장기본법(1995) - 사회복지공동모금법(1997)

18 ④ 노인복지법은 제5공화국 때인 1981년에 제정되었다.

　※ 1960년대의 사회복지 관계법령

　　㉠ 공무원연금법의 제정(1960)

　　㉡ 보호시설아동의 후견업무에 관한 법률 제정(1961)

　　㉢ 군사원호보상법의 제정(1961)

　　㉣ 윤락행위 등 방지법의 제정(1961)

　　㉤ 생활보호법, 아동복리법의 제정(1961)

　　㉥ 군인연금, 사회보장에 관한 법률, 산업재해보상보험법, 의료보험법의 제정(1963)

　　㉦ 자활지도사업에 관한 임시조치법의 제정(1968)

19 ① 1950년 동란 직후

　② 식민시대

　③ 조선시대

20 ① 흑창은 평상시에 관곡을 저장하였다가 비상시에 빈궁한 백성에게 대여하고, 수확기에 거두어들였다.

　② 의창은 흑창이 변화한 것으로 규모가 확대되었으며, 미곡뿐만 아니라 소금이나 기타 생필품을 구휼하였다.

　④ 상평창은 고려 후기로 갈수록 진휼보다는 물가조절 기능만을 담당하게 되었다.

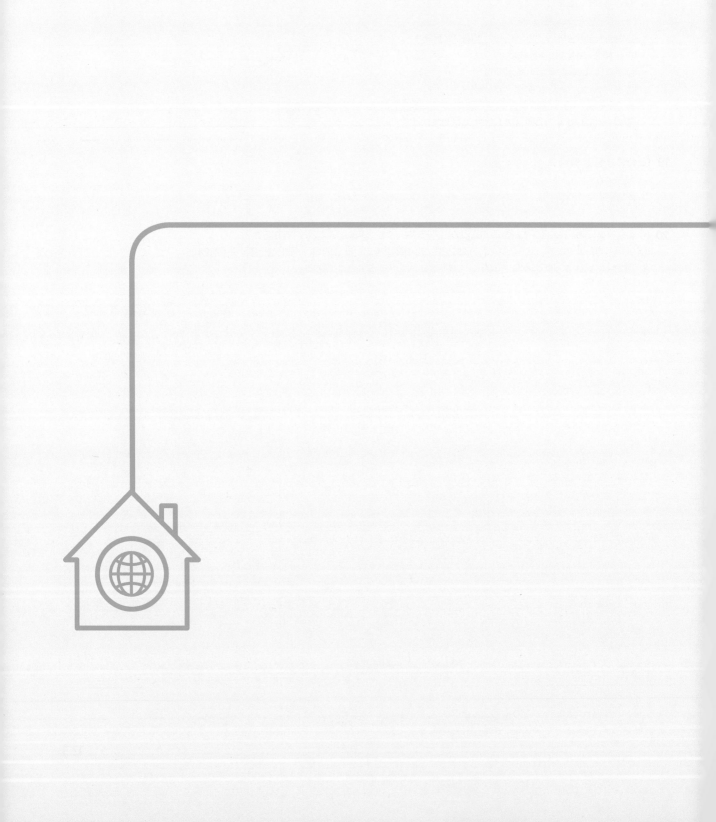

03

사회보장론

01 사회보장

기출문제

🔒 사회보장에 관한 현행 법령의 내용으로 옳은 것을 〈보기〉에서 모두 고른 것은?

▶ 2018. 6. 23. 제2회 서울특별시

㉠ 모든 인간은 인간다운 생활을 할 권리를 가진다.
㉡ 사용자는 사회보장의 증진에 노력할 의무를 진다.
㉢ 질병, 노령 등으로 생활능력이 없는 국민은 법률이 정한 바에 따라 국가의 보호를 받는다.
㉣ 「사회보장기본법」상 사회보장은 사회보험, 공공부조, 사회서비스로 이루어진다.

① ㉡, ㉢
② ㉠, ㉡
③ ㉠, ㉢, ㉣
④ ㉠, ㉡, ㉢, ㉣

Tip ㉡ 국가는 사회보장·사회복지 증진에 노력할 의무를 진다〈헌법 제34조 제2항〉.
㉠ 모든 국민은 인간다운 생활을 할 권리를 가진다〈헌법 제34조 제1항〉.
㉢ 신체장애자 및 질병·노령 기타의 사유로 생활능력이 없는 국민은 법률이 정하는 바에 의하여 국가의 보호를 받는다〈헌법 제34조 제5항〉.
㉣ 사회보장이란 출산, 양육, 실업, 노령, 장애, 질병, 빈곤 및 사망 등의 사회적 위험으로부터 모든 국민을 보호하고 국민 삶의 질을 향상시키는 데 필요한 소득·서비스를 보장하는 사회보험, 공공부조, 사회서비스를 말한다〈사회보장기본법 제3조 제1호〉.

┃정답 ③

section **1** **사회보장의 개념**

(1) 사회보장의 정의

① 협의의 정의 … 사회보험, 공공부조(공적부조), 사회서비스를 포함하는 것이다.

② 광의의 정의 … 사회보험, 공공부조, 가족수당, 공중위생, 사회서비스, 주택, 교육, 환경, 보건, 지역개발, 인구, 노동정책 등을 포함하는 것이다.

③ 일반적 정의

㉠ 사회정책의 일부로서 국민생활을 보장하기 위한 국가정책이다.

㉡ 소득재분배를 통해 전국민의 최저생활을 확보하는 조치의 총체이다.

㉢ 일반적인 위기단계에 직면했을 때 자본주의 사회가 스스로 붕괴하는 것을 방지하기 위해 사회적으로 국민의 최저생활을 보장하는 제도이다.

④ 우리나라의 법적 정의 … 우리나라 사회보장기본법 제3조 제1호는 사회보장에 대해 "출산, 양육, 실업, 노령, 장애, 질병, 빈곤 및 사망 등의 사회적 위험으로부터 모든 국민을 보호하고 국민 삶의 질을 향상시키는 데 필요한 소득·서비스를 보장하는 사회보험, 공공부조, 사회서비스를 말한다."고 규정하고 있다.

Point 팁 **사회보장에 관한 현행 법령〈헌법 제34조〉**

㉠ 모든 국민은 인간다운 생활을 할 권리를 가진다.
㉡ 국가는 사회보장·사회복지 증진에 노력할 의무를 진다.
㉢ 국가는 여자의 복지와 권익의 향상을 위하여 노력하여야 한다.
㉣ 국가는 노인과 청소년의 복지향상을 위한 정책을 실시할 의무가 있다.
㉤ 신체장애자 및 질병·노령 기타의 사유로 생활능력이 없는 국민은 법률이 정하는 바에 의하여 국가의 보호를 받는다.
㉥ 국가는 재해를 예방하고 그 위험으로부터 국민을 보호하기 위하여 노력하여야 한다.

Point 팁 **사회보장의 목적**

㉠ 국민의 최저생활을 보장하고(공공부조), 생활불안을 해소하려는 데(사회보험)에 주된 목적을 둔다.
㉡ 국민의 생존권을 위하여 빈곤으로부터 해방시켜 경제적 불안을 해소하려는 데에 목적이 있다.
㉢ 국민생활의 위험을 예방하고 개선한다.
㉣ 소득의 재분배와 사회통합을 목적으로 한다.

(2) 국제노동기구(ILO)의 사회보장 개념

① 사회보장의 정의 … 사회구성원들이 부딪치는 일정한 위험에 대비해서 사회가 적절한 조직을 통해 부여하는 보장으로, 전국민을 대상으로 모든 위험과 사고로부터 보호하며 최저생활을 보장한다.

② 사회보장의 구성요소

　㉠ 모든 국민을 대상으로 한다.

　㉡ 모든 국민의 최저생활을 보장한다.

　㉢ 모든 위험과 사고에서 보호받아야 한다.

　㉣ 공공기관을 통한 보호와 보장이 이루어져야 한다.

③ 사회보장 계획

　㉠ 고용촉진 및 고용수준의 유지

　㉡ 국민소득의 증대 및 균등한 배분

　㉢ 영양과 주택의 개선

　㉣ 의료시설의 완비

　㉤ 일반교육 및 취업교육 기회 확대

(3) 베버리지(Beveridge) 보고서에 나타난 사회보장의 개념

① 사회보장의 의미 … 질병이나 실업 또는 재해 등에 의하여 소득이 중단되었을 때 그에 대처하고 퇴직이나 사망으로 인한 부양상실에 대비하며 더 나아가 출생, 사망 및 결혼 등에 관련된 특수한 지출을 보충하기 위한 소득보장을 의미한다.

② 사회보장 실시의 전제조건 … 아동부양의 수당지급, 전면적 건강 및 요양급여, 대량실업방지를 위한 고용증대

section 2 사회보장의 필요성

(1) 경제적 측면

① 피구(A. Pigou) … 복지국가의 요소로써 사회적 후생을 제시하였고, 그 내용으로서 국민소득의 증대, 평등, 안정의 3명제를 들었으며, 이러한 사회적 후생을 증대시키는 것이 현대 사회복지정책의 기본적 과제라고 하였다.

② 길버트(B. Gilbert) … 국민적 효율과 사회복지와의 관계를 상호보완적이라고 보았다.

기출문제

問 제정한 「사회보장의 최저기준에 관한 조약」의 사회보장 급여에 포함되지 않는 것은?

▶ 2016. 3. 19. 사회복지직

① 실업급여　　② 교육급여

③ 유족급여　　④ 노령급여

Tip 1952년 국제노동기구(ILO)가 제정한 「사회보장의 최저 기준에 관한 조약」의 사회보장 급여는 의료급여, 질병(상병)급여, 실업급여, 노령급여, 산재급여(업무상 재해급여), 고용재해급여), 가족급여, 모성급여(출산급여), 폐질급여(장애급여), 유족급여가 있다.

▮정답 ②

(2) 사회구조적 측면

① **연령구조의 노령화 현상**… 연령구조가 점차 노령화되면서 노령인구에 대한 생활보장과 중년층의 고용문제 및 노후의 생활안정을 위한 사회보장제도의 필요성이 증대된다.

② **취업구조의 변화**… 실업과 산업재해발생률이 증가함에 따라 사회보장제도의 필요성이 증대된다.

③ 소득과 임금격차의 심화로 사회보장제도의 필요성이 증대된다.

④ 핵가족화, 가족규모의 축소로 친족부양기능이 감퇴되어 사회보장제도의 필요성이 증대된다.

Point 팁 **도시근로자 생활측면에서의 사회보장의 필요성**
ㄱ 주택문제: 주택부족 및 주택비 상승, 건축곤란 등
ㄴ 교통문제: 교통난, 교통사고 등
ㄷ 공해문제: 대기오염, 수질오염, 용수부족, 소음 등
ㄹ 생활환경의 악화
ㅁ 실업의 증가
ㅂ 청소년 범죄의 증가

section 3 사회보장의 분류

(1) 사회보험

사회보장제도의 핵심적 제도로서, 국민에게 발생하는 사회적 위험을 보험방식에 의해 대처함으로써 국민건강과 소득을 보장하는 제도이다.

Point 팁 **4대 사회보험제도**… 현대사회의 대표적인 사회적 위험인 노령이나 질병에 의한 노후보장을 위한 제도가 연금보험(우리나라는 국민연금제도)이며, 의료나 질병의 치료나 재활을 위한 제도가 의료보험(건강보험제도)이다. 연금보험과 의료보험제도가 전 국민을 대상으로 하는 사회보험제도라고 한다면, 노동자들을 대상으로 하는 사회보험제도로서 산업재해보상보험제도와 실업보험(고용보험)제도가 있으며, 이상 4가지 보험으로 일반적으로 4대 보험제도라고 한다.

(2) 공공부조

① 사회보험은 보험대상자들의 기여금에 기초한 사회적 보호장치인 반면에, 공공부조는 이러한 기여금을 부담하지 못하는 사람들에 대한 보호장치이다. 사회보장기본법 제3조 제3호는 공공부조를 **"국가와 지방자치단체의 책임 하에 생활유지능력이 없거나 생활이 어려운 국민의 최저생활을 보장하고 자립을 지원하는 제도"**라고 정의하고 있다. 공공부조는 사회부조 또는 국민부조라고 불리며, 우리나라의 대표적인 공공부조제도로는 국민기초생활보장제도를 들 수 있다.

② 공공부조의 주요 대상은 생활능력이 없거나 일반적인 국민생활수준에 미달하는 저소득층으로, 이들에게 기본적인 생계급여, 의료급여, 교육급여, 주택급여 등의 급여를 제공하는 것이다. 공공부조제도의 재원은 국가의 일반조세이며, 공공부조대상자들은 그들이 법에서 정한 적절한 부조대상자에 해당하는 것인지 여부를 판단받기 위하여 자산조사와 같은 일정한 심사를 받아야 한다.

(3) 사회복지서비스

① 사회복지서비스는 사회보험 및 공공부조가 물질적 보장을 주된 내용으로 하는 데 비해, 물질적 보장에 더하여 비물질적 보장을 내용으로 하는 개별 차원의 사회적 서비스를 의미한다. 사회복지서비스는 사회적 약자들의 사회문제를 해결하는 데 필요한 전문지식과 기술을 가진 전문인력(사회복지전문가)에 의해 제공되어야 하며, 서비스 제공의 목적은 궁극적으로 사회적 약자들을 정상적 사회성원으로 복귀시키는 데 있다.

② 사회보장기본법 제3조 제4호는 사회서비스를 "국가·지방자치단체 및 민간부문의 도움이 필요한 모든 국민에게 복지, 보건의료, 교육, 고용, 주거, 문화, 환경 등의 분야에서 인간다운 생활을 보장하고 상담, 재활, 돌봄, 정보의 제공, 관련 시설의 이용, 역량 개발, 사회참여 지원 등을 통하여 국민의 삶의 질이 향상되도록 지원하는 제도를 말한다."고 정의하고 있다.

기출문제

❓ 사회보험과 공공부조에 대한 설명으로 가장 옳은 것은?
▶ 2019. 6. 15. 제2회 서울특별시

① 사회보험은 생활유지능력이 없거나 생활이 어려운 국민의 최저생활을 보장하고 자립을 지원하는 제도다.

② 공공부조는 정부가 조세를 통해 마련한 재원으로 급여나 서비스를 제공한다.

③ 공공부조는 보험적 기술을 이용하여 사회적 위험을 방지하기 위하여 조직된 제도다.

④ 사회보험은 개인의 사회적 기능 향상을 위하여 교육, 상담 등 간접적 방법으로 비물질적 서비스를 제공하는 것이다.

Tip ① 공공부조에 대한 설명이다. 사회보험은 사회구성원의 정상적인 생활을 보장하기 위해, 생활에 위협을 가져오는 사고가 발생할 경우 보험의 원리를 응용해 생활을 보장하고자 하는 사회보장 정책이다.
③ 사회보험에 대한 설명이다.
④ 사회서비스의 특징에 해당한다.

정답 ②

기출문제

문 「사회보장기본법」에서 사회보장 수급권에 대해 금지하고 있는 행위로 가장 옳지 않은 것은?
▶ 2019. 2. 23. 제1회 서울특별시
① 사회보장수급권은 타인에게 양도할 수 없다.
② 사회보장수급권은 포기할 수 없다.
③ 사회보장수급권은 담보로 제공할 수 없다.
④ 사회보장수급권은 압류할 수 없다.

Tip 사회보장수급권의 포기(「사회보장기본법」 제14조)
㉠ 사회보장수급권은 정당한 권한이 있는 기관에 서면으로 통지하여 포기할 수 있다.
㉡ 사회보장수급권의 포기는 취소할 수 있다.
㉢ ㉠에도 불구하고 사회보장수급권을 포기하는 것이 다른 사람에게 피해를 주거나 사회보장에 관한 관계 법령에 위반되는 경우에는 사회보장수급권을 포기할 수 없다.

section 4 사회보장의 원칙과 기능

(1) 원칙

① 베버리지의 원칙

㉠ 균일한 생계급여의 원칙 : 실업, 장애, 퇴직으로 인한 소득상실의 경우 소득상실 전에 받던 소득액의 다과에 상관없이 보험급여의 액수가 동일해야 한다는 원칙이다. 다만 업무상 재해나 질병의 경우는 예외로 한다.

㉡ 균일한 기여의 원칙 : 근로자나 사용자가 지불하는 기여금은 그의 소득수준에 관계없이 동일액으로 한다. 고소득층의 경우 저소득층에 비해 더 많은 세금을 납부하여야 하며, 국가는 사회보험기금의 일부를 담당해야 한다.

㉢ 행정책임의 통일화 원칙 : 효율성과 경제성을 고려하여 행정체계를 일원화한다. 모든 기여금은 단일한 사회보험기금에 적립되고, 급여를 비롯한 모든 보험 지출은 그 기금으로부터 나온다.

㉣ 급여수준의 적절성 원칙 : 급여의 양은 최저생계를 보장하기에 적절해야 하며, 급여의 지급은 욕구조사 없이 욕구가 존재하는 한 지급되어야 한다.

㉤ 적용범위의 포괄성 원칙 : 사회보험 적용인구와 그 적용욕구에서 가능하면 포괄적으로 적용해야 한다. 많은 사람들에게 일반적·보편적 위험에 대해서 국가부조나 민간의 자발적 보험이 아닌 사회보험이 담당해야 한다.

㉥ 가입대상자의 분류 원칙 : 보험 적용 시 고용에 의한 소득, 기타 다른 방식으로의 소득, 가정주부 등 상이한 환경과 욕구 등을 고려해야 한다.

② 국제노동기구의 원칙

㉠ 대상의 보편적인 보호 원칙 : 사회보장은 임금근로자는 물론이고 전국민을 대상으로 해야 한다.

㉡ 비용부담의 공평 원칙 : 사회보장 비용부담은 국가, 사용자 또는 양자 공동부담으로 하며, 근로자 부담은 일정수준을 넘어서는 안된다.

㉢ 보험의 급여수준에 관한 원칙 : 수급자의 종전 소득과 비례하여 지불하는 급여비례원칙과 법정 최저액을 보장하는 급여균일원칙을 제시하고 있다.

Point 팁 사회보장수급권의 포기(「사회보장기본법」 제14조)
㉠ 사회보장수급권은 정당한 권한이 있는 기관에 서면으로 통지하여 포기할 수 있다.
㉡ 사회보장수급권의 포기는 취소할 수 있다.
㉢ ㉠에도 불구하고 사회보장수급권을 포기하는 것이 다른 사람에게 피해를 주거나 사회보장에 관한 관계 법령에 위반되는 경우에는 사회보장수급권을 포기할 수 없다.

정답 ②

(2) 기능

① **경제적 기능** … 소득재분배, 자본축적, 고용기회창출, 구매·촉진, 일반생활수준 규정, 건강한 노동력 유지 및 공급 등의 기능을 한다.

② **정치적 기능** … 자본주의 제도를 유지·존속시키기 위한 방편으로 사용되기도 하고, 사회질서를 유지시키기 위한 목적을 지닌다.

③ **사회적 기능** … 소득재분배를 통해 이해·요구 등을 조정하고 최저생활보장의 기능과 사회적으로 이해조정의 기능을 한다.

Point 팁

사회보장급여의 수준〈「사회보장기본법」제10조〉
㉠ 국가와 지방자치단체는 모든 국민이 건강하고 문화적인 생활을 유지할 수 있도록 사회보장급여의 수준 향상을 위하여 노력하여야 한다.
㉡ 국가는 관계 법령에서 정하는 바에 따라 최저보장수준과 최저임금을 매년 공표하여야 한다.
㉢ 국가와 지방자치단체는 제2항에 따른 최저보장수준과 최저임금 등을 고려하여 사회보장급여의 수준을 결정하여야 한다.

1 '많은 사람들에게 일반적이고 보편적인 위험에 대해서 국가부조나 민간의 자발적 보험이 아닌 사회보험이 담당해야 한다'는 베버리지의 원칙은?

① 적용범위의 포괄성 원칙　　　　　　② 균일한 생계급여의 원칙
③ 균일한 기여의 원칙　　　　　　　　④ 행정책임의 통일화 원칙

2 우리나라의 사회보장의 범위에 해당되는 것은?

① 사회보험, 공적부조
② 공적부조, 사회서비스
③ 사회보험, 공적부조, 사회서비스
④ 사회보험, 기타 공적부조와 관련된 제도

3 사회보장의 개념을 설명한 것 중 옳지 않은 것은?

① 사회보장에 대한 기준은 국제노동기구에 제시되는 것이 일반적이다.
② 사회보장의 용어가 전세계적으로 사용되기 시작한 것은 제2차 세계대전 이후이다.
③ 사회보장법이 법상으로 가장 먼저 나타난 것은 뉴질랜드의 사회보장법이다.
④ 사회보장이라는 용어의 사용에 관계없이 근대적 의미의 사회보장제도는 독일에서 가장 먼저 실시되었다.

4 다음 중 4대 사회보험제도에 포함되지 않는 것은?

① 연금보험　　　　　　　　　　　　② 장기요양보험
③ 의료보험　　　　　　　　　　　　④ 산업재해보상보험

5 다음에서 설명하는 사회복지제도는?

> 사회보장제도의 핵심적 제도로서, 국민에게 발생하는 사회적 위험을 보험방식에 의해 대처함으로써 국민건
> 강과 소득을 보장하는 제도이다.

① 공공부조   ② 공적연금
③ 사회서비스   ④ 사회보험

6 사회보장정책의 기본방향으로 옳지 않은 것은?

① 평생사회안전망의 구축·운영   ② 사회서비스 보장
③ 고용 보장   ④ 소득 보장

7 다음 중 베버리지의 사회보장원칙에 해당하지 않는 것은?

① 관리운영통합의 원칙   ② 균일갹출의 원칙
③ 행정의 분류 원칙   ④ 가입대상자의 분류 원칙

8 다음 중 사회보장제도의 필요성으로 적당하지 않은 것은?

① 소득이 감소하고 있다.
② 소득과 임금격차가 심화되고 있다.
③ 가족부양기능이 쇠퇴하고 있다.
④ 연령구조의 노령화현상이 심화되고 있다.

9 다음 중 사회보장의 성립과정으로 옳지 않은 것은?

① 우리나라는 1960년에 사회보험법이 최초로 마련되었다.
② 사회보장용어의 최초의 성립은 1935년 영국의 사회보장법에서 비롯되었다.
③ 미국의 사회보장의 실현은 실업자 구제 및 경기회복을 중심으로 한 고용정책의 일환이다.
④ 영국은 1900년대 이후에는 사회문제를 개인문제로 보기보다 사회구조적 문제로 파악하여 사회보험정책을 실현하고자 하였다.

10 다음 중 1층 소득보장체계에 속하지 않는 것은?

① 사회수당
② 퇴직금
③ 공공부조
④ 경로연금

11 사회보장기본법상 사회보장제도의 운영원칙이 아닌 것은?

① 연계성
② 보편성
③ 형평성
④ 독립성

12 다음 사회보장에 관련된 내용 중 옳지 않은 것은?

① 사회보장위원회의 위원장은 보건복지부장관이다.
② 보건복지부장관은 사회보장에 관한 기본계획을 5년마다 수립한다.
③ 사회보장급여의 수준은 최저보장수준과 최저임금 등을 고려하여 결정한다.
④ 국가와 지방자치단체는 사회보장제도의 급여수준 및 비용부담 등에 있어서 형평성을 유지한다.

13 다음은 사회보장의 기능에 대한 내용이다. 그 성격이 다른 하나는?

① 국민경제의 조절능력을 갖게 하고, 사회 · 경제적 균형성장을 가능하게 한다.

② 이미 증대된 급부의 정도를 감소시키기가 곤란하다.

③ 국민의 기본욕구와 수요를 충족시키고, 빈곤 등 사회적 문제들을 해소한다.

④ 가족의 위험에 대비함으로써 국민으로 하여금 안정된 생활을 영유하게 한다.

14 다음 중 사회보장이라는 용어를 처음 사용한 것은?

① 1934년 뉴딜정책

② 1935년 미국의 사회보장법

③ 1941년 대서양헌장

④ 1948년 세계인권선언

15 다음 중 사회보장의 성격으로 옳지 않은 것은?

① 국민생활권의 실현을 목적으로 한다.

② 전국민을 대상으로 한 최저생활의 보장에 있다.

③ 완전고용정책과 최저임금제도를 위해 사회정책을 수립한다.

④ 평등사회의 실현을 위하여 사회주의 제도의 지속성을 기대한다.

정답및해설

1	①	2	③	3	③	4	②	5	④
6	③	7	③	8	①	9	②	10	②
11	④	12	①	13	②	14	①	15	④

1 ① 적용범위의 포괄성 원칙이란 사회보험의 적용인구와 그 적용욕구에서 가능하면 포괄적으로 적용해야 한다는 것이다.

2 사회보장에 대한 우리나라의 법적 정의 … 우리나라 사회보장기본법 제3조 제1호에는 사회보장이란 "출산, 양육, 실업, 노령, 장애, 질병, 빈곤 및 사망 등의 사회적 위험으로부터 모든 국민을 보호하고 국민 삶의 질을 향상시키는 데 필요한 소득·서비스를 보장하는 사회보험, 공공부조, 사회서비스를 말한다."고 규정하고 있다.

3 ③ 사회보장이 법률명으로 처음 채택된 것은 1935년 미국의 사회보장법이며, 그 후 1938년에 의료보장부문에 재활훈련과 의료예방을 도입하여 유명해진 뉴질랜드의 사회보장법이 제정되었다.

4 4대 사회보험제도 … 연금보험, 의료보험, 산업재해보상보험, 실업보험
② 장기요양보험(개호보험)은 제5의 사회보험이다.

5 ① 공공부조: 일정 수준 이하의 소득계층에 대해 신청주의원칙에 입각하여 자산조사를 실시한 후 조세를 재원으로 하여 최저생활 이상의 삶을 보장하는 제도이다.
② 공적연금: 국가가 운영주체가 되는 연금을, 한국에서는 국민연금, 공무원연금, 군인연금, 사립학교교직원연금이 이에 해당한다.
③ 사회서비스: '삶의 질 향상을 위해 사회적으로 꼭 필요하지만 민간 기업들이 저수익성 때문에 참여하지 않는 복지서비스를 뜻한다.

6 사회보장정책의 기본방향은 평생사회안전망의 구축·운영, 사회서비스 보장, 소득 보장이다〈사회보장기본법 제22조, 제23조, 제24조〉.

7 베버리지의 사회보장원칙
㉠ 균일급여의 원칙
㉡ 균일갹출의 원칙
㉢ 관리운영통합의 원칙
㉣ 급여의 적절성 보장의 원칙
㉤ 적용범위 포괄성의 원칙
㉥ 대상의 분류화 원칙

8 사회보장의 필요성(사회구조적 측면)
㉠ 연령구조의 노령화: 연령구조가 점차 노령화되면서 노령인구에 대한 생활보장과 중년층의 고용문제 및 노후의 생활안정을 위한 사회보장제도의 필요성이 증대된다.
㉡ 취업구조의 변화: 실업과 산업재해발생률이 증가함에 따라 사회보장제도의 필요성이 증대된다.
㉢ 소득과 임금격차의 심화로 사회보장제도의 필요성이 증대된다.
㉣ 핵가족화, 가족규모의 축소로 친족부양기능이 감퇴되어 사회보장제도의 필요성이 증대된다.

9 ② 최초의 사회보장의 용어사용은 1935년 미국의 사회보장법이다. 루즈벨트 대통령이 1934년 경제보장위원회를 마련, 경제보장법을 제정하여 의회에 제출하였으나 통과되지 못하고 다음해인 1935년 사회보장위원회로 명칭을 바꾸고, 사회보장법으로 다시 제출하여 사회보장용어의 출현과 함께 현대적인 개념인 사회보험, 공공부조, 보건복지서비스라는 광의적 개념으로 자리잡았다.

10 소득보장의 3층 체계
　　㉠ 1층 보장체계 : 국가에 의한 사회보장으로 국민연금, 공공부조, 사회수당, 경로연금 등이다.
　　㉡ 2층 보장체계 : 기업에 의한 보장과 사회적 책임으로 퇴직금, 기업연금, 단체보험 등이다.
　　㉢ 3층 보장체계 : 개인에 의한 보장과 개인책임으로 저축, 개인연금, 사보험 등이다.

11 사회보장제도의 운영원칙〈사회보장기본법 제25조〉
　　㉠ 보편성 : 국가와 지방자치단체가 사회보장제도를 운영할 때에는 이 제도를 필요로 하는 모든 국민에게 적용하여야 한다.
　　㉡ 형평성 : 국가와 지방자치단체는 사회보장제도의 급여 수준과 비용 부담 등에서 형평성을 유지하여야 한다.
　　㉢ 민주성 : 국가와 지방자치단체는 사회보장제도의 정책 결정 및 시행 과정에 공익의 대표자 및 이해관계인 등을 참여시켜 이를 민주적으로 결정하고 시행하여야 한다.
　　㉣ 연계성·전문성 : 국가와 지방자치단체가 사회보장제도를 운영할 때에는 국민의 다양한 복지 욕구를 효율적으로 충족시키기 위하여 연계성과 전문성을 높여야 한다.
　　㉤ 책임성 : 사회보험은 국가의 책임으로 시행하고, 공공부조와 사회서비스는 국가와 지방자치단체의 책임으로 시행하는 것을 원칙으로 한다. 다만, 국가와 지방자치단체의 재정 형편 등을 고려하여 이를 협의·조정할 수 있다.

12 ① 사회보장위원회의 위원장은 국무총리가 되고, 부위원장은 기획재정부장관, 교육부장관 및 보건복지부장관이 된다.

13 ② 사회보장의 부정적인 기능이다. 이외에도 사회보장의 부정적인 면으로는 근로의욕 저하, 사회보장 증가시 조세부담 증가, 방대한 사회보장제도의 유지에 따른 국민경제발전의 압박요인 증가 등이 있다.
　　※ 사회보장의 긍정적 기능
　　　㉠ 각종 사회적 위험에 대비함으로써 국민의 생활안정을 영유하게 한다.
　　　㉡ 산업화에 따른 노사문제를 해소하며, 각종 생산성을 증진시킨다.
　　　㉢ 국민경제의 조절능력을 갖게 하고, 사회·경제적 균형성장을 가능하게 한다.
　　　㉣ 국민의 기본욕구와 수요를 충족시키고, 빈곤, 질병, 실업 등의 사회적 문제들을 해소한다.

14 ① 사회보장이라는 용어는 미국 루즈벨트 대통령이 의회에서 뉴딜정책을 설명하는 데에서 비롯되었다. 법률용어로 처음 등장한 것이 사회보장법이고 광의의 사회보장이라는 용어는 대서양헌장에서 나타났다.

15 사회보장은 ①②③의 목표와 내용을 기초로 적절한 소득재분배정책을 실시하여 자본주의 제도의 항구지속성을 기대한다.

02 사회보험

기출문제

문 우리나라의 사회보험에 해당하지 않는 것은?

▶ 2016. 3. 19. 사회복지직

① 산업재해보상보험
② 국민기초생활보장
③ 고용보험
④ 노인장기요양보험

Tip 우리나라는 의료보험, 국민연금, 산업재해보상보험, 고용보험, 노인장기요양보험 등 5대 사회보험제를 실시하고 있다. 국민기초생활보장은 공공부조 제도이다.

문 민영보험과 사회보험의 차이에 대한 설명으로 가장 적절하지 않은 것은?

▶ 2016. 4. 9. 인사혁신처

① 민영보험은 자발적 가입을, 사회보험은 강제 가입을 원칙으로 한다.
② 민영보험은 계약에 의해 급여수준이 결정되며, 사회보험은 법률에 의해 급여수준이 정해진다.
③ 민영보험은 최저수준의 소득 보장을, 사회보험은 지불능력에 따른 급여 보장을 목적으로 한다.
④ 민영보험에서 보험급여액은 개별적 공평성이, 사회보험의 보험급여액은 사회적 적정성이 강조된다.

Tip ③ 사회보험은 최저수준의 소득 보장을, 민영보험은 지불능력에 따른 급여 보장을 목적으로 한다.

┃정답 ②, ③

section 1 사회보험의 개요

(1) 정의

전국민을 대상으로 질병, 노령, 실업, 사망 등 신체장애로 인한 활동능력의 상실과 소득의 감소기 발생히였을 때에 보험방식에 의해 그것을 보장하는 제도이다.

(2) 특성

① 성립조건

　㉠ 위험(사고)발생이 규칙적이어야 한다. 사고가 어떤 일정의 비율로 누군가에게 발생한다는 것을 통계의 축적으로부터 경험적으로 인지되어야 한다.

　㉡ 위험에 대비하여 공동의 기금을 조성하여야 한다. 보험자는 위험이 발생한 경우 이 공동의 기금으로 급여를 해야 하며, 공동의 급여를 만들기 위해서는 보험집단의 각 구성원이 일정액을 갹출해야 한다.

　㉢ 보험기금으로부터의 수지가 균등해야 한다. 위험률의 측정이 정확하게 이루어지면 보험료의 갹출과 보험기금으로부터의 급여가 균형을 이루게 된다.

　㉣ 가입은 법률에 의해 강제화된다.

　㉤ 급여자격은 각자의 갹출을 토대로 주어진다.

　㉥ 급여의 결정방법은 법률에서 결정한다.

　㉦ 각자의 급여수준은 통상 갹출액과 직접적인 관련이 없으며 그 이전의 소득과 가족수에 따라 이루어진다.

　㉧ 장기적 관점에서 적절한 급여에 대한 재정계획이 확립되어야 한다.

　㉨ 비용은 1차적으로 근로자와 사업주의 갹출에 의해 이루어진다.

　㉩ 사회보험계획은 정부가 관리하거나 감독해야 한다.

[사회보험과 사보험의 특징 비교]

구분	사회보험	사보험(민간보험)
가입방법	강제적 가입	임의적 가입
보험료 부과방식	소득수준에 따른 차등부과	위험정도·급여수준에 따른 부과
보험급여	필요에 따른 균등급여	보험료수준에 따른 차등급여
보험료 징수방식	법률에 따른 강제징수	사적 계약에 따른 징수
원리	사회적 적절성(복지)	개인적 적절성(형평)
보호	최저수준의 소득보장	개인의 의사와 지불능력에 좌우

② 특성

　㉠ 사회성 : 사회평등, 사회조화, 사회평화 등

　㉡ 보험성 : 공통된 위험에 대한 공동부담

　㉢ 강제성 : 불균형한 생활격차의 완화를 위해 국가가 개입하여 공정한 재분배 실시

　㉣ 부양성 : 자금부담능력에 따른 차별부담을 통해 저소득층의 자금부담경감 도모

section 2 연금보험제도

(1) 연금제도의 정의

일반적으로 가계를 책임지는 자가 노령, 폐질, 사망 등에 의하여 소득을 상실했을 때에 그 자신과 유족의 보호를 위하여 미리 설정한 기준에 따라 장기간에 걸쳐 정기적으로 급여를 제공받는 소득보장제도이다.

(2) 연금제도의 발달과정

① 독일

　㉠ 1889년 : 노동자연금제도 도입

　㉡ 1911년 : 직원연금제도 도입

　㉢ 1923년 : 광부연금제도 도입

　㉣ 제1, 2차 세계대전 기간

　• 1914년 : 군복무기간의 가입기간 인정

　• 1919년 : 유사군복무기간의 가입기간 인정

　• 1916년 : 노동자 · 직원연금 지급개시연령 인하

　• 1938년 : 자영자에 대한 적용범위 확대

　㉤ 1957년(제1차 연금개혁) : 연금액이 전후 독일의 경제발전에 따른 임금 및 물가인상을 반영하지 못하였고, 연금제도를 가난한 자에 대한 부조적인 성격 대신에 임금대체 수단으로서의 보험적인 성격으로 인식하기 시작

　㉥ 1957년 : 농민노령부조제도 도입

　㉦ 1972년(제2차 연금개혁) : 지속적인 경기침체 여파로 노동시장 불안정 및 연금 재정안정화 조치 필요

　㉧ 동 · 서독 연금법 통합

　• 1990년 : 화폐 · 경제 · 사회통합협정 체결

　• 1991년 : 연금이행령 제정

ⓩ 1992년(제3차 연금개혁) : 인구노령화, 경기불황, 고실업 등에 따른 연금재정 안정화 소치 필요

ⓐ 2002 연금개혁 : 낮은 출산율 및 기대여명 연장에 대처하기 위한 소치 마련 및 연금재정 안정화, 여성의 노후빈곤 문제 해소

② 영국

  ㉠ 1908년 : 노령연금법

  ㉡ 1917년 : 국민보험법 제정

  ㉢ 1935년 : 과부·고아·노령거출연금법에 의한 연금제도 창설

  ㉣ 1942년 : 연금제도 체계화

  ㉤ 1959년 : 차등연금제도 확립

  ㉥ 1975년 : 사회보장연금법의 입법

  ㉦ 1992년 : 사회보장통합법

  ㉧ 1995년 : 연금법

  ㉨ 1995년 : 복지개혁연금법

  ㉩ 2000년 : 아동·연금·사회보장법

(3) 연금보험의 특징과 기본원칙

① 특징

  ㉠ 급여는 욕구조사가 없는 권리로서 지급된다.

  ㉡ 사적 연금과 달리 사회보험기금은 충분한 기금조성이 아니다.

  ㉢ 급여가 개인적 공평성보다도 사회적 적합성에 기초해 있다.

  ㉣ 급여는 법령에 의하여 규정되어 있다.

  ㉤ 적용범위가 강제적 사업이다.

  ㉥ 급여는 예견된 욕구에 기초해 있으며 소득과 관련되어 있다.

② 기본원칙

  ㉠ 강제가입 : 연금보험은 거의 예외없이 강제가입을 채택하고 있다. 연금보험에서는 노후의 경제적 보장을 위하여 일정범주에 해당하는 국민이면 예외없이 적용대상으로 하여 강제적으로 기여금을 납부하게 하고, 이를 기록·관리하여 향후 급여혜택을 준다.

Point 팁 강제가입원칙을 채택하는 이유

  ㉠ 임의가입에 따른 역선택을 방지할 수 있다.

  ㉡ 강제가입은 대규모의 가입자들을 포함함으로써 위험분산기능을 극대화시킬 수 있을 뿐만 아니라 규모의 경제를 통해 보험료의 저액화를 도모할 수 있다.

  ㉢ 강제가입은 규모의 경제를 통해 관리운영비를 절감함으로써 보다 많은 재원을 급여지출에 충당할 수 있으며 신규모집비, 광고비 등의 부대비용을 최소화할 수 있다.

ⓛ **최저수준의 보장** : 공적연금은 노령, 장애, 사망 등의 사회적 위험발생시 최저수준의 생활을 보장해야 한다는 데 대해서는 별다른 이견이 존재하지 않는다. 그러나 최저수준이 어느 수준을 의미하는 것이냐에 대해서는 상당한 논란이 있다.

ⓒ **개별적 공평성과 사회적 적절성** : 공적연금의 재원이 잠재적 수급자의 기여금으로부터 나올 때 언제나 생길 수 있는 문제는 개별적 공평성과 사회적 적절성을 어떻게 반영할 것인가 하는 것이다. 개별적 공평성은 기여자가 기여금에 직접적으로 연계된, 즉 기여금에 보험수리적으로 상응하는 액을 연금급여로 지급받는 것을 의미한다. 반면에 사회적 적절성은 모든 기여자에게 어떤 일정생활수준을 보장하는 것이다.

Point 🔖 **사회적 적절성을 확보하는 방법들**
ⓐ 연금급여산식을 저소득층에게 유리한 방향으로 구조화
ⓑ 연금수급자의 피부양자를 고려하여 배우자급여나 어린 자녀에 대한 급여를 지급
ⓒ 초기가입 노령세대에게 보다 유리한 혜택을 제공

ⓔ **급여에 대한 권리** : 연금보험에서 급여는 권리로서 지급되는 것이기 때문에 수급요건으로서 욕구에 대한 검증이 요구되지 않는다. 욕구조사 또는 자산조사는 생활을 유지하는 데 필요한 소득 및 재산이 불충분하다는 것을 입증해야 하는 공공부조에서 사용되며, 연금보험의 수급자들은 소득이나 자산에 대한 검증없이 급여에 대한 권리를 지니게 된다.

(4) 우리나라의 연금제도

① 공무원연금제도

ⓐ **적용대상** : 국가공무원법, 지방공무원법, 그 밖의 법률에 따른 공무원으로 단, 군인과 선거에 의하여 취임하는 공무원은 제외한다.

ⓑ **급여의 종류**
- 단기급여 : 공무상 요양비, 재해부조금, 사망조위금
- 장기급여 : 퇴직급여, 장해급여, 유족급여, 퇴직수당

ⓒ **관리운영체계** : 정책결정은 인사혁신처에서, 집행은 공무원연금공단에서 실시한다.

❓ **공적연금에 대한 설명으로 옳지 않은 것은?**
▶ 2017. 12. 16. 지방직 추가선발 시행
① 대표적인 4대 공적연금 중 가장 먼저 시행된 것은 군인연금이다.
② 공적연금에는 국민연금과 특수지역연금이 있다.
③ 사립학교교직원연금은 공적연금이다.
④ 노령연금은 국민연금의 급여 종류에 해당한다.

Tip 대표적인 4대 공적연금 중 가장 먼저 시행된 것은 1960년에 제정·시행된 공무원연금이다. 군인연금은 1963년에 제정·시행되었다.

정답 ①

② 사립학교교직원 연금제도

　⊙ 적용대상 : 사립학교의 교원과 사무직원이 대상이다. 예외로 임시로 임명된 자, 보수를 받지 않는 자, 조건부 임명자는 제외된다.

　ⓛ 급여의 종류

　　• 단기급여 : 교직원의 직무로 인한 질병·부상 및 재해에 대하여 지급한다.

　　• 장기급여 : 교직원의 퇴직·장애 및 사망에 대하여 지급한다.

　ⓒ 관리운영체계 : 각종 급여는 그 권리를 가질 사람의 신청을 받아 사립학교교직원연금공단이 결정한다.

③ 군인연금제도

　⊙ 적용대상 : 현역 또는 소집되어 군에 복무하는 군인으로 다만, 지원에 의하지 아니하고 임용된 부사관 및 병, 군간부후보생에게는 사망보상금과 장애보상금에 한하여 이를 적용한다.

　ⓛ 급여의 종류 : 퇴역연금, 퇴역연금일시금, 퇴역연금공제일시금, 퇴직일시금, 상이연금, 유족연금, 유족연금부가금, 유족연금특별부가금, 유족연금일시금, 유족일시금, 사망보상금, 장애보상금, 사망조위금, 재해부조금, 퇴직수당, 공무상요양비

　ⓒ 관리운영체계 : 국방부에서 관장한다.

④ 국민연금제도

　⊙ 노령연금

　　• 노령연금

　　－수급권자 : 가입기간이 10년 이상인 가입자 또는 가입자였던 자에 대하여는 60세(특수직종근로자는 55세)가 된 때부터 그가 생존하는 동안 노령연금을 지급한다.

　　－지급의 연기에 따른 가산 : 60세 이상 65세 미만인 사람(특수직종근로자는 55세 이상 60세 미만인 사람)이 연금지급의 연기를 희망하는 경우에는 1회에 한정하여 65세(특수직종근로자는 60세) 전까지의 기간에 대하여 그 연금의 전부 또는 일부의 지급을 연기할 수 있다.

　　－노령연금액 : 다음의 구분에 따른 금액에 부양가족연금액을 더한 금액으로 한다.

　　　1. 가입기간이 20년 이상인 경우 : 기본연금액

　　　2. 가입기간이 10년 이상 20년 미만인 경우 : 기본연금액의 1천분의 500에 해당하는 금액에 가입기간 10년을 초과하는 1년(1년 미만이면 매 1개월을 12분의 1년으로 계산한다)마다 기본연금액의 1천분의 50에 해당하는 금액을 더한 금액

　　• 조기노령연금

　　－수급권자 : 가입기간이 10년 이상인 가입자 또는 가입자였던 자로서 55세 이상인 자가 대통령령으로 정하는 소득이 있는 업무에 종사하지 아니하는 경우 본인이 희망하면 60세가 되기 전이라도 본인이 청구한 때부터 그가 생존하는 동안 일정한 금액의 연금을 받을 수 있다.

－조기노령연금액 : 가입기간에 따라 노령연금액 중 부양가족연금액을 제외한 금액에 수급연령별로 다음의 구분에 따른 비율(청구일이 연령도달일이 속한 달의 다음 달 이후인 경우에는 1개월마다 1천분의 5를 더한다)을 곱한 금액에 부양가족연금액을 더한 금액으로 한다.

  1. 55세부터 지급받는 경우에는 1천분의 700

  2. 56세부터 지급받는 경우에는 1천분의 760

  3. 57세부터 지급받는 경우에는 1천분의 820

  4. 58세부터 지급받는 경우에는 1천분의 880

  5. 59세부터 지급받는 경우에는 1천분의 940

- 소득활동에 따른 노령연금액 : 노령연금 수급권자가 대통령령으로 정하는 소득이 있는 업무에 종사하면 60세 이상 65세 미만(특수직종근로자는 55세 이상 60세 미만)인 기간에는 노령연금액에서 부양가족연금액을 제외한 금액에 다음 각 부분에 따른 금액을 뺀 금액을 지급한다. 이 경우 **빼는** 금액은 노령연금액의 2분의 1을 초과할 수 없다.

－초과소득월액이 100만원 미만인 사람 : 초과소득월액의 1천분의 50

－초과소득월액이 100만원 이상 200만원 미만인 사람 : 5만원+(초과소득월액−100만원)×1천분의 100

－초과소득월액이 200만원 이상 300만원 미만인 사람 : 15만원+(초과소득월액−200만원)×1천분의 150

－초과소득월액이 300만원 이상 400만원 미만인 사람 : 30만원+(초과소득월액−300만원)×1천분의 200

－초과소득월액이 400만원 이상인 사람 : 50만원+(초과소득월액−400만원)×1천분의 250

ⓛ **장애연금**

- 수급권자 : 가입자 또는 가입자였던 자가 질병이나 부상으로 신체상 또는 정신상의 장애가 있고 다음의 요건을 모두 충족하는 경우에는 장애 정도를 결정하는 기준이 되는 날(장애결정 기준일)부터 그 장애가 계속되는 기간 동안 장애 정도에 따라 장애연금을 지급한다.

－해당 질병 또는 부상의 초진일 당시 연령이 18세(다만, 18세 전에 가입한 경우에는 가입자가 된 날을 말한다) 이상이고 노령연금의 지급 연령 미만일 것

－다음 각 목의 어느 하나에 해당할 것

  1. 해당 질병 또는 부상의 초진일 당시 연금보험료를 낸 기간이 가입대상기간의 3분의 1 이상일 것

  2. 해당 질병 또는 부상의 초진일 5년 전부터 초진일까지의 기간 중 연금보험료를 낸 기간이 3년 이상일 것. 다만, 가입대상기간 중 체납기간이 3년 이상인 경우는 제외한다.

  3. 해당 질병 또는 부상의 초진일 당시 가입기간이 10년 이상일 것

• 장애연금액

-장애등급 1급에 해당하는 자에 대하여는 기본연금액에 부양가족연금액을 더한 금액

-장애등급 2급에 해당하는 자에 대하여는 기본연금액의 1천분의 800에 해당하는 금액에 부양가족연금액을 더한 금액

-장애등급 3급에 해당하는 자에 대하여는 기본연금액의 1천분의 600에 해당하는 금액에 부양가족연금액을 더한 금액

-장애등급 4급에 해당하는 자에 대하여는 기본연금액의 1천분의 2천250에 해당하는 금액을 일시보상금으로 지급한다.

ⓒ 유족연금

• 수급권자

-노령연금 수급권자

-가입기간이 10년 이상인 가입자 또는 가입자였던 자

-연금보험료를 낸 기간이 가입대상기간의 3분의 1 이상인 가입자 또는 가입자였던 자

-사망일 5년 전부터 사망일까지의 기간 중 연금보험료를 낸 기간이 3년 이상인 가입자 또는 가입자였던 자. 다만, 가입대상기간 중 체납기간이 3년 이상인 사람은 제외한다.

-장애등급이 2급 이상인 장애연금 수급권자

• 유족연금액

-가입기간이 10년 미만이면 기본연금액의 1천분의 400에 해당하는 금액+부양가족연금액

-가입기간이 10년 이상 20년 미만이면 기본연금액의 1천분의 500에 해당하는 금액+부양가족연금액

-가입기간이 20년 이상이면 기본연금액의 1천분의 600에 해당하는 금액+부양가족연금액

ⓔ 반환일시금

• 수급권자

-가입기간이 10년 미만인 자가 60세가 된 때

-가입자 또는 가입자였던 자가 사망한 때. 다만, 유족연금이 지급되는 경우에는 그러하지 아니한다.

-국적을 상실하거나 국외로 이주한 때

• 반환일시금 : 가입자 또는 가입자였던 자가 납부한 연금보험료(사업장가입자 또는 사업장가입자였던 자의 경우에는 사용자의 부담금을 포함한다)에 대통령령으로 정하는 이자를 더한 금액으로 한다.

• 사망일시금

-가입자 또는 가입자였던 자가 사망한 때에 국민연금법에 따른 유족이 없으면 그 배우자·자녀·부모·손자녀·조부모·형제자매 또는 4촌 이내 방계혈족에게 사망일시금을 지급한다. 다만, 가출·실종 등 대통령령으로 정하는 경우에 해당하는 사람에게는 지급하지 아니하며, 4촌 이내 방계혈족의 경우에는 대통령령으로 정하는 바에 따라 가입자 또는 가입자였던 사람의 사망 당시 가입자 또는 가입자였던 사람에 의하여 생계를 유지하고 있던 사람에게만 지급한다.

-사망일시금은 가입자 또는 가입자였던 자의 반환일시금에 상당하는 금액으로 하되, 그 금액은 사망한 가입자 또는 가입자였던 자의 최종 기준소득월액을 연도별 재평가율에 따라 사망일시금 수급 전년도의 현재가치로 환산한 금액과 같은 호에 준하여 산정한 가입기간 중 기준소득월액의 평균액 중에서 많은 금액의 4배를 초과하지 못한다.

-사망일시금을 받을 자의 순위는 배우자·자녀·부모·손자녀·조부모·형제자매 및 4촌 이내의 방계혈족 순으로 한다. 이 경우 순위가 같은 사람이 2명 이상이면 똑같이 나누어 지급하되, 그 지급 방법은 대통령령으로 정한다.

Point 團 우리나라 국민연금제도의 변천과정

㉠ 1973. 12. 24 : 국민복지연금법 공포(시행 연기)

㉡ 1986. 12. 31 : 국민연금법 공포(구법 폐지)

㉢ 1987. 9. 18 : 국민연금관리공단 설립

㉣ 1988. 1. 1 : 국민연금제도 실시(상시근로자 10인 이상 사업장)

㉤ 1992. 1. 1 : 사업장 적용범위 확대(상시근로자 5인 이상 사업장)

㉥ 1993. 1. 1 : 특례노령연금 지급 개시

㉦ 1995. 7. 1 : 농어촌지역 연금 확대 적용

㉧ 1999. 4. 1 : 도시지역 연금 확대 적용(전국민 연금 실현)

㉨ 2000. 7. 1 : 농어촌지역 특례노령연금 지급

㉩ 2001. 11. 1 : 텔레서비스 시스템 전국 확대 운영

㉠ 2003. 7. 1 : 사업장 적용범위 1단계 확대(근로자 1인 이상 법인·전문직종사업장)

㉡ 2006. 1. 1 : 사업장 적용범위 확대완료(근로자 1인 이상 사업장 전체)

㉤ 2008. 1. 1 : 완전노령연금(가입기간 20년 이상) 지급 개시

㉥ 2009. 8. 7 : 국민연금과 4개 직역연금 가입기간 연계사업 시행

㉮ 2011. 4. 1 : 장애인 복지법 상 장애 전(全) 등급 심사 개시

㉯ 2012. 7. 1 : 10인 미만 사업장 저소득근로자에 대한 국민연금 보험료 지원사업 시행(두루누리 사업)

㉰ 2014. 7. 25 : 기초연금 지급 개시

㉱ 2015. 6. 22 : 노후준비지원법 제정과 국민연금공단에 중앙노후준비지원센터 지정·운영

㉲ 2016. 8. 1 : 구직급여 수급자를 대상으로 실업크레딧 시행

㉳ 2016. 11. 30 : 경력단절 여성 대상으로 추후납부를 확대하여 1국민 1연금 시대 개막

기출문제

☞ 노후소득보장제도에 대한 설명으로 옳지 않은 것은?

▶ 2020. 7. 11. 인사혁신처

① 기초노령연금법이 폐지되고 기초연금법 이 시행되고 있다.

② 기초연금 수급권자 선정기준은 65세 이상 전체 노인 중 소득과 재산이 적은 하위 80%이나.

③ 국민연금의 가입대상은 국내에 거주하는 국민으로 18세 이상 60세 미만인 자이다. 다만, 별정우체국 직원 등 특수직역연금 대상자는 제외한다.

④ 국민연금은 노령, 장애, 사망에 대하여 연금급여가 지급되므로 은퇴뿐만 아니라 다양한 사회적 위험에 대비하여 국민생활 안정에 기여하는 목적을 갖는다.

Tip ② 기초연금은 노후 보장과 복지 향상을 위해 65세 이상의 소득인정액 기준 하위 70% 어르신에게 일정 금액을 지급하는 제도이다.

※ 국민연금법의 기능과 성격

① 기능
  ㉠ 노후의 생활계획 수립기능
  ㉡ 임금소득의 상실시에 고령자의 권리로서 최저한의 소득보장 기능
  ㉢ 소득의 재분배기능

② 성격
  ㉠ 공헌도에 따른 수급권획득 제도
  ㉡ 연금보험 사고에 대한 보험제도
  ㉢ 노후생활설계의 실질적인 기초제도
  ㉣ 국가책임의 강제가입제도
  ㉤ 공헌도에 따른 급여로 수급자의 긍지를 고취시키는 제도

※ 기초연금

① 도입목적 … 노인에게 기초연금을 지급하여 안정적인 소득기반을 제공함으로써 노인의 생활안정을 지원하고 복지를 증진함을 목적으로 한다.

② 수급대상 … 기초연금은 65세 이상인 사람으로서 소득인정액이 보건복지부장관이 정하여 고시하는 금액(선정기준액) 이하인 사람에게 지급한다. 공무원연금, 사립학교교직원연금, 군인연금, 별정우체국연금 수급권자 및 그 배우자는 원칙적으로 기초연금 수급대상에서 제외된다.
  ㉠ 소득인정액 : 소득평가액과 재산의 소득 환산액을 합산한 금액
  ㉡ 선정기준액(2018년 기준)

단독가구	부부가구
131만 원	209.6만 원

③ 기초연금액의 산정 … 기초연금 수급권자에 대한 기초연금의 금액은 기준연금액과 국민연금 급여액 등을 고려하여 산정한다.

---

section 3 국민건강보험제도

(1) 국민건강보험제도의 개념

① 정의 … 피보험자가 질병이나 부상 등의 사고를 당했을 때 치료비나 요양비의 급여를 실시함으로써 국민보건의 회복 및 유지 또는 증진을 도모할 수 있는 사회보험방식의 제도이다.

② 효과
  ㉠ 역선택현상 방지효과 : 질병 가능성이 적은 사람보다 높은 사람이 보험에 가입하는 현상을 역선택현상이라 하는데, 모든 국민이 가입할 것을 법적으로 강제하는 의료보험은 이를 방지할 수 있다.
  ㉡ 간접적인 소득재분배 효과 : 피보험자들의 보험료가 위험발생확률보다는 소득수준에 의해 책정되기 때문에 간접적인 소득재분배 효과를 볼 수 있다.

∥정답 ②

기출문제

ⓒ 위험분산 기능의 수행 : 많은 인원을 집단화하여 위험을 분산함으로써 개개인의 부담을 경감하는 기능과 미리 적은 돈을 갹출하여 둠으로써 위험을 시간적으로 분산하는 기능을 수행하고 있다.

③ 제도유형

　㉠ 무상의료서비스 방식

　　• 운영방식 : 국가보건서비스 방식으로서 국민의 의료문제는 국가가 책임져야 한다는 기본전제에 근간을 두고 있다. 정부의 일반조세를 재원으로 하며 국가가 직접적으로 모든 국민에게 무상으로 의료를 제공하는 방식을 취한다. 조세방식, 베버리지 방식이라고도 하며 영국의 베버리지가 제안한 이래 영국, 스웨덴, 이탈리아 등에서 실행되고 있다.

　　• 장점 : 소득수준에 관계없이 모든 국민에게 포괄적이고 균등한 의료를 보장하고 정부가 관리주체이므로 의료공급이 공공화되어 의료비 증가에 대한 통제가 강하다. 또한 조세제도를 통한 재원조달로 비교적 소득재분배 효과가 강하다.

　　• 단점 : 의료의 사회화를 초래하여 상대적으로 의료의 질이 낮고 의료비 재원조달에 따른 어려움으로 정부의 비용부담이 커진다. 또한 의료수용자측의 비용의식 부족, 장기간 진료대가문제 등 부작용이 나타나 오래전부터 이에 대한 제도개혁의 필요성이 대두되고 있다.

　㉡ 의료보험방식

　　• 운영방식 : 의료비에 대한 국민의 자기책임의식을 견지하되 이를 사회화하여 정부기관이 아닌 보험자가 보험료로써 재원을 마련하여 의료를 보장하는 방식이다. 정부는 후견적 지원과 감독을 행하게 된다. 비스마르크 방식이라고도 하며 독일의 비스마르크가 창시한 이래 독일, 프랑스, 일본, 우리나라 등이 이와 같은 방식을 취하고 있다.

　　• 장점 : 조합원이 대표의견기구를 통해 의료보험운영에 관한 의사결정에 참여함으로써 제도운영의 민주성을 기할 수 있다. 국민의 비용의식이 강하게 작용하며 상대적으로 양질의 의료를 제공할 수 있다.

　　• 단점 : 소득유형 등이 서로 다른 구성원에 대한 단일보험료 부과기준 적용의 어려움, 의료비 증가에 대한 억제기능이 취약하여 보험재정안정을 위한 노력이 필요하다.

(2) 국민건강보험제도의 발달과정

① 제도 도입기(1963 ~ 1976) … 1963년에 최초로 의료보험법을 제정하였다. 그러나 법률의 제정과정에서 경제적 자원부족을 이유로 강제적 성격의 의료보험제도가 임의적 성격으로 바뀌었다.

② 제도 발전기(1977 ~ 1989) … 이 시기는 현대적 의미의 의료보험제도를 본격적으로 실시한 때로 우리나라 의료보험제도 변천사에서 중요한 의미를 지닌다. 1976년에 기존의 의료보험법을 전면적으로 개정하고 1977년 7월 1일을 기하여 강제적 성격의 의료보험제도를 실시하는 한편 같은 해 저소득계층의 국민에 대하여는 공공부조방식의 의료보호제도를 실시하였다.

③ 전국민 의료보장기(1988 ~ 1997) … 이 시기는 1988년 농어촌지역 의료보험, 1989년 도시지역 의료보험의 실시로 의료보험제도의 확대가 완성된 때이다. 이 시기 변화가 큰 의미를 지니는 것은 그때까지 의료보장의 수혜권에서 제외되었던 자영자계층에 대한 의료보험을 확대하여 전국민 의료보장을 달성했다는 점 때문이다.

④ 국민건강보험제도로 전환(1998 ~ 현재)

    ㉠ 2000년 7월 1일 기존의 조합식 의료보험제도는 통합방식으로 전환되고 제도의 명칭도 국민건강보험제도로 바뀌었다. 우선 관리운영기구를 지역·직장·공교를 완전 통합하여 하나의 국민건강보험공단으로 단일화하였으며, 기존에 의료보험연합회에서 담당하던 진료비심사기능은 국민건강보험공단과 독립된 건강보험심사평가원이 신설되어 담당하게 되었다.

    ㉡ 관리운영기구의 통합에 이어 기존의 직장·지역별로 독립채산제로 운용되던 의료보험재정을 하나의 통합된 기금으로 일원화하는 재정통합은 2002년부터 실시될 계획이었지만, 재정문제에 대한 논란으로 1년 6개월간 통합이 유예되었고 2003년 7월에 지역과 직장의 재정통합이 이루어졌다.

(3) 국민건강보험제도의 기능과 특징

① 국민건강보험은 정부주도에 의한 강제적 가입이고 사회보장적 기능을 수행한다.

② 국민건강보험은 소득에 비례한 기여금(보험료)을 책정하여 부의 재분배 기능을 갖는다.

③ 국민건강보험은 경제적 부담을 보험원리에 의하여 완화하여 줌으로써 위험분산의 기능을 갖는다.

(4) 국민건강보험제도의 원칙

① 사회적 연대의 원칙에 따라 기여의 형평성과 급여의 충분성이 보장되어야 한다.

② 모든 국민에게 보편적으로 의료서비스가 이루어져야 하며 적용범위는 전국민을 포함하는 포괄성을 띠어야 한다.

③ 충분한 재정을 확보하여 재정의 안정성을 도모해야 한다.

④ 관리기구를 통합하고 민주화하여 관리운영의 효율화를 극대화한다.

⑤ 지나친 이윤추구로 의료가 상품화되는 것을 방지한다.

⑥ 사회보장제도로서 국민연대성의 원칙과 국민통합을 이루어 내야 한다.

기출문제

(5) 국민건강보험의 적용대상

① **적용대상** … 국내에 거주하는 국민은 건강보험의 가입자 또는 피부양자가 된다. 다만, 다음의 어느 하나에 해당하는 사람은 제외한다.

  ㉠ 의료급여법에 따라 의료급여를 받는 사람

  ㉡ 독립유공자예우에 관한 법률 및 국가유공자 등 예우 및 지원에 관한 법률에 따라 의료보호를 받는 사람. 다만, 유공자 등 의료보호대상자 중 건강보험의 적용을 보험자에게 신청한 사람이나 건강보험을 적용받고 있던 사람이 유공자 등 의료보호대상자로 되었으나 건강보험의 적용배제신청을 보험자에게 하지 아니한 사람은 가입자 또는 피부양자가 된다.

② 가입자의 종류

구분	직장가입자	지역가입자
가입자	• 모든 사업장의 근로자 및 사용자 • 공무원 및 교직원	직장가입자와 그 피부양자를 제외한 자
피부양자	• 직장가입자의 배우자 • 직장가입자의 직계존속(배우자의 직계존속 포함) • 직장가입자의 직계비속(배우자의 직계비속 포함)과 그 배우자 • 직장가입자의 형제 · 자매	

(6) 국민건강보험의 급여

① 급여의 형태

  ㉠ **현물급여** : 피보험자가 의료기관에서 제공받는 직접적 의료서비스를 말한다. 우리나라에서 원칙으로 하고 있는 형태이다.

  ㉡ **현금급여** : 피보험자에게 현금이 지급되는 급여를 말한다.

② 급여의 종류

  ㉠ **요양급여** : 가입자 및 피부양자의 질병 · 부상 · 출산 등에 대하여 다음의 요양급여를 실시한다.

   • 진찰 · 검사

   • 약제 · 치료재료의 지급

   • 처치 · 수술 및 그 밖의 치료

기출문제

- 예방 · 재활
- 입원, 간호, 이송

ⓛ 요양비 : 공단은 가입자 또는 피부양자가 보건복지부령으로 정하는 긴급하거나 그 밖의 부득이한 사유로 인하여 요양기관과 비슷한 기능을 하는 기관으로서 보건복지부령으로 정하는 기관에서 질병 · 부상 · 출산 등에 대하여 요양을 받거나 요양기관이 아닌 장소에서 출산한 경우에는 그 요양급여에 상당하는 금액을 보건복지가족부령으로 정하는 바에 따라 그 가입자 또는 피부양자에게 요양비로 지급한다.

ⓒ 부가급여 : 대통령령으로 정하는 바에 따라 임신 · 출산 진료비, 장제비, 상병수당, 그 밖의 급여를 실시할 수 있다. '대통령령으로 정하는'에 대한 내용은 다음과 같다.

- 부가급여는 임신 · 출산(유산 및 사산을 포함한다.) 진료비로 한다.
- 임신 · 출산 진료비 지원 대상은 다음과 같다.
- 임신 · 출산한 가입자 또는 피부양자
- 1세 미만인 가입자 또는 피부양자(이하 "1세 미만 영유아"라 한다)의 법정대리인(출산한 가입자 또는 피부양자가 사망한 경우에 한정한다)
- 공단은 다음의 어느 하나에 해당하는 사람에게 다음의 비용을 결제할 수 있는 임신 · 출산 진료비 이용권을 발급할 수 있다.
- 임신 · 출산과 관련된 진료에 드는 비용
- 1세 미만 영유아의 진료에 드는 비용
- 1세 미만 영유아에게 처방된 약제 · 치료재료의 구입에 드는 비용
- 이용권 신청인은 보건복지부령으로 정하는 발급 신청서에 위의 사항 중 어느 하나에 해당한다는 사실을 확인할 수 있는 증명서를 첨부해 공단에 제출해야 한다.
- 제4항에 따라 이용권 발급 신청을 받은 공단은 신청인이 위의 사항 어느 하나에 해당하는지를 확인한 후 신청인에게 이용권을 발급해야 한다.
- 이용권을 사용할 수 있는 기간은 이용권을 발급받은 날부터 다음의 구분에 따른 날까지로 한다.
- 임신 · 출산한 가입자 또는 피부양자 : 출산일(유산 및 사산의 경우 그 해당일)부터 1년이 되는 날
- 1세 미만 영유아의 법정대리인 : 1세 미만 영유아의 출생일부터 1년이 되는 날
- 이용권으로 결제할 수 있는 금액의 상한은 다음과 같다. (다만, 보건복지부장관이 필요하다고 인정하여 고시하는 경우에는 다음 각 호의 상한을 초과하여 결제할 수 있다.)
- 하나의 태아를 임신 · 출산한 경우 : 60만원
- 둘 이상의 태아를 임신 · 출산한 경우 : 100만원
- 규정한 사항 외에 임신 · 출산 진료비의 지급 절차와 방법, 이용권의 발급과 사용 등에 필요한 사항은 보건복지부령으로 정한다.

ⓔ 장애인에 대한 특례
- 공단은 「장애인복지법」에 따라 등록한 장애인인 가입자 및 피부양자에게는 「장애인·노인 등을 위한 보조기기 지원 및 활용촉진에 관한 법률」에 따른 보조기기에 대하여 보험급여를 할 수 있다.
- 보조기기에 대한 보험급여의 범위·방법·절차와 그 밖에 필요한 사항은 보건복지부령으로 정한다.
ⓜ 건강검진 : 공단은 가입자와 피부양자에 대하여 질병의 조기 발견과 그에 따른 요양급여를 하기 위하여 건강검진을 실시한다.
- 일반건강검진 : 직장가입자, 세대주인 지역가입자, 20세 이상인 지역가입자 및 20세 이상인 피부양자
- 암 검진 : 암의 종류별 검진주기와 연령기준 등에 해당하는 사람
- 영유아건강검진 : 6세 미만의 가입자 및 피부양자
- 위 내용에 따른 건강검진의 검진항목은 성별, 연령 등의 특성 및 생애 주기에 맞게 설계되어야 한다.
- 건강검진의 횟수·절차와 그 밖에 필요한 사항은 대통령령으로 정한다.

(7) 관리운영체계

1998년 10월을 기점으로 지역의보조합 227개와 공교의료보험관리공단이 우선 통합되어 국민의료보험관리공단으로 변경되었다. 그리고 2000년 7월 1일부터 139개의 직장의료보험조합도 국민의료보험관리공단으로 통합되어 국민건강보험공단이라는 단일보험자로 전환하였다. 이와 같이 단일보험자 조직으로의 통합은 기존의 분립적인 운영체제에 따른 구조적 문제였던 조합 간 재정격차, 부담의 비형평성, 과다한 관리운영 등의 문제를 완화시킬 수 있는 제도적 틀을 구축하였다는 의미를 지니고 있다.

① 국민건강보험공단의 업무
  ㉠ 가입자 및 피부양자의 자격 관리
  ㉡ 보험료와 그 밖에 이 법에 따른 징수금의 부과·징수
  ㉢ 보험급여의 관리
  ㉣ 가입자 및 피부양자의 질병의 조기발견·예방 및 건강관리를 위하여 요양급여 실시 현황과 건강검진 결과 등을 활용하여 실시하는 예방사업으로서 대통령령으로 정하는 사업
- 가입자 및 피부양자의 건강관리를 위한 전자적 건강정보시스템의 구축·운영
- 생애주기별·사업장별·직능별 건강관리 프로그램 또는 서비스의 개발 및 제공
- 연령별·성별·직업별 주요 질환에 대한 정보 수집, 분석·연구 및 관리방안 제공
- 고혈압·당뇨 등 주요 만성질환에 대한 정보 제공 및 건강관리 지원

우리나라 사회보장제도의 내용에 대한 설명으로 옳은 것만을 모두 고른 것은?
▶ 2015. 3. 14. 사회복지직

㉠ 국민연금액은 지급사유에 따라 기본연금액과 부양가족연금액을 기초로 산정한다.
㉡ 건강보험에서 본인부담액의 연간 총액이 법령이 규정하는 일정 금액을 넘는 경우, 그 넘는 금액을 건강보험공단이 부담한다.
㉢ 산재보험의 법정급여 중에는 장해급여가 있다.
㉣ 고용보험료의 체납관리는 근로복지공단에서 수행한다.

① ㉠㉣
② ㉠㉡㉢
③ ㉡㉢㉣
④ ㉠㉡㉢㉣

> **Tip** ㉣ 보험료 등의 고지 및 수납, 그리고 체납관리는 국민건강보험공단이 고용노동부장관으로부터 위탁을 받아 수행한다.〈고용보험 및 산업재해보상보험의 보험료징수 등에 관한 법률 제4조〉

정답 ②

기출문제

● 다음의 특징을 모두 포함하는 국
민건강보험제도의 요양급여비용지불
제도는?

▶ 2014. 3. 22. 사회복지직

㉠ 과잉 진료를 억제하고 환자의
의료비 부담을 줄인다.
㉡ 의사에게 환자 1인당 혹은 진료
일수 1일당 아니면 질병별로 보
수 단가를 설정하여 보상한다.
㉢ 새로운 약의 사용이나 새로운 의
과학 기술의 적용에는 적합하지
못하다.

① 총액계약제   ② 행위별수가제
③ 포괄수가제   ④ 인두제

Tip 포괄수가제 … 우리나라는 보통
행위별 수가제를 원칙으로 하
는데 행위별 수가제가 진료비
상승을 가져오는 문제를 보완
하기 위하여 4개 진료과 7개
질병군(안과－백내장수술, 이비
인후과－편도수술 및 아데노이
드수술, 외과－항문수술·탈장수
술·맹장수술, 산부인과－제왕
절개분만·자궁 및 자궁부속기
수술)에 대한 포괄수가제가
2012년 7월부터 강제로 시행
되고 있다.
① 보험자 측과 의사단체 간
에 국민에게 제공되는 의
료서비스에 대한 진료비
총액을 미리 추계·협의
하고 결정하고 이렇게 결
정된 진료비총액을 지급하
는 방식이다.
② 환자가 제공받은 의료서비
스의 종류, 양 등 의료행위
항목에 따라 각각 가격으로
합산하여 요양급여비용을
산정하는 방식으로 과잉진
료 또는 의료 오·남용 증
가, 심사 기관과의 마찰이
나 심사과정의 행정비용의
증가 등의 단점이 있다.
④ 일정 수의 가입자가 특정 의
료공급자에게 등록을 하고
의료공급자는 진료비를 등
록자당 일정금액을 지불받
는 방식으로 이는 등록자가
실제 진료를 받았는지 여부
에 상관없이 진료비를 지급
하게 되는 것이 원칙이다.

|정답 ③

• 「지역보건법」에 따른 지역보건의료기관과의 연계·협력을 통한 지역별 건강관리
사업 지원
• 그 밖에 위에 준하는 사업으로서 가입자 및 피부양자의 건강관리를 위하여 보건
복지부장관이 특히 필요하다고 인정하는 사업

㉑ 보험급여 비용의 지급
㉺ 자산의 관리·운영 및 증식사업
㉾ 의료시설의 운영
㉿ 건강보험에 관한 교육훈련 및 홍보
㊀ 건강보험에 관한 조사연구 및 국제협력
㊁ 이 법에서 공단의 업무로 정하고 있는 사항
㊂ 국민연금법, 고용보험 및 산업재해보상보험의 보험료징수 등에 관한 법률,
임금채권보장법 및 석면피해구제법에 따라 위탁받은 업무
㊃ 그 밖에 이 법 또는 다른 법령에 따라 위탁받은 업무
㊄ 그 밖에 건강보험과 관련하여 보건복지부장관이 필요하다고 인정한 업무

② **건강보험심사평가원의 업무**

㉠ 요양급여비용의 심사
㉡ 요양급여의 적정성 평가
㉢ 심사기준 및 평가기준의 개발
㉣ ㉠부터 ㉢까지의 규정에 따른 업무와 관련된 조사연구 및 국제협력
㉤ 다른 법률에 따라 지급되는 급여비용의 심사 또는 의료의 적정성 평가에 관
하여 위탁받은 업무
㉥ 건강보험과 관련하여 보건복지부장관이 필요하다고 인정한 업무
㉦ 그 밖에 보험급여 비용의 심사와 보험급여의 적정성 평가와 관련하여 대통
령령으로 정하는 업무

(8) 포괄수가제

① **행위별 수가제** … 투약, 처치 및 수술, 검사 등 의료행위항목에 따라 진료비를
합산하여 진료비를 결정하는 제도이다. 가장 시장지향적이며 진료비 지불방식
중 진료비용의 절감효과가 가장 낮을 뿐 아니라 청구된 진료비를 일일이 심사
해야 하기 때문에 관리가 어렵고 관리비용도 많은 방법이다.

② **질병군별(DRG) 포괄수가제**

㉠ 개념 : 환자가 분만 등으로 병원에 입원할 경우 퇴원할 때까지의 진료를 받
은 진찰, 검사, 수술, 주사, 투약 등 진료의 종류나 양에 관계없이 요양기관
종별(종합병원, 병원, 의원) 및 입원일수별로 미리 정해진 일정액의 진료비
만을 부담하는 제도이다.

ⓛ DRG 지불제도의 장·단점

- 장점
- −적정량의 의료서비스 제공
- −행정비용의 절감
- −요양기관과 보험자간의 마찰 감소
- −요양기관의 경영효율화·의료비용의 절감
- 단점
- −요양기관과 환자와의 마찰 예상
- −요양기관의 허위·부당청구의 우려
- −진료서비스의 규격화·기술개발 임상연구발전에 장애

section 4 고용보험제도

(1) 고용보험제도의 개념

① 정의 … 실업예방, 고용촉진 및 근로자의 직업능력의 개발·향상을 도모하고 국가의 직업지도, 직업소개 기능을 강화하며, 근로자가 실업한 경우 생활에 필요한 급여를 실시함으로써 근로자의 생활안정과 구직활동을 촉진하려는 사회보장제도이다.

② 성격 … 사전에 실업을 예방하고 다양한 고용안정, 직업능력개발사업 등을 행하며 실업급여를 지급하여 생활의 안정과 재취업을 촉진하는 사전적·적극적 차원의 사회보장에 속한다.

> **Point 팁**　**고용보험제도의 성립** … 1993년 5월에 고용보험연구기획단에서 고용보험제도 실시방안을 정부에 제출하였다. 이 방안을 기초로 1993년 7월에 고용보험법이 제정되었고, 이후에 고용보험시행령(1995. 4. 6)과 시행규칙(1995. 6. 12)이 마련됨으로써 1995년 7월 1일부터 시행하였다. 2006년 1월 1일부터 고용안전사업과 직업능력 개발 사업을 통합하여 고용안전·직업능력개발 사업으로 운영하고 있다.

(2) 고용보험제도의 기능 및 특징

① 기능

　ⓐ 사회보장측면에서 고용보험제도는 실직자 및 이들 가족에 대한 경제적 지원을 통해 빈곤의 완화기능을 담당한다.

　ⓑ 사회적 측면에서 실업발생이 주로 고소득층보다는 저소득층에 집중될 수 있음을 고려하면, 경제적 보상과 재취업촉진지원 등을 통해 실업보험제도는 사회적 불평등 구조가 심화되는 것을 완화하고, 사회연대를 성취하는 기능을 담당한다.

기출문제

문 고용보험에 대한 설명으로 옳은 것은?

▶ 2019. 2. 23. 제1회 서울특별시

① 근로자가 사용하지 않거나 50명 미만의 근로자를 사용하는 사업주도 고용보험 의무가입 대상이다.

② 근로자와 사업주는 실업급여사업과 고용안정사업 및 직업능력개발사업의 보험료를 절반씩 부담한다.

③ 고용보험료 고지, 수납, 및 체납관리는 국민건강보험공단에서 한다.

④ 구직급여는 연령과 상관없이 가입기간에 따라 90일~240일 동안 받을 수 있다.

> **Tip** ① 자영업자 고용보험제도란 자영업자의 생활안정 및 재취업을 지원하는 제도로, 0~49인의 근로자가 있는 자영업자는 본인이 희망하는 경우에 가입이 가능하다.
> ② 실업급여사업의 보험료는 근로자와 사업주가 절반씩 부담하지만, 고용안정사업 및 직업능력개발사업의 보험료는 사업주가 전액 부담한다.
> ④ 구직급여는 연령과 가입기간에 따라 90일~240일 동안 받을 수 있다.

정답 ③

ⓒ 경제적 측면에서 고용보험제도는 실직기간 동안의 경제적 지원을 통해 실직자의 노동력을 보존함으로써, 국민경제의 주요한 생산요소를 유지·보존하는 기능을 담당한다. 또한 불황기에는 고용보험제도에 재정지출이 늘어남으로써 유효수요를 발생시키고, 호황기에는 고용보험제도에 사회구성원의 기여가 늘어나게 되어 경기과열을 예방하는 등 고용보험제도는 경기조절의 기제로서 그 기능을 하게 된다.

ⓔ 정치적 측면에서 고용보험제도는 계층간 갈등, 특히 노사간 긴장과 갈등을 완화할 뿐 아니라 사회통합력을 제고시킴으로써 정치적 안정과 사회적 연대의 증진에 기여하는 기능을 담당한다.

② 특징

㉠ 임금근로자의 실업 중의 생활안정

㉡ 급부기간은 통상 1년 이내의 단기

㉢ 노사의 보험료를 주된 재원으로 운영

㉣ 수급자에 대한 직업소개소의 운영과 불가분의 관계

㉤ 강제적용방식의 채용

㉥ 일정기간의 거출이 수급의 최저요건

(3) 고용보험의 대상

① 적용대상 … 근로자를 사용하는 모든 사업 또는 사업장

② 적용 제외 근로자

㉠ 1개월간 소정근로시간이 60시간 미만인 자(1주간의 소정근로시간이 15시간 미만인 자를 포함한다)를 말한다. 다만, 3개월 이상 계속하여 근로를 제공하는 자와 법에 따른 일용근로자는 제외한다.

㉡ 국가공무원법과 지방공무원법에 따른 공무원. 다만, 대통령령으로 정하는 바에 따라 별정직공무원, 국가공무원법 및 지방공무원법에 따른 임기제공무원의 경우는 본인의 의사에 따라 고용보험에 가입할 수 있다.

㉢ 사립학교교직원 연금법의 적용을 받는 자

㉣ **그 밖에 대통령령으로 정하는 자** : 별정우체국법에 따른 별정우체국 직원

㉤ 65세 이후에 고용(65세 전부터 피보험 자격을 유지하던 사람이 65세 이후에 계속하여 고용된 경우는 제외한다)되거나 자영업을 개시한 사람에게는 실업급여 및 육아휴직 급여 등을 적용하지 아니한다.

③ 외국인근로자에 대한 적용
  ㉠ 「외국인근로자의 고용 등에 관한 법률」의 적용을 받는 외국인근로자에게는 이 법을 적용한다. 다만, 실업급여 및 육아휴직 급여는 고용노동부령으로 정하는 바에 따른 신청이 있는 경우에만 적용한다.
  ㉡ 위에 해당하는 외국인근로자를 제외한 외국인근로자에게는 대통령령으로 정하는 바에 따라 이 법의 전부 또는 일부를 적용한다.

(4) 고용보험사업

① 고용안정사업
  ㉠ **고용창출의 지원** : 고용노동부장관은 고용환경 개선, 근무형태 변경 등으로 고용의 기회를 확대한 사업주에게 대통령령으로 정하는 바에 따라 필요한 지원을 할 수 있다.
  ㉡ **고용조정의 지원**
    • 고용노동부장관은 경기의 변동, 산업구조의 변화 등에 따른 사업 규모의 축소, 사업의 폐업 또는 전환으로 고용조정이 불가피하게 된 사업주가 근로자에 대한 휴업, 휴직, 직업전환에 필요한 직업능력개발 훈련, 인력의 재배치 등을 실시하거나 그 밖에 근로자의 고용안정을 위한 조치를 하면 대통령령으로 정하는 바에 따라 그 사업주에게 필요한 지원을 할 수 있다. 이 경우 휴업이나 휴직 등 고용안정을 위한 조치로 근로자의 임금이 대통령령으로 정하는 수준으로 감소할 때에는 대통령령으로 정하는 바에 따라 그 근로자에게도 필요한 지원을 할 수 있다.
    • 고용노동부장관은 고용조정으로 이직된 근로자를 고용하는 등 고용이 불안정하게 된 근로자의 고용안정을 위한 조치를 하는 사업주에게 대통령령으로 정하는 바에 따라 필요한 지원을 할 수 있다.
    • 고용노동부장관은 지원을 할 때에는 고용정책 기본법에 따른 업종에 해당하거나 지역에 있는 사업주에게 우선적으로 지원할 수 있다.
  ㉢ **지역고용의 촉진** : 고용노동부장관은 고용기회가 뚜렷이 부족하거나 산업구조의 변화 등으로 고용사정이 급속하게 악화되고 있는 지역으로 사업을 이전하거나 그러한 지역에서 사업을 신설 또는 증설하여 그 지역의 실업예방, 재취업 촉진에 기여한 사업주, 그 밖에 그 지역의 고용기회 확대에 필요한 조치를 한 사업주에게 대통령령으로 정하는 바에 따라 필요한 지원을 할 수 있다.
  ㉣ **고령자 등 고용촉진의 지원** : 고용노동부장관은 고령자 등 노동시장의 통상적인 조건에서는 취업이 특히 곤란한 사람(이하 '고령자 등'이라 함)의 고용을 촉진하기 위하여 고령자 등을 새로 고용하거나 이들의 고용안정에 필요한 조치를 하는 사업주 또는 사업주가 실시하는 고용안정 조치에 해당된 근로자에게 대통령령으로 정하는 바에 따라 필요한 지원을 할 수 있다.

ⓜ **건설근로자 등의 고용안정 지원**: 고용노동부장관은 건설근로자 등 고용상태가 불안정한 근로자를 위하여 다음의 사업을 실시하는 사업주에게 대통령령으로 정하는 바에 따라 필요한 지원을 할 수 있다.
  • 고용상태의 개선을 위한 사업
  • 계속적인 고용기회의 부여 등 고용안정을 위한 사업
  • 그 밖에 대통령령으로 정하는 고용안정 사업

ⓑ **고용안정 및 취업의 촉진**
  • 고용노동부장관은 피보험자 등의 고용안정 및 취업을 촉진하기 위하여 다음의 사업을 직접 실시하거나 이를 실시하는 자에게 필요한 비용을 지원 또는 대부할 수 있다.
    −고용관리 진단 등 고용개선 지원 사업
    −피보험자 등의 창업을 촉진하기 위한 지원 사업
    −그 밖에 피보험자 등의 고용안정 및 취업을 촉진하기 위한 사업으로서 대통령령으로 정하는 사업

ⓢ **고용촉진 시설에 대한 지원**: 고용노동부장관은 피보험자 등의 고용안정·고용촉진 및 사업주의 인력 확보를 지원하기 위하여 대통령령으로 정하는 바에 따라 상담 시설·어린이집, 그 밖에 대통령령으로 정하는 고용촉진시설을 설치·운영하는 자에게 필요한 지원을 할 수 있다.

② **직업능력개발사업**
  ㉠ **사업주에 대한 직업능력개발훈련의 지원**: 고용노동부장관은 피보험자 등의 직업능력을 개발·향상시키기 위하여 대통령령으로 정하는 직업능력개발 훈련을 실시하는 사업주에게 대통령령으로 정하는 바에 따라 그 훈련에 필요한 비용을 지원할 수 있다.
  ㉡ **피보험자 등에 대한 직업능력개발의 지원**: 고용노동부장관은 피보험자 등이 직업능력개발 훈련을 받거나 그 밖에 직업능력 개발·향상을 위하여 노력하는 경우에는 대통령령으로 정하는 바에 따라 필요한 비용을 지원할 수 있다.
  ㉢ **직업능력개발의 촉진**: 고용노동부장관은 피보험자 등의 직업능력 개발·향상을 촉진하기 위하여 다음의 사업을 실시하거나 이를 실시하는 자에게 그 사업의 실시에 필요한 비용을 지원할 수 있다.
    • 직업능력개발 사업에 대한 기술지원 및 평가 사업
    • 자격검정 사업 및 숙련기술장려법에 따른 숙련기술 장려 사업
    • 그 밖에 대통령령으로 정하는 사업

③ 실업급여

㉠ 구직급여

• 구직급여의 수급 요건

-이직일 이전 18개월간 법에 따른 피보험 단위기간이 합산하여 180일 이상일 것

-근로의 의사와 능력이 있음에도 불구하고 취업(영리를 목적으로 사업을 영위하는 경우를 포함한다)하지 못한 상태에 있을 것

-이직사유가 법에 따른 수급자격의 제한 사유에 해당하지 아니할 것

-재취업을 위한 노력을 적극적으로 할 것

-법에 따른 수급자격 인정신청일 이전 1개월 동안의 근로일수가 10일 미만이거나 건설일용근로자로서 수급자격 인정신청일 이전 14일간 연속하여 근로내역이 없을 것

-최종 이직 당시의 기준기간 동안의 피보험 단위기간 중 다른 사업에서 법에 따른 수급자격의 제한 사유에 해당하는 사유로 이직한 사실이 있는 경우에는 그 피보험 단위기간 중 90일 이상을 일용근로자로 근로하였을 것

Point ✎ **이직 사유에 따른 수급자격의 제한** … 규정에도 불구하고 피보험자가 다음의 어느 하나에 해당한다고 직업안정기관의 장이 인정하는 경우에는 수급자격이 없는 것으로 본다.
㉠ 중대한 귀책사유로 해고된 피보험자로서 다음 각 목의 어느 하나에 해당하는 경우
   • 형법 또는 직무와 관련된 법률을 위반하여 금고 이상의 형을 선고받은 경우
   • 사업에 막대한 지장을 초래하거나 재산상 손해를 끼친 경우로서 고용노동부령으로 정하는 기준에 해당하는 경우
   • 정당한 사유 없이 근로계약 또는 취업규칙 등을 위반하여 장기간 무단 결근한 경우
㉡ 자기 사정으로 이직한 피보험자로서 다음 각 목의 어느 하나에 해당하는 경우
   • 전직 또는 자영업을 하기 위하여 이직한 경우
   • ㉠의 중대한 귀책사유가 있는 자가 해고되지 아니하고 사업주의 권고로 이직한 경우
   • 그 밖에 고용노동부령으로 정하는 정당한 사유에 해당하지 아니하는 사유로 이직한 경우

• 급여의 기초가 되는 임금일액

-구직급여의 산정 기초가 되는 임금일액은 법에 따른 수급자격의 인정과 관련된 마지막 이직 당시 근로기준법에 따라 산정된 평균임금으로 한다. 다만, 마지막 이직일 이전 3개월 이내에 피보험자격을 취득한 사실이 2회 이상인 경우에는 마지막 이직일 이전 3개월간(일용근로자의 경우에는 마지막 이직일 이전 4개월 중 최종 1개월을 제외한 기간)에 그 근로자에게 지급된 임금 총액을 그 산정의 기준이 되는 3개월의 총일수로 나눈 금액을 기초일액으로 한다.

-위에 따라 산정된 금액이 근로기준법에 따른 그 근로자의 통상임금보다 적을 경우에는 그 통상임금액을 기초일액으로 한다. 다만, 마지막 사업에서 이직 당시 일용근로자였던 자의 경우에는 그러하지 아니하다.

기출문제

-위의 두 조항에 따라 기초일액을 산정하는 것이 곤란한 경우와 보험료를 보험료 징수법에 따른 기준보수를 기준으로 낸 경우에는 기준보수를 기초일액으로 한다. 다만, 보험료를 기준보수로 낸 경우에도 위의 두 조항에 따라 산정한 기초일액이 기준보수보다 많은 경우에는 그러하지 아니하다.

-위의 세 조항의 규정에도 불구하고 이들 규정에 따라 산정된 기초일액이 그 수 급자격자의 이직 전 1일 소정근로시간에 이직일 당시 적용되던 최저임금법에 따른 시간 단위에 해당하는 최저임금액을 곱한 금액보다 낮은 경우에는 최저기초 일액을 기초일액으로 한다.

-위의 세 조항의 규정에도 불구하고 이들 규정에 따라 산정된 기초일액이 보험의 취지 및 일반 근로자의 임금 수준 등을 고려하여 대통령령으로 정하는 금액을 초과하는 경우에는 대통령령으로 정하는 금액을 기초일액으로 한다.

• 대기기간과 소정급여일수

-대기기간 : 실업급여의 수급자격이 인정되더라도 즉시 실업급여를 받는 것은 아니다. 실업의 신고일부터 계산하기 시작하여 7일간은 대기기간으로 보아 구직급 여를 지급되지 않는데, 이를 대기기간이라고 한다. 다만, 최종 이직 당시 건설일 용근로자였던 사람에 대해서는 실업의 신고일부터 계산하여 구직급여를 지급한다.

-소정급여일수 : 하나의 수급자격에 따라 구직급여를 받을 수 있는 날은 대기기간 이 끝난 다음날부터 계산하기 시작하여 피보험기간과 연령에 따라 다음에서 정한 일수가 되는 날까지로 한다.

Point, 팁 **구직급여의 소정급여일수**

구분		피보험기간				
		1년 미만	1년 이상 3년 미만	3년 이상 5년 미만	5년 이상 10년 미만	10년 이상
이직일 현재 연령	50세 미만	120일	150일	180일	210일	240일
	50세 이상	120일	180일	210일	240일	270일

※ 「장애인고용촉진 및 직업재활법」 제2조제1호에 따른 장애인은 50세 이상인 것으로 보아 위 표를 적용한다.

ⓒ **취업촉진 수당**

• 조기재취업 수당 : 수급자격자가 안정된 직업에 재취직하거나 스스로 영리를 목 적으로 하는 사업을 영위하는 경우로서 대통령령으로 정하는 기준에 해당하면 지급한다.

• 직업능력개발 수당 : 수급자격자가 직업안정기관의 장이 지시한 직업능력개발 훈 련 등을 받는 경우에 그 직업능력개발 훈련 등을 받는 기간에 대하여 지급한다.

🔊 「고용보험법」에 따른 구직급여 지급일수는 (㉠), (㉡)에 의해서 결정된다. ㉠, ㉡에 들어갈 말을 〈보기〉에서 골라 바르게 짝지은 것은?
▶ 2019. 6. 15 제2회 서울특별시

㉠ 재취업을 위한 노력
㉡ 이직일 현재 연령
㉢ 피보험기간
㉣ 소득 수준

① ㉠, ㉢   ② ㉠, ㉣
③ ㉡, ㉢   ④ ㉡, ㉣

Tip 하나의 수급자격에 따라 구직 급여를 지급받을 수 있는 날 (소정급여일수)은 대기기간이 끝난 다음날부터 계산하기 시 작하여 피보험기간과 연령에 따라 별표 1에서 정한 일수가 되는 날까지로 한다〈「고용보 험법」 제50조(소정급여일수 및 피보험기간) 제1항〉.

┃정답 ③

- 광역 구직활동비 : 수급자격자가 직업안정기관의 소개에 따라 광범위한 지역에 걸쳐 구직 활동을 하는 경우로서 대통령령으로 정하는 기준에 따라 직업안정기관의 장이 필요하다고 인정하면 지급할 수 있다.
- 이주비 : 수급자격자가 취업하거나 직업안정기관의 장이 지시한 직업능력개발 훈련 등을 받기 위하여 그 주거를 이전하는 경우로서 대통령령으로 정하는 기준에 따라 직업안정기관의 장이 필요하다고 인정하면 지급할 수 있다.

④ 육아휴직 급여 등

ⓘ 육아휴직 급여 : 고용노동부장관은 남녀고용평등과 일·가정 양립 지원에 관한 법률에 따른 육아휴직을 30일(근로기준법에 따른 출산전후휴가기간 90일과 중복되는 기간은 제외한다) 이상 부여받은 피보험자 중 육아휴직을 시작한 날 이전에 법에 따른 피보험 단위기간이 합산하여 180일 이상인 피보험자에게 육아휴직 급여를 지급한다.

- 육아휴직 급여를 지급받으려는 사람은 육아휴직을 시작한 날 이후 1개월부터 육아휴직이 끝난 날 이후 12개월 이내에 신청하여야 한다. 다만, 해당 기간에 대통령령으로 정하는 사유로 육아휴직 급여를 신청할 수 없었던 사람은 그 사유가 끝난 후 30일 이내에 신청하여야 한다.
- 피보험자가 육아휴직 급여 지급신청을 하는 경우 육아휴직 기간 중에 이직하거나 고용노동부령으로 정하는 기준에 해당하는 취업을 한 사실이 있는 경우에는 해당 신청서에 그 사실을 기재하여야 한다.
- 육아휴직 급여액은 대통령령으로 정한다.
- 육아휴직 급여의 신청 및 지급에 관하여 필요한 사항은 고용노동부령으로 정한다.

ⓛ 출산전후휴가 급여 등 : 고용노동부장관은 남녀고용평등과 일·가정 양립 지원에 관한 법률에 따라 피보험자가 근로기준법에 따른 출산전후휴가 또는 유산·사산휴가를 받은 경우와 남녀고용평등과 일·가정 양립 지원에 관한 법률에 따른 배우자 출산휴가를 받은 경우로서 다음의 요건을 모두 갖춘 경우에 출산전후휴가 급여 등을 지급한다.

- 휴가가 끝난 날 이전에 법에 따른 피보험 단위기간이 통산하여 180일 이상일 것
- 휴가를 시작한 날(근로자의 수 등이 대통령령으로 정하는 기준에 해당하는 기업이 아닌 경우는 휴가 시작 후 60일이 지난 날로 본다) 이후 1개월부터 휴가가 끝난 날 이후 12개월 이내에 신청할 것. 다만, 그 기간에 대통령령으로 정하는 사유로 출산전후휴가 급여 등을 신청할 수 없었던 자는 그 사유가 끝난 후 30일 이내에 신청하여야 한다.

⑤ 고용보험기금

ⓘ 고용노동부장관은 보험사업에 필요한 재원에 충당하기 위하여 고용보험기금을 설치한다.

기출문제

문 가족복지정책에 대한 설명으로 옳지 않은 것은?

▶ 2020. 7. 11. 인사혁신처

① 육아휴직제도는 만 8세 이하 또는 초등학교 2학년 이하의 자녀를 가진 근로자에게 1년 이내의 휴직을 허용하는 것이다.

② 출산전후휴가란 산모와 태아의 건강보호를 위해 임신 중인 근로자가 출산전후에 유급출산휴가를 사용하는 것을 말한다.

③ 양육수당은 어린이집을 이용할 경우 소득을 고려하여 '아이행복카드'를 통해 보육료를 차등 지원하는 제도이다.

④ 아이돌봄 서비스는 맞벌이 가정, 다문화가족 등 양육 부담 가정에 아이돌보미가 돌봄을 제공하는 서비스이다.

Tip ③ 어린이집이나 유치원을 다니지 않는 아동에게 지급하는 복지 수당으로, 아동에 대한 부모의 양육비용 부담 경감을 위해 시행되었다.

④ 아이돌봄 서비스 : 양육공백이 생겼을 때 아이돌보미가 돌봄을 제공하는 서비스이다. 양육공백이 발생하는 만 12세 이하 자녀가 있는 가정을 정부에서 지원하고, 양육공백이 발생하지 않는 가정은 전액 본인부담으로 이용할 수 있다.

정답 ③

        ○ 기금의 용도

- 고용안정 · 직업능력개발 사업에 필요한 경비
- 실업급여의 지급, 국민연금 보험료의 지원
- 국민연금 보험료의 지원
- 육아휴직 급여 및 출산전후휴가 급여 등의 지급
- 보험료의 반환
- 일시 차입금의 상환금과 이자
- 이 법과 보험료징수법에 따른 업무를 대행하거나 위탁받은 사에 대한 출연금
- 그 밖에 이 법의 시행을 위하여 필요한 경비로서 대통령령으로 정하는 경비와 법에 따른 사업의 수행에 딸린 경비

⑥ 심사 및 재심사청구

        ㉠ 피보험자격의 취득 · 상실에 대한 확인, 법에 따른 실업급여 및 육아휴직 급여와 출산전후휴가 급여 등에 관한 처분에 이의가 있는 자는 심사관에게 심사를 청구할 수 있고, 그 결정에 이의가 있는 자는 심사위원회에 재심사를 청구할 수 있다.

        ㉡ ㉠에 따른 심사의 청구는 같은 항의 확인 또는 처분이 있음을 안 날부터 90일 이내에, 재심사의 청구는 심사청구에 대한 결정이 있음을 안 날부터 90일 이내에 각각 제기하여야 한다.

        ㉢ ㉠에 따른 심사 및 재심사의 청구는 시효중단에 관하여 재판장의 청구로 본다.

section 5 산업재해보상보험제도

(1) 산재보험의 개념

① 정의 … 산재보험은 산업재해보상보험의 줄임말로, 근로자가 업무상 사고, 질병, 사망 등을 당했을 때 그것을 치료하고 본인과 부양가족의 생계를 보장하기 위하여 현금급여, 의료보호 및 재활서비스를 제공하는 제도를 말한다.

② 목적

        ㉠ 소득상실에 대한 실질적 보호

        ㉡ 급여와 서비스의 효과적인 전달체계

        ㉢ 충분한 의료보호와 서비스

        ㉣ 직업적 상해와 질병에 대한 노동자의 광범위한 적용

        ㉤ 안전의 장려

(2) 산재보험의 발달과정

① 1953년 우리나라 최초로 제정된 근로기준법 제8장에는 재해보상에 대한 사항을 규정하였으며, 산업재해에 대한 사용주의 개별책임주의를 채택하였다.

② 1963년 제정된 산업재해보상보험법은 근로기준법상에 명시된 산업재해에 대한 사용주의 책임을 강제보험화하는 목적에서 제정되었다.

기출문제

> **Point** **산업재해보상보험법**(1963. 11)
> ㉠ 성격
>   • 근로기준법의 사용자 재해보상의무의 이행을 효과적으로 담보하는 형식
>   • 근로관계를 전제로 한 사회보험으로서의 노동법적 성격
>   • 사용자보상책임 담보수준을 넘어서 피보험자와 그 가족의 생활보장적 기능을 강화시키려는 이면적 성격
> ㉡ 사회보장적 특징
>   • 사용자의 무과실책임
>   • 보상급여는 손해에 대한 전보가 아닌 법에 의한 정형화 및 정액화
>   • 사용자가 비용 전액부담
>   • 사용자가 가입자가 되며 국가기관에서 관장
>   • 신속한 법적 분쟁해결을 위한 특별심사기구 설치

③ 1964년 집단적 사용자 공동책임의 근대적 산업재해보상보험제도가 시작되었다.

④ 1973년 산업재활원을 설립하였다.

⑤ 1976년 근로복지공사를 설립하여 직업병 치료 및 재활사업을 실시하였다.

(3) 산재보험의 특징

① 산재보험제도에 관한 구체적인 사회입법은 근로기준법과 산업재해보상보험법이며, 강제노동재해보험유형에 속한다.

② 보험관계는 정부는 보험자, 사업주는 보험가입자, 근로자는 보험계약자로서 근로자는 피보험자의 개념이 성립되지 않으며, 사용자의 무과실책임 원칙이 적용된다.

③ 주로 제조업체에 해당되며, 근로복지가 잘 발전된 국가일수록 산재보험제도를 무시한다.

④ 사용자의 무과실책임 원칙하에 근로자를 보호하므로 비용은 전액 사업주가 부담하며, 사용주의 고의 및 과실의 경우가 발생하면 별도의 손해배상청구를 할 수 있도록 제도화하였다.

⑤ 자진신고, 자진납부의 원칙이 적용되며, 개별노동자 단위가 아닌 사업장 단위로 산재보험관리가 운영된다.

(4) 산재보험의 대상

① **적용범위** … 근로자를 사용하는 모든 사업 또는 사업장

② **법의 적용 제외 사업**

  ㉠ 공무원재해보상법 또는 군인연금법에 따라 재해보상이 되는 사업

  ㉡ 선원법, 어선원 및 어선 재해보상보험법 또는 사립학교교직원 연금법에 따라 재해보상이 되는 사업

  ㉢ 가구 내 고용활동

  ㉣ 농업, 임업(벌목업은 제외한다), 어업 및 수렵업 중 법인이 아닌 자의 사업으로서 상시근로자 수가 5명 미만인 사업

(5) 보험급여의 종류

① **요양급여** … 요양급여는 근로자가 업무상의 사유로 부상을 당하거나 질병에 걸린 경우에 그 근로자에게 지급한다.

  ㉠ 진찰 및 검사

  ㉡ 약제 또는 진료재료와 의지 그 밖의 보조기의 지급

  ㉢ 처치, 수술, 그 밖의 치료

  ㉣ 재활치료

  ㉤ 입원

  ㉥ 간호 및 간병

  ㉦ 이송

  ㉧ 그 밖에 고용노동부령으로 정하는 사항

② **휴업급여**

  ㉠ **휴업급여** : 휴업급여는 업무상 사유로 부상을 당하거나 질병에 걸린 근로자에게 요양으로 취업하지 못한 기간에 대하여 지급하되, 1일당 지급액은 평균임금의 100분의 70에 상당하는 금액으로 한다. 다만, 취업하지 못한 기간이 3일 이내이면 지급하지 아니한다.

  ㉡ **부분휴업급여** : 요양 또는 재요양을 받고 있는 근로자가 그 요양기간 중 일정기간 또는 단시간 취업을 하는 경우에는 그 취업한 날 또는 취업한 시간에 해당하는 그 근로자의 평균임금에서 그 취업한 날 또는 취업한 시간에 대한 임금을 뺀 금액의 100분의 90에 상당하는 금액을 지급할 수 있다. 다만, 법에 따라 최저임금액을 1일당 휴업급여 지급액으로 하는 경우에는 최저임금액에서 취업한 날 또는 취업한 시간에 대한 임금을 뺀 금액을 지급할 수 있다.

ⓒ **저소득 근로자의 휴업급여** : 법에 따라 산정한 1일당 휴업급여 지급액이 최저 보상기준 금액의 100분의 80보다 적거나 같으면 그 근로자에 대하여는 평균임금의 100분의 90에 상당하는 금액을 1일당 휴업급여 지급액으로 한다. 다만, 그 근로자의 평균임금의 100분의 90에 상당하는 금액이 최저 보상기준 금액의 100분의 80보다 많은 경우에는 최저 보상기준 금액의 100분의 80에 상당하는 금액을 1일당 휴업급여 지급액으로 한다.

ⓓ **고령자의 휴업급여** : 휴업급여를 받는 근로자가 61세가 되면 그 이후의 휴업급여는 기준에 따라 산정한 금액을 지급한다. 다만, 61세 이후에 취업 중인 자가 업무상의 재해로 요양하거나 61세 전에 법에 따른 업무상 질병으로 장해급여를 받은 자가 61세 이후에 그 업무상 질병으로 최초로 요양하는 경우 대통령령으로 정하는 기간에는 기준을 적용하지 아니한다.

ⓔ **재요양 기간 중의 휴업급여** : 재요양을 받는 사람에 대하여는 재요양 당시의 임금을 기준으로 산정한 평균임금의 100분의 70에 상당하는 금액을 1일당 휴업급여 지급액으로 한다. 이 경우 평균임금 산정사유 발생일은 대통령령으로 정한다.

③ **장해급여** … 장해급여는 근로자가 업무상의 사유로 부상을 당하거나 질병에 걸려 치유된 후 신체 등에 장해가 있는 경우에 그 근로자에게 지급한다. 장해급여는 장해등급에 따라 장해보상연금 또는 장해보상일시금으로 하되, 그 장해등급의 기준은 대통령령으로 정한다.

Point 팁 장해급여표

장해등급	장해보상연금	장해보상일시금
제1급	329일분	1,474일분
제2급	291일분	1,309일분
제3급	257일분	1,155일분
제4급	224일분	1,012일분
제5급	193일분	869일분
제6급	164일분	737일분
제7급	138일분	616일분
제8급		495일분
제9급		385일분
제10급		297일분
제11급		220일분
제12급		154일분
제13급		99일분
제14급		55일분

기출문제

④ **간병급여** … 간병급여는 요양급여를 받은 사람 중 치유 후 의학적으로 상시 또는 수시로 간병이 필요하여 실제로 간병을 받는 자에게 지급한다.

⑤ **유족급여** … 유족급여는 근로자가 업무상의 사유로 사망한 경우에 유족에게 지급한다. 유족급여는 기준에 따른 유족보상연금이나 유족보상일시금으로 하되, 유족보상일시금은 근로자가 사망할 당시 법에 따른 유족보상연금을 받을 수 있는 자격이 있는 사람이 없는 경우에 지급한다.

Point 팁 유족급여의 금액

유족급여의 종류	유족급여의 금액
유족보상연금	유족보상연금액은 다음의 기본금액과 가산금액을 합한 금액으로 한다. • 기본금액 : 급여기초연액(평균임금에 365를 곱하여 얻은 금액)의 100분의 47에 상당하는 금액 • 가산금액 : 유족보상연금수급권자 및 근로자가 사망할 당시 그 근로자와 생계를 같이 하고 있던 유족보상연금수급자격자 1인당 급여기초연액의 100분의 5에 상당하는 금액의 합산액. 다만, 그 합산금액이 급여기초연액의 100분의 20을 넘을 때에는 급여기초연액의 100분의 20에 상당하는 금액으로 한다.
유족보상일시금	평균임금의 1,300일분

⑥ **상병보상연금** … 요양급여를 받는 근로자가 요양을 시작한 지 2년이 지난 날 이후에 다음의 요건 모두에 해당하는 상태가 계속되면 휴업급여 대신 상병보상연금을 그 근로자에게 지급한다. 상병보상연금은 기준에 따른 중증요양상태등급에 따라 지급한다.

㉠ 그 부상이나 질병이 치유되지 아니한 상태일 것

㉡ 그 부상이나 질병에 따른 중증요양상태의 정도가 대통령령으로 정하는 중증요양상태등급 기준에 해당할 것

㉢ 요양으로 인하여 취업하지 못하였을 것

Point 팁 상병보상연금표

중증요양상태등급	상병보상연금
제1급	평균임금의 329일분
제2급	평균임금의 291일분
제3급	평균임금의 257일분

⑦ **장의비** … 장의비는 근로자가 업무상의 사유로 사망한 경우에 지급하되, 평균임금의 120일분에 상당하는 금액을 그 장제를 지낸 유족에게 지급한다. 다만, 장제를 지낼 유족이 없거나 그 밖에 부득이한 사유로 유족이 아닌 사람이 장제를 지낸 경우에는 평균임금의 120일분에 상당하는 금액의 범위에서 실제 드는 비용을 그 장제를 지낸 자에게 지급한다.

⑧ **직업재활급여**

    ㉠ 장해급여 또는 진폐보상연금을 받은 자나 장해급여를 받을 것이 명백한 사람으로서 대통령령으로 정하는 자 중 취업을 위하여 직업훈련이 필요한 자에 대하여 실시하는 직업훈련에 드는 비용 및 직업훈련수당

    ㉡ 업무상의 재해가 발생할 당시의 사업에 복귀한 장해급여자에 대하여 사업주가 고용을 유지하거나 직장적응훈련 또는 재활운동을 실시하는 경우에 각각 지급하는 직장복귀지원금, 직장적응훈련비 및 재활운동비

section 6   노인장기요양보험제도

(1) 노인장기요양보험의 개념

① **목적** … 고령이나 노인성 질병 등의 사유로 일상생활을 혼자서 수행하기 어려운 노인 등에게 제공하는 신체활동 또는 가사활동 지원 등의 장기요양급여에 관한 사항을 규정하여 노후의 건강증진 및 생활안정을 도모하고 그 가족의 부담을 덜어줌으로써 국민의 삶의 질을 향상하도록 함을 목적으로 한다.

② **정의**

    ㉠ **노인 등** : 65세 이상의 노인 또는 65세 미만의 자로서 치매·뇌혈관성질환 등 대통령령으로 정하는 노인성 질병을 가진 자를 말한다.

    ㉡ **장기요양급여** : 6개월 이상 동안 혼자서 일상생활을 수행하기 어렵다고 인정되는 자에게 신체활동·가사활동의 지원 또는 간병 등의 서비스나 이에 갈음하여 지급하는 현금 등을 말한다.

    ㉢ **장기요양사업** : 장기요양보험료, 국가 및 지방자치단체의 부담금 등을 재원으로 하여 노인 등에게 장기요양급여를 제공하는 사업을 말한다.

    ㉣ **장기요양기관** : 지정을 받은 기관으로서 장기요양급여를 제공하는 기관을 말한다.

    ㉤ **장기요양요원** : 장기요양기관에 소속되어 노인 등의 신체활동 또는 가사활동 지원 등의 업무를 수행하는 자를 말한다.

③ **장기요양급여 제공의 원칙**

    ㉠ 장기요양급여는 노인 등이 자신의 의사와 능력에 따라 최대한 자립적으로 일상생활을 수행할 수 있도록 제공하여야 한다.

    ㉡ 장기요양급여는 노인 등의 심신상태·생활환경과 노인 등 및 그 가족의 욕구·선택을 종합적으로 고려하여 필요한 범위 안에서 이를 적정하게 제공하여야 한다.

문 **현재 시행되고 있는 복지제도에 대한 설명으로 옳은 것은?**

▶ 2018. 5. 19. 사회복지직

① 국민기초생활보장제도는 수급권자 본인이 신청하지 않으면 수급권이 주어지지 않는다.

② 국민연금의 노령연금 수급연령은 90세까지이다.

③ 노인장기요양보험은 65세 미만이어도 요양등급을 받으면 혜택을 받을 수 있다.

④ 고용보험은 실업 사유와 상관없이 모든 실업자는 실업급여를 받을 수 있다.

Tip ① 수급권자와 그 친족, 그 밖의 관계인은 관할 시장·군수·구청장에게 수급권자에 대한 급여를 신청할 수 있다〈국민기초생활 보장법 제21조(급여의 신청) 제1항〉.

② 가입기간이 10년 이상인 가입자 또는 가입자였던 자에 대하여는 60세(특수직종근로자는 55세)가 된 때부터 그가 생존하는 동안 노령연금을 지급한다〈국민연금법 제61조(노령연금 수급권자) 제1항〉.

④ 고용보험법에 따르면 실업의 사유 등에 따라 실업급여를 받지 못할 수 있다.

정답 ③

기출문제

기출문제

문 우리나라 노인장기요양보험제도에 대한 설명으로 옳지 않은 것은?

▶ 2013. 8. 24. 제1회 지방직

① 장기요양급여는 노인 등의 심신상태나 건강 등이 악화되지 아니하도록 의료서비스와 연계하여 제공하여야 한다.
② 장기요양급여는 노인 등의 심신상태·생활환경과 노인 등 및 그 가족의 욕구·선택을 종합적으로 고려하여 적정하게 제공하여야 한다.
③ 장기요양급여는 일상생활 지원과 의료서비스가 제공되는 시설급여를 우선적으로 제공한다.
④ 장기요양기본계획은 5년 단위로 수립·시행하여야 한다.

Tip 장기요양급여는 노인 등이 가족과 함께 생활하면서 가정에서 장기요양을 받는 재가급여를 우선적으로 제공하여야 한다〈노인장기요양보험법 제3조 3항〉.

문 「노인장기요양보험법」상 장기요양급여에 포함되지 않는 것은?

▶ 2015. 3. 14. 사회복지직

① 방문요양
② 주·야간보호
③ 도시락배달
④ 방문목욕

Tip 「노인장기요양보험법」상 장기요양급여의 종류(제23조 참조)로는 재가급여(방문요양, 방문목욕, 방문간호, 주·야간 보호, 단기보호, 기타재가급여), 시설급여, 특별현금급여(가족요양비, 특례요양비, 요양병원간병비)가 있다.

정답 ③, ③

© 장기요양급여는 노인 등이 가족과 함께 생활하면서 가정에서 장기요양을 받는 재가급여를 우선적으로 제공하여야 한다.
② 장기요양급여는 노인 등의 심신상태나 건강 등이 악화되지 아니하도록 의료서비스와 연계하여 이를 제공하여야 한다.

Point 팁 **노인성 질병의 종류**〈「노인장기요양보험법 시행령」 별표1〉
㉠ 알츠하이머병에서의 치매
㉡ 혈관성 치매
㉢ 달리 분류된 기타 질환에서의 치매
㉣ 상세불명의 치매
㉤ 알츠하이머병
㉥ 지주막하출혈
㉦ 뇌내출혈
㉧ 기타 비외상성 두개내출혈
㉨ 뇌경색증
㉩ 출혈 또는 경색증으로 명시되지 않은 뇌졸중
㉠ 뇌경색증을 유발하지 않은 뇌전동맥의 폐쇄 및 협착
㉤ 뇌경색증을 유발하지 않은 대뇌동맥의 폐쇄 및 협착
㉣ 기타 뇌혈관질환
㉭ 달리 분류된 질환에서의 뇌혈관장애
ⓐ 뇌혈관질환의 후유증
ⓑ 파킨슨병
ⓒ 이차성 파킨슨증
ⓓ 달리 분류된 질환에서의 파킨슨증
ⓔ 기저핵의 기타 퇴행성 질환
ⓕ 중풍후유증
ⓖ 진전(震顫)

(2) 장기요양보험

① 장기요양보험
㉠ 장기요양보험사업은 보건복지부장관이 관장한다.
㉡ 장기요양보험사업의 보험자는 공단으로 한다.
㉢ 장기요양보험의 가입자는 국민건강보험법에 따른 가입자로 한다.
㉣ 공단은 외국인근로자의 고용 등에 관한 법률에 따른 외국인근로자 등 대통령령으로 정하는 외국인이 신청하는 경우 보건복지부령으로 정하는 바에 따라 장기요양보험가입자에서 제외할 수 있다.

② 장기요양보험료의 징수
㉠ 공단은 장기요양사업에 사용되는 비용에 충당하기 위하여 장기요양보험료를 징수한다.

ⓒ 장기요양보험료는 국민건강보험법에 따른 보험료와 통합하여 징수한다. 이 경우 공단은 장기요양보험료와 건강보험료를 구분하여 고지하여야 한다.

ⓒ 공단은 통합 징수한 장기요양보험료와 건강보험료를 각각의 독립회계로 관리하여야 한다.

(3) 장기요양급여

① 종류

㉠ 재가급여

- 방문요양 : 장기요양요원이 수급자의 가정 등을 방문하여 신체활동 및 가사활동 등을 지원하는 장기요양급여
- 방문목욕 : 장기요양요원이 목욕설비를 갖춘 장비를 이용하여 수급자의 가정 등을 방문하여 목욕을 제공하는 장기요양급여
- 방문간호 : 장기요양요원인 간호사 등이 의사, 한의사 또는 치과의사의 지시서에 따라 수급자의 가정 등을 방문하여 간호, 진료의 보조, 요양에 관한 상담 또는 구강위생 등을 제공하는 장기요양급여
- 주 · 야간보호 : 수급자를 하루 중 일정한 시간 동안 장기요양기관에 보호하여 신체활동 지원 및 심신기능의 유지 · 향상을 위한 교육 · 훈련 등을 제공하는 장기요양급여
- 단기보호 : 수급자를 보건복지부령으로 정하는 범위 안에서 일정 기간 동안 장기요양기관에 보호하여 신체활동 지원 및 심신기능의 유지 · 향상을 위한 교육 · 훈련 등을 제공하는 장기요양급여
- 기타재가급여 : 수급자의 일상생활 · 신체활동 지원 및 인지기능의 유지 · 향상에 필요한 용구를 제공하거나 가정을 방문하여 재활에 관한 지원 등을 제공하는 장기요양급여로서 대통령령으로 정하는 것

㉡ 시설급여 : 장기요양기관이 운영하는 노인복지법에 따른 노인의료복지시설 등에 장기간 동안 입소하여 신체활동 지원 및 심신기능의 유지 · 향상을 위한 교육 · 훈련 등을 제공하는 장기요양급여

㉢ 특별현금급여

- 가족요양비(가족장기요양급여) : 공단은 다음에 해당하는 수급자가 가족 등으로부터 방문요양에 상당한 장기요양급여를 받은 때 대통령령으로 정하는 기준에 따라 해당 수급자에게 가족요양비를 지급할 수 있다.
- 도서 · 벽지 등 장기요양기관이 현저히 부족한 지역으로서 보건복지부장관이 정하여 고시하는 지역에 거주하는 자
- 천재지변이나 그 밖에 이와 유사한 사유로 인하여 장기요양기관이 제공하는 장기요양급여를 이용하기가 어렵다고 보건복지부장관이 인정하는 자

💬 일상생활을 혼자서 수행하기 어려운 노인과 관련한 사례를 접한 A 사회복지사가 현행 노인장기요양보험제도의 급여와 관련하여 처리해야 할 사안 중 옳은 것은?

▶ 2019. 4. 6. 인사혁신처

① 연령이 65세 이상 또는 65세 미만으로 치매 등 대통령령으로 정하는 노인성 질병여부를 확인한다.

② 재가노인요양보호가 집에서 24시간 재가급여를 제공하기 때문에 시설급여를 제공하는 장기요양기관보다 주간보호센터 등 재가급여 기관을 우선 조사한다.

③ 도서 · 벽지 등 장기요양기관이 현저하게 부족한 지역은 보건복지부장관이 정하여 고시하는 경우 특별현금급여가 가능하므로 노인의 거주지를 파악한다.

④ 장기요양보험사업의 보험자는 국민건강보험공단이므로 관련 문의사항은 국민건강보험공단에 확인한다.

Tip 현행 노인장기요양보험제도에서 24시간 재가급여를 제공하는 재가노인요양보호는 규정되어 있지 않다. 또한 주간보호센터는 노인에 대한 주간보호를 제공하는 재가급여 기관이다.

정답 ②

177

문 **노인장기요양보험제도에 대한 설명으로 옳은 것만을 모두 고르면?**
▶ 2020. 7. 11. 인사혁신처

㉠ 장기요양급여 운영, 장기요양제도의 특성을 살릴 수 있도록 「국민건강보험법」과는 별도로 「노인장기요양보험법」을 제정하였다.

㉡ 관리운영기관은 「국민건강보험법」에 의하여 설립된 국민건강보험공단이다.

㉢ 수급대상자는 65세 이상의 노인 또는 65세 미만 자로 노인성질병이 없는 장애인이다.

㉣ 「노인장기요양보험법」상 서비스는 소득에 비례해서 차등되게 제공된다.

㉤ 장기요양기관을 통해 신체활동 또는 가사지원 등의 서비스를 제공한다.

① ㉠, ㉡, ㉤

② ㉠, ㉢, ㉣

③ ㉡, ㉢, ㉣

④ ㉡, ㉣, ㉤

Tip ㉢ 노인요양장기보험제도에서 노인은 65세 이상의 노인 또는 65세 미만의 자로서 치매·뇌혈관성질환 등 대통령령으로 정하는 노인성 질병을 가진 자를 말한다.

㉣ 장기요양급여는 노인 등의 심신상태·생활환경과 노인 등 및 그 가족의 욕구·선택을 종합적으로 고려하여 필요한 범위 안에서 이를 적정하게 제공하여야 한다.

정답 ①

－신체·정신 또는 성격 등 대통령령으로 정하는 사유로 인하여 가족 등으로부터 장기요양을 받아야 하는 자

• 특례요양비(특례장기요양급여) : 공단은 수급자가 장기요양기관이 아닌 노인요양시설 등의 기관 또는 시설에서 재가급여 또는 시설급여에 상당한 장기요양급여를 받은 경우 대통령령으로 정하는 기준에 따라 해당 장기요양급여비용의 일부를 해당 수급자에게 특례요양비로 지급할 수 있다.

• 요양병원간병비(요양병원장기요양급여) : 공단은 수급자가 의료법에 따른 요양병원에 입원한 때 대통령령으로 정하는 기준에 따라 장기요양에 사용되는 비용의 일부를 요양병원간병비로 지급할 수 있다.

② 장기요양급여의 제공

㉠ 시기 : 수급자는 장기요양인정서와 같은 표준장기요양 이용계약서가 도달한 날부터 장기요양급여를 받을 수 있다. 수급자는 돌볼 가족이 없는 경우 등 대통령령으로 정하는 사유가 있는 경우 신청서를 제출한 날부터 장기요양인정서가 도달되는 날까지의 기간 중에도 장기요양급여를 받을 수 있다.

㉡ 월 한도액 : 장기요양급여는 월 한도액 범위 안에서 제공한다. 이 경우 월 한도액은 장기요양등급 및 장기요양급여의 종류 등을 고려하여 산정한다.

1 연금보험은 강제가입원칙을 채택하고 있다. 다음 중 강제가입원칙을 채택하는 이유로 볼 수 없는 것은?

① 임의가입에 따른 역선택을 방지하기 위해서
② 규모의 경제를 통해 보험료의 저액화를 도모하기 위해서
③ 규모의 경제를 통해 관리운영비를 절감하기 위해서
④ 시장경제의 효율성을 위해서

2 다음 중 사회보험의 특성에 해당하지 않는 것은?

① 강제성　　　　　　　　　　② 사회성
③ 선별성　　　　　　　　　　④ 보험성

3 우리나라의 연금제도에 대한 설명이다. 옳은 것을 모두 고르면?

> ㉠ 공무원연금제도에 관한 정책결정은 인사혁신처에서, 집행은 공무원연금공단에서 실시한다.
> ㉡ 사립학교교직원 연금제도는 임시로 임명된 자, 보수를 받지 않는 자 등도 적용대상으로 본다.
> ㉢ 군인연금제도의 급여로는 퇴역연금, 상이연금, 유족일시금, 사망조위금, 재해부조금 등이 있다.
> ㉣ 국민연금제도에 따르면 소득이 있는 업무에 종사하고 있는 자는 연금을 수령할 수 없다.

① ㉠㉡　　　　　　　　　　② ㉠㉢
③ ㉡㉣　　　　　　　　　　④ ㉢㉣

4   사회보험의 특징에 관한 설명으로 옳지 않은 것은?

① 사회적 위험으로부터 사람들을 보호하기 위해 강제적 가입방식으로 운용된다.

② 모든 가입자에게 최저한의 소득을 보장해 주는 제도이다.

③ 수급권은 권리로서 보장받는다.

④ 기여정도와 비례하여 급여를 받는다.

5   다음 중 사회보험의 성격으로 적합한 것은?

① 실제 필요에 의한 급여를 준다.

② 최저생활수준만을 책임진다.

③ 임의로 탈퇴할 수 있다.

④ 궁극적으로 모든 국민에게 적용하는 것을 목표로 한다.

6   다음 중 사회보험의 원칙이 아닌 것은?

① 강제적용의 원칙   ② 기여를 전제로 한 급여

③ 사회적 적절성에 대한 강조   ④ 자산조사를 반영한 급여

7   다음 중 사회보험과 사보험의 특징을 비교한 설명으로 옳지 않은 것은?

① 사회보험은 강제적으로 가입이 이루어지나 사보험은 임의적으로 가입이 이루어진다.

② 사회보험은 요구·능력에 의해 보호수준을 결정하나 사보험은 최저수준을 보호한다.

③ 사회보험은 사회적 적합성의 원리에 기초하나 사보험은 개인적 공평성의 원리에 기초한다.

④ 사회보험은 소득수준에 따라 보험료를 차등부과하나 사보험은 위험정도·급여수준에 따라 보험료를 부과한다.

8 다음 중 사회보험의 제도적 한계라고 볼 수 있는 것은?

① 임의가입이 문제가 된다.
② 수지상등의 원칙의 적용으로 급여의 내용이 제한적이다.
③ 보험사고를 비롯한 가입자의 생활 전체를 보장한다.
④ 보험료 수준에 따라서 차등 급여될 수밖에 없다.

9 국민건강보험의 요양급여비용을 심사하고 요양급여의 적정성을 평가하기 위하여 설립된 기관은?

① 급여심사원   ② 진료심사평가원
③ 보건사회연구원   ④ 건강보험심사평가원

10 우리나라의 사회보험제도의 급여에 대한 설명으로 옳지 않은 것은?

① 노인장기요양보험제도 중 재가급여는 방문목욕이나 간호 같은 형태로 급여를 제공하는 것이다.
② 노인장기요양보험제도는 가족요양비, 특례요양비, 요양병원간병비 등의 특별현금급여를 지급한다.
③ 국민건강보험은 피보험자에게 현금을 지급하는 현금급여를 원칙으로 한다.
④ 국민건강보험의 급여에는 요양급여, 요양비, 분만급여, 장제비 등이 있다.

11 다음 중 사회보험의 능력주의적 특성으로 옳은 것은?

① 소득재분배 기능을 엄격히 적용한다.
② 공공부조의 대상자에게만 급여한다.
③ 최저생활수준의 급여를 행한다.
④ 소득에 비례하여 급여한다.

12 다음 중 실업보험의 1차적 목적에 속하지 않는 것은?

① 고용안정을 위한 고용주에 대한 자극
② 재취업할 수 있는 시간의 제공
③ 비자발적 실업기간에 있어서 현금급부 제공
④ 근로자의 생활수준의 유지

13 국민연금제도에 대한 설명으로 옳은 것은?

① 1973년에 국민연금법이 제정되어 1974년부터 실시되었다.
② 정책기획은 보건복지부에서, 집행은 국민연금공단에서 한다.
③ 국내거주의 20세 이상 60세 미만의 모든 국민이 그 적용대상이다.
④ 국고부담으로 운영된다.

14 우리나라의 국민연금에 관한 설명 중 옳은 것은?

① 65세 이상자가 받는다.
② 노령연금을 받기 위해서는 10년 이상의 가입기간이 필요하다.
③ 국민연금사업은 행정안전부장관이 맡아 주관한다.
④ 모든 국민에게 강제되어 있다.

15 국민연금의 급여와 그 내용이 잘못 연결된 것은?

① 기본연금의 균등부분 - 소득재분배 기능
② 기본연금의 소득비례부분 - 보험료 부담액과 정비례
③ 장애연금 - 2등급까지 연금 지급
④ 유족연금 - 노령연금수급자 사망시 지급

16 연금보험제도는 경제적 비보장에 대응하는 대책 중 하나라고 볼 수 있다. 다음 중 연금보험제도의 필요성에 해당하지 않는 것은?

① 경제성장의 재원 마련
② 근로자의 근시안적 사고 또는 미래통찰력의 결여
③ 소득재분배
④ 불확실성에 대한 보험

17 사회보험의 성립조건이 아닌 것은?

① 사고가 어떤 일정의 비율로 누군가에게 발생한다는 것을 통계의 축적으로부터 경험적으로 인지되어야 한다.
② 보험기금으로부터의 수지가 균등해야 한다.
③ 사회보험계획은 정부가 관리하거나 감독해야 한다.
④ 비용은 1차적으로 정부에 조세비용에 의해 이루어진다.

18 국민연금제도는 사회적 적절성을 확보하는 다양한 방법들을 가지고 있다. 다음 중 사회적 적절성 확보를 위한 방법이 아닌 것은?

① 보험수리적 급여산식 도입
② 연금급여산식을 저소득층에게 유리한 방향으로 구조화
③ 연금수급자의 피부양자를 고려하여 배우자급여나 어린 자녀에 대한 급여를 지급
④ 초기가입 노령세대에게 보다 유리한 혜택을 주는 것

19 실업보험제도의 기본특징으로 옳지 않은 것은?

① 노후 빈곤을 예방하는 예방적 개념이다.
② 수급자에 대한 직업소개소의 운영과 불가분의 관계에 있다.
③ 임금노동자가 실업중일 때 생활안정을 도모한다.
④ 일정기간 동안 거출이 수급의 최저요건이다.

20 다음 우리나라의 사회보험제도 중 현물급여를 중심으로 지급하는 제도는?

① 건강보험   ② 연금보험

③ 산업재해보상보험   ④ 고용보험

21 다음 중 사회보험의 수혜자격조건은?

① 개인의 요구   ② 사전의 노동이나 기여금에 의한 실적

③ 기관의 추천   ④ 자산조사

22 노인장기요양보험법상 장기요양급여에 포함되지 않는 것은?

① 단기보호   ② 방문요양

③ 도시락 배달   ④ 방문간호

23 통합 건강보험 실시목적과 다른 것은?

① 사회연대성의 원리 실현   ② 보험료부담의 형평성 제고

③ 재정의 안정적 확보와 효율적 운영   ④ 분립체제운영을 통한 분권화

24 다음 중 고용정책의 궁극적인 목표에 해당하는 것은?

① 경제성장대책   ② 경제개발

③ 경기대책   ④ 완전고용

25 고용보험과 관련된 다음 설명 중 옳지 않은 것은?

① 계절적 또는 일시적 사업에 고용된 근로자도 고용보험에 적용된다.

② 고용보험의 가입자는 원칙적으로 사업의 사업주와 근로자이다.

③ 1개월 간 소정근로시간이 60시간 미만이어도 고용보험에 가입해야 한다.

④ 별정우체국법에 따른 별정우체국 직원은 고용보험이 적용되지 않는다.

26 고용보험과 관련하여 고용안정·직업능력개발사업, 실업급여 지급 등을 담당하는 기관은?

① 고용노동부
② 보건복지부
③ 고용지원센터
④ 근로복지공단

27 고용보험에서 구직급여의 수준에 직접적으로 영향을 미치는 요소는?

① 가입기간
② 근무기간
③ 연령
④ 평균임금

28 다음 중 취업촉진수당의 프로그램에 속하지 않는 것은?

① 조기재취업 수당
② 실업수당
③ 직업능력개발 수당
④ 광역 구직활동비

29 노인장기요양보험에 대한 설명으로 옳은 것을 모두 고른 것은?

> ㉠ 장기요양보험사업은 보건복지부장관이 관장한다.
> ㉡ 제도의 관리운영기관은 국민건강보험공단이다.
> ㉢ 65세 이상 노인 중 일정소득 이하의 노인에게 요양급여를 제공한다.
> ㉣ 대상자에게 제공되는 장기요양급여는 재가급여, 시설급여, 세제혜택급여로 구분된다.

① ㉠㉡   ② ㉠㉡㉢
③ ㉡㉣   ④ ㉠㉡㉣

30 산재보험에 대한 설명 중 옳지 않은 것은?

① 사회보험 중에서 가장 먼저 발달한 제도이다.
② 보험료는 사업주와 근로자가 각각 반씩 부담한다.
③ 사용자에게 무과실 책임원칙을 부과한다.
④ 국가는 사업주가 의무적으로 보험에 가입하도록 하고 있다.

31 다음 산업재해보상보험에 대한 설명 중 옳지 않은 것은?

① 근로자가 업무와 관련하여 사고를 당했다면 사용자는 과실이 없어도 산재처리를 해야 한다.
② 신체적 장해를 입은 근로자는 장해급여와 별도로 정신적 피해에 대한 보상을 근로복지공단에 청구할 수 없다.
③ 산재사고로 사망한 근로자의 유족은 유족급여와 별도로 사용주를 대상으로 민사소송을 제기할 수 있다.
④ 산재를 당한 근로자가 2년이 지나도 완치되지 않고 폐질등급 기준에 해당하면 상병보상연금을 받을 수 있다.

32 다음 중 노인장기요양보험법상 재가급여에 해당하지 않는 것은?

① 방문요양   ② 가족요양비
③ 주·야간보호   ④ 단기보호

33 다음 중 산업재해보상보험법에서 업무상 재해로 인정하지 않는 것은?

① 근로자가 근로계약에 따른 업무나 그에 따르는 행위를 하던 중 발생한 사고

② 휴게시간 중 사업주의 지배관리하에 있다고 볼 수 있는 행위로 발생한 사고

③ 사업주의 지시 없이 참여한 외부 주관 행사 중에 발생한 사고

④ 통상적인 경로와 방법으로 출퇴근하는 중 발생한 사고

34 다음 중 노인장기요양보험법상의 정의로 옳은 것은?

① 노인 등 – 55세 이상의 노인 또는 55세 미만의 자로서 치매 · 뇌혈관성 질환 등의 질병을 가진 자를 말한다.

② 장기요양급여 – 6개월 이상 동안 혼자서 일상생활을 수행하기 힘들다고 인정되는 자에게 지급되는 것으로 현금급여로만 지급된다.

③ 장기요양사업 – 장기요양보험료, 국가 및 지방자치단체의 부담금 등을 재원으로 하여 노인 등에게 장기요양 급여를 제공하는 사업을 말한다.

④ 장기요양기관 – 장기요양기관에 소속되어 노인 등의 신체활동 또는 가사활동 지원 등의 업무를 수행하는 자를 말한다.

35 국민연금가입자의 종별에 속하지 않는 것은?

① 임의계속가입자　　　　　　　② 직종가입자

③ 사업장가입자　　　　　　　　④ 지역가입자

36 다음 중 산업재해보상보험의 급여라고 보기 어려운 것은?

① 요양급여　　　　　　　　　　② 장해급여

③ 상병보상연금　　　　　　　　④ 실업급여

37 다음 중 산업재해보상보험법상 '휴업급여'에 대한 설명으로 옳지 않은 것은?

① 업무상 사유로 부상을 당하거나 질병에 걸린 근로자에게 요양으로 취업하지 못한 기간에 대해 지급한다.

② 요양기간 동안 일을 못하게 되면 1일 기준 평균임금 70% 상당의 금액을 보상받는다.

③ 취업하지 못한 기간이 3일 이내이면 지급하지 아니한다.

④ 근로자가 60세에 도달한 이후에는 노동력 등을 고려하여 휴업급여를 감액할 수 있다.

38 노인장기요양보험법상 노인성 질병에 해당하는 것을 모두 고른 것은?

ㄱ. 당뇨병	ㄴ. 지주막하출혈
ㄷ. 고지혈증	ㄹ. 동맥경화
ㅁ. 중풍후유증	ㅂ. 파킨슨병

① ㄱ, ㄴ, ㄹ ② ㄴ, ㄷ, ㅁ

③ ㄴ, ㅁ, ㅂ ④ ㄷ, ㄹ, ㅂ

39 다음 중 육아휴직 급여를 지급하는 경우가 아닌 것은?

① 육아휴직을 시작한 날 이후 1개월부터 육아휴직이 끝난 날 이후 12개월 이내에 신청이 있는 경우

② 같은 자녀에 대하여 피보험자인 배우자가 30일 이상의 육아휴직을 부여받은 경우

③ 신청 기간이 지났지만 대통령령으로 정한 사유가 끝난 후 30일이 경과하기 전에 신청이 있는 경우

④ 육아휴직을 시작한 날 이전에 법에 따른 피보험 단위기간이 통산하여 180일 이상인 경우

40 사회보장 권리구제에 대한 심사청구와 재심사청구를 규정하고 있는 법률을 모두 고른 것은?

㉠ 산업재해보상보호법	㉡ 국민건강보험법
㉢ 고용보험법	㉣ 국민연금법

① ㉠, ㉡ ② ㉠, ㉢

③ ㉠, ㉢, ㉣ ④ ㉡, ㉢, ㉣

정답및해설

1	④	2	③	3	②	4	④	5	④
6	④	7	②	8	②	9	④	10	③
11	④	12	①	13	②	14	②	15	③
16	①	17	④	18	①	19	①	20	①
21	②	22	③	23	④	24	④	25	③
26	③	27	④	28	③	29	①	30	③
31	②	32	②	33	③	34	③	35	②
36	④	37	④	38	③	39	②	40	③

1 ④ 사회보장제도는 소득재분배효과가 있어서 시장의 실패를 보완하는 역할을 한다. 따라서 시장경제의 효율성과는 관련없다.
　※ 강제가입원칙을 채택하는 이유
　　㉠ 임의가입에 따른 역선택을 방지할 수 있다.
　　㉡ 강제가입은 대규모의 가입자들을 포함함으로써 위험분산기능을 극대화시킬 수 있을 뿐만 아니라 규모의 경제를 통해 보험료의 저액화를 도모할 수 있다.
　　㉢ 강제가입은 규모의 경제를 통해 관리운영비를 절감함으로써 보다 많은 재원을 급여지출에 충당할 수 있다. 또한 신규모집비, 광고비 등의 부대비용을 최소화할 수 있다.

2 사회보험의 특성
　㉠ 사회성: 사회평등, 사회조화, 사회평화의 차원에서 생활의 위협에 대한 공동대처이다.
　㉡ 보험성: 공통된 위험에 대해 공동으로 부담한다.
　㉢ 강제성: 국가개입을 통해 불균형적 생활격차를 완화하고 분배의 공정을 기한다.
　㉣ 부양성: 자금의 능력에 따라 부담한다.

3 ㉡ 사립학교교직원 연금제도의 적용대상은 사립학교의 교원과 사무직원으로, 임시로 임명된 자, 보수를 받지 않는 자, 조건부 임명자는 제외한다.
　㉣ 국민연금법에 따르면 소득이 있는 업무에 종사하는 자 또한 연금을 수령할 수 있다(국민연금법 제63조의 2 참고).

4 ④ 사보험의 특징이다. 사회보험은 필요에 따른 균등한 급여를 받는다.
　※ 사회보험과 사보험의 특징

구분	사회보험	사보험(민간보험)
가입방법	강제적 가입	임의적 가입
보험료 부과방식	소득수준에 따른 차등부과	위험정도, 급여수준에 따른 부과
보험급여	필요에 따른 균등급여	보험료 수준에 따른 차등급여
보험료 징수방식	법률에 따른 강제징수	사적 계약에 따른 징수
원리	사회적 적절성(복지)	개인적 적절성(형평)
보호	최저수준의 소득보장	개인의 의사와 지불능력에 좌우

5 사회보험의 성격
  ㉠ 강제적용의 원칙
  ㉡ 소득의 최저수준 이상의 보장
  ㉢ 기여를 전제로 한 급여
  ㉣ 자산조사를 필요로 하지 않는 수준권리에 의한 급여
  ㉤ 추정된 필요에 따른 급여
  ㉥ 법에 의한 결정된 급여
  ㉦ 개인적 형평보다는 사회적 적절성을 강조
  ㉧ 적용대상의 포괄성

6 ④ 자산조사를 실시하여 급여의 내용을 결정하는 것은 공공부조이다. 사회보험은 자산조사에 따라 급부가 변하지 않는 법적으로 보장된 급여이다.

7 ② 사회보험은 최저수준을 보호하나 사보험은 요구와 능력에 의해 보호수준을 결정한다.

8 사회보험의 제도적 한계
  ㉠ 개개인의 생활 전체에 대한 보장없이 특정한 보험사고에 대해서만 단편적인 급여가 이루어진다.
  ㉡ 수지상등의 원칙의 적용으로 인해 급여내용에 있어서의 일정한 제한을 받게 된다.
  ㉢ 보험사고의 발생원인 자체를 예방할 수 없다.
  ㉣ 적용대상이 제한되어 있다.

9 국민건강보험법 제62조 … 요양급여비용을 심사하고 요양급여의 적정성을 평가하기 위하여 건강보험심사평가원을 설립한다.

10 ③ 우리나라 국민건강보험은 피보험자가 의료기관에서 제공받는 직접적 의료서비스를 제공하는 현물급여를 원칙으로 한다.

11 사회보험의 능력주의적 특성은 소득에 비례하여 보험료를 갹출하고 급여하는 것을 말한다.

12 ① 2차적 목적에 해당한다.
  ※ G. Rejda의 실업보험의 목적
    ㉠ 1차적 목적 : 비자발적 실업기간에 있어서 현금급부 제공, 근로자의 생활수준 유지, 재취업할 수 있는 시간의 제공, 실업자에 대한 구직 원조
    ㉡ 2차적 목적 : 경기대책의 효과, 사회비용의 할당에 대한 기여, 인력효율화의 개선, 고용안정을 위한 고용자에 대한 자극, 숙련노동력의 유지

13 ① 1973년에 국민복지연금법이 제정되었으나 계속적으로 미루어져 오다가 1986년 국민연금법으로 제정되어 1988년부터 시행되었다.
  ③ 국민연금의 대상은 기존의 여타 법률에 의해 이미 연금제도에 가입되어 있는 자를 제외한 18세 이상 60세 미만의 모든 국민이 해당된다.
  ④ 재원은 갹출금과 국고에서 내는 2자 방식을 택한다.

14 ② 국민연금법 제61조
    ① 국민연금 급여의 종류에 따라 55세~60세 이상자도 받을 수 있다.
    ③ 국민연금사업은 보건복지부장관이 맡아 주관한다(국민연금법 제2조).
    ④ 국내에 거주하는 18세 이상 60세 미만의 국민이 대상으로, 기존의 여타 법률에 의해 이미 연금제도에 가입되어 있는 자(공무원·군인·
       사립학교 교직원 연금의 해당자 등)를 제외한다.

15 ③ 장애연금은 장해등급 4급까지 지급한다.

16 ① 연금보험제도의 직접적인 필요성에 해당하지는 않는다. 다만, 적립방식의 연금보험제도의 경우 부수적인 효과로 발생하게 된다.

17 ④ 사회보험의 비용은 1차적으로 근로자와 사업주의 갹출에 의해 이루어진다.

18 ① 개별적 공평성을 확보하는 방법이다.

19 ① 연금제도에 대한 설명이다.

20 ① 건강보험급여의 핵심은 요양급여로서 직접적인 의료서비스를 제공받는 것이다.

21 사회보험의 수혜자격 조건은 사전의 노동이나 기여금에 의한 실적, 특수한 사고(사망, 실업, 상해 등)이다.

22 장기요양급여의 종류(노인장기요양법 제23조) … 재가급여(방문요양, 방문목욕, 방문간호, 주·야간보호, 단기보호, 기타재가급여), 시설급여,
    특별현금급여(가족요양비, 특례요양비, 요양병원간병비)

23 ④ 조합주의의 실시목적이다. 통합 건강보험은 단일보험자로 통합 운영한다.

24 ①②③④ 모두 목표가 될 수 있으나, ①②는 국민경제수준에서 고용정책을 장기적으로 볼 경우이고 ③은 단기적으로 볼 경우이다. 국민경
    제적 수준이나 개별사업, 노동공급의 3가지 측면에서 볼 때 고용정책의 궁극적인 목표는 완전고용에 있다.

25 고용보험 적용 제외 근로자(고용보험법 제10조)
    ㉠ 1개월 간 소정근로시간이 60시간 미만인 자(1주간의 소정근로시간이 15시간 미만인 자를 포함한다) 다만, 3개월 이상 계속하여 근로를
       제공하는 자와 법에 따른 일용근로자는 제외한다.
    ㉡ 국가공무원법과 지방공무원법에 따른 공무원. 다만, 대통령령으로 정하는 바에 따라 별정직공무원 및 법에 따른 임기제공무원의 경우는
       본인의 의사에 따라 고용보험에 가입할 수 있다.
    ㉢ 사립학교교직원 연금법의 적용을 받는 자
    ㉣ 그 밖에 대통령령으로 정하는 자(별정우체국 직원)

26 고용보험의 관장부처는 고용노동부이며, 주요업무는 근로복지공단(고용보험의 적용과 보험료 징수업무)과, 고용지원센터(피보험자의 관리,
    고용안정·직업능력개발사업, 실업급여 지급 등)로 이원화되어 있다.

27 구직급여의 산정 기초가 되는 임금일액(기초일액)은 수급자격의 인정과 관련된 마지막 이직 당시 근로기준법에 따라 산정된 평균임금으로 한다〈고용보험법 제45조 제1항〉.

28 ② 취업촉진수당으로는 조기재취업 수당, 직업능력개발 수당, 광역 구직활동비, 이주비가 있다.

29 ⓒ 노인장기요양보험에서 말하는 노인이란 65세 이상의 노인 또는 65세 미만의 자로서 치매·뇌혈관성 질환 등 대통령령으로 정하는 노인성 질병을 가진 자를 말한다.
ⓔ 대상자에게 제공되는 장기요양급여는 재가급여, 시설급여, 특별현금급여로 구분된다.

30 ② 비용은 원칙으로 사업주가 전액 부담하고 국가는 보험사업의 사무집행에 소요되는 비용을 부담한다.

31 ② 민사소송을 통해 피해보상청구를 할 수 있다.

32 ② 가족요양비는 특별현금급여에 해당된다.
※ 재가급여의 종류…방문요양, 방문목욕, 방문간호, 주·야간보호, 단기보호, 기타재가급여

33 업무상의 재해의 인정 기준〈산업재해보상보험법 제37조 제1항〉…근로자가 다음의 어느 하나에 해당하는 사유로 부상·질병 또는 장해가 발생하거나 사망하면 업무상의 재해로 본다. 다만, 업무와 재해 사이에 상당 인과관계가 없는 경우에는 그러하지 아니하다.
ⓐ 업무상 사고
• 근로자가 근로계약에 따른 업무나 그에 따르는 행위를 하던 중 발생한 사고
• 사업주가 제공한 시설물 등을 이용하던 중 그 시설물 등의 결함이나 관리소홀로 발생한 사고
• 사업주가 주관하거나 사업주의 지시에 따라 참여한 행사나 행사준비 중에 발생한 사고
• 휴게시간 중 사업주의 지배관리하에 있다고 볼 수 있는 행위로 발생한 사고
• 그 밖에 업무와 관련하여 발생한 사고
ⓑ 업무상 질병
• 업무수행 과정에서 물리적 인자, 화학물질, 분진, 병원체, 신체에 부담을 주는 업무 등 근로자의 건강에 장해를 일으킬 수 있는 요인을 취급하거나 그에 노출되어 발생한 질병
• 업무상 부상이 원인이 되어 발생한 질병
• 근로기준법에 따른 직장 내 괴롭힘, 고객의 폭언 등으로 인한 업무상 스트레스가 원인이 되어 발생한 질병
• 그 밖에 업무와 관련하여 발생한 질병
ⓒ 출퇴근 재해
• 사업주가 제공한 교통수단이나 그에 준하는 교통수단을 이용하는 등 사업주의 지배관리하에서 출퇴근하는 중 발생한 사고
• 그 밖에 통상적인 경로와 방법으로 출퇴근하는 중 발생한 사고

34 ① 노인 등이란 65세 이상의 노인 또는 65세 미만의 자로서 치매·뇌혈관성질환 등 대통령령으로 정하는 노인성 질병을 가진 자를 말한다〈노인장기요양보험법 제2조 제1호〉.
② 장기요양급여란 6개월 이상 동안 혼자서 일상생활을 수행하기 어렵다고 인정되는 자에게 신체활동·가사활동의 지원 또는 간병 등의 서비스나 이에 갈음하여 지급하는 현금 등을 말한다〈노인장기요양보험법 제2조 제2호〉.
④ 장기요양요원에 대한 설명이며, 장기요양기관은 지정을 받은 기관 또는 지정의제된 재가장기요양기관으로서 장기요양급여를 제공하는 기관을 말한다〈노인장기요양보험법 제2조 제4호〉.

35 ② 국민연금법 제7조에 의하면 가입자 종별을 사업장가입자, 지역가입자, 임의가입자 및 임의계속가입자로 나누고 있다.

36 ④ 실업급여는 고용보험의 급여이다.

37 ④ 근로자가 61세 이상에 도달한 이후에는 노동력 등을 고려하여 휴업급여를 감액하여 지급할 수 있다.

38 알츠하이머병에서의 치매, 혈관성 치매, 달리 분류된 기타 질환에서의 치매, 상세불명의 치매, 알츠하이머병, 지주막하출혈, 뇌내출혈, 기타 비외상성 두개내출혈, 뇌경색증, 출혈 또는 경색증으로 명시되지 않은 뇌졸중, 뇌경색증을 유발하지 않은 뇌전동맥의 폐쇄 및 협착, 뇌경색증을 유발하지 않은 대뇌동맥의 폐쇄 및 협착, 기타 뇌혈관질환, 달리 분류된 질환에서의 뇌혈관장애, 뇌혈관질환의 후유증, 파킨슨병, 이차성 파킨슨증, 달리 분류된 질환에서의 파킨슨증, 기저핵의 기타 퇴행성 질환, 중풍후유증, 진전(震顫)

39 ㉠ 고용노동부장관은 「남녀고용평등과 일·가정 양립 지원에 관한 법률」에 따른 육아휴직을 30일(「근로기준법」에 따른 출산전후휴가기간과 중복되는 기간은 제외)이상 부여받은 피보험자 중 다음의 요건을 모두 갖춘 피보험자에게 육아직 급여를 지급한다.
　　ⓐ 육아휴직을 시작한 날 이전에 피보험 단위기간이 통산하여 180일 이상일 것
　　ⓑ 같은 자녀에 대하여 피보험자인 배우자가 30일 이상의 육아휴직을 부여받지 아니하거나 「남녀고용평등과 일·가정 양립지원에 관한 법률」에 따른 육아기 근로시간 단축을 30일 이상 실시하지 아니하고 있을 것
　㉡ ㉠에 따른 육아직 급여를 지급받으려는 사람은 육아휴직을 시작한 날 이후 1개월부터 육아휴직이 끝난 날 이후 12개월 이내에 신청하여야 한다. 다만, 해당 기간에 대통령령으로 정하는 사유로 육아직 급여를 신청할 수 없었던 사람은 그 사유가 끝난 후 30일 이내에 신청하여야 한다.
　㉢ 피보험자가 제2항에 따라 육아직 급여 지급신청을 하는 경우 육아직 기간 중에 이직하거나 고용노동부령으로 정하는 기준에 해당하는 취업을 한 사실이 있는 경우에는 해당 신청서에 그 사실을 기재하여야 한다.
　㉣ ㉠에 따른 육아직 급여액은 대통령령으로 정한다.
　㉤ 육아직 급여의 신청 및 지급에 관하여 필요한 사항은 고용노동부령으로 정한다.

40 ㉠ 「산업재해보상보험법」 제6장 심사청구 및 재심사청구
　㉢ 「고용보험법」 제7장 심사 및 재심사청구
　㉣ 「국민연금법」 제7장 심사 및 재심사청구

03 공공부조

section 1 공공부조의 개요

(1) 공공부조(공적부조)의 개념

① 정의 … 공공부조는 생활이 곤궁하여 스스로 자립할 수 없는 사람들에게 국가의 자산으로 부조를 제공함으로써 생활곤궁자들을 빈곤에서 해방시키려는 국가의 사회보장정책의 하나이다.

> **Point 팁** 용어정의 … 국가마다 그 명칭 및 내용·범위·의미 등이 다르다.
> ㉠ 미국 : 공공부조(public assistance)
> ㉡ 영국 : 국민부조(national assistance)
> ㉢ 독일·프랑스 : 사회부조
> ㉣ 우리나라·일본 : 생활보호
> ㉤ 대만 : 사회구조

② 목적
  ㉠ 최저생활보장 : 공공부조제도는 생활이 곤란한 자의 최후의 안전망으로서 최저생활을 보장하는 데 1차적인 목적이 있다. 여기서 최저생활이란 헌법 제34조의 '인간다운 생활', 국민기초생활 보장법 제4조의 '건강하고 문화적인' 최저생활을 의미한다.
  ㉡ 자활조성(자립조장) : 공공부조제도는 단지 최저생활을 보장하는 것만이 아니라 궁극적으로 생활이 어려운 자의 자립을 조장하는 것을 목적으로 한다. 자활조성을 한다는 것은 공사의 보호를 받지 아니하고 자력으로 정상생활을 할 수 있게 원조하는 것을 의미한다.

③ 필요성
  ㉠ 공적인 최저생활보장의 경제부조제도이다.
  ㉡ 사회조직이나 제도의 변천과정에서 요구되는 필수불가결한 제도이다.
  ㉢ 현대산업사회의 경제불안에 대한 보완책으로 필요한 제도이다.
  ㉣ 사회권적 기본권으로서 기본권 존중사상에서 기인한 제도이다.
  ㉤ 인간의 공통욕구충족과 요보호대상자의 건전한 성장에 이바지할 수 있는 제도이다.

(2) 공공부조의 특징 및 기본원리

① 특징

  ⊙ 공공부조는 저소득자나 생활곤궁자 등의 요보호대상자만을 그 대상으로 한다.

  ⊙ 공공부조의 급부조건은 빈곤정도를 심사하기 위한 자산조사와 신청자의 개별적 욕구조사라 할 수 있다.

  ⊙ 재원은 국가의 조세에 의해 충당된다.

  ⊙ 운영은 국가나 지방자치단체에서 맡고 있다.

  ⊙ 물질적 급여의 제공 이외에 전문사회사업서비스도 제공한다.

  ⊙ 현재의 공공부조제도에서는 법적 요구조건만 충족되면 신청자의 권리를 보장해 준다.

[사회보험과 공공부조의 차이]

구분	사회보험	공공부조
적용조건	강제가입	신청
대상	주로 노동자와 그 가족	국민일반(생활곤란자)
비용	유상(본인 기여를 전제)	무상(공적비용)
급여수준	임금비례, 균일액	최저생활비
급여기간	대체로 유한	대체로 무한
급여개시	사고의 발생(자동적)	사실확인(자산조사)
수급자격	피보험자 본인 및 그 가족	자산조사를 받은 자
기능	예방적, 방빈적	구빈적, 사후치료적

② 기본원리

  ⊙ 생존권보장의 원리 : 모든 국민은 건강하고 문화적인 최저한도의 생활을 영위할 권리와 인간으로서의 생존권을 가진다.

  ⊙ 국가책임의 원리 : 공공부조의 재원은 국민의 세금에 의해서 충당되는 것이므로 궁극적인 책임은 국가에게 있다.

  ⊙ 최저생활보장의 원리 : 인간으로서의 문화적인 생활 및 의미있는 생활을 영위할 수 있는 상태를 보장해 주어야 한다.

  ⊙ 자립조성의 원리 : 피보호자의 잠재능력을 개발·육성하여 피보호자 스스로의 힘으로 사회생활에 적응할 수 있게 해야 한다.

  ⊙ 무차별평등의 원리 : 모든 국민은 법률이 정하는 요건을 만족하는 한 누구나 차별없이 평등하게 법률의 보호를 받을 수 있다는 원리이다.

  ⊙ 보충성의 원리 : 요보호대상자의 자산과 능력의 활용의무 및 사적부양 우선과 타법상의 부조우선, 긴급보호 등을 규정하고 있다.

기출문제

🖲 공공부조를 시행할 때 무엇보다 먼저 수급자가 갖고 있는 능력을 활용하고, 그 후에도 수급자가 최저생활을 유지할 수 없을 경우에 비로소 국가가 그 부족한 부분을 보충해 주는 것을 원칙으로 삼는 원리는?

▶ 2018. 6. 23. 제2회 서울특별시

① 최저생활보장의 원리
② 생존권 보장의 원리
③ 국가책임의 원리
④ 보충성의 원리

Tip ④ 보충성의 원리 : 국가에 의한 최저생활을 보장한다고 하더라도 어디까지나 보충의 차원에서 제공하는 것을 원칙으로 한다.

정답 ④

(3) 공공부조 실시상의 원칙

① **신청 및 직권급여의 원칙** … 급여의 개시를 신청권자의 신청에 의거하는 것을 신청급여주의라고 하며, 실시기관의 직권에 근거하는 것을 직권급여주의라고 한다. 현행 국민기초생활 보장법은 양자를 모두 채택하고 있다.

② **기준 및 정도의 원칙**

　㉠ 기준의 원칙 : 수요측정의 원칙이라고도 하며, 기초생활보장제도에 의하여 보장되는 최저한도의 생활은 보건복지부장관이 정한 기준에 의하여 각 급여대상자에 대하여 구체적으로 확정되어야 한다는 것이다.

　㉡ 정도의 원칙 : 급여의 정도를 급여기준에 의하여 측정된 급여대상자의 수요와 그 재력을 대비하고 급여대상자의 자력으로 충족할 수 없는 부족분을 보충하는 정도로 행한다는 것을 말한다. 정도의 원칙을 적용하기 위해서는 급여대상자의 자산 · 수입에 대하여 조사할 필요가 있는 바, 이를 자산조사라고 한다.

Point **자산조사의 장 · 단점**

　㉠ 장점

　　• 공금을 절약할 수 있다.

　　• 개인의 욕구를 자세히 파악할 수 있다.

　　• 특수한 결핍자원의 파악 · 충족 등 공공부조의 보완적 성격을 충족한다.

　㉡ 단점

　　• 클라이언트의 욕구를 결정하기가 어렵다.

　　• 행정비용(시간 · 비용 · 전문가의 채용)이 소모된다.

　　• 개인의 권리나 존엄성이 침해될 수 있다.

　　• 대상자에게 낙인감을 주어 조사에 기피할 우려가 있다.

③ **필요즉응의 원칙** … 생활급여대상자의 연령, 세대구성, 거주지역 기타 생활여건 등을 고려하여 실제의 필요에 상응하도록 유효 적절하게 행하여야 한다는 원칙을 의미한다.

④ **세대단위의 원칙** … 급여청구권의 권리주체는 생활빈곤자 개인이고 세대가 아니지만, 급여의 여부와 정도를 결정할 경우에는 세대를 단위로 하여 정하도록 하고 있다. 이것을 일반적으로 세대단위의 원칙이라고 한다.

⑤ **현금부조의 원칙** … 현금급부는 요보호대상자의 선택자유권이 보장되며, 명예가 보장되고 관리상의 간소화를 가져올 수 있기 때문에 가장 많이 이용되는 공공부조 급부방법이다.

⑥ **거택보호의 원칙** … 요보호자의 보호는 거주하는 거택에서 행하는 것을 원칙으로 하지만 주거가 없거나 거택보호가 불가능하다거나 보호의 목적달성에 부적당한 경우엔 구호시설이나 갱생시설 등의 보호시설에 수용 · 보호하거나 개인의 가정에 위탁하여 보호할 수 있다.

section 2 공공부조의 내용

(1) 수혜범위의 결정

① **보편성의 원칙** … 사회복지의 제도적 개념으로 수혜대상을 국민 전체로 보는 입장이다.

② **선별성의 원칙** … 사회복지의 보충적 개념으로 수혜대상을 선별된 특정인으로 보는 입장이다.

③ 공공부조는 선별성의 원칙에 의거하여 수혜대상을 특정의 저소득층으로 한정하는 방법이라 할 수 있다.

(2) 부조기준

① 의의

　㉠ 인간으로서의 최저생활을 보장할 수 있는 수준이다.

　㉡ 급부수준은 적정선 및 균등선, 형평성 등에 입각하여 결정하는 것이 이상적이지만 자격요건에 따라 상이하게 결정되어야 한다.

　　• 귀속적 욕구 : 균등선에 근접하도록 급부수준을 결정해야 한다.

　　• 보상 : 사회적 공헌도나 편견에 의한 희생을 보상할 정도로 충분하면서도 균등선이 유지되어야 한다.

　　• 진단적 구분 : 전문가의 진단에 의거하여 재활가능한 최저한도의 수준이 유지되어야 한다.

　　• 자산조사에 의한 욕구 : 최저한의 경제적 수요를 충족시킬 수 있는 빈곤선이 유지되어야 한다.

　㉢ 급부수준의 결정요인

　　• 수혜자 본인의 개별적 수요

　　• 일반인의 평균적 수요

　　• 수혜자의 갹출료

　　• 수혜자의 과거소득

　　• 국가의 사회 · 경제적 사정

② **급부내용** … 기본적인 생활필수품으로 현물급부와 현금급부가 함께 행해진다.

　㉠ **영국의 급부** : 식비, 의복비, 광열비, 주택임대료 등

　㉡ **미국의 급부** : 음식물, 의복비, 광열비(전기 · 가스 · 수도), 주거비, 개인잡비, 가정잡비 등

(3) 급부대상과 급부형태

① 급부대상
   ㉠ 소득이 기준 생활비 이하인 저소득세대
   ㉡ 질병·노령·신체 및 정신장애 등 생활보호가 필요한 자

② 급부형태
   ㉠ 기회: 목적 성취를 위해 이용되는 것을 유발시키거나 후원해 주는 일련의 상황을 말한다. 기회는 시민권이나 우선권을 내포하고 있다.
   ㉡ 서비스: 대상자에게 교육·상담·계획·치료·훈련 등과 같은 기능을 이행하는 것으로 이러한 서비스의 급여는 대상자에게 시장가치를 즉각적으로 이전할 수 없다.
   ㉢ 현물: 음식·의복·주택 등과 같이 구체적인 것을 말한다. 현물의 급부는 제한된 이전가치를 가지며 일반적으로 교환의 경로로 한정된다.

> **Point 팁** 현물급부의 장점
> ㉠ 집단생산에서 오는 생산의 광고비 절약으로 인한 비용절감
> ㉡ 소비자의 소비용도를 복지목적범위 내로 제한함으로써 복지목적 이외의 사용 가능성을 봉쇄
> ㉢ 대상자의 복지수요 충족성의 선택권을 제한

   ㉣ 크레디트(credit): 상품의 서비스를 위한 세금증서 및 유가증권 형태의 급부로, 현물이나 서비스보다 선택의 자유가 더 많이 주어진다.
   ㉤ 현금: 공공부조, 아동수당, 사회보험 기타 프로그램에서 사용되는 것으로 보편적 교환가치와 소비자 선택의 자유를 가장 많이 보장하는 급부형태이다.
   ㉥ 권한: 유동적 교환가치를 상품이나 자원통제에 대한 영향력의 재분배라 할 수 있다.

section 3 우리나라 공공부조제도

(1) 우리나라 공공부조제도의 역사

① 일제시대와 미군정시대 … 일제통치하인 1944년 3월 1일에 조선총독부에 의해 조선구호령이 제정·공포되었다. 일종의 과도기적 구호관계법령의 성격을 지닌 조선구호령은 미군정기와 대한민국 수립 후 생활보호법이 발효된 1962년 1월 1일 이전까지 유효하였던 우리나라의 유일한 공공부조 관계법령이었으며, 생활보호법의 모태가 되었다.

② 1950년대 … 이 시기의 구호사업은 집단적 수용구호방식이 특징적 양상이었으며, 구호의 재원은 유엔 구호계획에 의하여 우방국가들로부터 지원된 구호금품과 외국 민간원조단체의 자원봉사활동에 의해 모집된 기부금품이 주를 이루었다. 특히, 구호금품 중 '미 공법 480'에 의한 미국의 잉여농산물 원조는 당시 전재민 및 영세민 구호, 한해대책 등 구호행정에 커다란 역할을 담당하였다.

③ 1960 ~ 1970년대

　ⓐ 생활보호법 발효시기인 1962년 1월부터 의료보호법이 발효된 1978년 이전까지 약 15년간의 우리나라 빈곤대책은 구빈을 위한 직접사업보다는 국민경제의 전반적인 고도성장에 의하여 절대적인 빈곤을 상당수준 해소하는 방향으로 추진하였다.

　ⓑ 1977년 말에는 종전의 유명무실했던 의료보호사업을 생활보호법으로부터 분리 · 독립시켜 의료보호법을 새로이 제정 · 공포하여 1978년부터 생활보호대상자에 대한 의료보호가 본격적으로 실시되었다.

④ 1980년대

　ⓐ 1981년에는 빈곤대책의 일환으로 생활보호대상자에 대해 직업훈련사업이 실시되어 취업 · 자활할 수 있도록 지원하였다.

　ⓑ 1982년 2월에는 생활보호사업의 재평가와 아울러 적극적인 지원방안을 강구하기 위하여 영세민 종합대책을 수립 · 실시하였다.

　ⓒ 1984년부터 기존의 직권보호제도에서 신청보호제도가 도입 · 실시되었다.

　ⓓ 1987년부터 공공부조 전달체계의 체계화 및 전문화를 기한다는 관점에서 공공부조 업무담당을 위해 사회복지전문요원을 일선 읍 · 면 · 동사무소에 배치하기 시작하였다.

⑤ 1990년대 … 1997년에 이루어진 제2차 생활보호법 개정에서는 부양의무자의 범위 축소, 자활후견기관의 지정 및 자활제도를 신설하는 등 생활보호제도의 미비점을 개선 · 보완하였다.

⑥ 국민기초생활 보장법의 제정 … 1997년 말부터 시작된 대규모 경제위기는 국가가 제공하는 최후의 사회적 안전망으로서의 생활보호제도에 대한 근본적인 재검토를 요구하였다. 이와 관련하여 참여연대를 비롯한 28개 시민사회단체는 '국민기초생활 보장법 제정추진 연대회의'를 결성하여 생활보호법의 전면적인 개정을 요구하였다. 이에 정부는 1999년 하반기에 '국민기초생활 보장법'을 제정하여 2000년 10월 시행하게 되었다.

기출문제

문 국민기초생활보장제도에 대한 설명으로 옳지 않은 것은?

▶ 2020. 7. 11. 인사혁신처

① 소득인정액은 개별가구의 소득평가액과 재산의 소득환산액을 합한 금액이다.

② 부양의무자는 수급권자를 부양할 책임이 있는 사람으로서 수급권자의 1촌 직계혈족 및 그 배우자가 된다.

③ 기준 중위소득은 보건복지부장관이 고시하는 국민 가구소득의 중위값을 말한다.

④ 의료급여와 생계급여는 부양의무자 기준을 적용하지 않는다.

> **Tip** ④ 의료급여와 생계급여는 부양의무자 기준을 적용하여 그와 함께 소득인정액 기준은 다르게 적용된다.

문 「국민기초생활 보장법」에 대한 설명으로 가장 옳지 않은 것은?

▶ 2019. 6. 15. 제2회 서울특별시

① 이 법에 따른 급여는 건강하고 문화적인 최저생활을 유지할 수 있는 것이어야 한다.

② 부양의무자란 수급권자를 부양할 책임이 있는 사람으로서 수급권자의 1촌 직계혈족만을 말한다.

③ 생계급여 최저보장수준은 원칙적으로 생계급여와 소득인정액을 포함하여 생계급여 선정기준 이상이 되도록 하여야 한다.

④ 부양의무자 「병역법」에 따라 소집된 경우 부양을 받을 수 없는 것으로 본다.

> **Tip** ② "부양의무자"란 수급권자를 부양할 책임이 있는 사람으로서 수급권자의 1촌 직계혈족 및 그 배우자를 말한다. 다만, 사망한 2촌의 직계혈족의 배우자는 제외한다(「국민기초생활 보장법」 제2조) 제5호).

|정답 ④, ②

(2) 국민기초생활보장제도

① 성립배경

ㄱ 정부의 생산적 복지이념을 바탕으로 생활보호법을 대체하는 국민기초생활보장법이 1999년 9월 7일 제정되어 2000년 10월 1일부터 시행되었다.

ㄴ 이는 시혜적 단순보호차원의 생활보호제도로부터 저소득층에 대한 국가책임을 강화하는 종합적 빈곤대책으로의 전환을 의미한다.

ㄷ 수급권자의 권리성이 부각되었고 빈곤에 대한 사회적 책임을 강조했다.

ㄹ 보호를 필요로 하는 절대 빈곤층의 기초생활을 국가가 보장하고 종합적 자립·자활 서비스 제공으로 생산적 복지구현을 목표로 하고 있다.

> **Point 팁** 국민기초생활보장제도의 목적〈국민기초생활 보장법 제1조〉… 생활이 어려운 사람에게 필요한 급여를 실시하여 이들의 최저생활을 보장하고 자활을 돕는 것을 목적으로 한다.

② 수급권자의 범위 … 기존에는 가구의 소득이 최저생계비 이하의 경우에만 모든 급여를 지원해 왔지만 맞춤형 급여체계로 개편하여 급여별로 선정기준을 다르게 하였다. 즉, 부양의무자가 없거나 부양의무자가 있어도 부양능력이 없거나 또는 부양을 받을 수 없는 자로서, 소득인정액이 급여종류별 선정기준 이하인 자가 수급대상이다.

ㄱ 부양의무자 : 수급권자를 부양할 책임이 있는 사람으로서 수급권자의 1촌의 직계혈족 및 그 배우자를 말한다. 다만, 사망한 1촌의 직계혈족의 배우자는 제외한다.

ㄴ 소득인정액 : 보장기관이 급여의 결정 및 실시 등에 사용하기 위하여 산출한 개별가구의 소득평가액과 재산의 소득환산액을 합산한 금액을 말한다.

③ 급여의 기준 … 수급자의 연령, 가구 규모, 거주 지역, 그 밖의 생활여건 등을 고려하여 급여의 종류별로 보건복지부장관이 정하거나 급여를 지급하는 중앙행정기관의 장이 보건복지부장관과 협의하여 정한다.

④ 급여내용

ㄱ 생계급여 : 생계급여는 수급자에게 의복, 음식물 및 연료비와 그 밖에 일상생활에 기본적으로 필요한 금품을 지급하여 그 생계를 유지하게 하는 것으로 한다.

ㄴ 주거급여 : 주거급여는 수급자에게 주거 안정에 필요한 임차료, 유지·수선유지비, 그 밖에 수급품을 지급하는 것으로 한다. 주거급여에 관하여 필요한 사항은 따로 법률에서 정한다.

ⓒ 의료급여
- 의료급여는 수급자에게 건강한 생활을 유지하는 데 필요한 각종 검사 및 치료 등을 지급하는 것으로 한다.
- 의료급여 수급권자는 부양의무자가 없거나, 부양의무자가 있어도 부양능력이 없거나 부양을 받을 수 없는 사람으로서 그 소득인정액이 법에 따른 중앙생활보장위원회의 심의·의결을 거쳐 결정하는 금액 이하인 사람으로 한다. 이 경우 의료급여 선정기준은 기준 중위소득의 100분의 40 이상으로 한다.

ⓓ 교육급여
- 교육급여는 수급자에게 입학금, 수업료, 학용품비, 그 밖의 수급품을 지급하는 것으로 하되, 학교의 종류·범위 등에 관하여 필요한 사항은 대통령령으로 정한다.
- 교육급여는 교육부장관의 소관으로 하며 교육급여 수급권자는 부양의무자가 없거나, 부양의무자가 있어도 부양능력이 없거나 부양을 받을 수 없는 사람으로서 그 소득인정액이 법에 따른 중앙생활보장위원회의 심의·의결을 거쳐 결정하는 금액 이하인 사람으로 한다. 이 경우 교육급여 선정기준은 기준 중위소득의 100분의 50 이상으로 한다.

ⓜ 해산급여
- 해산급여는 수급자에게 조산(助産), 분만 전과 분만 후에 필요한 조치와 보호의 급여를 실시하는 것으로 한다.
- 해산급여는 보건복지부령으로 정하는 바에 따라 보장기관이 지정하는 의료기관에 위탁하여 실시할 수 있다.
- 해산급여에 필요한 수급품은 보건복지부령으로 정하는 바에 따라 수급자나 그 세대주 또는 세대주에 준하는 사람에게 지급한다. 다만, 위의 내용에 따라 그 급여를 의료기관에 위탁하는 경우에는 수급품을 그 의료기관에 지급할 수 있다.

ⓗ 장제급여
- 장제급여는 수급자가 사망한 경우 사체의 검안(檢案)·운반·화장 또는 매장, 그 밖의 장제조치를 하는 것으로 한다.
- 장제급여는 보건복지부령으로 정하는 바에 따라 실제로 장제를 실시하는 사람에게 장제에 필요한 비용을 지급하는 것으로 한다. 다만, 그 비용을 지급할 수 없거나 비용을 지급하는 것이 적당하지 아니하다고 인정하는 경우에는 물품을 지급할 수 있다.

ⓢ 자활급여
- 자활급여는 수급자의 자활을 돕기 위하여 다음의 급여를 실시하는 것으로 한다.
- 자활에 필요한 금품의 지급 또는 대여
- 자활에 필요한 근로능력의 향상 및 기능습득의 지원
- 취업알선 등 정보의 제공
- 자활을 위한 근로기회의 제공
- 자활에 필요한 시설 및 장비의 대여

기출문제

「국민기초생활보장법」상 제공하는 급여가 아닌 것은?
▶ 2019. 4. 6. 인사혁신처
① 주거급여　　② 해산급여
③ 의료급여　　④ 장애급여

Tip 급여의 종류(「국민기초생활 보장법」 제7조 제1항)
ⓐ 생계급여
ⓑ 주거급여
ⓒ 의료급여
ⓓ 교육급여
ⓔ 해산급여(解産給與)
ⓕ 장제급여(葬祭給與)
ⓖ 자활급여

「국민기초생활 보장법」상 사회복지시설에 해당하는 것은?
▶ 2020. 6. 13. 지방직/서울특별시
① 사회복지관
② 지역자활센터
③ 노숙인종합지원센터
④ 아동일시보호시설

Tip ② 지역자활센터: 보장기관은 수급자 및 차상위자의 자활 촉진에 필요한 다음 의 사업을 수행하게 하기 위하여 사회복지법인 사회적협동조합 등 비영리법인과 단체를 법인 등의 신청을 받아 지역자활센터로 지정할 수 있다. 이 경우 보장기관은 법인 등의 지역사회복지사업 및 자활지원사업 수행능력·경험 등을 고려하여야 한다. 〈국민기초생활 보장법, 제16조〉
① 사회복지관: 사회복지사업법에 근거를 두고 있다.
③ 노숙인종합지원센터: 노숙인 등의 복지 및 자립지원에 관한 법률에 근거를 두고 있다.
④ 아동일시보호시설: 아동복지법에 근거를 두고 있다.

정답 ④, ②

−창업교육, 기능훈련 및 기술·경영 지도 등 창업지원

−자활에 필요한 자산형성 지원

−그 밖에 대통령령으로 정하는 자활을 위한 각종 지원

• 위 내용의 자활급여는 관련 공공기관·비영리법인·시설과 그 밖에 대통령령으로 정하는 기관에 위탁하여 실시할 수 있다. 이 경우 그에 드는 비용은 보장기관이 부담한다.

section 4 의료급여제도

(1) 의료급여제도

① **정의** … 의료급여제도는 국민기초생활보장 대상자와 저소득층 세대를 대상으로 하며 그들이 자력으로 의료문제를 해결하지 못할 경우에 국가재정으로 의료혜택을 제공하는 공공부조방식의 사회보장제도이다.

② **성립**

ⓐ 의료급여는 1961년 제정된 생활보호법에 근거를 두고 1976년까지 보건소, 국·공립병원, 기타 비영리 의료기관을 중심으로 영세민에 대한 무료진료가 실시되어 왔다. 그러나 생활보호법에 의한 의료보호는 사실상 보호의 질적 내용이 빈약하였고, 진료거부 등의 사태가 발생하기도 하는 등 문제점이 발생하였다.

ⓑ 이를 해결하기 위한 방안으로 1976년 9월 전국의료보장 기반확립을 위한 방안이 마련되고, 이어 1977년 1월 4일에 정부는 의료보호에 관한 규칙을 제정·시행하다가 동년 12월 31일 의료보호법을 제정하여 1978년부터 시행하고 있으며, 국민기초생활보장법의 제정과 함께 의료급여법으로 개정되었다.

(2) 의료급여법의 주요 내용

① **목적**〈의료급여법 제1조〉 … 이 법은 생활이 어려운 사람에게 의료급여를 함으로써 국민보건의 향상과 사회복지의 증진에 이바지함을 목적으로 한다.

② **정의**〈의료급여법 제2조〉

ⓐ **수급권자**: 이 법에 따라 의료급여를 받을 수 있는 자격을 가진 사람을 말한다.

ⓑ **의료급여기관**: 수급권자에 대한 진료·조제 또는 투약 등을 담당하는 의료기관 및 약국 등을 말한다.

ⓒ **부양의무자**: 수급권자를 부양할 책임이 있는 사람으로서 수급권자의 1촌 직계혈족 및 그 배우자를 말한다.

③ 수급권자〈의료급여법 제3조〉

기출문제

　㉠ 국민기초생활 보장법에 따른 의료급여 수급자

　㉡ 재해구호법에 따른 이재민으로서 보건복지부장관이 의료급여가 필요하다고 인정한 사람

　㉢ 의사상자 등 예우 및 지원에 관한 법률에 따라 의료급여를 받는 사람

　㉣ 입양특례법에 따라 국내에 입양된 18세 미만의 아동

　㉤ 독립유공자예우에 관한 법률, 국가유공자 등 예우 및 지원에 관한 법률 및 보훈보상대상자 지원에 관한 법률의 적용을 받고 있는 사람과 그 가족으로서 국가보훈처장이 의료급여가 필요하다고 추천한 사람 중에서 보건복지부장관이 의료급여가 필요하다고 인정한 사람

　㉥ 무형문화재 보전 및 진흥에 관한 법률에 따라 지정된 국가무형문화재의 보유자(명예보유자를 포함한다)와 그 가족으로서 문화재청장이 의료급여가 필요하다고 추천한 사람 중에서 보건복지부장관이 의료급여가 필요하다고 인정한 사람

　㉦ 북한이탈주민의 보호 및 정착지원에 관한 법률의 적용을 받고 있는 사람과 그 가족으로서 보건복지부장관이 의료급여가 필요하다고 인정한 사람

　㉧ 5·18민주화운동 관련자 보상 등에 관한 법률에 따라 보상금 등을 받은 사람과 그 가족으로서 보건복지부장관이 의료급여가 필요하다고 인정하는 사람

　㉨ 노숙인 등의 복지 및 자립지원에 관한 법률에 따른 노숙인 등으로서 보건복지부장관이 의료급여가 필요하다고 인정한 사람

　㉩ 그 밖에 생활유지 능력이 없거나 생활이 어려운 사람으로서 대통령령으로 정하는 사람

Point 팁　**수급권자의 구분**〈의료급여법 시행령 제3조〉
　㉠ **1종 수급권자**
　　• 국민기초생활 보장법에 의한 수급자 중 다음의 어느 하나에 해당하는 자
　　－다음 각 항목의 어느 하나에 해당하는 자 또는 근로능력이 없거나 근로가 곤란하다고 인정하여 보건복지부장관이 정하는 자만으로 구성된 세대의 구성원 : 18세 미만인 자, 65세 이상인 자, 근로 능력이 현저하게 상실된 자로서 대통령령으로 정하는 기준에 해당하는 중증장애인, 질병·부상 또는 그 후유증으로 치료나 요양이 필요한 자 중에서 근로능력평가를 통하여 시장·군수·구청장이 근로능력이 없다고 판정한 자, 임신 중에 있거나 분만 후 6개월 미만의 여자, 병역법에 의한 병역의무를 이행 중인 자
　　－국민기초생활 보장법에 따른 보장시설에서 급여를 받고 있는 자
　　－보건복지부장관이 정하여 고시하는 결핵질환, 희귀난치성질환 또는 중증질환을 가진 사람

- 재해구호법에 따른 이재민으로서 보건복지부장관이 의료급여가 필요하다고 인정한 사람, 의사상자 등 예우 및 지원에 관한 법률에 따라 의료급여를 받는 사람, 입양특례법에 따라 국내에 입양된 18세 미만의 아동, 독립유공자예우에 관한 법률, 국가유공자 등 예우 및 지원에 관한 법률 및 보훈보상대상자 지원에 관한 법률의 적용을 받고 있는 사람과 그 가족으로서 국가보훈처장이 의료급여가 필요하다고 추천한 사람 중에서 보건복지부장관이 의료급여가 필요하다고 인정한 사람, 무형문화재 보전 및 진흥에 관한 법률에 따라 지정된 국가무형문화재의 보유자(명예보유자를 포함한다)와 그 가족으로서 문화재청장이 의료급여가 필요하다고 추천한 사람 중에서 보건복지부장관이 의료급여가 필요하다고 인정한 사람, 북한이탈주민의 보호 및 정착지원에 관한 법률의 적용을 받고 있는 사람과 그 가족으로서 보건복지부장관이 의료급여가 필요하다고 인정한 사람, 5·18민주화운동 관련자 보상 등에 관한 법률에 따라 보상금 등을 받은 사람과 그 가족으로서 보건복지부장관이 의료급여가 필요하다고 인정한 사람, 노숙인 등의 복지 및 자립지원에 관한 법률에 따른 노숙인 등으로서 보건복지부장관이 의료급여가 필요하다고 인정한 사람
- 일정한 거소가 없는 사람으로서 경찰관서에서 무연고자로 확인된 사람
- 그 밖에 보건복지부령으로 정하는 사람으로서 보건복지부장관이 1종 의료급여가 필요하다고 인정하는 자

ⓛ **2종 수급권자**
- 국민기초생활 보장법에 따른 의료급여 수급자에 해당하는 자 중 1종 수급권자에 해당하지 아니하는 자
- 의료급여법의 수급권자에 해당하는 자로서 보건복지부장관이 2종 의료급여가 필요하다고 인정하는 자

④ **의료급여의 내용**〈의료급여법 제7조〉
ⓐ 진찰·검사
ⓑ 약제·치료재료의 지급
ⓒ 처치·수술과 그 밖의 치료
ⓓ 예방·재활
ⓔ 입원
ⓕ 간호
ⓖ 이송과 그 밖의 의료목적의 달성을 위한 조치

⑤ **급여비용의 부담**〈의료급여법 시행령 제13조 제5항, 제6항〉
ⓐ **본인부담보상금제도**: 본인부담금이 일정 금액을 초과한 경우, 그 초과금액의 100분의 50에 해당하는 금액을 시장·군수·구청장이 수급권자에게 지급 (단, 초과금액이 2천 원 미만인 경우에는 지급하지 아니함)
- 1종 수급권자: 매 30일간 2만 원 초과 → 초과금액의 50% 보상
- 2종 수급권자: 매 30일간 20만 원 초과 → 초과금액의 50% 보상
ⓑ **본인부담금 상한제**: 본인부담금에서 ⓐ의 본인부담보상금으로 지급받은 금액을 차감한 금액이 다음의 금액을 초과한 경우, 그 초과금액을 기금에서 부담(단, 초과금액이 2천 원 미만인 경우에는 수급권자가 부담)

- 1종 수급권자 : 매 30일간 5만 원을 초과→초과금액 전액
- 2종 수급권자 : 연간 80만 원. 다만, 「의료법」에 따른 요양병원에 연간 240일을 초과하여 입원한 경우에는 연간 120만 원

⑥ **급여의 제한**〈의료급여법 제15조〉 ⋯ 시장·군수·구청장은 수급권자가 다음의 어느 하나에 해당하면 이 법에 따른 의료급여를 하지 아니한다. 다만, 보건복지부장관이 의료급여를 할 필요가 있다고 인정하는 경우에는 그러하지 아니하다.

  ㉠ 수급권자가 자신의 고의 또는 중대한 과실로 인한 범죄행위에 그 원인이 있거나 고의로 사고를 일으켜 의료급여가 필요하게 된 경우

  ㉡ 수급권자가 정당한 이유 없이 이 법의 규정이나 의료급여기관의 진료에 관한 지시에 따르지 아니한 경우

1 국민기초생활보장법상의 급여에 대한 설명으로 옳지 않은 것은?

① 교육급여는 보건복지부장관의 소관으로 한다.
② 생계급여는 금전을 지급하는 것으로 한다.
③ 의료급여는 수급자에게 건강한 생활을 유지하는 데 필요한 각종 검사 및 치료 등을 지급하는 것으로 한다.
④ 해산급여는 조산, 분만 전과 분만 후에 필요한 조치와 보호를 실시하는 것으로 한다.

2 공공부조의 특징이 아닌 것은?

① 국가나 지방자치단체가 운영한다.
② 재원은 국가의 일반세입에 의해 조달한다.
③ 자산조사를 전제로 한다.
④ 국가가 가능한 최대수준의 생활을 보장해야 한다.

3 국민기초생활보장대상자의 자활지원을 위한 프로그램과 거리가 먼 것은?

① 생업을 위한 자금융자 알선
② 직업교육
③ 생계비 지급
④ 자산형성 지원

4 사회보장제도 중 최저생활의 보장에 중점을 두고 있는 제도는?

① 사회보험
② 공공부조
③ 사회복지서비스
④ 사회정책

5 「국민기초생활보장법」에 의한 급여에 해당하지 않는 것은?

① 생계급여　　　　　　　　　　② 의료급여
③ 교육급여　　　　　　　　　　④ 장애급여

6 다음 중 공공부조에 대한 설명으로 옳지 않은 것은?

① 욕구와 자산조사를 필요로 한다.
② 정부의 일반조세로 재원조달이 된다.
③ 공공부조는 강제적 성격이 강하다.
④ 급여의 양을 예상하기 어렵다.

7 자산조사에 대한 다음 설명 중 옳지 않은 것은?

① 공공부조 및 사회보험의 실시와 불가분의 관계가 있다.
② 급여의 자격요건을 명확히 선별하기 위한 것이다.
③ 소득과 재산이 조사의 주요 대상이 된다.
④ 보장대상자의 요구보다는 법적인 기준을 더욱 중시하는 것이 현실이다.

8 다음 중 자산조사에서 조사내용에 해당하지 않는 것은?

① 부동산
② 교육보호
③ 저축
④ 가족원들의 근로에 의한 소득

9 자산조사의 장점에 해당하지 않는 것은?

① 신청에 대한 자격요건을 명확히 할 수 있다.
② 행정비용의 절감을 가져올 수 있다.
③ 공금을 절약할 수 있다.
④ 개인의 욕구를 규명할 수 있다.

10 국민기초생활보장법상의 수급자의 권리와 의무에 대한 내용으로 옳지 않은 것은?

① 수급자는 급여를 받을 권리를 타인에게 양도할 수 없다.
② 수급자는 거주지역, 세대의 구성 또는 임대차 계약내용이 변동되었을 때에는 지체 없이 관할 보장기관에 신고하여야 한다.
③ 수급자에 대한 급여는 정당한 사유 없이 수급자에게 불리하게 변경할 수 없다.
④ 수급자에게 지급된 수급품은 압류할 수 없지만, 급여수급계좌의 예금에 관한 채권은 압류할 수 있다.

11 국민기초생활 보장법상 국민기초생활보장에 대한 설명으로 옳지 않은 것은?

① 소관 중앙행정기관의 장은 수급자의 최저생활을 보장하기 위하여 3년마다 소관별로 기초생활보장 기본계획을 수립하여 보건복지부장관에게 제출하여야 한다.
② 보장기관은 수급자가 급여의 일부를 거부한 경우에도 급여를 중지할 수 없다.
③ 수급자 및 차상위자는 상호 협력하여 자활기업을 설립·운영할 수 있다.
④ 수급권자와 그 친족, 그 밖의 관계인은 관할 시장·군수·구청장에게 수급권자에 대한 급여를 신청할 수 있다.

12 국민기초생활보장법의 실시로 신설된 급여는?

① 자활급여   ② 주거급여
③ 의료급여   ④ 생계급여

13 다음 중 국민기초생활 보장제도 실시상의 원칙이 아닌 것은?

① 신청 및 직권보장의 원칙
② 최저생활보장의 원칙
③ 필요즉응의 원칙
④ 개인단위의 원칙

14 다음 자산조사에 있어 파악되어야 할 자산이 아닌 것은?

① 친지의 도움
② 이웃의 재산정도
③ 수입정도
④ 재산정도

15 국민기초생활 보장법상의 급여기준에 관한 설명으로 옳지 않은 것은?

① 급여는 건강하고 문화적인 최저생활을 유지할 수 있는 것이어야 한다.
② 급여의 기준을 정할 때는 수급자의 연령, 가구 규모, 거주지역, 그 밖의 생활여건 등을 고려한다.
③ 급여는 개인단위로 실시하되, 특히 필요하다고 인정하는 경우에는 개별가구 단위로 실시 할 수 있다.
④ 지방자치단체인 보장기관은 조례로 법에 따른 범위를 초과하여 급여를 실시할 수 있다.

정답및해설

1	①	2	④	3	③	4	②	5	④
6	③	7	①	8	②	9	②	10	④
11	②	12	②	13	④	14	②	15	③

1 ① 교육급여는 교육부장관의 소관으로 한다〈국민기초생활보장법 제12조 제2항〉.

2 ④ 공공부조에 의한 생활보호는 요보호자가 건강하고 문화적인 최저생활을 유지할 수 있는 선에서 제공되어야 한다.

3 ③ 생계비 지급(생계보호)은 근로능력이 없는 거택·시설 및 한시생계보호대상자에게 제공되는 것으로서 자활지원에 속하는 내용은 아니다.

4 공공부조는 국민의 최저생활의 보장을 목표로 하고 있다. 생활보호에 의하여 보호를 받는 자에게는 최저한도의 생활수요가 보장하도록 하는 원리이다. 그러나 여기에서 말하는 최저한도의 생활이란 단순히 생존 수준을 말하는 것이 아니라 건강하고 문화적인 생활을 유지하기에 충분한 정도를 말한다.

5 급여의 종류 … 생계급여, 주거급여, 의료급여, 교육급여, 해산급여, 장제급여, 자활급여로 7가지이다〈국민기초생활 보장법 제7조〉.

6 ③ 강제적 성격이 강한 것은 사회보험의 특성이다.

7 ① 사회보험은 자산조사를 실시하지 않는다.

8 ② 교육보호는 조사과정을 거쳐 지급되는 보호내용에 해당한다.

9 ② 행정비용이 소모된다는 단점이 있다. 이 외에 자산조사의 단점으로 개인의 권리나 존엄성의 침해를 초래할 수 있다는 점과 클라이언트의 욕구를 결정하기가 힘들고, 자산조사를 위한 전문조사직원의 채용이나 수속절차과정의 복잡성 등이 있다.

10 ④ 급여수급계좌의 예금에 관한 채권은 압류할 수 없다〈국민기초생활보장법 제35조 제2항〉.

11 국민기초생활보장법 제30조 제1항(급여의 중지 등) … 보장기관은 수급자가 다음의 어느 하나에 해당하는 경우에는 급여의 전부 또는 일부를 중지하여야 한다.
㉠ 수급자에 대한 급여의 전부 또는 일부가 필요 없게 된 경우
㉡ 수급자가 급여의 전부 또는 일부를 거부한 경우

12 ② 기존의 생활보호법에 없던 주거급여가 신설되었다.

13 ④ 급여대상은 세대단위를 원칙으로 한다.

14 ② 자산조사는 가족사항, 생활실태, 부양의무자, 소득 및 자산보유상황 등을 조사한다.

15 ③ 급여는 개별가구 단위로 실시하되, 특히 필요하다고 인정하는 경우에는 개인단위로 실시할 수 있다〈국민기초생활 보장법 제4조 제3항〉.

04 기타 사회복지정책

section 1 빈곤정책

(1) 빈곤의 개념

① 절대적 빈곤 … 인간의 기본적인 생존욕구충족(최저생활유지)에 필요한 자원 및 소득이 부족한 상태나 조선을 말한다.

> **Point 팁 최저생활수준**
> ㉠ 최저생존의 수준 : 인간이 생리적·생물적 존재로 살아가는 데 필요한 수준을 말한다.
> ㉡ 계속적 생존의 수준 : 생존에 필요한 최저수준의 음식물, 질병의 위험으로부터 보호, 의복 및 주택 시설 등이 필요한 수준을 말한다.
> ㉢ 생산적 생존의 수준 : 기본적인 의식주, 질병으로부터의 보호 및 생산활동에 필요한 교육이나 위생 등이 필요한 수준을 말한다.

② 상대적 빈곤 … 한 사회의 소득수준으로 볼 때 소득이 상대적으로 낮은 것을 말하며 이러한 계층을 빈곤층이라 한다. 현대사회의 특징이라 할 수 있는 경제·사회·문화생활의 향상이나 발전에서 나타나는 불평등 및 상대적 박탈감을 포함하는 개념이다.

(2) 빈곤의 원인

① 낙인이론 … 심리주의적(상호작용주의) 관점을 바탕으로 빈곤의 원인을 개인적 책임으로 간주한다.

② 기능이론 … 빈곤의 원인은 주로 기능적 부적응에 기인하며 개인적 책임도 빈곤의 원인으로 간주한다.

③ 갈등이론 … 빈곤의 원인을 사회구조적 차원에서 파악하여 사회적 책임으로 간주한다.

④ 안정이론 … 빈곤의 원인을 인간존재 자체의 불평등에 기인하는 것으로 파악하고, 빈민이 된 사람들은 빈곤한 생활을 참고 견뎌야 하며 자신보다 힘이 센 세력과 협동하는 것이 이롭다는 주의이다.

⑤ 기회이론 … 빈곤은 직업의 기회가 공평하게 제공되지 않기 때문에 발생한다는 주의이다.

⑥ 인적자본이론 … 빈곤은 낮은 생산성에 기인한다는 주의이다.

⑦ 하위문화이론 … 빈곤상태에 처하는 원인을 인간적인 상호교류의 결여, 미래지향성의 부족, 주위환경에 대한 몰이해, 적절한 가정환경의 손상 등으로 파악한다.

(3) 빈곤의 측정

① 빈곤율 : 빈곤선을 기준으로 빈곤가구와 비빈곤가구를 구분하고 빈곤가구에 사는 개인의 수를 구하여 전체 인구에서 차지하는 비율을 통해 측정하는 방법이다. 빈곤율은 빈곤층의 규모를 보여줄 수 있지만, 빈곤층의 소득이 빈곤선에 비해 부족한 정도를 보여주지는 않는다.

② 빈곤갭 : 빈곤층의 소득을 모두 빈곤선 수준까지 끌어올리기 위해서 어느 정도의 소득이 필요한가를 보여주는 방법이다. 보통 이 빈곤갭을 GNP(혹은 GDP) 대비 비율로 나타내는 것이 일반적이다. 빈곤갭은 빈곤율처럼 빈곤층의 규모를 보여주지는 못한다. 또한 빈곤율과 빈곤갭 모두 빈곤층 내부에서의 소득의 이전이나 분배 상태를 보여주진 못한다.

③ 센의 빈곤지표 : 빈곤율, 빈곤갭, 상대적 불평등 세 가지 측면을 모두 고려한 지표이다.

(4) 빈곤의 대책

① 자원의 평등배분 … 빈곤의 원인을 불평등으로 보는 경우 소득·권력·기회 등의 평등한 배분에 관심을 기울인다.

② 사회적 원조 … 완전고용정책이나 기술훈련 및 취업알선 등을 한다.

③ 심리적 원조 … 빈민의 의식변화를 위한 동기조성이나 사회적응을 위한 원조 및 상담사업을 한다.

Point 🖉 **루이스(Lewis)의 빈곤문화론**
ⓐ 지역사회면 : 기존의 정치·경제·사회제도에 효과적인 참여 결여
ⓑ 가정생활면 : 권위주의, 합의성 결혼, 자유동거 및 성(性)의 조기발견, 가정의 붕괴로 인한 모계 중심 가정의 발생 등
ⓒ 심리적인 면 : 무기력, 의타심, 열등감 등이 내재

---

section 2 주택정책

(1) 주택의 개념

① 사회정책적 측면 … 주택은 인간의 가장 기본적인 욕구의 하나로서 인간생활의 최저기준에 입각하여 제공되는 사회재이다.

② 건축정책적 측면 … 건축학적 구조, 벽, 지붕 등 질적 요소에의 분석이 가능하다.

③ 경제정책적 측면 … 경제재로서 개인의 재산이자 자산증식의 수단이다.

기출문제

🔖 빈곤과 관련된 개념에 대한 설명으로 옳지 않은 것은?
▶ 2020. 6. 13. 지방직/서울특별시

① 주관적 빈곤선은 적절한 생활수준을 유지하는 데 필요한 소득수준에 대한 개인들의 평가에 근거하여 결정된다.

② 빈곤율(poverty rate)은 빈곤개인이 전체인구에서 차지하는 비율로 정의된다.

③ 빈곤갭(poverty gap)은 모든 빈곤층의 소득을 빈곤선 수준으로 끌어올리는 데 필요한 총소득이다.

④ 상대빈곤은 최저생계비를 기준으로 결정된다.

Tip ④ 최저생계비를 기준으로 하는 것은 절대적 빈곤의 개념이다. 상대적 빈곤은 평균 또는 중위소득의 비율, 소득 분배상의 일정 비율, 타운젠드 방식 등을 기준으로 한다.

정답 ④

(2) 우리나라의 주택정책 프로그램

① 신규주택 공급과 임대차보호법에 의한 임대료 상승률 규제 및 임차가구의 주거 안정성 보장조치 등이다.

② 주택공급이 부족하다는 인식하에 주택건설을 촉진하는 정책이 주류를 이루고 있다.

③ 현행 임대차보호법은 임대인에게 연 5% 이상 임대료 인상을 못하게 하고 또 임대차 기간의 2년 보장, 퇴거예고제 및 소액임대료의 우선변제조항 등을 두어 임차인을 보호하고 있다.

(3) 우리나라 주택정책의 문제점

① 주택단지의 슬럼화가 예상되며, 주거환경개선이 어렵다.

② 임대료와 관리비의 부담능력이 없어서 전대 또는 매매할 가능성이 있다.

③ 주택가격과 임대료가 높다.

④ 입주 후 주택관리와 유지비가 책정되어 있지 않다.

⑤ 주택이 양적으로 부족하며, 엄청난 재정부담이 든다.

⑥ 소수 극빈층만이 수혜대상이기 때문에 매우 제한적이다.

---

section 3 소득분배정책

(1) 소득분배의 개념

① **소득분배의 정의** … 시장기능을 통해 결정되는 소득분배를 변경시키기 위해 정부가 개입하는 구체적인 형태를 말한다.

  ㉠ **기능적 분배** : 생산과정에서 발생하는 부가가치나 소득이 그 생산과정을 구성하는 서로 다른 기능을 가진 생산요소들 사이에 배분되는 비율의 정도를 말한다.

  ㉡ **계층별 분배** : 소득 계층별로 개인이나 가계에 귀속되는 소득의 분배상태를 말한다.

② **소득분배정책의 정의** … 소득분배상의 불평등도를 축소시키기 위한 정부 정책상의 개입을 말한다.

(2) 소득분배의 이론적 관점

① **상충론** … 소득분배의 개선이 경제성장을 저해한다는 이론이다.
- ㉠ **자본축적론**: 국민소득 중에서 고소득층이 차지하는 비율이 커질수록 저축이 증대되기 때문에 자본축적이 증가하고 경제성장이 촉진된다는 이론으로 이는 소득분배가 악화될수록 경제성장이 높아진다는 것을 의미한다.
- ㉡ **의욕저하론**: 정부가 소득분배정책을 강력하게 추진하게 되면 고소득층의 조세부담률이 높아지기 때문에 경제활동의욕이 감퇴되고 저소득층의 경우에도 정부로부터 상당한 경제적 혜택을 받게 되므로 경제활동의욕이 저하된다는 이론이다.

② **보완론** … 소득분배의 개선이 오히려 경제성장을 촉진하게 된다는 이론이다.
- ㉠ **자본소요론**: 소득분배의 개선이 오히려 경제성장을 촉진하게 된다는 이론이다.
- ㉡ **기본수요론**: 소득분배의 강화로 근로자들의 기본적 욕구가 충족되면 건강상태 및 근로의욕이 향상되어 결과적으로 생산성 증대를 이룰 수 있게 된다는 이론이다.

(3) 소득재분배의 종류

① **시간적 재분배**
- ㉠ **단기적 재분배**: 사회적 욕구의 충족을 위해 현재의 자원을 사용한 소득재분배이다(공공부조).
- ㉡ **장기적 재분배**: 생애에 걸쳐, 세대에 걸쳐 이루어지는 소득재분배이다(국민연금, 적립방식의 연금).

② **계층구조**
- ㉠ **수직적 재분배**: 소득이 높은 사람에서 소득이 낮은 사람으로의 재분배이다(누진적 소득세, 공공부조).
- ㉡ **수평적 재분배**
  - 특정한 조건을 가진 사람들에게 급여하는 경우의 재분배이다.
  - 동일 소득 계층 내의 재분배이다(가족수당, 건강보험, 아동수당).

③ **세대 간 재분배**
- ㉠ **세대 내 재분배**: 동일한 세대 내에서의 재분배이다(개인연금).
- ㉡ **세대 간 재분배**: 앞 세대와 먼 후손 세대 간의 재분배이다(국민연금, 장기요양보험).

🔒 **소득재분배에 대한 설명으로 옳지 않은 것은?**
▶ 2020. 6. 13. 지방직/서울특별시

① 수직적 소득재분배는 고소득층에서 저소득층으로 소득이 이전되는 것을 의미한다.
② 수평적 소득재분배는 동일 계층 내에서 소득이 이전되는 것을 의미한다.
③ 세대 간의 소득재분배는 서로 다른 세대 간에 소득이 이전되는 것을 의미한다.
④ 시간적 소득재분배는 자녀세대의 소비를 위해서 자신의 미래 소비를 포기하고 소득을 이전하는 것을 의미한다.

Tip ④ 시간적 소득재분배…한 개인이 일생의 소득을 전 생애기간으로 재분배하는 것으로, 소득이 높았던 시기의 소득을 노후 등 소득이 낮은 시기로 이전함으로써 전 생애동안 안정적인 소비활동을 위한 것이다.

┃정답 ④

(4) 소득분배정책의 내용

① **생산요소 시장에의 개입** … 최저임금제를 도입하고 노동조합 기능을 활성화하였다.

② **자산의 재분배**

　㉠ **물적 자산의 재분배** : 농촌개발사업으로서 토지개량, 관개 · 배수시설, 농토건설을 진행하였다.

　㉡ **인적 자산의 재분배** : 교육기회를 균등하게 제공한다.

③ **조세정책**

　㉠ 총조세수입 중 직접세(재산세 및 소득세 포함)의 비중이 증가되고 간접세(부가가치세, 기타소비세)의 비중이 축소될수록 전체 조세제도의 소득재분배 기능이 개선된다.

　㉡ 총조세수입 중 직접세의 비중이 작아지고 간접세의 기능이 커질수록 전체 조세제도의 소득재분배 기능은 악화된다.

④ **재정지출** … 정부의 재정지출을 위한 중요한 정책 도구가 된다.

　㉠ 소비재의 제공

　㉡ 소득의 직접적인 이전

⑤ **상품시장에의 개입** … 정부는 상품시장에 개입하여 상품의 상대가격을 하락시킴으로써 소득분배개선에 영향을 미치게 된다.

1 빈곤의 원인에 대한 이론의 연결이 옳지 않은 것은?

① 낙인이론 : 심리주의적 관점을 바탕으로 빈곤의 원인을 개인적 책임으로 간주한다.

② 갈등이론 : 빈곤의 원인을 인간존재 자체의 불평등에 기인하는 것으로 파악한다.

③ 기회이론 : 빈곤은 직업의 기회가 공평하게 제공되지 않기 때문에 발생한다.

④ 인적자본이론 : 빈곤은 낮은 생산성에 기인한다.

2 다음 중 루이스(Lewis)의 빈곤문화의 특징에 속하지 않는 것은?

① 심리적으로 무기력하고 의타심, 열등감이 팽배해 있다.

② 빈곤의 외적 원인이 해소되어도 그들에게 뿌리박힌 생활양식 때문에 빈곤은 다음 세대에서도 순환된다.

③ 기존의 정치, 경제, 사회제도에 대한 효과적인 참여가 결여되어 있다.

④ 가정붕괴로 인한 모계중심의 가정형태가 된다.

3 빈곤의 원인을 자원의 불평등 공급에서 찾는 것은?

① 낙인이론   ② 기회이론

③ 갈등이론   ④ 하위문화이론

4 다음 중 빈곤의 사회적 원인과 관계없는 것은?

① 고질적인 신분의 세습화

② 저소득층 자녀의 교육기회의 제한

③ 사회보장제도의 미발달

④ 영세농출신 도시이주자의 취업기회 제한

5 다음 중 우리나라 주택정책의 문제점이 아닌 것은?

① 임대료와 관리비 부담능력이 있어 전대 또는 매매할 가능성이 없다.

② 주택가격과 임대료가 높다.

③ 주택이 양적으로 부족하며, 엄청난 재정부담이 든다.

④ 주택단지의 슬럼화가 예상되며, 주거환경개선이 어렵다.

정답및해설

1	②	2	②	3	④	4	①	5	①

1 ② 갈등이론은 빈곤의 원인을 사회구조적 차원에서 파악하여 사회적 책임으로 간주한다. 빈곤의 원인을 인간존재 자체의 불평등에 기인하는 것으로 파악하는 것은 안정이론이다.

2 ② 밴필드(Banfield)의 빈곤문화론이다. 밴필드는 실업이나 질병 등의 빈곤의 외적 요인이 개선되어도 그 생활양식에 뿌리박힌 빈곤은 해소되지 않고 차세대로 계승·순환된다는 빈곤의 악순환을 주장하였다.

3 ① 심리주의적 관점을 바탕으로 빈곤의 원인을 개인적 책임으로 간주한다.
② 빈곤은 작업의 기회가 공평하게 제공되지 않기 때문에 발생한다는 주의이다.
③ 빈곤의 원인을 사회구조적 차원에서 파악하여 사회적 책임으로 간주한다.

4 빈곤의 원인
　㉠ 역사적 경험
　　• 조선사회의 양반관료층의 농민착취
　　• 일제에 의한 식민지착취 경제정책
　　• 해방 후 해외로부터의 귀환동포와 북한으로부터의 월남난민
　　• 6·25전쟁 중의 난민발생
　　• 1960년 이후 도시빈민층 형성
　㉡ 사회적 요인
　　• 영세농출신 도시이주자의 취업기회 제한과 불안정성
　　• 농촌에 있어서의 경작규모의 영세성
　　• 사회보장제도의 미발달
　　• 저소득층 자녀의 교육기회 제한으로 인한 빈곤의 세습화

5 ① 임대료와 관리비의 부담능력이 없어서 전대 또는 매매할 가능성이 있다.

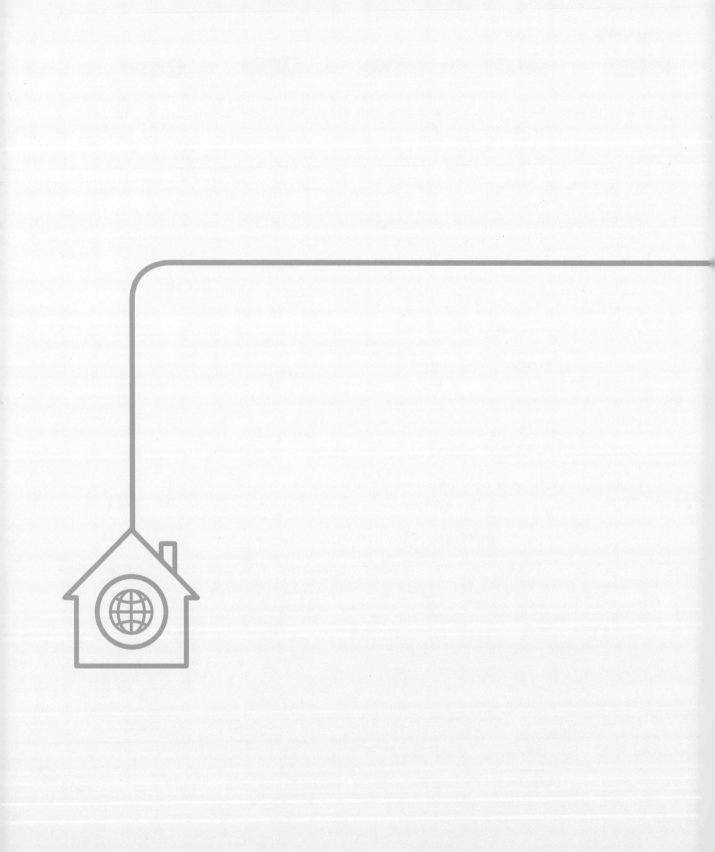

04

사회복지실천론

01 개별사회사업

기출문제

section 1 개별사회사업(Social Casework)의 의의

(1) 개별사회사업의 개념

① 리치몬드(A. Richmond)

    ㉠ 개인과 그 사회환경 간의 개별적이고 의식적인 조정을 통해 그 사람의 인격 발달을 도모하는 제반과정이다.

    ㉡ 기본적 조건

      • 개인과 사회 간 또는 개인 간의 조정을 도모하는 것이다.

      • 개별적으로 행해지는 의식적 조정이다.

      • 궁극적인 목표는 개인 성격의 발달이다. 따라서 개별사회사업가는 클라이언트의 지도자이기보다는 지원자이다.

      • 조사·진단·치료가 긴밀하게 연관되어 있는 연속적인 과정으로 이루어져 있다.

    ㉢ 특징 : 전문적 대인관계와 인간발달에 관한 지식과 기능을 강조하였다.

② 보어(S. Bower)

    ㉠ 클라이언트와 그 환경 전체 또는 일부간에 보다 나은 적응을 해 가도록 개인이 가진 능력과 지역사회의 자원을 적절히 동원하는 데 필요한 인간관계학의 지식과 대인관계의 기술을 활용하는 기술(art)이다.

    ㉡ 개별사회사업의 요소

      • 클라이언트의 능력과 지역사회의 자원을 활용하여 클라이언트를 돕는다.

      • 궁극적 목표는 클라이언트와 그 환경과의 조정을 도모하는 것이다.

      • 개별사회사업가(케이스워커)와 클라이언트 사이에 성립하는 신뢰관계를 의식적으로 활용한다.

      • 워커와 클라이언트와의 관계는 인간관계에 대한 과학적 지식과 훈련에 의해 터득한 기술을 필요로 한다.

③ 펄만(H. Perlman)

    ㉠ 개인이 사회인으로서의 기능을 수행함에 있어 수반되는 여러가지 문제를 보다 효과적으로 해결하기 위해 복지기관에서 활용하는 과정이다.

    ㉡ 개별사회사업의 구성요소(4P) : 사람(Person), 문제(Problem), 장소(Place), 과정(Process)을 들 수 있다(펄만은 이후 1986년에 전문가와 제공물이라는 구성요소를 추가하였다).

    ㉢ 특징

      • 개별사회사업은 치료과정이 아닌 문제해결과정이다.

      • 클라이언트를 사회적으로 기능할 수 있는 주체적 인간으로 취급하였다.

④ 레젠버그(Regenburg)

㉠ 개별사회사업가가 클라이언트 자신의 문제가 무엇인가를 명백히 알 수 있도록 도와주고, 그 문제의 해결책을 생각할 수 있도록 클라이언트를 도와주어 그 문제를 해결하는 클라이언트의 능력을 현실에 비추어 측정하는 방법이다.

㉡ 문제해결을 위한 클라이언트의 능력을 중요시하였다.

(2) 개별사회사업의 일반적 특징

① 문제를 가진 개인이나 가족을 대상으로 한다.

② 문제에 대한 과학적 지식과 전문적 기술을 가진 전문가에 의해 실시된다.

③ 대상에 따라 개별적으로 이루어진다.

④ 환경에의 적응과 인격의 성장·발달을 돕기 위한 의식적·계속적인 노력이다.

⑤ 케이스워커와 클라이언트 간의 인간관계를 중요시하는 협동적인 활동이다.

⑥ 예방보다는 문제해결 및 재조정을 중요시한다.

⑦ 개인과 그의 사회환경과의 상호작용이 중요시된다.

Point 팁

개별사회사업의 실천대상

㉠ 노숙자, 가출, 비행 또는 폭력으로 나타나는 심각한 갈등이 있는 가족, 필수자원이 결핍된 이주 노동자와 떠돌이 노동자

㉡ 아동방임·학대 가족, 배우자 학대 가족

㉢ 심각한 갈등이 있는 부부

㉣ 학교와 관련된 문제를 가진 아동, 미혼 임신 청소년

㉤ 에이즈 환자와 그 가족

㉥ 위법에 대한 처벌로 생활이 붕괴된 개인이나 가족

㉦ 상처가 깊은 사건이나 주요 삶의 변화와 관련하여 심각한 스트레스를 겪는 사람

㉧ 개인 또는 가족 문제에 직면한 동성애 혹은 양성애자

㉨ 신체적·정신적 질병이나 장애로 생활이 붕괴된 개인이나 가족

㉩ 약물이나 알코올을 남용하는 개인과 그 가족

㉪ 위탁부모와 부모가 사망하거나 자식을 안전하게 돌보지 못하는 부모의 자녀

㉫ 필수 자원이 결핍된 이민자와 소수계 사람

㉬ 심각한 신체적·발달적 장애를 가진 사람과 그 가족

㉭ 자신을 돌보지 못하는 노인

(3) 케이스워커

① 워커의 역할

㉠ **조력자** : 클라이언트가 상황에 대처하고 자원을 발견하도록 도와주는 역할을 한다.

㉡ **교육자**(지도자) : 정보와 자원 제공, 행동과 기술지도 등을 통해 클라이언트의 능력을 강화시킨다.

기출문제

문 지적장애인에게 일상생활기술훈련을 실시하는 사회복지사의 역할은?
▶ 2020. 6. 13. 지방직/서울특별시

① 교육자(educator)

② 중재자(mediator)

③ 중개자(broker)

④ 옹호자(advocate)

Tip ① 교육자는 사회복지사는 정보를 제공하고 행동과 기술을 지도하는 등 클라이언트가 자신의 능력을 강화시킬 수 있도록 가르치는 역할을 한다.

② 중재자 : 사회복지사는 클라이언트와 상대방 등이 서로 간에 갈등을 해결하도록 설득 및 화해의 절차들을 통해 공동의 기반을 발견하도록 조력한다.

③ 중개자 : 사회복지사는 도움을 필요로 하는 개인이나 집단을 지역사회의 자원 및 서비스와 연결하는 역할을 한다.

④ 옹호자 : 사회복지사는 클라이언트를 대신해서 계약된 목적을 달성하기 위해 클라이언트 개인이나 가족의 권리를 주장하고 옹호하며 정책적 변화를 모색하기 위한 활동을 한다.

정답 ①

사례와 방어기제의 연결이 옳지 않은 것은?

▶ 2020. 7. 11. 인사혁신처

① 다 엄마 때문에 실패했잖아
　-투사
② 대소변을 잘 가리던 아이가 동생이 태어나자 어머니의 관심을 끌기 위해 다시 대소변을 가리지 못하게 되었다-퇴행
③ 당신이 잘못해 놓고 더 화를 내면 어떡해?-부정
④ 저 남편은 부인을 때리고 나서는 꼭 퇴근 시간에 꽃을 사오더라-취소

> **Tip** 부정은 자아가 현재의 상황에 있는 위협적 요소를 감당할 수 없는 경우 위험하거나 고통스러운 생각을 인식하지 않으려는 것을 뜻한다. ③번의 사례의 경우 '부정에 해당하는 사례는 아니며 다양하게 해석될 수 있으나 문제의 책임을 타인에게 전가하고 있으므로 투사에 해당하는 사례로 볼 수 있다.

ⓒ 중재자 : 갈등을 해결하기 위해, 설득과 화해의 절차를 통해 공동의 기반을 발견하도록 한다.
ⓓ 대변자(옹호자) : 클라이언트 편에서 주장하고 변론·옹호하는 역할을 한다.
ⓔ 중개자 : 사회복지사는 도움을 필요로 하는 개인이나 집단을 지역사회의 자원 및 서비스와 연결하는 역할을 한다.

② **워커의 방어기제** … 개별사회사업가는 클라이언트의 불안이나 두려움에 대해 자신을 방어하려는 방어기제를 이해하고 활용해야 한다.

ⓐ **합리화** : 인간의 행동이 합리적이고 정당하다는 것을 입증하려고 시도하는 것이다.
ⓑ **반동형성** : 상반되는 태도와 행동을 보임으로써 위험한 욕망의 표현을 예방하려는 것이다.
ⓒ **투사** : 물체에 대한 책임을 타인에게 돌리거나 전가하는 것이다.
ⓓ **동일시** : 자기 자신을 유명한 사람이나 상황과 동일시함으로써 자신의 가치에 대한 감정을 증대시키는 것이다.
ⓔ **부정** : 위험하거나 고통스러운 생각을 인식하지 않으려는 것이다.
ⓕ **보상** : 어떤 바람직한 특성을 강조하여 약점을 극복하거나 어떤 영역에서의 욕구불만을 다른 영역에서의 만족으로 대신하려는 것이다.
ⓖ **퇴행** : 심한 좌절 또는 스트레스를 받았을 때 유치한 수준(주로 고착 시기)으로 후퇴하는 현상이다.
ⓗ **취소** : 자신의 욕구와 행동으로 인하여 타인에게 피해를 주었다고 느낄 때, 원상복구하려는 일종의 속죄 행위이다.
ⓘ **전환** : 심리적 갈등이 신체 감각이나 수의근육계의 증상으로 표출되는 것이다.
ⓙ **투입** : 애증과 같은 강한 감정을 직접적으로 표현하는 것을 피하기 위해 다른 사람을 자기로 간주하여 합일화 하는 것을 말한다.
ⓚ **억압** : 가장 많이 사용되는 방어기제로서, 의식에서 용납하기 힘든 생각, 욕망, 충동들을 무의식 속으로 눌러 넣어 버리는 것을 말한다.

(4) 개별사회사업의 기본이론

① **프로이드(S. Freud)**

ⓐ **구강기(0 ~ 1세)**
　• 즐거움의 근원은 빨기, 물기, 삼키기 등의 충동에 대한 즉각적인 만족이다.
　• 수유방법, 이유시기 등이 인격발달에 영향을 미친다.
ⓑ **항문기(2 ~ 3세)** : 배변훈련과정을 통해 본능을 규제하는 법을 배우며, 초자아가 형성된다.

정답 ③

ⓒ 남근기(3 ～ 5세)
- 남녀의 신체차이, 부모의 성역할 등에 관심을 갖는다.
- 오이디푸스 콤플렉스, 일렉트라 콤플렉스, 동일시현상이 나타난다.
- 매우 복잡하고 자극적인 감정이 교차되는 특징을 보이며, 성격형성에 매우 중요한 단계이다.

ⓔ 잠복기(6 ～ 11세)
- 성적인 욕구가 철저히 억압되고 심리적으로 평온한 시기로 성적 활동은 침체되지만 지적 호기심이 강해지고 동성의 또래관계가 긴밀하게 된다.
- 성적인 부분을 제외하고는 새로운 학습, 사회적 지위역할, 운동능력의 신장 등 매우 활동적인 모습을 나타낸다.

ⓜ 생식기(11세 이후)
- 사춘기에 접어들면서 신체적·성적으로 발달한다.
- 이성이 중요 관심대상이다.

② 에릭슨(E. Erikson)

㉠ 신뢰감 대 불신감(출생 ～ 1세) : 구체적인 양육행동이 내면화되면서 성격이 형성되는 시기로, 유아에게 일관성·계속성·통일성 있는 경험이 주어지면 신뢰감이 형성되고, 부적절하고 일관성이 없고 부정적인 보살핌은 불신감을 불러 일으킨다.

㉡ 자율성 대 수치심·회의감(1 ～ 3세) : 자발적 행동에 칭찬을 하거나 신뢰를 표현하고 용기를 주며, 자기자신의 방법과 속도에 따르는 기능이 발휘될 수 있도록 할 때 자율성이 발달된다.

㉢ 주도성 대 죄책감(3 ～ 6세) : 자율성이 증가하여 왕성한 지적 호기심을 보인다. 부모들의 일에 주도적으로 참여하려고 할 때 일에 참여시키고 인정을 해주면 주도성이 형성되지만 비난하거나 질책을 하면 아이들은 위축되고 자기주도적 활동에 대해 죄책감을 느낀다.

㉣ 근면성 대 열등감(6 ～ 12세) : 자아개념형성의 결정적 시기로, 대부분의 시간을 학교에서 보내게 되며 학교에서 성공과 성취가 아동의 근면성을 발달시키게 된다. 그러나 이 시기에 실패로 끝나는 경험이 많아지면 아동은 열등감이나 자기부적당감에 빠진다.

㉤ 정체감 대 역할혼미(12 ～ 18세) : 육체적·지적·감성적 변화를 경험하는 시기이다. 자신의 성격의 동일성과 계속성을 주위로부터 인정받으면 정체감이 형성되고, 성역할과 직업선택에서 안정성을 확립할 수 없다면 혼미감을 느끼고 정체감에 빠지게 된다.

🔢 에릭 에릭슨(Erik H. Erikson)의 심리사회적 자아발달의 8단계 과업에 해당하지 않는 것은?
▶ 2019. 6. 15. 제1회 지방직
① 희망 대 절망
② 자율성 대 수치심
③ 신뢰감 대 불신감
④ 근면성 대 열등감

Tip 에릭슨의 심리사회적 자아발달 8단계에 따른 과업
1단계(0~1세) : 신뢰감 대 불신감
2단계(2~3세) : 자율성 대 수치감
3단계(4~6세) : 주도성 대 죄책감
4단계(7~11세) : 근면성 대 열등감
5단계(청소년기) : 자아정체성 대 역할 혼돈
6단계(청년기) : 친밀성 대 고립감
7단계(중년기) : 생산성 대 침체감
8단계(노년기) : 자아통합성 대 절망감

정답 ①

ⓗ **친밀감 대 고립감(19 ~ 24세)** : 사회에 참여하고 자유와 책임을 가지고 스스로의 삶을 영위하는 시기이다. 자기자신의 문제에서 벗어나 직업·배우자·친구 선택 등 다양한 문제를 경험하고, 배우자인 상대방 속에서 공유된 정체감을 찾으려 한다. 친밀한 인간관계를 형성하지 못하면 개인과 사회에 건강하지 못한 사회·심리적 고립감을 경험하게 된다.

ⓢ **생산성 대 침체성(25 ~ 54세)** : 생산적 성인은 지금보다 더 나은 사회를 만드는 데 기여하려 하며, 생산성이 결여될 때에는 성격이 침체되고 불모화된다.

ⓞ **자아통정성 대 절망감(54세 이상)** : 자신의 삶에 후회가 없으며 가치있었다고 생각하는 통정성이 생기는 시기이다. 통정성을 지니지 못한 사람은 책임감도 없고 죽음도 받아들이지 못해 절망감에 빠진다.

section 2 개별사회사업의 발달

📝 **자선조직협회(COS)에 대한 설명으로 옳은 것은?**
▶ 2018. 5. 19. 사회복지직

ⓐ 개별사회사업(casework) 발전에 기여
ⓑ 과학적 자선(scientific charity)에의 기여
ⓒ 지역사회복지(community welfare)의 기본적인 모형 제공
ⓓ 사회조사(social survey) 기술의 발전 도모

① ⓐ, ⓑ
② ⓐ, ⓑ, ⓓ
③ ⓐ, ⓒ, ⓓ
④ ⓐ, ⓑ, ⓒ, ⓓ

Tip ⓐ 자선조직협회는 개인변화를 주창하여 개별사회사업에 영향을 미쳤다.
ⓑ 자선조직협회는 단순한 구호 활동을 넘어 합리적이고 효율적인 자선, 즉 과학적 자선을 지향하였다.
ⓓ 자선조직협회는 방문조사, 환경조사 등을 실시하여 사회조사 기술의 발전을 도모하였다.

▌정답 ②

(1) 개별사회사업의 태동기(1610년대 ~ 1870년대)

① **폴(Vincent de Paul)의 조직활동**
ⓐ **자선부인회(1617)와 자선부인단(1634) 조직** : 빈민가정을 방문하여 위로와 격려 등의 정신적 구제를 행하였다.
ⓑ **사례연구법(case study method)을 채택하였다.**
ⓒ **교육훈련의 실시** : 봉사활동을 하는 부인들을 대상으로 독자적인 교육훈련을 실시하였다.
ⓓ **의의** : 자선조직협회의 선구적 활동으로서 개별사회사업이 성립되는 기초가 되었다.

② **함부르크(Hamburg)의 빈민구제제도**
ⓐ 지역 내 빈곤상태에 대해 시를 여러 지구로 나누어 위원을 두고, 조사하여 적절한 대책을 세우게 하였다.
ⓑ 노동능력이 있는 사람에게는 노동을 시키고 거주지에 정착시켜서 독립·자조의 정신을 기르게 하였다.

③ **칼머스(Charlmers)의 근린운동** … 자선의 지구 조직화와 원조절차에 있어서 과학성과 합리성을 채택하여 자선조직협회의 형성과 개별사회사업 발전에 공헌하였다.

④ **엘버펠트(Elberfeld) 제도**
ⓐ 거택보호를 통해 요구호자의 생활정도나 가족상태 파악을 용이하게 하였다.
ⓑ 개인주의를 존중하였다.
ⓒ 의료, 상담, 직업알선을 시행하였다.
ⓓ 구빈위원은 요구호자의 문제를 분석하고 구빈행정의 중앙집권화를 형성하였다.

기출문제

(2) 개별사회사업의 확립기(1870년대 ~ 1920년대)

① 런던 자선조직협회

  ㉠ 우애방문원의 업무 : 시를 소지구로 구분하여 각 지구에 지구위원인 우애방문원(friendly visitor)을 배치하였다. 지구 내의 요보호자를 조사하였고, 조사결과를 카드에 기록하여 협회에 보고하였으며, 각 자선단체 상호간의 구제활동을 조정하였다.

  ㉡ 우애방문원 업무의 목적 : 협회의 목적인 대상자의 도덕적 개선에 따라 도덕적으로 개선이 가능한 자와 개선의 여지가 없는 자, 즉 가치있는 빈민과 가치없는 빈민을 구별하는 데 그 목적이 있었다.

  ㉢ 개별사회사업에 미친 영향

  • 구빈당국, 자선기관, 개인간의 조직적 협력이 이루어졌다.

  • 자선적 원조에 따라 면밀한 조사를 하였다.

  • 구제대상자에 대한 현명하고 효과적인 부조가 이루어졌다.

  • 절약과 자립의 습관을 조장하였다.

  • 걸식과 착취를 억제시켰다.

② 미국 자선조직협회

  ㉠ 금품의 시여보다는 빈민의 인격적 감화에 주력하였다.

  ㉡ 빈민가정을 개별 방문하여 조언, 훈계, 경제적 원조 등을 수행하였다.

  ㉢ 유급전임직원의 고용 : 자원봉사적인 우애방문으로는 충분한 업무수행이 곤란하여 유급전임직원을 고용하게 되었다.

③ 리치몬드(A. Richmond)의 사회진단

  ㉠ 리치몬드는 클라이언트의 문제를 사회적 요인이나 사회환경조건과의 관계에서 포착하였다.

  ㉡ 문제의 외적·객관적 조건에 관심을 집중하여 개별사회사업을 일종의 환경개선방법이라 생각하였다.

(3) 개별사회사업의 발전기(1920년대 ~ 1950년대)

① 발전기의 특징 … 이 시기의 개별사회사업은 환경결정론적 사고방식에서 심리학적·정신의학적 사고방식으로 바뀌게 되어 진단주의 개별사회사업과 기능주의 개별사회사업이 양립되었다.

② 진단주의 개별사회사업

  ㉠ 이론적 근거 : 프로이드의 정신분석이론을 근거로 하고 있다.

  ㉡ 기본 가설 : 클라이언트의 자아(ego)의 힘이 개별사회사업가의 도움을 받아 강화될 수 있다.

ⓒ 내용
- 개별사회사업의 과정은 사회진단에서 사회치료까지이며, 개별사회사업가는 클라이언트에 대한 진단과 치료를 한다.
- 문제의 사회적 측면을 등한시하고 정신세계 또는 클라이언트를 둘러싼 인간관계를 중요시 하였으며, 사회환경에 대한 클라이언트의 태도나 성격의 적응에 중점적인 관심을 두었다.

ⓔ 개별사회사업가의 역할
- 사회자원의 개발·동원 및 활용을 도모하여 클라이언트의 환경적 억압을 제거하거나 경감시켜 자아능력을 강화하고 변화시키도록 돕는다.
- 조사·치료·진단에 관해 개별사회사업가가 책임을 진다.

ⓜ 대표적 학자: 헤밀톤(Hamilton), 홀리스(Holis), 토울(Towel) 등이 있다.

③ 기능주의 개별사회사업

㉠ 이론적 근거: 펜실베니아 대학을 중심으로 형성되었고, 랭크(Rank)의 성격론에 근거하였다.

㉡ 기본가설: 자아는 타인(개별사회사업가 또는 치료자)들의 작용에 의해 변화되는 성질의 것이 아니며, 개인은 내·외적 경험을 스스로 발달시킬 수 있는 창조적 힘을 가진 존재이다.

ⓒ 내용
- 문제해결능력은 개별사회사업가가 아닌 클라이언트에게 있기 때문에 개별사회사업가는 서비스를 클라이언트에게 제시하는 것으로 충분하며, 클라이언트는 그 중 가장 적절한 것을 선택하게 된다.
- 인간을 기계적·결정론적 관점보다는 창의적·의지적 존재로 보았으며, 인간을 스스로 결정할 수 있는 존재로 보고 치료개념보다는 원조개념을 중시하였다.

ⓔ 개별사회사업가의 역할
- 클라이언트에 대해 적극적·의도적으로 작용하여 지시하거나 목표를 설정할 필요가 없고, 클라이언트의 힘이 발휘될 수 있도록 여건만 자유롭게 구비해주면 된다.
- 클라이언트가 주체가 되어 자유롭게 개별사회사업가를 이용할 수 있도록 도와주어야 한다.

ⓜ 대표적 학자: 타프트(Taft), 슈바이니쯔(Schweineiz), 프레이(Pray), 마르쿠스(Marcus) 등이 있다.

(4) 개별사회사업의 통합기(1950년대 ~ 현재)

① 통합의 경향

㉠ 인간행동에 있어 사회적 요인의 중요성을 재인식하게 되면서 심리적 요인과 사회적 요인의 중요성을 동일한 비중으로 인식하게 되었다.

기출문제

ⓛ 진단주의 개별사회사업과 기능주의 개별사회사업을 통합하려는 시도가 나타
났다.

ⓒ **펄만(Perlman)** : 기본적으로 진단주의 입장을 취하면서 기능주의 입장을 받
아들여 진단주의 · 기능주의 개별사회사업을 통합하려는 시도를 하였으며, 개
별사회사업을 문제해결과정으로 전개시켰다.

ⓔ **엑테커(Aptekar)** : 기본적으로 기능주의 입장을 취하면서 진단주의 입장을
받아들여 이 둘을 통합하려는 시도를 하였으며, 역동주의 개별사회사업을 주
장하였다.

ⓜ **홀리스(Hollis)** : 개별사회사업을 심리사회적 치료로 보았으며, 개인행동의 심
리적 측면과 사회적 측면에 같은 비중을 두려 하였다.

② **개별사회사업의 과학성**

㉠ **효과성에 대한 과학적 측정** : 개별사회사업의 효과에 대해 과학적으로 측정하
려는 시도가 이루어지게 되었는데, 특히 헌트(Hunt) · 고간(Kogan) 등에 의
해 시도되어 개별사회사업의 과학적 체계화를 이루는 전기가 되었다.

㉡ 문제해결에 있어서 클라이언트를 포함한 가족 전체를 파악하려는 시도이다.

㉢ **가족중심 개별사회사업** : 가족사정을 기반으로 전체로서의 가족에 접근하려는
시도이다.

㉣ **1960년대 개별사회사업의 과학화**

• 위기이론을 단기 개별사회사업에 응용한다.

• 접근이 곤란한 클라이언트에게 접근한다.

• 적극적 개별사회사업 또는 출향방식의 성격을 띤다.

• 학습이론을 개별사회사업에 응용한다.

(5) 우리나라의 개별사회사업

① **개별사회사업의 도입** … 6 · 25전쟁 직후 많은 외국 민간원조단체가 들어온 것을
계기로 개별사회사업이 도입되었다.

㉠ **세계 기독교 봉사회(Christian World Service)** : 가정 복지부를 통해 개별사
회사업 프로그램을 전개하였다.

㉡ **메노나이트 중앙재단 한국지부(MCC)** : 한국 최초로 1962년에 가정아동복지사
업부(FCC)를 창설하여 전문적 프로그램을 전개하였다.

㉢ **캐나다 유니테리안 봉사회(USC)** : 개별사회사업 프로그램을 전개하였다.

② **전문교육기관의 등장** … 이화여자대학교 기독교 사회사업학과(1947), 강남사회복
지학교 사회사업학과(1953), 서울대학교 사회사업학과(1959), 대구대학교 사회
복지학과(1962)가 등장하였다.

section 3 실천가치와 이론

(1) 실천가치

① 인간의 존엄성

　㉠ 모든 인간은 행동, 신념, 생활스타일, 사회적 지위에 상관없이 인간으로서의 존엄성을 가지며, 사회복지사는 이런 인간의 가치와 존엄성을 존중하여야 한다.

　㉡ 인간의 존엄성에 대한 존중은 사회복지사의 클라이언트에 대한 무조건적인 긍정적 관심, 온화함, 수용, 존중 등의 행동을 통해 나타난다.

② 개인의 독특성

　㉠ 모든 인간은 유전적 특성, 인생경험, 행동, 관심, 외모 등에서 다른 누구와도 같지 않은 독특한 존재이며, 사회복지사는 이런 개인의 독특성을 존중하여야 한다.

　㉡ 사회복지사가 고정관념과 편견에서 벗어나 개별 클라이언트의 욕구에 초점을 두고, 경청하고 관찰한다.

③ 자원과 기회 … 모든 인간은 삶의 문제를 해결하고 자신의 잠재능력을 개발하기 위한 자원과 기회에 접근할 수 있는 자격을 가지며, 사회복지사는 모든 클라이언트에게 이런 자원과 기회를 보장하기 위해 노력하여야 한다.

④ 클라이언트의 자기결정권 … 클라이언트는 전문 원조를 요청하더라도 원조과정에서 자신의 선택과 결정을 내릴 권리가 있으며, 사회복지사는 이런 권리와 욕구를 인정하고 격려하여야 한다.

⑤ 비밀보장

　㉠ 전문 원조과정에서 노출된 클라이언트에 관한 비밀정보를 보호하는 것을 의미한다. 비밀보장은 클라이언트의 권리이며, 효과적 전문관계를 위해 필수적이다. 하지만 클라이언트의 권리가 절대적인 것은 아니다.

　㉡ 법 앞에서의 예외가 있다. 사회복지사는 클라이언트의 비밀보장을 지켜줄 법적 의무를 갖고 있지 못하기 때문에 클라이언트가 범법행위를 하여 법의 심판을 받게 될 경우 법이 원하는 범위 내에서 클라이언트와의 대화내용을 공개하여야 한다.

(2) 실천이론과 모델

① 생태체계론 ··· 인간과 환경은 지속적인 상호작용을 통해 서로에게 영향을 미친다.

　㉠ 체계론

　　• 체계란 정리되고 서로 연결된, 기능적 전체를 형성하는 일련의 요소들을 의미하며, 개인·가족·집단·조직, 지역사회 등이 이에 해당한다.

　　• 체계들 간에는 끊임없는 투입과 산출의 흐름이 있는데, 투입은 다른 체계로부터 받는 에너지·정보·의사소통을 의미하며, 산출은 다른 체계로 방출되는 에너지·정보·의사소통을 의미한다.

　　• 체계는 투입과 산출과정에서 상대적으로 안정된 균형상태인 항상성(homeostasis)을 유지하려는 경향이 있다.

　㉡ 생태학적 이론 : 인간과 환경의 접점, 적응, 대처, 상호의존 등을 강조한다. 이 가운데 특히 적응은 자신에게 영향을 미치는 환경 또는 다양한 체계와의 최적성을 이룸으로써 생존하거나 자신을 실현할 수 있는 인간의 능력을 의미하며, 이는 인간의 일방적 변화가 아니라 인간을 수용하기 위해 체계도 변화하여야 함을 내포한다.

　㉢ 생태체계론의 주요 개념

　　• 유기체 : 개별적, 통계적, 살아있는 체계로 에너지와 정보를 필요로 한다.

　　• 적응 : 인간과 환경 간의 활발한 상호교환을 포함하는 하나의 단위 안에서 이루어지는 과정이다.

　　• 적합성 : 인간의 적응욕구와 환경자원이 부합되는 정도를 말한다.

　　• 유능성 : 개인이 환경과 효과적으로 상호작용할 수 있는 능력이다.

　　• 스트레스 : 개인이 지각한 요구와 이 요구를 충족시킬 수 있는 자원 활용능력 사이의 불균형에 의해 야기된 생리적·심리적·사회적 현상이다.

　　• 대처기술 : 정서적 고통을 통제하기 위하여 개인이 수행하는 행동이다.

　　• 생활영역 : 지역사회 성원들이 사회적 구조에서 차지하고 있는 사회적 지위 혹은 직접적 환경을 말한다.

　　• 거주환경 : 개인의 문화적 맥락 안에 존재하는 물리적·사회적 환경과 관련된 개념이다.

〈보기〉가 설명하는 사회복지실천의 접근방법은?

▶ 2019. 6. 15. 서울특별시

〈보기〉
- 개인의 내적 요소가 사회적 요소를 모두 중시한다.
- 실천의 초점은 개인을 둘러싼 사회환경과 상호작용에 두고 있다.
- 개인이 가진 현재의 기능은 과거의 사건에 영향을 받는다는 입장이다.

① 인지행동적 접근방법
② 클라이언트 중심적 접근방법
③ 심리사회적 접근방법
④ 과제중심적 접근방법

> **Tip** 개인의 내적 요소, 즉 클라이언트의 심리적 변화와 사회적 요소인 사회환경적 변화를 모두 중시하는 것은 심리사회적 접근방법의 특징이다.

정답 ③

ⓔ **생태체계론의 시각**
- 인간을 맥락 속에서 상호작용하는 체계로 이해하는 역동적 시각을 제시한다.
- 인간행동과 상호작용을 내부 또는 외부 요인들에 대한 반응으로서 발전한 것으로 이해한다.
- 인간의 현재 행동을 인간과 상황의 상호이익을 유지하는 최적성으로 설명한다.
- 모든 상호작용을 맥락 속에서의 적응적·논리적인 반응으로 이해한다.
- 개인 또는 집단, 환경의 변화를 위한 다양한 가능성과 다양한 체계를 변화표적으로 설정·개입하기 위한 시각을 제공한다.
- 생태체계론적 시각은 사회복지사가 클라이언트와 권한부여적 관계를 형성하고, 클라이언트 체계의 자원을 발견하며, 클라이언트 체계의 역량을 강화하는 도구로 활용된다.

② **심리사회모델**

㉠ 인간의 문제를 심리적·사회적인 문제로 이해하고, '상황 속의 인간'에 초점을 둔다.

㉡ 클라이언트와 사회복지사의 관계를 중요하게 여기고, 관계를 형성하고 유지하기 위한 실천원칙을 강조하는데, 예를 들어 사회복지사가 클라이언트를 수용하고 개별화하며 '클라이언트가 있는 곳에서 출발'하는 원칙 등을 강조한다.

㉢ 클라이언트의 과거경험이 현재의 심리내적 또는 사회적 기능에 미치는 영향을 강조하고, 클라이언트가 과거 또는 현재의 경험과 관련한 내적 갈등을 이해하고 통찰함으로써 성장하도록 원조한다. 이를 위해 사회복지사는 다음과 같은 활동을 주로 수행한다.

- 지지 : 클라이언트를 수용하고 원조하려는 의사를 분명히 하며, 클라이언트의 문제해결능력에 대해 확신하고 있음을 표현함으로써 클라이언트의 자기존중감을 증진한다.
- 직접적 영향 : 조언이나 제안을 통해 사회복지사의 의사를 관철한다.
- 탐색·기술·환기 : 탐색과 기술을 통해 클라이언트, 클라이언트가 처한 환경 또는 클라이언트와 환경 간의 상호작용에 관한 사실을 진술하고 설명하도록 원조하며, 환기를 통해 사실과 관련된 감정을 이끌어냄으로써 카타르시스를 경험하도록 원조한다.
- 인간과 상황에 대한 고찰 : 현재 또는 최근 사건과 관련하여 인간과 상황의 상호작용에 대해 고찰한다.
- 유형·역동에 대한 고찰 : 클라이언트의 성격 또는 행동 유형과 심리내적 역동에 대해 고찰한다.
- 발달적 고찰 : 성인기 이전의 생애경험과 이런 경험이 현재 기능에 미치는 영향을 고찰한다.

③ 행동주의모델

　ⓐ 인간의 행동은 학습의 결과이다. 인간의 행동은 반응적·조작적·대리적 조건형성에 의해 학습되는데, 특히 조작적 조건형성의 경우 선행사건 상황에서 행동이 발생하고 행동은 결과에 영향을 미치며, 결과는 다음의 유사상황에서 행동의 비율과 빈도, 형태 등을 결정한다.

　ⓑ 클라이언트의 문제를 해결하기 위해 클라이언트의 관찰가능한 행동과 환경을 분석하고 수정하고자 한다. 개입과정에서는 특히 문제와 변화 목표를 구체적이고 정확하게 설정하고, 과정과 결과에 대해 객관적으로 모니터하는 것을 강조한다.

　ⓒ 조작적 조건형성에 의해 유지되는 행동을 변화하는 경우, 사회복지사는 클라이언트의 문제행동과 행동 전후에 어떤 상황과 결과가 있었는지에 대해 분석하고 클라이언트의 행동과 환경을 변화시키기 위한 목적으로 개입한다.

　ⓓ **개입과정** : 클라이언트의 문제를 구체적으로 규정하고, 선행사건 – 행동 – 결과를 변화하기 위한 개입방법을 결정한 후, 클라이언트와 동의사항에 대해 계약한다.

　ⓔ **개입 목표** : 클라이언트가 최종행동을 달성하는 것이며, 이를 위해 개입과 동시에 진행과정을 모니터하고 기록·평가한다.

　ⓕ 사회복지사는 클라이언트가 바람직한 행동을 학습하도록 격려하고, 바람직한 행동을 적절히 보상한다. 특히 클라이언트를 도와줄 수 있는 가족이나 친구들, 이웃들을 찾아내어 클라이언트의 환경에서 강화가 이루어진 후에 종결하는 것이 바람직하다.

④ **인지행동주의모델** … 대부분의 인지행동주의 접근은 클라이언트가 자신의 사고와 행동을 통제하기 위한 대처기제를 학습하는 교육적 접근을 강조한다.

　ⓐ **합리정서치료를 제안한 엘리스(Ellis)**

　　• 인간이 비합리적 신념을 가지기 때문에 부정적인 정서를 경험하는 것이라고 설명하면서, 비합리적 신념을 합리적 신념으로 바꾸도록 원조하는 것을 강조한다.

　　• 비합리적 신념으로는 "나에게 중요한 모든 사람들로부터 사랑과 인정을 받는 것은 절대적으로 필요하다.", "가치있는 사람이 되기 위해서는 가능한 모든 면에서 완전히 능력이 있고, 적절하며, 성취적이어야 한다.", "불행은 외부적 용인에 기인하며, 사람들은 자신의 슬픔과 근심을 조절할 능력이 전혀 없다." 등을 포함한다.

　　• 사회복지사는 클라이언트의 비합리적 신념에 대해 질문하고, 이에 대한 클라이언트의 답변에 대해 반복적으로 질문함으로써 결국 클라이언트가 자신의 논리를 비판적으로 검토하도록 원조한다.

기출문제

사회복지 실천모델에 대한 설명 중 옳지 않은 것은?
▶ 2017. 3. 18. 제1회 서울특별시

① 심리사회모델 : 인간의 문제를 심리적(정서적)인 동시에 사회적(환경적)인 문제로 이해하고, 클라이언트의 문제를 상황 속에서 파악하고 심리사회적으로 개입해야 함을 강조한다.
② 해결중심모델 : 클라이언트 문제의 개입 초반부터 문제의 해결을 모색할 수 있도록 클라이언트를 지원하고 격려하는 것을 강조한다.
③ 행동주의모델 : 단기개입, 구조화된 접근, 클라이언트의 자기결정권에 대한 존중, 클라이언트의 환경에 대한 개입, 개입의 책임성 등을 강조한다.
④ 인지행동주의모델 : 클라이언트가 자신의 사고와 행동을 통제하기 위한 대체기제를 학습하는 교육적 접근을 강조한다.

Tip ③ 단기개입, 구조화된 접근, 클라이언트의 자기결정권에 대한 존중, 클라이언트의 환경에 대한 개입, 개입의 책임성 등을 강조하는 것은 과제중심모델의 특징이다. 행동주의 모델은 관찰가능한 행동과 환경에 초점을 두고 이를 분석하고 변화시킴으로써 클라이언트의 욕구를 충족시키고자 한다.

정답 ③

문 점심시간 때 학교 운동장에서 선후배 간 폭력이 발생하여 사상자가 발생하였다. 이에 대해 위기개입모델을 적용하고자 할 때, 학교사회복지사의 역할에 대한 설명으로 옳지 않은 것은?

▶ 2019. 4. 6. 인사혁신처

① 피해학생을 위험으로부터 안전하게 보호하며 심리적 안정을 취할 수 있는 제반 서비스를 실시한다.

② 피해학생이 위기로 인한 분노, 좌절감, 불안, 두려움 등을 적절한 수준에서 표출, 완화할 수 있도록 돕는다.

③ 폭력사건 위기와 관련된 다양한 대상에 대한 다각적인 사정을 통해 클라이언트의 성격 변화에 초점을 둔다.

④ 위기개입팀의 일원으로 학생들에게 위기사건과 관련된 정확한 사실을 설명하고 긴장을 완화하는 디브리핑(debriefing)을 한다.

> **Tip** 위기개입모델은 위기에 처한 클라이언트가 예상치 않았던 사건으로 발생한 정서적, 행동적, 인지적 위기상태를 위기 이전에 가깝게 고쳐가도록 돕는다. 제시된 상황은 폭력으로 사상자가 발생한 심각한 상황으로 ③과 같은 클라이언트의 성격 변화보다는 ①②④ 같은 실질적인 도움에 사회복지사의 역할의 초점이 맞춰져야 한다.

|정답 ③

ⓒ 인지치료를 제안한 벡(Beck)

• 정서문제(우울, 불안 등)를 가지고 있는 사람들은 생활사건에 대해 왜곡된 사고를 하거나 비현실적 인지평가를 함으로써 인지적 오류를 범하는 것이라고 설명하였다.

• 인지적 오류로는 결론을 지지하는 증거가 없음에도 불구하고 결론을 내리는 임의적 추론(야외파티를 주최하고 있을 때 비가 오는 경우, 자신이 무가치하다고 결론을 내림), 상황에 대한 보다 현저한 특성을 무시한 채 맥락에서 벗어난 세부 내용에 초점을 두는 선택적 요약(자신의 많은 강점들에도 불구하고 몇몇 단점에 집착함), 과잉일반화(좋아하는 여학생에게 데이트를 신청했다가 거절당한 남학생이 자신은 무가치한 사람이라고 생각함) 등을 포함한다.

⑤ **과제중심모델** … 과제중심모델은 사회복지사가 효율적으로 학습할 수 있을 뿐 아니라 실천의 효과성과 효율성을 증진하기 위한 요소로서 단기개입(2 ~ 3개월), 구조화된 접근, 클라이언트의 자기결정권에 대한 존중, 클라이언트의 환경에 대한 개입, 개입의 책무성 등을 강조한다.

Point 팁 실천의 틀

ⓐ 시작하기 단계: 클라이언트가 다른 기관으로부터 의뢰된 경우 의뢰기관의 목표와 자원에 대해 탐색한다.

ⓑ 문제를 규명하는 단계: 클라이언트의 견해를 최대한 반영한 표적 문제를 우선순위에 따라 3개까지로 설정하고 예비적으로 사정한다.

ⓒ 계약단계: 문제규정과 해결방향에 대해 클라이언트와 계약한다.

ⓓ 실행단계: 클라이언트의 문제에 대해 집중적으로 사정하고, 대안들을 모색하고 결정하며, 문제를 해결하기 위한 과제들을 수행한다. 사회복지사는 클라이언트의 과제수행정도를 점검하고 모니터하며, 클라이언트의 과제수행을 지원하기 위한 사회복지사 자신의 과제를 수행한다.

ⓔ 종결단계: 개입과정을 통해 성취한 것에 대해 점검하고 평가한다.

⑥ **위기개입모델**

ⓐ 클라이언트가 직면하고 있는 위기를 심리적으로 해소시켜 위기 이전의 기능수행의 수준까지 회복시키는 것이다.

ⓑ 위기개입은 상대적으로 단기적 접근이다.

ⓒ 구체적이고 관찰가능한 문제들이 위기개입의 표적이다.

ⓓ 위기개입을 할 때에는 가장 적절한 치료전략을 수립해야 하며, 단순한 차선책으로 접근해서는 안된다.

ⓔ 사회복지사는 보다 적극적 직접적인 역할을 수행해야 한다.

⑦ 여성주의모델

  ㉠ 클라이언트의 문제를 개인적 차원이 아닌 사회·정치적인 구조 안에서 해석한다. 따라서 클라이언트의 문제는 사회적 불평등에 기인한 필연적인 것으로 인식하며, 이를 해결하기 위해 사회·정치적 구조의 변화를 추구한다.

  ㉡ 클라이언트와 실천가 사이에 힘의 불균형을 인식하고, 클라이언트가 자기 자신을 위한 결정 기회를 극대화할 수 있도록 클라이언트와 실천가 사이의 평등관계를 강조한다.

  ㉢ 치료에 있어 병리(pathology)적 측면 보다는 클라이언트가 환경과의 상호작용 속에서 역량강화(empowerment)를 경험할 수 있도록 지원하는 것을 궁극적인 목적으로 한다.

(3) 통합적 방법론

① 통합적 방법론의 등장배경

  ㉠ 전통적 방법은 지나친 분화와 전문화로 서비스의 파편화 현상을 초래함으로써 다양한 문제와 욕구를 가지고 있는 클라이언트가 여러 기관이나 사회복지사를 찾아다녀야 하는 부담감을 야기시킨다.

  ㉡ 전통적 방법은 주로 제한된 특정문제중심의 개입을 하고 있어 최근의 복잡한 문제상황에 대해 적절히 개입하기 어려운 상황이 발생한다.

  ㉢ 전문화중심의 교육훈련은 사회복지사의 분야별 직장 이동에 도움을 주지 못한다.

  ㉣ 공통기반을 전제하지 않는 분화 및 전문화는 각각 별개의 사고와 언어 및 과정을 보여줌으로써 사회복지 전문직의 정체성 확립에 장애가 된다.

② 통합적 방법론의 특징

  ㉠ 사회복지실천의 본질적인 개념, 활동, 기술, 과업 등에 공통적인 기반이 있음을 전제로 한다.

  ㉡ 클라이언트의 잠재성을 인정하며, 이들 잠재성이 개발될 수 있다고 보고, 미래지향적인 접근을 강조한다.

  ㉢ 사회복지의 지식은 과거의 심리내적·정신역동적 측면으로부터 상황 속의 인간을 이해하고자 하는 일반체계이론까지 확대된 개념을 사용한다.

  ㉣ 과거 사회복지의 개입은 주로 인간에게 초점을 두거나 환경에 초점을 두는 2궤도 접근으로 이루어져 왔으나, 통합적 방법은 이 양면적 상호작용에 초점을 둠으로써 인간과 환경의 공유영역, 즉 사회적 기능수행영역에 사회복지사가 개입해야 함을 강조한다.

기출문제

🔏 사회복지실천의 통합적 접근방법이 등장한 배경으로 가장 적절하지 않은 것은?

▶ 2016. 4. 9. 인사혁신처

① 체계이론적 관점과 생태학적 관점을 활용하면서 이론적 기반이 형성되었다.

② 클라이언트의 문제와 욕구들이 점차 표준화되었다.

③ 제한된 특정문제에 대한 개입만을 중요시하는 전통적 사회복지 접근의 한계가 나타났다.

④ 인간과 환경은 서로 분리되어 있는 것이 아니라 지속적 상호교류를 하는 하나의 체계로 이해되었다.

Tip ② 클라이언트의 문제와 욕구들이 점차 복잡하고 다양해지면서 사회복지실천의 통합적 접근방법이 등장하였다.

정답 ②

문 핀커스(Pincus)와 미나한(Minahan)이 제시한 사회복지사의 활동체계에 대한 설명으로 옳지 않은 것은?
▶ 2017. 12. 16. 지방직 추가선발

① 변화매개체계는 사회복지사와 사회복지사를 고용하고 있는 기관 및 조직을 의미한다.
② 클라이언트체계는 변화노력을 달성하기 위해 상호작용하는 모든 체계들을 의미한다.
③ 행동체계는 변화목표를 설정하거나 표적에 영향을 미치기 위해 활용될 수 있다.
④ 표적체계는 목표달성을 위하여 직접적으로 영향을 주거나 변화가 필요한 사람들이다.

Tip ② 변화노력을 달성하기 위해 상호작용하는 모든 체계들을 의미하는 것은 행동체계이다. 클라이언트체계는 클라이언트와 그 문제 해결에 잠재적 영향을 주는 환경에 있는 사람들을 의미한다.

문 강점관점(strength perspective)에 대한 설명으로 옳지 않은 것은?
▶ 2020. 6. 13. 지방직/서울특별시

① 개인을 진단에 따른 증상을 가진 자로 규정한다.
② 클라이언트의 문제는 그에게 도전과 기회의 원천이 될 수 있다.
③ 변화를 위한 자원은 클라이언트 체계의 장점, 능력, 적응기술이다.
④ 클라이언트의 잠재역량을 인정하여 자신의 삶을 통제할 수 있도록 힘을 부여하는 것이 중요하다.

Tip ① 개인을 진단에 따른 증상을 가진 자로 규정하는 것은 병리관점이다.

l 정답 ②, ①

ⓜ 클라이언트의 존엄성을 인정하고, 클라이언트의 참여와 자기결정 및 개별화를 극대화할 것을 강조하며 사회복지실천과정의 계속적인 평가를 주장한다.

③ **통합적 방법 모델** … 학자들은 방법론에서의 공통된 내용·주제·분야별 실천에 필요한 일반적 기초를 하나로 묶어 모델을 제시하고 있다.

　㉠ 핀커스(Pincus)와 미나한(Minahan)의 4체계 모델
　　• 사회복지실천에 공통적인 개념·기술·과업이 있다고 가정하고, 이들 공통된 핵심적 요인을 서로 연관지음으로써 사회복지실천의 전문적 정체성의 기초를 제공하는 데 그 목적이 있었다.
　　• 4체계: 변화매개체계, 클라이언트체계, 표적체계, 행동체계로 구성된다.

　㉡ 저매인과 기터만의 생활모델: 생활모델은 인간과 환경의 상호작용에 초점을 두고 개인·집단·지역사회 등 제반체계에 개입할 수 있는 실천원칙과 기술을 통합한 것으로서, 생활과정 안에서 문제를 해결해 나가도록 하는 실천모델이다.

　㉢ 펄만의 문제해결모델
　　• 통합적 방법 모델로서 가장 많이 논의되는 문제해결모델은 인간의 삶 자체가 끊임없는 문제해결과정이라는 가정하에 최초로 '문제'를 사회복지실천의 변화표적으로 제시하였다.
　　• 문제해결과정을 4P로 표현하였는데, 즉 '문제(Problem)'를 가지고 있는 '사람(Person)'이 어떤 '장소(Place)'에 자신의 문제를 가지고 도움을 얻기 위해 찾아오게 되며, 사회복지사는 이때 클라이언트와 문제해결기능에 관여하게 되고, 나아가 문제해결에 필요한 자원을 보완해 주는 '과정(Process)'을 활용한다는 것이다.

section 4 실천관점

(1) 강점관점

① **개념** … 클라이언트의 문제점만을 두고 관심을 가지기 보다는 문제에 대한 해결점을 발견하고 클라이언트만의 강점을 강화시키는 것에 집중되어 있다.

② **특징**
　㉠ 클라이언트를 다른 사람과는 차별된 독특한 인간으로서 대우, 클라이언트만의 다양성과 감정을 존중하여 클라이언트가 목표를 달성하고 역량을 실현해 나갈 수 있도록 도와준다.
　㉡ 치료의 초점이 치료 가능성에 있다.
　㉢ 클라이언트의 진술은 그 사람을 알아가고 평가하는 중요한 방법 중 하나이다.
　㉣ 사회복지사는 클라이언트의 진술을 인정한다.

ⓜ 어린 시절의 상처는 개인을 약하게 할 수도 있고 강하게 할 수도 있다고 본다.

ⓑ 치료의 핵심은 개인·가족·지역사회의 참여이다.

ⓢ 개인적 발전은 항상 개방되어 있다.

ⓞ 변화를 위한 자원은 개인·가족·지역사회의 장점·능력·적응기술이다.

ⓩ 돕는 목적은 그 사람의 삶에 함께하며 가치를 확고히 하는 것이다.

(2) 병리관점

① **개념** … 병의 진단적 증상을 주 맥락으로 받아들이고, 진단적 증상과 그 사람의 문제를 동일시한다. 즉, 판단자의 지식과 경험에 근거하여 문제를 규정하며 문제에 맞는 치료과정을 제공한다.

② **특징**

㉠ 치료의 초점이 클라이언트가 겪고 있는 문제에 있다.

㉡ 클라이언트의 진술은 전문가에 의해 재해석되어 진단에 활용된다.

㉢ 사회복지사는 클라이언트의 진술에 회의적이다.

㉣ 어린 시절의 상처는 성인기의 병리를 예측할 수 있는 전조라고 본다.

㉤ 치료의 핵심은 실무자에 의해 고안된 치료 계획이다.

㉥ 사회복지사는 클라이언트 삶의 전문가이다.

ⓢ 개인적 발전은 병리에 의해 제한된다.

ⓞ 변화를 위한 자원은 전문가의 지식과 기술이다.

ⓩ 돕는 목적은 행동, 감정, 사고, 관계의 부정적인 개인적·사회적 결과와 증상의 영향을 감소하는 것이다.

(3) 성인지 관점

① **개념** … 남성과 여성이 처한 현실에 따라 그 효과가 다를 수 있다는 문제의식에서 출발해 여성과 남성의 삶을 비교하고, 여성 특유의 경험을 반영하며, 특정 개념이 특정한 성에게 유리하거나 불리하지 않은지, 성 역할 고정관념이 개입되어 있는지 아닌지에 대하여 각종 제도나 정책을 검토하는 관점을 말한다.

② **배경** … 클라이언트의 삶과 사회복지실천의 현장 및 개입에서 성이 어떤 역할을 하고 있는지에 대한 영향을 인식하고 그 영향을 고려할 수 있는 관점을 제공해 주는 것으로 남녀 성차별의 개선이라는 문제의식에 기반하여 등장한 개념이다.

③ 성인지 관점의 중요한 기여는 인간과 사회문제에 대한 접근에서 가부장주의와 남녀불평등 같은 사회구조적 요소들을 고려하지 않는 개념과 시각을 비판하는 것이다. 전통적 사회복지실천에서 활용되는 관점이나 이론 및 접근 모델 등이 성(gender)을 고려하지 않기 때문에 성인지적 관점의 비판의 대상이 되고 있다.

문 **사회복지실천에서 성인지 관점 (gender-sensitive perspective)에 대한 설명으로 옳지 않은 것은?**
▶ 2020. 6. 13. 지방직/서울특별시

① 가족 내 성역할 분업을 강조하는 관점이다.

② 성차별로 인한 문제를 분석하거나 개입할 때 사용할 수 있는 관점이다.

③ 여성과 남성은 생물학적·사회문화적 경험의 차이로 서로 다른 이해나 요구를 가진다고 보는 관점이다.

④ 정책이나 개입이 여성과 남성에게 미치는 효과를 평가하고 그것을 반영하도록 하는 관점이다.

Tip ① 성인지 관점은 가부장주의 사회에서 당연시 되던 남녀의 고정된 역할분담이나 불평등과 같은 기존의 질서와 구조에 의문을 제기하면서 나타났다.

정답 ①

237

section **5** 실천과정

(1) 초기(탐색 · 사정 · 계획)

① **관계형성** … 실천과정의 초기 국면에서 무엇보다 중요한 것은 관계 또는 라포(rapport)를 형성하는 것이다. 관계가 형성되어야 클라이언트는 사회복지사의 선의와 원조의사를 신뢰하고, 개인적 또는 고통스러운 감정과 정보를 노출할 수 있게 되며, 원조의 효과에 중대한 영향을 미친다.

② **탐색 · 사정 · 계획** … 사정(assessment)은 클라이언트와 클라이언트의 문제, 환경요인들에 대해 다차원적으로 이루어지며, 특히 클라이언트의 강점과 강화하거나 활성화할 환경체계를 규명하는 것이 중요하다.

③ 초기에는 다차원적 사정에 기초하여 문제를 해결하거나 경감하기 위한 목표에 대해 클라이언트와 협의하고, 구두 또는 서면으로 계약을 맺는다.

(2) 중기(실행과 목적달성)

① 목적을 세부목적과 과제로 부분화한다.

② 과제실행에 대한 계획을 세운다.

③ 회기간 연속성을 유지한다.

④ 진행과정과 결과를 정기적으로 모니터한다.

⑤ 진보에 방해가 되는 장애를 해소한다.

(3) 종결기(종결과 평가)

① 상호계획된 종결을 하는 것이 중요하다.

② 클라이언트는 종결에 대해 억압된 감정의 행동화, 문제의 재발 또는 새로운 문제의 제기, 부인, 회피, 배신감 등 다양한 반응을 보일 수 있다.

③ 사회복지사는 종결과정에서 관계의 종결과 관련된 클라이언트의 감정을 다룰 필요가 있다.

④ 실천과정에서 변화와 성장을 유지하기 위한 전략을 계획하고, 결과에 대해 평가하며, 필요한 경우 사후관리 회기를 갖는다.

section **6** 실천기술

(1) 의사소통 기술

클라이언트와 관계를 형성하고 클라이언트를 면접하기 위한 필수적인 기술이다. 효과적인 원조관계는 사회복지사가 클라이언트의 상황에 대해 공감하고, 클라이언트를 긍정적으로 배려하며, 온화함과 진실성을 드러낼 때 비로소 형성될 수 있다.

(2) 관계형성과 유지 기술[비에스텍(Biestek)의 관계형성 원칙]

① **개별화** … 클라이언트의 개인적 특성을 이해하고 개별 특성에 따른 차별적 원조 원칙과 방법을 사용한다. 클라이언트의 개별화를 위해 사회복지사는 특정 클라이언트 집단에 대한 편견과 선입관으로부터 벗어나야 한다.

② **의도적 감정표현**
  ㉠ 클라이언트에게서 감정표현을 이끌어내는 것은 클라이언트가 긴장이나 압박으로부터 벗어나 자신의 문제를 좀 더 객관적이고 명확하게 볼 수 있게 도와준다.
  ㉡ 클라이언트는 사회복지사와 감정교류를 갖게 됨으로써 문제에 대한 부담감을 덜 수 있다.
  ㉢ 클라이언트의 부정적인 감정 자체가 문제인 경우 감정표현을 통해 많은 부분이 해결될 수 있다.

③ **통제된 정서적 관여** … 사회복지사는 클라이언트에게 민감하게 반응함으로써 정서적으로 관여한다. 그러나 이때 사회복지사의 반응은 목적의식과 자기인식에 의해 반드시 통제되고 조절되어야 한다. 왜냐하면 클라이언트는 자신의 감정이 그대로 공유되기보다는 자신과는 다른 입장에서 다른 반응을 보이는 사회복지사를 필요로 할 수도 있기 때문이다.

④ **수용**
  ㉠ 클라이언트의 강점과 약점, 긍정적·부정적 감정, 건설적·파괴적 태도와 행동 등을 있는 그대로 받아들인다.
  ㉡ 인간의 존엄성에 기초한 수용은 클라이언트가 바람직하지 못한 자기방어로부터 자유로워질 수 있다는 점에서 치료적 효과가 있다.

⑤ **비심판적 태도** … 행위와 행위자를 구분함으로써 행위자로서 클라이언트에 대해 심판하지 않는다. 클라이언트를 심판하지 않고 인간으로 존중할 때, 클라이언트는 자존감을 회복하고 욕구와 문제를 해결해 나갈 수 있게 된다.

🔒 **사회복지실천의 관계형성 기술에 대한 설명으로 옳은 것만을 모두 고르면?**

▶ 2019. 4. 6. 인사혁신처

㉠ 수용 – 클라이언트를 있는 그대로 받아들여 문제행동도 옳다고 인정하고 받아들이는 것을 의미한다.

㉡ 비밀보장 – 원조관계에서 알게 된 클라이언트에 대한 정보는 반드시 비밀을 보호해야 한다.

㉢ 통제된 정서적 관여 – 클라이언트에게 민감하게 반응함으로써 정서적으로 관여하되 그 반응은 원조의 목적에 적합하게 통제되어야 한다.

㉣ 개별화 – 클라이언트의 개인적 특성을 이해하고 개별 특성에 적합한 원조원칙과 방법을 사용해야 한다.

① ㉠, ㉡   ② ㉠, ㉢

③ ㉡, ㉣   ④ ㉢, ㉣

> **Tip** ㉠ 수용은 클라이언트의 있는 그대로를 받아들임이지만, 문제 행동을 옳다고 인정하고 받아들이는 것은 아니다.
>
> ㉡ 원조관계에서 알게 된 클라이언트에 대한 정보는 비밀보장을 하는 것이 원칙이지만, 클라이언트에게 도움을 주기 위해 어쩔 수 없는 상황이나 범죄 관련 등 비밀보장을 할 수 없는 경우가 존재하므로 반드시 비밀을 보호해야 한다는 것은 옳지 않다.

정답 ①

⑥ 클라이언트의 자기결정권

　㉠ 클라이언트가 자기 결정을 하기 위해서는 직면한 문제를 해결하기 위한 다양한 대안들을 알고 있어야 한다. 따라서 사회복지사는 클라이언트와 함께 가능한 대안들을 탐색해야 하며, 클라이언트가 선택권을 가지고 다른 사람에게 의존하지 않고 스스로 결정을 내릴 수 있게 도와야 한다.

　㉡ 자기결정원리는 주요 문제해결자가 사회복지사가 아니라 클라이언트임을 강조한다. 따라서 사회복지사는 문제를 가진 사람이 클라이언트이므로 문제해결의 1차적 책임 역시 클라이언트에게 있음을 인식할 필요가 있다.

　㉢ 자기결정의 원리가 사회복지사로 하여금 어떠한 의견이나 제안도 할 수 없다는 것을 의미하지는 않는다. 사회복지사는 클라이언트의 문제해결에 대한 다양한 의견을 제시할 수 있다.

　㉣ 자기결정의 원리는 법적으로 강제성이 부여되는 사회복지사의 기능에서도 존중되어야 한다. 즉, 감옥이나 보호관찰과 같은 업무를 수행할 때 클라이언트의 자기결정은 법적인 한도 내에서 존중되어야 한다.

⑦ **비밀보장** … 원조관계에서 노출된 클라이언트에 관한 개인정보를 보호한다.

(3) 면접 기술

① 면접의 목적

　㉠ 자료 수집

　㉡ 원조관계의 확립과 유지

　㉢ 클라이언트에게 정보 제공

　㉣ 원조과정의 촉진

　㉤ 원조과정에서의 장애요소 파악과 제거

　㉥ 목표달성을 위한 활동을 파악하고 이행

② 면접의 특성

　㉠ 목표달성의 촉진을 위한 것이다.

　㉡ 특수한 역할관계가 발생한다.

　㉢ 면접자의 행동은 계획적 · 의식적이다.

　㉣ 내용에 있어서는 일관성과 통일성을 가진다.

③ 면접의 방법

　㉠ **관찰**: 선입관을 버리고 실제 상황을 있는 그대로 보는 것으로 비언어적 의사소통을 중시한다.

　㉡ **경청**: 수동적 방법이 아닌 능동적 방법으로, 클라이언트의 이야기에 적절한 의견이나 질문을 하거나 이해의 말을 덧붙인다.

　㉢ **질문**: 클라이언트가 이야기를 하도록 적절한 질문을 한다.

ⓔ 대화 : 클라이언트와 이야기할 때 그들이 사용하는 용어를 적절히 넣어서 대화내용이 이해되도록 해야 한다.

ⓜ 응답 : 공적·사적 질문에 대한 대답이다.

ⓗ 통솔 : 면접자가 클라이언트로 하여금 자기감정을 표현하도록 하는 데 사용하며 면접시 면접자를 지도하며 통솔해 나가야 한다.

ⓢ 해석 : 클라이언트가 잘 알지 못하는 것을 이해시킨다.

Point 팁 주요 면접기법

㉠ 명료화 : 클라이언트가 진술한 내용의 실체를 요약해 주는 기법

㉡ 직면화 : 클라이언트가 가지고 있는 말, 행동, 생각 간에 모순을 지적하여 자신의 내적인 문제를 발견하고 전환할 수 있도록 돕는 기법

㉢ 해석 : 산재해 있는 행동과 사고, 감정 등의 유형을 클라이언트에게 설명하는 것

㉣ 재보증 : 사회복지사가 신뢰를 표현함으로써 클라이언트의 자신감을 향상시키는 기법

㉤ 재명명 : 클라이언트가 부정적인 의미를 부여하는 것에 대해 새롭게 수정하여 긍정적인 의미로 변화시키는 기법

㉥ 공감 : 클라이언트의 입장에 감정을 이입하여 이해하고 이를 표현하는 능력

㉦ 격려 : 클라이언트가 특정 행동이나 경험 혹은 생각에서 벗어나도록 하거나 그런 쪽으로 행동을 취할 수 있도록 도움을 제공하는 것

(4) 사례관리

① 의의

㉠ 특정대상을 위한 직접적 서비스 및 지역사회실천에서의 서비스를 합한 것으로, 클라이언트에게 좀 더 포괄적이고 지속적인 서비스를 제공한다는 측면에서 그 의의가 있다.

㉡ 복합적인 욕구를 가진 사람들의 기능화와 복지를 위해 공식적·비공식적 지원을 하고 활동네트워크를 조직·조정·유지하는 것이다.

Point 팁 사례관리의 등장 배경

㉠ 사회인구학적 변화

㉡ 다양한 문제와 욕구를 가진 클라이언트의 증가

㉢ 탈시설화

㉣ 서비스 공급주체의 다원화 및 서비스의 지방분권화

㉤ 복잡하고 분산된, 즉 통합적이지 못한 서비스 체계

㉥ 클라이언트와 그 가족에게 부과되는 과도한 책임

㉦ 사회적(비공식적) 지지체계의 중요성에 대한 인식

㉧ 복지국가의 재정적 위기

㉨ 서비스 비용의 억제

기출문제

문 다음 대화에서 사회복지사가 사용한 상담기술은?

▶ 2020. 6. 13. 지방직/서울특별시

클라이언트 : 내가 매일 주민센터 가서 아무리 얘기해도 듣는 건지, 안 듣는 건지…공무원들한테는 얘기해도 소용없어.

사회복지사 : 여러 번 주민센터에 가서 얘기하셨는데, 그곳의 공무원들이 잘 들어주지 않는다는 말씀이신가요?

① 직면기술

② 해석기술

③ 재보증기술

④ 명료화기술

Tip ④ 명료화 : 클라이언트의 생각이나 감정, 경험을 명확히 이해하기 위해 클라이언트의 진술이 추상적이거나 혼란스러운 경우에 보다 구체적으로 표현하도록 클라이언트에게 요청하는 것이다.

문 사례관리의 등장 배경이 아닌 것은?

▶ 2020. 7. 11. 인사혁신처

① 시설중심의 서비스 제공

② 복잡하고 분산된 서비스 체계

③ 클라이언트와 그 가족의 과도한 책임

④ 다양한 문제와 욕구를 가진 클라이언트의 증가

Tip ① 사례관리는 탈시설화 및 재가복지 서비스의 경향으로 그 필요성이 대두되었다.

정답 ④, ①

② 목적
　㉠ 서비스와 자원들을 활용하여 가능한 한 클라이언트 자신의 생활기술을 증진시킨다.
　㉡ 클라이언트의 복지와 기능을 향상시키기 위해 사회적 망과 관련된 대인복지서비스 제공자들의 능력을 향상시킨다.
　㉢ 가능한 한 가장 효율적인 방법으로 서비스 및 지원을 전달하며, 서비스의 효과성을 향상시킨다.

③ 사례관리의 개입원칙
　㉠ 서비스의 개별화 : 클라이언트의 독특한 신체적·정서적·사회적 상황에 따라 각 클라이언트의 욕구에 맞게 서비스를 제공한다.
　㉡ 서비스 제공의 포괄성 : 지역사회에서 클라이언트의 다양한 욕구를 충족시키기 위해 필요한 광범위한 지지를 연결하고 조정·점검하는 것이다.
　㉢ 클라이언트의 자율성 극대화 : 클라이언트의 선택에 대한 자유를 최대화하고 지나친 보호를 하지 않는 것을 의미한다. 이는 클라이언트의 자기결정권을 가능한 보장하고자 하는 것이다.
　㉣ 서비스의 지속성 : 사례관리자가 클라이언트의 욕구를 점검하여 서비스를 지속적으로 제공한다는 것이다. 즉, 1회의 단편적인 서비스 제공이 아니라 클라이언트가 자신의 생활현장에서 잘 적응할 수 있도록 지속적으로 원조해야 한다는 것이다.
　㉤ 서비스의 연계성 : 이 원칙은 복잡하고 분리되어 있는 서비스 전달체계를 연결하는 것을 의미한다.

④ 사례관리의 기능
　㉠ 클라이언트와 필요한 서비스 연결기능
　㉡ 사례관리기관 상호 간 조정기능
　㉢ 공식적 체계와 비공식적 체계의 동시 활용기능
　㉣ 비공식 자원체계와 클라이언트의 상호작용 촉진기능
　㉤ 문제해결기능
　㉥ 상담기능
　㉦ 옹호기능

⑤ 사례관리의 과정
　㉠ 접수
　　• 클라이언트의 문제와 상황을 밝혀내는 단계이다.
　　• 접수 과정 – 개인의 일반적인 사회 심리적 정보를 모은다.
　　• 신청서를 작성하며, 일상적인 지지를 하는 등의 공식적 과정이다.

ⓛ **사정**
- 철저하게 문제를 확인하기 위해 클라이언트의 사회, 심리적, 신체적 기능 수행 정도를 자세히 파악한다.
- 클라이언트의 발전과 성장을 가져올 수 있는 상황의 감정을 파악하고 클라이언트의 제한점을 인식한다.
- 기관 내의 여러 분야의 전문가들이 사정에 참여할 필요가 있다.
- 적절한 사정 기간이 필요하다.

ⓒ **기획 – 실천계획 및 목표 설정**
- 서비스 목표 : 사정에 기초하여 종합적인 서비스 계획을 수립하는 것을 말한다.
- 실천 계획, 목표를 설정할 때에는 클라이언트의 한계를 고려하여 현실적인 면을 고려해야 한다.
- 현재의 상황을 유지, 곤란을 감소시킬 수 있는 구체적인 프로그램 개발이 주요 목표이다.

ⓔ **개입**
- 상담과 치료를 포함하는 치료 계획을 말한다.
- 실질적인 원조를 위해 외부기관에 클라이언트를 연결한다.
- 단기 목표, 장기 목표를 성취하기 위한 방법을 포함한다.

ⓜ **점검 및 재사정**
- **점검**
  - 클라이언트를 위해 수립된 실행계획에서 정해진 서비스의 전달 과정은 추적하는 방법을 말한다.
  - 사례관리자에 의해 행해지는 활동적, 유동적 과정이다.
- **재사정**
  - 클라이언트를 장기간 보호 목적을 전제로 할 때에는 상황에 따라 클라이언트 관리 상황의 반복적인 평가를 실시한다.
  - 시간적인 간격을 두고 설정된 시점에 따라 공식적으로 요구한다.
  - 순차적으로 새로운 자원과의 연결, 배치, 새로운 대입 계획, 수정된 개입 목표와 관련되어있다.

ⓗ **평가**
- 과정성 평가 : 클라이언트에 대한 서비스와 지지 계획에서 정해진 활동과 과업이 적절한 방법으로 수행되고 있는 것인가?
- 투입성 평가 : 개입 계획 시 구성된 정문 인력, 서비스, 자원들이 목표로 삼은 가례관리 목적을 달성하기에 적절한가?
- 연관성 평가 : 이 계획은 여전히 욕구에 부응할 수 있는 것인가의 여부를 평가한다.

기출문제

문 다음 사례관리 활동에 대한 설명으로 옳은 것만을 모두 고르면?
▶ 2019. 4. 6. 인사혁신처

㉠ 사례관리는 복합적이고 장기적인 욕구를 갖고 있는 사람에 대한 지원활동이다.
㉡ 사례관리는 지역사회의 다양한 서비스 기관들을 연계하여 종합적인 서비스를 제공하는 활동이다.
㉢ 사례관리자는 서비스를 연계하고 점검하는 간접적 실천활동과 함께 교육, 상담 등 직접 실천활동을 수행한다.
㉣ 사례관리 과정에 새로운 욕구가 발견되면 재사정을 통해 서비스를 계속적으로 지원한다.

① ㉠, ㉡
② ㉠, ㉢, ㉣
③ ㉡, ㉢, ㉣
④ ㉠, ㉡, ㉢, ㉣

Tip 모두 옳은 설명이다. 사례관리는 복합적이고 장기적인 욕구를 가진 클라이언트에 대한 종합적이고 지속적인 서비스 제공에 초점을 둔다.

문 사례관리(case management)의 과정을 순서대로 바르게 나열한 것은?
▶ 2019. 2. 23. 제1회 서울특별시
① 기획→사정→개입→점검→평가
② 사정→기획→점검→개입→평가
③ 사정→기획→개입→점검→평가
④ 기획→사정→점검→개입→평가

Tip 사례관리의 과정은 접수→사정→기획→개입→점검 및 재사정→종결 및 평가로 진행된다.

정답 ④, ③

기출문제

(5) 기록

① 목적

　㉠ 기관의 서비스 수급자격의 입증근거를 구비하기 위한 것이다.

　㉡ 연구 · 조사 · 지도 · 감독의 자료가 된다.

　㉢ 서비스의 내용을 보고하기 위한 것이다.

　㉣ 서비스의 과정과 효과를 점검하기 위한 것이다.

② 기록의 종류

　㉠ **항목기록** : 기록의 내용을 시간적으로 기술하지 않고 항목적으로 기술하는 방식으로, 주로 객관적인 자료를 얻기 위해 쓰인다.

　㉡ **요약기록** : 시간의 흐름에 따라 변화된 상황, 개입활동, 정보 등을 요약하여 정리한 방식으로 압축기술이라고도 한다. 주로 클라이언트에게 일어난 변화에 초점을 두어 기록한다.

　㉢ **과정기록** : 케이스워커와 클라이언트가 면담하는 동안 일어난 것들을 시간의 흐름에 따라 구체적으로 기술하는 방식이다.

1 사례관리의 고유 기능으로 옳지 않은 것은?

① 클라이언트의 심리내적인 문제의 치료에 집중한다.

② 클라이언트 지원망으로부터의 서비스 수혜 양상을 지속적으로 모니터링한다.

③ 클라이언트의 욕구에 적합한 포괄적 서비스 계획을 수립한다.

④ 다양한 기관과 조직들이 클라이언트에게 제공하는 서비스를 조정한다.

2 다음은 케이스워커와 관련된 설명이다. 바르게 짝지은 것은?

> ⓐ 정보와 자원 제공, 행동과 기술지도 등을 통해 클라이언트의 능력을 강화시킨다.
>
> ⓑ 상반되는 태도와 행동을 보임으로써 위험한 욕망의 표현을 예방하려는 것이다.
>
> ⓒ 어떤 바람직한 특성을 강조하여 약점을 극복하거나 어떤 영역에서의 욕구불만을 다른 영역에서의 만족으로 대신하려는 것이다.

	ⓐ	ⓑ	ⓒ
①	조력자	반동형성	동일시
②	중재자	합리화	투사
③	지도자	반동형성	보상
④	대변자	투사	부정

3 리치몬드(Richmond)의 케이스워크의 궁극적 목표에 속하는 것은?

① 클라이언트의 잠재적 소질 개발

② 성격의 발달

③ 사회환경의 무의식적 개발

④ 개인의 도덕성 개발

4 개별사회사업에 대한 설명으로 옳은 것은?

① H. 펄만에 의하면 개별화사업은 문제해결과정이 아닌 치료과정이다.
② 개별화사업의 개인의 내적면적 특성에 치중하여 환경과의 상호작용을 경시하는 단점이 있다.
③ 개별사회사업의 주요 구성요소는 사람(people), 장소(place), 문제(problem), 평화(peace)의 4P이다.
④ 심한 갈등이 있는 부부, 자신을 돌보지 못하는 노인 등도 개별화사업의 실천대상이 된다.

5 개별사회사업을 개인과 그 사회환경 간의 개별적인 의식적 조정을 통해서 그 사람의 인격발달을 도모하는 제반과정이라고 규정한 사람은?

① 리치몬드　　　　　　　　　　　② 펄만
③ 보어　　　　　　　　　　　　　④ 레젠버그

6 다음 중 비에스텍의 7가지 원칙에 해당하지 않는 것은?

① 의도적인 감정표출　　　　　　　② 비심판적 태도
③ 빠른 해석　　　　　　　　　　　④ 클라이언트의 자기결정

7 다음 중 케이스워크의 일반적인 성격에 대한 설명으로 옳은 것은?

① 케이스워크는 치료보다는 예방에 주안점을 두고 있다.
② 케이스워크는 누구나 할 수 있는 사회사업분야이다.
③ 환경의 적응과 인격의 성장·발달을 돕기 위한 단기적 노력이다.
④ 케이스워크와 클라이언트와의 인간관계가 중요시된다.

8 다음 중 개별사회사업의 특성으로 옳지 않은 것은?

① 치료적 입장보다 예방을 강조한다.
② 개별사회사업의 대상은 문제를 가진 개인과 가족이다.
③ 그 방법은 대상에 따라 달라지는 개별적인 것이다.
④ 개인과 그의 사회환경과의 상호작용을 중시하는 개인의 내면강화와 환경조정을 한다.

9 생태학에 기반을 둔 사회사업 접근방법에 해당하는 것은?

① 행정수정모델   ② 위기모델
③ 생활모델   ④ 시스템모델

10 개별사회사업가의 역할로서 적당하지 않은 것은?

① 클라이언트가 상황에 대처하고 자원을 발견하도록 조력한다.
② 클라이언트의 능력을 강화시킬 수 있도록 지도하는 역할을 한다.
③ 권리를 옹호하며 변호와 대변인의 역할을 한다.
④ 문제해결에 있게 되는 상황에 있어 감독·지시의 역할을 한다.

11 프로이드의 정신분석의 영향을 받은 사회사업실천이론은?

① 기능주의   ② 진단주의
③ 위기모델   ④ 행동수정

12 기능주의의 이론에 해당되지 않는 것은?

① 치료보다 원조라는 용어를 강조한다.
② 클라이언트의 참여를 중요시한다.
③ 관찰되는 행동에 초점을 두고 바람직한 행동을 강화시킨다.
④ 진단주의를 반대하고 있다.

13 다음 중 기능주의학파의 사회사업의 목적은?

① 클라이언트가 건전한 사회적 · 개인적 생활조건을 구비하도록 영향을 미치는 것이다.
② 개인은 상황형태에 있어서 클라이언트의 고통과 역기능을 감소시키는 것이다.
③ 개인이나 가족이 현재 직면하고 있는 어려움을 처리하거나 해결하도록 돕는 것이다.
④ 클라이언트가 자신의 사고와 행동을 통제하기 위한 대처기제를 학습하는 것이다.

14 다음 치료과정을 설명한 학파는?

> • 인간이 원래부터 가지고 있는 자아의 창조력 · 통합력을 인정한다.
> • 클라이언트의 창조적 자아를 해방시켜 이것을 강화하여 성장하도록 돕는다.
> • 치료라는 용어보다 돕는 과정(Helping Process)이라는 용어를 선택한다.

① 행동주의   ② 심리치료
③ 진단주의   ④ 기능주의

15 다음 중 워커의 역할에 해당하지 않는 것은?

① 대변자의 역할   ② 중재자의 역할
③ 문제의 해결자 역할   ④ 불안해소의 역할

16 다음 사회사업활동의 기본체계 중에서 사회복지사업에 관련되는 공공기관, 자원, 시설, 지역기관 등이 해당하는 것은?

① 표적체계
② 클라이언트체계
③ 행동체계
④ 변화매개체계

17 다음 중 케이스워커의 윤리적 의무이자 클라이언트의 기본적 권리에 기초를 두고 있는 것은?

① 개별화의 원리
② 자기결정의 원리
③ 비밀보장의 원리
④ 비심판적 태도의 원리

18 다음 중 개인의 변화를 강조하는 개별사회사업의 치료방법은?

① A형치료
② B형치료
③ 사회치료
④ 심리치료

19 다음 중 간접치료와 관계가 없는 것은?

① 재보증
② 의뢰
③ 구체적 서비스 제공
④ 환경조정

20 자기결정의 원리를 구사하기 위하여 워커가 해야 할 행동원칙과 관계가 없는 것은?

① 클라이언트가 요구하는 서비스와는 별도로 그의 사소한 사회적·정서적 생활까지 조력하여야 한다.
② 클라이언트가 성장할 수 있고 그 자신의 문제를 해결하는 데 관련되는 환경을 조성한다.
③ 클라이언트가 명백한 전망을 가지고 그의 문제나 욕구를 이해하도록 도와야 한다.
④ 클라이언트가 지역사회 내의 적절한 자원을 인지할 수 있도록 하여야 한다.

21 다음 중 진단과정에 대한 설명으로 옳은 것은?

① 정보의 수집과 관찰된 사실의 분류를 위한 일련의 과정이다.
② 문제의 성격과 원인 등에 대한 종합적·전문적 해석을 내리고 계획을 수반하는 전반적 과정이다.
③ 목표달성을 위하여 계획된 절차를 밟는 단계이다.
④ 기관에서의 충족 가능성 여부를 결정하고 도움의 내용과 절차 등을 알려준다.

22 인테이크의 내용으로서 적합하지 않은 것은?

① 기관이 줄 수 있는 도움은 무엇인가?
② 무엇이 문제를 초래하게 했는가?
③ 무엇이 변화되어야 하는가?
④ 클라이언트가 극복하고자 하는 장애는 무엇인가?

23 다음 환경조건을 수정하는 방법 중 케이스워크의 중개적 역할에 의한 치료법은?

① 알선적 방법   ② 자기이해치료
③ 사회적 진단   ④ 구체적 서비스

24 사회복지사의 비밀보장 윤리원칙의 예외상황을 모두 고르면?

> ㉠ 여성 클라이언트가 이혼한 남편에게 거주지를 알려 주지 말라고 요청하는 경우
>
> ㉡ 클라이언트가 자신이 국민기초생활보장 수급권자라는 사실을 이웃에 알리기 싫어하는 경우
>
> ㉢ 에이즈에 걸린 클라이언트가 배우자와의 계속적인 성관계를 위해 배우자에게 비밀로 해 달라고 요청하는 경우
>
> ㉣ 국민기초생활보장 수급자가 다른 사람에게는 비밀이라고 하면서 숨겨둔 재산이 많다고 고백하는 경우

① ㉠㉡

② ㉢㉣

③ ㉠㉢㉣

④ ㉠㉡㉢㉣

25 인지치료를 제안한 벡(Beck)은 정서문제를 가지고 있는 사람들은 생활사건에 대해 왜곡된 사고를 하거나 비현실적 인지평가를 함으로써 인지적 오류를 범하는 것이라고 설명하였다. 다음 중 인지적 오류의 예가 아닌 것은?

① 야외파티를 주최하고 있을 때 비가 오는 경우, 자신이 무가치하다고 결론을 내린다.

② 자신의 많은 강점들에도 불구하고 몇몇 단점에 집착한다.

③ 좋아하는 여학생에게 데이트를 신청했다가 거절당한 남학생이 자신은 무가치한 사람이라고 생각한다.

④ 가치있는 사람이 되기 위해서는 가능한 모든 면에서 능력이 있고 적절하며, 성취적이어야 한다.

26 다음 중 의도적인 감정표현의 원리에 해당되지 않는 것은?

① 감정표현을 비난하지 말아야 한다.

② 감정을 표현하도록 적극적으로 도와주며 경청한다.

③ 부정적인 감정만 표출하도록 도와준다.

④ 클라이언트를 압력이나 긴장에서 완화시켜 주려는 목적을 가진다.

27 다음 중 클라이언트의 자기결정에 대한 설명 중 옳지 않은 것은?

① 클라이언트가 자기결정을 하기 위해서는 직면한 문제를 해결하기 위한 다양한 대안들을 알고 있어야 한다.

② 자기결정원리는 주요 문제해결자가 사회복지사가 아니라 클라이언트임을 강조한다.

③ 사회복지사는 어떠한 의견이나 제안을 해서는 안된다.

④ 감옥이나 보호관찰과 같은 업무를 수행할 때에도 클라이언트의 자기결정은 법적인 한도 내에서 존중되어야 한다.

28 다음 중 사회복지의 실천가치에 해당하지 않는 것은?

① 모든 인간은 행동, 신념, 생활스타일, 사회적 지위에 상관없이 인간으로서의 존엄성을 가지며, 사회복지사는 이런 인간의 가치와 존엄성을 존중하여야 한다.

② 사회복지사는 클라이언트를 스테레오타입화(stereotyping)하여 이해해야 한다.

③ 사회복지사는 클라이언트의 잠재능력 개발을 위한 자원과 기회에 접근할 수 있도록 노력해야 한다.

④ 클라이언트는 전문 원조를 요청하더라도 원조과정에서 자신의 선택과 결정을 내릴 권리가 있으며, 사회복지사는 이런 권리와 욕구를 인정하고 격려하여야 한다.

29 사회복지의 실천과정은 일반적으로 초기 – 중기 – 종결 단계로 나눌 수 있다. 다음 중 초기단계에서 일어나는 활동으로 옳지 않은 것은?

① 라포 형성

② 클라이언트가 있는 곳에서 시작

③ 목적 협의와 목적의 우선순위 설정

④ 목적을 세부목적과 과제로 부분화

30 '심리사회적 모델'에 대한 설명으로 옳은 것을 모두 고른 것은?

> ㉠ 상황 속의 인간이라는 개념을 중요시 한다.
> ㉡ 인간의 비합리적 신념을 합리적으로 바꾸는 것에 초점을 둔다.
> ㉢ 정신분석이론, 생태체계론 등을 이론적 기반으로 한다.
> ㉣ 주된 기법으로 직접 영향주기, 탐색 – 기술 – 환기기법, 유형 – 역동성 고찰 등이 있다.
> ㉤ 개입에 있어 구조화된 절차를 가지고 교육적 접근을 강조한다.

① ㉠㉡㉢　　　　　　　　　　② ㉠㉢㉣
③ ㉡㉣㉤　　　　　　　　　　④ ㉢㉣㉤

31 심리사회적 모델에 대한 설명 중 옳지 않은 것은?

① 클라이언트를 사회적 기능의 관점에서 진단적 접근을 위한 '상황중의 인간'으로 보고 있다.
② 이 모델은 1930년대에 발달되어 오늘날까지 사용되고 있다.
③ 인간의 본질은 특정한 문제를 해결할 수 있는 잠재가능성을 가지고 있다는 낙관주의를 취한다.
④ 문제의 성격과 기원에는 관계없이 문제는 인간에 의해 경험되는 것이므로, 문제 자체의 이해와 함께 인간과 문제에 대한 인간의 반응을 이해하려는 시도가 요구된다.

32 원활한 면접을 하기 위한 방법에 해당하지 않는 것은?

① 요약　　　　　　　　　　　② 해석
③ 비판　　　　　　　　　　　④ 질문

33 다음 중 과제중심모델에 대한 설명으로 옳지 않은 것은?

① 이론보다는 경험적 자료에서 치료접근의 기초를 제공한다.

② 장기적 개입치료보다는 시간 제한적인 단기치료에 관심이 높다.

③ 클라이언트의 현재의 활동보다는 심리 내적인 과정을 강조한다.

④ 클라이언트로 표현되는 문제를 대상으로 하여 워커와 클라이언트가 문제해결을 위해 계약관계로 이어짐에 따라 중도개입 실패를 방지할 수 있다.

34 특정심리 사회적 문제를 가진 개인이나 가족을 돕기 위해 계획된 단기형태의 개별사회사업은?

① 과제중심모형

② 기능적 모형

③ 심리사회적 모형

④ 문제해결모형

35 다음 사회조직의 조직화기술을 설명한 것 중 옳지 않은 것은?

① 근대적 사회복지는 대중참가의 원칙이 강조되며, 사회복지서비스는 대중의 발의에 기초하여 생기고, 운영되어야 한다.

② 사회복지 조직화의 기본적 방향은 국민 대중이 스스로의 발의에 기초하여 사회복지문제를 협동적으로 해결하도록 원조하는 것이다.

③ 케이스워커가 그룹워커중심의 치료계획으로 이행하고 있는 것과 유사하다.

④ 사회복지 조직화에 대한 선구적 역할은 1869년 영국 런던시 자선조직협회(London C.O.S)에서 수행되었다.

36 개별화에 대한 설명으로 옳은 것은?

① 클라이언트가 표현하는 감정에 대한 워커의 의식적이고도 적절한 정서상의 반응이다.

② 클라이언트의 선택과 결정에 있어서 그 자유와 권리를 최대한 사용하도록 해야 한다.

③ 각 클라이언트의 독특한 자질을 인정하고 이해하는 것이며, 보다 나은 적응을 하도록 상이한 원리와 방법을 적용하고 조력한다.

④ 문제 또는 욕구발생의 원인에 대해서 클라이언트의 유·무죄나 책임정도를 개별적으로 심판하게 되는 것을 배제한다.

37 다음 중 사회적 대책행동에 대한 설명으로 옳지 않은 것은?

① 대중의 집단적 압력을 이용하는 것이다.

② 워커가 지역주민의 의사에 따라 사회복지를 개선하고 변경하는 과정이다.

③ 사회적 대책행동을 개시하기 위해서는 장기간에 걸친 자료수집·정리와 체계부여가 행해져야 한다.

④ 사회복지자원의 개발을 위한 하나의 전문기술이다.

38 사회복지에 관한 주된 사회자원의 내용 중 옳지 않은 것은?

① 사회복지에 관한 주된 사회자원이란 시설, 설비, 제도, 서비스, 서비스를 담당하는 인재, 활동에 필요한 자금 등이다.

② 사회복지의 원조를 원활히 행하기 위해서는 사회복지의 욕구를 충족하기에 필요한 사회자원의 양과 질을 정비·확보하는 것이 중요한 요건이 된다.

③ 사회복지사는 기존의 공식적인 사회자원(사회복지제도, 서비스 자금 등)의 범위 내에서 원조활동을 행하는 역할을 담당한다.

④ 오늘날의 복지욕구의 고도화, 다양화는 복지원조에 있어서 몇 가지 사회자원을 네트워크화하는 것에 의해 그 기능을 높이는 것이 필요하게 되었다.

39 사회복지사가 클라이언트의 감정을 이해하고 적절히 반응하는 행동의 원리는?

① 의도적 감정표현   ② 수용

③ 통제된 정서의 관여   ④ 비심판적 태도

40 다음 중 의도적 감정표현의 목적에 해당하지 않는 것은?

① 클라이언트의 부정적인 감정표현을 배제시킴으로써 대인관계를 향상한다.

② 심리적 지지를 해주는 것이다.

③ 클라이언트 자신의 문제를 더욱 명백하고 객관적으로 볼 수 있도록 돕는다.

④ 클라이언트와 그의 문제를 더욱 적절히 이해할 수 있다.

41 자기결정의 원리에 대한 설명으로 옳지 않은 것은?

① 클라이언트가 가지고 있는 독특한 자질을 파악하고 이해한다.

② 클라이언트의 생활과 문제해결과정에서 스스로 선택하고 결정하도록 도와준다.

③ 클라이언트는 스스로 선택하고 결정을 내릴 수 있는 자유로운 권리와 욕구를 갖고 있다는 점을 인식한다.

④ 클라이언트의 능력, 법률, 도덕의 테두리, 사회기관의 활동범위 등에 따라 제한을 받는다.

42 수용에 관한 설명으로 옳지 않은 것은?

① 수용의 대상은 선한 것만이 아니라 있는 그대로의 현실이다.

② 워커가 클라이언트의 있는 그대로를 이해하고 다루어 나가는 행동상의 원칙이다.

③ 워커의 고착효과는 반응적 수용의 장애가 된다.

④ 클라이언트가 표시한 감정이나 의사가 워커에 의해 시인되고 지지되는 과정에 대한 설명이다.

43 사회복지실천기술에 대한 설명으로 옳은 것은?

① 명료화기술은 클라이언트의 메시지가 추상적이거나 혼란스러운 경우 보다 구체적으로 표현하도록 클라이언트
에게 요청하는 것을 말한다.

② 사회복지사의 자기노출은 클라이언트가 사회복지사를 진솔한 인간으로 인식할 수 있도록 가능한 자주 사용하
는 것이 좋다.

③ 재보증(reassurance)기술은 클라이언트의 말한 내용과 행동 또는 말한 내용들 간에 일치되지 않는 부분이 있
을 경우 클라이언트 메시지의 불일치된 내용을 지적할 때 사용하는 기술이다.

④ 사회복지사는 초기단계부터 문제원인과 관련하여 사회복지사가 생각한 초기 가설에 대해 클라이언트와 허심
탄회하게 활발히 논의해야 한다.

44 Rapport 형성이 중요한 단계는?

① 초기단계   ② 사정

③ 치료   ④ 조사

45 다음 중 실천기술에 대한 정의로 옳지 않은 것은?

① 정서적 지지 : 위기상황의 직면, 또는 스트레스 등으로 심리적으로 고통스러울 때 누군가에게 의지하려는 욕
구에 반응하는 기술

② 인정 : 클라이언트가 어떤 행동을 취하거나 벗어난 것에 대해 긍정적인 평가를 내려주는 기술

③ 재명명 : 분노, 슬픔, 죄의식 등 클라이언트의 억압감정이 문제해결을 방해하는 경우 이를 표출하도록 함으로
써 감정의 강도를 약화시키거나 해소시키는 기술

④ 재보증 : 자신의 능력이나 자질에 대해 회의적인 클라이언트의 자신감을 향상시키기 위해 활용하는 기술

46 다음 중 통합적 방법론의 특징에 해당하지 않는 것은?

① 통합적 방법은 사회복지실천의 본질적인 개념, 활동, 기술, 과업 등에 공통적인 기반이 있음을 전제한다.

② 사회복지의 지식은 과거의 심리내적인 정신역동적 측면으로부터 상황 속의 인간을 이해하고자 하는 일반체계 이론까지 확대된 개념을 사용한다.

③ 클라이언트의 복잡한 문제상황보다는 주로 제한된 특정문제중심의 개입을 한다.

④ 클라이언트의 존엄성을 인정하고, 클라이언트의 참여와 자기결정 및 개별화를 극대화할 것을 강조하며, 사회 복지실천과정의 계속적인 평가를 주장한다.

47 면접 시 개별사회사업가가 주의해야 할 사항으로 적당한 것은?

① 클라이언트의 수준에 맞는 언어를 사용한다.

② 클라이언트가 대답하기 쉽게 일문일답식 질문이 바람직하다.

③ 언어적 전달매체를 가장 중요시한다.

④ 클라이언트를 이해하기 쉽도록 되도록 많은 질문을 한다.

48 개별사회사업에서 워커의 역할이 아닌 것은?

① 클라이언트와 사용 가능한 자원을 연결해 주는 중개자

② 클라이언트의 권리를 옹호하는 대변자

③ 클라이언트가 바람직한 방향으로 자신의 역할을 수행할 수 있도록 지도하는 지시감독자

④ 클라이언트의 변화를 유도하는 변화매개자

49 사회복지의 통합적 방법론에 대한 설명이다. 옳지 않은 것은?

① 워커의 과학적 지식과 기술을 중심으로 클라이언트의 문제에 접근한다.
② 클라이언트의 문제발생을 개인과 집단 및 지역사회와의 상호영향력이라는 전체적인 관점에서 접근한다.
③ 생태학이론과 체계이론의 발달은 사회복지통합론에 큰 영향력을 끼쳤다.
④ 1970년을 기점으로 사회복지의 실질적인 통합적 접근이 시도되었다.

50 사례관리에 대한 설명으로 옳은 것을 모두 고른 것은?

> ㉠ 클라이언트에 대한 직접적인 개입기술 및 옹호 · 연계 · 협력 · 조정 등의 간접적 개입기술을 필요로 한다.
> ㉡ 사정(assessment)과정에서 클라이언트의 욕구 및 참여보다는 사회복지사의 전문성이 더 우선시된다.
> ㉢ 다양하고 복합적인 욕구를 가진 클라이언트를 대상으로 한다.
> ㉣ 클라이언트에 대한 시설보호와 치료적인 접근을 강조한다.

① ㉠㉢
② ㉠㉡㉢
③ ㉡㉣
④ ㉡㉢㉣

정답및해설

1	①	2	③	3	②	4	④	5	①
6	③	7	④	8	①	9	③	10	④
11	②	12	③	13	①	14	④	15	④
16	④	17	③	18	④	19	①	20	①
21	②	22	③	23	①	24	②	25	④
26	③	27	③	28	②	29	④	30	②
31	③	32	③	33	③	34	①	35	③
36	③	37	②	38	③	39	③	40	①
41	①	42	④	43	①	44	①	45	③
46	③	47	①	48	③	49	①	50	①

1   ① 문제해결과 치료보다는 욕구충족과 보호에 더 중점을 둔다.

2   ㈀은 지도자, ㈁은 반동형성, ㈂은 보상에 대한 설명이다.
- 조력자 : 클라이언트가 상황에 대처하고 자원을 발견하도록 도와주는 역할을 한다.
- 중재자 : 갈등을 해결하기 위해, 설득과 화해의 절차를 통해 공동의 기반을 발견하도록 한다.
- 대변자 : 클라이언트 편에서 주장하고 변론·옹호하는 역할을 한다.
- 합리화 : 인간의 행동이 합리적이고 정당하다는 것을 입증하려고 시도하는 것이다.
- 투사 : 물체에 대한 책임을 타인에게 돌리거나 전가하는 것이다.
- 동일시 : 자기 자신을 유명한 사람이나 상황과 동일시함으로써 자신의 가치에 대한 감정을 증대시키는 것이다.
- 부정 : 위험하거나 고통스러운 생각을 인식하지 않으려는 것이다.

3   케이스워크(개별사회사업)에 대한 리치몬드(Richmond)의 정의 … 개별사회사업이란 개별적·의식적으로 개인과 그의 사회환경 간의 조정을 통해서 그 사람의 성격을 발달시키는 과정이다.

4   ① H. 펄만에 의하면 개별화사업은 치료과정이 아닌 문제해결과정이다.
  ② 개별화사업은 개인과 그의 사회환경과의 상호작용을 중요시하는 특징이 있다.
  ③ 개별사회사업의 주요 구성요소는 사람(people), 장소(place), 문제(problem), 과정(process)의 4P이다.

5   개별사회사업의 개념
  ㈀ 리치몬드 : 개인과 그 사회환경 간의 의식적 조정을 통해서 그 사람의 인격의 발달을 도모하는 제반과정이다. 즉, 개별사회사업의 특징은 개별화, 의식적 조정, 인격의 발달과정이다.
  ㈁ 펄만 : 사람들이 사회적 기능을 함에 있어서 그들의 문제를 보다 효과적으로 대처해 나갈 수 있도록 각 개인을 도와주는 복지기관에서 활용되는 한 과정이다.
  ㈂ 보어 : 클라이언트와 그 환경 전체 또는 일부 간에 보다 나은 적응을 할 수 있도록 개인이 가진 내적인 힘 및 사회의 자원을 동원하는 데 필요한 인간관계에 대한 과학적 지식 및 대인관계에 있어서의 기능을 활용하는 기술이다.

  ② 레젠버그 : 개별사회사업가가 클라이언트 자신의 문제가 무엇인가를 명백히 알 수 있도록 도와주고, 그 해결책을 생각할 수 있도록 도와준다.

6 비에스텍의(Biestek) 7원칙
  ㉠ 개별화 : 대상자의 문제, 개별성을 인식하여 대상자 한사람 한사람의 특성을 인정해 개별적인 원조를 한다.
  ㉡ 의도적인 감정표현 : 대상자가 자기 자신의 감정을 자유롭게 표현하도록 한다.
  ㉢ 제어된 정서적 관여 : 대상자의 감정을 민감하게 받아 들여 적절한 반응을 하되, 자신의 개인적인 감정을 케이스워크 관계에 개입시키지
   않는다.
  ㉣ 수용 : 실제로 있는 그대로의 대상자를 받아들인다.
  ㉤ 비심판적 태도 : 개인적 가치관이나 선악의 판단으로 대상자를 평가하거나 비판하지 않는다.
  ㉥ 대상자의 자기 결정 : 대상자가 자신의 의지와 힘으로 자신이 할 것을 선택하고, 결정할 수 있도록 원조한다.
  ㉦ 비밀보장 : 대상자에 관한 정보는 다른 누구에게도 누설해선 안 된다.

7 ① 케이스워크는 예방보다는 치료(문제해결 및 재조정)를 중요시한다.
  ② 케이스워크는 문제에 대한 과학적 지식과 전문적 기술을 가진 전문가에 의해 실시된다.
  ③ 환경에의 적응과 인격의 성장 · 발달을 돕기 위한 의식적 · 계속적인 노력이다.

8 ① 개별사회사업은 예방보다는 치료적 입장에서 문제를 해결하고 재조정한다.

9 생활모델 … 환경의 제요소들과 끊임없이 상호 교류하는 인간의 적응적 · 진화적인 성격을 증명해 줌으로써, 인간은 환경과 적절한 적응관계
  를 유지한다.

10 개별사회사업가의 역할
  ㉠ 조력자의 역할 : 클라이언트가 상황에 대처하고 자원을 발견하도록 도와주는 역할을 한다.
  ㉡ 지도자의 역할 : 정보와 자원 제공, 행동과 기술 지도 등을 통하여 클라이언트의 능력을 강화시킬 수 있도록 가르치는 역할을 한다.
  ㉢ 중재자의 역할 : 갈등을 해결하기 위해 설득과 화해의 절차를 통해 공동의 기반을 발견하도록 한다.
  ㉣ 대변자의 역할 : 클라이언트를 대신하여 계약된 목적을 달성하기 위해 적극적으로 주장하고 변론 · 옹호하는 역할을 한다.

11 진단주의
  ㉠ 개별사회사업의 중심적인 역할을 해온 실천모델이다.
  ㉡ 문제의 원인을 조사 · 분석하고 그것에 기초한 처우방법을 결정한다고 하는 의학모델에서의 진단을 핵심으로 파악하고, 조사 · 진단 · 치
   료라는 과정을 중시한다.
  ㉢ 프로이트의 정신분석의 영향을 받아 심리적인 측면에 중점을 둔 경향을 띤다.

12 ③ 1960년 후반에 발달된 행동수정모델에 관한 설명이다.
  ※ 기능주의
   ㉠ 사회불평등에 관심(사회의 상호관련성 · 상호의존성 강조)을 갖고 있다.
   ㉡ 사회는 성원들간의 가치와 재화 및 협동에 의하여 합의조직된 통합적 체계이다.
   ㉢ 기능주의적 접근은 사회의 분열적 요소를 제거하고 그러한 성원을 사회에 적응시키도록 하는 것이다.
   ㉣ 사회사업의 전통적 방법이나 심리요법을 중시한다.

13 ② 심리사회모형
　③ 문제해결모형
　④ 인지행동주의 모형

14 ④ 기능주의학파의 치료과정을 설명한 것이다.

15 ④ 전문사회사업가는 조력자, 대변자, 중재자, 교육자, 사회행동가, 문제의 해결자 역할 등을 한다.

16 ① 변화매개인이 목표한 것을 달성하기 위해 영향을 주거나 변화할 필요가 있다고 보여지는 사람을 가리키며, 목표에 따라 표적이 자주 바뀌고 주로 클라이언트가 표적이 된다.
　② 서비스를 기대하게 되는 개인, 집단, 지역사회를 말한다.
　③ 사회사업가가 그의 목표를 달성하고 과업을 완수하기 위해 함께 일한다.

17 ③ 비밀보장은 전문적 관계에서 노출되는 클라이언트에 관한 비밀정보를 지켜주는 것이다. 그러나 이 원리는 클라이언트의 절대적 권리는 될 수 없다. 왜냐하면 비밀보장은 클라이언트의 비밀을 보존하는 데 목적이 있는 것이 아니라 클라이언트의 다른 권리를 보호하기 위한 수단이기 때문이다.

18 케이스워크의 심리사회적 치료방법
　㉠ Austin의 치료방법 분류(1948) : 사회치료는 환경의 변화를 강조하는 데 비해, 심리치료는 개인의 변화를 강조한다.
　㉡ 미국가족봉사협회의 치료방법 분류(1953) : A형은 적응형태를 유지하는 데 목적을 두고, B형은 적응형태의 구성에 목적을 둔다.

19 ① 직접치료에 해당한다.
　※ 개별사회에서의 치료의 방법
　　㉠ 직접치료 : 지지(수용·격려·재보증·관심·선물주기), 직접적 영향(충고·설득 등), 환기법(클라이언트가 자유롭게 감정을 표현할 수 있도록 분위기 제공)
　　㉡ 간접치료(환경치료) : 구체적 서비스의 제공(현금·현물 등 유형의 서비스), 환경조정, 의뢰

20 ① 케이스워커의 부정적 역할이다.
　※ 케이스워크에서 자기결정의 원리
　　㉠ 클라이언트의 결정에 있어 자유와 권리를 존중하고 인정한다.
　　㉡ 클라이언트의 현재에 있는 그대로의 자신을 수용하며 이를 바탕으로 한다.
　　㉢ 가능한 여러 대안을 제시해주고 비교하게 하며 타인에게 해가 되지 않도록 한다.
　　㉣ 클라이언트의 능력과 사회도덕적 규범 안에서, 기관의 기능과 범위 내에서 자기결정을 가능하게 한다.

21 ① 조사단계
　③ 치료단계
　④ 인테이크 단계

22 ③ 무엇이 변화되어야 하는가는 사정(진단)시 필요한 내용이다.

　※ 인테이크의 내용

　　㉠ 문제의 성질 : 클라이언트가 직면한 문제의 상황이나 극복하고자 하는 장애는 무엇인가?

　　㉡ 문제의 중요성 : 문제가 지닌 심리적 · 사회적 의미는 무엇이고, 클라이언트에게 끼치는 영향은 어떠한가?

　　㉢ 문제의 원인 : 문제가 어떻게 발생했으며, 무엇이 문제를 초래했는가?

　　㉣ 클라이언트의 문제해결의 노력과 방법 : 문제해결을 위해 어떻게 노력해 왔는가?

　　㉤ 기관에 요구하는 해결책 : 기관을 찾게 된 동기와 기관에 대한 그의 역할관계는 무엇인가?

　　㉥ 클라이언트와 그의 문제에 관련된 문제해결의 방법과 기관의 성격 : 클라이언트의 문제에 기관이 줄 수 있는 도움이 적절한가?

23 케이스워크 치료에 있어 환경조건을 수정하는 방법

　㉠ 알선적 방법 : 케이스워커의 중개적 역할에 의한 치료법으로서 예를 들어 대상자가 사회관계의 모순으로 고심하고 있는 경우, 이를 수정하기 위해서 케이스워크가 관계자와 협의하여 대상자에 대한 제도적 집단의 요구조건을 완화하도록 중개적 역할을 수행한다.

　㉡ 구체적 서비스 : 금전급부란 수용보호와 같은 구체적 서비스를 대상자에게 제공함으로써 생활환경조건을 변환시키는 것이다.

24 클라이언트에 대한 비밀보장이 제한 가능한 경우

　㉠ 지역사회 전체에 좋지 않은 영향을 미치는 경우

　㉡ 클라이언트의 비밀을 보장함으로써 타인에게 영향을 미치는 경우

　㉢ 사회복지기관에 대한 지대한 권리를 침해하는 경우

　㉣ 클라이언트가 워커에게 미치는 영향이 아주 심각한 경우

25 ④ 인지적 오류라기보다는 비합리적 신념에 해당한다. 합리정서치료를 제안한 엘리스(Ellis)는 인간이 비합리적 신념을 가지기 때문에 부정적인 정서를 경험한다고 설명하며, 합리적 신념으로 바꾸도록 원조할 것을 강조한다.

　※ 인지적 오류의 예

　　㉠ 결론을 지지하는 증거가 없음에도 불구하고 결론을 내리는 임의적 추론

　　㉡ 상황에 대한 보다 현저한 특성을 무시한 채 맥락에서 벗어난 세부내용에 초점을 두는 선택적 요약

　　㉢ 과잉일반화

26 ③ 부정적인 감정 뿐 아니라 긍정적인 감정도 표현하도록 도와주어야 한다.

27 ③ 자기결정의 원리가 사회복지사로 하여금 어떠한 의견이나 제안도 할 수 없다는 것을 의미하지는 않는다. 사회복지사는 클라이언트의 문제해결에 대한 다양한 의견을 제시할 수 있다.

28 ② 모든 인간은 유전적 특성, 인생경험, 행동, 관심, 외모 등에서 다른 누구와도 같지 않은 독특한 존재이며, 사회복지사는 이를 존중하여야 한다. 이는 사회복지사가 고정관념과 편견에서 벗어나 개별 클라이언트의 욕구에 초점을 두고, 경청하고 관찰하는 행동과 연결된다.

29 ④ 중기단계에서 이루어지는 활동이다.

30 ㉡ 인지행동주의모델의 하나인 엘리스(Ellis)의 합리정서치료에 대한 설명이다.

　㉤ 구조화된 접근은 과제중심모델의, 교육적 접근은 인지행동주의모델의 특징이다.

31 ③ 1950년대 후반 펄만(Perlman)에 의해 발전된 문제해결모델이다.

32 면접의 방법
　㉠ 관찰: 사회사업가가 알고자 하는 것을 선택하여 대상으로 하는 의도적이고 계획적인 활동이다.
　㉡ 경청: 클라이언트가 이야기하는 것을 적극적으로 들어주는 것으로서 매우 능동적인 활동이다.
　㉢ 질문: 면접의 가장 중심이 되는 기술로서 적절한 소재를 이야기하도록 클라이언트를 격려하는데 자주 쓰인다.
　㉣ 명료화: 클라이언트가 말한 것을 더욱 명백하게 이해할 수 있도록 그것을 더욱 친밀한 용어로 바꾸어 이야기하는 것으로, 클라이언트가 지각영역을 재구성할 수 있도록 돕는 것을 말한다.
　㉤ 해석: 클라이언트가 잘 알지 못하는 상황에서 전달한 것을 명확히 하는 것이다.
　㉥ 요약: 부분적인 요약이나 상세한 요약은 의사소통의 범위를 확대시키는 데 도움이 된다.

33 ③ 클라이언트의 심리 내적인 과정보다는 현재의 활동을 강조한다.

34 ① 과제중심모형은 1970년에 시카고 대학의 W.J. Reid와 L. Epstein에 의해 발달된 일반적 서비스 모형이다.

35 ③ 워커중심의 치료계획에서 클라이언트 중심의 자기결정의 원칙으로 이행하였다.

36 ① 통제된 정서적 관여에 대한 설명이다.
　② 자기 결정에 대한 설명이다.
　④ 비심판적 태도에 대한 설명이다.

37 ② 사회적 대책행동은 입법·행정기관에 집단적 압력을 가함으로 사회복지서비스를 새롭게 만드는 과정인데, 주로 사회복지서비스의 변경이 필요한데도 주민들이 그 필요성을 인식하지 못하고 있을 때 행하여진다.

38 ③ 사회적 자원에 대하여 워커는 기존의 공식적인 사회적 자원뿐만 아니라 비공식적 사회적 자원까지 연계·활용하고 원조함이 중요한 역할에 해당된다.

39 ③ 사회복지사가 클라이언트의 감정에 대하여 민감해야 하며 감정의 의미를 이해하고 적절히 반응하는 것을 말한다.

40 ① 클라이언트의 부정적인 감정을 표현하게 한다.

41 ① 개별화의 원리에 해당하는 내용이다.

42 ④ 수용은 클라이언트가 표현한 감정이나 의사를 받아들이는 것이지 시인 또는 인정을 뜻하는 것은 아니다.

43 ② 사회복지사에 대한 클라이언트의 신뢰를 높이기 위하여 자기노출이 어느 정도 필요하지만, 가능한 자주 사용하는 것은 옳지 않다.
　③ 재보증(reassurance)이란 사회사업실천에서 클라이언트가 가지고 있는 능력, 감정, 욕구 혹은 클라이언트가 노력해서 달성한 업적 등을 솔직하게 인정하고 평가하며 격려해줌으로써 클라이언트를 지지해주는 기법이다.
　④ 초기 국면에서는 다차원적 사정에 기초하여 문제를 해결하거나 경감하기 위한 목표에 대해 클라이언트와 서로 협의하고, 구두 또는 서면으로 계약을 맺는다.

44 ① 초기단계에서는 기관을 찾아온 사람의 욕구가 무엇인가를 파악하기 위해서 무엇보다도 사회사업가와 클라이언트간의 Rapport 형성이 선결과제이다. Rapport(친화관계)란 상담자(사회사업가)와 내담자(클라이언트) 사이에 상호 적의가 없이 생각과 감정이 일치하여 친근한 대인관계가 형성되는 것을 말한다.

45 재명명 … 특정 문제에 대해 클라이언트가 부여하는 의미를 수정해 줌으로써 클라이언트의 시각을 긍정적인 방향으로 변화시키는 기술
③ 환기에 대한 설명이다.

46 ③ 전통적 방법론의 한계이다. 통합적 방법론은 이러한 한계를 극복하기 위해 대두되었다.

47 ① 면접 시 개별사회사업가는 클라이언트가 알아 듣기 쉬운 말을 사용해야 한다.
② 일문일답식 질문보다는 유도적인 질문이 좋고 예, 아니오라고 짧게 대답할 수 있는 질문은 삼가는 것이 좋다.
③ 개별사회사업가는 언어적 · 비언어적 전달매체를 모두 중시하여 클라이언트의 감정상태를 이해하도록 노력해야 한다.
④ 너무 많은 질문은 클라이언트에게 혼돈을 주며, 너무 적은 질문은 클라이언트에게 면접의 부담을 준다.

48 ③ 워커는 클라이언트의 능력을 강화시키기 위해 정보와 자원을 제공하고 행동과 기술을 지도하는 지도자의 역할은 수행하지만, 지시감독자의 역할은 하지 않는다.

49 ① 통합적 방법론은 사회복지사의 과학적 지식과 기술에 맞추어 클라이언트를 파악하는 것이 아니라, 클라이언트의 요구에 따라 생활상의 문제를 인간과 상황하의 전체관련성하에서 사회복지의 제방법을 복합적으로 접근한다.

50 ⓒ 사례관리에서는 클라이언트의 선택에 대한 자유를 최대화하고 지나친 보호를 하지 않는다. 이것은 클라이언트의 자기결정권을 가능한 보장하고자 하는 것이다.
ⓔ 사례관리는 클라이언트에게 직접적 서비스 및 지역사회실천에서의 서비스를 합한 좀 더 포괄적이고 지속적인 서비스를 제공하는 것을 강조한다.

02 집단사회사업

section 1 집단사회사업의 개념

(1) 집단사회사업의 정의

① 코노프카(Konopka) … 의도적인 집단경험을 통해 인간의 사회적 기능을 증진시키고, 개인·집단·지역사회의 당면문제들에 대하여 더욱 효과적으로 대처하기 위한 사회복지의 한 방법이다.

② 트렉커(Trecker) … 집단에 속한 개인이 프로그램활동을 통해 전문가의 도움으로 그들의 욕구와 능력에 따라 타인과의 결합이나 성장기회의 경험을 쌓도록 하며, 개인·집단·지역사회의 성장과 발전을 도모한다.

③ 코일(Coyle) … 집단 내 개인의 성장과 발전을 위한 수단으로 집단 내에서 경험하는 사회적 관계를 활용하는 사회사업방법론 중의 하나이며, 사회적 책임성의 발달 및 민주사회의 진보를 위한 활동적 시민을 양성하는 데 관심을 가지는 특성이 있다.

④ 일반적 정의

　㉠ 사회사업방법론 중의 하나이다.

　㉡ 목표지향적 활동이다.

　㉢ 개별성원, 전체성원, 집단이 속한 환경이라는 3가지 초점 영역을 가진다.

　㉣ 주로 소집단을 활용하며, 고통받는 개인뿐만 아니라 건강한 개인들로 구성된 집단을 대상으로 행해지는 활동이다.

　㉤ 치료집단과 과업집단과의 활동을 포함한다.

　㉥ 전문가의 지도와 원조하에 이루어진다.

(2) 집단사회사업의 구성요소 및 특성

① 집단사회사업의 구성요소

　㉠ 4대 구성요소 : 개인, 집단, 프로그램, 집단사회사업가이다.

　㉡ 6대 구성요소 : 4대 구성요소에 장소, 목적이 추가된 요소이다.

Point 팁 집단사회사업가의 역할

　㉠ 조력자(enabler) : 집단구성원이 다루고자 하는 과업을 측면에서 도와 그것을 가능하게 하는 역할을 담당, 사회적 목표모델에서 주로 이루어진다.

　㉡ 변화촉진자(change agent) : 집단구성원들에게 요구된 변화를 가져오게 하는 역할로서 개인이나 집단은 물론 환경이나 제도의 변화까지도 요구된다. 치료모델에서 주로 이루어진다.

ⓒ 매개자, 자료제공자(mediator or resource person) : 집단구성원 간의 상호작용, 상호부조를 증시, 필요에 따라 집단구성원과 사회자원과의 매개 및 자료제공을 하며, 상호작용모델에서 주로 이루어진다.

② 집단사회사업의 특성

㉠ 집단사회사업은 전문사회사업의 한 방법론이다.

㉡ 집단사회사업은 집단경험과 집단역할을 중시한다.

㉢ 집단사회사업의 목표는 개인들의 문제를 집단을 매개로 해서 민주시민으로의 성장·발달을 도모한다.

㉣ 집단사회사업은 의도적·계획적인 과정이다.

Point 팁

집단사회사업의 장점

㉠ 다수의 클라이언트가 단기간에 목표를 달성하므로 시간적·경제적으로 유리하다.

㉡ 다양한 집단경험을 통해 소속감, 동료의식, 주인의식을 고취한다.

㉢ 참여와 탈퇴가 용이하므로 집단 내의 상호원조와 감정해소에 용이하다.

㉣ 잠재력 개발과 개별면접의 시도가 용이하다.

---

section 2 집단사회사업의 발달과정

(1) 출현기(1861 ~ 1927)

① 인보관운동

㉠ 기독교 사상에 입각, 빈민가에 사는 사람들의 생활개선을 목표로 한다.

㉡ 1884년 영국에서 Toynbee Hall이 설립, 미국 최초의 인보관은 Coit가 뉴욕에 설립한 근린조합이다.

㉢ 빈곤문제가 경제적 문제만을 해결하는 것으로는 퇴치되지 않으며, 주민의 정신적·지적·문화적 개선에 의해 가능하다는 인식에서 출발하였다.

㉣ **인보관의 주요 프로그램** : 취학 전 아동을 위한 회합, 사회행동집단과 오락과 문화생활을 위한 회합

㉤ **강조점** : 목적을 성취하기 위한 사회적 조건변화와 주민 간의 자조

② 청소년단체

㉠ YMCA(기독교청년회), YWCA(여자기독교청년회), 소녀우애협회, 소년클럽 등

㉡ **특징** : 노동자의 자녀교육 또는 자녀를 위한 환경조성에 대한 욕구에 반응하여 설립된 기관이다.

㉢ **활동** : 초기에는 청년들의 정신적 조건을 개선하는 데 강조점을 두었으나 점차 건전한 도덕성을 갖춘 모든 청년들의 정신적·사회적·심리적 조건을 향상시키는 것으로 확대되었다.

기출문제

문 〈보기〉는 사회복지실천의 기원에 해당하는 기관에 대한 설명이다. ㉠, ㉡에 들어갈 기관 명칭으로 옳은 것을 순서대로 바르게 짝지은 것은?

▶ 2019. 6. 15. 제2회 서울특별시

〈보기〉

• (㉠)은(는) 빈곤과 고통의 원인이 주로 환경적 요인에 있다고 보고 주택, 공중보건, 고용 착취 등을 개선하기 위한 활동을 하였다.

• (㉡)은(는) 빈곤과 고통의 원인이 도덕적 실패에 있다고 보고 클라이언트의 상황에 대한 철저한 조사와 평가를 기초로 원조를 제공하고자 하였다.

	㉠	㉡
①	사회사업협회	인보관
②	자선조직협회	인보관
③	사회사업협회	자선조직협회
④	인보관	자선조직협회

Tip ㉠ 인보관 : 인보사업운동은 빈민지구를 실제로 조사하여 그 지구에 대한 생활실태를 자세히 파악하고 구제의 필요가 있는 사람에게 조력해 준다.

㉡ 자선조직협회 : 자선조직협회는 빈곤에 대해 자유주의적 죄악관을 가지고 있었기 때문에 빈곤을 개인의 도덕적 책임으로만 돌리고 빈곤발생의 사회적 기반에 대해서는 등한시하였다.

정답 ④

(2) 정착기(1928 ~ 1946)

① 경제공황과 제2차 세계대전이라는 2가지의 큰 중요한 사건의 영향으로 인해 발전의 전기를 마련하였다.

② 1930년과 1940년 동안 대부분의 집단사회사업은 기존 기관들에 의해 계속 실천되었다.

③ 집단사회사업의 개척자들이 자신의 이론을 사회사업의 통로를 거쳐서 발전시킴으로 인해 갈등이 파생되었다.

④ 특히 1946년에는 미국 집단사회사업가협회(AAGW)가 구성, 집단사회사업가의 기능에 대한 성명서 채택, 집단사회사업 활동영역 확대 등이 이루어졌다.

(3) 성장기(1947 ~ 1963)

① 1940 ~ 1950년대의 특징

　㉠ 정신분석의 개념이 집단사회사업에도 도입되어 개별사회사업가들과 공동으로 활동하였다.

　㉡ 프로그램활동보다는 성원의 문제에 대한 진단과 치료에 강조점을 두었다.

　㉢ 치료집단이 정신과 실무에서 많이 사용되었다.

② 집단활용

　㉠ 사회적 기능향상을 위한 집단활동 : 정신건강센터, 병원, 가족복지기관 등

　㉡ 오락 및 교육적 목적의 집단활동 : 유태인 지역사회센터, YMCA 등

③ 통합적 접근방법의 발달 … 1962년 미국 사회사업가 협회에서 독립적 방법론으로서의 집단사회사업 분과를 폐지함으로써 통합적 접근방법의 발달을 촉진시켰다.

(4) 통합단계(1964년 이후)

① 특징

　㉠ 다양한 문제해결 방식의 요구로 집단 서비스의 인기가 하락하였다.

　㉡ 사회사업분야의 통합적 접근방법에 대한 요구 증가 : 집단사회사업의 전문성 약화, 집단사회사업 교과목 개설학교의 축소

② 집단사회사업의 추세

　㉠ 사회목표모형, 치료모형, 상호작용모형 등 다양한 집단사회사업이 이루어지고 있다.

　㉡ 현재 내담자에 대한 효과적 서비스와 사회기관의 효율적 운영을 위하여 과업진단에 대한 요구가 증가하고 있다.

section 3 집단역동

(1) 의의

① 집단개입이 가능한 것은 바로 집단성원들의 상호작용을 통해 나오는 힘, 즉 집단의 역동 때문이다.

② 역동은 전체로써 집단과 개별적인 집단 성원들에게 강한 영향력을 미쳐 집단의 치료적 효과를 가져오게 한다. 예를 들어 심한 비행행동만을 보여온 청소년들이 집단 내 상호작용의 힘으로 노인복지시설에서 자원봉사를 하고자 하는 결정을 내릴 수 있다.

③ 집단역동의 4가지 영역(토스랜드와 리바스)

　　㉠ **의사소통과 상호작용** : 집단성원들이 언어적·비언어적으로 의사소통하여 집단 내의 상호작용이 일어나게 된다. 상호작용은 집단중심일 수도 있고 리더중심일 수도 있다.

　　㉡ **집단의 결속력** : 집단에 대한 결속력은 집단에 대한 매력에서 나오는데, 이는 집단을 통해 얻는 것이 잃는 것보다 많을 때 생기게 된다. 이러한 결속력으로 인해 집단에 대한 소속감이 생기고 자신을 더 잘 표현하며 타인과의 관계를 활발하게 할 수 있어 집단을 통한 효과가 더 커질 수 있다.

　　㉢ **사회통제역학** : 집단이 질서있게 기능하기 위해서는 성원들로 하여금 일정한 방식을 따르도록 하는 과정에서 통제력을 사용하게 된다. 집단규칙의 일관성과 순응이 없으면 집단의 상호작용은 혼란스러워지고 예측하기 어려워지며 효과적으로 기능하지 못하게 된다.

Point 팁

사회적 통제의 방법

　　㉠ 규범 : 집단상황에서 적절한 행동에 대한 성원들간의 합의이며, 구체적인 행위뿐 아니라 집단 내에서 허용가능한 전반적 행동패턴을 규정하는 것이다.

　　㉡ 역할 : 집단 내에서 각 성원이 수행하기를 기대하는 기능에 대한 합의인데, 여기에는 노동과 적절한 힘의 분배가 포함된다.

　　㉢ 지위 : 집단 내의 다른 성원들에 비해 상대적으로 평가되는 각 성원의 위치이다.

　　㉣ **집단문화**

　　　• 집단문화는 집단성원들이 공통적으로 가지는 가치, 신념, 관습, 전통을 의미한다.

　　　• 성원들이 동질적일수록 빠르게 형성되고 이질적일수록 늦게 형성된다.

　　　• 집단문화는 집단에 대한 매력과 집단 내의 지지적 분위기에 상당한 영향을 미치게 된다.

기출문제

집단사회복지실천의 주요 개념에 대한 설명으로 옳지 않은 것은?
▶ 2017. 12. 16. 지방직 추가선발

① 집단규범은 집단 성원 모두가 집단에서 적절한 행동방식이라고 믿고 있는 신념이나 기대를 의미한다.

② 집단응집력은 '우리'라는 강한 일체감 또는 소속감을 의미한다.

③ 집단문화는 특정 성원이 집단 내에서 수행해야 할 구체적인 과업이나 기능과 관련된 행동을 의미한다.

④ 집단역동성은 집단 내에서 작용하는 사회적인 힘과 상호작용을 의미한다.

Tip ③ 집단문화는 집단 구성원 사이에 존재하는 공통적인 가치나 신념, 전통 등을 의미한다.

정답 ③

기출문제

Point팁 성원들을 집단에 끌리게 하는 요인
- ㉠ 연합, 인정, 안정성에 대한 욕구
- ㉡ 성원의 권위, 집단의 목적, 프로그램 활동, 운영방식 등과 같은 집단이 가지고 있는 자원과 유인
- ㉢ 성원의 집단 결과에 대한 주관적인 기대
- ㉣ 타집단 경험과의 비교

(2) 집단발달단계(H. Northen)

① 준비단계
- ㉠ 개인의 문제해결에 집단을 효과적으로 활용하기 위한 예비적 단계이자, 집단구성원이 실제적으로 상호작용하기 이전의 단계이다.
- ㉡ 유사한 문제를 가진 자들의 접수와 집단을 구성하므로 계획과 접수과정이다.
- ㉢ 집단의 크기, 구성원의 특성과 배경 및 집단의 환경적 위치 등을 조사해야 한다.
- ㉣ 워커는 구성원의 심리적 불안해소 및 신뢰관계(rapport) 분위기와 집단의식을 조성한다.

② 오리엔테이션 단계
- ㉠ 집단성원 간의 인간적인 유대관계가 발생한다.
- ㉡ 의사소통을 형성한다.
- ㉢ 집단응집력의 기초단계로서 성원 각자가 갖는 집단에의 목적이나 과제 및 다른 성원에 대한 매력이 중요하다.
- ㉣ 집단구성원은 불안과 긴장이 가장 높은 단계이며, 관계형성이 중심이 되는 단계이다.
- ㉤ 집단사회사업가의 역할
  - 구성원들의 친밀감 유도
  - 집단 목표의 명확화
  - 집단 내에서 달성되어야 할 과제 계약

③ 탐색과 시험 단계
- ㉠ 상호작용의 유형이 발달하고 하위집단이 생성되며 통제기제가 발달한다.
- ㉡ 집단의 목적이 명료해지고 목표지향적인 활동인 나타난다.
- ㉢ 투쟁적 리더는 집단목적에 잘 부합되는 리더로 바뀐다.
- ㉣ 조화와 갈등의 관계형성으로 아직 갈등과 긴장이 존재한다.
- ㉤ 워커는 집단규범과 운영절차의 수정과 의사소통 구조를 개선한다.

④ 문제해결 단계

   ⊙ 집단성원들 간의 상호의존성·응집력이 최고로 된다. 즉, 언어를 통한 커뮤니케이션의 발달로 하위집단이 다양하게 출현한다.

   ⓒ 협동과 문제해결 능력이 고도화된다.

   ⓒ 워커가 집단성원끼리 서로 도울 수 있는 능력을 증대시키며, 격려와 후원을 한다.

   ⓔ 성공적인 집단만이 도달할 수 있으며, 집단성원들은 집단의 내·외부에서 오는 변화 또는 압력에 효과적으로 대처할 때만이 유지될 수 있다.

⑤ 종료 단계

   ⊙ 목적달성, 기한 도래시 종료된다.

   ⓒ 응집력의 약화로 분절되거나, 내외적 환경의 압력으로 인한 부적응 등이 요인이 된다.

   ⓒ 워커는 전체경험 평가, 미완성과제 파악, 부적응의 원인분석, 장래계획 의논, 집단해체 등을 한다.

Point 팁

  J. Garland의 집단발달단계

   ⊙ 소속 이전의 단계 : 성원들은 집단참여에 대해 양면감정을 가지기 때문에 사회복지사는 성원들이 안전감과 편안함을 느끼도록 배려할 필요가 있다.

   ⓒ 권력과 통제의 단계 : 의사소통의 유형이 형성되고 개별 성원들의 역할과 책임이 부과되면서 권력갈등이 일어나게 된다. 이 단계에서는 권력갈등을 해결하기 위한 집단규범을 형성할 필요가 있다.

   ⓒ 친숙단계 : 비로소 성원들은 집단을 성장과 변화가 일어나는 곳으로 인식하고 개별 성원들의 변화를 모색하며, 집단 응집력을 강하게 형성하게 된다.

   ⓔ 변별단계 : 성원들이 새로운 대안적 행동유형을 자유롭게 시도하면서 집단의 효율성이 가장 증대된다.

   ⓜ 분리단계 : 집단의 목적을 달성하고 성원들이 분리되는 단계를 거친다. 집단을 종결하기 전에 사회복지사는 성원들이 변화노력을 유지하고 집단에 대한 의존성을 감소하도록 원조한다.

기출문제

문 집단사회복지실천에 대한 설명으로 옳지 않은 것은?

▶ 2011. 4. 9. 행정안전부

① 집단사회복지실천모델 중 사회적 목표모델에서는 집단사회복지사가 집단내의 민주적 절차를 개발하고 유지하는 역할을 한다.

② 집단사회복지사는 집단 전체와 개별성원이 목적을 달성하도록 돕기 위해 중개자(broker), 중재자(mediator), 교육자(educator)의 역할을 수행할 수 있다.

③ 집단사회복지실천은 사회복지방법론 중의 하나이며 사회복지 전문직의 가치, 목적, 원리, 윤리에 기초한다.

④ 집단사회복지실천과정 중 중간단계는 집단구성원이 집단에 대한 불안과 긴장이 높은 시기이므로 사회복지사는 주로 신뢰할 수 있는 분위기를 확립하고 집단활동에 대한 동기와 능력을 고취시키는 데 중점을 둔다.

Tip ④ 집단사회복지실천과정 중 중간단계에서는 집단구성원들이 집단과정에 대해 깨닫고 집단규범을 적극 실천하게 되며 상호이해 신뢰를 바탕으로 한 피드백과 집단응집력이 높아지며, 사회복지사는 집단과 집단구성원이 목표를 달성할 수 있도록 격려하고 필요한 집단 문화와 규범을 발전, 유지시키며 목표달성의 장애를 극복할 수 있도록 원조한다.

정답 ④

section 4 집단개입

(1) 집단개입의 방법

① 사회적 목표모델
  ㉠ 사회의식과 사회책임을 강조하는 개념으로 주로 사적인 문제를 공적인 것으로 해석하여 사회적 쟁점에 대한 토론과 대안을 모색함으로써 집단성원을 바람직한 시민으로 성장시키고 민주적 과정을 습득하는 것을 지향한다.
  ㉡ 오늘날 사회복지관의 지역환경 지킴이나 공공주거단지에서 주민들이 범죄에 대항하기 위해 조직한 집단이 해당된다.

② 상호작용모델
  ㉠ 집단성원과 사회간의 공생적·상호적인 관계를 통해 집단성원들의 요구와 문제를 해결하는 것에 초점을 둔다.
  ㉡ 집단을 통해 개인기능과 사회기능을 육성하는 것으로 대표적인 집단이 가정 폭력피해자집단, 에이즈환자집단 등이다.

③ 치료모델
  ㉠ 개인의 치료를 위한 도구로 집단을 활용하는 모델로, 집단은 개인의 목적을 달성하는 하나의 방법이나 관계상황으로 본다.
  ㉡ 집단과정을 통한 변화는 그 자체가 목적이 아니라 개인의 치료와 재활을 위한 수단이 된다.
  ㉢ 알코올 중독자들의 회복집단, 정신치료집단 등이 대표적이다.

(2) 사회복지분야에서 집단개입의 효과를 가져올 수 있는 치료적 요인

① 희망부여 … 집단에서 성원들은 자신보다 더 심한 문제를 가진 사람이 회복되는 것을 보면서 또는 자신과 유사한 문제를 가진 사람이 효과적으로 문제에 대처하는 것을 보면서 희망을 갖게 된다.

② 보편성 … 대부분의 집단성원들은 자신의 문제가 독특하고 자신만이 이러한 괴로움을 겪고 있다는 생각에 더 절망하게 되는데, 집단에 들어와서 다른 사람들의 문제가 자신과 비슷하다는 사실에 위로를 얻게 되고 한 배를 탔다는 느낌에 집단에 더욱 기여하게 된다.

③ 정보공유
  ㉠ 집단리더와 성원들로부터 받게 되는 충고, 제안, 직접적인 안내 등은 많은 교훈적 역할을 한다.
  ㉡ 정보를 주고받는 과정은 자신의 문제에 대한 통찰을 돕고 해결능력을 향상시키는 효과를 가져온다.

④ **이타심** … 집단성원들끼리 서로 도움을 주고받는 과정에서 이제까지 짐만 되는 듯한 자신이 누군가를 지지, 제안, 충고로써 도움을 줄 수 있다는 것에 스스로를 가치있는 존재라고 느끼게 된다.

⑤ **교정적 가족관계의 반복**

   ㉠ 집단은 여러가지 측면에서 가족과 유사하여 각 성원들은 리더나 다른 성원들에게 가족과의 상호작용을 반복하게 된다. 중요한 것은 단순한 반복이 아니라 교정적 반복이라는 점이다.

   ㉡ 집단 내에서 정형화된 행동을 지적받고 현실에 비추어보며, 다른 새로운 행동을 해보도록 끊임없이 격려받으므로 고정적 행동패턴을 수정하게 된다.

⑥ **대인관계 및 사회화기술의 개발** … 집단의 규칙으로 인해 성원들은 부적응 또는 비사회적 행동에 대한 피드백을 받음으로써 또한 다른 성원이나 리더의 행동을 모방하고 학습함으로써 사회적 기술과 대인관계 기술을 학습한다.

⑦ **카타르시스** … 자신을 지지해 준다고 믿는 집단에서의 강한 감정의 표현은 자유로움을 느낄 수 있고, 새로운 기분으로 자신의 문제에 대한 통찰력을 갖게 한다.

section 5 집단의 분류(토스랜드와 리바스)

(1) 치료집단

① **지지집단**

   ㉠ 성원들이 현재의 생활사건에 대처하고, 앞으로의 생활사건에 효과적으로 대처할 수 있는 대처능력을 향상시키기 위해 지지개입전략을 사용한다.

   ㉡ 전문가가 간접적 역할을 수행하는 대표적인 지지집단이 일반인의 지도로 이끌어지는 자조집단(self-help group)이다. 익명금주동맹(Alcoholics Anonymous : AA)으로 시작한 자조집단은 과거에 유사한 관심과 문제를 가지고 있었거나 현재 가지고 있는 사람들이 집단을 활용하여 그들의 경험을 나누고 서로 정보와 지지를 제공하여 문제에 대한 대처능력을 향상시키고자 하는 것에 목적을 두고 있다.

Point 팁

자조집단과 일하는 사회복지사의 역할

   ㉠ 물질적 지지를 제공하는 역할로, 자조집단의 운영자금 마련을 돕고 행정적 지원을 하며 사회복지기관을 장소로 활용할 수 있도록 해준다.

   ㉡ 다른 체계와의 연결기능으로 지역 내의 다른 기관이나 단체와의 연결과 상호의뢰를 도와주고, 지역을 벗어나 전국적인 체계와의 연결을 도와준다.

   ㉢ 집단에 정보와 전문적 지식, 특정문제에 대한 이해와 개입방법, 문제를 감소시킬 수 있는 자원 등을 알려주는 자문역할을 한다.

② 교육집단

ㄱ 교육집단의 1차적 목적은 집단성원에게 기술과 정보를 제공하는 것으로, 주로 전문가의 강의와 교육이 중심이고 교육의 효과를 강화하기 위해 집단토론의 기회를 제공한다.

ㄴ 집단의 성원들은 교육주제에 대한 공통의 관심을 가지며 대개 청소년, 예비부모 등의 인구학적 공통성을 가지게 된다.

③ 성장집단

ㄱ 성장지향의 집단은 결혼한 커플들을 위한 만남집단, 청소년들을 위한 가치명료화 집단 등 최근 다양한 세팅에서 활용되고 있다.

ㄴ 주로 성원들의 자기개발, 잠재력개발, 인간관계 개선 등을 목적으로 하므로 다른 집단에 비해 자기노출이 많은 편이다.

④ 치료집단

ㄱ 행동을 변화시키거나 개인적 문제를 완화하기 위한 또는 사회적·의학적 충격 뒤에 재활하기 위한 목적으로 집단성원들을 돕는 것이다.

ㄴ 정신질환, 약물복용 등 역기능적 문제를 보이거나 병든 사람을 건강하게 하는 목적을 가지고 있어 의료적 모델에서 기인되었다고 할 수 있다.

⑤ 사회화집단

ㄱ 사회화집단은 집단성원으로 하여금 사회에서 수용가능한 태도와 행동을 습득하도록 돕는다.

ㄴ 소년원의 학생, 정신병원의 정신장애인, 미혼모 등이 앞으로 지역사회에 적응하고 미래에 대한 계획을 세울 수 있도록 돕는 것이다.

(2) 과업집단

① 의무사항의 이행, 조직 또는 집단의 과업성취를 위해 구성된 집단이다.

② 조직적 욕구를 해결하려는 집단에는 위원회, 행정집단, 협의회가 있다.

③ 성원의 욕구를 충족시키는 집단에는 팀, 치료회의, 사회행동집단이 있다.

1 다음 중 집단실천원칙이 아닌 것은?

① 의도적인 도움의 원조관계를 구성한다.
② 집단발달단계에서 계속적인 평가를 한다.
③ 집단구성원이 자기능력에 따라 참여하도록 한다.
④ 집단과정의 적절한 수정을 하지 않는다.

2 Group work(집단사회사업)의 발전과정과 관계없는 것은?

① 레크리에이션운동(recreation movement)
② 인보관운동(settlement house movement)
③ 자선조직화운동(charity organization movement)
④ 진보적 교육운동(porgressive education movement)

3 다음 중 집단의 발달단계로 옳은 것은?

① 준비단계 → 오리엔테이션단계 → 문제해결단계 → 종결단계 → 평가단계
② 준비단계 → 오리엔테이션단계 → 탐색과 시험단계 → 문제해결단계 → 평가단계
③ 준비단계 → 오리엔테이션단계 → 탐색과 시험단계 → 문제해결단계 → 종결단계
④ 오리엔테이션단계 → 준비단계 → 탐색과 시험단계 → 문제해결단계 → 종결단계

4 노턴(Northen)의 집단발달과정이 바르게 나열된 것은?

> ㉠ 준비단계 ㉡ 오리엔테이션 단계
> ㉢ 문제해결의 단계 ㉣ 탐색과 시험의 단계
> ㉤ 종결단계

① ㉠→㉡→㉣→㉢→㉤ ② ㉡→㉠→㉢→㉣→㉤
③ ㉢→㉣→㉤→㉠→㉡ ④ ㉣→㉢→㉡→㉤→㉠

5 집단의 발달단계 중 다음과 같은 특성을 나타내는 시기는?

> • 상호작용의 유형 발달 • 응집력 있는 집단 형성
> • 목표지향적 활동 • 하위집단 형성 시작

① 준비단계(preparatory stage)
② 오리엔테이션(orientation stage)
③ 탐색과 시험단계(exploring and testing group stage)
④ 문제해결단계(problem-solving stage)

6 다음 중 집단사회지도의 개념에 대한 설명으로 옳은 것은?

① 일정한 문제해결의 과정을 갖는다.
② 과학적인 지식과 전문적인 기술을 가진 전문가에 의하여 실시된다.
③ 자기 스스로 해결하기 어려운 문제를 지닌 사람을 대상으로 한다.
④ 개인의 사회적 적응능력을 향상시키고 개인과 집단 및 지역사회의 여러 당면문제들을 효과적으로 처리할 수 있도록 사람들을 돕는다.

7 사회복지분야에서 집단개입의 효과를 가져올 수 있는 치료적 요인에 대한 설명이다. 옳은 것을 모두 고르면?

> ⊙ 희망부여 : 집단에서 성원들은 자신과 유사한 문제를 가진 사람이 효과적으로 문제에 대처하는 것을 보면서 희망을 갖게 된다.
> ⓒ 보편성 : 자신만이 이러한 괴로움을 겪고 있다는 생각에 절망하던 집단성원들은 자신과 비슷한 문제를 겪는 사람들을 보면서 위로를 얻게 된다.
> ⓒ 교정적 가족관계의 반복 : 집단 내에서 정형화된 행동을 지적받고 현실에 비추어보며, 다른 새로운 행동을 해보도록 격려 받아 고정적 행동패턴을 수정하게 된다.
> ② 대인관계 기술의 개발 : 집단성원들은 부적응 또는 비사회적 행동에 대한 피드백을 받음으로써 다른 성원이나 리더의 행동을 모방하고 학습하여 사회적 기술과 대인관계 기술을 학습한다.
> ⑩ 카타르시스 : 집단성원들끼리 서로 도움을 주고받는 과정에서 스스로를 가치 있는 존재라고 느끼게 된다.

① ㉠ⓒ②
② ⓒⓒ⑩
③ ㉠ⓒⓒ②
④ ⓒⓒ②⑩

8 다음 집단원조기술에 관한 내용 중 바르게 묶어진 것은?

> ㉠ 집단활동에 참가하는 개인과 소집단의 양자를 원조대상으로 하고 양자의 성장을 원조한다.
> ⓒ 소집단의 힘을 의도적으로 사용하는 원조방법이며 원조는 워커가 행하는 것이 아니라 집단구성원 상호간으로 한다.
> ⓒ 이용자와 원조기관의 양자가 명확한 문제나 과제를 확인하고 그것들을 바탕으로 원조역할을 명확히 한다.
> ② 집단원조에 있어 평가는 집단원조의 종결을 기다리고 전과정을 돌아보고 효과를 측정하는 것이다.

① ㉠ⓒ
② ⓒⓒ
③ ⓒ②
④ ⓒ②

9 토스랜드와 리바스의 집단의 분류에 대한 내용이다. 다음 설명에 해당하는 집단은?

> - 결혼한 커플들을 위한 만남집단, 청소년들을 위한 가치명료화 집단 등 다양한 최근 세팅에서 활용되고 있다.
> - 주로 성원들의 자기개발, 잠재력개발, 인간관계 개선 등을 목적으로 하므로 다른 집단에 비해 자기노출이 많은 편이다.

① 지지집단　　　　　　　　　　　② 교육집단
③ 성장집단　　　　　　　　　　　④ 치료집단

10 다음 중 구성원들의 원조에 있어 협상력이 요구되는 집단사회사업가의 역할은?

① 중개자　　　　　　　　　　　　② 지도자
③ 대변자　　　　　　　　　　　　④ 중재자

11 집단사회사업에서 추구하는 목표와 관련이 먼 것은?

① 성원의 재활　　　　　　　　　　② 성장
③ 사회환경의 고착화　　　　　　　④ 사회화

12 결속력이 높은 집단의 특성에 해당하지 않는 것은?

① 집단목적을 성공적으로 성취한다.　　② 집단 내에 경쟁관계가 형성된다.
③ 성원의 위엄과 지위를 증진시킨다.　　④ 성원들 간의 상호작용이 활발하다.

13 다음 중 대집단의 장점에 해당하지 않는 것은?

① 성원 간의 역할모델이 될 수 있다.　　② 대면적 상호작용에 용이하다.

③ 집단참여에 대한 압력이 적다.　　④ 성원 간 지지·환류·우애가 깊다.

14 다음 중 집단의 사전단계에서 고려되어야 할 요인과 관계없는 것은?

① 첫 회합　　② 계약

③ 집단목표의 설정　　④ 성원의 모집

15 집단사회사업의 기본원칙으로 옳지 않은 것은?

① 사회사업가는 집단을 위해서 문제를 해결해 주어야 한다.

② 개인은 고유한 장점과 단점을 가진 존재임을 수용한다.

③ 집단구성원 간에 상호부조, 협조적 관계를 설립하도록 격려한다.

④ 대인관계와 성취에 있어 다양한 경험을 할 수 있는 기회를 제공한다.

16 다음 표현이 정의하고 있는 것은?

> 성원들이 집단에서 적절한 행동양식이라고 공동적으로 믿고 있는 신념이나 기대

① 지위　　② 문화

③ 역할　　④ 규범

17 다음 중 집단의 목적과 과업을 성취하도록 원조할 때 사용하는 집단지도자의 기술은?

① 사정기술   ② 행동기술

③ 자료수집기술   ④ 집단과정 촉진기술

18 집단 종결시 사회복지사의 활동으로 옳지 않은 것은?

① 조기 종결한 회원에게는 추후 접촉을 통하여 필요한 경우 서비스를 더 받을 수 있도록 조처한다.

② 집단구성원들에게 집단의 종결시기를 미리 통보하지 않아야 한다.

③ 집단과 개인의 목적에 대한 철저한 평가가 실시되어야 한다.

④ 종결하기 전 성원들은 긍정적 감정과 부정적 감정의 양가감정을 나타내는데 이를 잘 다루어야 한다.

19 다음 중 환경치료에 대한 설명으로 적합한 경우는?

① 욕구가 주로 그 사람 자체를 해치고 있는 경우

② 욕구가 주로 그 사람의 주관적 원인에 있는 경우

③ 문제의 발생근원이 근본적으로 외적 조건에서 초래된 경우

④ 구체적 서비스를 활용할 수 있는 능력이 손상된 경우

20 집단발달단계 중 문제해결단계의 설명으로 옳은 것은?

① 상호작용의 유형이 발전한다.

② 회원들 간의 친밀한 감정이 형성되어 갈등이 발생하지 않는다.

③ 신뢰, 수용, 상호의존의 인간관계가 지배적인 특징이다.

④ 목적이 분명해지고 목표지향적 활동이 활발하다.

21 다음 중 **치료모델**에 대한 설명으로 가장 적당한 것은?

① 집단사회사업은 사회적 책임달성이라는 목적이 있다.
② 문제를 가진 사람들에게 전문성을 발휘할 수 있는 영역이다.
③ 집단을 상호원조체계로 본다.
④ 집단활동 이전에 집단목표를 설정하지 않는다.

22 다음 중 **정신적 집단**에 해당하는 것은?

① 행정집단   ② 협의회
③ 치료집단   ④ 과업집단

23 다음 중 **교육집단의 목적**에 해당하는 것은?

① 집단성원의 잠재력 개발   ② 집단성에 대한 교육
③ 의사소통 및 사회기술의 증진   ④ 행동의 변화

24 다음 중 **토스랜드와 리바스가 분류한 집단 유형**의 설명이 옳지 않은 것은?

① 지지집단 : 구성원들이 현재의 생활사건에 대처하고, 앞으로 생활사건에 효과적으로 대처할 수 있는 대처능력을 향상시키기 위해 지지개입전략을 사용한다.
② 사회화집단 : 구성원들끼리 정보를 주고 받으며 스스로를 가치 있는 존재로 느끼게 한다.
③ 치료집단 : 개인적 문제를 완화하거나 사회적 · 의학적 충격 뒤에 재활하기 위한 목적으로 구성원들을 돕는다.
④ 교육집단 : 1차적 목적은 구성원에게 기술과 정보를 제공하는 것이며 전문가의 강의와 교육이 중심이 된다.

25 집단사회사업의 장점이라고 할 수 없는 것은?

① 다양한 집단경험을 통해 소속감, 동료의식, 주인의식을 고취한다.

② 참여와 탈퇴가 용이하므로 집단 내의 상호원조와 감정해소에 용이하다.

③ 개개인의 잠재력 개발과 개별면접의 시도가 어렵다.

④ 다수의 클라이언트가 단기간에 목표를 달성하므로 시간적 · 경제적으로 유리하다.

정답및해설

1	④	2	③	3	③	4	①	5	③
6	④	7	③	8	②	9	③	10	③
11	③	12	②	13	②	14	①	15	①
16	④	17	②	18	②	19	③	20	③
21	②	22	③	23	②	24	②	25	③

1 그룹 워크의 실천원칙에서는 집단실천과정에서 적절한 수정변화를 하여야 하며, 워커와 집단구성원 간에 의도적인 도움의 관계수립은 물론 집단구성원 간에도 협조적인 관계수립이 될 수 있도록 원조하여야 한다.

2 그룹 워크는 19세기 중반 이후 산업자본주의 발달을 가져옴에 따라 비행문제, 노동문제, 도시와 농촌문제, 도시화로 인한 빈민의 슬럼화, 연소자와 여성의 노동문제 등을 해결하기 위한 사회개량운동 차원에서 출발하였다. 그러나 영국의 자선조직협회(COS)는 1869년 민간자선단체로서 최초로 발족되었다. 이 협회는 개별사회사업론과 지역사회조직론에 해당하는 현대적 사회사업방법론을 개발시키는 계기를 마련하였다.

3 1969년 노턴(H. Nothen)이 제시한 집단발달 5단계모형을 묻고 있다. 집단의 발달단계는 준비단계 – 오리엔테이션단계 – 탐색과 시험의 단계 – 문제해결의 단계 – 종결단계이다. 이 모형은 종래의 모든 모형을 종합평가하였으며, 발달단계모형을 기초로 하여 집단지도 전체과정을 이론적으로 체계화하고 있다는 점에서 높이 평가받고 있다.

4 집단발달과정
 ㉠ 준비단계 : 실제적인 상호작용 이전의 단계로서 계획과 접수의 단계이다.
 ㉡ 오리엔테이션단계 : 다른 사람들의 접근, 관계형성의 시작, 친밀의 단계이며 회원들 간에 긴장과 불안이 가장 높은 단계이다.
 ㉢ 탐색과 시험의 단계 : 회원 간에 상황을 탐색하고 시험하며, 상호작용의 유형이 발전한다.
 ㉣ 문제해결의 단계 : 회원 간에 서로 의존적이 되고 응집력이 생성되며 문제해결을 위해 집단을 이용한다.
 ㉤ 종결단계 : 이미 계획된 것 내지는 예측불허의 이유로 집단이 종료될 수 있다.

5 트렉커(H. Trecker), 노턴(H. Northen)이 제시한 탐색과 시험단계는 제시된 내용 이외에 집단의 규범과 가치를 위한 통제기제(control mechanism)의 발달, 투쟁적 리더자의 집단목적에 부합된 리더로의 전환 등이 있다. 그러나 구성원의 긴장과 갈등은 아직 남아 있음이 주요 특징이다.

6 ④ Konopka의 그룹워크 개념에 대한 설명이다.
 ①②③ 개별사회사업의 공통요소들이다.

7 카타르시스 … 자신을 지지해 준다고 믿는 집단에서의 강한 감정의 표현은 자유로움을 느낄 수 있고, 새로운 기분으로 자신의 문제에 대한 통찰력을 갖게 한다.
 ㉤ 이타심에 대한 설명이다.

8 그룹 워크는 소집단을 매개로 하여 집단구성원이 집단토의를 통해 집단경험하고, 집단목표나 과제를 명확히 하며, 의도적 · 계획적인 원조역할이 수행된다. 따라서 그룹 워크는 원조대상이 개인은 아니며, 평가는 중간단계에서도 검색과 평가를 수행할 수 있고, 집단의 전체과정에서 수행되어야 한다.

9 토스랜드와 리바스(Tossland & Rivas)의 집단 분류
  ⊙ 치료집단
    • 지지집단 : 구성원들이 현재의 생활사건에 대처하고 앞으로의 생활사건에 효과적으로 대처할 수 있는 능력을 향상시키는 것을 목적으로 한다.
    • 교육집단 : 일차적으로 구성원에게 기술과 정보는 제공하는 것을 목적으로 한다.
    • 성장집단 : 자기개발, 잠재력개발, 인간관계 개선 등을 목적으로 한다.
    • 치료집단 : 행동을 변화시키거나 개인적 문제를 완화, 또는 사회적 · 의학적 충격 후 재활을 목적으로 한다.
    • 사회화집단 : 사회에서 수용가능한 태도와 행동을 습득하도록 돕는 것을 목적으로 한다.
  ⊙ 과업집단

10 ③ 집단사회사업가가 대변자 역할을 수행하는 경우는 중개자가 성원들에게 필요한 지역사회의 자원이나 서비스를 제공하지 못할 경우로서, 그 역할수행에 있어 필요한 자원을 획득하기 위해서는 협상력이 필요하며 협상을 구사할 수 있어야 한다.

11 ③ 그룹워크에서 추구하는 목표는 성원의 재활, 성원의 교육, 사회화, 성장, 성원의 지도력 개발, 사회환경의 변화, 조직 및 환경에 대한 개인의 통제력 증진 등이 있다.

12 ② 결속력이 높은 집단은 다른 집단과는 경쟁관계를 형성하나, 집단 내에서 경쟁관계는 형성하지 않는다.

13 대집단의 장점은 ①③④ 외에 성원이 결석하더라도 집단의 기능에 별다른 장애가 없으며, 소집단보다 성원들의 아이디어 · 기술 · 자원이 많으므로 복잡한 과업수행이 용이하고 성원이 줄어들 위험성이 적다는 점 등이 있다.

14 집단의 사전단계에서 고려되어야 할 요인은 집단목표의 설정, 잠재적 후원기관과 집단성에 대한 사정, 성원의 모집, 집단의 구성, 성원에게 집단을 소개 · 설명, 계약, 집단, 환경의 준비, 집단계획서 작성 등이다.
  ① 첫 회합은 초기단계에 해당한다.

15 ① 사회사업가는 집단을 위해서 문제를 해결하지 않는다. 그는 구성원들로 하여금 문제해결과정에 참여해서 스스로 자신들의 문제를 발견하고 해결하도록 원조하는 역할을 해야 한다.

16 사회적 통제
  ⊙ 규범 : 집단 내 모든 성원이 공유하고 있는 기대
  ⊙ 역할 : 집단 내의 개별성원의 기증에 대해 공유하고 있는 기대
  ⊙ 지위 : 각 성원이 집단 내에서 어느 정도의 위치에 있는지를 평가하고 순위를 매긴 것
  ⊙ 집단문화 : 집단성원들이 공통적으로 가지고 있는 가치, 신념, 관습, 전통

17 집단지도자의 기술
  ⊙ 집단과정 촉진기술 : 집단사회사업가가 집단과정에 영향을 미치려는 의도가 있을 때 사용하는 기술이다.
  ⊙ 자료수집 및 사정기술 : 의사소통유형에 어떤 영향력을 행사할 것인가를 계획하고 결정하는 데 매우 유용하다.
  ⊙ 행동기술 : 집단의 목적과 과업을 성취하도록 원조하며, 사고 · 감정 · 행동을 통합하고 갈등을 해결할 때 사용하는 기술이다. 조언, 제안 또는 교육에 사용된다.

18 ② 집단의 종결시기가 다가오면 사회복지사는 이를 알리고 집단구성원들로 하여금 이에 대한 준비를 하도록 도와야 한다.

19 환경치료(간접치료)가 적합한 경우 ··· 문제발생의 원인이 외적 조건에서 초래된 경우, 태도의 복잡성으로 인해 그 문제에 대해 갈등상태에 있지 않은 경우
①②④ 직접치료가 적합한 경우로 치료법은 클라이언트의 심리적 · 내적인 면에 직접적으로 도움을 제공하는 방법이다.

20 ③ 문제해결단계에서 인간관계상의 지배적 특징은 신뢰, 수용, 상호의존 등이다. 회원들은 자신들이 보다 많이 이해되고 수용되고 있다는 느낌을 받게 되며, 다른 회원들의 존재에 대해서도 가치와 중요성을 강조하게 된다.
① 탐색과 시험의 단계에 대한 설명이다.
② 문제해결단계에서는 회원 상호 간에 긍정적 감정이 지배적이지만, 집단의 요구가 강하여 회원 간에 갈등을 초래하게 되는 수도 있다. 이때는 집단에 대해 적대, 거부, 심지어 탈퇴하는 회원도 생기게 된다.
④ 탐색과 시험의 단계에 대한 설명이다.

21 ② 치료모델에서 집단은 치료를 위한 매개체이다. 집단은 전문가의 치료계획에 따라 사전에 진단을 받아 선택되고, 상호계약에 따라 치료를 위한 집단활동을 하게 된다. 따라서 사회복지사는 치료를 위한 전문적 지식을 가진 사람으로서 변화촉진자로서의 역할을 하게 된다.
① 사회적 목표모델에 대한 설명이다. 인간관계의 의식적인 훈련, 지도력의 실험, 민주적 과정의 학습, 시민참여 등의 집단활동을 통해서 사회적 의식, 사회적 책임 등의 목적달성을 도모한다.
③④ 상호작용적 모델에 대한 설명이다.
※ 치료적 모델의 특징
　㉠ 적극적 개입모델 또는 과정적 모델이라고도 한다.
　㉡ 정신병원, 교정기관, 가족서비스 단체, 상담서비스 기관, 학교 등에서 많이 활용된다.
　㉢ 역할이론, 사회행정이론, 자아심리학, 집단역학이 필요하다.
　㉣ 사회복지사의 역할은 전문가, 변화대리인, 조력자, 중재자의 역할을 수행한다.
　㉤ 집단은 치료의 수단이자 개인치료를 위한 매체이다.

22 집단의 속성에 따른 집단의 형태(Jenning)
　㉠ 정신적 집단: 개인적 만족을 추구하며, 사회클럽 · 치료집단 등을 말한다.
　㉡ 사회적 집단: 어떤 행동이나 과업을 성취하기 위해 구성된 집단으로, 성원의 적극적인 참여는 미미하다.

23 ① 성장집단의 목적 ③ 사회화집단의 목적 ④ 치료집단의 목적

24 사회화집단 ··· 구성원으로 하여금 사회에서 수용 가능한 태도와 행동을 습득하도록 돕는다.

25 집단사회사업의 장점
　㉠ 다수의 클라이언트가 단기간에 목표를 달성하므로 시간적 · 경제적으로 유리하다.
　㉡ 다양한 집단경험을 통해 소속감, 동료의식, 주인의식을 고취한다.
　㉢ 참여와 탈퇴가 용이하므로 집단 내의 상호원조와 감정해소에 용이하다.
　㉣ 잠재력 개발과 개별면접의 시도가 용이하다.

03 지역사회조직사업

기출문제

section 1 지역사회조직사업의 의의

(1) 지역사회조직사업의 개념

① 로스(M. Rose) … 지역사회가 개인의 요구나 목표를 발견하고, 그것을 달성하기 위해 필요한 자원을 지역사회 내외에서 발견하여 동원함으로써 지역사회 내에서 협동적이고 협력적인 태도 및 실천력을 확대·발전시키는 과정이다.

② 프리드랜더(Friedlander) … 어떤 지역 내에서 사회복지의 욕구와 그 지역 자원 간의 적극적이고 유효한 조정을 확립하는 사회사업의 과정이다.

③ 일반적 개념 … 사회복지의 전문적 방법의 하나로서, 지역사회를 단위로하여 발생하는 문제를(지역사회 주민이 당면하고 있는 공통적인 요구나 곤란) 지역 스스로가 조직적으로 해결할 수 있도록 측면에서 도움을 주는 일종의 기술적인 과정이다.

(2) 지역사회조직사업의 대상과 특성

① 대상 … 욕구를 가진 지역사회 주민, 바람직하지 않은 환경 및 제도

② 특성
  ㉠ 지역사회 주민의 생활욕구 및 생활문제를 해결한다.
  ㉡ 지역사회 주민의 욕구를 조직적으로 해결한다.
  ㉢ 연락조정활동을 전개한다.
  ㉣ 지역사회 주민을 조직화한다.
  ㉤ 지역사회의 자원을 활용한다.
  ㉥ 홍보·교육활동을 전개한다.

(3) 지역사회조직의 목표와 목적

① 목표(Rothman)

　㉠ 과정중심의 목표

　　• 지역사회의 기능을 강화하기 위해 지역사회 내 여러 집단들 간의 협동적 관계를 수립한다.

　　• 지역사회 문제를 해결하기 위한 자치구조를 형성하거나 역량기반을 향상시킨다.

　　• 주민들의 참여를 자극하고 격려하는 등 지역사회의 일반적 기능을 향상하는 데에 초점을 맞춘다.

　㉡ 과업중심의 목표

　　• 지역사회의 기능과 관련된 문제를 해결하기 위한 서비스를 제공하고, 새로운 서비스를 강구한다.

　　• 특수 사회입법을 통과시키는 등 보다 제한된 지역사회문제의 해결 자체에 초점을 둔다.

> **Point 팁**　**지역사회의 기능** … 생산·분배·소비의 기능, 사회화의 기능, 사회통제의 기능, 사회적 참여의 기능, 상호지지의 기능

② 목적

　㉠ 프리드랜더(Friendlander)의 목적

　　• 가장 중요한 사회적 요구를 파악하고 우선순위를 결정한다.

　　• 사회적 요구를 충족할 수 있는 세심한 계획을 수립한다.

　　• 목적달성을 위해 지역사회 자원을 효율적으로 조정하고 동원한다.

　　• 지역주민의 적극적인 참가를 권장한다.

　㉡ 던햄(Dunham)의 목적

　　• 지역사회는 그들 자신의 요구와 자원 간의 조정을 도모하고 유지하는 데 조력함으로써 광범위한 요구를 충족시킨다.

　　• 주민의 참여나 자기결정 또는 협조 등의 노력을 발전·강화·유지하도록 조력함으로써 자기 자신의 문제나 목표에 보다 효과적으로 대처하게 된다.

　　• 지역사회와 집단 간의 관계 및 의사결정능력의 분배에 변화를 일으키는 것이다.

기출문제

❓ 로스만(Rothman)의 지역사회복지 실천모델에 대한 설명으로 옳은 것은?

▶ 2017. 3. 18 제1회 서울특별시

① 지역사회개발모델은 자조에 기반하며, 과업목표 지향적이다.

② 사회계획모델에서는 변화전략으로 주로 클라이언트의 임파워먼트(empowerment)가 사용된다.

③ 사회행동모델은 세 모델 중 전문가의 역할이 가장 중요하며, 이의제기, 데모 등 대항전략을 많이 사용한다.

④ 사회계획모델은 클라이언트의 역할이 가장 최소화된 모델이다.

> **Tip**　① 지역사회개발모델은 자조에 기반하며, 과정목표 지향적이다.
> ② 사회계획모델에서는 변화전략으로 주로 문제에 대한 자료수집과 가장 합리적인 행동조치의 결정이 사용된다.
> ③ 세 모델 중 전문가의 역할이 가장 중요한 것은 사회계획모델이다.

┃정답 ④

section 2 지역사회조직사업의 내용

(1) 지역사회조직사업의 원칙

① **자주성 중시의 원칙** … 지역사회의 목적설정이나 활동에 대해 지역주민의 자주적인 참가와 협동을 도모해야 한다.

② **과정지향의 원칙** … 과정을 통해 지역사회의 단결과 협력이 이룩될 수 있는 계기가 주어지기 때문에 과업성취에 이르는 모든 과정이 중요하다.

③ **조정의 원칙** … 지역사회 주민 간의 마찰이나 대립으로 인한 갈등 및 문제는 상호작용 방법에 따라 조정이 가능하다.

④ **합의의 원칙** … 지역사회의 문제해결이나 목표달성을 위해 전주민의 의견일치를 목적으로 삼는 방법상의 원칙이다.

⑤ **능력부여자로서의 역할의 원칙** … 능력부여자로서의 역할을 중시하는 사회사업가의 역할상의 원칙이다.

(2) 지역사회조직사업의 원리

① 지역사회조직사업의 움직임은 현존 조건의 불만을 해결하기 위해서 형성되고 육성되어야 한다.

② 지역사회 내의 불만은 그 초점이 명확해야 하며, 그 문제해결을 위한 조직·계획 및 행동에 따라야 한다.

③ 지역사회조직을 일으키고 유지하는 불만은 지역사회에 광범위하게 공유되어야 한다.

④ 지역사회에 있는 하위집단과 밀착하고 있으며, 그러한 집단에 의해서 승인되어진 지도적 인물을 포용하고 있는 조직체와 관련을 맺어야 한다.

⑤ 지역사회조직은 주민이 만족할 수 있는 목표와 진행과정의 방법을 가져야 한다.

⑥ 지역사회조직 프로그램에 정서적인 내용을 가진 활동을 포함하여야 한다.

⑦ 지역사회에 현재 존재하는 선의 또는 잠재적인 선의를 다같이 활용해야 한다.

⑧ 적극적·효과적인 전달체계를 발전시켜야 한다.

⑨ 협동사업을 초래할 수 있는 집단과의 강화유지에 노력하여야 한다.

⑩ 정규적인 정책결정 통로를 파괴하지 않는 범위에서 조직화 과정이 유동적이어야 한다.

⑪ 유능한 지도자의 개발에 노력하여야 한다.

(3) 지역사회조직사업의 과정

① **사실의 파악** … 지역사회에서 발생하는 다양한 사회복지문제, 그것에 대한 요구 및 주민의 의식정도, 그 문제의 성격에 대해 지역실태조사, 앙케이트, 주민 토론회 및 좌담회를 통해 파악·검토한다.

② **계획수립** … 문제해결이나 욕구충족을 위한 장·단기 목표설정, 목표의 실현방법, 우선순위의 결정, 조직이나 기구의 설치, 필요경비의 책정이나 조달방법 등에 대한 계획을 수립해야 한다.

③ **계획실시의 촉진** … 지역사회를 위한 사회사업계획의 필요성을 인식시키고 활동의 동기를 유발할 수 있는 홍보, 조직내부의 상호협력관계를 유지·강화할 수 있는 조정활동 등이 이루어져야 한다.

④ **자원의 활용 및 동원** … 계획의 수행을 위해 인적·물적·사회적 기타 각종 자원의 활용 및 동원이 이루어져야 한다.

⑤ **활동의 평가** … 활동사업을 평가하고 그 효과를 측정한다.

(4) 지역사회조직사업의 사회적 기구

① **사회복지협의회**

　㉠ 개념 : 지역사회 내에 있는 각종 사회복지시설, 사회복지에 관심을 가지는 민간단체나 개인의 연합체 또는 협회를 말한다.

　㉡ 특징 : 지역사회가 요구하는 사회복지가 가능한 한 적절하고 효과적으로 달성될 수 있도록 상호협동 계획 및 활동을 조정한다.

　㉢ 기능(A. Dunham)

　　• 연구자료의 수집 및 편찬, 현지조사를 수행한다.
　　• 회의나 합동의 계획, 활동, 협조, 프로그램 작성 등을 중심으로 사회복지의 경험과 사상의 교환소 역할을 수행한다.
　　• 공통의 사업을 관리한다.
　　• 개인의 시설·단체에 상담 및 원조를 제공한다.
　　• 공동모금을 통해 합동의 예산편성에 참가한다.
　　• 사회복지사업의 기준 및 목적에 대해 일반의 이해를 촉진한다.
　　• 지방단체와의 관계를 발전시키며 지역조직화를 촉진한다.

② **공동모금회**

　㉠ 정의 : 공동모금회는 시민과 사회복지기관과의 협동조직체이다.

　㉡ 기능 : 지역사회 전체를 대상으로 자료를 모집하고 조직적인 예산편성에 따라 가입기관에 배분하며, 지역사회의 복지·보건·오락 등의 사업에 대한 공동계획의 조정 및 관리를 촉진시킨다.

기출문제

문 우리나라 지역사회복지에 관한 설명으로 옳지 않은 것은?
▶ 2013. 7. 27. 안전행정부

① 사회복지관의 운영이 지방이양사업으로 바뀌고 법인의 자부담을 의무화하였다.
② 지역자활센터에서는 자활의욕 고취를 위한 교육, 직업교육 및 취업알선, 생업을 위한 자금융자 알선 등을 행한다.
③ 사회복지협의회는 사회복지 관련 기관·단체 간의 연계·협력·조정을 행한다.
④ 사회복지공동모금회는 사회복지 공동모금사업, 공동모금재원의 배분, 운용 및 관리 등을 행한다.

Tip ① 법인 등의 자부담 의무는 2004년부터 폐지되었다. 2005년 사회복지관의 운영이 지방이양사업으로 선정되어 지방자치단체의 장이 필요하다고 인정하는 경우 해당 사업에 소요되는 경비를 별도로 지원할 수 있다.

정답 ①

기출문제

❓ 지역사회복지 실천모델에 대한 설명으로 가장 옳은 것은?
▶ 2019. 6. 15. 제2회 서울특별시

① 지역사회복지 실천모델은 사회복지사에게 지역사회 개입방법을 안내하는 역할을 할 수 있다.
② 지역사회개발 모델은 전문가가 지역사회복지의 주도자가 된다.
③ 사회계획 모델은 주민들의 자조(self-help)를 강조하는 형태이다.
④ 사회행동 모델은 지역사회 내에서 기득권층의 이익을 대표하는 것이다.

> **Tip** ② 사회계획 모델에 대한 설명이다.
> ③ 지역사회개발 모델에 대한 설명이다.
> ④ 사회행동 모델은 지역사회 내에서 소외계층의 이익을 대표하는 것이다.

section **3** **지역사회조직사업의 모델**

(1) 지역사회개발

① **지역사회개발의 의미** … 광범위한 주민들을 변화목표의 설정과 실천행동에 참여시켜야 지역사회가 가장 효과적으로 변화할 수 있다는 전제에서 개발된 모델이다. 따라서 지역주민들이 적극 참여하여 최대한의 주도권을 가지고 지역사회의 경제적·사회적 조건을 향상시키기 위한 과정을 강조한다.

② **지역사회개발모형의 특성**
   ㉠ 문제해결활동의 단위로서 지역사회전체에 의존한다.
   ㉡ 지역사회의 자기결정을 근간으로 하여 외부원조를 결합한다.
   ㉢ 변화의 기본전제로서 지역사회의 자발성과 지도력을 중시한다.

③ **지역사회개발활동가의 역할**
   ㉠ 변화의 매개자로서의 역할
   ㉡ 의견의 중재 또는 조정역할(중재자, 조정자)
   ㉢ 문제해결기술과 윤리적 가치 등을 지도하는 교사로서의 역할
   ㉣ 비전의 제시자로서의 역할
   ㉤ 권능부여자로서의 역할

(2) 사회계획

① **사회계획의 의미**
   ㉠ 사회계획은 비행, 주택, 정신건강 등의 사회문제를 해결하기 위한 기술적 과정을 강조하며, 특히 문제해결을 위한 합리적 계획의 수립, 통제된 변화, 전문가의 역할 등을 강조한다.
   ㉡ 정부 또는 지역사회복지협의회 등의 많은 민간 복지기관은 사회계획모델을 추진하는 기관으로 이해된다.

② **사회계획의 활동**
   ㉠ 사실을 발견하고 문제를 정의한다.
   ㉡ 의사전달의 구성 및 활동체계를 구축한다.
   ㉢ 행동전략계획에서의 사회적 목표와 정책을 선택·결정한다.
   ㉣ 계획의 실제적으로 수행한다.
   ㉤ 변화의 성취와 활동결과가 미치는 영향을 사정한다.

▌정답 ①

기출문제

③ 사회계획활동가의 역할

    ㉠ 모리스(Morris)와 빈스톡(Binstock) : 계획자로서의 역할

    ㉡ 샌더스(Sanders) : 분석가, 계획자, 조직가, 행정가로서의 역할

(3) 사회행동

① 사회행동의 의미

    ㉠ 지역사회 내 불이익을 받는 주민들이 사회정의와 민주주의 차원에서 보다 많은 자원과 향상된 처우를 요구하는 행동을 말하며, 이를 위해 기존 제도와 공공기관의 기본정책 등의 근본적 변화를 추구한다.

    ㉡ 사회행동모델을 적용한 예로는 학생운동, 여권신장운동, 노동조합운동, 환경보호운동 등이 포함된다.

② 사회행동의 특징

    ㉠ 지역사회의 변화를 위한 제안과 그 제안에 대한 저항이나 옹호를 포함하고 있다.

    ㉡ 지역사회의 관련 전문가들이 바람직한 것으로 생각하는 목표를 포함하고 있다.

    ㉢ 개인이나 집단의 욕구보다는 대중적인 욕구에 호응하는 것이다.

    ㉣ 입법과 행정, 사회복지서비스 면에 변화를 초래하고자 한다.

    ㉤ 교육, 설득, 선전, 비폭력적인 조직적 압력 등과 같은 방법을 채택한다.

    ㉥ 방법과 목표는 합리적 또는 비합리적일 수도 있다.

    ㉦ 사회적 가치보다는 어떤 방법이나 절차로 파악해야 한다.

③ 사회행동의 기능

    ㉠ 지역주민들이 지역사회활동에 주체적으로 참여해야 한다.

    ㉡ 지역주민들이 조직화하여 정치적 영향력과 사회적 권리를 확보해야 한다.

    ㉢ 지역주민들이 자신의 역량으로 공동체의식을 강화해야 한다.

    ㉣ 지역주민들의 적극적인 참여로 지역사회의 제반환경을 변화시켜야 한다.

④ 사회행동의 목적

    ㉠ 사회복지에 대한 일반의 이해증진과 사회정책의 변화 및 서비스 향상을 목적으로 한다.

    ㉡ 사회변화를 통한 사회부적응, 질병, 사회해체의 예방 및 개인복지에 관심을 둔다.

    ㉢ 사회 · 경제 등의 기초적인 제조건과 대중적인 제반사회문제의 해결 및 사회적 복지수준의 향상을 목적으로 한다.

⑤ 사회행동의 기본전략
  ㉠ 힘의 결집 : 지역사회 내에서 사회행동을 원만하게 전개하기 위해서는 우선 어떤 힘의 원천에 의존할 것인가를 결정하는 것이 중요하다.
  ㉡ 합법성 : 지역주민과 상대집단에게 보편적으로 수용되기 위해 행동집단의 목적에 적합한 전술을 선택해야 한다.
  ㉢ 타조직과의 협상 : 사회행동의 전개에 있어 다른 조직과의 연계를 통한 이해관계를 분석하고 협조·연합·동맹해야 한다.
  ㉣ 전술적 연결 : 압력전술, 법적전술, 항의전술 등을 구사할 수 있다.

⑥ 사회행동의 방법
  ㉠ 협력에 의한 방법
   • 어느 정도 통합된 지역사회, 동일한 이해관계, 사회적 목표와 수단에의 동의 및 지역사회 대부분의 협력가능성을 가정하여 협의에 의한 변화를 시도하는 방법이다.
   • 행동계획은 합리성과 교육, 설득과 협동에 의해 합의되어야 하고 변화대행자로서의 사회행동가는 주로 조정자 또는 촉진자의 역할을 수행한다.
  ㉡ 계몽운동에 의한 방법
   • 중요한 문제들에 대한 옳지 않은 정보와 무관심으로 인한 협력의 부족을 가정하는 방법이다.
   • 사회행동가는 변화대행자로서 설득 및 교육적 공공운동, 서한운동, 사회적 명성을 가진 인사의 후원, 홍보, 섭외활동 등의 기술을 사용하여 반대자들의 지지를 얻는 데 노력해야 한다.
  ㉢ 경쟁에 의한 방법
   • 문제에 대한 의견 충돌이나 압력이 있는 상태에서 협력이나 설득이 성공할 수 없을 것이라는 예측하에 변화대행자의 안건을 반대하는 경우로써 일치된 의견을 구할 수 없을 때 행해지는 방법이다.
   • 비협력적 저항, 항의, 거부, 동맹파업 및 시위운동과 같은 규범 자체를 시험하는 방법에 의해 이루어지는 것이다.
   • 사회복지사의 역할은 행동가 – 대변자의 역할로서, 부조리로 인한 억압자보다는 억압을 당하는 사람들과 결합하는 것으로, 그의 노력은 억압자를 제거하는 데 있다.

⑦ 사회복지사의 역할
  ㉠ 그로서(Grosser) : 조력자, 중재자, 대변자(옹호자), 행동가로서의 역할
  ㉡ 그로스만(Grossman) : 행동조직가로서의 역할

[지역사회조직모델의 특성]

기출문제

구분	지역사회개발	사회계획	사회행동
목표	• 지역사회의 기능적 통합, 자조적으로 문제해결에 참여 • 과정중심의 목표	• 주요 사회문제의 해결 • 과업중심의 목표	• 기본적 제도의 변화 • 과정·과업중심의 목표
문제상황에 대한 전제	• 사회관계의 부족, 민주적 문제해결능력의 결여 • 정적이며 전통적인 지역사회	• 다양한 사회문제 • 정신적·육체적 건강문제, 주택문제 등	• 불이익을 받는 주민들의 고통 • 사회적 불의·결핍·불평등
변화전략	'함께 모여서 이야기해 보자'	'진상을 파악해서 논리적인 조치를 강구하자'	'억압자를 분쇄하기 위해 규합하자'
변화기법	합의, 의사교환, 토의	합의 또는 갈등	갈등, 정면대결 실력행사, 협의
사회복지사의 역할	• 조력자 • 격려자 • 조정자	• 진상의 수집자·분석자 • 프로그램 실행자 • 촉진자	• 옹호자 • 행동가 • 중개자 및 협의자
변화매개체	과제지향적인 소집단 간의 합리적 조종	공식집단과 자료의 조종	대중조직과 정치적 과정의 조종
권력자에 대한 견해	공동노력의 협의자	전문가의 후원자 또는 고용자	강제되거나 전복되어야 할 압제자
클라이언트 체계의 경계	모든 지역사회	모든 지역사회 또는 지역사회 내 특수지역이나 일부계층	일부 지역사회
집단간 이해관계에 대한 전제	상호조화, 합리적 설득이나 대화 가능	실용적 문제해결에의 접근	구성집단 간의 이해관계가 상충·갈등적 관계
클라이언트 집단	잠재력을 가진 주민	소비자	체제의 희생자
클라이언트의 역할	참여자	소비자, 수혜자	고용인, 성원, 수익자

section 4 지역사회 전문사회복지사의 역할

(1) 안내자의 역할

① 지역사회주민들이 자신들의 목표를 설정하고 성취하는 방법을 스스로 발견할 수 있도록 자극·협조하는 기본적 역할을 수행한다.

② 지역사회의 일에 능동적으로 접근하는 태도를 가지고 주도적 역할을 수행한다.

③ 지역사회의 상태에 관해 객관적·중립적이 되려고 노력하는 객관적인 역할을 수행한다.

④ 지역사회주민들이 협동적 결정을 하는 과정을 만들고 이용할 수 있도록 도와주는 지역사회 일체화를 위한 역할을 수행한다.

⑤ 지역사회로 하여금 책임을 받아들이고 인수하도록 도와주는 역할을 수행한다.

(2) 조정자의 역할

① 주민들의 욕구를 표출시켜 문제의 초점을 명확하게 인식할 수 있도록 하는 역할을 수행한다.

② 공통의 문제를 협동적으로 추진함으로써 해결할 수 있다는 확신을 갖게 하기 위해 조직화를 장려하는 역할을 수행한다.

③ 개인 상호관계와 협동작업에 있어 만족감을 느낄 수 있도록 좋은 인간관계를 육성하는 역할을 수행한다.

④ 지역주민들에게 공통의 목표를 인식시켜 그 목표를 성취하는 방향으로 나아가게 하는 역할을 수행한다.

(3) 전문기술자의 역할

① 지역사회를 분석·진단한다.

② 조사기술을 숙련시킨다.

③ 타지역사회에 대한 조사를 실시한다.

④ 연구 및 실험적 활동에 관한 정보를 입수한다.

⑤ 방법에 대한 전문적인 지식을 조언한다.

⑥ 전문적 지식에 관한 정보를 제공한다.

⑦ 실시하고 있는 협동적 활동에 대해 평가·해석한다.

(4) 사회치료가의 역할

① 협력활동의 장애를 제거한다.

② 인간의 정신을 쇄신시킨다.

③ 지역사회의 전체적 조화를 도모한다.

기출문제

1   지역사회개발사업에서 가장 중요하게 작용하는 요인은?

① 워커의 전문성
② 지역사회 주민의 노력
③ 지역사회의 특성에 대한 인식정도
④ 토착적인 지도자의 협력

2   지역사회조직활동에서 전문가의 역할로서 옳은 것은?

① 지역사회진단
② 불만을 집약하는 일
③ 조직화를 격려하는 일
④ 공동목표를 강조하는 일

3   사회행동모형에 대한 설명 중 옳지 않은 것은?

① 변화의 기법은 갈등이다.
② 사회행동은 체제변화에 따른 결과를 중요시한다.
③ 워커의 역할은 대변자, 행동가이다.
④ 지역사회의 목표는 지역사회의 통합과 능력향상이다.

4 다음 내용 중 옳지 않은 것은?

① 사회행동 실천모형은 클라이언트를 서비스의 소비자로서 파악한다.

② 지역사회복지기관 및 시설을 설치하고 운영할 수 있는 법인이나 단체는 사회복지법인, 재단법인, 사회단체, 사단법인 등이다.

③ 지역사회조직의 실천과정은 사실의 파악단계, 계획수립단계, 실시와 촉진단계, 자원의 파악과 개발단계, 사업 평가단계이다.

④ 지역사회조직은 결과보다는 과정을 중시하여 수행과정에서 민주적이고 자율적이며, 협동적으로 추진된다.

5 다음 중 지역사회복지관의 기능에 해당하지 않는 것은?

① 근린지역의 다양한 욕구를 충족시키기 위하여 통합된 서비스를 제공한다.

② 근린지역 주민에게 소득재분배를 위해 적절한 행정서비스를 제공한다.

③ 지역주민들에게 문제해결을 위한 공동의 노력을 할 수 있도록 집단을 구성하게 한다.

④ 서비스 중복과 누락방지를 위해 서비스를 조정하고 모색한다.

6 사회복지에 관한 주된 사회자원에 관한 내용 중 옳지 않은 것은?

① 사회복지에 관한 주된 사회자원이란 시설, 설비, 제도, 서비스, 서비스를 담당하는 인재, 활동에 필요한 자금 등이다.

② 사회복지의 원조를 원활히 행하기 위해서는 사회복지의 욕구를 충족하기에 필요한 사회자원의 양과 질을 정비·확보하는 것이 중요한 요건이 된다.

③ 사회복지사는 기존의 공식적인 사회자원(사회복지제도, 서비스 자금 등)의 범위 내에서 원조활동을 행하는 역할을 담당한다.

④ 오늘날의 복지욕구의 고도화, 다양화는 복지원조에 있어서 몇 가지 사회자원을 네트워크화하는 것에 의해 그 기능을 높이는 것이 필요하게 되었다.

7 지역사회조직사업에 대한 설명으로 옳은 것은?

① 궁극적인 목표는 클라이언트와 그의 환경과의 조정을 도모하는 데 있다.
② 전문적 대인관계의 조정 및 인간관계에 관한 지식과 기능을 강조한다.
③ 계획적인 집단경험을 통해서 개인의 사회적 기능을 향상시키는 데 중점을 둔다.
④ 지역사회의 욕구를 충족하고 자원의 조정을 도모한다.

8 지역사회조직사업의 과정을 순서대로 바르게 나열한 것은?

① 사실의 파악 – 계획수립 – 자원의 활용 및 동원 – 계획실시의 촉진 – 활동의 평가
② 사실의 확인 – 계획수립 – 계획실시의 촉진 – 자원의 활용 및 동원 – 활동의 평가
③ 계획수립 – 자원의 활용 및 동원 – 사실의 파악 – 활동의 평가 – 계획실시의 촉진
④ 계획수립 – 사실의 파악 – 자원의 활용 및 동원 – 활동의 평가 – 계획실시의 촉진

9 사회복지협의회의 기능에 대한 설명으로 옳은 것은?

① 개별기관 시설단체에 대한 상담과 원조를 제공한다.
② 시민과 복지기관의 협동적·자발적 조직화를 도모한다.
③ 사회의 연대의식, 민주주의 가치관의 발로이다.
④ 조직적인 예산의 확립, 모금활동의 전략수립과 민주적 배분을 기한다.

10 공동모금회의 최상효과에 해당하는 것은?

① 모금할당액의 감소
② 소수자본가 참여의 극대화
③ 사회복지위원회의 책임 감소
④ 지속적 관심의 촉구

11 공동모금회(Community Chest)에 대한 설명으로 옳지 않은 것은?

① 시민과 사회복지기관과의 자발적 · 협동적 조직이다.

② 경비의 능력에 따른 분담을 의미하는 사회연대의식의 발로이다.

③ 지역사회단체에 주로 호소하여 필요자금을 모집한다.

④ 그 기원은 1873년 영국의 리버플시에서의 모금으로 본다.

12 다음 중 주민에 대한 정보의 제공과 프로그램 활용을 위한 활동은?

① 방문활동(Out Reach) ② 추후활동(Follow Up)

③ 이송(Refferal) ④ 인테이크(Intake)

13 지역사회복지관의 활동에 해당되는 것은?

① 가족상담 ② 특별급여

③ 아동복지 ④ 인보사업

14 다음 중 지역사회조직가의 역할에 해당하지 않는 것은?

① 변화방지자 ② 지도자

③ 사회치료가 ④ 조장자

15 지역사회복지사의 역할 중에서 지역사회의 분석과 진단, 조사기술의 숙련 등의 능력이 요구되는 역할은?

① 중개자 역할 ② 사회치료가 역할
③ 조장자의 역할 ④ 전문기술가의 역할

16 다음 중 사회행동에서 중시하는 구조적 문제와 가장 거리가 먼 것은?

① 박탈
② 주택문제
③ 사회적 불공평
④ 불리한 상황에 있는 집단

17 지역사회개발의 요소에 해당하지 않는 것은?

① 지역전체의 요구에 중점
② 전문화된 영역의 통합
③ 사회적 · 경제적 프로그램의 기초가 되는 상호의존성을 장려
④ 인적 · 물적 시설과 공급물자 · 금전을 포함하는 정부조직 또는 민간조직으로부터의 기술협조

18 다음 중 지역사회조직의 원칙이 아닌 것은?

① 자주성 중시의 원칙 ② 과정지향의 원칙
③ 연대성의 원칙 ④ 조정의 원칙

19 프리드랜더가 말한 지역사회조직의 목적이 아닌 것은?

① 가장 중요한 사회적 요구를 파악하고 우선순위를 결정한다.

② 사회적 요구를 충족할 수 있는 세심한 계획을 수립한다.

③ 지역주민의 적극적인 참가를 권장한다.

④ 지역사회와 자원 간의 조정을 도모하고 유지한다.

20 〈보기〉에서 설명하는 사회행동의 기본전략은 무엇인가?

〈보기〉
지역주민과 상대집단에게 보편적으로 수요되기 위해 행동집단의 목적에 적합한 전술을 선택해야 한다.

① 힘의 결집   ② 합법성
③ 타조직과의 협상   ④ 전술적 연결

정답및해설

1	②	2	①	3	④	4	①	5	②
6	③	7	④	8	②	9	①	10	④
11	③	12	①	13	④	14	①	15	④
16	②	17	③	18	③	19	④	20	②

1 지역사회개발은 주민이 주체의식을 가지고 스스로 지역사회문제를 해결하는 자주성 중심을 강조하므로 지역사회개발에 있어 가장 중요한 요인은 지역사회 주민의 자발적 노력에 달려 있다. 따라서 지역사회조직사업의 궁극적 목적은 이러한 노력에 의해 지역주민의 공동체의식을 함양하고 지역주민을 결속하는 통합능력 향상이란 점을 기억해야 한다.

2 지역사회개발모형에서 워커의 역할은 안내자, 조력가, 전문가, 사회적 치료자이다. 이 중에서 전문가의 역할이란 자기가 권위있게 말할 수 있는 분야에서 필요한 자료를 제공하고 직접적인 충고를 하는 것을 말한다. 좀 더 구체적으로 워커의 수행적 기능을 보면 지역사회진단, 조사기술, 타지역사회에 관한 정보, 방법에 대한 조언, 기술상의 정보, 평가 등이 해당된다.

3 사회행동(social action)의 목표는 소규모, 단기적인 문제의 해결보다 체제변화에 따른 결과를 중요시한다. 따라서 사회행동모형은 과업과 과정 모두를 그 목표로 삼을 수 있는 것이다. 그러나 지역사회의 통합과 능력향상은 지역사회개발의 목표이다.

4 ① 사회행동모형은 그 대상이 제도상의 불이익이나 희생된 자들이며, 클라이언트를 서비스의 소비자로서 간주하는 것은 사회계획모형이다.

5 ② 민간 지역사회복지관은 소득재분배를 목적으로 하지 않는다. 즉, 소득재분배정책은 국가가 책임을 지고 수행해야 하는 광의적 또는 제도적 사회복지 관점이다.

6 ③ 워커는 기존의 공식적인 사회적 자원뿐만 아니라 비공식적 사회적 자원까지 연계·활용하여 원조한다.

7 ①② 개별사회사업
③ 집단사회사업

8 지역사회조직사업의 과정…사실의 확인 → 계획수립 → 계획실시의 촉진 → 자원의 활용 및 동원 → 활동의 평가

9 ②③④ 공동모금회(Communty Chest)에 대한 설명이다.

10 ④ 공동모금회의 효과에는 많은 기금의 모집, 다수인의 참여, 책임감 부여, 시간절약과 지속적 관심의 촉구, 능률의 고양 등이 있다. 사회복지위원회가 공동모금회의 직접적인 책임을 지고 있다.

11 ③ 사회복지단체가 지역사회단체뿐만 아니라 전국민을 상대로 폭넓게 자발적인 기부금을 모으는 전국적인 운동이다.

12 ② 이송된 사례에 대한 추후활동을 말한다.
③ 접수한 기관이나 센터 내에서 수행 또는 해결할 수 없는 문제를 다른 기관에 이송하는 것이다.
④ 어떤 문제에 직면한 사람이 그 문제를 해결하는 데 필요한 도움을 받고자하는 경우 기관에서 최초로 실시하는 면접이다.

13 ④ 지역사회의 충족되지 않은 문제들을 발견해서 주민들에게 필요한 서비스를 제공하는 것이 목적이다. 19세기 영국의 인보관운동에서 비롯되어, 민간차원의 활동과 운동을 하고 있다.

14 지역사회조직가의 역할
　ⓐ M. Ross : 지도자, 조장자, 전문가, 사회치료가로 들고 있다.
　ⓑ V. Sieder : 조장자, 지도자, 전문가, 교육자, 해설자, 조종자 및 중재자라고 하였다.
　ⓒ I. Sanders : 계획된 변화의 전문적 역할에 중점을 두어 분석가, 계획가, 변화를 위한 조직가 및 프로그램 관리자로 구분한다.

15 지역사회복지사의 역할
　ⓐ 사회치료가의 역할 : 협력활동의 장애 제거, 인간정신의 쇄신, 지역사회의 전체적 조화를 기한다.
　ⓑ 안내자의 역할 : 지역사회의 주민들이 자신의 목표를 선정하고 그것을 성취하는 방법을 스스로 발견하도록 자극하고 협조하는 기본적인 역할을 한다.
　ⓒ 조장자의 역할 : 주민들이 원하는 욕구가 무엇인가를 알고 그 불만의 초점을 명확히 하는 일을 한다.
　ⓓ 전문기술가의 역할 : 지역사회를 진단·분석하고, 전문적 지식에 대한 정보를 입수하는 등의 역할을 한다.

16 ② 사회계획에서 중시하는 문제이다.

17 ③ 사회적·경제적 프로그램의 기초가 되는 자조를 장려하고 있다.

18 지역사회조직사업의 원칙
　① 자주성 중시의 원칙…지역사회의 목적설정이나 활동에 대해 지역주민의 자주적인 참가와 협동을 도모해야 한다.
　② 과정지향의 원칙…과정을 통해 지역사회의 단결과 협력이 이룩될 수 있는 계기가 주어지기 때문에 과업성취에 이르는 모든 과정이 중요하다.
　③ 조정의 원칙…지역사회 주민 간의 마찰이나 대립으로 인한 갈등 및 문제는 상호작용 방법에 따라 조정이 가능하다.
　④ 합의의 원칙…지역사회의 문제해결이나 목표달성을 위해 전주민의 의견일치를 목적으로 삼는 방법상의 원칙이다.
　⑤ 능력부여자로서의 역할의 원칙…능력부여자로서의 역할을 중시하는 사회사업가의 역학상의 원칙이다.

19 ④는 던햄이 말한 지역사회조직의 목적이다.
　ⓐ 프리드랜더(Friendlander)의 목적
　　• 가장 중요한 사회적 요구를 파악하고 우선순위를 결정한다.
　　• 사회적 요구를 충족할 수 있는 세심한 계획을 수립한다.
　　• 목적달성을 위해 지역사회 자원을 효율적으로 조정하고 동원한다.
　　• 지역주민의 적극적인 참가를 권장한다.
　ⓑ 던햄(Dunham)의 목적
　　• 지역사회는 그들 자신의 요구와 자원 간의 조정을 도모하고 유지하는데 조력함으로써 광범위한 요구를 충족시킨다.
　　• 주민의 참여나 자기결정 또는 협조 등의 노력을 발전·강화·유지하도록 조력함으로써 자기 자신의 문제나 목표에 보다 효과적으로 대처하게 된다.
　　• 지역사회와 집단 간의 관계 및 의사결정능력의 분배에 변화를 일으키는 것이다.

20 합법성에 대한 설명이다.
　① 힘의 결집 : 지역사회 내에서 사회행동을 원만하게 전개하기 위해서는 우선 어떤 힘의 원천에 의존할 것인가를 결정하는 것이 중요하다.
　③ 타조직과의 협상 : 사회행동의 전개에 있어 다른 조직과의 연계를 통한 이해관계를 분석하고 협조·연합·동맹해야 한다.
　④ 전술적 연결 : 압력전술, 법적전술, 항의전술 등을 구사할 수 있다.

04 사회복지조사

section 1 사회복지조사의 의의

(1) 사회복지조사의 개념

사회복지의 한 방법으로서 사회복지 프로그램을 계획하고 수행하는 데 활용할 수 있는 지식을 산출하는 것이다.

(2) 사회복지조사의 목적

① 사회복지대상(개인, 가족, 집단, 지역사회)에게 적절한 도움을 제공하기 위해 활용될 수 있는 지식을 산출한다.

② 사회복지실천활동을 위한 기초적·실증적 자료를 제공한다.

③ 클라이언트의 상황변화 및 실천활동에 대한 효과를 조사한다.

④ 사회복지의 과학성과 전문성 및 책임성을 향상시킬 수 있는 수단과 방법을 제공한다.

(3) 사회복지조사의 성격

① **사회개량적 성격** … 사회의 모순이나 병리를 해명하여 사회개량을 도모한다.

② **필요성 이해의 성격** … 사회문제나 병리에 대한 조사를 통해 사회복지의 사회적 필요성을 이해한다.

③ **사회복지방법의 기초** … 개인의 생활사 및 성격, 생활환경 등을 조사하여 개별사회사업의 기초자료를 제공하고, 집단사회사업이나 지역사회조직사업의 기초적 이해자료를 제공한다.

④ **사회사업의 효과측정** … 사회사업이 초기에 지향한 목적을 어느 정도 달성하였는지, 또한 그것이 얼마나 효과적이었는가를 측정한다.

⑤ **사회사업의 과학화** … 사회사업의 체계적 정리나 사회과학적 해명을 위한 기초 토대를 제공함으로써 사회사업의 과학화에 공헌한다.

(4) 사회복지조사의 방법

① 통계조사
- ㉠ 사회복지조사의 대상이 비교적 큰 경우에 실시한다.
- ㉡ 전수조사와 표본조사로 나눌 수 있다.

② 사례조사
- ㉠ 통계적인 방법에 의한 양적 측정을 적용하기 힘든 개인이나 가족제도, 문화집단 및 지역사회의 생활을 조사·분석하는 연구방법이다.
- ㉡ 조사대상이 작거나 개별적인 특성 및 역사적 과정을 중시하는 경우에 많이 사용되며, 개별사회사업이나 집단사회사업 연구는 사례조사가 더 우세하다.

③ 욕구조사
- ㉠ 주민의 욕구수준을 계량적으로 측정하는 방법이다.
- ㉡ 지역사회 공개토론회, 정보제공자 조사, 현지조사 등을 통해 이루어진다.

④ 평가조사 … 사회복지 기관에서 실시한 서비스의 효과를 측정하는 방법이다.

⑤ 횡단조사
- ㉠ 특정시점(정태적 조사)에서 조사를 실시하는 것으로 여러 조사 대상들의 변수값을 비교 분석하는 것이다.
- ㉡ 서로 다른 연령, 인종, 종교, 성별, 소득수준, 교육수준 등 광범위한 사람들의 표집으로 일정 시점에서 특정표본이 가지고 있는 특성을 파악하거나, 특성에 따라 집단을 분류하는 것이다.

⑥ 종단조사 … 하나의 분석대상을 장기간에 걸쳐 일정한 시간 간격을 두고 여러 차례 반복적으로 측정 하여 자료를 수집하는 방법이다. 여기에는 패널조사, 경향조사, 동년배조사 등이 있다.
- ㉠ 패널조사(panel study) : 장기간에 걸쳐 동일한 주제를 가지고 동일한 응답자에게 반복해서 면접이나 관찰을 행하는 조사 방법이다.
- ㉡ 추세조사(trend study) : 장기간에 걸쳐 동일한 주제에 대해 반복해서 면접이나 관찰을 행하지만 패널조사와는 달리 응답자가 매 조사 때마다 바뀌어 이루어지는 조사 방법이다.
- ㉢ 동년배조사(cohort study) : 동류집단 조사, 동시경험집단 조사라고도 한다. 5년이나 10년 이내의 좀 더 좁고 구체적인 범위 안에 속한 인구집단의 변화를 조사하기 위한 조사 방법이다.

기출문제

문 다음 설명에 해당하는 조사방법은?
▶ 2015. 3. 14. 사회복지직

일정 기간 동안 동일한 응답자에게 동일한 주제에 대해 시차를 두고 반복하여 행하는 조사

① 패널(panel) 조사
② 설문(survey) 조사
③ 횡단(cross sectional) 조사
④ 추이(trend) 조사

Tip ② 설문조사 : 어떤 분야에 대하여 고객들의 만족도, 신뢰도, 개선할 사항 등을 조사하는 것으로 이를 통해 기업체 또는 회사 발전에 큰 도움을 줄 수 있다.
③ 횡단조사 : 특정한 시점을 기준으로 하여 한 번의 측정을 통해 집단 간의 차이를 연구하는 조사방법이다.
④ 추이조사 : 시간의 흐름에 따른 집단의 변화를 관찰하기 위한 조사로 미래 예측을 위해 사용된다.

정답 ①

기출문제

❓ 종단조사에 대한 설명으로 가장 옳은 것은?

▶ 2019. 6. 15. 제2회 서울특별시

① 한 시기에 여러 연령집단을 조사하는 방법은 동류집단(cohort) 조사이다.

② 동일한 대상을 일정 시치를 두고 추적 조사하는 방법은 패널조사이다.

③ 동류집단 조사는 포괄적인 범위에 속한 인구집단의 변화를 측정하기 위한 조사이다.

④ 동류집단 조사와 패널조사는 조사 대상자 측면에서 동일하다.

Tip 동류집단 조사는 동년배 연구, 동시경험집단 조사라고도 하며 시간의 변화에 따른 동류집단의 변화를 관찰한다. 시간의 변화에 따른 동일집단의 변화를 관찰하는 패널조사와 유사하지만, 조사 대상자 측면에서 차이가 있다.

Point 팁 횡단조사와 종단조사의 비교

횡단조사	종단조사
- 표본조사	- 현장조사
- 모집단을 대표할 수 있는 자료를 제공	- 조사마다 새롭게 표집 된 표본에 관한 자료를 제공
- 측정이 단 한 번에 이루어짐	- 반복적으로 측정이 이루어짐
- 정태적 조사	- 동태적 조사
- 일정 시점의 특정 표본이 가지고 있는 특성을 파악	- 일정 기간 변화하는 상황을 조사함
- 조사내상의 특성에 따라 집단을 분류하여 비교·분석하므로 표본의 크기가 클수록 좋음	- 유형에 따라 서로 다른 시섬에서 동일 대상자를 추적해 조사해야 하므로 표본의 크기가 작을수록 좋음

section 2 사회복지의 조사단계

(1) 연구문제의 설정

① **연구문제의 적절성**

㉠ **연구범위의 적절성** : 한정된 범위의 구체적인 조사문제를 찾는 것이 중요하다.

㉡ **조사의 현실적 여건** : 연구에 소요되는 시간·돈·에너지뿐만 아니라, 자료수집의 용이성 등과 같은 실제적인 연구가능성 문제들이 고려되어야 한다. 또한 연구자 자신의 조사연구 수행능력에 대한 고려와 적절한 지원체계의 존재여부에 대한 평가 등도 현실적 여건의 고려에 해당된다.

㉢ **검증가능성** : 경험적으로 확인될 수 없는 문제들, 가치의 문제를 다루는 것들, 지나치게 추상적인 문제들은 과학적인 연구문제가 될 수 없다.

㉣ **효용성** : 사회복지 조사연구의 문제들은 가능한 한 사회복지의 전 과정에 필요한 결정들을 돕는 데 관련되어 있는 것이 좋다.

② **연구문제의 서술**

㉠ 문제들은 의문의 형태로 서술되어야 한다.

㉡ 단순명료하게 문제를 지적하는 것이 가장 좋은 방법이다.

㉢ 변수들 간의 관계에 대해 서술한다.

㉣ 문제들은 경험적 검증의 가능성이 있어야 한다.

③ **개념적 정의와 조작적 정의**

㉠ **개념적 정의** : 연구에서 사용되는 주요 용어들을 개념적으로 정의하는 것이다. 연구의 관심과 초점에 맞추어서 그에 합당한 측면의 개념을 규정하는 것이 개념적 정의의 목적이다.

㉡ **조작적 정의** : 개념들에 대한 경험적인 지표로 활용될 특정 조작작업을 구체화하는 것이다.

┃정답 ②

기출문제

Point 팁 좋은 조작적 정의가 되기 위한 조건

　　㉠ 신뢰도가 있고 복제가 가능해야 한다. 신뢰도가 있다는 것은 동일한 조작적 정의를 익힌 두 사람이 동일한 현상을 관측하게 되면 동일한 값들이 산출될 수 있어야 한다는 뜻이다.

　　㉡ 타당해야 한다. 조작적 정의에 의해 측정된 결과가 실제로 측정하려고 했던 원래의 개념을 측정한 것인가 등에 대한 물음이다.

④ 가설과 가설검증

　㉠ **가설의 개념** : 둘 이상의 변수들 간의 관계에 대한 일종의 추측이다. 좋은 가설이 되기 위해서는 두 개 이상의 변수들 간의 관계에 대해 명확히 서술되어야 하며, 관계에 동원된 변수들은 측정이 가능해야 한다.

　㉡ **가설의 종류**

　　• 연구가설 : 변수들 간에 관계가 있다든지 또는 집단들 간에 차이가 있다는 식의 서술을 하는 것이다. 이것을 보통 연구가설 또는 그냥 가설이라 한다.

　　• 영가설

　　　－변수들 간에 관계가 없다거나 또는 집단들 간에 차이가 없다는 식으로 서술하는 것이다. 이를 흔히 귀무가설이라고도 하는데, 연구가설에 상반되는 입장에 있기 때문이다.

　　　－영가설은 보통 연구가설에 대한 반증의 목적으로 활용되며, 통계학적인 분석들에서는 가설을 직접적으로 증명하기보다는 영가설을 부인함으로써 가설이 현재로서 건재함을 나타내는 방식을 취한다.

　㉢ **가설의 필요성**

　　• 가설을 통해서 이론을 활용한다. 가설은 이론으로부터 도출될 수 있고, 가설들에 대한 검증들이 쌓여서 이론을 변화시켜 나간다.

　　• 가설들은 검증될 수 있으며, 확률적으로 옳은지 그른지를 보여줄 수 있다.

　　• 객관적인 검증을 위한 수단이 된다.

(2) 연구설계

① **연구설계의 개념** … 연구문제에서 나타난 이론이나 가설들 또는 순수한 의문 자체들을 경험적으로 검증하기 위해 어떤 자료들이 필요한지, 그런 자료들을 어떻게 수집할 것인지 등을 계획하는 것이다.

② **인과관계의 확인**

　㉠ **공변성** : 한 변수가 변화할 때 그와 관련이 있다고 믿어지는 변수도 따라서 변화하는지를 보여주는 것이다. 즉, 두 변수 사이에 공변성이 있다고 하기 위해서는, 적어도 한 변수가 변화할 때 상대 변수에서도 어떤 식으로든지 변화가 관찰되어야 한다.

ⓛ 시간적 우선성 : 한 변수가 원인이고 다른 변수가 결과임을 증명하기 위해서
는, 두 변수의 변화들 간에 시간적으로 무엇이 앞서고 무엇이 뒤선다는 것
을 보여줄 수 있어야 한다.

ⓒ 통제 : 두 변수들 간에 나타나는 공변성과 시간적 우선성의 관계가 제3의
다른 변수들로 인해서 유발되는지의 여부를 확인해 보는 것이다.

③ 연구디자인의 타당도

㉠ 내적 타당도 : 종속변수(결과)에서 나타나는 변이가 독립변수(원인)의 변이에
의한 것임을 확신할 수 있는 정도를 말한다. 즉, 인과성에 대한 추론가능성
이 얼마나 높은지를 나타내는 것이 내적 타당도이다.

Point 팁   내적 타당도를 저해하는 요인

㉠ 외부사건 : 조사연구의 과정에서 외부적인 어떤 사건들이 발생하여 연구결과에 영향
을 미칠 수도 있다. 외부사건들에 대한 통제가 제대로 이루어지지 않는다면, 기존
의 설명에 대한 무수히 많은 수의 대립적인 설명들을 통제할 수 없게 된다.

㉡ 시간경과에 따른 성숙효과 : 인간은 고정되어 있지 않으며, 시간이 경과함에 따라
자연적으로 성숙하는 측면들이 많은데, 이러한 자연적인 성장들이 마치 서비스나
실험적 개입의 효과인 것처럼 여겨지는 경우들이 많다.

㉢ 테스트효과 : 두 번 이상의 테스트를 실시하는 조사연구들에서 나타나는 현상이다.
원인변수의 개입 여부에 관계없이 테스트를 하는 자체만으로도 후에 실시되는 테
스트결과에 영향을 미칠 수 있다는 것이다.

㉣ 도구효과 : 테스트효과가 동일한 테스트를 실시했을 경우에 나타나는 문제라면, 도
구효과는 전·후의 테스트가 다른 것으로 실시하였을 때 발생하는 내적 타당도 저
해요인이다.

㉤ 통계적 회귀 : 전시험(프로그램 실시 전의 상태)의 결과가 정상치보다 지나치게 낮게
나타나는 사람들을 대상으로 프로그램이나 연구개입을 실시할 경우, 후시험(프로그램
실시 후의 상태)은 프로그램의 효과에 관계없이 상승하게 될 수도 있다는 것이다.

㉥ 편향된 선별 : 유사하지 않은 성격을 갖는 집단들을 대상으로 서비스의 효과를 측정
하려고 할 때, 이러한 성향들이 나타난다. 비교되는 집단들이 비교될 수 없는 성격
들을 가지고 있을 때, 이들을 서로 비교하는 것은 별 의미가 없다.

㉦ 실험 도중 탈락 : 실험대상자들은 여러가지 이유로 실험 도중에 그만둘 수 있다. 실
험에서 중도 탈락하는 사람들은 나름대로의 특성들을 가지고 있으며, 그것을 배제
한 상태에서 전시험과 후시험의 결과를 비교하는 것은 문제가 된다.

㉧ 인과적 시간·순서 : 시간적인 우선성에 대한 불확실성은 인과관계를 곤란하게 만들
수 있다.

㉨ 개입효과의 확산·모방 : 실험집단에 실시되었던 프로그램이나 특정한 자극들에 의
해서 실험집단의 사람들이 효과를 얻게 되고, 그 효과들이 다른 집단의 사람들(통
제집단)에게 전파될 수 있다.

ⓒ 외적 타당도 : 표본에서 얻어진 연구의 결과를 두고 연구조건을 넘어선 환경
이나 다른 집단들에까지 확대해석 또는 일반화할 수 있는 정도를 말한다.

Point 팁 외적 타당도와 관련된 요인

ⓐ 연구 표본, 환경, 절차 등의 대표성 : 표본에서 발견된 특정한 사실들이 일반화될 수 있기 위해서는 표본이 모집단을 적절하게 대표하는 것이어야 하며, 표본뿐만 아니라 연구환경이나 절차 등도 모집단을 대표할 수 있어야 한다.

ⓑ 조사반응성 : 조사대상자들이 자신들이 특정한 조사연구의 대상이 되고 있음을 인식한다면, 일반 조사대상자들에게서 나타나는 결과들과는 다를 가능성이 높아진다.

ⓒ 플라시보 효과(placebo effects) : 플라시보 효과는 일종의 조사반응성의 효과인데, 실제로는 실험 처치나 개입이 이루어지지 않았는데도 불구하고 그것을 받은 것과 유사한 효과가 나타나는 경우를 말한다.

④ 연구디자인의 종류

ⓐ 실험디자인

• 실험디자인의 3가지 요건

- 무작위할당 : 실험대상자들을 실험집단과 통제집단으로 무작위로 배분할 수 있어야 한다.

- 독립변수 조작 : 통제집단은 아무런 변화를 주지 않은 상태로 유지하고, 실험집단에만 독립변수를 제공한다.

- 종속변수의 비교 : 독립변수의 영향을 알아보기 위해 실험개입이 끝난 후에 실험집단과 통제집단에서 각기 종속변수를 측정하여 두 집단의 차이를 비교한다.

• 실험디자인의 종류 : 전·후시험 통제집단디자인, 후시험 통제집단디자인, 솔로몬디자인, 플라시보 통제집단디자인 등이 있다.

ⓑ 비실험디자인 : 실험적인 조사방법을 동원하지 못하는 상황에서 쓰이며, 시간적 우선성과 통제 등이 조사과정에서 결여되어 있는 연구디자인이다. 횡단분석연구(cross-sectional studies)가 대표적이며, 이것은 종종 상관관계연구(correlatinal studies)와 같은 의미로 쓰인다.

ⓒ 선실험디자인 : 비실험디자인과 마찬가지로 내적 타당도에 대한 조건들을 전혀 갖추지 못하거나, 매우 미미하게 갖추고 있는 상태이다. 일회 사례연구, 단일집단 전·후시험디자인, 고정집단 비교디자인 등이 있다.

ⓓ 유사실험디자인 : 비록 실험디자인에서와 같은 엄격한 통제집단을 갖지는 못하지만, 대안적인 방법을 통해 마치 통제집단을 갖는 것과 같은 효과를 가능하게 해준다. 시계열디자인, 비동일 통제집단디자인 등이 있다.

⑤ 측정

ⓐ 측정의 개념 : 추상적인 개념을 경험화하는 작업으로, 경험적인 특질들에 대해 규칙에 의거해서 숫자나 기호 등을 배정하는 절차를 말한다.

ⓑ 측정의 척도

• 명목측정 : 단순히 분류하기 위하여 측정대상의 속성에 부호나 수치를 부여하는 것으로 성, 인종, 결혼 여부 등이 그 예이다.

문 측정수준과 그에 대한 예시를 옳게 짝 지은 것은?
▶ 2020. 7. 11. 인사혁신처
① 명목척도-학점, 몸무게
② 서열척도-결혼 여부, 성별
③ 등간척도-토익(TOEIC) 점수, 지능지수(IQ)
④ 비율척도-학년, 온도

Tip ③ 등간척도 : 측정대상의 서열 간의 간격이 동일하도록 수치를 부여하는 것으로 시험점수, 온도 등이 그 예이다.

정답 ③

문 **사회복지조사에서 측정의 신뢰도를 높이는 방법으로 옳지 않은 것은?**

▶ 2019. 4. 6. 인사혁신처

① 표준화된 측정도구를 사용한다.
② 응답자가 무관심하거나 잘 모르는 내용은 측정하지 않는 것이 좋다.
③ 측정항목(하위변수) 수를 줄이고 항목의 선택범위(값)는 좁히는 것이 좋다.
④ 측정항목의 모호성을 줄이고 되도록 구체화하여 일관된 측정이 가능케 한다.

Tip ③ 측정의 신뢰도를 높이기 위해서는 측정항목(하위변수) 수를 늘리고 항목의 선택범위(값)는 넓히는 것이 좋다.

문 **신뢰도와 타당도에 대한 설명으로 가장 옳은 것은?**

▶ 2019. 6. 15. 제2회 서울특별시

① 신뢰도에 대해 질적 연구자와 양적 연구자는 다르게 접근한다.
② 좋은 척도는 100%의 신뢰도를 가질 수 있다.
③ 신뢰도와 타당도는 상관성이 없다.
④ 신뢰도가 높으면 타당도도 항상 높다.

Tip ② 좋은 척도라고 해도 100%의 신뢰도를 가질 수는 없다.
③④ 신뢰도는 타당도의 필요조건이고, 타당도는 신뢰도의 충분조건이다. 타당도가 낮으면 신뢰도도 항상 높지만, 신뢰도가 높을 경우 타당도는 높을 수도 있고 낮을 수도 있다.

정답 ③, ①

- 서열측정 : 측정대상에 서열이나 순위를 매길 수 있도록 수치를 부여하는 것이나, 서열 간의 동일한 간격이나 절대량을 지적하지는 않는다. 그 예로 사회계층, 선호도, 서비스 평가 등을 들 수 있다.
- 등간측정 : 측정대상의 서열 간의 간격이 동일하도록 수치를 부여하는 것으로 시험점수, 온도 등이 그 예이다.
- 비율측정 : 측정대상의 속성에 절대적인 영을 가진 척도로 수치를 부여하는 것으로 연령, 무게, 출생률, 사망률 등이 그 예이다.

ⓒ 측정의 타당도와 신뢰도

- 타당도의 종류
  - 내용타당도 : 측정도구에 포함된 설문문항들이나 관찰항목들에 대해서, 주관적 또는 상호주관적 판단에 기초하여 그것들의 적합성 여부를 결정하는 것이다.
  - 기준타당도 : 경험적인 근거를 통해 타당도를 확인하는 방법이다. 현재 개발된 측정도구에 의해 산출된 측정결과들이 비교 기준이 되는 다른 측정결과들과 높은 연관성을 갖게 될 때, 기준타당도는 높아진다.
  - 구성타당도 : 측정되는 개념이 관련을 맺고 있는 개념들이나 가정들을 토대로 해서 전반적인 이론적 틀 속에서 측정도구의 타당성을 경험적으로 검증하는 방법이다.
- 신뢰도 측정기법
  - 상호관찰자 기법 : 두 명 이상의 관찰자들이 관찰의 내용을 서로 숙지한 다음에 관찰을 하여, 개별 관찰자들 간에 얼마나 일관성이 나타나는지 또는 얼마나 높은 상관관계가 있는지를 알아본다.
  - 검사·재검사 기법 : 동일한 집단의 측정 대상자들에게 같은 측정도구를 사용하여 측정을 두 번 실시하고, 그에 따른 두 번의 점수들에 대한 상관관계가 계산된다.
  - 유사·양식 기법 : 두 가지 유사한 양식의 설문지를 사용하여 신뢰도를 측정하는 방법이다.
  - 이분절 기법 : 이분절 기법은 종종 내적 일관성 신뢰도라고도 불리는 방법이다. 이 기법은 전체 측정도구를 몇 부분으로 나누어 그것들을 각기 독립된 측정도구들로 간주하여 신뢰도를 추정한다.
- 타당도와 신뢰도의 관계 : 측정에서 타당도와 신뢰도를 동시에 확보한다는 것은 매우 중요한 문제이다. 그러나 실제로 측정을 수행하는 과정에서는 이 두 가지 측면이 종종 갈등적인 성격을 띠기도 하는데, 타당도를 강조하다 보면 신뢰도가 약해질 수 있고, 신뢰도를 강화하기 위한 노력들은 타당도를 저해하는 결과를 초래할 수도 있다.

⑥ 표집

㉠ 확률표집

• 단순무작위표집

–전제조건 : 모집단의 명부가 작성되어야 하고, 도구로는 제비와 난수표가 있어야 한다.

–장점 : 모집단의 대표성이 있는 표본을 추출할 수 있다.

–단점 : 시간이 많이 소요된다.

• 계통적 표집(체계적 표집)

–확률적 · 객관적 표집방법의 하나이다.

–전집의 모든 사례수를 어떤 순서로 나열하였을 때 표집수를 일정한 K번째의 사례만을 표집하여 얻는 방법이다.

• 층화표집

–확률적인 표집방법의 하나이다.

–연구하고자 하는 변인에 영향을 줄 수 있는 요인에 대해 사전에 고려하여 하위 전집으로 구분한 후 각 하위전집 또는 하위유층에서 표집함으로써 표집오차를 줄일 수 있는 방법이다.

> **예** 전국 사회복지시설을 대상으로 표본조사를 하고자 할 때 사회복지시설을 특성별로 아동, 노인, 장애인, 부녀, 모자, 정신질환, 노숙인시설 등으로 구분한 후 각 시설별로 일정비율 또는 해당하는 수를 무작위로 표본추출하는 경우

• 집락표집

–군집표집, 확률적 표집방법의 하나이다.

–최종의 표집단위를 1차적으로 표집하는 것이 아니라, 이러한 단위를 포함하는 자연적 및 인위적 구성의 상위집단을 먼저 표집하는 방법이다.

㉡ 비확률표집

• 편의표집

–연구자가 쉽게 이용가능한 대상을 표본으로 선택하는 방법이다.

–비용을 적게 들이고 시간을 절약할 수 있지만, 표본의 대표성과 결론의 일반화에 한계가 있다.

• 판단표집

–연구자의 주관적 판단에 따라 연구목적에 도움이 될 수 있는 대상들을 표본으로 선택하는 방법이다.

–연구자가 풍부한 사전지식을 가지고 있을 때 유용하며, 일반적으로 예비조사 등에 사용된다.

• 할당표집 : 추출된 표본이 모집단의 특성을 잘 대표할 수 있도록 모집단의 특성을 나타내는 하위집단별로 표본수를 배정한 다음 표본을 추출하는 방법이다.

• 누적표집(눈덩이 표집)

–첫 단계에서 연구자가 임의로 선정한 제한된 표본에 해당하는 사람들로부터 추천을 받아 다른 표본을 선정하는 과정을 되풀이하여 마치 눈덩이를 굴리듯이 표본을 누적해 가는 방법이다.

–연구자가 특수한 모집단의 구성원을 전부 파악하고 있지 못할 때 적합한 방법이다.

기출문제

❓ 확률표집방법에 해당하는 것만을 모두 고른 것은?
▶ 2017. 4. 8. 사회복지직

㉠ 단순무작위표집
㉡ 체계적표집
㉢ 집락표집
㉣ 할당표집
㉤ 층화표집

① ㉠, ㉡, ㉢
② ㉡, ㉣, ㉤
③ ㉠, ㉡, ㉢, ㉤
④ ㉠, ㉢, ㉣, ㉤

> **Tip** ㉣ 할당표집은 비확률표집방법이다.
> ※ 확률표집방법과 비확률표집방법의 예
> ㉠ 확률표집방법 : 단순무작위표집, 체계적 표집, 집락표집, 층화표집 등
> ㉡ 비확률표집방법 : 할당표집, 편의표집, 유의표집, 눈덩이표집 등

정답 ③

문 〈보기〉가 설명하는 사회복지조사방법으로 가장 옳은 것은?

▶ 2018. 6. 23. 제2회 서울특별시

〈보기〉
• 대상자의 행동을 현장에서 직접 포착할 수 있다.
• 대상자가 면접을 거부하거나 비협조적인 경우에 가능하다.
• 대상자에게 질문을 통해 자료를 얻을 수 없을 때 가능하다.

① 질문지 조사법
② 관찰 조사법
③ 면접 조사법
④ 전자 조사법

Tip 제시된 내용은 관찰 조사법에 대한 설명이다. 관찰 조사법은 관찰대상에 의도적인 조작을 하지 않고 단지 행동 관찰을 통해 자료를 수집하는 방법이다.

(3) 자료수집

① 개념 … 연구설계에서 채택된 자료수집방법에 따라 자료들을 직접적으로 수집하는 것이다.

② 자료수집 방법

　㉠ 관찰법
　• 연구자의 지각 · 청각을 이용하여 자료를 수집하는 방법이다.
　• 모든 경험과학의 출발점이며 기초가 되는 것으로, 연구사 사신에 의한 어떤 사회적 현상의 직접적 자각을 의미한다.
　• 관찰의 종류
　－비참여관찰 : 관찰자가 제3자의 입장에서 관찰하는 것이다.
　－참여관찰 : 관찰자가 임시적으로 관찰대상집단의 내부사람이 되어 관찰하는 것이다.
　－집단관찰 : 관찰자가 미리 결정된 기준을 갖지 않고 관찰하는 것이다.
　－체계적인 관찰 : 관찰내용이 표준화되어 있고, 관찰자와 피험자가 공히 통제된 상태에서 관찰하는 것이다.
　－대량관찰 : 단순관찰과 체계적인 관찰의 2가지 방법을 병행하는 것이다.

　㉡ 질문법
　• 구두 또는 문서에 의한 질문으로서, 조사대상자로부터 회답을 구하는 방법이다.
　• 주어진 질문에 대한 회답만이 그 연구대상이 되며, 언어라는 특수한 매체를 이용한다.
　• 방법
　－조사표법(지시적 방법) : 미리 인쇄된 질문지를 가지고 질문을 행하는 것으로, 질문의 내용 및 순서의 양식이 표준화되어 있다.
　－자유면접법(비지시적 방법) : 질문의 양식이 표준화되어 있지 않고 대상자마다 개별적 사정에 따라 회화형식으로 자유롭게 질문을 행하는 방법이다.

　㉢ 문헌조사법
　• 기존의 문헌을 이용하여 필요한 자료를 수집하는 방법이다.
　• 무모한 노력을 절약할 수 있지만, 조사목적에 완전히 적합한 자료를 얻기가 어렵고 내용의 신빙성이 적다.
　• 문헌의 종류 : 원자료(일기, 주민등록부, 판결문 등), 통계 및 연구자료, 인용자료 등이 있다.

(4) 자료의 처리 및 분석단계

① 수집된 자료들은 분류화 · 부호화되어 입력된다.

② 통계적 기법을 이용한 자료분석을 중시하며, 각종 통계치들에 대한 해석능력을 필요로 한다.

┃정답 ②

(5) 해석단계

① 연구문제에 대한 조사연구의 결론을 내리는 것이다.

② 분석결과를 통해 연구문제에서 도출된 명제가 참인지 거짓인지, 결과에 대한 일반화는 가능한지, 결론에 대한 한계설정 등을 고려하는 단계이다.

(6) 보고서 작성

① 문제설정의 과정부터 해석의 단계까지를 포함하는 조사연구보고서를 작성하는 것이다.

② 보고서에는 조사연구의 방법과 과정, 수집된 자료들의 성격, 분석결과 등이 기록된다.

기출문제

🔑 **사회복지 조사연구의 과정을 순서대로 바르게 나열한 것은?**

▶ 2020. 7. 11. 인사혁신처

㉠ 조사설계
㉡ 문제설정
㉢ 자료처리 및 분석
㉣ 자료수집
㉤ 결과해석 및 보고서 작성

① ㉠→㉡→㉢→㉣→㉤
② ㉠→㉡→㉣→㉢→㉤
③ ㉡→㉠→㉣→㉢→㉤
④ ㉡→㉠→㉢→㉣→㉤

Tip 사회복지 조사연구는 문제설정→조사설계→자료수집→자료처리 및 분석→결과해석 및 보고서 작성 순으로 이루어진다.

정답 ③

1 연구디자인의 종류에 대한 설명이 옳지 않은 것은?

① 실험디자인의 3가지 요건은 무작위할당, 독립변수 조작, 종속변수의 비교이다.

② 선실험디자인은 시간적 우선성과 통제 등이 조사과정에서 결여되어 있는 연구디자인이다.

③ 비실험디자인은 실험적인 조사방법을 동원하지 못하는 상황에서 쓰인다.

④ 유사실험디자인에는 시계열디자인, 비동일 통제집단디자인 등이 있다.

2 다음 중 연구디자인의 외적 타당도와 관계있는 것은?

① 종속변수에서 나타나는 변이가 독립변수의 변이에 의한 것임을 확신할 수 있는 정도를 말한다.

② 플라시보 효과는 연구의 결과에 영향을 미칠 수 있다.

③ 인과성에 대한 추론가능성이 얼마나 높은지를 나타낸다.

④ 시간의 경과에 따른 성숙효과는 타당도를 저해한다.

3 좋은 가설의 요건에 해당하지 않는 것은?

① 명확하고 구체적이어야 한다.

② 검증할 수 있어야 한다.

③ 가능한 결과가 둘 이상이어야 한다.

④ 반드시 가치중립적일 필요는 없다.

4 사회복지기관에서 실시한 서비스의 효과를 측정하는 조사는?

① 욕구조사   ② 평가조사

③ 사례조사   ④ 표본조사

5 사회복지조사를 위한 자료수집 및 처리 방법에 대한 설명으로 옳지 않은 것은?

① 참여관찰은 관찰자가 임시적으로 관찰대상 집단의 내부 사람이 되어 자료를 수집하는 방법이다.

② 문헌조사법은 조사목적에 완전히 적합한 자료를 얻기가 수월하며 자료의 신빙성이 높다.

③ 질문법은 언어라는 특수한 매체를 이용하며, 주어진 질문에 대한 회답만이 그 연구대상이 된다.

④ 통계적 기법을 이용한 자료분석을 중시하며, 각종 통계치들에 대한 해석 능력을 필요로 한다.

6 다음의 내용이 설명하고 있는 자료수집 방법은?

> • 연구자가 지각 · 청각을 이용하여 자료를 수집하는 방법이다.
> • 모든 경험과학의 출발점이며 기초가 된다.
> • 연구자 자신에 의한 어떤 사회적 현상의 직접적인 자각을 의미한다.

① 관찰법   ② 질문법
③ 문헌조사법   ④ 면접법

7 다음 중 사회복지조사의 성격으로 옳지 않은 것은?

① 사회적 필요성을 이해한다.   ② 사회개량적 성격이 있다.
③ 사회혁명을 목적으로 한다.   ④ 사회복지활동의 효과를 측정한다.

8 다음 중 개별면접조사법에 대한 설명으로 옳지 않은 것은?

① 조사표의 회수율이 높다.

② 오 · 불기를 예방할 수 있다.

③ 시간과 경비가 적게 든다.

④ 조사원이 조사대상자를 직접 방문하고 회답을 받아 기록한다.

9 다음 중 케이스워크의 조사에서 가장 중요한 자료원은?

① 클라이언트와 일상생활에서 알고 지내는 사람들

② 건강진단서 또는 심리검사 등

③ 기타 클라이언트에 관한 문서, 기록 등

④ 클라이언트 자신의 보고

10 다음 중 사회복지의 연구를 위한 문제로 적절하지 않은 것은?

① 한정된 범위의 구체적인 조사문제이어야 한다.

② 연구문제는 가급적 추상적으로 설정해야 한다.

③ 실제적으로 조사가능한 문제들이어야 한다.

④ 경험적으로 확인할 수 있는 문제이어야 한다.

11 연구문제의 서술방식으로 옳지 않은 것은?

① 문제들은 의문의 형태로 서술되어야 한다.

② 문제는 단순명료하여야 한다.

③ 변수들 간의 관계에 대해 서술한다.

④ 연구문제는 검증 여부와 상관없이 이론적이며 추상적이다.

12 다음 설명에 해당하는 조사방법은?

> 하나의 분석대상을 장기간에 걸쳐 일정한 시간 간격을 두고 여러 차례 반복적으로 측정하여 자료를 수집하는 방법이다.

① 종단조사 ② 횡단조사

③ 사례조사 ④ 욕구조사

13 다음 중 가설을 설정하는 이유에 해당하지 않는 것은?

① 이론을 검증하기 위해서이다.
② 객관적인 검증을 위한 수단이 된다.
③ 특정사실들을 검증하기 위해서이다.
④ 변수 간의 관계를 검증할 수 있다.

14 다음 중 비확률표집법에 해당하는 것은?

① 층화표집   ② 단순무작위표집법
③ 계통적 표집법   ④ 우연적 표집법

15 다음 중 인과관계의 확인을 위한 요소에 해당하지 않는 것은?

① 무작위표집   ② 공변성
③ 시간적 우선성   ④ 통제

16 내적 타당도란 종속변수(결과)에서 나타나는 변이가 독립변수(원인)의 변이에 의한 것임을 확신할 수 있는 정도를 말한다. 다음 중 내적 타당도를 저해하는 요인이 아닌 것은?

① 시간경과에 따른 성숙효과   ② 개입효과의 확산·모방
③ 플라시보 효과   ④ 실험 도중 탈락

17 타당도의 종류 중에서 측정되는 개념이 관련을 맺고 있는 개념들이나 가정들을 토대로 해서 전반적인 이론적 틀 속에서 측정도구의 타당성을 경험적으로 검증하는 방법에 해당하는 것은?

① 내용타당도   ② 기준타당도
③ 구성타당도   ④ 신뢰도

18 실험디자인의 통제방법 중 일종의 사후 통제방법으로서 부분상관분석이나 다변수 통계분석 등을 활용하는 기법에 해당하는 것은?

① 동일배합   ② 무작위
③ 통계학적 통제   ④ 독립변수의 통제

19 측정의 4등급을 순서대로 나열한 것은?

① 명목등급 – 서열등급 – 등간등급 – 비율등급
② 명목등급 – 등간등급 – 서열등급 – 비율등급
③ 비율등급 – 등간등급 – 명목등급 – 서열등급
④ 등간등급 – 서열등급 – 명목등급 – 비율등급

20 다음 중 리커트 척도와 거트만 척도를 사용하는 측정방법은?

① 명목측정   ② 서열측정
③ 등간측정   ④ 비율측정

정답및해설

1	②	2	②	3	④	4	②	5	②
6	①	7	③	8	③	9	④	10	②
11	④	12	①	13	③	14	④	15	①
16	③	17	③	18	③	19	①	20	②

1 ② 비실험디자인은 시간적 우선성과 통제 등이 조사과정에서 결여되어 있는 연구디자인이다.

2 플라시보 효과(placebo effects) ⋯ 일종의 조사반응성의 효과로, 실제로는 실험 처치나 개입이 이루어지지 않았는데도 불구하고 그것을 받은 것과 유사한 효과가 나타나는 경우를 말한다.
①③④ 내적 타당도와 관계있는 내용이다.

3 좋은 가설의 요건
㉠ 검증할 수 있어야 한다.
㉡ 가치중립적이어야 한다.
㉢ 명확하고 구체적이어야 한다.
㉣ 가능한 결과가 둘 이상이어야 한다.

4 평가조사 ⋯ 목표하는 바를 어느 정도 달성하였는지를 측정하고, 사업계획수립에 필요한 정보를 제공하며 책임의 이행정도와 이론형성의 기여도를 확인한다.

5 ② 문헌조사법은 무모한 노력을 절약할 수는 있지만, 조사목적에 완전히 적합한 자료를 얻기가 어렵고 내용의 신빙성이 떨어진다.

6 ② 구두 또는 문서에 의한 질문을 통해 조사대상자로부터 회답을 구하는 방법으로 주어진 질문에 대한 회답만이 그 연구대상이 된다. 언어라는 특수한 매체를 이용한다는 특성이 있다.
③ 기존의 문헌을 이용하여 필요한 자료를 수집하는 방법으로 무모한 노력을 절약할 수 있지만, 조사목적에 완전히 적합한 자료를 얻기가 어렵고 내용의 신빙성이 적다. 문헌의 종류로는 원자료(일기, 주민등록부, 판결문 등), 통계 및 연구자료, 인용자료 등이 있다.
④ 피면접자에게 직접 언어적 자극을 주어 이에 대한 반응을 실마리로 하여 필요한 정보를 얻거나, 피면접자의 마음속에서 일어나는 효과를 이용하여 치료 또는 설득하려는 방법이다.

7 사회복지조사의 성격
㉠ 사회개량적 성격 : 사회의 모순이나 병리를 해명하여 사회개량을 도모한다.
㉡ 필요성 이해의 성격 : 사회문제나 병리에 대한 조사를 통해 사회복지의 필요성을 이해한다.
㉢ 사회복지방법의 기초 : 개인의 생활사 및 성격, 생활환경 등을 조사하여 개별사회사업의 기초자료를 제공하고 또한 집단사회사업이나 지역사회조직사업의 기초적 이해자료를 제공한다.
㉣ 사회사업의 효과측정 : 사회복지가 초기에 지향한 목적을 어느 정도 달성하였는지, 또한 그것이 얼마나 효과적이었는가를 측정한다.
㉤ 사회복지의 과학화 : 사회복지의 체계적 정리나 사회과학적 해명을 위한 기초 토대를 제공함으로써 사회복지의 과학화에 공헌한다.

8 ③ 개별면접조사법은 시간, 인력, 경비 등의 예산이 많이 소요되는 단점이 있다.

9 ①②③ 조사를 위해 활용되는 부대적 자료원에 해당한다.

10 연구문제의 적절성
　ⓐ 연구범위의 적절성 : 한정된 범위의 구체적인 조사문제를 찾는 것이 중요하다.
　ⓑ 조사의 현실적 여건 : 연구에 소요되는 시간·돈·에너지뿐만 아니라, 자료수집의 용이성 등과 같은 실제적인 연구가능성 문제들이 고려되어야 한다. 또한 연구자 자신의 조사연구 수행 능력에 대한 고려와 적절한 지원체계이 존재 여부에 대한 평가 등도 현실적 여건의 고려에 해당된다.
　ⓒ 검증가능성 : 경험적으로 확인될 수 없는 문제들, 가치의 문제를 다루는 것, 지나치게 추상적인 문제들은 과학적인 연구문제가 될 수 없다.
　ⓓ 효용성 : 사회복지 조사연구의 문제들은 가능한 한 사회복지의 전과정(정책, 계획, 행정, 실천 등)에 필요한 결정들을 돕는 데 관련되어 있는 것이 좋다.

11 연구문제의 서술
　ⓐ 문제들은 의문의 형태로 서술되어야 한다.
　ⓑ 단순명료하게 문제를 지적하는 것이 가장 좋은 방법이다.
　ⓒ 변수들 간의 관계에 대해 서술한다.
　ⓓ 문제들은 경험적 검증의 가능성이 있어야 한다.

12 ② 횡단조사 : 특정한 시점을 기준으로 하여 한 번의 측정을 통해 집단 간의 차이를 연구하는 조사방법이다.
　③ 사례조사 : 통계적인 방법에 의한 양적 특정을 적용하기 힘든 개인이나 가족제도, 문화집단 및 지역사회의 생활을 조사·분석하는 연구방법이다.
　④ 욕구조사 : 주민의 욕구수준을 계량적으로 측정하는 방법을 지역사회 공개토론회, 정보제공자 조사, 현지조사 등을 통해 이루어진다.

13 가설의 필요성
　ⓐ 가설을 통해서 이론을 활용한다. 가설은 이론으로부터 도출될 수 있고, 가설들에 대한 검증들이 쌓여서 이론을 변화시켜 나간다. 따라서 과학적 이론을 만들어 나가는 조사연구들에서 가설과 가설검증의 역할은 매우 중요하다.
　ⓑ 가설들은 검증될 수 있으며, 확률적으로 옳은지 또는 그른지를 보여줄 수 있다. 따로 떨어져 있는 사실들은 검증되지 않으며, 단지 관계들만이 검증될 수 있다.
　ⓒ 객관적인 검증을 위한 수단이 된다.

14 표본표집방법의 유형
　ⓐ 확률표집 : 단순무작위표집, 계통적 무작위표집, 층화표집, 집락표집 등
　ⓑ 비확률표집 : 우연적 표집, 판단표집, 전문가표집, 할당표집 등

15 인과관계의 확인
　ⓐ 공변성 : 한 변수가 변화할 때 그와 관련이 있다고 믿어지는 변수도 따라서 변화하는지를 보여 주는 것이다. 즉, 두 변수 사이에 공변성이 있다고 하기 위해서는 적어도 한 변수가 변화할 때 상대 변수에서도 어떤 식으로든지 변화가 관찰되어야 할 것이다.
　ⓑ 시간적 우선성 : 한 변수가 원인이고 다른 변수가 결과임을 증명하기 위해서는 두 변수의 변화들간에 시간적으로 무엇이 앞서고 무엇이 뒤선다는 것을 보여줄 수 있어야 한다.

ⓒ 통제(외부설명의 배제) : 두 변수들간에 나타나는 공변성과 시간적 우선성의 관계가 제3의 다른 변수들로 인해서 유발되는지의 여부를 확인해 보는 것이다.

16 ③ 위약효과라고도 하며, 약물실험 등에서 종종 문제가 되는 효과이다. 플라시보 효과는 일종의 조사 반응성의 효과인데, 실제로는 실험 처치나 개입이 이루어지지 않았는데도 불구하고 그것을 받은 것과 유사한 효과가 나타나는 경우를 말한다. 플라시보 효과는 외적 타당도와 관련된 요인이다.

17 타당도의 종류
　ⓐ 내용타당도 : 측정도구에 포함된 설문문항들이나 관찰항목들에 대해서, 주관적 또는 상호주관적 판단에 기초하여 그것들의 적합성 여부를 결정하는 것이다.
　ⓑ 기준타당도 : 경험적인 근거를 통해 타당도를 확인하는 방법이다. 현재 개발된 측정도구에 의해 산출된 측정결과들이 비교 기준이 되는 다른 측정 결과들과 높은 연관성을 갖게 될 때, 기준타당도는 높아진다.
　ⓒ 구성타당도 : 측정되는 개념이 관련을 맺고 있는 개념들이나 가정들을 토대로 해서 전반적인 이론적 틀 속에서 측정도구의 타당성을 경험적으로 검증하는 방법이다.

18 통계학적 통제 … 일종의 사후 통제방법이다. 실험이 이루어지고 난 후에 통제를 시도한다. 부분상관분석이나 다변수 통계분석 등이 주로 이러한 용도에 활용되는 기법들이다.

19 측정의 4등급
　ⓐ 명목등급 : 일명 분류화라고 불리기도 한다. 명목등급 수준의 측정을 통해 도출되는 값들은 그래서 숫자의 의미를 갖지 않고 단지 분류를 위한 기호들로 다루어진다.
　ⓑ 서열등급 : 명목등급에 하나의 정보가 더 추가된 것으로, 분류된 속성들에 대해 서열을 매길 수 있는 수준을 말한다.
　ⓒ 등간등급 : 서열등급의 측정에 '거리' 개념이 더해진 것으로, 속성들 간의 서열뿐만 아니라 개별 속성들 사이의 거리에 대한 것도 측정이 가능한 수준이다. 등간등급이라 함은 개별 속성들 간에 거리가 일정하다는 것을 의미한다.
　ⓓ 비율등급 : 등간등급의 모든 특질들에 절대영점의 정보가 추가된 것이다. 비율등급 측정이 되면 수의 본질적인 측면에 가까운 측정구조를 나타낸다.

20 서열측정
　ⓐ 리커트 척도(Likert scaling) : 측정에 동원된 모든 항목들에 대해 동일한 가치를 부여한다. 개별 항목들의 답을 합산하여 측정치가 만들어지고, 그것으로 측정대상들에 대한 서열을 매기는 것이다. 리커트 척도는 단순합계에 의한 합산법 척도의 대표적인 방법이며, 서베이 조사 등의 자료 수집방법들에서 가장 보편적으로 사용되고 있는 척도이기도 하다.
　ⓑ 것트만 척도(Guttman scaling) : 것트만 척도는 누적 스케일링의 대표적인 형태이다. 이 척도의 특징은 척도에 동원된 개별 문항들을 서열화하는 구성을 취한다는 것이다. 리커트 척도에서는 개별 항목들을 동일하게 취급하고 단순히 합산하여 그 결과를 서열화하지만, 것트만 척도에서는 개별 항목들 자체에 서열성이 미리 부여되는 방식을 택한다.

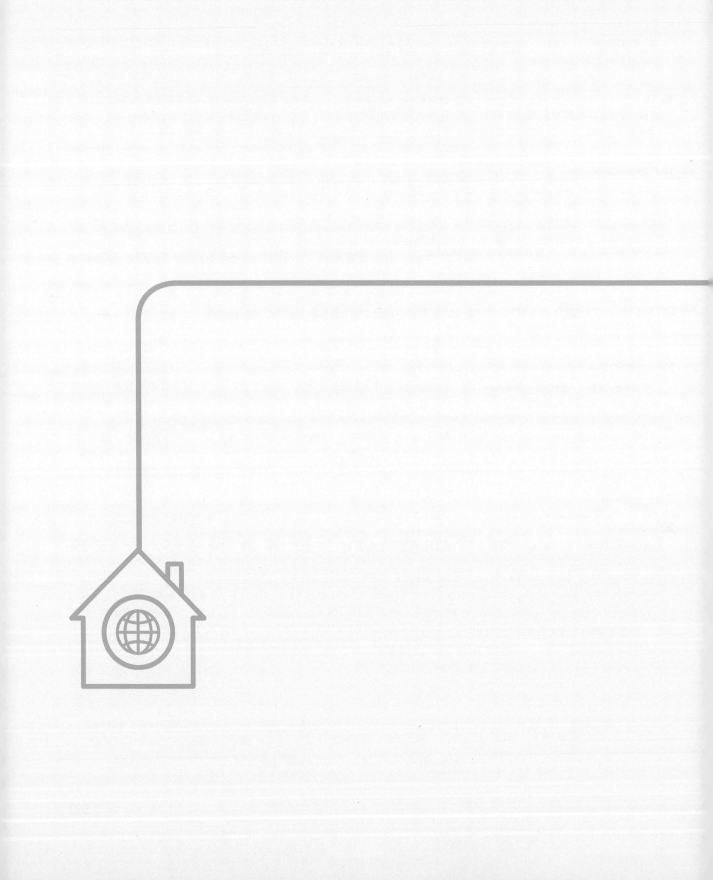

05

사회복지행정론

01 사회복지행정

section 1 사회복지행정의 의의

(1) 사회복지행정의 정의

① 협의의 사회복지행정

　㉠ 사회복지조직의 목표달성을 용이하게 하기 위해 관리자에 의해 수행되는 상호
　　의존적 과업과 기능 및 관련활동 등의 체계적 개입과정을 말한다.

　㉡ 협의의 사회복지행정은 일명 사회사업행정으로 불리는데 이는 전통적 개별사
　　회사업, 집단사회사업, 지역사회조직사업과 같은 하나의 실천방법으로 보는 것이
　　다. 사회사업행정은 사회사업서비스를 계획하여 전달하는 사회사업조직을 대
　　상으로 변화를 초래하려는 과정이라 할 수 있다. 즉, 사회사업행정도 사회사업
　　조직의 구성원에게 개입하여 사회복지서비스 전달을 촉진시키는 과정이라는
　　의미에서 사회사업의 중요한 하나의 방법으로 보는 것이다.

② 광의의 사회복지행정

　㉠ 조직의 모든 활동과정에서 다양하게 기여하는 조직구성원들의 협동적·조직적
　　노력으로 볼 때, 사회복지행정은 사회복지정책을 사회복지서비스로 전환시키
　　는 데 필요한 사회복지조직에서의 총체적 활동이라 할 수 있다.

　㉡ 오늘날 사회복지는 국가의 주요한 제도로 발전하고 있고, 이에 따라 사회복지
　　서비스도 공적 및 사적 사회복지 조직을 통해 전달되기 때문에 사회복지의 행
　　정은 협의의 사회복지행정보다는 광의의 사회복지행정의 개념을 취하는 것이
　　바람직하다고 할 수 있다.

③ 사회복지행정에 관한 학자들의 정의

　㉠ 티트머스(Titmuss) : 사회복지행정의 실제는 사회적 제반서비스를 대상자에게
　　전달하는 기능을 수행하는 인적 조직과 기구 및 서비스의 선택문제를 검토하
　　는 것과 관련된다.

　㉡ 스테인(Stein) : 사회복지행정에서 가장 중심적인 것은 조정과 협력·활동체계
　　를 통해 조직의 목표를 설정하고 성취하는 과정이다.

　㉢ 스키드모어(Skidmore) : 사회복지기관의 사회적 정책을 사회복지서비스로 전
　　환하기 위해 사회적 과정을 활용하는 복지직원들의 활동이다.

기출문제

② 트렉커(Trecker)
- 사회복지행정은 지속적이고 역동적인 과정이다.
- 행정과정은 공동의 목적이나 목표를 달성하기 위한 것이다.
- 공동의 목적이나 목표를 달성하기 위해 인적·물적 자원이 동원된다.
- 조정과 협력은 인적·물적 자원을 동원하는 수단이 된다.
- 행정의 정의에는 계획·조직·리더십의 요소들이 내포되어 있다.

⑩ 던햄(Dunham)
- 사회복지기관에 의한 직접적 서비스 제공에 있어서 필요하거나 또는 부수적인 활동을 지원하고 촉진하는 과정이다.
- 행정활동은 기능 및 정책의 결정과 기록 보관, 지속적 서비스의 실행 등과 같은 기본적 활동에 대한 집행적 리더십이 포함된다.

⑪ 사리(Sarri)
- 사회복지행정에는 체계적이고 개입적인 과정이며, 상호의존적인 과업과 기능을 포함하고 있으며, 조직의 목표와 목표달성을 위해 관리직원들이 수행하는 활동과 관련된다.
- 행정은 목표달성, 프로그램 계획, 자원의 동원과 유지, 결과에 대한 평가과업 등에 대하여 지식·기술·가치 등을 적절하게 적용하는 것을 말한다.

Point 팁
사회복지행정과 유사개념
㉠ 사회사업행정 : 기술적인 측면에서의 행정으로 사회사업의 한 방법이다.
㉡ 사회행정 : 정부 또는 공적 차원에서의 사회복지서비스의 계획 및 전달에 관한 활동을 말한다.
㉢ 공공행정 : 국가 또는 공익기관이 공익을 위한 특정목표를 달성하기 위해 행하는 활동이며, 정부의 공적 사회복지 전달체계 및 조직에 관한 행정을 말한다.

(2) 사회복지행정의 특징과 범주

① 사회복지행정의 특징
㉠ 사회복지행정은 국가이념, 개발방향, 정책 등의 내용에 따라 결정된다.
㉡ 사회적으로 인지된 욕구충족을 위해 사용가능한 자원을 동원하는 것을 비롯하여 욕구충족의 방법으로도 적용된다.
㉢ 사회복지행정은 이윤추구 및 가격관리를 목적으로 하지 않으며, 다양한 복합적 욕구충족의 우선순위 및 그 선택과 관련된다.
㉣ 사회복지행정은 복지정책으로 설정된 목표를 달성하기 위한 이행수단 및 방법의 선택과 사회복지서비스를 준비하고 운영하는 특정조직 및 기구에 관심을 갖는다.

Point 팁 **사리(Sarri)의 사회복지행정의 특징**

㉠ 사회복지행정의 대상자는 투입인 동시에 산출이다.

㉡ 사회복지행정은 카운슬링, 집단사회사업, 개별사회사업 등 인간관계기술에 크게 의존하며 이에 따라 전문가의 개입이 요청된다.

㉢ 사회복지행정은 높은 비율의 비일상적인 사건에 직면한다. 긴장상태에 처한 대상자의 행동은 돌발적이고 예측할 수 없을 때가 많다.

② 사회복지행정의 범주

㉠ 요구호사를 포함한 일반인 전체의 복지를 지향한다(사회 평등적 차원에서는 요구호자들이 중점이 됨).

㉡ 사회복지행정의 주체로는 국가나 지방자치단체 등의 공공기관과 민간복지기관의 활동이 포함된다.

㉢ 사회복지행정은 크게 사회사업의 한 방편임을 강조하는 사회사업행정(Social Work Administration)과 시설중심의 행정을 강조하는 사회사업기관행정 (Social Agency Administration)으로 나눌 수 있다.

㉣ 도니슨(Donnison) : 사회복지행정은 행정관리과정뿐만 아니라 사회적 정책의 결정과정 및 전문적·기술적 실천과정을 포함한다.

㉤ 티트머스(Titmuss) : 사회복지행정에서 행정의 방법이나 서비스의 전달과정, 조직구조 등은 사회정책에 커다란 영향을 끼치고 정책 또한 행정에 영향을 미치므로, 사회정책과 행정은 하나의 통합과제를 구성하는 것으로 보아야 한다.

[사회복지의 범주]

사회복지행정	주체	대상
사회사업기관행정 (협의의 사회복지행정)	민간복지기관	요보호자
공공복지기관행정	국가 및 지방자치단체	전국민

(3) 사회복지행정과 일반행정과의 비교

① 공통점

㉠ 문제의 확인, 문제의 제측면 연구, 해결가능한 계획의 개발, 계획의 수행, 효과성 평가 등을 포괄하는 문제해결과정이다.

㉡ 행정은 상호관련되고 상호작용하는 부분들이 모여 이루어진 것이다.

㉢ 대안선택에서 가치판단을 사용한다.

㉣ 개인 및 집단이 좀더 효과적으로 기능하도록 하는 과정이다.

㉤ 상당한 정도가 미래와 관련되어 있다.

ⓗ 지식과 기술의 창의적인 활용으로 이루어진다.

ⓢ 최적 효율과 상품 또는 서비스의 생산을 쉽게 하기 위해 프로그램, 서비스 및 직원들을 조화시키는 것에 관심을 두고 있다.

ⓞ 공의를 실행에 옮기는 것과 관련되어 있다.

ⓩ 관리운영의 객관화와 인적 자원 활용 간에 적절한 균형을 유지한다.

ⓩ 개개 직원들의 지위와 인정에 관심을 갖고, 조직의 목표·가치·방법을 직원들이 긍정적으로 확인하도록 할 필요성에 관심을 갖는다.

㉠ 의사소통, 직원들 간의 대인관계, 행정에의 참여가 주요한 관심영역이 된다.

② 차이점

㉠ 사회복지조직에서의 행정은 지역사회 내의 인지된 욕구를 충족시킬 수 있도록 돕기 위해 존재한다.

㉡ 사회복지조직에서 제공되는 서비스는 크게 손상된 사회적 기능수행능력의 회복, 보다 효과적인 사회적 기능수행을 위한 사회적·개인적 자원 제공, 사회적 역기능 예방이다.

㉢ 사회복지행정이 이루어지는 전형적인 사회복지조직은 일반적으로 지역사회를 대표하는 이사회가 있다.

㉣ 사회복지조직의 크기·범위·구조 및 프로그램의 형태는 광범위하고 다양하다.

㉤ 사회복지행정가는 사회복지조직의 내부운영을 지역사회와 관련시킬 책임이 있다.

㉥ 사회복지행정은 자원활용에 관하여 부단히 선택할 필요성이 있다.

㉦ 사회복지조직은 조직의 생존을 위해 자원의 적자운영을 피해야 한다. 조직의 최적기능을 산출하고 유지하며 보호할 주요한 책임은 사회복지행정가에게 있다.

㉧ 사회복지조직에 의해 수행되는 서비스는 전문사회사업적 성격이 점차 강해지고 있다.

㉨ 모든 직원들이 행정과정에 참여하고 어느 정도까지는 전체조직사업에 영향을 미친다.

(4) 사회복지행정의 이념

① 행정이념

㉠ **효과성**(effectiveness) : 욕구의 충족 또는 해결에 있어서 어느 정도 유효한가를 의미한다. 즉 욕구충족을 위해 선택적 서비스가 어느 정도 적합한가의 관점에서 판단되는 것이다. 따라서 사회복지조직체는 대상자의 욕구충족을 위한 프로그램이 그 목표를 달성하는 정도를 말하는 이념이다.

🔒 **사회복지 행정조직의 특성에 대한 설명으로 옳지 않은 것은?**
▶ 2011. 5. 14. 지방직

① 조직의 원료는 인간이다.
② 조직의 일선 사회복지사의 활동보다 관리자의 활동이 더 중요하다.
③ 조직의 목표에 대한 구체적 합의의 결여로 목표추구활동이 어렵다.
④ 조직이 제공하는 서비스에 관한 지식과 기술이 불완전하다.

Tip 사회복지 행정조직의 특성(하젠펠드)
㉠ 조직의 원료는 인간이다.
㉡ 기관 직원과 클라이언트의 상호작용이 핵심적인 활동이며, 일선 성원들의 활동이 중요하다.
㉢ 사용하는 기술이 불확실하며 다양하다.
㉣ 목표가 애매모호하고 효과성과 효율성의 척도가 거의 없어 결과 평가에 대한 논란이 많고 변화나 혁신에 대한 저항이 크다.
㉤ 전문가와 사회적 환경에 의존한다.
㉥ 공공의 이익을 위해 물질적·비물질적·사회적 후원을 받는다.
㉦ 조직적 과정을 통해 사회복지서비스가 전달된다.
㉧ 외부 공공 민간조직과 연관되어 활동하며 외부 재정원천에 주로 의존하여 가치와 이해관계에서 갈등이 야기될 수 있고, 환경과의 관계에 많은 어려움이 발생된다.

정답 ②

327

기출문제

ⓛ **효율성(efficiency)** : 투입에 대한 산출의 비율로서 최소한의 자원으로서 최대의 효과를 어떻게 거둘 것인가 하는 것이다. 즉 자원의 제한성이 있는 사회복지서비스의 공급에 있어서 중요시되는 이념이다.

ⓒ **공평성(equity)** : 동일한 욕구를 가진 대상자는 동일한 혜택을 받아야 한다는 관점이다. 즉 서비스를 받는 기회, 내용, 사회적 지위뿐만 아니라 그 비용을 포함하여야 한다. 그러나 공평성은 형식적인 평등만을 의미하는 것은 아니다. 공평성의 판단은 사례에 따라 유동성 있게 행한다.

ⓔ **편익성(convenience) · 접근성(accessibility)** : 사회복지욕구 중 비화폐적 욕구와 밀접한 현물(시설, 물품, 인적 노동서비스 등) 또는 상담서비스를 대상자가 서비스를 쉽게 접근하고 이용할 수 있도록 되어야 한다는 이념이다.

② **서비스 제공 측면의 이념**

ⓛ **평등성의 원칙** : 모든 국민은 인종이나 성별, 연령, 소득, 지위에 관계없이 사회복지서비스를 이용하거나 제공받을 수 있는 권리를 가진다.

ⓒ **재활 및 자활의 원칙** : 서비스 제공의 목적은 대상자의 자립 또는 정상적인 사회복귀에 있다.

ⓔ **적절성의 원칙** : 대상자는 충분한 양과 질의 서비스를 제공받아야 한다.

ⓔ **포괄성의 원칙** : 사회복지서비스 체계는 복지대상자의 욕구를 포괄적으로 수용하여 처리할 수 있도록 구성되어야 한다.

ⓜ **지속성의 원칙** : 복지대상자의 자활을 위해 모든 서비스는 자활이라는 목적을 중심으로 통합되고 지속되어야 한다.

ⓗ **가족중심의 원칙** : 문제해결단위가 개인이라도 서비스 제공의 기본단위는 가족 또는 가정중심이어야 한다.

③ **운영방법적 이념**

ⓛ **보편주의적 운영방법** : 서비스를 제공할 때 대상자에게 특정의 자격이나 조건을 부여하지 않는 운영방법으로, 공평성 · 편익성의 측면에서는 적합하지만 효과성 · 효율성의 측면에서는 문제가 있다.

ⓒ **선별주의적 운영방법**

• 서비스 제공시에 대상자의 수급자격이나 조건 등을 고려하는 방법이다.

• 유한의 자원을 효율적으로 분배하기 위해 바람직한 방법이다.

• 이 방법은 자산조사(means test)를 실시하여 대상자를 결정한다는 것으로, 공공부조에서 볼 수 있다.

④ **펄만(Perlman)의 사회복지기관의 이상적 기능**

ⓛ **초입기능(entry functions)** : 복지대상자에게 이용가능한 기구의 홍보와 교육활동을 한다.

문 사회복지서비스 중 보편적 서비스에 해당하는 것은?

▶ 2019. 4. 9. 인사혁신처

① 우울증 청소년에 대한 상담
② 학대 아동에 대한 미술 치료
③ 중학생을 대상으로 한 인터넷 · 약물중독 예방 교육
④ 시각장애인을 위한 직업재활서비스

Tip 우울증 청소년, 학대 아동, 시각장애인 등을 대상으로 하는 서비스의 경우 특정 대상에 대한 사후적인 서비스이다. ③에서 중학생을 대상으로 서비스가 가능한 사전적 성격의 서비스로 보편적 서비스에 해당한다.

정답 ③

ⓒ **책임기능**(accountability functions) : 복지대상자의 문제에 이용가능한 자원을 물색하여 복지대상자가 활용할 수 있도록 조직한다.

ⓒ **서비스 제공기능**(provision of services) : 개별지도사업, 재활서비스, 법률구조사업, 재정부조 등의 기능을 한다.

ⓒ **계획 및 통제기능**(planning and control functions) : 복지대상자의 욕구를 파악하여 욕구충족을 위해 지역사회의 타기관과 협력한다.

※ 보편주의와 선별주의

① 정의
  ㉠ 보편주의란 어떤 급여·서비스의 운영원칙이 "모든 사람은 평등하게 급여를 받을 자격을 가진다."는 조건을 충족하는 것을 말하며, 그렇지 못했을 때에는 선별주의라고 한다.
  ㉡ 급여·서비스를 수급할 때 개인적인 자산조사를 받아야 하는 경우가 선별주의이며 그렇지 않을 때에는 보편주의이다.

② 특징
  ㉠ 보편주의(Universalism)
    • 비용이 많이 든다.
    • 니드(need)를 가지지 않는 중·고소득층에까지 수급이 주어진다.
    • 사회정책에 의한 소득재분배의 효과가 줄어든다.
  ㉡ 선별주의(Selectivism)
    • 자산조사가 스티그마(stigma)를 필연적으로 수반하며, 수급률을 낮추게 될 가능성이 높다.
    • 공적 제도와 민간시장과의 이중구조가 생성되어 공적 제도 부분의 서비스 질이 낮아질 가능성이 높다.
    • 사회정책이 사회통합을 소외시킬 위험성이 있다.
    • '빈곤의 덫' 문제가 발생하기 쉽다.

③ **스티그마**(stigma) … 사람의 신뢰를 상실시키는 속성이라는 뜻으로 신체장애나 정신장애, 인종·민족·종교, 빈곤·의존, 사회규범에 어긋나는 행위 등의 요인에 의해 발생된다. 사회복지제도에서의 스티그마는 사회복지제도에 대한 시민의 접근을 방해하고, 사회복지제도 이용 시에 억제의 도구로써 이용자와 제도 및 실시기관에 부여되어 왔다.

기출문제

문 사회복지의 대상자를 결정할 때 기준이 되는 선별주의와 보편주의에 대한 설명으로 옳은 것은?
▶ 2017. 4. 8. 사회복지직

① 선별주의는 자산이나 욕구에 관계없이 특정 범주에 속한 모든 사람이 급여나 서비스를 받을 수 있음을 의미한다.
② 보편주의를 적용한 제도에는 빈곤층을 위한 공동주택, 공공부조 등이 있다.
③ 선별주의는 서비스가 필요한 대상을 선정하여 급여를 제공하기 때문에 비용의 효율성이 있다.
④ 보편주의는 개인의 소득을 조사하는 데서 기인하는 비인간화 과정을 수반한다.

Tip ① 보편주의는 자산이나 욕구에 관계없이 특정 범주에 속한 모든 사람이 급여나 서비스를 받을 수 있음을 의미한다.
② 선별주의를 적용한 제도에는 빈곤층을 위한 공동주택, 공공부조 등이 있다.
④ 선별주의는 개인의 소득을 조사하는 데서 기인하는 비인간화 과정을 수반한다.

정답 ③

section 2 사회복지행정의 기초이론

(1) 고전적 이론

① 과학적 관리이론

　　㉠ 인간은 보상을 얻기 위해 일하고, 일의 효율성과 생산성이 증가할수록 노동자, 관리자, 소유자 모두가 경제적으로 이득을 본다는 것이다.

　　㉡ 조직에서 생산성을 높이기 위해 일을 분업화하고 개개인의 기본동작의 형태와 소요시간을 표준화하여 수행과업과 보상을 연결시키는 과학적 관리를 하게 되면 일의 효율성과 효과성을 높일 수 있다는 것이다.

② 행정관리론

　　㉠ 분업, 권위와 책임, 훈련원칙, 지휘의 일원화, 지시의 일원화, 개인이익의 일반이익에 대한 양보, 보상, 중앙집권화, 명령체계의 연계성, 공평성, 질서유지, 고용안정, 주도권, 단체정신 등이 있다. 이러한 경영원칙은 가르쳐질 수 있으며, 이 원칙을 지키면 업무를 보다 효과적으로 수행할 수 있다는 것이다.

　　㉡ 목적, 과정, 수혜자, 지리적 영역에 따른 조직단위 간의 전문화를 강조하였다.

③ 관료제이론

　　㉠ 인간은 합리적으로 행동한다고 보고 인간의 조직을 합리적으로 관리할 수 있는 원칙을 이념적 특성으로 제시하고 있다.

　　㉡ 관리적 원칙은 고도의 전문화와 분업화, 계층적 권한의 구조, 조직구성 간의 비정의적 관계, 실적과 기술적 지식에 따른 임명과 승진, 고용의 보장, 공식적 엄격한 의사소통체계, 문서화 원칙 등을 말한다.

(2) 신고전이론(인간관계이론)

① 고전모형에서 나타난 여러가지 결함을 보충하기 위해 개발된 모형으로 메이요(Mayo)가 실시한 호손(Hawthorne) 공장의 실험을 계기로 전개된 것이다.

② 인간의 조직에서의 생산성은 물리적 환경보다는 노동자의 사회적·심리적 요소에 의해 크게 영향을 받는다는 것이다.

③ 인간관계모형이 사회복지조직의 관리자들에게 크게 환영을 받은 이유는 대인관계기술이나 대상자의 노력 및 동기부여의 중요성에 부합될 뿐 아니라, 직원들 간의 상호작용의 질이 직원과 대상자의 역할에 영향을 미친다는 가정에도 부합되기 때문이다.

📖 사회복지행정 모델에 대한 설명으로 가장 옳지 않은 것은?
▶ 2019. 2. 23. 제1회 서울특별시

① 과학적 관리모형은 조직의 생산성을 높이기 위해서는 분업화, 개개인의 기본동작과 형태와 소요시간의 표준화, 수행과정과 보상의 연결 등을 통한 관리를 요구한다.

② 인간관계모형은 물리적 환경보다 노동자의 사회, 심리적 요소가 조직의 개별 생산성에 더 많은 영향을 미친다고 가정한다.

③ 관료제모형은 조직 내부의 개별 구성원의 행동과 조직 외부의 환경에 대한 이해가 중요하다고 가정한다.

④ 정치경제이론은 조직의 생존과 서비스의 생산에 필요한 정치적 자원과 경제적 자원을 확보하는 것이 중요하다고 강조한다.

Tip ③ 관료제모형은 엄격한 권한의 위임과 전문화된 직무의 체계를 가지고 합리적인 규칙에 따라 능률적으로 목표를 실현하는 관리운영체제이다. 집단 또는 조직 내에서의 직무를 합리적·계층적으로 나누어 대규모적인 행정관리 활동을 수행하는 모형으로, 조직 내부와 외부 환경의 상호작용 등을 고려하지 않는 폐쇄적인 특징이 있다.

|정답 ③

(3) 구조주의이론(구조주의 모형)

① 고전이론과 인간관계론을 종합한 것이라 할 수 있다.

② 조직의 공식적 요인과 비공식적 요인 및 그 관련, 비공식집단의 범위와 조직의 내외에서의 비공식집단들 간의 관계, 하위자와 상위자, 사회적 보수와 물질적 보수 및 그 상호 간의 영향, 조직과 환경 간의 상호작용, 업무조직과 비업무조직 등을 특징으로 한다.

③ 조직에 대한 환경의 영향을 강조하고 있는데, 사회복지조직에서도 최근 환경에 대한 중요성이 점차 증대되고 있다.

(4) 체계이론(체계모형)

① 고전적 이론, 인간관계론 및 구조주의이론을 통합한 것이라 할 수 있다.

② 조직의 하위체계는 생존과 발전을 위한 경쟁이 역동성 때문에 부단히 상호작용하고 그 과정에서 체계 간의 갈등과 모순은 불가피하게 생겨난다는 것이다.

③ 조직의 5가지 하위체계

㉠ 생산하위체계 : 사회복지조직에서 생산하위체계의 기능은 대상자에게 서비스를 제공하는 것이며, 숙련과 기술을 강조하므로 전문화가 중요하다.

㉡ 유지하위체계 : 사회복지조직에서 유지하위체계의 기능은 조직원 각자의 목표가 조직의 목표에 통합되도록 촉진시켜 주는 것이다. 또한 이 체계는 절차를 공식화하고 표준화하며 직원을 선발하여 훈련시키며 보상하는 제도를 확립함으로써 조직원 각자의 목표를 조직의 목표에 통합시키는 기능을 수행한다.

㉢ 경계하위체계 : 사회복지조직에서 경계하위체계의 목적은 조직의 외부환경에 영향을 미치는 것이며, 이는 생산지지체계와 제도적 체계의 2가지 구성요소를 통해 반응한다고 본다.

㉣ 적응하위체계 : 사회복지조직에서 적응하위체계는 연구와 계획에 관련되어 있으며 조직의 지적인 부분에 해당된다. 이 체계는 변화하는 환경의 요구에 반응하여 조직변화의 필요성을 인식하고 이를 위해 관리층에 적절한 건의를 할 때 필요한 것이 바로 체계적인 연구와 평가라고 할 수 있다.

㉤ 관리하위체계 : 사회복지조직에서 관리하위체계의 목적은 다른 4가지 하위체계를 조정하고 통합하기 위한 리더십을 제공하는 것이며, 이 체제가 원활히 이루어지기 위해서는 갈등을 건설적으로 다루고 그 해결을 할 수 있는 지식과 기술을 필요로 한다.

section 3 사회복지행정의 내용

(1) 사회복지행정의 접근방법

① **관료적 접근방법**(공식적 접근방법)

㉠ 관료적 조직의 특성(M. Weber)

- 작업활동과 관련된 모든 일을 다루는 절차 및 규칙의 체계를 사전에 설정한다.
- 선문화에 기초해 노농을 분업화한다.
- 기술적 능력에 기초한 승진과 선정을 중요시한다.
- 인간관계에서 비인격성을 가진다.

㉡ 기본원리

- 전문화의 원리 : 행정적 효과는 사업의 세부적 분류로 증진될 수 있다.
- 계층의 원리 : 각자 맡은 책임의 정도에 따라 의무가 결정된다.
- 동질성의 원리 : 동일 성질의 업무는 동일인이나 동일 하부조직에 맡겨야 한다.
- 관할범위의 원리 : 지도자의 관리영역을 5 ~ 6인 정도로 제한함으로써 행정적 효과를 증진시킬 수 있다.

② **민주적 접근방법**(비공식적 접근방법)

㉠ 목표나 계획·절차에 관한 결정은 그것에 관련된 모든 사람들이나 그들이 선정한 대표자에 의해 이루어진다.

㉡ 원활하고 부드러운 직업관계 위해 직원·이사회 및 위원회의 협력을 조성한다.

㉢ 사회사업가의 다양한 능력과 경험에 기초한 승진 및 선정이 이루어진다.

㉣ 집단 또는 팀정신에 입각한 온화하고 우호적이며 협력적인 관계가 이루어진다.

③ **혼합적 접근방법** … 관료적 접근방법과 민주적 접근방법을 혼합한 것으로 민주적인 요소에 강조점을 둔다.

(2) 사회복지행정의 기본원칙(Trecker)

① **사회사업가치의 원칙** … 사회복지행정의 전문적 가치는 모든 서비스가 개발되어 그것을 필요로 하는 모든 사람들에게 유용하게 제공되는 것이다.

② **지역사회와 대상자 요구의 원칙** … 지역사회와 지역사회 내의 개인의 요구는 항상 사회기관의 존립 및 프로그램 제공의 기반이 된다.

③ **기관목적의 원칙** … 기관의 사회적 제목적이 명확하게 공식화되어 진술되고 이해되며 활용될 수 있어야 한다.

④ **문화적 장의 원칙** … 지역사회의 문화가 충분히 이해되고 반영되어야 한다.

⑤ **의도적 관계의 원칙** … 효과적·의도적인 활동관계가 행정가와 직원 및 회원들 사이에 수립되어야 한다.

⑥ **기관의 총체성의 원칙** … 사회사업기관이나 시설은 총체성과 전체성의 측면에서 이해되어야 하므로, 기관이나 시설은 상호관련된 부서들로 구성되는 기구로 파악되어야 한다.

⑦ **전문적 책임의 원칙** … 사회복지행정가는 전문적 실제에 기준을 둔 고도의 전문적 서비스를 제공할 책임이 있다.

⑧ **참가의 원칙** … 지속적이고 역동적인 참여과정이 활용되어야 한다.

⑨ **커뮤니케이션의 원칙** … 커뮤니케이션 경로의 개방은 인간의 완전한 기능에 필수적인 것이므로, 행정가는 커뮤니케이션 경로조성 및 개방 · 활용에 힘써야 한다.

⑩ **지도력의 원칙** … 행정가는 목적달성 및 전문적 서비스의 제공면에서 기관의 지도력에 대한 중요한 책임을 수행해야 한다.

⑪ **계획의 원칙** … 계속적인 계획의 과정은 의미있는 서비스 개발에 필수적인 것이기 때문에 행정가는 계획과정에서 지도력을 발휘해야 하고 모든 직원들의 활동을 계획하여야 한다.

⑫ **조직의 원칙** … 많은 사람들의 활동은 조직된 형식으로 조성되어야 하며, 그 책임과 관계가 명확히 규정될 수 있게끔 구조화되어야 한다.

⑬ **권한위임의 원칙** … 여러 직원들에게 책임과 권한을 분산시키는 것은 필수적이다.

⑭ **조정의 원칙** … 위임된 업무는 기관의 중요한 일에 모든 행정력이 집중될 수 있도록 적절히 조정되어야 한다.

⑮ **자원활용의 원칙** … 기관은 자원을 주의깊게 조성하고 보존하며 활용하여야 하며, 자원의 관리자인 행정가는 자원을 적절히 통제하고 처리할 책임을 가진다.

⑯ **변화의 원칙** … 변화의 과정은 지속적인 것인데, 행정가는 이러한 변화과정을 잘 유도하여야 한다.

⑰ **평가의 원칙** … 과정이나 프로그램에 대한 지속적인 평가는 기관의 목적달성에 필수적인 것이다.

⑱ **성장의 원칙** … 모든 참여자의 성장 및 발전은 행정가가 적극적인 작업할당과 지도감독, 개인이나 집단에 대한 학습기회 등을 제공함으로써 촉진된다.

(3) 사회복지행정의 과정

① **기획** … 행정가가 수행하여야 할 첫 번째 과정으로 목표의 설정, 목표의 달성을 위한 과업 및 활동, 과업수행방법의 결정이 이루어진다.

② **조직** … 작업의 할당이 규정되고 조정되는 공식적 구조를 설정하며, 기관의 구조는 정관의 규정이나 운영지침서에 기술된다.

기출문제

③ **인사** … 사회복지조직의 목적을 달성하기 위하여 인적자원을 최대한 활용하는 관리활동으로 충원, 선발, 임용, 오리엔테이션, 승진, 평가 및 해임의 7가지 과정으로 나눌 수 있다.

④ **지시** … 행정책임자는 기관을 효과적으로 지시하는 지도자로서의 능력을 갖추어야 한다.

⑤ **조정** … 기관들이 수행하는 다양한 부분들을 상호관련시키는 기능으로, 행정가가 그의 조정기능을 유지하기 위해 실시하는 광범위한 방법은 위원회의 창설 및 활용이다.

⑥ **보고** … 대상자의 개별사례기록, 인사기록, 위원회 활동기록 등을 포함하는 기관 활동의 보고과정이다.

⑦ **재정** … 기관의 운영에 필요한 재원을 합리적이고 계획적으로 동원·배분하고, 이를 효율적으로 사용하고 관리하는 과정으로 예산편성 – 예산집행 – 회계 – 재정평가의 절차로 이루어진다.

⑧ **평가** … 기관에서 설정한 목표에 비추어 전반적인 활동결과를 사정하는 과정이다.

단원평가 — 사회복지행정

1 다음에서 설명하는 사회복지행정의 이념은?

> • 서비스 제공 시에 대상자의 수급자격이나 조건 등을 고려하는 방법이다.
> • 자산조사를 실시하여 대상자를 결정한다.

① 보편주의적 운영방법   ② 선별주의적 운영방법
③ 포괄주의적 운영방법   ④ 평등주의적 운영방법

2 사회복지행정과 일반행정의 차이점으로 옳지 않은 것은?

① 전문화된 직원들만이 행정과정에 참여하고 전체 조직사업에 영향을 미친다.
② 사회복지행정가는 사회복지조직의 내부운영을 지역사회와 관련시킬 책임이 있다.
③ 사회복지행정은 자원의 활용에 관하여 끊임없이 선택을 내릴 필요성이 있다.
④ 사회복지조직의 크기, 프로그램 형태는 광범위하고 다양하다.

3 사회복지행정의 주요 과정으로 바르게 묶인 것은?

① 평가, 예산, 지시, 자산
② 계획, 인사, 자산, 조정
③ 판단, 지시, 평가, 조정
④ 기획, 인사, 조정, 평가

4 사회복지행정에 대한 설명으로 옳지 않은 것은?

① 사회복지행정의 주체는 국가와 지방자치단체이며 대상은 요보호자이다.

② 사회복지행정의 중요한 요소는 프로그램과 서비스의 전달에 있다.

③ 사회복지행정의 전문적 가치는 모든 서비스가 개발되어 그것을 필요로 하는 모든 사람들에게 유용하게 제공되는 것에 있다.

④ 동일한 욕구를 가진 대상자는 공평한 대우를 받아야 한다.

5 보편주의와 선별주의에 대한 비교로 적절한 것은?

① 선별주의는 급여 및 서비스를 수급할 때 개인적인 자산조사를 받을 필요가 없다.

② 선별주의는 니드(need)를 가지지 않는 중·고소득층에까지 수급이 주어진다.

③ 보편주의는 스티그마(stigma) 효과를 필연적으로 수반한다.

④ 보편주의는 사회정책에 의한 소득재분배의 효과가 줄어든다.

6 사회복지행정에서 공식적 조직의 기본원리가 아닌 것은?

① 관할범위의 원리   ② 수평의 원리

③ 전문화의 원리   ④ 계층의 원리

7 다음 중 사회복지행정의 원리가 될 수 없는 것은?

① 공동의 목적 또는 목표를 달성하기 위하여 인적·물적 자원이 동원된다.

② 조정과 협력은 인적·물적 자원을 동원하는 수단이다.

③ 행정과정은 단기적·반복적인 흐름을 조성하는 것이다.

④ 행정과정은 공동의 목적 또는 목표를 달성하기 위한 것이다.

8 다음에 설명하는 사회복지행정의 과정이 바르게 연결된 것은?

> ㉠ 충원, 선발, 임용, 오리엔테이션, 승진, 평가 및 해임의 7가지 과정으로 나눌 수 있다.
> ㉡ 기관들이 수행하는 다양한 부분들을 상호 관련시키는 기능이다.
> ㉢ 기관에서 설정한 목표에 비추어 전반적인 활동결과를 사정하는 과정이다.
> ㉣ 목표의 설정, 목표의 달성을 위한 과업 및 활동, 과업수행의 방법 등이 결정된다.

	㉠	㉡	㉢	㉣
①	기획	조정	지시	보고
②	평가	지시	평가	재정
③	인사	지시	조정	보고
④	인사	조정	평가	기획

9 일반행정과 사회복지행정의 공통점이 아닌 것은?

① 행정은 상호관련되고 상호작용하는 부분들이 모여 이루어진 체계이다.
② 행정은 관리운영의 객관화와 인적 자원의 활용 간에 적절한 균형을 유지한다.
③ 자원활용에 관하여는 선택을 내릴 필요성이 있다.
④ 의사소통이나 직원들 간의 집단관계, 행정에의 참여 등은 행정의 주요 영역이다.

10 다음 중 사리(Sarri)의 사회복지행정의 특징으로 옳지 않은 것은?

① 사회복지행정은 이윤추구 및 가격관리를 목적으로 한다.
② 사회복지행정은 높은 비율의 비일상적인 사건에 직면한다.
③ 긴장에 처한 클라이언트의 행동은 가끔 돌발적이고 예측할 수 없다.
④ 사회복지행정은 인간관계기술에 크게 의존하므로 전문가의 역할이 중시된다.

11 다음 중 사회복지행정의 특징으로 옳지 않은 것은?

① 사회복지행정은 인간관계의 기술에 크게 의존한다.
② 사회적으로 인지된 욕구충족을 위한 방법으로 적용된다.
③ 사회복지행정은 높은 비율의 비일상적인 사건에 직면한다.
④ 대상자의 행동은 용의주도하며 예측 가능하다.

12 보편주의와 선별주의에 대한 설명으로 옳지 않은 것은?

① 보편주의는 인류애에 근거한 박애적인 정책이라고 볼 수 있다.
② 보편주의는 대상자에게 스티그마(stigma)를 주기 쉽다.
③ 선별주의에 의한 제도는 자산조사를 필요로 한다.
④ 선별주의는 사회적 욕구의 긴요성과 우선순위의 결정을 주장한다.

13 서비스 제공의 측면에서 적합한 행정이념에 속하지 않는 것은?

① 포괄성의 원칙   ② 평등성의 원칙
③ 개인중심의 원칙   ④ 재활 및 자활목표의 원칙

14 사회복지 대상자 선정 기준 중 '잔여적 사회복지'의 개념에 가장 충실한 기준은?

① 귀속적 욕구 기준
② 자산조사 기준
③ 보상 기준
④ 진단적 등급 분류 기준

15 사회복지행정조직에 협조하는 복지위원의 직무에 해당하지 않는 것은?

① 사회복지대상자를 위한 보호의뢰 및 시설알선

② 사회복지관련단체와의 협력

③ 사회복지행정활동에 대한 규제를 행하고, 정책결정·기획 등에 적극적 업무수행

④ 관할지역 내 사회복지대상에 대한 선도와 상담

16 다음 중 사회사업행정의 기본원칙으로 옳지 않은 것은?

① 의도적 관계의 원칙, 기관 단일성의 원칙

② 전문적 책임의 원칙, 권한위임의 원칙

③ 사회사업가치의 원칙, 기관목적의 원칙

④ 지역사회와 대상자의 요구의 원칙, 문화적 장의 원칙

17 사회기관의 존립과 프로그램 및 서비스 제공의 기반이 되는 사회복지행정의 기본원칙은?

① 전문가 책임의 원칙   ② 지역사회와 대상자 요구의 원칙

③ 기관목적의 원칙   ④ 계획의 원칙

18 다음의 사회복지행정의 원칙에 대한 설명으로 옳지 않은 것은?

① 성장의 원칙 − 모든 참여자의 성장과 발전은 행정가가 적극적인 작업할당, 사려깊은 지도·감독 및 개인과 집단학습의 기회를 제공함으로써 촉진된다.

② 조직의 원칙 − 많은 사람들의 활동은 조직된 형태로 조정되어야 하고 책임과 관계가 명백히 정의되도록 구성되어야 한다.

③ 전문적 책임의 원칙 − 사회복지행정가는 전문적 실제에 기준을 둔 고도의 전문적 서비스를 제공할 책임이 있다.

④ 지도력의 원칙 − 행정가는 직원들의 능력에 비추어 그들에게 업무를 할당하거나 책임을 이양해야 하며, 그들로 하여금 어떤 한정된 범위 내에서 결정을 내릴 권한을 갖게 해야 한다.

19 사회복지행정의 기초가 된 이론에 대한 설명으로 적절하지 않은 것은?

① 고전적 이론의 하나인 과학적 관리이론은 인간은 보상을 얻기 위해 일하고, 일의 효율성과 생산성이 증가할수록 노동자, 관리자, 소유자 모두가 경제적으로 이득을 본다는 입장이다.

② 인간관계이론은 조직의 생산성은 물리적 환경보다는 노동자의 사회적·심리적 요소에 의해 크게 영향을 받는다고 주장한다.

③ 구조주의이론은 조직의 구조적 문제를 강조하고 있는 반면 최근 사회복지조직에서 중요성이 증대되고 있는 환경의 영향을 경시한다는 평가를 받는다.

④ 체계이론에 의하면 조직의 하위체계는 생존과 발전을 위한 경쟁으로 인해 부단한 상호작용이 일어나고 그 과정에서 불가피하게 체계 간의 갈등과 모순이 발생한다.

20 사회복지행정의 관료적 접근방법의 기본원리에 대한 설명으로 옳지 않은 것은?

① 전문화의 원리 : 행정적 효과는 사업의 세부적 분류로 증진될 수 있다.

② 계층의 원리 : 각자 맡은 책임의 정도에 따라 의무가 결정된다.

③ 동질성의 원리 : 동일 성질의 업무는 동일인이나 동일 하부조직에 맡겨야 한다.

④ 관할범위의 원리 : 각자가 자신의 관할 범위를 가지고 그 영역 내에서 활동하여 효율을 높인다.

정답및해설

1	②	2	①	3	④	4	①	5	④
6	②	7	③	8	④	9	③	10	①
11	④	12	②	13	③	14	②	15	③
16	①	17	②	18	④	19	③	20	④

1 보기의 설명은 선별주의적 운영방법에 대한 설명이다. 선별주의적 운영방법은 유한의 자원을 효율적으로 분배하기 위한 바람직한 방법으로서 공공부조에서 볼 수 있다.
① 서비스를 제공할 때 대상자에게 특정의 자격이나 조건을 부여하지 않는 운영방법이다.

2 ① 사회복지행정은 행정가나 관리자에 의해서만 이루어지는 것이 아니라, 행정가에 의해서 수행되는 과업과 기능이라는 의미를 초월하여 사회복지조직의 모든 직원은 상당한 재량권을 갖고 직접 프로그램, 사례관리 등의 업무를 수행한다.

3 ④ 사회복지행정의 주요 과정은 기획(planning), 조직(organizing), 인사(staffing), 지휘(directing), 조정(coordinating), 보고(reporting), 재정(budgeting), 평가(evaluating)이다.

4 ① 사회복지행정의 주체는 국가와 지방자치단체의 공공기관과 민간복지단체이며, 그 대상은 요보호자를 포함하는 일반국민 전체이다.

5 ① 선별주의는 급여 및 서비스를 수급함에 있어 자산조사가 동반된다.
② 보편주의에 대한 설명이다.
③ 선별주의는 자산조사로 인해 스티그마 현상을 필연적으로 수반하며, 이로 인해 수급률을 낮추게 되는 가능성이 있다.
※ 스티그마(stigma) 효과 … 다른 사람들에게 무시당하거나 부정적인 낙인이 찍히면 행동이 점점 더 나쁜 쪽으로 변해 가는 현상

6 ② 비공식적 조직의 특징에 해당한다.
※ 공식 관료적 조직의 특성
ⓐ 관할범위의 원리 : 행정적 효과는 리더의 관할영역을 5～6인 정도로 제한함으로써 증진시킬 수 있다.
ⓑ 동질성의 원리 : 동일 성질의 업무는 동일인이나 동일 하부조직에 맡겨야 한다.
ⓒ 계층의 원리 : 각자의 맡은 책임의 정도에 따라 의무가 결정된다.
ⓓ 전문화의 원리 : 행정적인 효과는 사업의 세부적 분류로 증진될 수 있다.

7 ③ 트렉커(Tracker)는 행정과정을 지속적이고 역동적인 과정으로 보고 있다.
①②④ 트렉커(Trecker)의 사회복지행정의 원리이다.

8 사회복지행정의 과정
ⓐ 기획 : 행정가가 수행하여야 할 첫 번째 과정으로 목표의 설정, 목표의 달성을 위한 과업 및 활동, 과업수행방법의 결정이 이루어진다.
ⓑ 조직 : 작업의 할당이 규정되고 조정되는 공식적 구조를 설정하며, 기관의 구조는 정관의 규정이나 운영지침서에 기술된다.
ⓒ 인사 : 사회복지조직의 목적을 달성하기 위하여 인적자원을 최대한 활용하는 관리활동으로 충원, 선발, 임용, 오리엔테이션, 승진, 평가 및 해임의 7가지 과정으로 나눌 수 있다.

ⓔ 지시 : 행정책임자는 기관을 효과적으로 지시하는 지도자로서의 능력을 갖추어야 한다.

ⓜ 조정 : 기관들이 수행하는 다양한 부분들을 상호 관련시키는 기능으로 행정가가 그의 조정기능을 유지하기 위해 실시하는 광범위한 방법은 위원회의 창설 및 활용이다.

ⓗ 보고 : 대상자의 개별사례기록, 인사기록, 위원회 활동기록 등을 포함하는 기관활동의 보고과정이다.

ⓢ 재정 : 기관의 운영에 필요한 재원을 합리적이고 계획적으로 동원·배분하고, 이를 효율적으로 사용하고 관리하는 과정으로 예산편성 - 예산집행 - 회계 - 재정평가의 절차로 이루어진다.

ⓞ 평가 : 기관에서 설정한 목표에 비추어 전반적인 활동결과를 사정하는 과정이다.

9 ③ 자이섬에 해당한다.

※ 공통점

ⓘ 문제의 확인, 문제의 제측면 연구, 해결가능한 계획의 개발, 계획의 수행, 효과성 평가 등을 포괄하는 문제해결과정이다.

ⓛ 행정은 상호관련되고 상호작용하는 부분들이 모여 이루어진 것이다.

ⓒ 대안선택에서 가치판단을 사용한다.

ⓔ 개인 및 집단이 좀더 효과적으로 기능하도록 하는 과정이다.

ⓜ 상당한 정도가 미래와 관련되어 있다.

ⓗ 지식과 기술의 창의적인 활용으로 이루어진다.

ⓢ 최적 효율과 상품 또는 서비스의 생산을 쉽게 하기 위해 프로그램, 서비스 및 직원들을 조화시키는 것에 관심을 두고 있다.

ⓞ 공의를 실행에 옮기는 것과 관련되어 있다.

ⓩ 관리운영의 객관화와 인적 자원 활용 간에 적절한 균형을 유지한다.

ⓩ 개개 직원들의 지위와 인정에 관심을 갖고, 조직의 목표·가치·방법을 직원들의 긍정적으로 확인하도록 할 필요성에 관심을 갖는다.

ⓚ 의사소통, 직원들 간의 대인관계, 행정에의 참여가 주요한 관심영역이 된다.

10 사리(Sarri)의 사회복지행정의 특징

ⓘ 사회복지행정의 대상자는 투입인 동시에 산출이다.

ⓛ 사회복지행정은 카운슬링, 집단사회사업, 개별사회사업 등 인간관계기술에 크게 의존하며, 이에 따라 전문가의 개입이 요청된다.

ⓒ 사회복지행정은 높은 비율의 비일상적인 사건에 직면한다. 긴장상태에 처한 대상자의 행동은 돌발적이고 예측할 수 없을 때가 많다.

11 ④ 대상자의 행동은 돌발적이고 예측 불가능하다.

12 사회복지의 운영방법

ⓘ 보편주의적 운영방법

• 대상자에게 특정의 자격 또는 조건을 부여하지 않는 것이 서비스의 공급을 행사할 때의 원칙이다.

• 공평성·편익성의 측면에서 적합하나 효과성·효율성에서는 문제가 있다.

ⓛ 선별주의적 운영방법

• 대상자에 대한 수급자격, 조건 등을 붙여 서비스를 제공하는 것이다.

• 유한의 자원을 효율적으로 분배하는데 적합한 방법이기 때문에 사회복지분야에서 광범위하게 채택하고 있다.

• 공적부조에서 볼 수 있으며 자산조사를 실시하여 보호대상자를 결정한다.

• 자산조사가 스티그마(stigma)를 수반한다.

• 효과성·효율성에는 우월한 특징이 있으나, 공평성·접근성에서 보면 문제가 제기된다.

13 ③ 문제해결을 호소하는 단위가 개인이어도 서비스 제공의 기본단위는 가족 또는 가정이므로 가족중심의 원칙이 적용되고 있다.

14 잔여적 사회복지 … 정부의 공적 부조나 사회적 서비스는 가정과 정상적인 사회구조 및 시장을 통해 제공받을 능력이 없는 사람에게만 제공되어야 한다는 관점으로 선별주의와 같은 맥락이라고 볼 수 있다. 따라서 잔여적 사회복지에서는 그러한 문제를 가진 인간은 스스로 또는 주변의 사회와 시장이 최대한의 욕구 충족을 위한 노력을 기울여야 하고, 그러한 노력의 자원이 고갈되었을 경우에 자산조사 등을 거친 후 별도의 복지 서비스가 실시되어야 한다고 본다.

15 ③ 사회복지조직의 행정위원회의 기능에 대한 설명이다.

16 사회사업행정의 기본원칙 … 사회사업가치의 원칙, 지역사회와 대상자 요구의 원칙, 기관목적의 원칙, 문화적 장의 원칙, 의도적 관계의 원칙, 기관의 총체성의 원칙, 전문적 책임의 원칙, 참가의 원칙, 커뮤니케이션의 원칙, 지도력의 원칙, 계획의 원칙, 조직의 원칙, 권한위임의 원칙, 자원활용의 원칙, 변화의 원칙, 평가의 원칙, 성장의 원칙이 있다.

17 ② 지역사회와 지역사회 내의 개인의 요구는 항상 사회기관의 존립 및 프로그램 제공의 기반이 된다.

18 ④ 권한위임의 원칙에 대한 설명이다. 지도력의 원칙이란 행정가가 목적달성 및 전문적 서비스의 제공면에서 기관의 지도력에 대한 중요한 책임을 수행한다는 것이다.

19 ③ 구조주의이론은 조직에 대한 환경의 영향을 강조한다.

20 ④ 관할범위의 원리 : 지도자의 관리영역을 5~6인 정도로 제한함으로써 행정효과를 증진시킬 수 있다.

02 사회복지정책과 계획

기출문제

section 1 사회복지정책

(1) 사회복지정책의 개념

① **길버트(N. Gillbert)와 스펙트(H. Specht)** … 사회복지정책의 동의어로 사회정책과 공공정책이 있다고 지적하고 정책내용의 범위에 따라 가장 넓은 개념이 공공정책이고, 그 다음이 사회정책, 가장 좁은 개념이 사회복지정책이라 하였다.

> **Point 팁** 길버트와 스펙트의 지역사회의 기능
>
> ㉠ 생산, 분배, 소비의 기능 : 일상생활을 하는데 있어서 필요로 하는 서비스 및 재화를 생산하고 분배하며 소비하는 과정과 관련된 기능 → 경제제도
> ㉡ 사회화의 기능 : 일반적인 지식, 사회적 가치 및 행동 유형들을 사회구성원들에게 전달시키는 기능 → 가족제도
> ㉢ 사회통제의 기능 : 사회구성원들에게 사회적인 규범(법, 도덕, 규칙)에 순응하게 하는 기능 → 정치제도
> ㉣ 사회통합의 기능 : 사회체계의 정상적 기능을 위한 관계 간 결속력과 사기를 증진하는 기능 → 종교제도
> ㉤ 상부상조의 기능 : 갑작스러운 질병, 실업, 사고, 사망 등 개인적인 이유와 경제적 제도의 부적절한 운용으로 인하여 위의 기능들의 욕구를 충족할 수 없는 경우 필요한 기능 → 사회복지제도

② **마샬(T.H. Marshall)** … 시민들에게 그들의 복지에 직접적인 영향을 줄 뿐 아니라 서비스 또는 소득을 제공함으로써 사람들의 복지에 직접적인 영향을 미치는 정부의 정책이다.

③ **티트머스(R. Titmuss)** … 일정의 물질적·사회적 욕구에 관하여 시장이 충족하지 못하거나 충족시킬 수 없는 특정의 사람(사회적 약자)에게 부여하는 정부의 행위이다.

④ **일반적 개념** … 사회복지 프로그램이나 제반문제에 대한 의사결정을 위하여 정부 또는 공공기관에 의하여 작성된 지침으로서, 구체적인 프로그램·법제·우선순위를 제시하는 암시적 또는 명시적 원칙이다.

(2) 사회복지정책의 내용 및 정책형성과정

① **내용** … 사회복지의 요구와 수요가 충족된 상황을 구체적으로 달성하기 위한 각종 기회, 정보, 재원의 확보, 조달 및 제공 등 사회복지의 실천을 위한 효율적인 운영방법이 중요한 내용이다.

問 길버트(Gilbert)와 스펙트(Specht)가 제시한 모든 사회가 공통적으로 수행해야 하는 다섯 가지 주요 기능에 대한 설명으로 가장 옳지 않은 것은?

▶ 2019. 2. 23. 제1회 서울특별시

① 사회구성원들이 일상생활을 영위하는 데 필요로 하는 재화와 서비스를 생산, 분배, 소비하는 과정과 관련된 기능은 주로 경제제도에 의해 수행된다.

② 사회가 향유하고 있는 지식, 사회적 가치 그리고 행동양태를 사회구성원에게 전달하는 사회화의 기능은 가장 일차적으로 가족제도에 의해 수행된다.

③ 공공부조를 시행하면서 자활사업의 참여를 강제하는 조건부수급은 사회구성원들이 사회의 규범을 순응하게 만드는 사회통합의 기능을 수행한다.

④ 현대 산업사회에서 주요 사회제도에 의해 자신들의 욕구를 충족할 수 없는 경우 필요한 상부상조의 기능은 정부, 민간 사회복지단체, 종교단체, 경제단체, 자조집단 등에 의해 수행된다.

> **Tip** ③ 규범에 순응하게 만드는 사회통제 기능은 정치제도에 의해 수행된다. 사회통합의 기능은 종교제도가 일차적 기능을 담당한다.

‖정답 ③

② **정책형성과정** … '정책문제의 형성 – 정책의 결정 – 정책의 집행 – 정책평가'의 네 과정을 거친다.

(3) 사회복지정책의 영역

① 물질적 측면의 욕구보장
   ⊙ 소득보장 : 생존에 필요한 재화를 구입할 수 있도록 도와준다.
   ⓛ 의료보장 : 질병이 발생했을 때 치료해주기 위한 것이다.
   ⓒ 주거보장 : 거주할 장소를 보장해주는 것이다.

② 비물질적 측면의 욕구보장
   ⊙ 사회서비스 : 아동·노인·장애인·한부모가족 등 사회적 약자들의 특별한 비물질적 욕구를 충족시켜주기 위한 것이다.
   ⓛ 교육 : 사회통합을 위한 교육

(4) 길버트와 스펙트(테렐)의 사회복지정책의 분석틀

① 대상체계(보험대상 및 수급대상) … 급여 수급자격 요건으로는 거주 여부, 거주 기간, 인구학적 조건, 기여의 여부, 근로조건, 소득수준 등이 있다.

② 급여체계(보험자가 받는 급부의 형태 및 수준)
   ⊙ 현금으로 제공되는 경우 : 국민연금, 질병보험의 질병수당, 산업재해보상의 장애수당, 실업급여, 공공부조, 아동수당, 주택수당 등을 들 수 있다.
   ⓛ 증서(바우처)로 제공되는 경우 : 일정한 용도 내에서 수급자로 하여금 원하는 재화나 서비스를 자유롭게 선택할 수 있게 하는 방법으로, 상품권·식품권에서부터 의료보험증에 이르기까지 다양하다.
   ⓒ 기회로 제공되는 경우 : 기회는 무형의 급여로, 어떤 개인이나 집단에 대해 이전에는 부정되었던 급여에 대해서 접근을 가능하게 만드는 것이다. 예를 들어, 장애인에 대한 운전면허 교부조항을 변경하는 것과 같은 것이다.

[현금급여와 현물급여]

구분	현금급여	현물급여
주요내용	• 복지서비스가 현금의 형태로 전달되는 것 • 개인의 자유와 소비자의 선택 중시	• 복지서비스가 현물의 형태로 전달되는 것 • 사회통제와 집합적 선을 중시
장점	선택의 자유를 극대화하고 관리비용을 절감할 수 있다.	• 대량생산과 분배를 통해 낭비를 줄일 수 있다. • 용도 외 사용을 막을 수 있다.
단점	용도 외 사용이 가능하다.	• 선택의 자유가 제한된다. • 관리비용이 많이 든다.

기출문제

문 이용권(바우처)의 장점이 아닌 것은?
▶ 2020. 6. 13. 지방직/서울특별시
① 서비스 공급자 간 경쟁을 촉발하여 서비스의 질을 높이는 효과를 거둘 수 있다.
② 현물급여에 비해 서비스 수요자의 '소비자 선택권'을 보장할 수 있다.
③ 사회 내의 불이익집단 또는 특별히 사회에 공헌한 사람들에게 더 많은 기회를 제공할 수 있다.
④ 서비스 사용 용도를 명시하고 있어 현금급여에 비해 정책 목표를 달성하는 데 용이하다.

Tip 길버트와 스펙트(테렐)의 급여 체계 중 '기회'에 해당 하는 내용이다. 기회로 제공되는 경우 기회는 무형의 급여로, 어떤 개인이나 집단에 대해 이전에는 부정되었던 급여에 대해서 접근을 가능하게 만든다. 대부분 고용과 교육에서의 기회를 중요시 하며 노동시장의 경쟁에서 불리함을 제거하는 특징이 있다.

정답 ③

기출문제

③ 전달체계(급부의 전달경로)

　　㉠ 지역사회적 맥락에서 사회복지급여를 공급하는 자들간의 조직적인 연계 및 공급자와 소비자들 간의 조직적 연결을 말한다.

　　㉡ 단일한 조직에 의한 활동이 아니라 조직과 조직 또는 조직과 클라이언트들이 상호연관되어서 서비스가 창출·공급되는 체계를 이룬다.

④ 재원체계(기여금의 충당 및 배분방법)

　　㉠ **공공부문의 재원**: 조세로 구성되는 정부의 일반예산, 목적세 형태의 사회보장성 조세, 조세비용이 있다.

　　㉡ **민간부문의 재원**: 사용자가 부담하는 경우의 재원, 자발적 기여에 해당하는 기여금, 기업이 출연한 재원 등이 있다.

(5) 사회복지정책결정 모형

① 합리모형

　　㉠ 인간이 이성과 합리성에 입각하여 정책을 결정한다는 이론이다.

　　㉡ 고도의 합리성을 전제로 비용편익 분석 등을 통해 가장 합리적인 최선의 정책 대안을 선택한다.

　　㉢ 정책결정자가 높은 합리성을 가지고 주어진 상황에서 최선의 정책 대안을 찾아낼 수 있다고 본다.

② 만족모형 … 제한된 합리성을 전제로 여러 대안 중에서 현실적으로 가장 만족스러운 대안을 선택한다.

③ 점증모형

　　㉠ 정치적 합리성을 전제로 다원주의 사회에서 다수가 선호하는 정치적 실현가능성이 높은 대안을 선택한다.

　　㉡ 과거의 정책결정을 기초로 하여 약간의 변화를 추구하면서 새로운 정책대안을 검토하고 점증적으로 수정하는 과정을 거친다고 본다.

③ 혼합모형

　　㉠ 합리모형과 점증모형의 절충적인 형태이다.

　　㉡ 종합적인 합리성을 전제로 하며 근본적인 내용은 합리적으로 선택하고, 세부적인 내용은 점증적으로 선택한다.

④ 최적모형

　　㉠ 경제적 합리성과 초합리성(직관, 판단, 통찰력)의 조화를 강조한다.

　　㉡ 양적이 아니라 질적이고 상위 정책결정과 환류작용을 중요시한다.

📖 〈보기〉에서 사회복지 정책결정의 이론적 모형에 대한 설명으로 옳지 않은 것을 모두 고르면?
▶ 2019. 6. 15. 제2회 서울특별시

〈보기〉
㉠ 기존의 정책과 유사한 정책대안에 대한 검토와 보완을 거치는 모형은 점증모형이다.
㉡ 모든 대안들을 합리적으로 검토하여 최선의 정책 대안을 찾을 수 있다고 가정하는 것은 만족모형이다.
㉢ 합리모형과 점증모형의 절충적 성격을 갖는 모형은 혼합모형이다.
㉣ 제한된 합리성을 바탕으로 접근이 용이한 일부 대안에 대한 만족할 만한 수준을 추구하는 것은 합리모형이다.

① ㉠, ㉡　　② ㉡, ㉢
③ ㉡, ㉣　　④ ㉢, ㉣

Tip ㉡ 모든 대안들을 합리적으로 검토하여 최선의 정책 대상을 찾을 수 있다고 가정하는 것은 합리모형이다.
㉣ 제한된 합리성을 바탕으로 접근이 용이한 일부 대안에 대한 만족할 만한 수준을 추구하는 것은 만족모형이다.

┃정답 ③

⑤ 쓰레기통모형

  ㉠ 정책결정은 일정한 규칙 속에서 이루어지는 것이 아니라 조직화된 무정부 상태 속에서 나타나는 몇 가지 흐름에 의해 우연히 이루어진다.

  ㉡ 문제, 해결방안, 선택기회, 정책결정 참여자 등의 요소가 우연히 모이면 정책결정이 이루어진다.

section 2 사회복지계획

(1) 사회복지계획의 개념

예측, 체계적 사고, 조사 및 가치선호의 행사를 통해 문제를 해결하며, 장래의 진로를 통제하고자 하는 의도적 시도를 말한다.

(2) 사회복지계획의 모델

① 기술방법론적 과정 … 분석적 과제를 내포한다.

② 사회정치적 과정 … 상호작용적 과제를 내포한다.

(3) 사회복지계획에서 사회복지사의 역할

① 적절한 통계적 자료를 제공한다.

② 사회조사에 적극 참여한다.

③ 계획의 모든 단계에 적극적으로 참여한다.

④ 효과적인 시민참가의 수단을 조언해야 한다.

⑤ 목적설정을 돕는다.

⑥ 실제적 경험에서 얻은 적정량의 정보를 제공해야 한다.

Point 팁 **슈퍼바이저의 책임**

  ㉠ 사정과 평가

  ㉡ 능력

  ㉢ 효과적 지식의 전달

  ㉣ 다양한 지도, 감독에 대한 지식

section 3 지도감독(supervision)

(1) 지도감독의 개념

사회복지조직의 하위직원이 그들의 지식과 기술을 발휘하여 서비스를 효율적·효과적으로 전달할 수 있도록 상위직원이 하위직원에게 도움을 주는 활동이다.

(2) 지도감독의 기능

① 교수기능
  ㉠ 직원의 지식과 이해력을 증진시킴으로써 전문적 자세를 구비할 수 있도록 돕는 것을 목적으로 한다.
  ㉡ 사회복지사의 사회사업기술을 향상시키고 조직의 정책이나 서비스의 우선순위 등을 결정하는 데 기여한다.

② 행정기능 … 슈퍼바이저가 의사소통, 평가, 일의 분배, 정신적 지지와 지시, 위원회 임명 등과 같은 관리업무에 도움을 준다.

③ 지지적 기능 … 워커의 사기진작과 업무수행에 스트레스를 감소시켜 효과적인 서비스를 제공하도록 유도한다.

④ 조력기능 … 직원이 서비스 전달과정에서 담당한 일을 할 수 있도록 독려하는 데 목적이 있다.

(3) 지도감독의 기본원칙

① 그들의 조직과 서비스에 대한 정확한 지식·원칙·기술을 가르쳐야 한다.

② 직원이 슈퍼바이저가 제시한 원칙과 지식에 일치하는 목표를 설정하여 자율적으로 관리하도록 해야 한다.

③ 기술은 수렴할 만하고 타당하며, 쓸모가 있어야 한다.

④ 기술을 다른 사람에게 충분히 전달할 수 있어야 하며, 적당히 훈련을 받은 자는 그 기술을 습득하여 허용한계 내에서 쓸모있게 활용할 수 있어야 한다.

(4) 슈퍼바이저의 자격

① **지식** … 전문적 지식과 실제 일하고 있는 기관에 대한 지식을 포함한다.

② **실천기술** … 사회사업을 수행하는 데 있어서 기본적 능력과 특별한 사회사업방법이나 방법들에 있어서의 전문적 능력을 의미한다.

③ **개방적인 접근태도** … 응급시에 슈퍼바이저를 찾아갈 수 있고 그의 사무실에 직원이 쉽게 들어갈 수 있게 열려 있으며, 필요하면 지도를 받을 수 있는 것을 의미한다.

④ **사명감** … 유능한 슈퍼바이저는 기관이나 자기자신, 자기가 담당한 슈퍼비전에 지대한 관심을 갖는다.

⑤ **솔직한 태도** … 슈퍼바이저는 슈퍼바이지가 제기한 질문에 응답하고 적절하게 제안도 한다. 회답을 모르는 경우에는 솔직하게 인정을 한다.

⑥ **감사와 칭찬** … 신임직원은 특히 인정받고 칭찬받기를 원한다. 그러한 감사와 칭찬 같은 적극적인 강화는 동기를 유발하고 전문성 발전에 기여한다.

section 4 사회복지전담공무원의 직무

(1) 개요

사회복지전담공무원은 정부의 공공부조사업을 효과적·효율적으로 수행하기 위해 광역시에 별정직으로 배치한 것을 시작으로 서울특별시, 광역시, 시·군·구, 읍·면·동에 배치되어 활동하고 있다.

(2) 직무

① 생활보호대상자의 조사 및 결정에 수반되는 제반사항

② 보호금품의 지급 등 생활보호대상자의 생계보호를 위한 업무

③ 생활보호대상자에 대한 개별상담 및 사후관리

④ 생활보호대상자를 위한 후원금품의 모집 및 후원자의 알선

⑤ 직업훈련, 생업자금융자, 취업알선 등 생활보호대상자의 자립지원을 위한 업무

section 5 사회복지사의 Burnout 현상과 예방책

(1) 의의

① Burnout은 일반적으로 장기간 사람들과 밀접한 관계를 유지하는 과정에서 정서적 압력을 많이 받는 인간서비스 계통직종의 종사자에게 나타나는 신체적·정서적·정신적 고갈상태를 말한다.

② 해소되지 않은 일의 긴장에서 오는 하나의 쇠약한 심리적 상태로 에너지의 축적이 고갈된 상태, 병에 대한 저항력의 저하, 불만·비관의 증대, 결근과 일에 대한 비효율성의 증대와 같은 결과를 가져온다.

③ 정서적 압박으로 인한 정서적 소모, 비인간화, 개인적 성취감의 감소로 특징되는 자신과 타인에게 부정적 영향을 미치는 현상이다.

(2) 발생배경

Burnout은 어느날 갑자기 발생하는 극적 현상이 아니라 개인의 직업적 특성과 관련되는 점진적인 과정이다. Burnout을 경험하는 모든 사람이 이러한 단계를 거치는 것은 아니지만, 적절한 대처나 개입이 이루어지지 않는다면 계속하여 발달하는 특성을 가지고 있다.

① **열성단계** … 직무에 대한 정력과 열성으로 비현실적인 목표를 설정하기도 하고, 남을 돕고자 하는 단순한 동기만이 존재하며, 대상자와 자신을 지나치게 동일시한다.

② **침체단계** … 직무에 대하여 점차 흥미를 잃게 되고 근무시간, 급여, 전문적 발전 등의 욕구가 중요시된다.

③ **좌절단계** … 직무에 대한 자신의 효과성과 직무자체의 가치에 대하여 의심하기 시작하며 대상자와 직접적인 접촉을 피하고자 한다.

④ **무감동단계** … 직무에 대한 가능한 최소한의 시간과 정력만을 사용하고자 하거나 심각한 경우 이직·퇴직을 하게 된다.

(3) 요인유형

① **직무만족** … 직무만족은 Burnout과 밀접한 관련성을 가지면서도 그 자체만으로 는 Burnout을 충분히 설명할 수 없어 Brunout의 유발과 관련된 한 단면적 현 상으로 볼 수 있다.

② **직무스트레스** … 직무환경의 조건이 개인의 능력과 재원을 초과하거나, 직무환경 에서 개인의 욕구가 충족되지 못할 때 개인은 흔히 스트레스 상태에 놓이게 된 다. 스트레스는 적당한 어려움을 가진 과제를 해결해 가면서 느끼는 성취감과 같은 긍정적 자극이 될 수도 있고, 자신이 감당할 수 없는 일을 해야 할 경우 부정적으로 작용할 수도 있다.

(4) 사회복지사의 Burnout 예방책

① 의사소통의 원활화

② 명확한 역할기대

③ 지식과 기술의 강화

④ 공정한 평가

⑤ 업무량 조정

⑥ 동료 간 지지수립

⑦ 워커의 개인문제와 슈퍼비전

⑧ 조직의 융통성의 극대화

⑨ In-Service Training 강화

[Burnout과 직무스트레스의 비교]

Burnout	직무스트레스
일에 대한 완전한 일탈상태이다.	과로로 인해 감정이 예민해진 상태이다.
감정이 무뎌진다.	정신적, 육체적 피해증상이 나타난다.
육체적 증상보다는 감정적 피해증상이 먼저 나타난다.	지나치면 신체 에너지에 무리가 간다.
사기저하가 나타난다.	힘과 체력이 상실된다.
편협과 비인격성, 격리감 등이 나타난다.	당황, 공포증, 불안증이 나타난다.

기출문제

문 다음 설명에 해당하는 의사결정 기법은?

▶ 2018. 4. 7. 인사혁신처

• 어떤 주제에 대해 전문가들의 합의를 얻으려고 할 때 적용될 수 있다.
• 전문가들에게 우편으로 의견이나 정보를 수집한 후, 분석한 결과를 다시 응답자들에게 보내 의견을 묻는 방식이다.
• 전문가가 자유로운 시간에 의견을 제시할 수 있는 장점이 있지만, 시간이 많이 걸리고 반복하는 동안 응답자의 수가 줄어드는 문제가 있다.

① 의사결정나무분석기법
② 브레인스토밍
③ 명목집단기법
④ 델파이기법

Tip 제시된 내용은 델파이기법에 대한 설명이다.
① 의사결정나무분석기법: 의사 결정 규칙(Decision Tree)을 도표화하여 관심대상이 되는 집단을 몇 개의 소집단으로 분류하거나 예측을 수행하는 계량적 분석방법
② 브레인스토밍: 창의적이고 비구조화된 방법으로 다양한 아이디어를 생성하는 사고 기법
③ 명목집단기법: 개별 아이디어를 서면으로 제출한 후, 제한적 토의를 거쳐 투표로 의사를 결정하는 기법

정답 ④

section 6 욕구조사와 평가조사

(1) 욕구조사

욕구조사는 일정한 지역 내에서 생활하는 주민 또는 직장인들의 욕구수준을 측정하기 위해 실시하는 조사를 말한다.

① 서베이조사
  ㉠ 정의 : 서베이(survey)는 전체를 대표할 수 있는 표본을 선정하여 이들로부터 면접이나 설문지를 통하여 자료를 수집하는 방법이다. 개인들로부터 느껴진 욕구를 중심으로 한 직접적인 자료를 얻으며, 조사방법론에 대한 전문적 지식을 갖고 있는 전문 인력의 확보가 중요하다.
  ㉡ 장점
    • 표본을 통하여 대상자 전체의 욕구를 파악할 수 있다.
    • 실제적 서비스 대상자와 잠재적 클라이언트를 정보원천으로 활용하여 서비스를 받고 있는 사람들이나 받게 될 사람들의 의견을 직접 끌어낼 수 있다.
  ㉢ 단점
    • 시간과 인력, 수집된 자료 분석에 드는 비용이 많이 든다.
    • 우편설문조사방법 시 회수율이 떨어진다.
    • 서베이조사실시 시 프로그램에 대한 지역사회의 기대감을 상승시키는 부정적 효과를 초래한다.

② 델파이기법
  ㉠ 정의 : 어떤 문제에 대하여 전문가들의 합의점을 찾는 방법이다. 무기명 응답이고, 대면적인 회의에서와 같은 즉각적인 환류를 통제하며, 개인의 의견을 집단적 통계분석으로 처리한다.
  ㉡ 장점
    • 여러 전문가들의 의견을 비교·검토·재검토 할 수 있다.
    • 집단의 의견에 개인을 순종시키려는 집단의 압력을 줄일 수 있다.
    • 응답자의 시간을 효율적으로 이용할 수 있다.
    • 익명성으로 특정인의 영향을 줄일 수 있다.
  ㉢ 단점
    • 극단적인 의견은 판단의 합의를 얻기 위해 제외된다.
    • 반복적인 과정을 거쳐 전체적으로 시간이 많이 걸린다.
    • 전문가의 고집에 따라 비합리적으로 정부수집이 이뤄질 가능성이 있다.

③ 사회지표조사
　　㉠ **정의** : 지역사회의 욕구를 추정할 수 있다는 전제를 두고 사회지표를 분석하는 방법이다.
　　㉡ **장점** : 기존의 자료를 확인하므로 시간과 비용이 적게 든다.
　　㉢ **단점** : 특수한 주제에 접근할 경우 일치하는 지표를 찾아내기 어려울 수 있다.

④ 지역사회공개토론회
　　㉠ **정의** : 지역사회 성원들이 참여할 수 있는 공개적인 모임을 주선하여 논의되는 지역사회의 욕구나 문제를 파악하는 방법이다.
　　㉡ **장점** : 서베이조사를 위한 사전준비의 기회가 될 수 있고, 적은 비용으로 광범위한 지역·집단·계층의 의견을 들을 수 있다.
　　㉢ **단점** : 참석자의 소수 의견을 발표할 경우 전체적인 욕구를 파악하기 어렵고, 관심 있는 사람들만 참석하여 표본의 편의현상이 나타날 수 있다.

⑤ 주요 정보 제공자 조사
　　㉠ **정의** : 기관의 서비스제공자 등 지역사회 전반의 문제에 대해 잘 알고 있는 것으로 인정된 사람들을 통해 욕구조사를 하는 방법이다.
　　㉡ **장점** : 적은 비용으로 표본을 쉽게 선정할 수 있고, 지역의 전반적인 문제를 쉽게 파악할 수 있다.
　　㉢ **단점** : 의도적 표집으로 표본의 편의현상이 나타날 수 있고, 주민들의 실질적 관심 문제들이 소외될 가능성이 있다.

⑥ 이차적 자료 분석
　　㉠ **정의** : 지역사회 내의 사회복지기관의 서비스 수혜자에 관련된 기록을 검토하여 욕구를 파악하는 방법이다.
　　㉡ **장점** : 비용이 적게 들며, 조사에 신축성을 기할 수 있다.
　　㉢ **단점** : 서비스 이용자를 중심으로 분석하여 인구 전체에 적용하기 어렵고, 비밀보장으로 기관 외부에서의 접근이 어렵다.

⑦ 초점집단조사
　　㉠ **정의** : 어떤 문제에 관련된 소수 사람들을 모아 토론하여 깊이 있게 의견을 듣는 방법이다.
　　㉡ **장점** : 적은 비용으로 자료를 쉽게 수집할 수 있고, 문제를 보다 깊이있게 파악할 수 있다.
　　㉢ **단점** : 구성원이 잘못 선정된 경우 대표성의 문제가 발생하며, 이야기하는 내용이 주관적일 수 있다.

기출문제

(2) 평가조사

① 평가조사는 프로그램의 평가결과를 환류 시켜 바람직한 목표를 수립, 프로그램의 운영개선 및 효과성·효율성 제시, 타당성 있는 검증된 가설들을 이론으로 발전시키기 위해 실시하는 조사이다.

② 프로그램평가는 사회복지의 책임성에 대한 사회적 요구가 심각히 제기되는 시기에 중요시 되며, 기타 사회복지기관들의 정체성 확립, 기관운영 등에서도 평가가 중요시 된다.

1 다음 중 욕구조사의 목적으로 옳지 않은 것은?

① 예산할당기준을 마련하기 위한 자료수집
② 책임성 이행정도를 찾아내기 위한 자료수집
③ 현재 수행중인 사업의 평가에 필요한 보조자료수집
④ 지역사회기관 간의 상호협조상황을 파악하기 위한 자료수집

2 다음 중 가장 거시적인 입장을 취하는 것은?

① 사회정책
② 사회계획
③ 사회사업
④ 사회개발

3 사회복지정책의 지도와 감독의 기능 중에서 행정의 기능에 속하지 않는 것은?

① 책임성
② 지도 및 협조
③ 기술향상
④ 의사소통

4 다음 중 지도감독의 기본원칙과 거리가 먼 것은?

① 필요할 때 요청하라.
② 활동에 대한 정리를 하라.
③ 원칙과 선택을 위한 지식을 전달하라.
④ 이용가능하게 하고 불규칙적으로 지도하라.

5 사회복지계획에서 사회복지사의 역할과 거리가 먼 것은?

① 계획의 모든 단계에 적극적으로 참여한다.
② 적절한 통계적 자료를 제공한다.
③ 단기적인 평가를 실시한다.
④ 사회조사에 적극적으로 참여한다.

6 슈퍼비전(supervision)의 기능에 속하지 않는 것은?

① 조력적 기능
② 행정적 기능
③ 자문적 기능
④ 보고 기능

7 다음 중 슈퍼바이저의 자격과 관계없는 것은?

① 전문지식과 조직에 대한 지식이 풍부해야 한다.
② 실천기술은 경험으로부터 전문능력을 지녀야 한다.
③ 폐쇄적인 접근태도를 유지한다.
④ 헌신적인 사명감을 가져야 한다.

8 길버트 & 스펙트의 사회복지정책 분석들의 내용과 관련이 없는 것은?

① 급부의 전달경로가 조직적으로 잘 연결되도록 한다.
② 누구에게 할당체계를 갖추는지 정한다.
③ 배분해야 할 사회적 급여의 형태를 말한다.
④ 대상자 주변의 장애를 극복해 주는 것이다.

9 사회복지서비스 기획에 필요한 욕구조사의 자료수집 방법으로 서베이조사를 적용한 것은?

① 전문가들을 대상으로 반복적 과정을 통해 합의된 의견에 대한 자료를 수집한다.

② 지역사회 내의 사회복지기관이 보유하고 있는 자료를 수집한다.

③ 지역사회의 사회지표를 분석할 수 있는 자료를 수집한다.

④ 지역사회의 잠재적인 서비스 대상자들을 대상으로 설문 자료를 수집한다.

10 사회복지정책을 통해 제공되는 재화나 서비스의 형태 중 현금으로 지급되는 급여의 장점을 모두 고른 것은?

ⓐ 주어진 용도 외에도 다양한 사용이 가능하다.
ⓑ 수급자 선택의 자유와 자기결정의 권리를 보호할 수 있다.
ⓒ 소비단계에서 낙인이 발생하지 않아 인간의 존엄성을 유지할 수 있다.
ⓓ 정책목표에 적합한 방향으로 집중적인 소비가 이루어 질 수 있다.

① ⓐ, ⓑ

② ⓑ, ⓒ

③ ⓑ, ⓓ

④ ⓒ, ⓓ

 단원평가

정답및해설

1	②	2	①	3	③	4	④	5	③
6	④	7	③	8	④	9	④	10	②

1 ② 평가조사의 목적으로 프로그램의 계획이나 운영과정에 필요한 환류적 정보제공, 책임성의 이행정도, 이론형성에 기여 등이 해당된다.

2 ① 사회정책은 거시적(매크로) 입장을 취하며 사회사업은 미시적(마이크로) 입장을 취한다.

3 지도감독의 기능
ⓐ 교수의 기능 : 사회사업의 지식획득이나 기술향상, 자각심, 조직의 정책이나 서비스의 우선순위 결정에 기여
ⓑ 행정의 기능 : 의사소통, 책임성, 평가, 일의 분배, 정신적 지지와 지시, 지도, 협조 등
ⓒ 지지적 기능 : 워커의 사기진작과 업무수행에 스트레스를 감소시켜 서비스를 제공하도록 유도
ⓓ 조력의 기능 : 직원이 서비스 전달과정에서 담당한 일을 할 수 있도록 독려

4 지도감독의 기본원칙
ⓐ 활동에 대한 정리를 하라.
ⓑ 옳게 지도하라.
ⓒ 원칙과 선택을 위한 지식을 전달하라.
ⓓ 이용가능하게 하고 규칙적으로 지도하라.
ⓔ 필요할 때 요청하라.

5 사회복지계획에서 사회복지사의 역할
ⓐ 계획의 모든 단계에 적극적인 참여를 해야 한다.
ⓑ 목적설정을 돕는다.
ⓒ 적절한 통계적 자료를 제공한다.
ⓓ 사회조사에 적극 참여한다.
ⓔ 효과적인 시민참가의 수단을 조언해야 한다.
ⓕ 사람들이 다루던 실제적 경험에서 얻은 적당량의 정보를 제공할 수 있어야 한다.

6 슈퍼비전(supervision) … 사회복지조직에 소속된 직원들이 지식과 기술을 잘 발휘할 수 있도록 상급직원이 하급직원에게 도움을 주는 활동을 말한다. 슈퍼비전의 주요 기능으로 Kadushin은 교수기능, 지지적 기능, 행정적 기능, 자문적 기능, 조력적 기능을 제시하였다.

7 ③ 개방적인 접근태도를 가져야 하며 감사와 칭찬의 태도를 가져야 한다.

8 ④ 길버트와 스펙트는 사회복지정책의 동의어로 사회정책과 공공정책이 있다고 지적하고 정책내용의 범위에 따라 가장 넓은 개념이 공공정책이고, 그 다음이 사회정책, 가장 좁은 개념이 사회복지정책이라 하였다.

358

9 ④ 서베이조사 : 전체를 대표할 수 있는 표본을 선정하여 이들로부터 설문지 또는 면접을 통하여 자료를 수집하는 방법으로서 개인들로부터 주로 느껴진 요구를 중심으로 직접적인 자료를 얻는다.

　① 델파이 기법 : 익명성을 보장하고 표본의 개인들(대부분의 경우 전문가들)을 대상으로 설문지를 통하여 반복적인 피드백을 하여 전문가들의 의견을 모으는 방법이다.

　② 이차적 자료 분석 : 지역주민 및 전문가들로부터 직접 자료를 수집하는 방법이 아니고 지역사회 내의 사회복지기관의 서비스 수혜자에 관련된 기록을 검토하여 욕구를 파악하는 방법이다.

　③ 사회지표조사 : 지역사회의 욕구를 추정할 수 있다는 전제를 두고 사회지표를 분석하는 방법으로 기존의 자료를 확인하므로 시간과 비용이 적게 든다.

10 ⓐ 목표 외에 사용될 수 있다는 것은 현금급여의 단점이다.

　ⓓ 목표효율성에 대한 설명으로 현물지급의 장점이다.

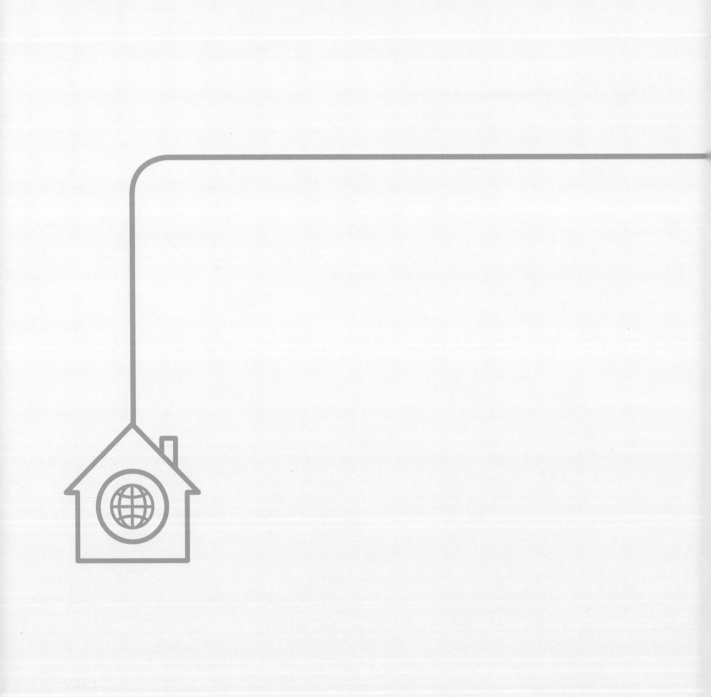

06

사회복지서비스
분야론

01. 사회복지서비스

기출문제

section 1 사회복지서비스의 개념

(1) 사회복지서비스의 정의

국가·지방자치단체 및 민간부문의 도움을 필요로 하는 모든 국민에게 상담, 재활, 직업 소개 및 지도, 사회복지시설의 이용 등을 제공하여 정상적인 사회생활이 가능하도록 제도적으로 지원하는 것을 말한다.

(2) 사회복지서비스의 기본원칙

① **통합의 원칙** … 인간이 복지와 관계되는 프로그램들과 서비스를 통합적으로 상호보완하는 것을 뜻한다. 바람직한 서비스의 통합화는 시설보호 중심에서 거택보호 중심으로 더 나아가서는 시설의 사회화 및 지역사회보호로 되어야 한다.

② **제도화의 원칙** … 모든 국민을 대상으로 하는 보편적인 서비스의 항구적인 조치화를 말한다.

③ **전문화의 원칙** … 전문교육이나 훈련을 통한 전문인력의 활용 및 시설의 현대화와 조직의 근대화가 병행되어야만 해결될 수 있는 것이다.

④ **선별화의 원칙** … 사회복지서비스의 우선순위는 대상, 재원, 프로그램과 서비스 및 방법의 영역에서 고려된다.

   ⊙ **대상면** : 일반적으로 아동과 부녀복지에 우선순위를 두고 점차 노인 및 장애인에게까지 확대하는 것이 바람직하다.

   ⓛ **프로그램면** : 예방적·개발적 프로그램이 재원면에서 경제적이기 때문에 우선순위를 둔다.

   ⓒ **방법면** : 예비 계획수립에 우선순위를 두어야 한다.

section 2 사회복지서비스의 전달체계

(1) 사회복지서비스 전달체계의 개념

① **정의** … 사회복지서비스의 공급자와 소비자 간을 연결시키는 조직적 장치를 말한다. 즉, 사회복지전달체계는 사회복지 공급자 간을 연결하거나 공급자와 소비자 간을 연결하는 조직적 체계를 말한다.

문 사회복지서비스 전달체계에 대한 설명으로 옳은 것만을 모두 고르면?
▶ 2019. 6. 15. 제1회 지방직

㉠ 민간 전달체계는 이용자에게 폭넓은 서비스 선택권을 제공한다는 장점이 있다.
㉡ 사회복지법인은 비영리공익법인으로서 민법상 재단법인이나 사단법인에 비해 공공성이 강조되는 사회복지서비스 전달기관이다.
㉢ 중앙정부가 전달주체가 되면, 서비스의 접근성과 융통성이 커진다.
㉣ 공공기관이 제공하던 서비스를 민간기관에 이양 또는 위탁하는 민영화 추세가 강화되고 있다.

① ㉠, ㉡
② ㉠, ㉡, ㉣
③ ㉠, ㉢, ㉣
④ ㉡, ㉢, ㉣

Tip ㉢ 중앙정부가 전달주체가 되면, 지방정부 또는 민간 전달체계가 주체가 될 때보다 서비스의 접근성과 융통성은 떨어진다.

정답 ②

② 구축원칙

㉠ 전문성 : 사회복지서비스의 핵심적인 업무는 반드시 객관적으로 자격이 인정된 전문가가 담당해야 한다.

㉡ 적절성 : 사회복지서비스는 그 양과 질이 제공하는 기간이 클라이언트나 소비자의 욕구충족과 서비스의 목표달성에 충분해야 한다.

㉢ 포괄성 : 사람들의 욕구는 다양하기 때문에 다양한 서비스를 필요로 한다.

㉣ 지속성 : 한 개인이 필요로 하는 다른 종류의 서비스와 질적으로 다른 서비스를 지역사회 내에서 계속적으로 받을 수 있도록 서비스들이 상호 연계되어야 한다.

㉤ 통합성 : 클라이언트의 문제는 많은 경우 복합적이고 상호 연관되어 있기 때문에 이러한 문제의 해결을 위한 서비스들도 서로 연관되어야 한다.

㉥ 평등성 : 특별한 경우 외에는 기본적으로 성별, 연령, 소득, 지역, 종교, 지위에 관계없이 모든 국민에게 사회복지 서비스를 제공하여야 한다.

㉦ 책임성 : 사회복지 조직은 사회가 시민의 권리로 인정한 사회복지서비스를 전달하도록 위임 받은 조직이므로 사회복지 서비스의 전달에 책임을 져야 한다.

㉧ 접근 용이성 : 클라이언트가 접근하기에 용이하여야 한다.

㉨ 연속성 : 한 개인이 필요로 하는 다양한 서비스를 조직 또는 지역사회 내에서 연속적이고 지속적으로 제공할 수 있어야 한다.

(2) 사회복지서비스 전달체계의 모형

① 공적 전달체계

㉠ 종속형

• 종속형은 중앙정부에 광역자치단체가 종속되어 있고, 다시 기초자치단체가 광역자치단체에 종속되는 형태를 취한다. 자치권이 위축되어 지방자치단체는 중앙정부의 행정기관의 역할을 수행한다.

• 종속형은 중앙에서 결정된 사회복지급여나 서비스가 광역자치단체를 경유하여 기초자치단체에 전달되고, 기초자치단체에서는 사회복지대상자에게 전달되는 경로를 가지게 된다.

㉡ 대립형

• 대립형은 중앙정부와 광역자치단체가 대등한 관계를 유지하는 가운데 광역자치단체의 자치권이 뚜렷이 보장되지만 기초자치단체는 광역자치단체와 종속적인 관계를 유지하고 있어 자치권의 제한을 받는 유형이다.

• 대립형은 중앙정부와 광역자치단체가 독자적으로 시민에게 사회복지급여나 서비스를 제공한다.

기출문제

❓ 〈보기〉와 같은 상황에서 요구되는 사회복지서비스 전달체계 구축의 가장 바람직한 원칙은?

▶ 2018. 6. 23. 제2회 서울특별시

〈보기〉

K복지관을 찾은 갑(甲)은 결혼 이주민으로, 현재 이혼 상태이며 한부모 가정의 여성 가장이다. 갑(甲)은 초등학교 1학년 된 딸과 함께 빌라 지하 월세방에서 생활하고 있다. 안정적인 직업을 갖지 못하고 낮에는 건물 청소일을 하며 저녁에는 같은 나라 출신의 친구가 운영하는 가게에서 주방일을 하고 있다. 갑(甲)은 하루하루 돈벌이에 바빠 딸의 교육에는 전혀 신경을 쓰지 못하고 있다. 갑(甲)은 신장기능이 저하되어 건강이 좋지 못하다.

① 자활 및 재활의 원칙
② 적정성의 원칙
③ 평등성의 원칙
④ 포괄성의 원칙

Tip ④ 포괄성의 원칙 : 사회복지서비스는 수혜자의 다양한 욕구 또는 문제를 동시에 또는 순차적으로 해결하기 위하여 포괄적인 서비스 제공이 필요함
① 자활 및 재활의 원칙 : 서비스 제공의 목적은 대상자의 자립 또는 정상적인 사회 복귀에 있음
② 적절성의 원칙 : 사회복지서비스는 그 양과 질과 제공하는 기간이 클라이언트의 욕구충족과 서비스 목표 달성을 위해 충분해야 함
③ 평등성의 원칙 : 선별적 서비스를 제외하고는 모든 국민에게 성별, 연령, 소득, 지역, 종교, 지위 등에 관계없이 사회복지서비스를 제공해야 함

정답 ④

363

ⓒ 파트너형

• 파트너형은 중앙정부, 광역자치단체, 그리고 기초자치단체가 동반자적 관계를 가진 유형을 의미한다.

• 파트너형에서는 광역자치단체와 기초자치단체의 자치권이 보장될 뿐만 아니라, 세 유형의 정부는 동반자적 관계를 가지게 된다. 정부 간 관계만으로 볼 때 가장 이상적인 유형이 파트너형이다.

• 파트너형은 중앙정부, 광역자치단체, 그리고 기초자치단체가 독자적으로 사회복지대상자에게 서비스를 제공한다. 독자적으로 급여나 서비스를 제공하지만 파트너로서 협의체계를 유지한다. 따라서 제공되어야 할 서비스의 공백이 최소화될 뿐만 아니라, 보완적인 관계에 있기 때문에 중복급여나 서비스가 최소화된다.

• 파트너형에 의하면 중앙정부는 일관성 있게 시민에게 사회복지급여나 서비스를 제공할 수 있고, 자치단체는 지역경제적 여건을 고려하여 지역특성에 맞추어 사회복지급여와 서비스를 제공할 수 있다.

② 사적 전달체계

ⓒ 공적 사회복지 전달체계와 사적 사회복지 전달체계가 상호보완체계를 유지할 때 보다 질 높은 서비스를 제공할 수 있고, 급여의 효과를 제고할 수 있다.

ⓒ 사회복지대상자는 대체로 하나의 문제를 가지고 있지 않고 다양한 문제가 복합적으로 연결되어 있다. 따라서 사회복지대상자의 다양한 측면을 동시에 고려할 수 있어야 하고, 공급주체에 있어서도 하나의 기관이 아니라 여러 기관에서 동시에 문제해결을 시도하여야 사회복지서비스의 효과를 높일 수 있다.

(3) 사회복지서비스 전달체계의 문제점과 개선방안

① 공적 사회복지 전달체계

ⓒ 현황과 문제점

• 상의하달식 수직전달체계 : '보건복지부 → 지침하달 → 중간 및 하부기관' 형태의 수직적 전달체계 내에서 중간 및 하부기관은 클라이언트의 욕구에 능동적·자율적으로 대처하기 어렵다(적절성, 통합성, 포괄성 문제).

• 사회복지행정을 지방의 일반 행정체계에 편입 : 서비스의 전달을 위한 행정체계가 행정안전부의 지방행정체계에 편입되어 사회복지전문성을 살리지 못하고 있으며 일선전문요원의 경우 일반 행정업무를 겸함으로써 전문성을 발휘하기 어려워지고 있다. 따라서 서비스전달업무의 효과성, 책임성, 업무만족도가 저하되고 쉽게 소진될 수 있으며 결국 서비스의 효율성도 저하된다.

• 전문 인력관리 미흡 : 사회복지전담공무원은 승진의 기회가 적어서 사기가 저하되고 일반공무원의 사회복지전문직으로 전환되고 있는 실정이라 서비스의 효과성을 약화시킬 수 있다.

- 전문 인력 부족
- 서비스 통합성 결여 : 공적 사회복지 전달체계의 관련 부서들은 분리되어 설치되어 있으며 통합성이 낮아 결국 서비스의 단편성을 초래하여 서비스 효과성을 약화시킨다.
- 각종 위원회 활동의 부진 : 전달체계 내에 자문위원회, 심의위원회 등 다양한 위원회들이 존재하지만 형식적으로 운영이 되고 있어 서비스의 효과성, 효율성 향상에 도움이 되지 못한다.

ⓒ 개선방향
- 사회복지사무소의 설치 : 사회복지사무소는 새로운 조직과 공간을 필요로 하는 것이므로 국가 예산의 뒷받침이 필요하다.
- 보건복지사무소의 설치(보건서비스와 복지서비스의 통합모형) : 서비스의 대상인 노인과 장애인 등이 크게 증가하고 있고 이들에 대한 서비스는 보건과 복지서비스가 통합적으로 되는 것이 바람직하며 다른 대상에 대한 서비스도 건강문제와 연계되어 있는 경우가 많으므로 보건복지서비스의 통합모형이 발전할 여지가 많다.

② 사적 사회복지 전달체계

㉠ 현황과 문제점
- 사회복지협의회
  - 지역사회와 전국 사회복지 관련 기관 간의 협의조정 역할을 제대로 수행하지 못하고 있다.
  - 사업내용과 활동이 지역사회의 복지적 욕구를 충분히 수렴하지 못하고 있다.
  - 직원의 수준이 높지 않아 협의조정 업무와 사회복지 전반에 대한 연구개발이 미흡하다.
  - 지방조직을 가지고 있지 않아 지방조직과의 협조가 부족하다.
- 사회복지수용시설
  - 전문가의 비율이 낮다.
  - 제공되는 서비스가 최저생활 유지수준에 미치지 못하고 있다.
  - 직원의 빈번한 교체로 서비스의 지속성이 부족하고 지역사회 서비스가 제대로 연계되지 않아 통합성이 결여되어 있다.
  - 서비스에 대한 효과성, 효율성 평가가 없다.
- 사회복지이용시설
  - 서비스의 전문성이 부족하다.
  - 서비스기술이 부족하다.
  - 서비스제공의 통합성이 결여되어 있다.
  - 서비스의 효과성, 효율성이 결여되어 있다.
  - 홍보 부족으로 서비스 접근성이 낮고 서비스의 중복적인 제공이 있다.

ⓛ 개선방향
• 기존 사회복지협의체의 기능강화, 또는 새로운 순수민간협의체 결성
- 기존의 사회복지협의체의 기능이 강화되는 것이 바람직하다. 기능강화를 위해서는 우선 사회복지사업법을 개정하여 보건복지부의 지시·감독에서 벗어날 수 있어야 한다.
- 전문가들이 스스로 노력하여 전문적 수준을 높일 수 있도록 민간단체협의체에서도 계속 교육프로그램을 제공하는 것이 바람직하다.
• 사회복지수용시설의 개선
- 사회복지수용시설의 전문적 수준을 높여야 한다. 이를 위해서는 사회복지시설 종사자에 대한 처우가 크게 개선되어야 한다.
- 시설의 개방성을 높임으로써 지역사회 내 다른 사회복지기관과의 협조가 용이하도록 하고 시설수용자에 대한 서비스의 질도 높아지도록 한다.
• 사회복지이용시설의 개선
- 이용시설에서도 수용시설에서와 마찬가지로 전문적 수준을 높여야 한다.
- 어느 한 시설에서 다양한 서비스를 제공하려 하지 말고 이용기관 각각은 자체가 다른 기관보다 더 잘 할 수 있는 비교 우위적 서비스를 집중적으로 제공하여 전문가에 의한 전문기관이 되도록 노력하는 것이 바람직하다.

 **단원평가** 사회복지서비스

1 중앙정부 전달체계의 특징으로 옳지 않은 것은?

① 공공재적인 성격이 강하다.
② 대상이 되는 사람이 많을수록 기술적 측면에서 유리하다.
③ 평등(소득재분배)과 사회적 적절성의 두 가지를 구현하는 데 유리하다.
④ 비교적 창의적이고 실험적인 서비스 개발이 용이하다.

2 다음 중 사회복지서비스 전달체계 구축 원칙 중 행정적 측면에 해당하지 않는 것은?

① 체계적 기능분담의 원칙
② 접근용이성의 원칙
③ 평등성의 원칙
④ 책임성의 원칙

3 다음 중 사회복지서비스에 대한 설명으로 옳지 않은 것은?

① 전문 사회사업가에 의한 전문서비스가 요구된다.
② 종류로 아동복지, 노인복지, 부녀복지, 심신장애인복지 등이 있다.
③ 기본적으로 고려할 요소는 재정과 서비스 전달뿐이다.
④ 사회적으로 불우하고 열세한 위치에 있는 아동, 노인, 부녀 및 장애자 등을 대상으로 적합한 프로그램과 시설을 제공한다.

4 사회복지서비스의 전달체계상의 행정적 측면을 고려한 원칙이 아닌 것은?

① 평등성의 원칙　　　　　　　　　　② 조사와 연구의 원칙
③ 기능분담의 원칙　　　　　　　　　　④ 통합·조정의 원칙

5 공공부문 사회복지서비스 전달체계의 문제점이 아닌 것은?

① 사회복지전문인력이 부족하여 개별화된 전문적인 서비스 제공에 한계가 있다.
② 사회복지관련 위원회의 활동이 미약하다.
③ 복지서비스의 자율성과 능동성이 결여되었다.
④ 일반주민의 이해부족과 참여의식의 저조로 욕구에 부응하는 서비스 개발이 어렵다.

6 다음 중 사회복지서비스의 주요 대상은?

① 연금보호대상자　　　　　　　　　　② 농어민
③ 빈곤계층의 요보호자　　　　　　　　④ 공무원

7 사회복지서비스 전달체계에 대한 설명 중 옳지 않은 것은?

① 재화·서비스가 공공재적 성격이거나 외부효과가 클 경우 공공전달체계가 유리하다.
② 소비자들의 합리적 선택가능성이 큰 것은 민간전달체계가 유리하다.
③ 평등성 또는 사회적 적절성 달성은 공공전달체계가 유리하다.
④ 공공전달체계의 경우 관련 부서들이 분리되어 설치되어 있음에도 통합성이 높아 다양한 서비스를 제공하는 데 유리하다.

8 다음에서 설명하는 사회복지서비스의 기본 원칙은 무엇인가?

> 전문교육이나 훈련을 통한 전문 인력의 활용 및 시설의 현대화와 조직의 근대화가 병행되어야만 해결될 수
> 있는 것이다.

① 통합의 원칙 ② 제도화의 원칙
③ 전문화의 원칙 ④ 선별화의 원칙

9 사회복지서비스 전달체계 구축의 주요 원칙 중 접근 용이성의 원칙에서 벗어나는 것은?

① 서비스에 대한 정보의 결여 또는 부족
② 사회복지사와의 거리감과 같은 심리적 장애
③ 유사한 서비스 제공 기관들의 난립에 따른 선택 장애
④ 서비스 신청 절차의 까다로움과 같은 선정절차 장애

10 다음 중 사회복지서비스의 공적 전달체계 모형에 대한 설명으로 옳지 않은 것은?

① 종속형은 중앙에서 결정된 급여나 서비스가 광역자치단체와 기초자치단체에 전달되고 다시 사회복지대상자에
게 전달되는 경로를 가지게 된다.
② 종속형은 중앙정부에 광역자치단체가 종속되어 있어 자유롭게 자치권을 행사한다.
③ 대립형은 중앙정부와 광역자치단체가 대등한 관계를 유지한다.
④ 파트너형은 광역자치단체와 기초자치단체의 자치권이 보장될 뿐만 아니라, 서로 동반자적 관계를 가지게 된다.

정답및해설

1	④	2	③	3	③	4	①	5	④
6	③	7	④	8	③	9	③	10	②

1 ④ 창의적이고 실험적인 서비스 개발이 용이하여 수급자들의 변화되는 욕구에 적극적으로 대처해 나가는 것은 지방정부 전달체계의 특징이다.

2 ③ 평등성의 원칙은 서비스 제공 측면의 구축원칙에 해당한다.

3 ③ 사회복지서비스를 구축하는 데 기본적으로 고려할 요소로서는 사회적 할당, 사회적 급부, 서비스 전달, 재정이다.

4 ① 평등성의 원칙은 서비스 제공의 측면을 고려한 원칙이다.
　※ 행정적 측면
　　㉠ 체계적 기능분담의 원칙
　　㉡ 전문성에 따른 업무분담의 원칙
　　㉢ 책임성의 원칙
　　㉣ 접근용이성의 원칙
　　㉤ 통합·조정의 원칙
　　㉥ 지역사회의 참여의 원칙
　　㉦ 조사와 연구의 원칙

5 ④ 민간부문 사회복지서비스 전달체계의 문제점에 해당한다.
　※ 공공부문 사회복지서비스 전달체계의 문제점
　　㉠ 사회복지와 관련된 정부부서의 난립이다.
　　　• 실무파악, 대상자의 파악, 복지정책 및 계획 수립의 구심점이 미약하다.
　　　• 부처 간의 업무조정 및 협조가능성이 미온적이다.
　　㉡ 사회복지서비스의 이용률이 저조하고, 서비스 통합력이 결여되고 있다.
　　㉢ 사회복지전문인력이 부족하여 개별화된 전문적인 서비스 제공에 한계가 있다.
　　㉣ 복지서비스의 자율성과 능동성이 결여되었다.
　　㉤ 사회문제의 임기응변적인 대처와 문제에 대한 예방적·근원적 치료가 미흡하다.
　　㉥ 사회복지행정에 대한 전문성이 결여되어 있고, 사회복지행정의 최일선 기관은 행정안전부의 지방행정에 편입되어 있어 일관성 있는 정책구심점이 미약하여 사회복지정책 추진 및 신속성에 한계가 노정되고 있다.
　　㉦ 사회복지관련 위원회의 활동이 미약하다.

6 사회복지서비스는 사회적으로 불우하고 열세에 있는 아동, 노인, 부인 및 심신장애인들을 대상으로 전문적인 지식과 방법 등을 활용하여 그들이 가지고 있는 제반문제를 해결하고 정상적인 사회인으로 복귀시키는 것이다.

7 공적사회복지 전달체계의 문제점
  ㉠ 상의하달식 수직전달체계
  ㉡ 사회복지행정을 지방의 일반 행정체계에 편입
  ㉢ 전문 인력관리 미흡과 전문 인력 부족
  ㉣ 서비스 통합성 결여
  ㉤ 각종 위원회 활동의 부진

8 ① 통합의 원칙: 인간이 복지와 관계되는 프로그램들과 서비스를 통합적으로 상호보완하는 것을 뜻한다.
  ② 제도화의 원칙: 모든 국민을 대상으로 하는 보편적인 서비스의 항구적인 조치화를 말한다.
  ④ 선별화의 원칙: 사회복지서비스의 우선순위 대상, 재원, 프로그램과 서비스 및 방법의 영역에서 고려된다.

9 ③은 클라이언트의 개인적 특성으로 보는 것이 적절하다.
  ※ 사회복지서비스 접근의 장애요인
    ㉠ 서비스에 대한 정보의 결여 또는 부족
    ㉡ 지리적 · 시간적 장애
    ㉢ 심리적 장애
    ㉣ 선정절차상의 장애
    ㉤ 자원의 부족

10 ② 종속형은 중앙정부에 광역자치단체가 종속되어 있고, 다시 기초자치단체가 광역자치단체에 종속되는 형태를 취하며 자치권이 위축되어 지방자치단체는 중앙정부의 행정기관의 역할을 수행한다.

02 아동 및 청소년복지

section 1 아동복지

(1) 아동의 개념

① **정의** … 아동복지법에 규정된 아동은 18세 미만인 자로서, 개인적으로 몸과 마음이 성장하고 발달해야 하며 사회적으로 장래를 짊어질 사회적·인적 자원으로서의 역할을 수행해야 할 대상이다.

② **일반적 특징**

　㉠ 아동은 심신이 모두 미숙한 상태에 있다.

　㉡ 아동은 여러 성장발달단계를 거쳐서 성장한다.

　㉢ 아동은 장기간 보호를 필요로 하며, 가정에서부터 점차로 사회화되어 간다.

　㉣ 아동은 생리적 욕구와 인격적 욕구가 충족되어야 하며, 사회환경에 적응할 수 있는 능력을 학습해야 한다.

(2) 현대사회의 아동문제

① **가족의 문제**

　㉠ 경제적 빈곤의 문제 : 한 가정이 빈곤상태에 처하게 되면 아동에게 심각한 문제를 유발시키게 된다. 빈곤으로 인한 불충분한 영양공급, 빈곤지역 내의 불결한 주거환경, 빈곤지역의 문화 등이 아동에게 악영향을 끼치게 됨으로써 아동의 건전한 성장·발달에 장애요인이 된다. 또한 심하면 교육의 기회마저 박탈당하게 되거나 비행, 범죄 등을 유발시키기도 한다.

　㉡ 가족구조상의 문제 : 부모의 사망, 질병, 이혼, 별거 등에 의해서 가족구조상에 결함이 생겼을 때 아동의 연령이 낮을수록 정신적·육체적 타격은 더욱 커지게 된다.

　㉢ 부모의 양육기능상의 문제 : 부모의 결함(알코올·약물중독, 부도덕한 행위·매춘·도박·범죄 등을 행하는 부모, 미성숙한 부모, 아동을 감정적 또는 독선적으로 취급하는 부모 등)으로 인해 아이들은 정신적·육체적인 상처를 입게 된다.

② **사회환경의 문제** … 산업화에 따른 환경오염, 공해, 교통 등의 문제들은 아동의 건강한 성장에 저해요소가 되며, 텔레비전이나 잡지 등의 매스컴 등에 의한 부작용은 아동들의 정신적 발달에 장애가 된다.

③ **아동 자신이 가지고 있는 문제** … 아동이 가지는 문제(정신장애, 신체장애, 정서장애 등)는 가족 안에서 완전히 해결되기가 힘들기 때문에 사회적 도움이 요청된다.

④ **사회적 지원체계의 부족** … 아동문제의 해결을 위해서는 사회적 지원체계가 필요함에도 불구하고 현실적으로 지원체계가 빈약한 실정이다.

> ※ **드림스타트**
> ① **사업소개** … 취약계층 아동에게 맞춤형 통합서비스를 제공하여 아동의 건강한 성장과 발달을 도모하고 공평한 출발기회를 보장함으로써 건강하고 행복한 사회구성원으로 성장할 수 있도록 지원하는 사업
> ② **추진배경**
> ㉠ 가족해체, 사회양극화 등에 따라 아동빈곤 문제의 심각성 대두
> ㉡ 빈곤 아동에 대한 사회투자 가치의 중요성 강조
> ㉢ 아동과 가족에 초점을 둔 통합사례관리를 통해 모든 아동에게 공평한 출발기회 보장
> ③ **사업운영**
> ㉠ **사업지역** : 시·군·구
> ㉡ **사업대상** : 0세(임산부)~만12세(초등학생 이하)로 아동 및 가족(국민기초수급 및 차상위계층 가정, 법정한부모가정(조손가정 포함), 학대 및 성폭력피해아동 등에 대한 우선 지원 원칙)
> ㉢ **지원내용**
> • 가정방문을 통해 인적조사, 욕구조사, 양육환경 및 아동발달 사정 실시
> • 사례관리 대상 아동과 그 가족에게 지역자원과 연계한 맞춤형 서비스 지원, 주기적 재사정 및 지속적인 모니터링 등 통합사례관리 실시
> ㉣ **인력구성** : 전담공무원 및 아동통합사례관리사로 구성

(3) 아동복지의 개념과 원칙

① **아동복지의 정의**
㉠ **협의의 아동복지** : 요보호아동을 대상으로 아동복지전문가들이 실제적으로 행하는 조직활동이다.
㉡ **광의의 아동복지** : 아동 전체의 복지증진을 위해 개인이나 민간단체 및 공공기관에서 실시하는 보건위생, 교육, 레크리에이션 등의 일련의 조직활동이다.

② **아동복지의 기본적 요소**
㉠ **안정된 가정생활** : 건전하고 안정된 가정생활을 통해서만 아동의 육체적·정서적·지적 발달이 이루어질 수 있다.
㉡ **경제적 안정** : 경제적 불안정이 심해지면 교육의 기회가 박탈되거나 범죄와 비행을 저지를 소지가 있다.
㉢ **보건 및 의료보호**
㉣ **교육기회의 부여** : 학업중단아동, 특수장애아동, 벽지아동, 근로청소년 등 경제적 사정이나 신체적 장애로 인해 교육을 받지 못한 아동들을 위한 특별프로그램 개발을 활성화해야 한다.

🔑 드림스타트(Dream Start)에 대한 설명으로 옳은 것만을 모두 고른 것은?
▶ 2017. 4. 8. 인사혁신처

㉠ 아동과 가족을 대상으로 맞춤형 통합서비스 제공
㉡ 시·군·구가 아동통합서비스지원기관 설치·운영
㉢ 아동에 대한 사회투자의 중요성 강조
㉣ 아동의 사회진출 시 필요한 자립자금 마련

① ㉠, ㉡ ② ㉠, ㉢
③ ㉠, ㉡, ㉢ ④ ㉡, ㉢, ㉣

Tip 드림스타트는 취약계층 아동에게 맞춤형 통합서비스를 제공하여 아동의 건강한 성장과 발달을 도모하고 공평한 출발기회를 보장함으로써 건강하고 행복한 사회구성원으로 성장할 수 있도록 지원하는 사업이다.
㉣ 아동의 사회진출 시 필요한 자립자금을 마련해 주는 것은 아니다.

정답 ③

Point 팁 프리드릭슨의 아동교육을 위한 서비스

　⊙ 채광, 난방, 통풍 등의 시설설비가 잘된 교실
　ⓒ 각 연령층의 아동을 위한 운동설비가 갖추어져 있는 운동장
　ⓒ 아동의 중요성을 이해하여 인격적으로 아동을 교육시킬 수 있는 교사
　ⓐ 특수아동을 위한 특별학습제도
　ⓜ 적절하고 영양가 있는 급식의 실시
　ⓑ 건전한 교육 및 직업지도 프로그램의 제공

　ⓜ **종교** : 프리드릭슨은 종교적인 사상이나 개념은 아동 각자의 배경이나 요구에 따라 교육되어져야 한다고 주장하였다. 이는 아동의 자유로운 종교적 생활을 강조하는 것이라 할 수 있다.

　ⓑ **노동으로부터의 보호** : 아동의 신체적 성장과 지능의 발달에 장애를 초래하며 인격발달에 악영향을 끼치는 연소노동이나 유해노동에서 보호되어야 한다.

　ⓢ **오락활동** : 아동들에게 있어서 오락활동은 규칙에 대한 존중, 공정하고 협동적인 자세의 습득, 지도력 경험과 능력개발, 이타주의적 사고의 습득 등과 같은 것들을 배우게 한다.

　ⓞ **특수보호** : 특수한 문제나 요구를 가진 아동들에겐 사회에 적응할 수 있도록 여러 가지 구체적인 서비스와 보호가 주어져야 한다.

③ **아동복지의 목표**

　⊙ 모든 아동을 보호하고 아동의 안녕을 증진시킨다.
　ⓒ 가족을 지원하며 아동학대와 방임을 예방한다.
　ⓒ 가족의 욕구를 다룸으로써 가족의 안정을 증진시킨다.
　ⓐ 가족의 강점을 지원한다.
　ⓜ 아동의 안전과 안녕을 확보하기 위해 필요한 경우에 개입한다.
　ⓑ 위탁보호가 필요한 아동을 위해 다양한 위탁보호를 제공한다.
　ⓢ 부적합한 주거, 빈곤, 약물남용, 의료보호의 부족 등 아동과 가족에게 부정적으로 영향을 미치는 사회조건을 변화시킨다.

④ **아동복지의 원칙**

　⊙ **권리와 책임의 원칙** : 권리와 책임의 원칙에는 아동의 권리와 책임, 부모의 권리와 책임, 사회의 권리와 책임의 원칙이 있다.

　• 아동의 권리와 책임 : 아동은 태어날 때부터 하나의 인간으로서 독자적인 권리를 가지고 태어나며 동시에 책임을 부여받게 된다. 아동은 보호와 지도를 받아야 할 권리가 있으며 자신의 발전에 도움이 되는 기회를 적극적으로 활용할 책임이 있는 것이다.

- 부모의 권리와 책임 : 아동에 대한 1차적인 책임을 가진 부모는 후견인으로서의 권리, 아동의 생활방식과 행동기준을 결정할 권리를 가지는 동시에 아동에 대한 재정적 지원, 신체적 보호, 정서적 보호, 지도와 감독 등을 제공할 의무가 있다.
- 사회의 권리와 책임 : 사회는 아동복지를 증진시키고 사회생활에 필요한 질서유지를 위한 권리와 책임을 가지고 있다. 그러나 사회의 권리와 책임은 가장 최종 단계에서 수용되어야 한다.

ⓒ 보편성과 선별성의 원칙 : 아동보호나 육성대책은 전체 아동을 중심으로 하는 보편적 제도와 특별히 도움을 필요로 하는 아동에게 주어지는 선별적 대책이 형평성 있게 수립되어야 한다.

ⓒ 개발적 기능의 원칙 : 아동을 사회적으로 소속이 없는 집단이나 소외의 대상으로 보지 않고 국가발전에 능동적으로 참여시켜 활동할 수 있는 대상으로 인식하는 것을 말하는데, 이를 통해 아동의 건전한 성장과 발달을 도모하려는 것이다.

ⓒ 포괄성의 원칙 : 아동복지의 기본전제가 되는 안정된 가정생활, 경제적 안정, 교육, 보건, 오락 및 특수보호 등에 대한 프로그램이나 서비스가 포괄적으로 상호보완되어야 함을 말한다.

ⓒ 전문성의 원칙 : 아동의 건전한 성장과 발달을 위해서는 전문적인 조직과 기구, 인력의 전문성이 함께 이루어져야 한다.

⑤ 아동의 권리에 관한 협약(1989)

ㄱ 아동의 권리에 관한 협약(United Nations Convention on the Rights of the Child, UNCRC)은 전 세계의 아동의 경제, 사회, 문화에 대한 권리를 규정하는 국제협약이다. 1989년 11월 20일 국제 연합 총회에서 채택되었으며, 1990년 9월 2일 발효되었고 한국은 1990년 12월 20일 비준하였다.

ㄴ 아동권리 협약의 특징

- 아동권리의 3P
- 제공(Provision)에 관한 권리 : 생존과 발달에 필요한 모든 인적, 물적 자원을 제공받고 사용할 권리
- 보호(Protection)에 관한 권리 : 아동이 유해한 행위로부터 보호받을 권리
- 참여(Participation)에 관한 권리 : 자신이 인생에 영향을 미치는 중대한 결정에 대해 알 권리
- 아동의 기본적인 4대 권리
- 생존권(Right to Survival) : 적절한 생활수준을 누릴 권리, 안전한 주거지에서 살아갈 권리, 충분한 영양을 섭취하고 기본적인 보건서비스를 받을 권리 등, 기본적인 삶을 누리는 데 필요한 권리

기출문제

문 「아동권리에 관한 국제협약」에서 규정한 아동의 기본적인 4대 권리로 가장 적절하지 않은 것은?

▶ 2019. 6. 15. 제2회 서울특별시

① 자유권
② 보호권
③ 발달권
④ 참여권

Tip 아동의 기본적인 4대 권리는 생존권, 보호권, 발달권, 참여권이다.

정답 ①

－보호권(Right to Protection) : 모든 형태의 학대와 방임, 차별, 폭력, 고문, 징집, 부당한 형사처벌, 과도한 노동, 약물과 성폭력 등 어린이에게 유해한 것으로부터 보호받을 권리

－발달권(Right to Development) : 잠재능력을 최대한 발휘하는 데 필요한 권리. 교육받을 권리, 여가를 즐길 권리, 문화생활을 하고 정보를 얻을 권리, 생각과 양심과 종교의 자유를 누릴 수 있는 권리 등

－참여권(Right to Participation) : 자신의 생활에 영향을 주는 일에 대해 의견을 말하고 존중받을 권리. 표현의 자유, 양심과 종교의 자유, 평화로운 방법으로 모임을 자유롭게 열 수 있는 권리, 사생활을 보호받을 권리, 유익한 정보를 얻을 권리 등

ⓒ 아동권리 협약의 의의
- 아동 최선의 이익 추구를 최우선적으로 고려
- 아동을 권리행사의 주체로 인정
- 아동을 양육할 부모의 책임과 국가의 책임 규정
- 부모를 대신하여 아동을 보호해야 할 국가의 책임 규정
- 외국인 자녀, 특히 개발도상국의 아이들에 대한 배려

(4) 아동복지서비스의 유형

① 기능에 따른 분류(Kadushin의 3S)

㉠ 지지적 서비스
- 정의 : 부모 또는 자녀의 책임을 효과적으로 수행할 수 있는 능력을 지지·강화하기 위한 서비스로서 아동상담, 학대아동에 대해 보호가족의 기능을 증진하기 위한 의료, 정신보건, 주거서비스 등을 포함한다.
- 지지적 서비스를 필요로 하는 경우
－부모가 자녀를 양육하는 데 어려움이 있는 경우
－부모가 자신의 역할에 대하여 아무런 만족을 느끼지 못하는 경우
－부모가 자녀의 친구관계와 학교생활에 문제가 있다고 여기고 관심을 가질 때
－형제 간 갈등으로 가정불화가 있는 경우
－부부관계의 갈등으로 자녀에게 문제가 발생하는 경우
- 지지적 서비스의 내용
－케이스워크서비스(case work service) : 개별적인 면접이나 접촉을 통하여 서비스를 제공하는 것으로, 가족들이 처한 상황이나 문제에 맞춰 사회적·정서적인 압력을 해소시켜 주고 만족스런 사회적 기능을 수행할 수 있도록 도와주는 역할을 한다.
－집단서비스
-가정교육 프로그램 : 치료적 기능과 교육적 기능을 함께 가지고 있는 가정교육 프로그램이다.

卍 카두신(KaduShin) 제시한 아동복지서비스의 유형 중 지지적 서비스(supportive service)에 해당하지 않는 것은?
▷ 2017. 4. 8. 인사혁신처

① 아동상담
② 가정위탁
③ 부모교육
④ 가족치료

Tip ② 가정위탁은 대리적 서비스에 해당한다.
※ 카두신의 아동복지서비스 유형
㉠ 지지적 서비스 : 부모와 아동의 능력을 지원하고 강화시켜 주는 서비스
㉡ 보충적 서비스 : 가정 내 부모 역할의 일부를 보조·보충해 주는 서비스
㉢ 대리적 서비스 : 정상적 가정을 유지하기 어려울 때, 부모 양육을 일시적 혹은 영구적으로 대리해 주는 서비스

▍정답 ②

- 집단상담 프로그램 : 가족상담을 통해 부모와 자녀 간의 병리적 관계를 해결하려는 프로그램이다.
- 가족치료 : 가족 전체를 하나의 통합된 단위로 보고 가족 모두에게 역동적 면접을 실시함으로써 가족 전체를 치료하여 아동의 심적·행동적 태도를 변화시키고자 하는 프로그램이다.
  - 지역사회 프로그램 : 지역사회를 대상으로 한 전문적인 사회복지사업의 모든 활동을 말한다.
ⓛ 보조적(보완적) 서비스
- 정의 : 지지적 서비스가 가정 외부에서의 서비스인 반면에 보조적 서비스는 가정 내부에서 부모의 역할의 일부를 보조하거나 대신 수행하는 것을 말한다.
- 보조적 서비스의 내용
  - 탁아보호서비스(day care service) : 아이를 낮 동안 부모 아닌 다른 사람들이 보호해 주는 것으로 유엔은 이를 낮 동안 자신의 가정으로부터 떨어진 아동들의 보호를 위한 조직적 서비스라고 정의하였다. 따라서 이 서비스는 핵가족화, 여성의 사회진출의 증가현상이 나타나게 되면서 그 필요성이 커지게 되었고, 탁아보호의 종류에는 가정탁아보호, 가정 내 집단탁아보호, 센타 내 탁아보호 등이 있다.
  - 프로텍티브서비스(protective service) : 학대받거나 적절한 보호감독을 받을 수 없는 아동에게 도움을 제공하는 특수한 아동복지서비스이다.
  - 홈메이커서비스(home maker service) : 도움이 필요한 가정에 조력서비스를 제공하는 것으로, 공사 복지기관에서 훈련받은 여성을 가정에 지원해 주는 지역사회서비스이다.
ⓒ 대리적 서비스
- 정의 : 대리적 서비스는 가족관계가 일시적 또는 영구적으로 해체될 상황이 발생될 경우 아동보호차원에서 아동이 타부모나 타가족에 의해 양육·보호되는 서비스이다.
- 대리적 서비스의 내용
  - 아동보호 : 아동이 방임되거나 신체적·정서적·성적으로 학대받는 것을 예방하고, 학대받거나 방임된 아동을 보호한다. 현행 아동학대범죄의 처벌 등에 관한 특례법에 따르면, 아동학대범죄를 알게 된 경우나 그 의심이 있는 경우에는 누구든지 아동보호전문기관 또는 수사기관에 신고할 수 있으며, 특히 교원, 의료인, 사회복지시설 종사자 등은 직무상 아동학대범죄를 알게 된 경우나 그 의심이 있는 경우에 의무적으로 신고하여야 한다. 아동학대범죄 신고를 접수한 기관에서는 아동의 보호와 학대의 방지를 위해 필요한 경우, 아동을 부모로부터 분리하거나 위탁보호에 배치할 수 있다.

기출문제

🖊 아동복지 대상과 서비스 분류에 대한 설명으로 옳지 않은 것만을 모두 고르면?

▶ 2018. 5. 19. 사회복지직

ⓛ 지지적 서비스는 가정을 이탈한 아동이 다른 체계에 의해 보호를 받는 동안 부모를 지원하여 가족 기능을 강화하도록 하는 상담서비스이다.
ⓒ 선별주의 원칙에 따라 보호가 필요한 아동으로, 보편주의 원칙에 따라 일반 아동으로 구분한다.
ⓒ 일하는 어머니를 도와주는 보육서비스는 보완적(보충적) 서비스에 해당된다.
ⓔ 아동에 대한 가정 외 서비스에는 시설보호, 위탁가정, 일시보호소, 쉼터 서비스 등이 포함된다.
ⓜ 가장 예방적인 접근인 대리적 서비스는 재가서비스 형태로 이루어진다.

① ㉠, ㉡　　　　② ㉠, ㉤
③ ㉡, ㉢　　　　④ ㉡, ㉣

Tip ㉠ 지지적 서비스는 기본적으로 가족관계를 유지하면서 부모와 아동이 각자의 역할을 효율적으로 수행할 수 있도록 지지하여 가족 기능을 강화하도록 하는 서비스이다. 가적을 이탈한 아동이 다른 체계에 의해 보호 받는 것은 대리적 서비스이다.
㉤ 가장 예방적인 접근으로 재가서비스 형태로 이루어지는 것은 지지적 서비스이다. 대리적 서비스는 대리 가정이나 수용시설에서 부모의 양육을 대행하는 서비스로 가장 사후적인 접근이다.

정답 ②

– 위탁보호 : 가족이 보호할 수 없는 아동을 위탁가정, 친족가정, 그룹홈, 복지시설 등에서 보호한다. 아동의 대리적 보호를 결정할 때, 무엇보다 중요한 것은 아동에 대한 영구적 계획을 수립하는 것이다. 즉, 위탁보호 아동이 위탁기간 동안 여러 위탁가정 또는 시설을 전전하지 않음으로써 주요 양육자와 애착관계를 형성하고 유지할 수 있도록 위탁계획을 세우는 것이 중요하다. 또한 위탁보호에서 성장하여 독립하는 청소년의 자립생활을 지원하는 것도 매우 중요하다.

– 시설보호 : 가정에서 충분하게 욕구충족을 할 수 없는 아동들에게 집단보호 프로그램과 각기 아동들의 욕구에 따르는 특수서비스를 제공해 주는 것이다. 이러한 시설보호를 통해 아동의 건전한 성장과 인격발달 및 아동의 기능장애를 일으키는 사회적·정서적 문제의 개선을 이루려 한다.

> **Point 팁** 시설보호를 필요로 하는 아동(Hazel Fredericksen)
> ㉠ 부모와의 정서적 관계가 긴밀하여 위탁보호를 받아들이기 힘든 아동
> ㉡ 부모나 다른 성인들에게 실망하여 어른을 적대시 하는 아동
> ㉢ 부모가 감당하기 어려운 행동적 문제를 가진 아동
> ㉣ 회복기의 보호를 필요로 하는 아동
> ㉤ 장애를 가진 아동
> ㉥ 저능아동, 정신지체아동
> ㉦ 비행아동

– 입양 : 부모가 사망하거나 권리와 책임을 포기한 아동의 경우에는 시설보호보다 입양이 바람직하다. 현재 정부의 국내입양 장려에도 불구하고, 해외입양이 국내입양보다 앞서는 실정이다.

② **서비스 제공 장소에 따른 분류**(장인협, 오정수 등)

㉠ 재가서비스 : 아동의 가족이 구조적 또는 기능적으로 양육기능을 수행하는 데 결함이 있거나 어려움을 경험하는 경우, 아동이 자신의 가정에 머무르면서 서비스를 제공받는 것으로 가족의 부족한 양육기능을 지지·보완한다.

㉡ 가정 외 서비스 : 보육서비스처럼 하루 중 일정시간 동안만 제한적으로 제공되거나, 가정위탁서비스나 시설보호와 같이 아동이 자신의 가정을 떠나 다른 가정이나 시설 등에 거주하면서 서비스를 제공받는다.

③ **방어선에 따른 분류**(쥬커맨[Zukerman])

㉠ 제1차 방어선
• 가정 내에서의 서비스
• 상담서비스, 가족치료, 소득유지서비스 등

㉡ 제2차 방어선
• 가정과 유사한 환경을 갖춘 보호의 장을 제공하는 서비스
• 보육서비스, 가정위탁서비스, 입양서비스 등

기출문제

ⓒ 제3차 방어선
- 자기가정이나 대리가정에서 보호할 수 없을 때, 생활시설에 입소하여 집단적인 보호를 제공하는 서비스
- 아동양육시설, 공동생활가정 등

④ 3P에 따른 분류(아미노 타케히로)

㉠ 보급(popularization) : 아동을 사랑으로 보호하고 건강하게 육성하는 사상과 이념의 보급

㉡ 증진(promotion) : 아동의 심신의 건강과 발달의 촉진

㉢ 예방(prevention) : 아동의 장애와 문제행동의 예방에 대한 사회적 차원의 실천

(5) 아동복지법의 주요내용

① 목적〈아동복지법 제1조〉… 아동이 건강하게 출생하여 행복하고 안전하게 자랄 수 있도록 아동의 복지를 보장하는 것을 목적으로 한다.

② 정의〈아동복지법 제3조〉

㉠ 아동 : 18세 미만인 사람을 말한다.

㉡ 아동복지 : 아동이 행복한 삶을 누릴 수 있는 기본적인 여건을 조성하고 조화롭게 성장·발달할 수 있도록 하기 위한 경제적·사회적·정서적 지원을 말한다.

㉢ 보호자 : 친권자, 후견인, 아동을 보호·양육·교육하거나 그러한 의무가 있는 자 또는 업무·고용 등의 관계로 사실상 아동을 보호·감독하는 자를 말한다.

㉣ 보호대상아동 : 보호자가 없거나 보호자로부터 이탈된 아동 또는 보호자가 아동을 학대하는 경우 등 그 보호자가 아동을 양육하기에 적당하지 아니하거나 양육할 능력이 없는 경우의 아동을 말한다.

㉤ 지원대상아동 : 아동이 조화롭고 건강하게 성장하는 데에 필요한 기초적인 조건이 갖추어지지 아니하여 사회적·경제적·정서적 지원이 필요한 아동을 말한다.

㉥ 가정위탁 : 보호대상아동의 보호를 위하여 성범죄, 가정폭력, 아동학대, 정신질환 등의 전력이 없는 보건복지부령으로 정하는 기준에 적합한 가정에 보호대상아동을 일정 기간 위탁하는 것을 말한다.

㉦ 아동학대 : 보호자를 포함한 성인이 아동의 건강 또는 복지를 해치거나 정상적 발달을 저해할 수 있는 신체적·정신적·성적 폭력이나 가혹행위를 하는 것과 아동의 보호자가 아동을 유기하거나 방임하는 것을 말한다.

㉧ 피해아동 : 아동학대로 인하여 피해를 입은 아동을 말한다.

㉨ 아동복지시설 : 법 제50조에 따라 설치된 시설을 말한다.

ⓩ 아동복지시설 종사자 : 아동복지시설에서 아동의 상담·지도·치료·양육, 그 밖에 아동의 복지에 관한 업무를 담당하는 사람을 말한다.

③ 책무〈아동복지법 제4 ~ 5조〉

㉠ 국가와 지방자치단체의 책무

• 국가와 지방자치단체는 아동의 안전·건강 및 복지 증진을 위하여 아동과 그 보호자 및 가정을 지원하기 위한 정책을 수립·시행하여야 한다.

• 국가와 지방자치단체는 보호대상아동 및 지원대상아동의 권익을 증진하기 위한 정책을 수립·시행하여야 한다.

• 국가와 지방자치단체는 아동이 태어난 가정에서 성장할 수 있도록 지원하고, 아동이 태어난 가정에서 성장할 수 없을 때에는 가정과 유사한 환경에서 성장할 수 있도록 조치하며, 아동을 가정에서 분리하여 보호할 경우에는 신속히 가정으로 복귀할 수 있도록 지원하여야 한다.

• 국가와 지방자치단체는 장애아동의 권익을 보호하기 위하여 필요한 시책을 강구하여야 한다.

• 국가와 지방자치단체는 아동이 자신 또는 부모의 성별, 연령, 종교, 사회적 신분, 재산, 장애유무, 출생지역 또는 인종 등에 따른 어떠한 종류의 차별도 받지 아니하도록 필요한 시책을 강구하여야 한다.

• 국가와 지방자치단체는 「아동의 권리에 관한 협약」에서 규정한 아동의 권리 및 복지 증진 등을 위하여 필요한 시책을 수립·시행하고, 이에 필요한 교육과 홍보를 하여야 한다.

• 국가와 지방자치단체는 아동의 보호자가 아동을 행복하고 안전하게 양육하기 위하여 필요한 교육을 지원하여야 한다.

㉡ 보호자 등의 책무

• 아동의 보호자는 아동을 가정에서 그의 성장시기에 맞추어 건강하고 안전하게 양육하여야 한다.

• 아동의 보호자는 아동에게 신체적 고통이나 폭언 등의 정신적 고통을 가하여서는 아니 된다.

• 모든 국민은 아동의 권익과 안전을 존중하여야 하며, 아동을 건강하게 양육하여야 한다.

④ 아동정책조정위원회의 심의·조정 사항〈아동복지법 제10조 제2항〉

㉠ 기본계획의 수립에 관한 사항

㉡ 아동의 권익 및 복지 증진을 위한 기본방향에 관한 사항

㉢ 아동정책의 개선과 예산지원에 관한 사항

㉣ 아동 관련 국제조약의 이행 및 평가·조정에 관한 사항

㉤ 아동정책에 관한 관련 부처 간 협조에 관한 사항

㉥ 그 밖에 위원장이 부의하는 사항

⑤ 아동복지전담공무원〈아동복지법 제13조〉

　　㉠ 아동복지에 관한 업무를 담당하기 위하여 특별시·광역시·도·특별자치도 (이하 "시·도"라 한다) 및 시·군·구(자치구를 말함)에 각각 아동복지전담 공무원을 둘 수 있다.

　　㉡ 전담공무원은 사회복지사업법에 따른 사회복지사의 자격을 가진 사람으로 하고 그 임용 등에 필요한 사항은 해당 시·도 및 시·군·구의 조례로 정한다.

　　㉢ 전담공무원은 아동에 대한 상담 및 보호조치, 가정환경에 대한 조사, 아동복지시설에 대한 지도·감독, 아동범죄 예방을 위한 현장확인 및 지도·감독 등 지역 단위에서 아동의 복지증진을 위한 업무를 수행한다.

　　㉣ 관계 행정기관, 아동복지시설 및 아동복지단체를 설치·운영하는 자는 전담공무원이 협조를 요청하는 경우 정당한 사유가 없는 한 이에 따라야 한다.

Point) 팁

사회복지사업법 제11조 사회복지사 자격증의 발급 등

　　② 사회복지사의 등급은 1급·2급으로 하되, 정신건강·의료·학교 영역에 대해서는 영역별로 정신건강사회복지사·의료사회복지사·학교사회복지사의 자격을 부여할 수 있다.

　　③ 사회복지사 1급 자격은 국가시험에 합격한 사람에게 부여하고, 정신건강사회복지사·의료사회복지사·학교사회복지사의 자격은 1급 사회복지사의 자격이 있는 사람 중에서 보건복지부령으로 정하는 수련기관에서 수련을 받은 사람에게 부여한다.

⑥ 아동위원〈아동복지법 제14조〉

　　㉠ 시·군·구에 아동위원을 둔다.

　　㉡ 아동위원은 그 관할 구역의 아동에 대하여 항상 그 생활상태 및 가정환경을 상세히 파악하고 아동복지에 필요한 원조와 지도를 행하며 전담공무원 및 관계 행정기관과 협력하여야 한다.

　　㉢ 아동위원은 그 업무의 원활한 수행을 위하여 적절한 교육을 받을 수 있다.

　　㉣ 아동위원은 명예직으로 하되, 아동위원에 대하여는 수당을 지급할 수 있다.

　　㉤ 그 밖에 아동위원에 관한 사항은 해당 시·군·구의 조례로 정한다.

⑦ **보호조치**〈아동복지법 제15조〉

　　㉠ 시·도지사 또는 시장·군수·구청장은 그 관할 구역에서 보호대상아동을 발견하거나 보호자의 의뢰를 받은 때에는 아동의 최상의 이익을 위하여 대통령령으로 정하는 바에 따라 다음에 해당하는 보호조치를 하여야 한다.

　　• 전담공무원 또는 아동위원에게 보호대상아동 또는 그 보호자에 대한 상담·지도를 수행하게 하는 것

기출문제

❓ 다양화·전문화되는 사회복지 욕구에 능동적으로 대응할 수 있도록 최근 「사회복지사업법」을 개정하여 전문사회복지사제도를 도입하고, 2020년 12월 시행을 앞두고 있다. 이에 따른 전문사회복지사가 아닌 것은?

▶ 2020. 7. 11. 인사혁신처

① 의료사회복지사
② 학교사회복지사
③ 정신건강사회복지사
④ 교정사회복지사

Tip 사회복지사의 등급은 1급·2급으로 하되, 정신건강·의료·학교 영역에 대해서는 영역별로 정신건강사회복지사·의료사회복지사·학교사회복지사의 자격을 부여할 수 있다. 〈사회복지사업법 제11조 제2항〉

정답 ④

381

• 보호자 또는 대리양육을 원하는 연고자에 대하여 그 가정에서 아동을 보호·양육할 수 있도록 필요한 조치를 하는 것
• 아동의 보호를 희망하는 사람에게 가정위탁하는 것
• 보호대상아동을 그 보호조치에 적합한 아동복지시설에 입소시키는 것
• 약물 및 알콜 중독, 정서·행동·발달 장애, 성폭력·아동학대 피해 등으로 특수한 치료나 요양 등의 보호를 필요로 하는 아동을 전문치료기관 또는 요양소에 입원 또는 입소시키는 것
• 입양특례법에 따른 입양과 관련하여 필요한 조치를 하는 것

ⓛ 시·도지사 또는 시장·군수·구청장은 ㉠의 첫째 및 둘째의 보호조치가 적합하지 아니한 보호대상아동에 대하여 ㉠의 셋째부터 여섯째까지의 보호조치를 할 수 있다. 이 경우 보호조치를 하기 전에 보호대상아동에 대한 상담, 건강검진, 심리검사 및 가정환경에 대한 조사를 실시하여야 한다.

ⓒ 시·도지사 또는 시장·군수·구청장은 ㉠에 따른 보호조치를 하려는 경우 보호대상아동의 개별 보호·관리 계획을 세워 보호하여야 하며, 그 계획을 수립할 때 해당 보호대상아동의 보호자를 참여시킬 수 있다.

ⓔ 시·도지사 또는 시장·군수·구청장은 ㉠의 셋째부터 여섯째까지의 보호조치를 함에 있어서 해당 보호대상아동의 의사를 존중하여야 하며, 보호자가 있을 때에는 그 의견을 들어야 한다. 다만, 아동의 보호자가 아동학대범죄의 처벌 등에 관한 특례법의 아동학대행위자인 경우에는 그러하지 아니하다.

ⓜ 시·도지사 또는 시장·군수·구청장은 ㉠의 셋째부터 여섯째까지의 보호조치를 할 때까지 필요하면 아동일시보호시설에 보호대상아동을 입소시켜 보호하거나, 적합한 위탁가정 또는 적당하다고 인정하는 자에게 일시 위탁하여 보호하게 할 수 있다. 이 경우 보호기간 동안 보호대상아동에 대한 상담, 건강검진, 심리검사 및 가정환경에 대한 조사를 실시하고 그 결과를 보호조치 시에 고려하여야 한다.

ⓗ 시·도지사 또는 시장·군수·구청장은 그 관할 구역에서 약물 및 알코올 중독, 정서·행동·발달 장애 등의 문제를 일으킬 가능성이 있는 아동의 가정에 대하여 예방차원의 적절한 조치를 강구하여야 한다.

ⓢ 누구든지 ㉠에 따른 보호조치와 관련하여 그 대상이 되는 아동복지시설, 아동복지전담기관의 종사자를 신체적·정신적으로 위협하는 행위를 하여서는 아니 된다.

ⓞ 시·도지사 또는 시장·군수·구청장은 아동의 가정위탁보호를 희망하는 사람에 대하여 범죄경력을 확인하여야 한다. 이 경우 본인의 동의를 받아 관계 기관의 장에게 범죄의 경력 조회를 요청하여야 한다.

ⓧ 보장원의 장 또는 가정위탁지원센터의 장은 위탁아동, 가정위탁보호를 희망하는 사람, 위탁아동의 부모 등의 신원확인 등의 조치를 시·도지사 또는 시장·군수·구청장에게 협조 요청할 수 있으며, 요청을 받은 시·도지사 또는 시장·군수·구청장은 정당한 사유가 없는 한 이에 응하여야 한다.

ⓩ 상담, 건강검진, 심리검사 및 가정환경에 대한 조사, 범죄경력 조회 및 신원확인의 요청 절차·범위 등에 필요한 사항은 대통령령으로 정한다.

⑧ 금지행위〈아동복지법 제17조〉

㉠ 아동을 매매하는 행위

㉡ 아동에게 음란한 행위를 시키거나 이를 매개하는 행위 또는 아동에게 성적 수치심을 주는 성희롱 등의 성적 학대행위

㉢ 아동의 신체에 손상을 주거나 신체의 건강 및 발달을 해치는 신체적 학대행위

㉣ 아동의 정신건강 및 발달에 해를 끼치는 정서적 학대행위

㉤ 자신의 보호·감독을 받는 아동을 유기하거나 의식주를 포함한 기본적 보호·양육·치료 및 교육을 소홀히 하는 방임행위

㉥ 장애를 가진 아동을 공중에 관람시키는 행위

㉦ 아동에게 구걸을 시키거나 아동을 이용하여 구걸하는 행위

㉧ 공중의 오락 또는 흥행을 목적으로 아동의 건강 또는 안전에 유해한 곡예를 시키는 행위 또는 이를 위하여 아동을 제3자에게 인도하는 행위

㉨ 정당한 권한을 가진 알선기관 외의 자가 아동의 양육을 알선하고 금품을 취득하거나 금품을 요구 또는 약속하는 행위

㉩ 아동을 위하여 증여 또는 급여된 금품을 그 목적 외의 용도로 사용하는 행위

⑨ 아동학대의 예방과 방지의 의무〈아동복지법 제22조〉

㉠ 국가와 지방자치단체는 아동학대의 예방과 방지를 위하여 다음 각 호의 조치를 취하여야 한다.

• 아동학대의 예방과 방지를 위한 각종 정책의 수립 및 시행

• 아동학대의 예방과 방지를 위한 연구·교육·홍보 및 아동학대 실태조사

• 아동학대에 관한 신고체제의 구축·운영

• 피해아동의 보호와 치료 및 피해아동의 가정에 대한 지원

• 그 밖에 대통령령으로 정하는 아동학대의 예방과 방지를 위한 사항

㉡ 지방자치단체는 아동학대를 예방하고 수시로 신고를 받을 수 있도록 긴급전화를 설치하여야 한다. 이 경우 그 설치·운영 등에 필요한 사항은 대통령령으로 정한다.

기출문제

🔎 「아동복지법」이 금지하고 있는 다음 행위 중에서 유죄가 인정되었을 경우 벌금형 없이 징역형에만 처하도록 규정되어 있는 것은?

▶ 2016. 4. 9. 인사혁신처

① 아동에게 음란한 행위를 시키는 행위

② 아동의 신체를 손상시키는 학대 행위

③ 자신의 보호 감독을 받는 아동을 유기하는 행위

④ 아동을 매매하는 행위

Tip ④ 아동을 매매하는 행위를 한 자는 10년 이하의 징역에 처한다.

┃정답 ④

문 「아동학대범죄의 처벌 등에 관한 특례법」상 아동학대의 신고의무자만을 모두 고른 것은?

▶ 2016. 3. 19. 사회복지직

㉠ 「성매매방지 및 피해자보호 등에 관한 법률」에 따른 성매매피해상담소의 장
㉡ 가정위탁지원센터의 장
㉢ 「학원의 설립·운영 및 과외교습에 관한 법률」에 따른 학원강사
㉣ 「아이돌봄 지원법」에 따른 아이돌보미

① ㉠, ㉢
② ㉠, ㉣
③ ㉡, ㉢, ㉣
④ ㉠, ㉡, ㉢, ㉣

Tip 전부 신고의무자에 해당한다.

㉢ 시·도지사 또는 시장·군수·구청장은 피해아동의 발견 및 보호 등을 위하여 다음의 업무를 수행하여야 한다.
• 아동학대 신고접수, 현장조사 및 응급보호
• 피해아동, 피해아동의 가족 및 아동학대행위자에 대한 상담·조사
• 그 밖에 대통령령으로 정하는 아동학대 관련 업무

㉣ 시·도지사 또는 시장·군수·구청장은 ㉢의 업무를 수행하기 위하여 아동학대전담공무원(이하 "아동학대전담공무원"이라 한다)을 두어야 한다.

㉤ 아동학대전담공무원은 「사회복지사업법」 제11조에 따른 사회복지사의 자격을 가진 사람으로 하고 그 임용 등에 필요한 사항은 해당 시·도 또는 시·군·구의 조례로 정한다.

㉥ 보장원은 아동학대예방사업의 활성화 등을 위하여 다음 각 호의 업무를 수행한다.
• 아동보호전문기관에 대한 지원
• 아동학대예방사업과 관련된 연구 및 자료 발간
• 효율적인 아동학대예방사업을 위한 연계체계 구축
• 아동학대예방사업을 위한 프로그램 개발 및 평가
• 아동보호전문기관·학대피해아동쉼터 직원 및 아동학대전담공무원 직무교육, 아동학대예방 관련 교육 및 홍보
• 아동보호전문기관 전산시스템 구축 및 운영
• 그 밖에 대통령령으로 정하는 아동학대예방사업과 관련된 업무

㉦ 시·도지사 또는 시장·군수·구청장, 보장원의 장 또는 아동보호전문기관의 장은 다음 각 호의 구분에 따른 업무를 수행하기 위하여 필요한 경우 법에 따른 국가아동학대정보시스템의 아동학대 관련 정보 또는 자료를 활용할 수 있다.
• 시·도지사 또는 시장·군수·구청장 : ㉢의 업무
• 보장원의 장 : ㉥의 업무
• 아동보호전문기관의 장 : 아동보호전문기관의 업무(피해아동, 피해아동의 가족 및 아동학대행위자를 위한 상담·치료 및 교육, 아동학대예방 교육 및 홍보, 피해아동 가정의 사후관리, 그 밖에 대통령령으로 정하는 아동학대예방사업과 관련된 업무)

⑩ **아동학대범죄 신고의무와 절차**〈아동학대범죄의 처벌 등에 관한 특례법 제10조〉
㉠ 누구든지 아동학대범죄를 알게 된 경우나 그 의심이 있는 경우에는 특별시·광역시·특별자치시·도·특별자치도, 시·군·구 또는 수사기관에 신고할 수 있다.

정답 ④

ⓛ 다음의 어느 하나에 해당하는 사람이 직무를 수행하면서 아동학대범죄를 알게 된 경우나 그 의심이 있는 경우에는 시·도, 시·군·구 또는 수사기관에 즉시 신고하여야 한다.

- 아동복지법에 따른 아동권리보장원 및 가정위탁지원센터의 장과 그 종사자
- 아동복지시설의 장과 그 종사자(아동보호전문기관의 장과 그 종사자는 제외)
- 아동복지법에 따른 아동복지전담공무원
- 가정폭력방지 및 피해자보호 등에 관한 법률에 따른 가정폭력 관련 상담소 및 같은 법에 따른 가정폭력피해자 보호시설의 장과 그 종사자
- 건강가정기본법에 따른 건강가정지원센터의 장과 그 종사자
- 다문화가족지원법에 따른 다문화가족지원센터의 장과 그 종사자
- 「사회보장급여의 이용·제공 및 수급권자 발굴에 관한 법에 따른 사회복지전담공무원 및 사회복지사업법에 따른 사회복지시설의 장과 그 종사자
- 성매매방지 및 피해자보호 등에 관한 법에 따른 지원시설 및 같은 법에 따른 성매매피해상담소의 장과 그 종사자
- 성폭력방지 및 피해자보호 등에 관한 법률에 따른 성폭력피해상담소, 같은 법에 따른 성폭력피해자보호시설의 장과 그 종사자 및 같은 법에 따른 성폭력피해자통합지원센터의 장과 그 종사자
- 119구조·구급에 관한 법에 따른 119구급대의 대원
- 응급의료에 관한 법률에 따른 응급의료기관 등에 종사하는 응급구조사
- 영유아보육법에 따른 육아종합지원센터의 장과 그 종사자 및 어린이집의 원장 등 보육교직원
- 유아교육법에 따른 유치원의 장과 그 종사자
- 아동보호전문기관의 장과 그 종사자
- 장애인복지법에 따른 장애인복지시설의 장과 그 종사자로서 시설에서 장애아동에 대한 상담·치료·훈련 또는 요양 업무를 수행하는 사람
- 정신건강증진 및 정신질환자 복지서비스 지원에 관한 법률에 따른 정신건강복지센터, 정신의료기관, 정신요양시설 및 정신재활시설의 장과 그 종사자
- 청소년기본법에 따른 청소년시설 및 청소년단체의 장과 그 종사자
- 청소년 보호법에 따른 청소년 보호·재활센터의 장과 그 종사자
- 초·중등교육법에 따른 학교의 장과 그 종사자
- 한부모가족지원법에 따른 한부모가족복지시설의 장과 그 종사자
- 학원의 설립·운영 및 과외교습에 관한 법률에 따른 학원의 운영자·강사·직원 및 교습소의 교습자·직원
- 아이돌봄 지원법에 따른 아이돌보미
- 아동복지법에 따른 취약계층 아동에 대한 통합서비스지원 수행인력
- 입양특례법에 따른 입양기관의 장과 그 종사자

🔍 아동복지에 대한 설명으로 옳은 것만을 모두 고르면?
▶ 2014. 4. 19. 안전행정부

ⓐ 국가 또는 지방자치단체 외의 자는 아동복지시설을 설치할 수 없다.
ⓑ 가정위탁지원센터의 장 및 아동복지시설의 장은 보호하고 있는 15세 이상의 아동을 대상으로 매년 개별 아동에 대한 자립지원계획을 수립해야 한다.
ⓒ 지역아동센터는 아동의 보호·교육, 건전한 놀이와 오락의 제공, 보호자와 지역사회의 연계 등 아동의 건전육성을 위하여 종합적인 아동복지서비스를 제공하는 시설을 말한다.
ⓓ 시장·군수·구청장은 아동의 친권자가 친권을 남용할 경우 아동의 복지를 위하여 필요하다고 인정할 때에는 친권을 제한할 수 있다.

① ⓐ
② ⓑⓒ
③ ⓒⓓ
④ ⓑⓒⓓ

Tip ⓐ 국가 또는 지방자치단체 외의 자는 관할 시장·군수·구청장에게 신고하고 아동복지시설을 설치할 수 있다〈아동복지법 제50조 제2항〉.
ⓓ 시·도지사, 시장·군수·구청장 또는 검사는 아동의 친권자가 그 친권을 남용하거나 현저한 비행이나 아동학대, 그 밖에 친권을 행사할 수 없는 중대한 사유가 있는 것을 발견한 경우 아동의 복지를 위하여 필요하다고 인정할 때에는 법원에 친권행사의 제한 또는 친권상실의 선고를 청구하여야 한다〈아동복지법 제18조 제1항〉.

┃정답 ②

기출문제

ⓒ 누구든지 ⊙ 및 ⓛ에 따른 신고인의 인적 사항 또는 신고인임을 미루어 알 수 있는 사실을 다른 사람에게 알려주거나 공개 또는 보도하여서는 아니 된다.

⑪ **아동보호전문기관의 업무**〈아동복지법 제46조〉

아동보호전문기관은 다음 각 호의 업무를 수행한다.

- 피해아동, 피해아동의 가족 및 아동학대행위자를 위한 상담·치료 교육
- 아동학대예방 교육 및 홍보
- 피해아동 가정의 사후관리
- 그 밖에 대통령령으로 정하는 아동학대예방사업과 관련된 업무

⑫ **가정위탁지원센터의 업무**〈아동복지법 제49조〉

가정위탁지원센터는 다음 각 호의 업무를 수행한다.

- 가정위탁사업의 홍보 및 가정위탁을 하고자 하는 가정의 발굴
- 가정위탁을 하고자 하는 가정에 대한 조사 및 가정위탁 대상 아동에 대한 상담
- 가정위탁을 하고자 하는 사람과 위탁가정 부모에 대한 교육
- 위탁가정의 사례관리
- 친부모 가정으로의 복귀 지원
- 가정위탁 아동의 자립계획 및 사례 관리
- 관할 구역 내 가정위탁 관련 정보 제공
- 그 밖에 대통령령으로 정하는 가정위탁과 관련된 업무

⑬ **아동복지시설의 종류**〈아동복지법 제52조〉

⊙ 아동복지시설의 종류는 다음과 같다.

- 아동양육시설 : 보호대상아동을 입소시켜 보호, 양육 및 취업훈련, 자립지원 서비스 등을 제공하는 것을 목적으로 하는 시설
- 아동일시보호시설 : 보호대상아동을 일시보호하고 아동에 대한 향후의 양육대책 수립 및 보호조치를 행하는 것을 목적으로 하는 시설
- 아동보호치료시설 : 아동에게 보호 및 치료 서비스를 제공하는 다음 각 목의 시설
- 불량행위를 하거나 불량행위를 할 우려가 있는 아동으로서 보호자가 없거나 친권자나 후견인이 입소를 신청한 아동 또는 가정법원, 지방법원소년부지원에서 보호위탁된 19세 미만인 사람을 입소시켜 치료와 선도를 통하여 건전한 사회인으로 육성하는 것을 목적으로 하는 시설
- 정서적·행동적 장애로 인하여 어려움을 겪고 있는 아동 또는 학대로 인하여 부모로부터 일시 격리되어 치료받을 필요가 있는 아동을 보호·치료하는 시설
- 공동생활가정 : 보호대상아동에게 가정과 같은 주거여건과 보호, 양육, 자립지원 서비스를 제공하는 것을 목적으로 하는 시설
- 자립지원시설 : 아동복지시설에서 퇴소한 사람에게 취업준비기간 또는 취업 후 일정 기간 동안 보호함으로써 자립을 지원하는 것을 목적으로 하는 시설

기출문제

- 아동상담소 : 아동과 그 가족의 문제에 관한 상담, 치료, 예방 및 연구 등을 목적으로 하는 시설
- 아동전용시설 : 어린이공원, 어린이놀이터, 아동회관, 체육·연극·영화·과학실험전시 시설, 아동휴게숙박시설, 야영장 등 아동에게 건전한 놀이·오락, 그 밖의 각종 편의를 제공하여 심신의 건강유지와 복지증진에 필요한 서비스를 제공하는 것을 목적으로 하는 시설
- 지역아동센터 : 지역사회 아동의 보호·교육, 건전한 놀이와 오락의 제공, 보호자와 지역사회의 연계 등 아동의 건전육성을 위하여 종합적인 아동복지서비스를 제공하는 시설
- 아동보호전문기관
- 가정위탁지원센터
- 보장원

ⓛ ㉠에 따른 아동복지시설은 통합하여 설치할 수 있다.

ⓒ ㉠에 따른 아동복지시설은 각 시설 고유의 목적 사업을 해치지 아니하고 각 시설별 설치기준 및 운영기준을 충족하는 경우 다음의 사업을 추가로 실시할 수 있다.
- 아동가정지원사업 : 지역사회아동의 건전한 발달을 위하여 아동, 가정, 지역주민에게 상담, 조언 및 정보를 제공하여 주는 사업
- 아동주간보호사업 : 부득이한 사유로 가정에서 낮 동안 보호를 받을 수 없는 아동을 대상으로 개별적인 보호와 교육을 통하여 아동의 건전한 성장을 도모하는 사업
- 아동전문상담사업 : 학교부적응아동 등을 대상으로 올바른 인격형성을 위한 상담, 치료 및 학교폭력예방을 실시하는 사업
- 학대아동보호사업 : 학대아동의 발견, 보호, 치료 및 아동학대의 예방 등을 전문적으로 실시하는 사업
- 공동생활가정사업 : 보호대상아동에게 가정과 같은 주거여건과 보호를 제공하는 것을 목적으로 하는 사업
- 방과 후 아동지도사업 : 저소득층 아동을 대상으로 방과 후 개별적인 보호와 교육을 통하여 건전한 인격형성을 목적으로 하는 사업

(6) 영유아보육법의 주요내용

① 목적〈영유아보육법 제1조〉 … 영유아의 심신을 보호하고 건전하게 교육하여 건강한 사회 구성원으로 육성함과 아울러 보호자의 경제적·사회적 활동이 원활하게 이루어지도록 함으로써 영유아 및 가정의 복지 증진에 이바지함을 목적으로 한다.

문 「영유아보육법」에 규정된 내용으로 옳지 않은 것은?

▶ 2015. 3. 14. 사회복지직

① "영유아"란 7세 미만의 취학 전 아동을 말한다.
② "보육"이란 영유아를 건강하고 안전하게 보호·양육하고 영유아의 발달 특성에 맞는 교육을 제공하는 어린이집 및 가정양육 지원에 관한 사회복지서비스를 말한다.
③ 보건복지부장관은 이 법의 적절한 시행을 위해 보육실태조사를 3년마다 하여야 한다.
④ 보건복지부장관은 어린이집 원장과 보육교사의 자질 향상을 위한 보수교육을 실시하여야 한다.

Tip ① "영유아"란 6세 미만의 취학 전 아동을 말한다〈영유아보육법 제2조 제1호〉.

② 정의〈영유아보육법 제2조〉

㉠ 영유아 : 6세 미만의 취학 전 아동을 말한다.

㉡ 보육 : 영유아를 건강하고 안전하게 보호·양육하고 영유아의 발달 특성에 맞는 교육을 제공하는 어린이집 및 가정양육 지원에 관한 사회복지서비스를 말한다.

㉢ 어린이집 : 보호자의 위탁을 받아 영유아를 보육하는 기관을 말한다.

㉣ 보호자 : 친권자·후견인, 그 밖의 자로서 영유아를 사실상 보호하고 있는 자를 말한다.

㉤ 보육교직원 : 어린이집 영유아의 보육, 건강관리 및 보호자와의 상담, 그 밖에 어린이집의 관리·운영 등의 업무를 담당하는 자로서 어린이집의 원장 및 보육교사와 그 밖의 직원을 말한다.

③ 보육 실태 조사〈영유아보육법 제9조〉 … 보건복지부장관은 이 법의 적절한 시행을 위하여 보육 실태 조사를 3년마다 하여야 한다.

④ 어린이집의 종류〈영유아보육법 제10조〉

㉠ 국공립어린이집 : 국가나 지방자치단체가 설치·운영하는 어린이집

㉡ 사회복지법인어린이집 : 사회복지사업법에 따른 사회복지법인이 설치·운영하는 어린이집

㉢ 법인·단체 등 어린이집 : 각종 법인(사회복지법인을 제외한 비영리법인)이나 단체 등이 설치·운영하는 어린이집으로서 대통령령으로 정하는 어린이집

㉣ 직장어린이집 : 사업주가 사업장의 근로자를 위하여 설치·운영하는 어린이집 (국가나 지방자치단체의 장이 소속 공무원 및 국가나 지방자치단체의 장과 근로계약을 체결한 자로서 공무원이 아닌 자를 위하여 설치·운영하는 어린이집을 포함한다)

㉤ 가정어린이집 : 개인이 가정이나 그에 준하는 곳에 설치·운영하는 어린이집

㉥ 협동어린이집 : 보호자 또는 보호자와 보육교직원이 조합(영리를 목적으로 하지 아니하는 조합에 한정함)을 결성하여 설치·운영하는 어린이집

㉦ 민간어린이집 : ㉠부터 ㉥까지의 규정에 해당하지 아니하는 어린이집

⑤ 국공립어린이집 외의 어린이집의 설치〈영유아보육법 제13조〉

㉠ 국공립어린이집 외의 어린이집을 설치·운영하려는 자는 특별자치도지사·시장·군수·구청장의 인가를 받아야 한다. 인가받은 사항 중 중요 사항을 변경하려는 경우에도 또한 같다.

㉡ 특별자치도지사·시장·군수·구청장은 ㉠에 따른 인가를 할 경우 해당 지역의 보육 수요를 고려하여야 한다.

정답 ①

ⓒ ㉠에 따라 어린이집의 설치인가를 받은 자는 어린이집 방문자 등이 볼 수 있는 곳에 어린이집 인가증을 게시하여야 한다.

ⓔ ㉠에 따른 인가에 필요한 사항은 보건복지부령으로 정한다.

section 2 청소년복지

(1) 청소년복지의 개념

① 청소년기는 12～13세에서 22～23세까지의 아동기에서 성인기로 성장되어 가는 과도기세대라 할 수 있다. 청소년 기본법에서의 청소년은 9세 이상 24세 이하인 사람을 말한다. 이 시기에는 신체적·성적 발달에 비해 심리적·정신적·사회적 발달은 미숙한 특성을 가진다. 또한 이 시기는 자아정체감을 형성하는 시기로서 다양한 새로운 활동과 역할을 시도하려 하고, 가정과 학교, 사회에 대한 불만이 크며, 동년배에 대한 강한 소속감을 나타낸다.

② 청소년복지는 일반청소년뿐 아니라 비행, 무직, 임신 등 다양한 문제를 가진 청소년을 포함한 모든 청소년들이 가족과 사회의 일원으로서 행복하게 살면서 건전하게 성장·발달하도록 지원하는 공적·사적 차원에서의 조직적 활동을 의미한다.

(2) 청소년 문제

① 신체발육과 정신건강의 문제 ··· 도시공간의 협소로 인한 체력단련시설의 부족은 신체적 저해요인이 되며, 입시 위주의 학교교육은 성적불량학생의 소외와 정서적 불안 및 압박감, 인성의 나약화를 초래하게 되었다.

② 가정양육기능의 문제 ··· 핵가족화의 심화로 가정에서의 자녀양육기능이 약화되면서 청소년의 올바른 습관이나 성격형성 지도에 어려움을 겪게 되었다.

③ 여가활동기회의 축소 ··· 청소년의 여가활동에 대한 가정과 사회의 부정적 인식은 청소년의 독자적 여가활동 기회를 축소시키며 자활능력을 약화시키게 되었다.

④ 소비성향의 심화 ··· 청소년들에게 침투한 서구문화의 영향은 전통적인 윤리관과 가치관을 퇴색시켰으며 쾌락추구성향과 소비성향을 심화시켰다.

🔍 「청소년 기본법」에 의한 청소년의 연령은?

▶ 2017. 4. 8. 인사혁신처

① 18세 미만

② 만 19세 미만

③ 9세 이상 24세 이하

④ 15세 이상 25세 이하

Tip 청소년이란 9세 이상 24세 이하인 사람을 말한다. 다만, 다른 법률에서 청소년에 대한 적용을 다르게 할 필요가 있는 경우에는 따로 정할 수 있다〈청소년 기본법 제3조 제1호〉.

┃정답 ③

(3) 청소년복지서비스의 유형

① 청소년 계발 … 청소년의 자아정체감과 가치관 확립, 자기수양, 진로지도, 자원봉사 등을 지원하기 위한 프로그램과 서비스를 제공한다.

② 청소년 비행관련 서비스 … 청소년 범죄, 가출, 약물남용, 학교폭력 등에 대해 상담·치료 서비스를 제공한다. 또한 가족과 학교, 지역사회를 연계하고 주변 유해환경을 정화하며, 매스미디어를 통한 홍보와 교육활동 등을 전개한다.

③ 청소년 근로관련 서비스 … 근로청소년의 근로환경을 개선하고, 교육의 기회를 제공하며, 자기성장 또는 여가와 문화생활을 위한 프로그램과 서비스를 제공한다. 학업을 수행하거나 수입이 있는 일에 종사하지 못하는 무직청소년에게는 진로지도, 직업훈련, 취업알선, 결연사업 등을 제공한다.

④ 청소년의 임신과 부모역할관련 서비스 … 10대 미혼부모를 대상으로 상담, 보건의료, 입양, 시설보호, 교육과 취업의 기회 등을 제공하고, 교육과 홍보활동을 전개한다.

section 3 학교사회복지

(1) 학교사회복지의 개념

① 학교라는 교육기관에서 전문적 능력과 자격을 갖춘 사회복지사가 제공하는 사회적 서비스를 의미한다.

② 학생들이 건전한 사회기능을 수행할 수 있도록 준비시키고, 학생 개인의 문제뿐만 아니라 사회 환경이나 교육 환경의 변화에 즉각 개입하여 학교가 자신의 역할과 기능을 극대화할 수 있도록 도와주는 것을 의미한다.

③ 학교교육과 관련된 서비스 욕구를 가진 사회의 구성원들에게 교육의 기회를 공평하게 제공하여 개인의 욕구를 충족하고 보장받을 수 있도록 도와주고 지지해주는 사회복지실천의 전문분야이다.

(2) 학교사회복지의 목적

① 취약한 학생이나 학교부적응 학생은 물론 모든 학생들이 자신의 교육적 욕구에 적합한 교육을 받을 수 있도록 공평한 기회를 제공해야 한다.

② 공평한 교육기회를 보장받은 모든 학생들이 학교생활에 잘 적응하며 자신의 심리 사회적 기능을 향상시킬 수 있도록 전문적인 심리치료와 사회복지서비스를 제공해야 한다.

③ 학생들의 총체적인 사람의 질을 향상시켜 궁극적으로는 학생복지를 실현하며 이를 통하여 학교가 전인교육의 교육목적을 달성할 수 있도록 도와야 한다.

(3) 학교사회복지의 대상

① 보편주의에 근거한 대상체계 … 모든 학생과 그 가족

② 선별주의에 근거한 대상체계 … 요보호아동과 그 가족

③ 욕구의 미충족과 문제의 미해결 차원에서 본 대상체계

　㉠ 욕구결핍에 따른 대상 분류

　　• 소득욕구 결핍 : 빈곤아동, 실직 가정아동

　　• 교육욕구 결핍 : 미취학아동, 학교중도탈락아동

　　• 주거욕구 결핍 : 시설아동, 가출아동

　　• 문화욕구 결핍 : 문화여가 부족아동

　　• 건강욕구 결핍 : 장애아동, 질환을 앓고 있는 아동

　㉡ 문제형태에 따른 대상 분류

　　• 구조적 문제 : 빈곤아동

　　• 해체적 문제 : 이혼가정아동, 한부모가정아동, 피학대아동

　　• 탈선적 문제 : 비행아동, 약물남용아동, 범죄소년

(4) 우리나라 학교사회복지의 발전

① 학교사회복지의 시작 … 첫 학교사회복지 활동은 1960년대 후반 민간 외원기관인 캐나다 유니타이런봉사회(USCC)에서 운영했던 서울시 마포사회복지관에 의해 시작되었다.

② 1990년대 이후

　㉠ 1993년 : 사회복지관 중심 학교사회복지 시작

　㉡ 1993 ~ 1994년 : 학교중심 학교사회복지 시작

　㉢ 1995년 이후 : 삼성복지재단의 학교사회복지 후원사업

　㉣ 1995년 : 국민복지기획단 건의

　㉤ 1997 ~ 1999년 : 교육부의 시범사업

　㉥ 1997, 2000 ~ 2001년 : 서울시 교육청의 연구사업 및 1, 2차 생활지도 시범사업

　㉦ 1997년 : 한국학교사회복지학회 창립

　㉧ 2000년 : 한국학교사회복지사협회 창립

　㉨ 2002 ~ 2004년 : 사회복지공동모금회의 기획사업

　㉪ 2003년 : 교육인적자원부(현 교육부)의 교육복지 시범사업

기출문제

🔒 **다음 설명에 해당하는 사업은?**

▶ 2012. 4. 7. 행정안전부

• 학교에서 학생들의 삶의 질을 향상하기 위해 학생, 가정과 지역사회에 교육, 문화, 복지 서비스를 제공하는 사업

• 학교에 '지역사회교육전문가'를 배치하여 학교와 지역사회 기관들과의 네트워크를 통해 지역의 인적 · 물적 자원을 연계하는 역할을 담당하게 하는 사업

① 전문상담교사사업

② 교육복지(투자)우선지원사업

③ 아동발달지원계좌사업

④ 드림스타트사업

Tip 전문상담교사사업 : 교내 학교폭력방지를 위해 전문상담교사를 전국 각 학교에 배치하는 사업

③ 아동발달지원계좌사업 : 요보호아동이 후원자의 지원을 받아 일정금액(월3만 원 이내)저축 시 국가(지자체)에서 같은 금액을 적립해 줌으로써 아동이 만8세 이후 그 자립금을 이용하여 준비된 사회인으로 성장할 수 있도록 돕는 아동자립 프로젝트

④ 드림스타트사업 : 0~12세 저소득 아동 및 가족을 대상으로 집중사례관리하고 보건, 복지에서 보육에까지 이르는 통합서비스를 지역자원과 연계하여 지원하는 사업

▌정답 ②

기출문제

㉢ 2004년 : 위스타트 사업과 드림스타트 사업

㉣ 2004년 : 교육과학기술부의 교육복지 증진 및 학교폭력 예방을 위한 사회복지사 활용 연구학교사업

㉤ 2005년 : 학교사회복지사 자격제도 시행

㉥ 2009년 : 교육과학기술부(현 교육부)의 위프로젝트

㉮ 2009년 : 성남시 학교사회복지사업 활성화 및 지원에 관한 조례 제정 및 시행

㉯ 2010년 : 학교사회복지법안을 발의하였으나 통과하지 못함

㉰ 2017년 : 교육부 교육복지종합대책 발표

(5) 학교사회복지의 구성요소와 원칙

① 학교사회복지의 구성요소

　㉠ 문제(Problem) : 학생 개인이 가지고 있는 심리·사회적 문제, 가족·학교·지역사회와의 역기능적 상호작용 및 유발조건

　㉡ 장소(Place) : 물리적 공간만이 아닌 사회적 체계로서의 학교체계

　㉢ 사람(Person) : 학생, 학부모, 교사

　㉣ 과정(Process) : 접수면접, 사정, 개인 계획수립, 개입, 평가

　㉤ 실천활동(Program) : 학교사회복지사의 전문성이 발현되는 프로그램 및 활동

　㉥ 전문가(Professional) : 전문적 교육과 훈련을 받은 학교사회복지사

② 학교사회복지의 원칙

　㉠ 접근성과 서비스의 적시성 : 학생들을 위한 원조체계는 학교와 지리적, 심리적으로 최대한 근접하여 위기사건이 발생했을 경우 즉각적이고 적극적으로 대처해야 한다.

　㉡ 전문성 : 전문상담교사, 보건교사 등 유사 전문직과의 차별된 전문성을 가지고 대상자에 대해 책임을 다해야 한다.

　㉢ 포괄성 : 학생의 다양한 문제에 대해 포괄적 서비스로 접근하고, 외부 전문가 및 기관과 유기적 협력관계를 구축한다.

　㉣ 복지성 : 학교복지의 일차적 대상은 환경적으로 열악하여 잠재능력을 발휘하지 못하는 학생이다.

③ 학교사회복지의 관점

　㉠ 학생은 다양한 환경체계(또래, 가족, 학교, 지역사회 등) 안에서 상호작용하며 생활하는 존재이다.

　㉡ 학생이 가지는 문제는 개인에게서 비롯되는 경우도 있지만 대개는 학생이 상호작용하는 생태체계와의 부정적인 상호작용을 통해 발생한다.

ⓒ 학생이 가지는 문제를 해결하기 위해서는 학생 자신뿐만 아니라 그 환경체계에 대해서도 적극적인 개입이 이루어져야 한다.

ⓔ 학생들의 문제를 해결하기 위해 교사, 학부모, 지역사회유관기관(사회복지기관, 상담기관, 의료기관, 종교기관 등)의 다양한 전문가들의 협력도 필요하다.

(6) 학교사회복지사의 역할

① 학생, 가족, 학교제도, 지역사회의 정보를 수집하여 학생문제의 원인을 명확히 하고, 이에 따른 심리치료를 제공한다.

② 교직원이나 학부모에게 학생문제의 원인과 이를 예방할 수 있는 방법을 교육시켜 학생의 문제예방과 해결에 도움을 준다.

③ 가정 − 학교 − 지역사회의 관계를 증진시키는 연계자의 역할을 한다.

④ 빈곤가정이나 결손가정의 학생들을 위해 심리치료 뿐만 아니라 경제적 원조까지도 제공한다.

⑤ 학교 내외의 타 전문직과 협력하여 학교행정이나 교육정책이 학생을 위한 최선의 결정이 되도록 도움을 준다.

(7) 학교사회복지사의 직무

① 개별실천, 집단실천과 같은 방법에 의해 학생복지서비스를 제공한다.

② 부모들을 대상으로 자녀양육과 교육에 대한 상담과 자문을 제공하며, 특별한 욕구와 문제를 경험하는 가족의 문제해결을 돕기 위해 지역사회 자원을 활용한다.

③ 교사들과의 협력적 활동을 통해 학생들의 문제를 조기에 발견하여 예방하고 해결한다.

④ 도움이 필요한 사례를 발굴하고 자원의 연계와 조정 등의 활동을 한다.

기출문제

1 다음 중 청소년기의 특징으로 옳지 않은 것은?

① 자아발견의 시기 ② 가치관 형성의 시기

③ 제2의 반항기 ④ 사회적응의 시기

2 프로텍티브서비스의 직접적 대상이 아닌 것은?

① 빈곤아동 ② 유기된 아동

③ 착취된 아동 ④ 성폭행 당한 아동

3 아동복지서비스의 하나로 자기 가정에서 일시적으로나 또는 장기적으로 돌보아질 수 없는 아동을 일정한 기간 동안 가정에 위탁하는 대리적 서비스는?

① protective service ② chore service

③ foster home care service ④ day care service

4 아동복지사업의 원칙에 속하지 않는 것은?

① 포괄성의 원칙 ② 시대적 욕구반영의 원칙

③ 권리와 책임의 원칙 ④ 개발기능의 원칙

5 입양이나 가정위탁보호를 주된 내용으로 하는 아동복지서비스의 영역은?

① 지지적 서비스

② 보완적 서비스

③ 대리적 서비스

④ 가족치료

6 아동에 대한 protective service와 거리가 먼 것은?

① 시민과 사회단체가 문제해결을 위한 것으로 본다.

② 부모를 클라이언트로 보고 아동을 치료 초점으로 본다.

③ 부모에게 더 많은 책임을 부여하고 아동을 재평가의 기회로 본다.

④ 비도덕적이거나 불건전한 환경에 처한 아동에게 제공하는 서비스이다.

7 다음 중 아동복지와 관련된 내용으로 옳지 않은 것은?

① 아동복지법에 따르면 아동복지시설에는 양육시설, 일시보호시설, 보호치료시설, 아동상담소, 지역아동센터 등이 있다.

② 아동복지는 아동과 부모, 사회의 권리와 책임을 모두 인정하는 입장이지만, 사회의 권리와 책임은 가장 최종단계에서 수용되어야 한다.

③ 가정과 유사한 곳에서 생활하는 것은 쥬커맨의 분류에 따른 3차 방어선에 해당한다.

④ 홈메이커서비스는 도움이 필요한 가정에 조력서비스를 제공하는 것으로 공사 복지기관에서 훈련받은 여성을 가정에 지원해 주는 지역사회서비스이다.

8 아동복지에 있어서 지지적 서비스에 대한 것과 관계없는 것은?

① 아동의 욕구를 해결하기 위하여 가정에서 부모의 능력을 지원·강화하기 위한 것이다.

② 아동복지의 실제적 또는 초기의 문제를 다루는 일차적 방어선이다.

③ 아동들이 자신의 가정에 머물러 살면서 받을 수 있는 서비스이다.

④ 기관은 자녀 또는 부모의 역할·기능을 맡게 되므로 책임이 무거워진다.

9 아동복지의 지지적 서비스가 필요한 상황이 아닌 것은?

① 부모가 자녀를 양육하는 데 어려움이 있는 경우
② 부모가 자녀의 친구관계와 학교생활에 문제가 있다고 여기지만 관심을 가지지 않는 경우
③ 형제 간 갈등으로 가정이 불화한 경우
④ 부부관계의 불화로 자녀에게 문제가 발생하는 경우

10 다음 중 학대받거나 적절한 보호·감독을 받을 수 없는 아동을 대상으로 한 아동복지서비스는?

① 탁아보호서비스   ② 집단프로그램
③ 케이스워크서비스   ④ 프로텍티브서비스

11 다음 home-maker service에 대한 설명 중 옳은 것은?

① 유기나 학대받는 아동을 위하여 도움을 제공하는 특수한 아동복지서비스이다.
② 가정이 위기에 처했을 때 그 가사 전반을 돌보게 하여 건전한 가족생활을 유지하고자 하는 서비스이다.
③ 아동이 자신의 가정을 완전히 떠나서 다른 가족에 의해서 아동을 보호하는 서비스이다.
④ 낮 동안에 그들의 부모가 아닌 타인에 의해서 보호를 받아야 하는 아동들에게 주어지는 서비스이다.

12 「아동학대범죄의 처벌 등에 관한 특례법」에서 명시하고 있는 아동학대 신고의무자에 해당하는 자를 모두 고른 것은?

㉠ 아동복지전담공무원	㉡ 구급대의 대원
㉢ 어린이집의 원장	㉣ 가정위탁지원센터의 장과 그 종사자

① ㉠㉡   ② ㉠㉢㉣
③ ㉡㉢㉣   ④ ㉠㉡㉢㉣

13 「아동복지법」상의 아동복지시설이 아닌 것은?

① 영아시설   ② 아동상담소
③ 아동일시보호시설   ④ 아동보호치료시설

14 다음 중 시설보호가 필요한 아동과 가장 거리가 먼 아동은?

① 회복기의 아동
② 부모나 다른 성인들에게 실망한 아동
③ 생활보호대상 가정의 아동
④ 장애를 가진 아동

15 청소년복지서비스에 대한 설명으로 옳지 않은 것은?

① 청소년문제 해결에 조언을 주는 상담제도를 운영한다.
② 사회적인 교육과 훈련기회를 제공한다.
③ 청소년 유해환경을 정비한다.
④ 비행청소년을 지도 · 교육한다.

16 「영유아보육법」상 영유아의 연령은?

① 5세 미만의 취학 전 아동
② 6세 미만의 취학 전 아동
③ 7세 미만의 취학 전 아동
④ 8세 미만의 취학 전 아동

17 다음 중 가정위탁보호의 특성에 해당하지 않는 것은?

① 위탁가정은 위탁아동에 대하여 위탁기간 동안 친권관계가 창출된다.

② 위탁을 위하여 계획된 기간의 설정이 필요하며, 영구보호는 아니다.

③ 보모의 신체적·정신적 질병이나 가정의 붕괴, 경제적 곤란 등의 경우도 가정위탁보호를 필요하게 하는 요인이다.

④ 아동의 본래 가정이 아닌 타가정에 의해서 주어지는 보호이다.

18 아동복지서비스의 대리적 서비스와 거리가 먼 것은?

① 입양서비스   ② 가정위탁서비스

③ 시설보호서비스   ④ 탁아보호서비스

19 아동시설보호의 단점으로 지적될 수 있는 것은?

① 집단생활의 기회

② 교우관계나 사회생활의 제한

③ 개인 습관의 규칙화

④ 규칙적이고 균형된 생활

20 아동의 지지적 서비스가 필요한 상황이 아닌 것은?

① 부모가 자녀를 양육하는 데 어려움이 있을 경우

② 학대유기아동을 보호해야 하는 경우

③ 부모가 자신의 역할에 대해 아무런 만족을 느끼지 못하는 경우

④ 불만족스러운 부부관계로 인해 자녀들에게 문제가 발생할 경우

21 시설보호에 있어서 유의해야 할 점이 아닌 것은?

① 경제적 수입원으로서의 시설 운영
② 시설과 가족관계
③ 시설의 선택
④ 서비스와 프로그램

22 다음 중 아동복지법에서 아동의 연령은?

① 14세 이하
② 12세 이하
③ 20세 미만
④ 18세 미만

23 다음 글이 설명하는 학교사회복지실천모델은?

> 학교제도가 학생들의 부적응과 학업미성취의 원인이 된다고 보고 학생이 사회적 · 교육적 기대에 적절하게 부응하는 데 장애가 되는 학교의 역기능적인 규범과 조건을 변화시키고자 하는 것으로 주된 개입의 초점은 학교환경이다.

① 학교변화모델
② 지역사회학교모델
③ 사회적 상호작용모델
④ 전통적 임상모델

24 「아동학대범죄의 처벌 등에 관한 특례법」상 아동학대의 신고 의무자가 아닌 것은?

① 청소년 보호 · 재활센터의 장
② 의료기관에 종사하는 의료인
③ 한부모가족복지시설의 종사자
④ 경찰관

25 「아동복지법」상 아동보호전문기관의 업무가 아닌 것은?

① 위탁받은 아동에 대한 정보시스템운영
② 피해아동, 피해아동의 가족 및 아동학대행위자를 위한 상담 · 치료 및 교육
③ 아동학대 신고접수, 현장조사 및 응급보호
④ 자체사례회의 운영 및 아동학대사례전문위원회의 설치 · 운영

정답및해설

1	④	2	①	3	③	4	②	5	③
6	②	7	③	8	④	9	②	10	④
11	②	12	④	13	①	14	③	15	④
16	②	17	①	18	④	19	②	20	②
21	①	22	④	23	①	24	④	25	①

1 청소년기는 사회에 비판적이기 때문에 사회에 부정적 태도를 취함으로써 사회적응에 어려움이 많은 시기이다.

2 프로텍티브서비스는 학대아동, 유기아동, 착취당한 아동, 거부된 아동 등을 위한 특수아동 복지서비스이다. 이 사업의 목적은 예방적·비처 벌적이며, 원인규명과 치료를 함으로써 재활에 목적이 있다.
　① 빈곤아동은 아동의 보충적 서비스에 해당하는 소득유지서비스를 제공받도록 한다.

3 가정위탁보호는 아동이 자기가정에서 양육될 수 없을 때 또는 입양이 불가능할 경우 다른 가정에서 보호와 양육을 받는 대리적 보호서비스 이다. 가정위탁보호의 종류는 유료위탁, 무료위탁, 고용위탁, 도제위탁 등이 있다.

4 일반적으로 아동복지의 실천원칙은 권리와 책임, 선별성과 보편성, 전문성, 개발기능, 포괄성(전체성) 5가지이다. 이러한 아동복지의 실천원칙은 노인복지의 실천원칙에도 그대로 반영된다는 점에 유의하여야 한다.

5 아동복지서비스의 영역
　㉠ 지지적 서비스 : 부모와 아동이 각자 책임을 수행할 수 있도록 아동복지기관으로부터 그들의 능력을 지원하고 강화시켜 주는 서비스로서 가정복지기관, 아동상담소 등이다.
　㉡ 보완적 서비스 : 부모 책임의 일부를 보충하고자 하는 기능으로 부모의 실업, 질병이나 장애, 가족의 재정적 곤란 등을 보충하는 데 목적을 두며, 탁아보호, 홈메이커서비스, 소득보장사업 등이다.
　㉢ 대리적 서비스 : 가족의 상황이 아동이나 부모에게 손상적이어서 악영향을 줄 때 제3자를 통해 대리적 보호형태를 취한다. 입양이나 가정위탁보호 등의 서비스를 제공한다.
　㉣ 가정부 서비스 : 아동을 가진 가족에게 조력서비스를 제공하기 위하여 여자를 고용한 공·사적 복지기관에서 지원되는 서비스이다.

6 ② 아동을 클라이언트로 보고 부모를 치료 초점에 둔다.

7 ③ 쥬커맨의 방어선에 따른 분류에 의하면 가정과 유사한 환경을 갖춘 보호의 장을 제공하는 서비스는 제2차 방어선으로, 제3차 방어선은 자기가정이나 대리가정에서 보호할 수 없을 때, 생활시설에 입소하여 집단적인 보호를 제공하는 서비스를 말한다.

8 지지적 서비스 … 부모와 아동이 그들 각자의 책임을 효율적으로 수행할 수 있도록 그들의 능력을 지원하고 강화시켜 주는 서비스이다.
　④ 아동이 자신의 가족을 완전히 떠나서 타가족에 의해서 아동들을 보호하게 하는 대리적 서비스이다. 대표적인 서비스로는 입양사업이 있다.

9 ② 부모가 자녀의 친구관계와 학교생활의 문제점에 관심을 가졌을 때 지지적 서비스가 가능하다.

10 프로텍티브서비스 … 학대아동, 유기아동, 착취당한 아동, 거부된 아동 등을 위한 특수아동복지서비스이다. 이 사업의 목적은 예방적·비처벌적이며, 원인규명과 치료를 함으로써 재활에 목적이 있다.

11 홈메이커서비스(home-maker service) … 가정이 위기에 처했을 때 그 가사 전반을 돌보게 하여 건전한 가족생활을 유지하는데 도움을 주는 것을 말한다. 즉, 어머니가 부재하거나 가정에 도움이 필요한 상황에서 어머니의 역할을 맡을 수 있도록 하고 기관에서 훈련받은 여자를 고용하여 가정에 위탁하는 서비스를 의미한다.

12 아동학대범죄의 처벌 등에 관한 특례법 제10조에 따르면 ㉠㉡㉢㉣ 모두 신고의무자가 된다.

13 아동복지시설〈아동복지법 제52조 제1항〉 … 아동양육시설, 아동일시보호시설, 아동보호치료시설, 공동생활가정, 자립지원시설, 아동상담소, 아동전용시설, 지역아동센터, 아동보호전문기관, 가정위탁지원센터, 보장원이 있다.

14 프리드릭슨(H. Fredericksen)은 부모가 질병이나 사고 중인 아동, 부모나 다른 성인들에게 실망하여 어른을 적대시 하는 아동, 회복기의 보호를 필요로 하는 아동, 장애를 가진 아동, 저능아동, 정신지체아동, 비행아동 등을 시설보호가 필요한 아동으로 보았다.

15 청소년복지서비스
   ㉠ 건전한 가정의 육성
   ㉡ 교육기회의 확대
   ㉢ 사회적인 교육 및 훈련기회의 제공
   ㉣ 청소년의 보호와 지도육성 및 선도
   ㉤ 사회복지활동에 참가할 수 있는 기회제공
   ㉥ 청소년문제 해결에 조언을 주는 상담제도
   ㉦ 청소년 유해환경의 정화

16 ② '영유아'란 6세 미만의 취학 전 아동을 말한다〈영유아보육법 제2조 제1호〉.

17 ① 입양아동의 경우이며, 가정위탁보호는 사회기관에서 마련하는 보호이다.

18 대리적 서비스(substitutive services) … 아동이 가정을 이탈하여 다른 체계에 의해서 보호받는 서비스를 말한다. 이 서비스의 대표적인 형태로는 입양, 가정위탁보호, 시설보호 등으로 구분할 수 있다.
   ④ 아동복지서비스의 유형 중 보조적 서비스에 해당한다.

19 시설보호의 단점
   ㉠ 부자유한 사생활
   ㉡ 개인의 자유와 창의성 제한
   ㉢ 교우관계나 사회생활의 제한
   ㉣ 경제적·사회적 경험에 대한 기회의 제한
   ㉤ 정서적 욕구의 불충분한 발산

20 지지적 서비스를 필요로 하는 경우
    ㉠ 부모가 자녀를 양육하는 데 어려움이 있는 경우
    ㉡ 부모가 자신의 역할에 대하여 아무런 만족을 느끼지 못하는 경우
    ㉢ 부모가 자녀의 친구관계와 학교생활에 문제가 있다고 여기고 관심을 가질 때
    ㉣ 형제 간 갈등으로 가정불화가 있는 경우
    ㉤ 부부관계의 갈등으로 자녀에게 문제가 발생하는 경우

21 시설보호의 유의점
    ㉠ 아동에게 필요한 종류의 보호를 제공할 수 있는 시설을 선택해야 한다.
    ㉡ 시설의 프로그램이나 서비스가 아동이 지니고 있는 문제를 해결할 수 있는 것이어야 하며, 특히 아동을 가정이나 사회에 적응할 수 있는 방향으로 이끌고 나갈 수 있는 것이어야 한다.
    ㉢ 아동이 시설에서 보호되고 있다 하더라도 훗날 가정과 사회에 복귀할 때를 위하여 부모나 친척관계를 지속적으로 유지해 주어야 한다.
    ㉣ 시설아동들이 지역사회와 접촉할 기회를 마련하여 지역 내 다른 집단과의 활동에 적극 참여하도록 유도하여 사회의 일원으로 성장하게끔 해주어야 한다.

22 '아동'이라 함은 18세 미만의 자를 말한다〈아동복지법 제3조〉.

23 ② 문제의 원인을 빈곤을 포함한 지역사회의 사회적 조건과 문화적 차이에 대한 학교의 이해부족에 있다고 보고, 지역사회와 학교의 관계를 친밀하게 지속시킴으로써 문제를 해결하고자 한다.
    ③ 학생과 지역사회 간의 상호작용에 관심을 갖고, 대상체계에 대한 조정에 초점을 맞추며 의사소통의 향상, 상호협조 체계의 형성을 통해 문제를 해결하고자 한다.
    ④ 학교에서의 적응과 학업성취에 장애가 되는 사회·심리적 문제에 초점을 두고, 부적응과 학습장애의 원인이 되는 가족의 사회·정서적 특성, 학생의 행동 등을 수정하여 학교에 적응하고 학습기회를 효과적으로 활용할 수 있도록 원조한다.

24 경찰관은 「아동학대범죄의 처벌 등에 관한 특례법」상 아동학대의 신고 의무자가 아니다.

25 아동보호전문기관〈아동복지법 제46조〉
아동보호전문기관은 다음 각 호의 업무를 수행한다.
- 아동학대 신고접수, 현장조사 및 응급보호
- 피해아동 상담·조사를 위한 진술녹화실 설치·운영
- 피해아동, 피해아동의 가족 및 아동학대행위자를 위한 상담·치료 및 교육
- 아동학대예방 교육 및 홍보
- 피해아동 가정의 사후관리
- 자체사례회의 운영 및 아동학대사례전문위원회의 설치·운영
- 그 밖에 대통령령으로 정하는 아동학대예방사업과 관련된 업무

03 노인복지

기출문제

📝 우리나라 사회복지 관련 용어들에 대한 설명으로 옳은 것은?

▶ 2014. 3. 22. 사회복지직

① 노년부양비는 전체 인구 중 65세 이상 인구의 비율이다.
② 전체 인구 중에서 65세 이상 노인 인구가 차지하는 비율이 14%에 도달한 사회는 고령사회에 해당한다.
③ 노령화지수는 경제활동 인구 중 65세 이상 인구의 비율이다.
④ 제1차 베이비붐 세대는 1970년대 경제성장기에 태어난 세대이다.

Tip ① 노년부양비는 생산연령인구와 노인인구의 비율이다.
③ 노령화지수는 연소인구와 노인인구의 비율이다.
④ 제차 베이비붐 세대는 1953년~1965년(1945년~1965년 혹은 1955년~1963년) 사이에 태어난 세대이다.

┃정답 ②

section **1** 개요

(1) 노인의 개념

① 노인의 정의… 노인은 인생의 최종단계에 접어든 사람으로서 신체적·정신적·사회적 능력이나 적응력이 쇠퇴되어 사회적 역할수행에 장애를 보이는 65세 이상의 사람이다.

[노인인구 비율에 따른 사회의 명칭]

전체인구 중 65세 노인인구 비율	사회의 명칭
4% 미만	청년기 사회(young society)
4% 이상~7% 미만	장년기 사회(matured society)
7% 이상~14% 미만	고령화 사회(aging society)
14% 이상~21% 미만	고령 사회(aged society)
21% 이상	초고령사회(ultra-aged society)

② 노년기의 규정

㉠ 노년기의 연령에 대한 규정은 조금씩 다르게 정의되는데 스티그리츠(Stieglitz)는 노년기를 70 ± 10세로 보았고, 브린(Breen)은 노년기를 생리적·개별적·기능적 연령의 실질연령으로 규정하였다.

㉡ 노년기는 전반적으로 삶의 다양한 영역에서 상실을 경험하는 시기이다. 개별 노인에 따라 큰 차이가 있을 수 있지만, 노인은 대체적으로 신체기능의 저하, 만성질환으로 인한 건강문제, 은퇴와 관련한 경제적, 사회적 지위의 변화, 배우자의 사망, 고립, 정신건강의 문제, 자율성의 상실 등을 경험한다.

③ 노인집단의 특성

㉠ 세속적 권위집단 : 노인은 전통적으로 가정과 사회의 존경의 대상이었다. 이것은 가족 내에서의 상하관계나 권위관계에서 형성된 것으로 사회통합의 기제장치로 이용되어 왔다. 이에 따라 사회통합의 수단인 세속적 권위는 선천적 권위와 후천적 권위로 나누어지는데, 선천적 권위에는 종속적 권위, 성적 권위, 연령적 권위가 있고 후천적 권위에는 정치권력적 권위, 경제적 권위, 문화적 권위가 있다. 이러한 권위들 중에서 우리나라 사회통합의 보편적이고 본원적인 권위역할을 담당한 것은 선천적 권위 중 연령적 권위라 할 수 있다.

ⓛ **체험·지식집단**: 노인은 많은 지식과 풍부한 경험을 가진 지식인으로서 대우 받아 왔다. 그러나 산업화의 진행으로 사회구조가 변화되고 사회기능이 전 문화되면서 새로운 지식과 기술이 요청되었지만 노인들은 그러한 사회적 요 구를 충족시킬 수 없었고 이로 인해 직장으로부터 퇴직을 강요받게 되었다.

ⓒ **퇴직자 집단**: 노인의 퇴직은 정년제도의 도입으로 고착되었다. 그러나 인구구 조의 변화와 평균수명의 연장으로 정년제도의 상향조정이 필요하게 되었다.

ⓔ **사회보장 수혜집단**: 뉴가튼(L. Newgarten)은 65 ~ 74세의 중노를 준건노, 75세 이상의 노노를 쇠노로 사회복지 중심의 대노인정책을 전개시켜 나가야 한다고 주장하였다. 이에 따라 대부분의 국가에서는 60세 이상의 노인에게 노령연금을 지급하고 있다.

(2) 노화에 관련된 사회학적 이론

① **연령계층화 이론**(Riley, Foner) ··· 사회는 기본적으로 연령등급에 의해서 구분되 는 연령층으로 구성되어 있고 서열화되어 있다는 것이다. 한 연령 계층에 속하 는 사람들은 서로 비슷한 역사적인 경험을 하면서 성장해 왔기 때문에 비슷한 태도, 가치 또는 전망을 가지게 되며, 다른 역사적 경험을 하며 성장해 온 다른 연령집단과는 구별된다. 따라서 노인 연령집단은 어떤 주어진 시기에 있어서 다른 연령집단과 구분되며, 또한 노인은 개인적으로도 다른 젊은이와 구별된다. 그러므로 노인은 다른 젊은 연령층과의 관계에서 그들의 지위와 역할을 찾아야 하고 그 속에서 노인에게 활용가능한 여러 지위와 역할, 기회 등을 선택하여 이용해야 한다는 것이다.

② **하위문화 이론** ··· 하위문화이론은 노인들 간의 빈번한 상호작용으로 인하여 노 인에게 특유한 하위문화가 생겨난다는 이론이다. 한 부류에 속해 있는 사람들 은 다른 부류에 속해 있는 사람들보다 자주 상호작용을 하게 되며, 상호작용이 빈번한 같은 부류의 사람들 사이에는 그들 나름대로의 특이한 문화를 형성하게 된다. 노년기에 속해 있다는 공통적인 특성과 사회로부터의 소외와 노인에 대 한 사회의 부정적인 반응으로 인하여 노인들끼리만의 상호작용을 하기에 용이 한 조건이 형성되며, 이러한 노인들끼리만의 상호작용은 노인에게만의 특유한 하위 노인문화를 발전시키게 된다는 것이다.

③ **현대화 이론**(Cowgill, Homes) ··· 현대화 이론은 현대화라는 사회적 변화가 노인 의 지위를 하락시키고 있다는 것이다. 따라서 현대화의 정도가 높을수록 노인 의 지위는 더욱 약해진다. 특히 현대화에 핵심적인 요인인 건강기술의 발전, 경 제적 생산기술의 발전, 도시화의 촉진, 교육의 대중화가 인과적으로 영향을 미 쳐 노인을 노동의 현장에서 퇴직시키고, 사회적·지적 및 도덕적으로 고립화시 킴으로써 결국은 노인의 지위를 약화시키고 있다.

다음 제시문 〈보기 1〉의 대화에
적합한 〈보기 2〉의 이론을 올바르
게 연결한 것은?

▶ 2014. 3. 22. 사회복지직

〈보기 1〉

㉠ "요즘에 은퇴하고 쉬는 게 뭐가
나쁜가? 나이 들면 신체적으로
약해지니까 직장생활 그만하고
쉬는 게 사회적으로도 개인적
으로도 이롭지."

㉡ "나이가 들어도 건강한 사람은
여전히 왕성하게 사회생활을
할 수 있네. 아무래도 사회활
동을 하면 보람도 있고 내가
아직 가치 있는 사람이라는 느
낌도 생기고 말이야."

㉢ "하지만 사회에서 노인들을 대
하는 것이 어디 우리 어릴 적
만 하던가? 쓸모없는 노인네
취급하지. 자식들도 분가해서
따로 살고 말이야."

㉣ "돈이 많아서 자식들한테 용돈
도 자주 주고 건강해서 손자들
키워주면 대우가 다르잖아. 스
마트폰이나 인터넷 검색을 잘
해서 맛집 정보라도 알려주면
자식들도 고맙다고 외식도 시
켜준다고 하던데."

〈보기 2〉

㉮ 성공적 노화이론
㉯ 교환이론
㉰ 분리이론
㉱ 현대화이론
㉲ 활동이론

	㉠	㉡	㉢	㉣
①	㉰	㉮	㉯	㉱
②	㉰	㉲	㉱	㉯
③	㉱	㉮	㉰	㉯
④	㉱	㉲	㉰	㉯

Tip ㉠ 분리이론 ㉡ 활동이론
㉢ 현대화이론 ㉣ 교환이론

‖정답 ②

④ 분리이론(Cumming, Henry) … 노인은 젊은이에 비하여 건강이 약화되고 죽음에 임하게 되는 확률이 높으므로 개인의 입장에서 최적의 만족과 사회체계의 입장에서의 중단없는 계속을 위하여 노인과 사회는 상호 간에 분리되기를 원하며, 이러한 분리는 정상적이고 피할 수 없는 것이다. 이러한 분리의 결정은 개인에 의해서 먼저 취해질 수도 있고, 또한 사회에 의해서 먼저 시작될 수도 있다. 전자를 개인적 분리라 하며, 후자를 사회적 분리라 한다(=은퇴이론, 소원이론, 이탈이론).

⑤ 활동이론(Havighurst) … 노인의 사회적 활동의 참여정도가 높을수록 노인의 심리적 만족감 또는 생활만족도는 높다는 것이다. 이와 같은 주장은 "생물학적 측면과 건강의 불가피한 변화를 제외하고는 노인은 근본적으로 중년기와 다름없는 심리적 및 사회적 욕구를 지니고 있다."는 가정에서 나온 것이다. 따라서 노인이 다른 사람들과 어울리기를 원하고 집단활동과 지역사회의 일에 참여하는 것은 자연스러운 일이다.

⑥ 교환이론(Homans)

㉠ 교환이론에서는 사회적 행동을 '적어도 두 사람 사이의 활동으로 교환'으로 보고 대인관계는 '사람들 사이에 보상을 반복적으로 교환하는 것'으로 본다. 이러한 교환관계가 동등한 조건에서 이루어지지 못할 때 교환자원이 풍부한 쪽이 부족한 쪽을 지배하게 된다.

㉡ 노인의 교환자원의 부족, 가치성의 저하 또는 고갈 등은 노인이 집단으로서 또는 개인으로서 사회적 교환관계를 형성하는 데 있어서 열세를 면치 못하는 지위로 하락시키고 있다. 즉 교환자원의 가치저하는 의존성을 증가시키고, 이는 권력의 약화를 초래하며, 권력의 상대적 약화는 교환관계에서 교환조건의 열세를 초래하여 노인이 결국은 개인 및 사회와의 관계에서 어려움을 당하게 되는 노인문제가 발생하게 된다.

⑦ 동일화 위기이론(Miller) … 노년기에 와서 본의 아니게 사회적 지위의 변화가 오고 이를 인정하지 못할 때 위기상황에 접하게 된다.

⑧ 계속성의 이론 … 미국의 사회심리학자인 뉴가튼(B. Neugarten)과 애츨리(R. Atchley)가 발달심리학적 입장에서 이론을 전개한 이론으로, 인간의 생활주기의 제단계에는 변화와 함께 계속성이 보여진다는 것으로 인간은 성장과 함께 습관, 기호 등을 그대로 유지하고자 한다(=연속이론).

(3) 현대사회 노인문제의 배경

① 노인인구의 증가

    ㉠ 노인인구 증가요인 : 국민소득과 생활수준의 향상 및 사망률의 저하에 따른 평균수명의 연장, 보건위생의 개선 등으로 인해 노인인구비율이 계속 증가되면서 고령화 경향이 가속화되었다.

    ㉡ 노인인구증가의 영향

- 경제적 측면 : 비생산인구가 증가하게 되면서 젊은 세대들의 부양책임이 가중됨과 동시에 노동력의 부족을 초래하게 되었다.
- 정치적 측면 : 노인들의 완고한 심리적 특성으로 인해 보수적 경향이 확산될 소지가 있다.
- 사회심리적 측면 : 젊은 세대와의 의견대립으로 인해 사회진보를 저해할 소지가 있다.

② 도시화의 영향

    ㉠ 단절의 심화 : 인구의 도시집중화 현상이 가속화되면서 이웃 간의 단절이 심화되고, 가족 간에도 소원해져 고독과 소외감이 팽배해졌다.

    ㉡ 노인경시풍조의 확산 : 젊은 세대들이 부모 세대와 별거함으로써 노인 존경과 같은 윤리관을 이어받지 못하여 노인을 경시하거나 배제하는 풍조가 확산되었다.

③ 산업화의 영향

    ㉠ 기술 및 경험의 배척 : 급격한 산업화로 인해 새로운 산업구조의 요구가 증대되면서 노인들이 과거에 터득한 기술이나 경험은 비능률적이라는 이유로 배척당하게 되었다.

    ㉡ 경제적·사회적 지위와 역할의 저하 : 노인의 취업이 어려워지면서 노인의 경제적 지위가 저하되었고, 급변하는 현대문화에 쉽게 적응하지 못하는 노인집단이 다수집단으로부터 소외당하게 되면서 노인의 사회적 역할과 지위가 저하되었다.

④ 핵가족화 경향의 심화

    ㉠ 노인보호 부담의 증가 : 현대사회로 접어들면서 핵가족화 경향이 심화되자 부모에 대한 부양의식이 약화되어 젊은 세대들이 노인을 부양하는 데 있어서 더욱 부담을 가지게 되었다. 이에 따라 젊은 세대들 사이에서는 노인부양을 기피하려는 경향이 확산되게 되었다.

    ㉡ 노인단독세대의 증가 : 노인부양가족이 줄어들게 되면서 노인단독세대가 증가하게 되었다. 이러한 노인단독세대의 증가는 노인보호에 대한 사회적 부담을 가중시키는 결과를 가져왔다.

기출문제

Point 팁 노인의 4고(四苦)

㉠ 무위(역할상실) : 산업구조의 변화, 핵가족화, 낮은 교육수준 등 노인문제 및 그 원인에 의해 나타난다.

㉡ 질병(건강상실) : 뇌졸증, 암, 심장마비, 당뇨병, 치매 등이 나타난다.

㉢ 고독(인간관계 단절) : 가치관 변화, 경로 · 효친사상의 약화, 노인복지시설의 부족 등으로 나타난다.

㉣ 빈곤(경제적 의존) : 전통적 가족제도의 붕괴, 실직 등으로 인한 경제적 곤란 등이 해당한다.

section 2 노인복지의 개념 및 원칙

(1) 노인복지의 개념

① 정의 ⋯ 노인이 인간다운 생활을 영위하면서 자기가 속한 가족과 사회에 적응하고 통합될 수 있도록 하는 데 필요한 자원과 서비스를 제공하는 공적 및 사적 차원의 조직적 제반활동을 뜻한다.

② 목적 ⋯ 노인의 건강한 심신유지 및 생활안정을 위한 조치들을 마련하여 궁극적으로 노인의 복지증진을 도모하려는 데에 있다.

(2) 노인복지의 기본원칙

① 존엄성의 원칙 ⋯ 노인도 다른 모든 국민들과 같이 신분, 연령, 직업, 신체적 · 정신적 건강, 경제적 지위 등으로 인해 차별받지 않는 인간적 권리로서의 존엄성이 보장되어야 한다.

② 개별성의 원칙 ⋯ 노인 각자의 개성이 존중될 수 있도록 개별적으로 다루어져야 하며 노인에 대한 일반적 고정관념을 타파해야 한다.

③ 연대책임의 원칙 ⋯ 노인복지의 책임은 대부분 노인을 둘러싼 환경, 즉 국가, 지방자치단체, 기업, 지역사회, 가족, 이웃 등이 공동으로 가지고 있다는 것을 인식하고 대처해야 한다.

④ 전체성의 원칙 ⋯ 노인에 대한 전체적인 이해와 파악을 기반으로 한 원조가 주어져야 한다. 이는 노인의 어느 한 측면만을 강조하여 원조하는 것이 아니라 신체적 · 정서적 · 지적 · 사회적 · 심리적 제측면의 총체로서 인정하고 원조를 해야 한다.

⑤ 욕구반영의 원칙 ⋯ 노인의 연령이나 시대에 따라 욕구가 다르기 때문에 연령별, 시대별에 맞는 원조가 이루어져야 한다.

⑥ 사회성의 원칙 ⋯ 노인생활의 사회적인 측면, 즉 인구의 노령화, 공업화의 진행, 가족구조의 변화 등을 고려하여 원조하여야 한다.

⑦ **주체성의 원칙** … 노인문제를 노인의 입장에 서서 파악하고 그 해결책을 모색하여야 한다.

⑧ **현실성의 원칙** … 노인복지대상에서 제외된 노인들에게도 현실성 있는 실질적 원조를 제공해야 한다.

⑨ **공평성의 원칙** … 모든 노인에게 동등한 기회와 조처를 받을 권리를 제공하여야 하며 정부지원 프로그램도 차별없이 공평하게 제공되어야 한다.

기출문제

section 3 노인복지의 내용

(1) 노인복지 프로그램

① **카플란(J. Kaplan)의 노인의 여가활동의 욕구**
  ㉠ 사회적으로 유익한 행동을 제공하려는 욕구
  ㉡ 자신이 지역사회의 가치 있는 한 일원으로 인정받고 싶은 욕구
  ㉢ 여가시간을 만족스러운 방법으로 사용하려는 욕구
  ㉣ 친구들과 함께 여가를 보내고 싶은 욕구
  ㉤ 자기표현과 성취감의 기회를 가지려는 욕구
  ㉥ 정상적인 동반자 관계를 즐기려는 욕구
  ㉦ 건강을 보호하고 유지하려는 욕구
  ㉧ 심리적인 혹은 정서적인 자극을 받아보려는 욕구
  ㉨ 가족관계를 원만히 가지려는 요구
  ㉩ 종교적 신앙을 포함한 영적인 만족감을 얻으려는 욕구

② **카플란(J. Kaplan)의 노인복지 서비스**
  ㉠ 의료 및 정신의학적 서비스
  ㉡ 적당한 주택의 조성
  ㉢ 정서적 안정과 사회적 유용성을 위한 기회의 제공
  ㉣ 퇴직 후의 경제적 보장
  ㉤ 만성병 노인을 위한 보호조치
  ㉥ 노동능력에 적합한 일을 얻을 수 있는 기회의 제공
  ㉦ 창조적 활동의 기회 및 여가선용의 지도

③ **쉔필드(B.E. Shenfield)의 고령자를 위한 사회적 정책**
  ㉠ 고용대책
  ㉡ 연금제도
  ㉢ 주택대책

ⓔ 의료대책

ⓜ 수용보호 및 거택노인을 위한 서비스

④ 오카무라 시게오의 노인복지 정책

　ⓐ **노후의 경제적 안정** : 노령연금, 공적부조, 노인수당, 기타 대부

　ⓑ **직업적 안정** : 정년제도 개선, 퇴직자 재고용, 직업훈련 및 알선, 노인복지공장 등

　ⓒ **의료(위생·영양)직 안정** : 노인건강신난, 중간의 집(day or night hospital), 가정봉사원 제도, 장·단기 간호원조, 노인특별급식, 재활치료와 시설의 보급

　ⓓ **가족생활(주택)보장** : 가정개별지도서비스, 가족생활상담, 독거노인·병약노인 방문 활동, 전화·이야기서비스, 노인급식, 노인공동주택 알선, 단기노인재활시설 운영

　ⓔ **사회협동의 기회** : 노인우호방문, 특수노인클럽활동 돕기, 독거노인·시설노인 클럽활동 돕기 등

　ⓕ **교육의 기회** : 노인대학, 노인사회교실, 노인교양·취미 클럽, 노인도서관, 노인교육상담

　ⓖ **문화·여가 선용의 기회** : 노인 레크리에이션, 클럽 지도, 노인스포츠센터, 노인여가 비용 지원, 노인재활지도

(2) 노인복지정책의 종류

① **소득보장**

　ⓐ 은퇴노인에 대한 소득보장은 노인복지제도의 최우선과제라 할 수 있다.

　ⓑ 노후의 소득보장은 주로 연금제도와 공공부조제도를 통해 시행된다.

② **의료보장** … 노인병의 조기발견을 위한 사전·사후 및 재활 서비스 등의 다양한 의료서비스가 제공되어야 한다.

　ⓐ 노인건강진단

　ⓑ 노인의료비의 무료화

③ **시설복지**

　ⓐ **양로시설** : 일신상의 사정이나 경제적 사정으로 인해 자택생활이 곤란한 노인을 무료로 수용·보호하는 시설이다.

　ⓑ **노인요양시설** : 일상생활을 하는 데 있어 타인의 도움이 필요한 노인을 위한 시설이다.

　ⓒ **경비노인 홈** : 저렴한 이용료로 편의를 도모해 주는 시설로 중간계층의 노인이 주이용자가 된다.

　ⓓ **유료노인 홈**

문 우리나라의 노후 소득보장정책에 대한 설명으로 옳은 것은?

▶ 2018. 5. 19. 사회복지직

① 국민기초생활보장제도는 공공부조 프로그램으로 선별주의 제도이다.

② 노후 소득보장정책은 기초연금제도와 기초노령연금제도로 이원화되어 있다.

③ 국민연금 가입대상에서 제외되는 직군은 공무원과 군인뿐이다.

④ 2018년 현재 노인수당인 경로연금제도를 운영하고 있다.

Tip ② 우리나라의 노후 소득보장정책은 기초연금제도, 국민연금제도, 국민기초생활보장제도, 국민연금 등으로 다원화되어 있다.

③ 국내에 거주하는 국민으로서 18세 이상 60세 미만인 자는 국민연금 가입 대상이 된다. 다만, 「공무원연금법」, 「군인연금법」, 「사립학교교직원 연금법」 및 「별정우체국법」을 적용받는 공무원, 군인, 교직원 및 별정우체국 직원, 그 밖에 대통령령으로 정하는 자는 제외한다〈국민연금법 제6조(가입 대상)〉.

④ 경로연금제도는 폐지되었고, 2018년 현재 기초연금제도를 운영하고 있다.

정답 ①

④ **거택복지** … 시설이 아닌 가정에서 행하는 복지서비스로, 허약한 노인이나 장애노인 등 일상생활을 하는데 지장이 있는 노인을 대상으로 실시한다.

ㄱ 가사보조원 파견

ㄴ 생활필수품의 급부 및 대여

ㄷ 안부전화의 설치

ㄹ 공공간호원 파견

ㅁ 노인거택 정비대금의 대부

ㅂ 음식이나 영양식 배달서비스

ㅅ 보건소나 병원 왕래 교통서비스

ㅇ 법적 조언

⑤ **일반복지** … 심신이 건강한 노인들에게 사회의 일원으로서 활동할 기회와 건강증진의 기회, 취미나 오락활동의 기회 등을 제공하는 제반 복지사업으로 구체적 내용은 다음과 같다.

ㄱ 취업알선

ㄴ 노인클럽 조성

ㄷ 노인 사회봉사단체 활동조성

ㄹ 노인 스포츠활동의 조성 및 장려

ㅁ 노인휴양관 설치

ㅂ 노인대학 설치

⑥ **노인복지센터** … 노인들의 개인적인 만족과 보람있는 삶을 위한 효과적인 여가시간의 활용을 목적으로 하는 서비스이다. 선진국에서 실시하고 있는 노인복지센터는 1년 동안 매주 5일간 하루에 4시간씩 노인들에게 제공하는 시설로서 공공기관이나 비영리기관 등에 의해 운영되며 유급 전문직 지도하에 여러가지 서비스가 실시된다.

ㄱ **오락**: 노인의 정서적 안정, 인격 성장 및 장점이나 관심을 적극적으로 발산시키는 것을 목적으로 한다.

ㄴ **성인교육**: 새로운 기술의 학습, 폭넓은 지식의 습득을 위해 언어·역사·문학·종교·음악감상 등에 대한 교육을 실시한다.

ㄷ **건강서비스**: 정기적인 건강진단, 질병의 조기발견, 보건강의 및 토의, 의료보호의 권장 등의 서비스를 실시한다.

ㄹ **정보제공 및 위탁 서비스**: 지역사회자원의 정보를 제공하는 서비스를 실시한다.

ㅁ **자원봉사서비스**: 퇴직 노인들이 지역사회를 위해 자발적인 봉사를 할 수 있도록 하는 서비스를 제공한다.

(3) 노인복지법의 주요내용

① 목적〈노인복지법 제1조〉…이 법은 노인의 질환을 사전예방 또는 조기발견하고 질환상태에 따른 적절한 치료·요양으로 심신의 건강을 유지하고, 노후의 생활안정을 위하여 필요한 조치를 강구함으로써 노인의 보건복지증진에 기여함을 목적으로 한다.

② 정의〈노인복지법 제1조의2〉

ⓐ 부양의무자 : 배우자(사실상의 혼인관계에 있는 자를 포함한다)와 직계비속 및 그 배우자(사실상의 혼인관계에 있는 자를 포함한다)를 말한다.

ⓑ 보호자 : 부양의무자 또는 업무·고용 등의 관계로 사실상 노인을 보호하는 자를 말한다.

ⓒ 치매 : 퇴행성 뇌질환 또는 뇌혈관계 질환 등으로 인하여 기억력, 언어능력, 지남력, 판단력 및 수행능력 등의 기능이 저하됨으로써 일상생활에서 지장을 초래하는 후천적인 다발성 장애를 말한다.

ⓓ 노인학대 : 노인에 대하여 신체적·정신적·정서적·성적 폭력 및 경제적 착취 또는 가혹행위를 하거나 유기 또는 방임을 하는 것을 말한다.

ⓔ 노인학대관련범죄 : 보호자에 의한 65세 이상 노인에 대한 노인학대로서 다음의 어느 하나에 해당되는 죄를 말한다.

- 형법 제2편 제25장 상해와 폭행의 죄 중 제257조(상해, 존속상해), 제258조(중상해, 존속중상해), 제260조(폭행, 존속폭행) 제1항·제2항, 제261조(특수폭행) 및 제264조(상습범)의 죄

- 형법 제2편 제28장 유기와 학대의 죄 중 제271조(유기, 존속유기) 제1항·제2항, 제273조(학대, 존속학대)의 죄

- 형법 제2편 제29장 체포와 감금의 죄 중 제276조(체포, 감금, 존속체포, 존속감금), 제277조(중체포, 중감금, 존속중체포, 존속중감금), 제278조(특수체포, 특수감금), 제279조(상습범), 제280조(미수범) 및 제281조(체포·감금등의 치사상)(상해에 이르게 한 때에만 해당한다)의 죄

- 형법 제2편 제30장 협박의 죄 중 제283조(협박, 존속협박) 제1항·제2항, 제284조(특수협박), 제285조(상습범)(제283조의 죄에만 해당한다) 및 제286조(미수범)의 죄

- 형법 제2편 제32장 강간과 추행의 죄 중 제297조(강간), 제297조의2(유사강간), 제298조(강제추행), 제299조(준강간, 준강제추행), 제300조(미수범), 제301조(강간등 상해·치상), 제301조의2(강간등 살인·치사), 제305조의2(상습범)(제297조, 제297조의2, 제298조부터 제300조까지의 죄에 한정한다)의 죄

- 형법 제2편 제33장 명예에 관한 죄 중 제307조(명예훼손), 제309조(출판물등에 의한 명예훼손) 및 제311조(모욕)의 죄

- 형법 제2편 제36장 주거침입의 죄 중 제321조(주거·신체 수색)의 죄

❓ 「노인복지법」에 규정된 노인학대의 정의에 해당하는 것을 모두 고른 것은?

▶ 2011. 4. 9. 행정안전부

ⓐ 신체적 폭력
ⓑ 성적 폭력
ⓒ 방임
ⓓ 경제적 착취

① ⓐⓑ
② ⓐⓑⓒ
③ ⓐⓑⓓ
④ ⓐⓑⓒⓓ

Tip '노인학대'라 함은 노인에 대하여 신체적·정신적·정서적·성적 폭력 및 경제적 착취 또는 가혹행위를 하거나 유기 또는 방임을 하는 것을 말한다〈노인복지법 제1조의2〉.

정답 ④

- 형법 제2편 제37장 권리행사를 방해하는 죄 중 제324조(강요) 및 제324조의5(미수범)(제324조의 죄에만 해당한다)의 죄
- 형법 제2편 제39장 사기와 공갈의 죄 중 제350조(공갈) 및 제352조(미수범)(제350조의 죄에만 해당한다)의 죄
- 형법 제2편 제42장 손괴의 죄 중 제366조(재물손괴등)의 죄
- 노인의 신체에 폭행을 가하거나 상해를 입히는 행위, 노인에게 성적 수치심을 주는 성폭행·성희롱 등의 행위, 자신의 보호·감독을 받는 노인을 유기하거나 의식주를 포함한 기본적 보호 및 치료를 소홀히 하는 방임행위, 노인에게 구걸을 하게 하거나 노인을 이용하여 구걸하는 행위, 폭언, 협박, 위협 등으로 노인의 정신건강에 해를 끼치는 정서적 학대행위, 노인을 위하여 증여 또는 급여된 금품을 그 목적 외의 용도에 사용하는 행위
- 위의 죄로서 다른 법률에 따라 가중처벌되는 죄

③ 기본이념〈노인복지법 제2조〉
  ㉠ 노인은 후손의 양육과 국가 및 사회의 발전에 기여하여 온 자로서 존경받으며 건전하고 안정된 생활을 보장받는다.
  ㉡ 노인은 그 능력에 따라 적당한 일에 종사하고 사회적 활동에 참여할 기회를 보장 받는다.
  ㉢ 노인은 노령에 따르는 심신의 변화를 자각하여 항상 심신의 건강을 유지하고 그 지식과 경험을 활용하여 사회의 발전에 기여하도록 노력하여야 한다.

④ 보건복지증진의 책임〈노인복지법 제4조〉
  ㉠ 국가와 지방자치단체는 노인의 보건 및 복지증진의 책임이 있으며, 이를 위한 시책을 강구하여 추진하여야 한다.
  ㉡ 국가와 지방자치단체는 ㉠의 규정에 의한 시책을 강구함에 있어 제2조에 규정된 기본이념이 구현되도록 노력하여야 한다.
  ㉢ 노인의 일상생활에 관련되는 사업을 경영하는 자는 그 사업을 경영함에 있어 노인의 보건복지가 증진되도록 노력하여야 한다.

⑤ 노인실태조사〈노인복지법 제5조〉… 보건복지부장관은 노인의 보건 및 복지에 관한 실태조사를 3년마다 실시하고 그 결과를 공표하여야 한다.

⑥ 노인사회참여 지원〈노인복지법 제23조〉
  ㉠ 국가 또는 지방자치단체는 노인의 사회참여 확대를 위하여 노인의 지역봉사 활동기회를 넓히고 노인에게 적합한 직종의 개발과 그 보급을 위한 시책을 강구하며 근로능력 있는 노인에게 일할 기회를 우선적으로 제공하도록 노력하여야 한다.
  ㉡ 국가 또는 지방차치단체는 노인의 지역봉사 활동 및 취업의 활성화를 기하기 위하여 노인지역봉사기관, 노인취업알선기관 등 노인복지관계기관에 대하여 필요한 지원을 할 수 있다.

기출문제

문 국내 노인 대상 복지 서비스 및 제도에 대한 설명으로 옳은 것은?
▶ 2020. 6. 13. 지방직/서울특별시
① 노인돌봄종합서비스와 응급안전서비스는 독거노인만을 대상으로 제공된다.
② 「노인복지법」에 근거하여 매년 10월을 경로의 달로 규정하고 있다.
③ 노인장기요양보험제도는 만 65세 이상 노인에게만 적용된다.
④ 치매국가책임제는 치매관리법 이 제정되기 이전부터 시행되어 왔다.

Tip ① 노인돌봄종합서비스는 만 65세 이상 노인으로 가구 소득이 기준 중위소득 160% 이하인 경우를 대상으로 하고 있고 응급안전서비스는 독거노인, 보호가 필요한 장애인에게 제공된다.
③ 노인장기요양보험제도는 만 65세 이상 또는 65세 미만의 노인 등이 노인성질병(치매, 뇌혈관성 질환)이 있는 자에게 적용된다.
④ 「치매관리법」 이후 고령사회로 진입하면서 노인과 그 가족이 전부 떠안아야 했던 치매로 인한 고통과 부담을 정부가 책임지는 복지정책이 치매국가관리제이다.

정답 ②

기출문제

⑦ 노인일자리전담기관의 설치·운영 등〈노인복지법 제23조의2〉

  ⊙ 노인의 능력과 적성에 맞는 일자리지원사업을 전문적·체계적으로 수행하기 위한 전담기관은 다음의 기관으로 한다.

    • 노인인력개발기관 : 노인일자리개발·보급사업, 조사사업, 교육·홍보 및 협력사업, 프로그램인증·평가사업 등을 지원하는 기관

    • 노인일자리지원기관 : 지역사회 등에서 노인일자리의 개발·지원, 창업·육성 및 노인에 의한 재화의 생산·판매 등을 직접 담당하는 기관

    • 노인취업알선기관 : 노인에게 취업 상담 및 정보를 제공하거나 노인일자리를 알선하는 기관

  ⓒ 국가 또는 지방자치단체는 노인일자리전담기관을 설치·운영하거나 그 운영의 전부 또는 일부를 법인·단체 등에 위탁할 수 있다.

  ⓒ 노인일자리전담기관의 설치·운영 또는 위탁에 관하여 필요한 사항은 대통령령으로 정한다.

  ⓔ ⊙의 노인일자리지원기관의 시설 및 인력에 관한 기준 등은 보건복지부령으로 정한다.

⑧ 지역봉사지도원 위촉 및 업무〈노인복지법 제24조〉

  ⊙ 국가 또는 지방자치단체는 사회적 신망과 경험이 있는 노인으로서 지역봉사를 희망하는 경우에는 이를 지역봉사지도원으로 위촉할 수 있다.

  ⓒ ⊙의 규정에 의한 지역봉사지도원의 업무는 다음과 같다.

    • 국가 또는 지방자치단체가 행하는 업무 중 민원인에 대한 상담 및 조언

    • 도로의 교통정리, 주·정차단속의 보조, 자연보호 및 환경침해 행위단속의 보조와 청소년 선도

    • 충효사상, 전통의례 등 전통문화의 전수교육

    • 문화재의 보호 및 안내, 노인에 대한 교통안전 및 교통사고예방 교육

    • 기타 대통령령이 정하는 업무

⑨ 생업지원〈노인복지법 제25조〉 … 국가, 지방자치단체, 그 밖의 공공단체 중 대통령령으로 정하는 기관(공공기관, 지방공사 및 지방공단, 특별법에 따라 설립된 법인)은 소관 공공시설에 식료품·사무용품·신문 등 일상생활용품의 판매를 위한 매점이나 자동판매기의 설치를 허가 또는 위탁할 때에는 65세 이상 노인의 신청이 있는 경우 이를 우선적으로 반영하여야 한다. 국가, 지방자치단체, 그 밖의 공공단체 중 대통령령으로 정하는 기관은 소관 공공시설에 청소, 주차관리, 매표 등의 사업을 위탁하는 경우에는 65세 이상 노인을 100분의 20 이상 채용한 사업체를 우선적으로 고려할 수 있다.

⑩ 경로우대〈노인복지법 제26조〉

　㉠ 국가 또는 지방자치단체는 65세 이상의 자에 대하여 대통령령이 정하는 바에 의하여 국가 또는 지방자치단체의 수송시설 및 고궁·능원·박물관·공원 등의 공공시설을 무료로 또는 그 이용요금을 할인하여 이용하게 할 수 있다.

　㉡ 국가 또는 지방자치단체는 노인의 일상생활에 관련된 사업을 경영하는 자에게 65세 이상의 자에 대하여 그 이용요금을 할인하여 주도록 권유할 수 있다.

　㉢ 국가 또는 지방자치단체는 ㉡의 규정에 의하여 노인에게 이용요금을 할인하여 주는 자에 대하여 적절한 지원을 할 수 있다.

⑪ 건강진단〈노인복지법 제27조〉

　㉠ 국가 또는 지방자치단체는 대통령령이 정하는 바에 의하여 65세 이상의 자에 대하여 건강진단과 보건교육을 실시할 수 있다. 이 경우 보건복지부령으로 정하는 바에 따라 성별 다빈도질환 등을 반영하여야 한다.

　㉡ 국가 또는 지방자치단체는 ㉠의 규정에 의한 건강진단 결과 필요하다고 인정한 때에는 그 건강진단을 받은 자에 대하여 필요한 지도를 하여야 한다.

⑫ 홀로 사는 노인에 대한 지원〈제27조의2〉

　㉠ 국가 또는 지방자치단체는 홀로 사는 노인에 대하여 방문요양서비스 등의 서비스와 안전확인 등의 보호조치를 취하여야 한다.

　㉡ ㉠의 서비스 및 보호조치의 구체적인 내용 등에 관하여는 보건복지부장관이 정한다.

⑬ 노인복지시설의 종류〈노인복지법 제31조〉

　㉠ 노인주거복지시설〈노인복지법 제32조 제1항〉

　　• 양로시설 : 노인을 입소시켜 급식과 그 밖에 일상생활에 필요한 편의를 제공함을 목적으로 하는 시설

　　• 노인공동생활가정 : 노인들에게 가정과 같은 주거여건과 급식, 그 밖에 일상생활에 필요한 편의를 제공함을 목적으로 하는 시설

　　• 노인복지주택 : 노인에게 주거시설을 임대하여 주거의 편의·생활지도·상담 및 안전관리 등 일상생활에 필요한 편의를 제공함을 목적으로 하는 시설

　㉡ 노인의료복지시설〈노인복지법 제34조 제1항〉

　　• 노인요양시설 : 치매·중풍 등 노인성질환 등으로 심신에 상당한 장애가 발생하여 도움을 필요로 하는 노인을 입소시켜 급식·요양과 그 밖에 일상생활에 필요한 편의를 제공함을 목적으로 하는 시설

　　• 노인요양공동생활가정 : 치매·중풍 등 노인성질환 등으로 심신에 상당한 장애가 발생하여 도움을 필요로 하는 노인에게 가정과 같은 주거여건과 급식·요양, 그 밖에 일상생활에 필요한 편의를 제공함을 목적으로 하는 시설

문 「노인복지법」상 같은 종류의 노인복지시설에 해당하지 않는 것은?
▶ 2018. 5. 19. 사회복지직

① 노인전문병원, 주·야간보호서비스
② 양로시설, 노인공동생활가정
③ 노인요양시설, 노인요양공동생활가정
④ 노인복지관, 경로당

Tip 노인복지시설의 종류〈노인복지법 제31조 등 참조〉
㉠ 노인주거복지시설: 양로시설, 노인공동생활가정, 노인복지주택
㉡ 노인의료복지시설: 노인요양시설, 노인요양공동생활가정
㉢ 노인여가복지시설: 노인복지관, 경로당, 노인교실
㉣ 재가노인복지시설: 방문요양서비스, 주·야간보호서비스, 단기보호서비스, 방문목욕서비스
㉤ 노인보호전문기관
㉥ 노인일자리지원기관
㉦ 학대피해노인 전용쉼터

정답 ①

415

기출문제

📖 우리나라의 현행 노인복지제도에 대한 설명으로 옳은 것은?

▶ 2016. 4. 9. 인사혁신처

① 노인복지주택에 입소할 수 있는 자는 65세 이상으로 소득인정액이 보건복지부장관이 정하여 고시하는 금액 이하인 사람으로 한다.

② 기초연금은 65세 이상의 모든 노인에게 제공되는 보편적 현금 급여이다.

③ 「노인복지법」에 의한 노인여가복지시설에는 노인복지관, 경로당, 노인교실이 포함된다.

④ 장기요양보험제도는 요양시설에 거주하는 중증질환 노인들만을 대상으로 실시하고 있다.

Tip ① 노인복지주택에 입소할 수 있는 자는 60세 이상의 노인으로 한다.

② 기초연금은 65세 이상인 사람으로서 소득인정액이 보건복지부장관이 정하여 고시하는 금액 이하인 사람에게 지급하는 급여이다.

④ 장기요양보험제도는 요양시설에 거주하지 않거나(재가급여), 경증의 노인성 치매 등과 같이 중증질환이 아닌 사람들도 대상으로 한다.

|정답 ③

© 노인여가복지시설〈노인복지법 제36조 제1항〉

• 노인복지관 : 노인의 교양·취미생활 및 사회참여활동 등에 대한 각종 정보와 서비스를 제공하고, 건강증진 및 질병예방과 소득보장·재가복지, 그 밖에 노인의 복지증진에 필요한 서비스를 제공함을 목적으로 하는 시설

• 경로당 : 지역노인들이 자율적으로 친목도모·취미활동·공동작업장 운영 및 각종 정보교환과 기타 여가활동을 할 수 있도록 하는 장소를 제공함을 목적으로 하는 시설

• 노인교실 : 노인들에 대하여 사회활동 참여욕구를 충족시키기 위하여 건전한 취미생활·노인건강유지·소득보장 기타 일상생활과 관련한 학습프로그램을 제공함을 목적으로 하는 시설

② 재가노인복지시설〈노인복지법 제38조〉

• 방문요양서비스 : 가정에서 일상생활을 영위하고 있는 노인으로서 신체적·정신적 장애로 어려움을 겪고 있는 노인에게 필요한 각종 편의를 제공하여 지역사회 안에서 건전하고 안정된 노후를 영위하도록 하는 서비스

• 주·야간보호서비스 : 부득이한 사유로 가족의 보호를 받을 수 없는 심신이 허약한 노인과 장애노인을 주간 또는 야간 동안 보호시설에 입소시켜 필요한 각종 편의를 제공하여 이들의 생활안정과 심신기능의 유지·향상을 도모하고, 그 가족의 신체적·정신적 부담을 덜어주기 위한 서비스

• 단기보호서비스 : 부득이한 사유로 가족의 보호를 받을 수 없어 일시적으로 보호가 필요한 심신이 허약한 노인과 장애노인을 보호시설에 단기간 입소시켜 보호함으로써 노인 및 노인가정의 복지증진을 도모하기 위한 서비스

• 방문 목욕서비스 : 목욕장비를 갖추고 재가노인을 방문하여 목욕을 제공하는 서비스

• 그 밖의 서비스 : 그 밖에 재가노인에게 제공하는 서비스로서 보건복지부령으로 정하는 서비스

◎ 노인보호전문기관

⊕ 노인일자리지원기관 : 지역사회 등에서 노인일자리의 개발·지원, 창업·육성 및 노인에 의한 재화의 생산·판매 등을 직접 담당하는 기관

◇ 학대피해노인 전용쉼터

⑭ 노인보호전문기관의 설치〈노인복지법 제39조의5〉

㉠ 국가는 지역 간의 연계체계를 구축하고 노인학대를 예방하기 위하여 다음의 업무를 담당하는 중앙노인보호전문기관을 설치·운영하여야 한다.

• 노인인권보호 관련 정책제안

• 노인인권보호를 위한 연구 및 프로그램의 개발

• 노인학대 예방의 홍보, 교육자료의 제작 및 보급

• 노인보호전문사업 관련 실적 취합, 관리 및 대외자료 제공

기출문제

- 지역노인보호전문기관의 관리 및 업무지원
- 지역노인보호전문기관 상담원의 심화교육
- 관련 기관 협력체계의 구축 및 교류
- 노인학대 분쟁사례 조정을 위한 중앙노인학대사례판정위원회 운영
- 그 밖에 노인의 보호를 위하여 대통령령으로 정하는 사항

㉡ 학대받는 노인의 발견 · 보호 · 치료 등을 신속히 처리하고 노인학대를 예방하기 위하여 다음의 업무를 담당하는 지역노인보호전문기관을 특별시 · 광역시 · 도 · 특별자치도에 둔다.

- 노인학대 신고전화의 운영 및 사례접수
- 노인학대 의심사례에 대한 현장조사
- 피해노인 및 노인학대자에 대한 상담
- 피해노인가족 관련자와 관련 기관에 대한 상담
- 상담 및 서비스제공에 따른 기록과 보관
- 일반인을 대상으로 한 노인학대 예방교육
- 노인학대행위자를 대상으로 한 재발방지 교육
- 노인학대사례 판정을 위한 지역노인학대사례판정위원회 운영 및 자치사례회의 운영
- 그 밖에 노인의 보호를 위하여 보건복지부령으로 정하는 사항

㉢ 보건복지부장관 및 시 · 도지사는 노인학대예방사업을 목적으로 하는 비영리법인을 지정하여 ㉠에 따른 중앙노인보호전문기관과 ㉡에 따른 지역노인보호전문기관의 운영을 위탁할 수 있다.

㉣ ㉠에 따른 중앙노인보호전문기관과 ㉡에 따른 지역노인보호전문기관의 설치기준과 운영, 상담원의 자격과 배치기준 및 ㉢에 따른 위탁기관의 지정 등에 필요한 사항은 대통령령으로 정한다.

⑮ **노인학대 신고의무와 절차**〈노인복지법 제39조의6〉

㉠ 누구든지 노인학대를 알게 된 때에는 노인보호전문기관 또는 수사기관에 신고할 수 있다.

㉡ 다음에 해당하는 자는 그 직무상 65세 이상의 사람에 대한 노인학대를 알게 된 때에는 즉시 노인보호전문기관 또는 수사기관에 신고하여야 한다.

- 의료법의 의료기관에서 의료업을 행하는 의료인 및 의료기관의 장
- 방문요양서비스나 안전확인 등의 서비스 종사자, 노인복지시설의 장과 그 종사자 및 노인복지상담원
- 장애인복지법의 규정에 의한 장애인복지시설에서 장애노인에 대한 상담 · 치료 · 훈련 또는 요양업무를 수행하는 사람
- 가정폭력방지 및 피해자보호 등에 관한 법률에 따른 가정폭력 관련 상담소 및 가정폭력피해자 보호시설의 장과 그 종사자

기출문제

- 사회복지사업법에 따른 사회복지전담공무원 및 사회복지관, 부랑인 및 노숙인보호를 위한 시설의 장과 그 종사자
- 노인장기요양보험법에 따른 장기요양기관 및 재가장기요양기관의 장과 그 종사자
- 119구조 · 구급에 관한 법률에 따른 119구급대의 구급대원
- 건강가정기본법에 따른 건강가정지원센터의 장과 그 종사자
- 다문화가족지원법에 따른 다문화가족지원센터의 장과 그 종사자
- 성폭력방지 및 피해자보호 등에 관한 법률에 따른 성폭력피해상담소 및 성폭력피해자보호시설의 장과 그 종사자
- 응급의료에 관한 법률에 따른 응급구조사
- 의료기사 등에 관한 법률에 따른 의료기사
- 국민건강보험공단 소속 요양직 직원
- 지역보건의료기관의 장과 종사자
- 노인복지시설 설치 및 관리 업무 담당 공무원

ⓒ 신고인의 신분은 보장되어야 하며 그 의사에 반하여 신분이 노출되어서는 아니된다.

⑯ 금지행위〈노인복지법 제39조의9〉

ㄱ 노인의 신체에 폭행을 가하거나 상해를 입히는 행위

ㄴ 노인에게 성적 수치심을 주는 성폭행 · 성희롱 등의 행위

ㄷ 자신의 보호 · 감독을 받는 노인을 유기하거나 의식주를 포함한 기본적 보호 및 치료를 소홀히 하는 방임행위

ㄹ 노인에게 구걸을 하게 하거나 노인을 이용하여 구걸하는 행위

ㅁ 노인을 위하여 증여 또는 급여된 금품을 그 목적 외의 용도에 사용하는 행위

ㅂ 폭언, 협박, 위협 등으로 노인의 정신건강에 해를 끼치는 정서적 학대행위

⑰ 요양보호사의 결격사유〈노인복지법 제39조의13〉

ㄱ 정신건강증진 및 정신질환자 복지서비스 지원에 관한 법률 제3조 제1호에 따른 정신질환자. 다만, 전문의가 요양보호사로서 적합하다고 인정하는 사람은 그러하지 아니하다.

ㄴ 마약 · 대마 또는 향정신성의약품 중독자

ㄷ 피성년후견인

ㄹ 금고 이상의 형을 선고받고 그 형의 집행이 종료되지 아니하였거나 그 집행을 받지 아니하기로 확정되지 아니한 사람

ㅁ 법원의 판결에 따라 자격이 정지 또는 상실된 사람

ㅂ 요양보호사의 자격이 취소된 날부터 1년이 경과되지 아니한 사람

(4) 사회복지사의 활동과 역할

① **사례관리** … 노인의 사례관리는 사례 발굴, 사정, 서비스 계획의 개발, 서비스 알선, 조정, 모니터, 재사정, 평가, 종결, 관계 유지를 포함한다.

② **옹호** … 노인과 가족을 대신하여 기존의 공공 또는 민간 조직과 기관에 도전함으로써 서비스 전달체계를 향상하고, 필요한 프로그램을 개발하는 등 노인과 가족의 생활조건을 향상시키기 위해 변화하도록 노력한다.

③ **개별상담과 가족상담** … 비애 상담은 배우자나 자녀, 형제의 사망, 역할 손실, 만성질환이나 정신건강의 문제로 인한 상실에 대한 상담으로서 노인상담에서 중요한 비중을 차지한다. 개별 또는 가족상담에서 사회복지사는 노인 클라이언트의 환경으로서 가족, 이웃, 보건체계와 지지망에 대해 평가하고 지지하는 것이 중요하다. 즉, 주요 보호제공자가 있는지, 주요 보호제공자의 보호부담은 어느 정도인지를 파악하며, 보호제공자의 보호능력을 방해하는 문제를 해결함으로써 보호부담을 경감시키도록 원조한다.

④ **지지집단과 치료집단** … 노인과 가족을 위한 지지집단과 치료집단은 은퇴, 치매, 약물남용, 불치병, 우울증에 대한 지지, 치료, 교육, 옹호 등을 목표로 한다. 또한 사회복지사는 노인이 고립에서 벗어날 수 있도록 치료적·사교적인 프로그램을 적극 활용한다.

⑤ **시설보호서비스** … 병원, 양로원 등의 시설에서 사회복지사는 노인의 사회욕구에 대한 사정, 노인과 가족을 위한 건강교육, 상담, 옹호, 퇴원계획, 지역사회와의 연결, 프로그램 개발, 시설 내 치료적 환경개발을 위한 자문, 노인의 독립 잠재성을 최대화하는 보호계획의 개발 등에 관여한다.

1　다음의 노인복지법에서 규정한 정의가 옳지 않은 것은?

① 부양의무자란 배우자와 직계비속 및 그 배우자를 말한다.

② 보호자란 부양의무자 또는 업무·고용 등의 관계로 사실상 노인을 보호하는 자를 말한다.

③ 치매란 퇴행성 뇌질환 또는 뇌혈관계 질환 등으로 일상생활에서 지장을 초래하는 후천적인 다발성 장애를 말한다.

④ 노인학대란 노인에 대하여 신체적·정신적·정서적으로 폭력을 휘두르는 행위를 한정하여 말한다.

2　노인복지정책에 대한 설명이다. 옳은 것을 모두 고르면?

> ㉠ 은퇴노인에 대한 소득보장은 노인복지제도의 최우선과제라 할 수 있다.
> ㉡ 의료보장으로는 노인건강진단과 노인의료비의 무료화 정책 등이 있다.
> ㉢ 거택복지에는 공공간호원의 파견은 포함되지 않는다.
> ㉣ 경비노인 홈은 중간계층의 노인이 주이용자가 된다.
> ㉤ 노인복지센터에서는 성인교육, 건강서비스, 정보제공 및 위탁서비스, 자원봉사서비스 등을 제공한다.

① ㉠㉡㉢　　　　　　　　　　　　② ㉡㉣㉤

③ ㉠㉡㉣㉤　　　　　　　　　　　④ ㉠㉡㉢㉣㉤

3　노인장기요양보험제도에 대한 설명으로 옳지 않은 것은?

① 2008년 7월 1일부터 시행되었다.

② 직접 장기요양서비스를 받는 노인에게만 혜택을 주는 제도이다.

③ 장기요양인정점수를 기준으로 5개의 등급으로 나눈다.

④ 일반국민을 대상으로, 수요자 선택권을 보장하면서 다양하고 전문적인 서비스를 제공하는 사회보험 제도이다.

4　노령에 대한 다음 설명 중 분리이론에 대한 것으로 가장 옳은 것은?

① 노년기에 와서 본의 아니게 사회적 지위상의 변화가 오게 되고 이를 인정하지 못할 때 위기상황에 접하게 된
　다는 이론이다.

② 인간은 노화가 옴에 따라 현실의 사회와 개인으로부터 나누어진다는 이론이다.

③ 생활주기의 각 단계에는 변화와 더불어 계속성이 있다는 것으로 인간은 가능한 한 기존의 상태를 그대로 유
　지하고자 한다.

④ 퇴사 후에도 계속적으로 사회적 활동이나 교제활동을 활발히 해야 한다는 이론이다.

5　노인복지법에서의 노인의 연령은?

① 55세 이상

② 60세 이상

③ 65세 이상

④ 70세 이상

6　다음 중 현대사회에서의 노인정책으로 가장 적합한 것은?

① 노령퇴직 등으로 삶의 보람을 상실한 노인을 대상으로 하는 공공부조가 주류를 이룬다.

② 극빈노인에 대한 구빈대책이다.

③ 양로사업의 대상은 부양가족이 없는 소수의 노인이다.

④ 노인의 사회생활에 있어 제반 기본적 욕구의 충족을 사회적으로 보장하는 일반적 대책이다.

7　다음 중 노인의 날은?

① 8월 2일

② 9월 2일

③ 10월 2일

④ 11월 2일

8 노인복지의 원칙에 대한 설명으로 옳지 않은 것은?

① 존엄성의 원칙은 노인도 다른 모든 국민들과 같이 신분, 연령, 직업, 신체적 · 정신적 건강, 경제적 지위 등으로 인해 차별받지 않는 인간적 권리로서의 존엄성이 보장되어야 한다는 의미이다.

② 연대책임의 원칙이란 노인복지의 책임은 대부분 노인을 둘러싼 국가 및 지방자치단체, 기업, 지역사회, 가족, 이웃 등이 가지고 있다는 것을 인식하고 대처해야 한다는 의미이다.

③ 개별성의 원칙이란 노인의 연령이나 시대에 따라 욕구가 다르기 때문에 연령별, 시대별에 맞는 원조가 이루어져야 한다는 의미이다.

④ 현실성의 원칙이란 노인복지대상에서 제외된 노인에게도 현실성 있는 실질적 원조를 제공해야 한다는 의미이다.

9 다음 중 노인복지시설의 유형이 바르게 연결되지 않은 것은?

① 주거복지시설 – 노인복지주택   ② 의료복지시설 – 노인요양시설
③ 재가복지시설 – 노인교실   ④ 여가복지시설 – 노인복지관

10 「노인복지법」에 규정되어 있는 재가노인복지시설은?

① 노인요양공동생활가정   ② 방문요양서비스
③ 경로당   ④ 노인복지관

11 노인의 대인관계나 보상관계 불균형을 초래한다는 점에서 노령으로 인한 교환자원가치의 변동과 권력의 감소를 이익강화의 대책으로 보는 이론은?

① 교환이론   ② 노령계층화이론
③ 활동이론   ④ 분리이론

12 노인복지정책에서 재가복지서비스 프로그램의 목표로 옳은 것은?

① 신체적 · 정신적으로 건전한 노인들이 가족이나 지역사회 내에 머물도록 한다.

② 노인보호에 대한 국가책임을 가족에게 위임한다.

③ 신체적 · 정신적으로 항상 보호가 필요한 사람들을 가족의 보호아래 둔다.

④ 노인들이 이웃에게 해를 끼치지 않도록 거택에 수용 · 감시한다.

13 거택보호서비스에 해당하는 것은?

① 가사보조원 파견　　　　　　　　② 양로원

③ 노인휴양관 설치　　　　　　　　④ 노인건강진단

14 다음 노인복지센터의 활동과 거리가 먼 것은?

① 노령으로 인하여 독자적으로 생활하기 어렵거나 가정사정이 특별한 경우에 있는 노인을 대상으로 한다.

② 노인의 정서적 안정, 인격적 성장 및 그들의 장점이나 관심을 적극적으로 발전시키고자 한다.

③ 새로운 기술의 학습, 넓은 지식의 획득, 언어, 역사, 문학 등에 대하여 교육을 실시한다.

④ 주기적인 건강진단, 질병에 대한 조기발견, 보건강의, 토의, 의료보호의 권장 등의 서비스활동이 있다.

15 다음 중 노인복지법상 노인일자리전담기관에 대한 설명으로 옳은 것은?

① 노인일자리전담기관은 노인의 연령에 맞는 일자리창출사업을 수행하기 위한 전담기관이다.

② 노인인력개발기관은 노인일자리개발 · 보급사업, 조사사업, 교육 · 홍보 및 협력사업 등을 지원하는 기관이다.

③ 노인일자리지원기관은 노인에게 취업 상담 및 정보를 제공하거나 노인일자리를 알선하는 기관이다.

④ 노인취업알선기관은 지역사회 등에서 노인일자리는 개발 · 지원, 창업 · 육성 등을 직접 담당하는 기관이다.

정답및해설

1	④	2	③	3	②	4	②	5	③
6	④	7	③	8	③	9	③	10	②
11	①	12	①	13	①	14	①	15	②

1 ④ '노인학대'라 함은 노인에 대하여 신체적·정신적·정서적·성적 폭력 및 경제적 착취 또는 가혹행위를 하거나 유기 또는 방임을 하는 것을 말한다(노인복지법 제1조의2).

2 거택복지…시설이 아닌 가정에서 행하는 복지서비스로, 허약한 노인이나 장애노인 등 일상생활을 하는데 지장이 있는 노인을 대상으로 실시한다.
　※ 거택복지서비스의 종류
　　㉠ 가사보조원 파견
　　㉡ 생활필수품의 급부 및 대여
　　㉢ 안부전화의 설치
　　㉣ 공공간호원 파견
　　㉤ 노인거택 정비대금의 대부
　　㉥ 보건소나 병원 왕래 교통서비스
　　㉦ 법적 조언

3 ② 노인장기요양보험은 직접 장기요양서비스를 받는 노인뿐만 아니라 장기요양을 직접 담당하던 중·장년층과 자녀 등 모든 세대, 모든 가족구성원에게 혜택을 주는 제도이다. 노인들은 자녀들에게 부담을 주지 않고 계획적·전문적 장기요양 서비스를 받을 수 있으며, 장기요양을 직접 담당하던 중·장년층은 정신·육체, 경제적 부담에서 벗어나 경제, 사회활동에 전념할 수 있다. 또한 자녀들도 장기요양부담이 해소된 가정에서 더 나은 교육과 보살핌을 받을 수 있다.

4 ② 분리이론은 노화함에 따라 개인인 타인들과의 인간관계의 빈도를 줄이고 인간관계의 성질도 바꾸어 가는 피할 수 없는 과정을 겪게 된다.
　① 위기이론
　③ 계속성이론
　④ 활동이론

5 ③ 노인복지법상 '노인'은 65세 이상의 자이다.

6 ④ 노인복지의 광의의 개념이다. 현대사회에서의 노인정책은 모든 노인의 생활상의 안정, 의료, 직업의 보장, 주택, 교육, 오락, 등 생활의 기본적 욕구 및 그 외 사회적 서비스의 제공을 포함한 광범위한 사회적 정책을 의미하고 있다.
　①②③ 과거 협의의 노인복지 내지는 노인정책이다.

7 ③ 매년 10월 2일은 경로효친 사상을 일깨우고 노인들의 노고를 치하하기 위해 1997년 제정한 법정기념일이다.

8 개별성의 원칙…노인 각자의 개성이 존중될 수 있도록 개별적으로 다루어져야 하며 노인에 대한 일반적 고정관념을 타파해야 한다.
　③ 욕구반영의 원칙에 대한 설명이다.

9 ③ 노인교실은 여가복지시설에 해당된다.

10 ② 방문요양서비스 : 가정에서 일상생활을 영위하고 있는 노인으로서 신체적 · 정신적 장애로 어려움을 겪고 있는 노인에게 필요한 각종 편의를 제공하여 지역사회 안에서 건전하고 안정된 노후를 영위하도록 하는 서비스
① 노인의료복지시설
③④ 노인여가복지시설

※ 재가노인복지시설 … 방문요양서비스, 주 · 야간보호서비스, 단기보호서비스, 방문목욕서비스 등

11 ① 호만즈(Homans)의 사회교환이론에 대한 설명으로, 노인문제가 일어나는 원인을 노인이 가지고 있는 교환자원이 상대적으로 저하됨으로써 교환관계의 불균형이 초래되고, 이로 인해 노인 스스로가 개인이나 사회에 의존하게 되는 데 있다고 본다. 따라서 노인이 가지고 있는 교환가치들을 높이거나 노인의 힘을 증가시켜 균형적이고 상호의존적인 교환관계를 형성할 수 있도록 하는 데 중점을 둔다.

12 ① 재가복지서비스는 요보호대상자가 집에 머물러 있으면서 지역사회의 보호를 다양하게 받는 것을 목적으로 한다.

13 ① 거택보호서비스는 시설이 아닌 가정에서 생활하는 허약노인, 장애노인 등 일상생활에 지장이 있는 노인에 대한 원조대책을 말한다. 이에는 가사보조원 파견, 생활필수품의 급부 및 대여, 안부전화의 설치, 공공간호원 파견, 음식이나 영양식 배달서비스 등이 있다.

14 노인복지센터의 서비스활동의 대상은 특정집단의 노인보다 전체노인의 개인적인 만족과 보람있는 삶을 위하여 지역사회의 제반자원 및 정보를 제공하여 여가시간의 활용을 돕는 데 있다.
① 시설복지대책의 대상이다.

15 노인일자리전담기관의 설치 · 운영 등 〈노인복지법 제23조의2〉
노인의 능력과 적성에 맞는 일자리지원사업을 전문적 · 체계적으로 수행하기 위한 전담기관은 다음의 기관으로 한다.
• 노인인력개발기관 : 노인일자리개발 · 보급사업, 조사사업, 교육 · 홍보 및 협력사업, 프로그램인증 · 평가사업 등을 지원하는 기관
• 노인일자리지원기관 : 지역사회 등에서 노인일자리의 개발 · 지원, 창업 · 육성 및 노인에 의한 재화의 생산 · 판매 등을 직접 담당하는 기관
• 노인취업알선기관 : 노인에게 취업 상담 및 정보를 제공하거나 노인일자리를 알선하는 기관

04 장애인복지

기출문제

section 1 개요

(1) 장애인의 개념과 문제

① 장애인의 개념

    ㉠ **정의** : 우리나라 장애인복지법에 정의되어 있는 장애인은 신체적·정신적 장애로 오랫동안 일상생활이나 사회생활에서 상당한 제약을 받는 자로서 대통령령으로 정한 기준에 해당되어야 한다.

    ㉡ **국제노동기구(ILO)의 정의** : 장애인이란 신체적 또는 정신적 결함으로 인해 적당한 직업을 확보하거나 그 직업을 유지해 나갈 가망이 없을 정도로 상당한 손상을 가진 개인을 말한다.

    ㉢ **국제연합의 결의에 의한 장애인의 권리선언** : 장애인은 선천적 또는 후천적인 원인으로 신체적·정신적 능력이 결여되어 일상생활이나 사회생활유지에 필요한 것을 자기 스스로 완전하게 또는 부분적으로 수행할 수 없는 사람을 말한다.

② 장애인문제

    ㉠ **장애인구의 증가문제** : 세계적으로 약 12 ~ 15% 가량의 인구가 심신장애를 가지고 있으며 이 수는 앞으로 계속 늘어날 전망이다.

    ㉡ **의료적 문제** : 의료시설에 종사하는 전문적 의료인력의 부족, 의료수가가 비급여인 관계로 인한 장애인의 의료비부담 증가, 장애인의 조기발견체계 부족, 일관된 의료서비스 전달체계 확립 미흡 등이 있다.

    ㉢ **교육적 문제** : 장애인교육의 문제는 특수교육시설 및 내용의 미흡, 장애인을 일반인과 격리시켜 교육시키는 것에 따른 문제 등이 있다.

    ㉣ **사회적 차별의 문제** : 장애인의 교육 및 노동기회 부족을 해결하기 위해선 사회적 편견과 차별을 제거해야 한다.

    ㉤ **가족생활의 문제** : 장애인이 있는 가정에서 겪는 가족생활의 문제로는 장애인의 장애상태를 인정하고 받아들이지 못하는 가족구성원의 문제와 장애인의 보호부담의 증가가 커지면서 가족들의 정신적·물질적 고통이 가중되는 것과 장애인의 경제적 자립 불가능으로 인한 가족들의 경제적·심리적 부담 등이 있다.

(2) 장애인복지의 개념 및 원칙

① 장애인복지의 개념

- ㉠ **정의** : 사회복지의 한 분야로 장애로 인한 장애인의 가족생활과 사회생활의 곤란을 해결해 주기 위해 공사차원에서 장애발생의 예방 및 치료, 교육, 보호, 자립 등의 여러 활동들을 조직적으로 실행하는 것을 말한다.
- ㉡ **목적** : 장애인의 잠재적 능력을 최대한으로 개발하여 일상생활 및 사회생활에 적응하게끔 하고 더불어 장애인의 위기대처능력을 향상시키기 위해 시행하는 활동이다.
- ㉢ **개념**
  - **정상화** : 기본적으로 장애인을 정상인과 같은 보통사람으로 생각하고 장애인의 생활형태와 조건을 사회의 규범과 형태에 맞추는 것으로, 장애인을 한 사람의 인간으로서 인식하고 정상인과 같은 생활환경을 조성하는 것을 말한다.
  - **통합화** : 장애인을 가정과 사회·정상적인 사람과 격리시키거나 유별나고 특별한 사람으로 취급하여 처우하는 것이 아니라 사회 속에서 정상인과 함께 생활할 수 있는 사람으로 인식하여 통합적으로 처우하는 것이다. 이를 위해서 주거, 일, 여가 등의 조건이 선행되어야만 한다.

② 장애인복지의 기본이념

- ㉠ **존엄성과 가치의 보장** : 장애인은 인간으로서의 존엄성과 가치를 보장받을 권리가 있다.
- ㉡ **차별적 대우의 철폐** : 장애인이 정상인에 비해 정신적·신체적 능력이 떨어진다 하여 사회적 제분야에서 차별을 받아야 하는 것은 아니다.
- ㉢ **사회적 참여활동의 보장** : 장애인이 사회의 모든 분야의 활동에 참여할 수 있는 기회를 제공해야 한다.
- ㉣ **자립·자활의 조장** : 장애인 스스로가 경제적 자립뿐만 아니라 잠재적 능력을 개발하고 주체적인 삶을 살아갈 수 있도록 한다.
- ㉤ **공동책임의 의무** : 장애인복지는 장애인 본인·가족·사회·국가 등이 협력하여 연대책임을 져야 한다.

Point **장애인의 자립생활** … 장애인이 자신의 삶에 대한 결정을 내리고 자신의 결정에 대하여 타인의 개입 또는 보호를 최소화하여 스스로의 삶을 선택하고 결정하는 모든 과정에 장애인 당사자가 참여하는 것을 말한다.

기출문제

장애인복지 이념에 대한 설명으로 옳지 않은 것은?
▶ 2020. 7. 11. 인사혁신처

① 인권존중 - 인간은 누구나 인간으로서 존엄하고, 인간으로서의 평등한 가치를 지닌다는 인식을 기반으로 하는 것을 의미한다.
② 정상화 - 장애인이 주거, 일과, 여가 등 가능한 한 보편에 가까운 생활을 하는 것으로서 장애인에게 사회적으로 가치 있는 일을 부여하고 지원하는 과정을 의미한다.
③ 자립생활 - 장애인이 자기결정권을 가지고 자신이 바라는 생활 목표나 생활양식을 선택하여 살아가는 것을 의미한다.
④ 사회통합 - 장애인을 사회적으로 기여할 수 없는 무가치한 존재로 인식하여 비장애인 중심의 일반 사회에서 격리 보호하는 것이 타당하다는 의미이다.

Tip ④ 사회통합: 장애인을 가정과 사회·정상적인 사람과 격리시키거나 유별나고 특별한 사람으로 취급하여 처우하는 것이 아니라 사회 속에서 정상인과 함께 생활할 수 있는 사람으로 인식하여 통합적으로 처우하는 것이다.

정답 ④

③ 장애인복지 모델

　㉠ 시민권모델 : 장애인을 장애로 인해 사회적인 배제를 당하는 사람으로 보고, 장애인복지 정책이 적절한 배려(reasonable accommodation)를 통해 장애인의 시민권을 보장해야 한다고 주장한다. 시민권모델은 사회적 주변인으로 인식되었던 장애인, 여성, 이주민 등을 권리의 주체로 주체화시켰다는 평가를 받는다.

　㉡ 복지모델 : 장애인을 개인의 신체적 · 정신적 손상으로 인해 장애가 있는 사람으로 보고, 사회적 통제의 대상으로 보는 입장이다.

[시민권모델과 복지모델 비교]

구분	시민권모델	복지모델
장애인문제의 원인	사회적 차별	개인적 손상
장애인을 보는 시각	선택주체	통제대상
장애인복지 정책의 방향	통합 · 권리	분리 · 보호
해결방향	사회적 변화	개별적인 적용
해결방법	사회적 행동	개별적 치료
권리구제	개별소송	행정규제

section 2 장애의 유형 및 기준

(1) 세계보건기구(WHO)에서 정의한 장애의 유형

① ICIDH(국제장애분류) - 1980년

　㉠ Impairment(기능장애) : 1차 장애 → 예방

　　• 신체 일부의 상실, 기능의 감손을 가져온 영구적 또는 일시적인 병리적 상태를 말한다.

　　• 의료적 접근과 신체재활적 접근이 이루어지며, 보호와 치료차원의 서비스를 제공한다.

　㉡ Disability(능력장애) : 2차 장애 → 재활

　　• 기능상실로 인한 일상생활 또는 취업행위의 장애로서 이것은 정신적 · 신체적 손상의 결과일 뿐만 아니라 그 상태에 대한 개인의 적응 결과이기도 하다.

　　• 잔존능력의 강화, 일상생활동작 훈련, 보조구의 사용을 통한 일상생활활동의 능력을 강화하기 위해 훈련과 교육차원의 서비스를 제공한다.

　㉢ Handicap(사회적 장애) : 3차 장애 → 기회균등

　　• 기능상실이나 기능장애로 인한 사회적 반응, 선입관, 편견의식, 사회적 낙인 등 사회생활상의 장애를 말한다.

　　• 환경의 개선을 통해 접근하며 지역사회에서의 통합생활을 보장하는 것이 중요하다.

② ICIDH-2(국제장애분류) – 1997년

 ㉠ Impairment(손상) : 신체구조나 물리적·심리적 기능상의 상실이나 비정상을 의미한다.

 ㉡ Activity limitation(활동과 활동제한) : 일상의 과업에서 기대되는 개인의 통합된 활동에 제한을 가져오는 것을 말한다.

 ㉢ Participation restriction(참여와 참여제한) : 기능·구조장애, 활동, 건강요건, 상황요인과 관련한 생활상황에서의 개인의 연관성을 의미한다.

③ ICIDH-2(국제장애분류) – 2001년

 ㉠ 2001년 WHO에서 승인한 국제기능장애건강분류(International Classification of Functioning, Disability and Health)는 신체적 손상을 넘어서 개인의 능력과 환경요인을 포괄하는 분류체계를 제시하며 장애분류의 국제적 기준을 마련했다.

 ㉡ ICF는 ICIDH-2에서 제시되고 있는 대부분의 내용을 계승하면서, 분류체계와 언어사용을 보다 긍정적이며 환경적인 측면을 강조하여 수정한 분류이다.

(2) 장애의 기준

① 지체장애 … 지체장애는 지체부자유라는 말로도 쓰이는데, 이는 신체구조의 일부 또는 전체가 어떤 질병이나 외상 등으로 인해 영구적인 장애가 생겨 자유스런 활동이나 운동을 하지 못하는 것을 말한다. 우리나라 장애인복지법 시행령과 그 시행규칙에는 지체부자유자에 대한 기준을 6등급으로 나누어 규정하고 있는데 주로 팔, 손가락, 다리, 발에 장애가 있는 경우이다.

② 시각장애 … 물체의 존재나 형태를 인식하는 기관인 눈의 기능장애를 말한다.

③ 정신지체 … 지능이 평균 이하로 현저히 낮아서 일상생활과 사회생활에 적응하지 못하는 것을 말한다.

④ 언어장애 … 선천적·후천적 원인으로 언어습득 및 발달에 장애를 초래하여 타인과의 의사소통이나 자신의 의사전달기능에 곤란이나 지장이 있는 상태를 말한다.

⑤ 정신장애 … 정서적으로 감정의 기복이 심하고 유동적이며 여러 가지 문제행동을 일으키는 상태를 말한다.

기출문제

문 세계보건기구(WHO)가 2001년에 발표한 새로운 국제장애분류체계는?
▶ 2012. 4. 7. 행정안전부

① ICF
② ICD
③ ICIDH
④ ICIDH-2

Tip ① ICF(International Classification of Functioning, Disability and Health) : 개인적인 장애나 질병과 상황적 맥락(환경적 요소와 개별적 요소)과의 상호작용에 의해 기능과 장애를 설명한다.
② ICD(The International Statistical Classification of Diseases and Related Health Problems) : 국제질병사인분류는 사람의 질병 및 사망 원인에 관한 표준 분류 규정으로 세계 보건 기구에서 발표하는 자료이다.
③ ICIDH(International Classification of Impairments, Disabilities and Handicaps) : 1980년 국제 장애분류는 건강조건, 손상, 장애, 사회적 불리의 개념을 통해 장애를 분류하였다.
④ ICIDH-2(International Classification of Impairments, Disabilities and Handicaps-2) : 손상, 활동장애, 참여의 기준으로 장애를 분류하고 있다.

정답 ①

기출문제

문 우리나라의 장애인복지법령에 따른 장애 유형은 크게 신체적 장애와 정신적 장애로 구분되는데, 이러한 방법으로 장애의 범주화를 시도할 때 장애의 성격이 다른 것은?
▶ 2014. 3. 22. 사회복지직

① 정신장애
② 뇌병변장애
③ 지적장애
④ 자폐성장애

Tip ② 뇌병변장애는 신체적 장애에 해당한다.

※ 장애인 복지법에 따른 장애분류

신체적 장애	외부 신체 기능 장애	지체장애, 뇌병변장애, 시각장애, 청각장애, 언어장애, 안면장애
	내부 기관 장애	신장장애, 심장장애, 간장애, 호흡기장애, 장루·요루장애, 간질장애
정신적 장애		지적장애, 정신장애, 자폐성장애

(3) **장애인복지법의 장애인의 종류 및 기준**〈장애인복지법 시행령 별표1〉

① **지체장애인**

㉠ 한 팔, 한 다리 또는 몸통의 기능에 영속적인 장애가 있는 사람

㉡ 한 손의 엄지손가락을 지골(指骨 : 손가락 뼈) 관절 이상의 부위에서 잃은 사람 또는 한 손의 둘째 손가락을 포함한 두 개 이상의 손가락을 모두 제1지골 관절 이상의 부위에서 잃은 사람

㉢ 한 다리를 가로발목뼈관절(lisfranc joint) 관절 이상의 부위에서 잃은 사람

㉣ 두 발의 발가락을 모두 잃은 사람

㉤ 한 손의 엄지손가락 기능을 잃은 사람 또는 한 손의 둘째 손가락을 포함한 손가락 두 개 이상의 기능을 잃은 사람

㉥ 왜소증으로 키가 심하게 작거나 척추에 현저한 변형 또는 기형이 있는 사람

㉦ 지체에 위의 어느 하나에 해당하는 장애정도 이상의 장애가 있다고 인정되는 사람

② **뇌병변장애인** … 뇌성마비, 외상성 뇌손상, 뇌졸중 등 뇌의 기질적 병변으로 인하여 발생한 신체적 장애로 보행이나 일상생활의 동작 등에 상당한 제약을 받는 사람

③ **시각장애인**

㉠ 나쁜 눈의 시력(만국식시력표에 따라 측정된 교정시력을 말한다)이 0.02 이하인 사람

㉡ 좋은 눈의 시력이 0.2 이하인 사람

㉢ 두 눈의 시야가 각각 주시점에서 10도 이하로 남은 사람

㉣ 두 눈의 시야 2분의 1 이상을 잃은 사람

④ **청각장애인**

㉠ 두 귀의 청력 손실이 각각 60데시벨(dB) 이상인 사람

㉡ 한 귀의 청력 손실이 80데시벨 이상, 다른 귀의 청력 손실이 40데시벨 이상인 사람

㉢ 두 귀에 들리는 보통 말소리의 명료도가 50퍼센트 이하인 사람

㉣ 평형 기능에 상당한 장애가 있는 사람

⑤ **언어장애인** … 음성 기능이나 언어 기능에 영속적으로 상당한 장애가 있는 사람

⑥ **지적장애인** … 정신 발육이 항구적으로 지체되어 지적 능력의 발달이 불충분하거나 불완전하고 자신의 일을 처리하는 것과 사회생활에 적응하는 것이 상당히 곤란한 사람

┃정답 ②

기출문제

⑦ **자폐성장애인** … 소아기 자폐증, 비전형적 자폐증에 따른 언어 · 신체표현 · 자기 조절 · 사회적응 기능 및 능력의 장애로 인하여 일상생활이나 사회생활에 상당한 제약을 받아 다른 사람의 도움이 필요한 사람

⑧ **정신장애인** … 지속적인 양극성 정동장애(여러 현실 상황에서 부적절한 정서 반응을 보이는 장애), 조현병, 조현정동장애 및 재발성 우울장애에 따른 감정조절 · 행동 · 사고 기능 및 능력의 장애로 인하여 일상생활이나 사회생활에 상당한 제약을 받아 다른 사람의 도움이 필요한 사람

⑨ **신장장애인** … 신장의 기능부전으로 인하여 혈액투석이나 복막투석을 지속적으로 받아야 하거나 신장 기능의 영속적인 장애로 인하여 일상생활에 상당한 제약을 받는 사람

⑩ **심장장애인** … 심장의 기능부전으로 인한 호흡곤란 등의 장애로 일상생활에 상당한 제약을 받는 사람

⑪ **호흡기장애인** … 폐나 기관지 등 호흡기관의 만성적 기능부전으로 인한 호흡기능의 장애로 일상생활에 상당한 제약을 받는 사람

⑫ **간장애인** … 간의 만성적 기능부전과 그에 따른 합병증 등으로 인한 간기능의 장애로 일상 생활에 상당한 제약을 받는 사람

⑬ **안면장애인** … 안면 부위의 변형이나 기형으로 사회생활에 상당한 제약을 받는 사람

⑭ **장루 · 요루장애인** … 배변기능이나 배뇨기능의 장애로 인하여 장루 또는 요루를 시술하여 일상생활에 상당한 제약을 받는 사람

⑮ **뇌전증장애인** … 뇌전증에 의한 뇌신경세포의 장애로 인하여 일상생활이나 사회생활에 상당한 제약을 받아 다른 사람의 도움이 필요한 사람

section ③ 장애인복지의 실제

(1) 장애인복지제도

장애인복지서비스는 장애의 치료와 재활을 위한 의료재활서비스, 장애의 정도와 능력에 적합한 교육재활서비스, 노동의 기회제공 및 직업재활 서비스, 소득보장(장애연금, 기초생활보장, 장애수당)과 주거프로그램, 가족생활과 장애 부모 · 형제의 보호부담관련서비스, 재가서비스 등을 포함한다.

① 사회보험제도

  ㉠ 1960년 '공무원연금법', 1963년 '군인연금법', 1973년 '사립학교교원연금법' 등이 제정되어 공무기간 중 장애인이 되었을 경우 이를 보장하는 장애급여와 상이연금제도를 실시하였다.

  ㉡ 1963년 '산업재해보상보험법'을 제정하여 산업재해장애자에 대한 장애치료급여와 보상급여(완전장애)를 1964년에 실시하였다.

  ㉢ 1973년 '국민연금법'의 제정으로 장애연금 또는 장애급여제도를 마련(1988년부터 실시) 하였다.

② 공공부조제도

  ㉠ 국민기초생활 보장법이 제정되어 저소득층 장애인 중 생활무능력자를 대상으로 국가에서 생활비의 일부를 현물 또는 현금급여의 형태로 지원하였다.

  ㉡ 국민건강보호법이 제정되어 기초생활보호대상 장애인의 건강보험사업을 시행하였다.

  ㉢ **구호사업의 실시** : 1961년 국가유공자예우 등에 관한 법률 등에 의거하여 보상급여, 의료보험, 자영사업 자금대여, 자녀교육비 보조, 직업보도 등의 공공부조사업을 실시하였다.

  ㉣ **장애인 연금** : 2010년 장애인연금법이 제정되어 18세 이상의 중증장애인으로서 소득인정액이 그 중증장애인의 소득·재산·생활수준과 물가상승률 등을 고려하여 선정기준액 이하인 사람에게 지급한다.

③ **장애인고용촉진 및 직업재활법** … 장애인복지서비스 가운데 특히 직업재활은 장애인의 사회통합을 위해 필수적이며, 재활과정의 최종목표이기도 하다.

Point 팁 **장애인고용의무** … 국가와 지방자치단체의 장은 장애인을 소속 공무원 정원에 대하여 2017년 1월 1일부터 2018년 12월 31일까지는 1천분의 32, 2019년 이후에는 1천분의 34에 해당하는 비율 이상 고용하여야 하며, 상시 50인 이상의 근로자를 고용하는 사업주는 그 근로자 총수의 100분의 5의 범위에서 대통령으로 정하는 비율 이상에 해당하는 장애인을 고용하여야 한다.

④ **사회복지사의 활동과 역할** … 사회복지사는 장애인과 가족에 대한 상담, 사회력 작성, 사례관리, 가족과 자원의 연계, 퇴원계획 등의 활동을 수행하며, 상담자, 촉진자, 교사, 옹호자, 사례관리자, 프로그램 개발과 평가자, 지역사회 조직가 등의 역할을 수행한다. 특히 장애인의 복합적 욕구를 충족하기 위해 필요한 의료, 재활, 교육, 주거, 고용 등의 서비스에 대한 욕구를 사정하고 적절한 자원과 서비스를 연결하며, 서비스가 효과적으로 제공되는지 조정·모니터·평가한다.

(2) 장애인복지법의 주요내용

① **목적**〈장애인복지법 제1조〉 … 이 법은 장애인의 인간다운 삶과 권리보장을 위한 국가와 지방자치단체 등의 책임을 명백히 하고, 장애발생 예방과 장애인의 의료·교육·직업재활·생활환경개선 등에 관한 사업을 정하여 장애인복지대책을 종합적으로 추진하며, 장애인의 자립생활·보호 및 수당지급 등에 관하여 필요한 사항을 정하여 장애인의 생활안정에 기여하는 등 장애인의 복지와 사회활동 참여증진을 통하여 사회통합에 이바지함을 목적으로 한다.

② **장애인의 정의**〈장애인복지법 제2조〉

    ㉠ **장애인**: 신체적·정신적 장애로 오랫동안 일상생활이나 사회생활에서 상당한 제약을 받는 자를 말한다.

    ㉡ 이 법을 적용받는 장애인은 ㉠에 따른 장애인 중 다음의 어느 하나에 해당하는 장애가 있는 자로서 대통령령으로 정하는 장애의 종류 및 기준에 해당하는 자를 말한다.

      • 신체적 장애란 주요 외부 신체 기능의 장애, 내부기관의 장애 등을 말한다.

      • 정신적 장애란 발달장애 또는 정신 질환으로 발생하는 장애를 말한다.

    ㉢ **장애인학대**: 장애인에 대하여 신체적·정신적·정서적·언어적·성적 폭력이나 가혹행위, 경제적 착취, 유기 또는 방임을 하는 것을 말한다.

③ **기본이념**〈장애인복지법 제3조〉 … 장애인복지의 기본이념은 장애인의 완전한 사회 참여와 평등을 통하여 사회통합을 이루는 데에 있다.

④ **책임**

    ㉠ **국가와 지방자치단체의 책임**〈장애인복지법 제9조〉

      • 국가와 지방자치단체는 장애 발생을 예방하고, 장애의 조기 발견에 대한 국민의 관심을 높이며, 장애인의 자립을 지원하고, 보호가 필요한 장애인을 보호하여 장애인의 복지를 향상시킬 책임을 진다.

      • 국가와 지방자치단체는 여성 장애인의 권익을 보호하기 위하여 정책을 강구하여야 한다.

      • 국가와 지방자치단체는 장애인복지정책을 장애인과 그 보호자에게 적극적으로 홍보하여야 하며, 국민이 장애인을 올바르게 이해하도록 하는 데에 필요한 정책을 강구하여야 한다.

    ㉡ **국민의 책임**〈장애인복지법 제10조〉: 모든 국민은 장애 발생의 예방과 장애의 조기 발견을 위하여 노력하여야 하며, 장애인의 인격을 존중하고 사회통합의 이념에 기초하여 장애인의 복지향상에 협력하여야 한다.

🔲 **우리나라 장애인복지법령의 내용으로 옳은 것은?**

▶ 2016. 3. 19. 사회복지직

① 발달 장애는 신체적 장애에 포함된다.

② 장애인 거주시설이란 장애인을 입원 또는 통원하게 하여 상담, 진단·판정, 치료 등 의료재활서비스를 제공하는 시설을 말한다.

③ 국가와 지방자치단체는 학생, 공무원, 근로자, 그 밖의 일반 국민 등을 대상으로 장애인에 대한 인식개선을 위한 교육 및 공익광고 등 홍보사업을 실시하여야 한다.

④ 보건복지부장관은 장애인 복지정책의 수립에 필요한 기초 자료로 활용하기 위하여 5년마다 장애실태조사를 실시하여야 한다.

> **Tip** ③ 국가와 지방자치단체는 학생, 공무원, 근로자, 그 밖의 일반국민 등을 대상으로 장애인에 대한 인식개선을 위한 교육 및 공익광고 등 홍보사업을 실시하여야 한다〈법 제25조〉.
> ① 발달장애 또는 정신 질환으로 발생하는 장애는 정신적 장애에 포함된다〈법 제2조〉.
> ② 장애인 거주시설이란 거주공간을 활용하여 일반가정에서 생활하기 어려운 장애인에게 일정 기간 동안 거주·요양 지원 등의 서비스를 제공하는 동시에 지역사회생활을 지원하는 시설이다〈법 제58조〉.
> ④ 보건복지부장관은 장애인 복지정책의 수립에 필요한 기초 자료로 활용하기 위하여 3년마다 장애실태조사를 실시하여야 한다〈법 제31조〉.

정답 ③

⑤ 장애인정책종합계획〈장애인복지법 제10조의2〉

　　㉠ 보건복지부장관은 장애인의 권익과 복지증진을 위하여 관계 중앙행정기관의
　　　장과 협의하여 5년마다 장애인정책종합계획을 수립·시행하여야 한다.

　　㉡ 종합계획에는 다음의 사항이 포함되어야 한다.

　　　• 장애인의 복지에 관한 사항
　　　• 장애인의 교육문화에 관한 사항
　　　• 장애인의 경제활동에 관한 사항
　　　• 장애인의 사회참여에 관한 사항
　　　• 그 밖에 장애인의 권익과 복지증진을 위하여 필요한 사항

　　㉢ 관계 중앙행정기관의 장은 장애인의 권익과 복지증진을 위하여 관련 업무에 대
　　　한 사업계획을 매년 수립·시행하여야 하고, 그 사업계획과 전년도의 사업계획
　　　추진실적을 매년 보건복지부장관에게 제출하여야 한다.

　　㉣ 보건복지부장관은 ㉢에 따라 제출된 사업계획과 추진실적을 종합하여 종합
　　　계획을 수립하되, 제11조에 따른 장애인정책조정위원회의 심의를 미리 거쳐
　　　야 한다. 종합계획을 변경하는 경우에도 또한 같다.

　　㉤ 보건복지부장관은 종합계획의 추진성과를 매년 평가하고, 그 결과를 종합계
　　　획에 반영할 필요가 있는 경우에는 ㉣ 후단에 따라 종합계획을 변경하거나
　　　다음 종합계획을 수립할 때에 반영하여야 한다.

　　㉥ ㉠부터 ㉤까지에서 규정한 사항 외에 종합계획의 수립 시기, 절차 및 방법
　　　등에 관하여 필요한 사항은 대통령령으로 정한다.

⑥ 장애인정책조정위원회의 심의·조정 사항〈장애인복지법 제11조 제2항〉

　　㉠ 장애인복지정책의 기본방향에 관한 사항
　　㉡ 장애인복지 향상을 위한 제도개선과 예산지원에 관한 사항
　　㉢ 중요한 특수교육정책의 조정에 관한 사항
　　㉣ 장애인 고용촉진정책의 중요한 조정에 관한 사항
　　㉤ 장애인 이동보장 정책조정에 관한 사항
　　㉥ 장애인정책 추진과 관련한 재원조달에 관한 사항
　　㉦ 장애인복지에 관한 관련 부처의 협조에 관한 사항
　　㉧ 그 밖에 장애인복지와 관련하여 대통령령으로 정하는 사항

⑦ 장애인복지시설의 종류〈장애인복지법 제58조〉

　　㉠ 장애인 거주시설 : 거주공간을 활용하여 일반가정에서 생활하기 어려운 장애
　　　인에게 일정 기간 동안 거주·요양·지원 등의 서비스를 제공하는 동시에
　　　지역사회생활을 지원하는 시설

ⓛ 장애인 지역사회재활시설 : 장애인을 전문적으로 상담·치료·훈련하거나 장애인의 일상생활, 여가활동 및 사회참여활동 등을 지원하는 시설

ⓒ 장애인 직업재활시설 : 일반 작업환경에서는 일하기 어려운 장애인이 특별히 준비된 작업환경에서 직업훈련을 받거나 직업 생활을 할 수 있도록 하는 시설

ⓔ 장애인 의료재활시설 : 장애인을 입원 또는 통원하게 하여 상담, 진단·판정, 치료 등 의료재활서비스를 제공하는 시설

ⓜ 그 밖에 대통령령으로 정하는 시설(장애인 생산품판매시설)

⑧ 장애인복지시설의 구체적인 구분〈장애인복지법 시행규칙 별표4〉

ⓐ 장애인 거주시설

•장애유형별 거주시설 : 장애유형이 같거나 유사한 장애를 가진 사람들을 이용하게 하여 그들의 장애유형에 적합한 주거지원·일상생활지원·지역사회생활지원 등의 서비스를 제공하는 시설

•중증장애인 거주시설 : 장애의 정도가 심하여 항상 도움이 필요한 장애인에게 주거지원·일상생활지원·지역사회생활지원·요양서비스를 제공하는 시설

•장애영유아 거주시설 : 6세 미만의 장애영유아를 보호하고 재활에 필요한 주거지원·일상생활지원·지역사회생활지원·요양서비스를 제공하는 시설

•장애인 단기거주시설 : 보호자의 일시적 부재 등으로 도움이 필요한 장애인에게 단기간 주거서비스, 일상생활지원서비스, 지역사회생활서비스를 제공하는 시설

•장애인 공동생활가정 : 장애인들이 스스로 사회에 적응하기 위하여 전문인력의 지도를 받으며 공동으로 생활하는 지역사회 내의 소규모 주거시설

ⓑ 장애인 지역사회 재활시설

•장애인복지관 : 장애인에 대한 각종 상담 및 사회심리·교육·직업·의료재활 등 장애인의 지역사회생활에 필요한 종합적인 재활서비스를 제공하고 장애에 대한 사회적 인식 개선사업을 수행하는 시설

•장애인 주간보호시설 : 장애인을 주간에 일시 보호하여 장애인에게 필요한 재활서비스를 제공하는 시설

•장애인 체육시설 : 장애인의 체력증진 또는 신체기능 회복활동을 지원하고 이와 관련된 편의를 제공하는 시설

•장애인 수련시설 : 장애인의 문화·취미·오락활동 등을 통한 심신수련을 조장·지원하고 이와 관련된 편의를 제공하는 시설

•장애인 생활이동지원센터 : 이동에 상당한 제약이 있는 장애인에게 차량 운행을 통한 직장 출퇴근 및 외출 보조나 그 밖의 이동서비스를 제공하는 시설

•한국수어 통역센터 : 의사소통에 지장이 있는 청각·언어장애인에게 한국수어 통역 및 상담서비스를 제공하는 시설

•점자도서관 : 시각장애인에게 점자간행물 및 녹음서를 열람하게 하는 시설

•점자도서 및 녹음서 출판시설 : 시각장애인을 위한 점자간행물 및 녹음서를 출판하는 시설

기출문제

• 장애인 재활치료시설 : 장애아동을 포함한 장애인에게 언어·미술·음악 등 재활 치료에 필요한 치료, 상담, 훈련 등의 서비스를 제공하고 서비스를 이용한 자로부터 비용을 수납하여 운영하는 시설

ⓒ 장애인 직업재활시설

• 장애인 보호작업장 : 직업능력이 낮은 장애인에게 직업적응능력 및 직무기능 향상훈련 등 직업재활 훈련 프로그램을 제공하고, 보호가 가능한 조건에서 근로의 기회를 제공하며, 이에 상응하는 노동의 대가로 임금을 지급하며, 장애인 근로사업장이나 그 밖의 경쟁적인 고용시장으로 옮겨갈 수 있도록 돕는 역할을 하는 시설

• 장애인 근로사업장 : 직업능력은 있으나 이동 및 접근성이나 사회적 제약 등으로 취업이 어려운 장애인에게 근로의 기회를 제공하고, 최저임금 이상의 임금을 지급하며, 경쟁적인 고용시장으로 옮겨갈 수 있도록 돕는 역할을 하는 시설

• 장애인 직업적응훈련시설 : 작업능력이 극히 낮은 장애인에게 작업활동, 일상생활훈련 등을 제공하여 기초작업능력을 습득시키고, 작업평가 및 사회적응훈련 등을 실시하여 장애인 보호작업장 또는 장애인근로사업장이나 그 밖의 경쟁적인 고용시장으로 옮겨갈 수 있도록 돕는 역할을 하는 시설

ⓔ 장애인 의료재활시설 : 장애인을 입원 또는 통원하게 하여 상담, 진단·판정, 치료 등 의료재활서비스를 제공하는 시설

ⓜ 장애인 생산품 판매시설 : 장애인 생산품의 판매활동 및 유통을 대행하고, 장애인 생산품이나 서비스·용역에 관한 상담, 홍보, 판로개척 및 정보제공 등 마케팅을 지원하는 시설

(3) 장애인고용촉진 및 직업재활법의 주요내용

① 목적〈장애인고용촉진 및 직업재활법 제1조〉… 이 법은 장애인이 그 능력에 맞는 직업생활을 통하여 인간다운 생활을 할 수 있도록 장애인의 고용촉진 및 직업재활을 꾀하는 것을 목적으로 한다.

② 정의〈장애인고용촉진 및 직업재활법 제2조〉

ㄱ 장애인 : 신체 또는 정신상의 장애로 장기간에 걸쳐 직업생활에 상당한 제약을 받는 사람으로서 대통령령으로 정하는 기준에 해당하는 사람을 말한다.

ㄴ 중증장애인 : 장애인 중 근로 능력이 현저하게 상실된 사람으로서 대통령령으로 정하는 기준에 해당하는 사람을 말한다.

ㄷ 고용촉진 및 직업재활 : 장애인의 직업지도, 직업적응훈련, 직업능력개발훈련, 취업알선, 취업, 취업 후 적응지도 등에 대하여 이 법에서 정하는 조치를 강구하여 장애인이 직업생활을 통하여 자립할 수 있도록 하는 것을 말한다.

    ② 장애인 표준사업장 : 장애인 고용 인원·고용비율 및 시설·임금에 관하여 고용노동부령으로 정하는 기준에 해당하는 사업장(장애인복지법 제58조 제1항 제3호에 따른 장애인 직업재활시설은 제외한다)을 말한다.

③ 책임

    ㉠ 국가와 지방자치단체의 책임〈장애인고용촉진 및 직업재활법 제3조〉
- 국가와 지방자치단체는 장애인의 고용촉진 및 직업재활에 관하여 사업주 및 국민 일반의 이해를 높이기 위하여 교육·홍보 및 장애인 고용촉진 운동을 지속적으로 추진하여야 한다.
- 국가와 지방자치단체는 사업주·장애인, 그 밖의 관계자에 대한 지원과 장애인의 특성을 고려한 직업재활 조치를 강구하여야 하고, 장애인의 고용촉진을 꾀하기 위하여 필요한 시책을 종합적이고 효과적으로 추진하여야 한다. 이 경우 중증장애인과 여성장애인에 대한 고용촉진 및 직업재활을 중요시하여야 한다.

    ㉡ 사업주의 책임〈장애인고용촉진 및 직업재활법 제5조〉
- 사업주는 장애인의 고용에 관한 정부의 시책에 협조하여야 하고, 장애인이 가진 능력을 정당하게 평가하여 고용의 기회를 제공함과 동시에 적정한 고용관리를 할 의무를 가진다.
- 사업주는 근로자가 장애인이라는 이유로 채용·승진·전보 및 교육훈련 등 인사관리상의 차별대우를 하여서는 아니 된다.

    ㉢ 직장 내 장애인 인식개선 교육〈장애인고용촉진 및 직업재활법 제5조의2〉
- 사업주는 장애인에 대한 직장 내 편견을 제거함으로써 장애인 근로자의 안정적인 근무여건을 조성하고 장애인 근로자 채용이 확대될 수 있도록 장애인 인식개선 교육을 실시하여야 한다.
- 사업주 및 근로자는 위 내용에 따른 장애인 인식개선 교육을 받아야 한다.
- 사업의 규모나 특성을 고려하여 대통령령으로 정하는 사업주가 자체적으로 위 내용에 따른 장애인 인식개선 교육을 실시하는 경우에는 고용노동부령으로 정하는 강사의 자격기준을 갖춘 사람이 실시하여야 한다.
- 고용노동부장관은 위 내용에 따른 교육실시 결과에 대한 점검을 할 수 있다.
- 고용노동부장관은 위 내용에 따른 사업주의 장애인 인식개선 교육이 원활하게 이루어지도록 교육교재 등을 개발하여 보급하여야 한다.
- 위 내용에 따른 장애인 인식개선 교육의 내용·방법 및 횟수 등은 대통령령으로 정한다.

④ 장애인의 자립 노력 등〈장애인고용촉진 및 직업재활법 제6조〉

    ㉠ 장애인은 직업인으로서의 자각을 가지고 스스로 능력 개발·향상을 도모하여 유능한 직업인으로 자립하도록 노력하여야 한다.

    ㉡ 장애인의 가족 또는 장애인을 보호하고 있는 자는 장애인에 관한 정부의 시책에 협조하여야 하고, 장애인의 자립을 촉진하기 위하여 적극적으로 노력하여야 한다.

⑤ 장애인 고용 의무

㉠ 국가와 지방자치단체의 장애인 고용 의무〈장애인고용촉진 및 직업재활법 제27조〉

• 국가와 지방자치단체의 장은 장애인을 소속 공무원 정원에 대하여 2017년 1월 1일부터 2018년 12월 31일까지는 1천분의 32, 2019년 이후는 1천분의 34에 해당하는 비율 이상 고용하여야 한다.

• 국가와 지방자치단체의 각 시험 실시 기관(각급기관)의 장은 신규채용시험을 실시할 때 신규채용 인원에 대하여 장애인이 위의 첫 번째 항의 구분에 따른 해당 연도 비율 이상 채용하도록 하여야 한다.

• 임용권을 위임받은 기관의 장이 공개채용을 하지 아니하고 공무원을 모집하는 경우에도 위의 두 번째 항을 준용한다.

• 위 첫째 항과 둘째 항은 공안직군 공무원, 검사, 경찰 · 소방 · 경호 공무원 및 군인 등에 대하여는 적용하지 아니한다. 다만, 국가와 지방자치단체의 장은 본문에 규정된 공안직군 공무원 등에 대하여도 장애인이 고용될 수 있도록 노력하여야 한다.

• 위 둘째 항과 셋째 항에 따른 채용시험 및 모집에 응시하는 장애인의 응시 상한 연령은 중증장애인인 경우에는 3세, 그 밖의 장애인인 경우에는 2세를 각각 연장한다.

• 국회사무총장, 법원행정처장, 헌법재판소사무처장, 중앙선거관리위원회사무총장, 중앙행정기관의 장 등 대통령령으로 정하는 국가기관의 장 및 지방자치법에 따른 지방자치단체의 장, 지방교육자치에 관한 법률에 따른 교육감은 소속 각급기관의 공무원 채용계획을 포함한 장애인 공무원 채용계획과 그 실시 상황을 대통령령으로 정하는 바에 따라 고용노동부장관에게 제출하여야 한다.

• 고용노동부장관은 위 여섯 번째 항에 따른 장애인 공무원 채용계획이 적절하지 아니하다고 인정되면 장애인 공무원 채용계획을 제출한 자에게 그 계획의 변경을 요구할 수 있고, 위의 첫번째 항에 따른 고용 의무의 이행 실적이 현저히 부진한 때에는 그 내용을 공표할 수 있다.

㉡ 사업주의 장애인 고용 의무〈장애인고용촉진 및 직업재활법 제28조〉

• 상시 50명 이상의 근로자를 고용하는 사업주는 그 근로자의 총수의 100분의 5의 범위에서 대통령령으로 정하는 비율 이상에 해당하는 장애인을 고용하여야 한다.

• 위 첫 번째 항에도 불구하고 특정한 장애인의 능력에 적합하다고 인정되는 직종에 대하여는 장애인을 고용하여야 할 비율을 대통령령으로 따로 정할 수 있다. 이 경우 그 비율은 의무고용률로 보지 아니한다.

• 의무고용률은 전체 인구 중 장애인의 비율, 전체 근로자 총수에 대한 장애인 근로자의 비율, 장애인 실업자 수 등을 고려하여 5년마다 정한다.

• 위 첫 번째 항에 따른 상시 고용하는 근로자 수 및 건설업에서의 공사 실적액 산정에 필요한 사항은 대통령령으로 정한다.

(4) 그 밖의 관계 법령

① 장애인차별금지 및 권리구제 등에 관한 법률

Point 팁 **차별행위**〈장애인차별금지 및 권리구제 등에 관한 법률 제4조 제1항〉…이 법에서 금지하는 차별이라 함은 다음의 어느 하나에 해당하는 경우를 말한다.

⑦ 장애인을 장애를 사유로 정당한 사유 없이 제한 · 배제 · 분리 · 거부 등에 의하여 불리하게 대하는 경우

⑥ 장애인에 대하여 형식상으로는 제한 · 배제 · 분리 · 거부 등에 의하여 불리하게 대하지 아니하지만 정당한 사유 없이 장애를 고려하지 아니하는 기준을 적용함으로써 장애인에게 불리한 결과를 초래하는 경우

ⓒ 정당한 사유 없이 장애인에 대하여 정당한 편의 제공을 거부하는 경우

② 정당한 사유 없이 장애인에 대한 제한 · 배제 · 분리 · 거부 등 불리한 대우를 표시 · 조장하는 광고를 직접 행하거나 그러한 광고를 허용 · 조장하는 경우. 이 경우 광고는 통상적으로 불리한 대우를 조장하는 광고효과가 있는 것으로 인정되는 행위를 포함한다.

ⓜ 장애인을 돕기 위한 목적에서 장애인을 대리 · 동행하는 자(장애아동의 보호자 또는 후견인 그 밖에 장애인을 돕기 위한 자임이 통상적으로 인정되는 자를 포함)에 대하여 ⑦부터 ②까지의 행위를 하는 경우. 이 경우 장애인 관련자의 장애인에 대한 행위 또한 이 법에서 금지하는 차별행위 여부의 판단대상이 된다.

ⓗ 보조견 또는 장애인보조기구 등의 정당한 사용을 방해하거나 보조견 및 장애인보조기구 등을 대상으로 ②에 따라 금지된 행위를 하는 경우

② 장애인 · 노인 · 임산부 등의 편의증진 보장에 관한 법률

③ 장애인 등에 대한 특수교육법

④ 장애인활동 지원에 관한 법률

⑤ 장애아동복지지원법

⑥ 장애인연금법

(5) 장애인 재활사업

① **재활의 정의** … 심신장애인에게 의료적 · 사회적 · 교육적 · 직업적인 재훈련을 통합적 · 협동적으로 실시함으로써 장애인 스스로가 가능한 한 최대한의 기능회복과 잠재능력을 개발시켜 자활의 삶을 살아갈 수 있도록 도와주는 것이다.

② **재활사업의 개념**

⑦ **정의**: 장애인들의 모든 장애를 제거하여 사회 · 경제적으로 독립할 수 있게 하고 장애인의 인간으로서의 평등한 삶을 살아가는 데 있어 사회적 책임을 강조하는 인도주의적 사업이라 할 수 있다.

⑥ **의의**: 재활의 제과정들을 통해 장애인이 자신의 상황을 극복하고 정서적 · 직업적 · 경제적으로 활동할 수 있게끔 제능력을 개발하고 회복할 수 있도록 도와주는 데 의의가 있다.

기출문제

「장애인차별금지 및 권리구제 등에 관한 법률」상 금지하는 차별에 해당될 수 있는 경우를 모두 고른 것은?

▶ 2016. 4. 9. 인사혁신처

⑦ 정당한 사유 없이 장애인에 대하여 정당한 편의 제공을 거부한 경우

⑥ 정당한 사유 없이 장애인에 대한 제한 · 배제 · 분리 · 거부 등 불리한 대우를 표시 · 조장하는 광고를 직접 행하는 경우

ⓒ 장애인보조기구의 정당한 사용을 방해하는 경우

② 보조견의 정당한 사용을 방해하는 경우

① ⑦, ⑥, ⓒ

② ⑦, ⓒ, ②

③ ⑥, ②

④ ⑦, ⑥, ⓒ, ②

Tip 모두 차별에 해당된다.

▌정답 ④

기출문제

③ 재활의 기본원칙

㉠ 영국 신체장애인 갱생 및 취직위원회의 장애인 복지사업 원칙
- 갱생원호는 민주주의에 의한 사회연대정신에 입각하여 실시되어야 한다.
- 갱생원호 수행자는 장애인들도 적절한 원조만 제공된다면 정상인과 똑같거나 가까운 활동을 할 수 있음을 알아야 한다.
- 재활은 장애 초기부터 실시되어야 한다.
- 재활사업은 일관된 과정하에서 의료, 직업, 교육, 생활원조가 공동으로 실시되어야 한다.
- 재활사업은 장애인 각각의 요구의 특수성을 이해하고, 이를 바탕으로 하여 제공되는 개별적 서비스이어야 한다.
- 장애인을 시설수용·보호할 때에는 그 이점과 결점을 알아보아야 하며 정상인 사회에 최대한 빨리 복귀시켜야 한다.
- 재활사업은 장애인 각자가 지니고 있는 문제의 심리적 특징들을 고려하여 실시해야 한다.
- 장애인의 직업선택이 그 능력에 알맞는 것인가를 파악해야 한다.
- 재활사업의 배경에는 올바른 사회적 인식과 지지가 있어야만 한다.

㉡ 스코트(A. Scott)의 재활원칙
- 장애인치료는 시기를 놓치지 말고 가능한 한 조기에 착수해야 한다.
- 재활과정에서 필요할 때면 언제나 의무관리가 따라야 한다.
- 충분한 주의와 검토를 거친 후에 평가해야 한다.
- 계획수립에 있어서는 현실성을 고려해야 한다.
- 채용되는 모든 기술과 기관상호간의 협력체계는 최대한 강화되어야 한다.
- 고용주나 일반사회는 대상자의 사회적 수용을 용이하게 하는 활동을 해야 한다.

④ 재활의 종류

㉠ 의료적 재활
- 정의 : 질병이나 사고에 의한 후유증, 만성질환 등의 장기적 치료를 요하는 환자의 잠재능력을 개발하여 극대화시키는 내과적·외과적 치료와 함께 모든 물리적·심리적 수단을 보충적으로 병행하는 일련의 조치이다.
- 범위 : 물리치료, 작업치료, 동작훈련, 언어치료, 보행훈련에 의한 처치와 이를 통한 훈련, 의료사회사업에 의한 원조 등을 포함하고 있다.

㉡ 직업적 재활
- 정의 : 장애인에게 직업훈련, 직업지도, 직업알선 등의 직업적 서비스를 제공함으로써 장애인의 능력에 맞는 적절한 직업선택과 직업적·경제적 능력증진을 이루기 위한 재활과정의 최종적 목표이다.
- 범위 : 직업재활상담, 각종 직업훈련, 취업알선, 적성검사 등을 포함한다.

ⓒ **사회적 재활**

- 정의 : 장애인이 자신이 속한 사회의 문화를 공유하며 차별과 불편을 느끼지 않고 직업·가정생활 등의 사회적 생활을 영위할 수 있도록 하기 위해 사회적 인식, 국민의 태도 등을 개선하는 것이다.
- 전제조건
- 장애인에 대한 사회의 수용적 태도
- 물리적 환경이 장애인들의 사회적 접근을 용이하게 해야 함
- 사회제도나 정책적인 배려 등 사회적 환경의 조성
- 사회적 계발 및 계몽활동의 적극적 추진

ⓔ **교육적 재활**(특수교육) : 장애인이 가지고 있는 잠재능력과 적응능력을 최대한도로 향상시켜 사회에 나가서 활용할 수 있도록 도움을 주는 교육제도나 방법, 기술 등을 말한다.

ⓜ **심리적 재활** : 장애인이 가지고 있는 사회적 열등감과 불안, 욕구 불만, 심리적 상태를 개선시켜 사회적 기능수행 및 적응능력의 향상을 도모하려는 것이다.

ⓗ **시설적 서비스**

- 경중형 장애인복지시설 : 정신지체아 통원시설, 지체부자유아 통원
- 중중형 장애인복지시설 : 정신지체아 보호시설, 맹·농아 양호시설, 지체부자유아 보호시설, 중중심신장애아 보호시설

ⓢ **오락활동 서비스** : 장애인이 일상생활에서나 심리·사회적인 면에서 정서적 안정과 즐거움을 가질 수 있도록 행사, 창작활동, 스포츠활동 등의 오락활동 서비스를 폭넓게 제공하는 것이라 할 수 있다.

기출문제

1 다음 중 「장애인복지법」 상의 장애인복지시설이 아닌 것은?

① 장애인 거주시설
② 장애인 직업재활시설
③ 장애인 정서장애아시설
④ 장애인 의료재활시설

2 장애인복지에서 정상화(normalization)의 개념을 가장 적절히 설명한 것은?

① 장애인은 교육을 통해 잔존기능을 계발해야 한다.
② 장애인도 한 사람의 인간으로서 보통의 생활환경 속에서 생활해야 한다.
③ 장애는 결손이나 잔재기능이 아니고 장애를 포함한 전인격이다.
④ 장애인들도 일반인과 같은 평등한 기회가 주어져야 한다.

3 다음 중 장애인의 경제적 부담의 경감조치로 적당하지 않은 것은?

① 공공시설의 이용료 감면
② 세제의 감면
③ 장애인의 동행자 운임 경감
④ 국민주택 우선분양권

4 장애인복지에 관한 설명 중 옳지 않은 것은?

① 세계보건기구(WHO)는 1980년에 장애인의 유형을 기능장애, 능력장애, 사회적 장애로 나누었다.

② 장애인의 재활에 있어 사회사업가는 전문적 서비스나 프로그램에서 사회적 재활보다 심리적 재활영역에 중점을 두어야 한다.

③ 장애인연금법상의 장애인연금은 기초급여와 부가급여가 있다.

④ 현재 장애인 의무고용은 장애인을 소속 공무원 정원의 3%를 고용하도록 하고 있다.

5 장애인 의무고용제에 의하면 2019년 국가와 지방자치단체의 장애인 공무원의 채용비율은?

① 1천분의 30

② 1천분의 32

③ 1천분의 34

④ 1천분의 36

6 재활의 종류에 대한 설명으로 옳지 않은 것은?

① 의료적 재활의 범위에는 물리치료, 작업치료, 동작훈련, 언어치료, 보행훈련에 의한 처치와 이를 통한 훈련 등이 포함되며 의료사회사업에 의한 원조와 같이 간접적 재활은 포함하지 않는다.

② 사회적 재활은 장애인이 자신이 속한 사회의 문화를 공유하며 차별과 불편을 느끼지 않고 직업·가정생활 등의 사회적 생활을 영위할 수 있도록 하기 위해 사회적 인식, 국민의 태도 등을 개선하는 것이다.

③ 교육적 재활은 장애인의 장애 여건에 맞는 교육을 실시하는 과정과 학과교육을 장애 종별과 정도에 따라 이수하고 의료적인 조치와 직업교육을 병행하여 실시하는 것을 그 내용으로 한다.

④ 심리적 재활은 열등감, 의존심, 사회적 몰이해에 대한 공포, 장애를 숨기고 싶은 욕구 등으로 인해 사회적 복귀가 어려운 장애인이 심리적 장애를 극복할 수 있도록 원조하는 것이다.

7 한국장애인고용공단의 업무가 아닌 것은?

① 장애인의 고용촉진에 관한 정보수집
② 장애인 표준사업장 운영
③ 장애인의 재활치료
④ 장애인 직업생활 상담원 양성

8 다음 중 재활의 원칙으로 바르지 않은 것은?

① 재활은 장애 초기부터 실시되어야 한다.
② 재활과정에서 필요하면 언제나 의료관리가 따라야 한다.
③ 충분한 주의와 검토를 거친 후에 평가에 임해야 한다.
④ 재활계획 수립에 있어서는 현재보다 미래가 신중히 고려되어야 한다.

9 다음 중 사회적 장애(social handicaps)를 의미하는 것은?

① 신체의 일부상실
② 일시적인 병리상태
③ 정신적 · 기능적 손상이 심한 상태
④ 사회생활상의 장애

10 다음 중 그룹홈에 대한 설명으로 옳지 않은 것은?

① 입거자의 생활은 기본적으로 개인생활이다.
② 직접 경험을 통하여 정신지체인에게 일상생활기술과 지역사회의 적응력을 기르기 위한 훈련을 제공한다.
③ 지역사회에서 선택적으로 살아가는 정신지체인들의 생활거점이다.
④ 소수의 정신지체인들이 지역사회 내에서 공동으로 생활하는 곳으로 장애인들에 의해 자치적으로 운영된다.

11 **장애인 재활사업의 기본원칙으로 옳지 않은 것은?**

① 장애인의 공동생활 조직체계의 강화가 필요하다.

② 적응과 취업을 위해 사회인식과 지지가 요구된다.

③ 재활사업은 지속된 일관적 사업으로서 공동사업이어야 한다.

④ 장애인의 욕구에 따른 특수성을 이해하고 보편적 서비스를 해야 한다.

12 **직업재활의 과정을 순서대로 나열한 것은?**

㉠ 직업소개	㉡ 직업훈련
㉢ 직업재활상담	㉣ 직능평가
㉤ 직업 전 훈련	㉥ 추후지도

① ㉠→㉡→㉢→㉤→㉥→㉣

② ㉠→㉤→㉣→㉡→㉢→㉥

③ ㉢→㉣→㉤→㉡→㉠→㉥

④ ㉣→㉡→㉤→㉠→㉢→㉥

13 **다음 중 장애인복지법상 장애인 직업재활시설이 아닌 것은?**

① 장애인 보호작업장

② 장애인 체육시설

③ 장애인 근로사업장

④ 장애인 직업적응훈련시설

14 우리나라 「장애인복지법」에 규정된 내용으로 옳지 않은 것은?

① 장애인정책조정위원회에서 장애인복지정책의 기본방향에 관한 사항을 심의 · 조정한다.

② 지방행정기관의 장은 해당 기관의 장애인정책을 효율적으로 수립 · 시행하기 위해 소속공무원 중에서 장애인 정책조정관을 지정해야한다.

③ 장애인복지시설에는 장애인 거주시설, 장애인 지역사회재활시설, 장애인 직업재활시설, 장애인 의료재활시설 등이 있다.

④ 장애인이란 신체적 · 정신적 장애로 오랫동안 일상생활이나 사회생활에서 상당한 제약을 받는 자를 말한다.

15 다음 중 장애인정책종합계획에 포함되어야 할 사항이 아닌 것은?

① 장애인 사회참여에 관한 사항

② 장애인 교육문화에 관한 사항

③ 장애인 여가활동에 관한 사항

④ 장애인 경제활동에 관한 사항

정답및해설

1	③	2	②	3	④	4	②	5	③
6	①	7	③	8	④	9	④	10	④
11	④	12	③	13	②	14	②	15	③

1 장애인복지시설〈장애인복지법 제58조〉
ⓐ 장애인 거주시설 : 거주공간을 활용하여 일반가정에서 생활하기 어려운 장애인에게 일정 기간 동안 거주·요양·지원 등의 서비스를 제공하는 동시에 지역사회생활을 지원하는 시설
ⓑ 장애인 지역사회재활시설 : 장애인을 전문적으로 상담·치료·훈련하거나 장애인의 일상생활, 여가활동 및 사회참여활동 등을 지원하는 시설
ⓒ 장애인 직업재활시설 : 일반 작업환경에서는 일하기 어려운 장애인이 특별히 준비된 작업환경에서 직업훈련을 받거나 직업 생활을 할 수 있도록 하는 시설
ⓓ 장애인 의료재활시설 : 장애인을 입원 또는 통원하게 하여 상담, 진단·판정, 치료 등 의료재활서비스를 제공하는 시설
ⓔ 그 밖에 대통령령으로 정하는 시설 : 장애인 생산품판매시설

2 ② 정상화란 기본적으로 장애인을 정상인과 같은 보통사람으로 생각하고 장애인의 생활형태와 조건을 사회의 규범과 형태에 맞추는 것으로, 장애인을 한 사람의 인간으로서 인식하고 정상인과 같은 생활환경을 조성하는 것을 말한다.

3 경제적 부담의 경감〈장애인복지법 제30조〉
ⓐ 국가와 지방자치단체, 공공기관의 운영에 관한 법률에 따른 공공기관, 지방공기업법에 따른 지방공사 또는 지방공단은 장애인과 장애인을 부양하는 자의 경제적 부담을 줄이고 장애인의 자립을 촉진하기 위하여 세제상의 조치, 공공시설 이용료 감면, 그 밖에 필요한 정책을 강구하여야 한다.
ⓑ 국가와 지방자치단체, 공공기관의 운영에 관한 법률에 따른 공공기관, 지방공기업법에 따른 지방공사 또는 지방공단이 운영하는 운송사업자는 장애인과 장애인을 부양하는 자의 경제적 부담을 줄이고 장애인의 자립을 돕기 위하여 장애인과 장애인을 보호하기 위하여 동행하는 자의 운임 등을 감면하는 정책을 강구하여야 한다.

4 ② 장애인의 재활은 클라이언트의 개별성에 따라 접근되어야 하며, 사회사업가는 사례관리자로서 역할을 해주어야 한다.

5 국가 및 지방자치단체의 장애인고용의무〈장애인고용촉진 및 직업재활법 제27조〉 … 국가와 지방자치단체의 장은 장애인을 소속공무원 정원에 대하여 다음의 구분에 해당하는 비율 이상 고용하여야 한다.
ⓐ 2017년 1월 1일부터 2018년 12월 31일까지 : 1천분의 32
ⓑ 2019년 이후 : 1천분의 34

6 의료적 재활
ⓐ 정의 : 질병이나 사고에 의한 후유증, 만성질환 등의 장기적 치료를 요하는 환자의 잠재능력을 개발하여 극대화시키는 내과적·외과적 치료와 함께 모든 물리적·심리적 수단을 보충적으로 병행하는 일련의 조치이다.
ⓑ 범위 : 물리치료, 작업치료, 동작훈련, 언어치료, 보행훈련에 의한 처치와 이를 통한 훈련, 의료사회사업에 의한 원조 등을 포함하고 있다.

7 한국장애인고용공단의 업무〈장애인고용촉진 및 직업재활법 제43조〉

 ㉠ 장애인의 고용촉진 및 직업재활에 관한 정보의 수집 · 분석 · 제공 및 조사 · 연구

 ㉡ 장애인에 대한 직업상담, 직업적성 검사, 직업능력 평가 등 직업지도

 ㉢ 장애인에 대한 직업적응훈련, 직업능력개발훈련, 취업알선, 취업 후 적응지도

 ㉣ 장애인 직업생활 상담원 등 전문요원의 양성 · 연수

 ㉤ 사업주의 장애인 고용환경 개선 및 고용 의무 이행 지원

 ㉥ 사업주와 관계기관에 대한 직업재활 및 고용관리에 관한 기술적 사항의 지도 · 지원

 ㉦ 장애인의 직업적응훈련 시설, 직업능력개발훈련시설 및 장애인 표준사업장 운영

 ㉧ 장애인의 고용촉진을 위한 취업알선 기관 사이의 취업알선전산망 구축 · 관리, 홍보 · 교육 및 장애인 기능경기 대회 등 관련사업

 ㉨ 장애인 고용촉진 및 직업재활과 관련된 공공 및 민간 기관 사이의 업무 연계 및 지원

 ㉩ 장애인 고용에 관한 국제 협력

 ㉪ 그 밖에 장애인의 고용촉진 및 직업재활을 위하여 필요한 사업 및 고용노동부장관 또는 중앙행정기관의 장이 위탁하는 사업

 ㉫ ㉠부터 ㉪까지의 사업에 딸린 사업

8 ④ 스코트(A.W. Scott)에 의한 재활원칙이다. 계획과정에는 미래도 고려되어야 하나 현재를 더욱 신중히 고려되어야 한다.

9 ①② 기능장애 ③ 능력장애

 ※ 장애의 유형

  ㉠ 기능장애 : 신체 일부의 상실, 기능의 감손을 가져온 영구적 또는 일시적인 병리적 상태를 말한다.

  ㉡ 능력장애 : 기능장애로 인한 일상생활 또는 취업행위의 장애로서 이것은 정신적 · 신체적 손상의 결과일 뿐만 아니라 그 상태에 대한 개인의 적응 결과이기도 하다. 개체로서 수행가능한 능력의 차이를 중시한다.

  ㉢ 사회적 장애 : 기능장애나 능력장애로 인한 사회적 반응, 선입관, 편견의식, 사회적 낙인 등 사회생활상의 장애를 말한다.

10 ④ 그룹홈(group home)이란 지역사회 내에 있는 보통사람들이 살고 있는 동네주택에서 소수의 정신지체인들이 고용된 직원들의 보호와 권리를 받으며 공동생활하는 곳을 말한다.

11 ④ 장애인의 재활이란 장애인에게 신체적 · 정신적 · 사회적 · 직업적 · 경제적 가용능력을 최대한으로 회복시켜 주는 것이다. 따라서 장애인의 욕구를 파악하여 특수성을 이해하고 그 특성에 맞는 원리나 기법이 적용되는, 보편주의적 서비스가 아니라 개별적 서비스가 실시되어야 한다.

12 직업재활의 과정

 ㉠ 직업재활상담

 ㉡ 직능평가 : 장애인의 신체적 · 정신적 · 직업적 능력이나 가능성에 대해 적성검사, 작업검사 등을 통해 종합적 직능평가를 내린다.

 ㉢ 직업 전 훈련 : 특정의 직업을 위한 직업훈련과는 달리 직업인으로서의 기본적인 훈련이나 작업습관의 향상을 위한 훈련을 실시한다.

 ㉣ 직업훈련 : 직종을 선정하여 정규의 직업훈련을 실시한다.

 ㉤ 직업소개 : 적당한 직장을 소개하여 취직을 알선한다.

 ㉥ 추후지도 : 취직이 된 후에도 일정기간 적응에 도움을 줄 수 있는 원조를 제공한다.

13 장애인복지법에 따른 장애인 직업재활시설은 장애인 보호작업장, 장애인 근로사업장, 장애인 직업적응훈련시설이다.

14 중앙행정기관의 장은 해당 기관의 장애인정책을 효율적으로 수립 · 시행하기 위하여 소속공무원 중에서 장애인정책 책임관을 지정할 수 있다〈장애인복지법 제12조〉.

15 장애인정책종합계획〈장애인복지법 제10조의2〉
　　㉠ 보건복지부장관은 장애인의 권익과 복지증진을 위하여 관계 중앙행정기관의 장과 협의하여 5년마다 장애인정책종합계획을 수립 · 시행하여야 한다.
　　㉡ 종합계획에는 다음의 사항이 포함되어야 한다.
　　　• 장애인의복지에 관한 사항
　　　• 장애인의 교육문화에 관한 사항
　　　• 장애인의 경제활동에 관한 사항
　　　• 장애인의 사회참여에 관한 사항
　　　• 그 밖에 장애인의 권익과 복지증진을 위하여 필요한 사항

05 가족복지

기출문제

🔆 **최근 우리나라의 가족생활주기 변화현상에 대한 설명으로 옳지 않은 것은?**

▶ 2018. 4. 7. 인사혁신처

① 초혼 연령이 높아지면서 가족생활주기가 시작되기 전까지의 기간이 길어지고 있다.

② 첫 자녀결혼 시작에서 막내 자녀결혼 완료까지의 기간은 출산 자녀 수의 감소로 짧아지고 있다.

③ 평균수명 증가, 자녀 수 감소 등으로 인해 가족생활주기가 변화되고 있다.

④ 새로운 가족유형이 나타나면서 가족생활주기별 구분이 보다 더 뚜렷해지고 있다.

> **Tip** ④ 이혼 및 재혼 가족, 한부모가족, 비혈연가족, 1인 가족 등 새로운 가족유형이 나타나면서 가족생활주기별 구분이 점차 모호해지고 있다.

┃정답 ④

section 1 개요

(1) 가족의 개념

① **정의** … 우리나라 민법에 규정된 가족은 본인과 배우자, 직계혈족 및 형제자매와 생계를 같이하는 직계혈족의 배우자, 배우자의 직계혈족 및 배우자의 형제자매들이 모여 이룬 집단을 말한다.

ㄱ **퇴니스(Tönnis)** : 사회학자인 퇴니스는 가족을 공동사회집단에 포함시켰다.

ㄴ **쿨리(Cooley)** : 가족을 1차적 집단 내에 포함시켰는데 대면적 접촉과 '우리감정'이 강한 집단을 가족이라 정의하였다.

ㄷ **머독(Murdock)** : 가족은 공동의 거주, 경제적 협력, 생식의 특성을 갖는 집단이며, 최소한의 성인 남녀와 그들에게서 출생하였거나 양자로 된 자녀들로 구성된 집단이라고 정의하였다.

ㄹ **레비-스트로스(Levi-Strauss)** : 가족은 결혼에 의하여 이루어지고 부부와 자녀로 구성되지만 다른 근친자가 포함될 수 있으며, 이러한 가족 구성원들은 법적 유대, 경제적·종교적 권리와 그 외의 다른 권리와 의무, 애정, 존경 등의 다양한 심리적 감정으로 결합되어 있다고 정의하였다.

ㅁ **액커만(Ackeman)** : 성장과 경험, 그 상호충족과 실패를 경험하는 단위이며 질병과 건강의 기본단위이며, 내외로부터 받는 각종 영향에 미묘하게 적응하는 유연성 있는 집단을 가족이라고 정의하였다.

② **가족의 생활주기**

ㄱ **결혼적령기 가족** : 결혼적령기의 가정은 건전한 배우자 선택이 가장 중요하다.

ㄴ **부부만의 가족** : 가족을 처음 형성하게 된 시기에는 부부로서의 생활에 적응하는 것이 가장 중요하다.

ㄷ **아동기 가족** : 이 시기는 부모들이 자녀들을 보호·양육하며 건전하게 육성시키는 것이 중요한데, 자녀양육과정도 아동들의 연령에 따라 다르게 나타난다. 신생아기, 유아기, 학령 전 아동기, 학령기의 아동발달단계에 따라 아동양육방법이 다르게 나타나는 것이다.

ㄹ **사춘기 가족** : 이 단계의 아동은 자아정체감을 확립시키려 하며 사회에서의 자신의 역할을 규명하려 하기 때문에 자아가 불안정하고 산만해지기 쉽다.

ㅁ **진수기(進水期) 가족** : 이 시기는 첫 자녀의 결혼에서부터 막내 자녀의 결혼까지를 말하는데 자녀들을 모두 분가시킨 두 부부만이 남게 되는 시기로,

어떤 가족은 결실과 완성의 시기일 수 있으며 어떤 가족에게는 허무감, 상실, 우울, 와해 등이 나타나는 시기이기도 하다.

③ 현대사회의 가족문제

ㄱ. **빈곤이나 자원의 결핍으로 인한 문제**: 가족생활에 필요한 경제적 자원의 결핍은 가족문제 중에서도 가장 기본적인 문제라 할 수 있는데, 이는 빈곤으로 인한 가족문제가 다양하고도 심한 경우에는 가족해체까지도 야기시킬 수 있기 때문이다.

ㄴ. **가족 내 인간관계의 문제**: 가족 내 가치관이 혼재하고 역할갈등, 가족구성원의 성격이나 습관으로 인해 가족 내의 인간관계가 왜곡되어 가족기능이 충분히 수행되지 못할 때 가족은 어려움을 겪게 된다. 이에 따라 심한 경우 이혼, 별거, 가출 등이 생겨나 가족해체나 결손가족을 초래하게 된다.

ㄷ. **불안정가족의 증가**: 현대가족의 변화 중 가장 특징적인 것은 확대가족이 감소하고 핵가족이 증가한 것보다는 불안정한 또는 비전통적인 가족이 증가하고 있다는 것이다. 이는 사회적 보호를 필요로 하는 문제가족이 증가하고 있다는 것을 의미한다.

ㄹ. **피부양자의 보호문제**: 대부분의 사회적 보호를 필요로 하는 대상자, 즉 아동, 노인, 장애인, 병자 등에 대한 보호가 가족 내에서 이루어짐에 따라 현대가족에서 이들에 대한 보호문제가 점점 심각하게 대두되고 있다.

(2) 가족문제

① 가족진단의 분류

ㄱ. **가족의 유형적 진단**: 가족이 가지고 있는 문제를 유형별로 나누어 범주화한 다음 그것에 맞게 진단하고 치료하는 것으로 역동적 진단과는 상호보완적 관계에 있다. 액커만(Ackerman)은 병리적 가족집단을 7개의 유형으로 분류하였다.

• 외부로부터 고립된 가족집단: 지역사회로부터 극단적으로 고립된 가족으로 다른 가족과의 접촉이 없는 가족을 말한다.

• 외부에 대해 통합적인 가족집단: 지역사회에 적극적으로 참가하며 확대가족과의 접촉이 많은 가족으로 가족생활이 불안정하고 통합이 잘 되지 않을 때에 나타나는 가족집단이다.

• 내적으로 결합되지 않은 가족집단: 갈등이 해소되지 못하여 가족성원들 간의 결합이 잘 안되는 가족이다.

• 무의도적인 가족집단: 부모의 욕구가 우선이며 아동의 욕구는 배제된 가족으로 부모가 가정을 유지하고 자녀를 양육하는 데 아무 계획이 없는 가족이다.

[기출문제]

최근 한국 가족 변화의 특징에 대한 설명으로 옳은 것은?
▶ 2019. 4. 6. 인사혁신처

① 부부와 미혼자녀로 구성된 전형적인 핵가족형태의 가구 비율이 꾸준히 증가하고 있다.

② 가족주기의 변화로 자녀출산 완료 이후 자녀의 결혼이 시작되기 전까지의 확대완료기가 길어지고 있다.

③ 초혼 연령과 조혼인율이 지속적으로 내려가 저출산 문제가 심각해지고 있다.

④ 가족가치관의 경우 부부간 의사결정방식에 있어 남편주도형이 주를 이루고 있으며, 부부공동형과 아내주도형은 감소하고 있다.

Tip ② 만혼족, 비혼족 등이 늘어가면서 자녀출산 완료 이후 자녀의 결혼이 시작되기 전까지의 확대완료기가 길어지고 있다.

① 부부와 미혼자녀로 구성된 핵가족형태의 가구 비율보다 1인 가구 및 부부로만 구성된 가구의 비율이 꾸준히 증가하고 있다.

③ 조혼인율은 1년간에 발생한 총 혼인건수를 당해 연도의 주민등록 연앙(7월 1일)인구로 나눈 수치를 1,000분비로 나타낸 것으로 인구 1천 명당 혼인건수를 말한다. 조혼인율은 지속적으로 내려가고 초혼 연령은 지속적으로 올라가 저출산 문제가 심각해지고 있다.

④ 가족가치관의 경우 부부간 의사결정방식에 있어 과거 남편주도형이 주를 이뤘던 것과 달리 부부공동형과 아내주도형이 증가하고 있다.

정답 ②

• 미성숙 가족집단 : 부모가 미성숙의 단계를 벗어나지 못한 경우로 자신의 상대를 자기의 양친과 동일시하기 때문에 가족으로서의 역할을 수행하지 못할 뿐만 아니라 하나의 단위로서 독립하지 못한 가족집단이다.

• 일탈 가족집단 : 지역사회의 관습이나 규범에 대해 반항적이고 가족의 목표나 가치가 지역사회와 불일치를 보이는 가족이다.

• 해체 또는 퇴행 가족집단 : 이 가족은 가족 내부의 통합이 결여되어 있고 파괴가능성이 높으며 미성숙, 갈등, 고립, 불안, 불투명한 목표 등이 나타나는 가족이다.

ⓒ **기능측정론적 가족진단** : 기능측정론적 기족진단은 다양한 문제가 있는 가족을 대상으로 가족의 기능 수준을 측정하여 가족진단을 하는 것으로 이는 가족을 단순한 개인의 집합체로 보지 않고 상호적 역할수행과 가족성원복지에 필요한 기능을 수행하는 상호작용적인 집단으로 인식한 것이다.

ⓒ **정신역동적 가족진단** : 액커만에 의해 주장된 정신역동적 가족진단은 가족의 동일성, 안정성, 역할수행 등에 있어서 가족의 역동적 관계를 유추하는 것으로 가족 내에 작용하는 힘의 제반요소를 분석 · 이해함으로써 가족문제를 진단하려는 것이다. 이 정신역동적 가족진단은 심리학, 정신분석이론, 인간관계에 대한 지식과 가족면접에 대한 전문적 기술을 필요로 하며 융통성 있는 면접방법이 요구되는 것이다.

ⓔ **집단역동적 가족진단** : 집단역동적 가족진단은 가족을 하나의 유기체적 체계로 파악하고 "개인과 가족 사이에 존재하는 어떤 과정이 병리적 행위에 관계된다."라는 기본전제하에서 가족을 진단하는 것이다.

② 가족문제에 대한 분석접근

㉠ 구조적 분석접근

• 가족문제의 발생근원이 가족의 구조적 결함에 기인한다.

• 모자가족, 부자가족, 자녀만의 가족 등의 결손가족이 구조적 결함의 대표적인 예이다.

• 가족구성원 간의 관계(연령차, 장애가 있는 성원, 성별 성원)에서도 가족문제의 요인을 찾아볼 수 있다.

㉡ 기능적 분석접근

• 가족 내의 하위체계의 기능, 가족성원들의 역할수행정도를 파악하여 분석한다.

• 하나의 사회집단, 사회체계가 유지되기 위해서는 기본적으로 다음의 기능적 전제요건을 충족해야만 한다.

-경제적 기능 : 가족집단이 외부사회에 적응하기 위한 적응기간

-관리직 기능 : 가족집단성원의 욕구를 최대한도로 충족하기 위한 목표충족의 기능

-통합적 기능 : 가족성원의 욕구나 역할을 조정하기 위한 가치규범의 통합

-동기화의 기능 : 가치규범의 내면화와 그것이 규제되면서 일어나는 동기화

- AGIL의 적용(T. Parsons) : 가족의 기능이나 역할에 대한 분석접근으로 파슨즈의 AGIL이론을 적용하는데, 이는 적응(Adaptation), 목표달성(Goal attainment), 통합(Integration), 잠재적 유형유지(Latency pattern maintenance)의 4가지 기능을 충분히 수행하여야만 가족체계가 유지될 수 있다는 것이다.

ⓒ 관계적 분석접근
- 가족의 관계적 측면에서 가족 내의 항상성 균형유지의 개념 파악이 중요하다. 이는 커뮤니케이션과 정신분석학적 이용이나 기술 및 방법을 활용하는 것이다.
- 가족성원들 간의 커뮤니케이션을 중요시한다.
- 가족 내에서 항상성 균형유지의 힘이 어떻게 작용하는가의 파악이 필요하다.
  - 인간이 유기체로서의 완전성과 연속성을 유지하게 해주는 생명활동의 원리다.
  - 부단히 변화해 가는 생활여건 하에서 효율적이며, 조정적으로 대처하는 능력이다.
  - 가족이 내외적인 변화에 직면했을 때, 이를 균형화하고 안정과 상호적응 또는 재적응을 가능하게 한다.

ⓔ 사회 · 경제적 조건의 분석접근
- 개인이 갖고 있는 사회적 기능의 장애나 결여의 원인은 가족 내에만 있지 않다.
- 많은 가족들이 빈곤, 실업, 비행, 범죄 등의 사회 · 경제적 문제에 직면하고 있으며 이러한 요인에 의해 가족관계면이나 기능면에서 다양한 문제가 파생되고 있기 때문에 지역사회, 경제체제, 사회적 · 문화적 요인 등과의 관계도 병행하여 분석되어야 한다.

ⓜ 역동적 분석접근 : 구조적 · 기능적 · 관계적 · 사회경제적 조건분석접근들의 상호작용에 의해 연쇄적으로 파생된 문제들의 역동적 요인을 파악하는 것으로 가족문제접근의 총결산이라 할 수 있다.

section 2 가족복지의 실제

(1) 가족복지의 개념

① 가족복지의 의미 … 가족이 처한 생활상의 곤란으로 인한 가족원 개개의 존엄성 상실과 가족생활의 중대한 위기를 해결하고, 가족생활을 강화시키기 위한 사회적 조직활동이다.
  ㉠ 블랙번(C. Blackbun) : 가족복지는 가족생활을 보호하고 강화할 뿐만 아니라 가족구성원들이 사회인으로서의 기능을 충실히 수행할 수 있도록 도와주는 서비스 활동이다.
  ㉡ 위트머(H. Witmer) : 가족복지사업은 가족생활의 전반적인 곤란을 해결하려는 것이다.

기출문제

② **가족복지의 특징**

　㉠ **사회통제의 용이성** : 가족은 사회의 가장 기본적인 단위로서 제1차적 기능이 정서기능이므로 사회통제가 쉽다.

　㉡ **유기체성** : 아동복지, 노인복지, 장애인복지, 모자복지 등은 특정인을 그 대상으로 하나, 가족복지는 가족을 하나의 전체 및 유기체로서 취급한다.

　㉢ **사회인으로서의 기능향상** : 가족생활을 보호 또는 강화할 뿐만 아니라, 사회구성원의 사회인으로서의 기능을 높이기 위해 행해지는 서비스 활동을 의미한다.

　㉣ **가족구성원의 상호작용성** : 가족복지는 가족성원 개개인보다 가족전체성(family wholeness)에서 나타나는 요구와 문제를 해결하고자 하는 정책적 · 전문적 대책이다. 따라서 가족전체성의 구체적 실체는 가족성원이 가족관계 내에서 상호작용하는 결과라고 볼 수 있다.

Point, 팁 **가족복지의 기능**

　㉠ 일반적 기능
　　• 지지적 기능
　　• 보완적 기능
　　• 대리적 기능
　㉡ 펠드맨(F.L. Feldman)과 쉐르쯔(F.H. Scherz)의 견해
　　• 예방적 기능
　　• 치료적 기능
　　• 재활적 기능

(2) 가족복지서비스의 유형과 사회복지사의 역할

① **소득지원** … 외국의 경우 가족에 대한 소득보장은 부모의 소득에 상관없이 자녀를 양육하는 비용의 일부를 정부가 지급하는 가족수당 또는 아동수당을 통해 이루어지고 있다. 현재 우리나라에는 피부양자에 대한 세금공제와 저소득층 가족에 대한 소득지원 프로그램이 있으나, 지원액이 매우 미흡한 실정이다.

② **가족보호** … 아동, 노인, 장애성원 등을 보호하는 가족의 보호부담을 줄이고 보호역할의 수행을 향상하기 위한 서비스로서 재가서비스, 주간보호, 일시보호 등을 포함한다.

③ **가정생활교육** … 가정생활교육은 집단경험을 통해 가족성원의 인간관계와 사회기능을 향상시키기 위한 교육적 프로그램과 서비스로서, 부모역할훈련 프로그램이 대표적이다.

④ **학대가족에 대한 지원** … 아동, 배우자, 노인에 대한 신체적, 정서적, 성적 학대 또는 방임의 문제가 있는 가족을 지원하기 위한 사회서비스를 제공한다.

⑤ **가족상담과 가족치료** … 가족 내 인간관계의 문제(부부갈등, 부모역할의 문제, 청소년 자녀의 문제 등)가 있는 가족을 위해 가족상담과 가족치료서비스를 제공한다. 현재 사회복지관, 가정상담소, 아동상담소, 병원 등에서 가족상담 또는 가족치료를 실시하고 있지만, 전문인력이 부족한 실정이다.

⑥ **가족옹호** … 사회복지사는 특히 차별, 빈곤, 불의, 기회불평등으로 인해 고통받는 가족의 생활조건을 향상시키기 위해 기존의 지역사회 조직과 기관, 법, 정책의 변화를 위해 활동한다.

(3) 가족치료 실천모델

① **심리역동적 가족치료모델(Ackerman)** … 정신분석이론은 개인의 내면적 역동에 관한 이론이므로 체계론적 관점을 강조하는 가족치료이론과 모순되는 점이 있다. 정신분석 가족치료사들은 가족 전체의 변화보다는 가족 내의 개인들이 성장하도록 도우며, 주로 과거가 현재에 미치는 영향에 초점을 맞춘다.

② **다세대 가족치료모델(M. Bowen)** … 가족의 생활과 상황을 형성하는 가족관계를 보다 넓게 보고 이해하려고 하였다. 다른 가족치료에 비해 포괄적인 관점과 이론을 강조하였다. 보웬의 이론은 자기분화, 삼각관계, 핵가족의 정서형성과정, 가족투사과정, 다세대 전수과정, 출생순위, 정서적 단절, 사회적 정서전달과정이라는 여덟 가지 개념을 제시하였다.

③ **구조적 가족치료모델(S. Minuchin)** … 구조적 모델에서는 가족구조의 중요성을 강조한다. 치료의 목적은 역기능적인 가족구조를 재구조화하는 것으로, 가족문제의 해결은 구조의 변화에 따른 부산물로 이해된다. 구조적 모델은 특히 청소년비행, 거식증, 약물남용 가족원이 있는 가족이나 사회경제수준이 낮은 가족에 성공적으로 적용되어 왔다.

④ **행동주의 모델(R. Liberman)** … 학습이론을 가족의 문제에 적용하는 행동주의 가족치료는 성원들간의 보상교환의 비율을 높이고 혐오교환을 줄이며, 의사소통과 문제해결기술을 교육하는 데에 초점을 맞춘다. 다른 어떤 모델보다도 주의 깊게 사정하고 평가하는 모델의 특성은 치료 전의 행동과정에 대한 사정, 진행중인 치료에 대한 분석, 치료결과에 대한 평가에서 명확하게 나타난다.

⑤ **경험적 가족치료모델(Satir & Whitaker)** … 경험적 가족치료의 목적은 의사소통 증진을 통한 개인의 성장이다. 사티어는 의사소통 유형은 회유형, 비난형, 초이성형, 산만형, 일치형으로 나누고 일치형을 제외한 나머지 유형을 역기능적 의사소통유형으로 보았다(= 의사소통 성장모델).

기출문제

🔖 가족치료모델 중 행동이론, 학습이론, 의사소통이론을 기초로 하며, 직접적이고 분명한 의사소통과 개인·가족의 성장을 치료 목표로 하는 것은?
▶ 2012. 4. 7. 행정안전부
① 사티어(Satir)의 경험적 가족치료모델
② 헤일리(Haley)의 전략적 가족치료모델
③ 보웬(Bowen)의 다세대 가족치료모델
④ 미누친(Minuchin)의 구조적 가족치료모델

Tip ① 사티어의 경험적 가족치료의 목적은 의사소통증진을 통한 개인·가족의 성장이다.

┃정답 ①

⑥ **전략적 가족치료모델(J. Heley)** … 이론보다 가족 문제해결을 중시하며, 문제에 대한 이해보다 가족문제의 해결방법에 초점을 맞춘다. 문제행동을 변화시키기 위한 방법으로 역설적 개입(지시), 시련, 순환적 질문, 재정의, 전략, 가정기법 등을 제시하였다.

(4) 가족치료의 형태

① **합동치료** … 1인의 워커가 전가족성원을 동시에 면접하여 치료하는 방식이다. 이 방식은 가족상호작용이나 기능, 역할, 균형상태 등을 빨리 이해할 수 있으며 질병, 실직, 전직, 출생 등 외형적 스트레스에 효과적이다.

② **협동치료** … 먼저 1인의 워커가 가족 전원을 합동으로 면접하여 진단을 내린 후에 가족 각자에게 워커를 할당하여 개별적으로 면접을 진행하는 방식이다. 이 방법은 지리적 조건이 나쁘거나 특정의 워커를 꺼릴 때, 과도한 동일화의 방지와 새로운 시각적 정보획득이 용이하다.

③ **병행치료** … 1인의 워커가 가족집단을 합동으로 면접하고 가족구성원 중의 어떤 개인에 대하여도 병행하여 면접을 실시하는 방식이다.

④ **혼합치료** … 여러가지 면접방식을 활용하여 가족문제의 해결을 위해 사례의 진전상태에 따라 가장 적절한 치료방법을 선택하는 방식이다.

(5) 가족계획사업

① **가족계획의 개념**

  ㉠ **가족계획의 목적**
  - 원하지 않는 임신의 예방 및 자녀의 터울을 조절함으로써 가족의 재생산기능을 의도적으로 통제할 수 있게 한다.
  - 유산, 조산 및 산모의 질병과 사망을 방지하며 아기의 건강을 증진시킨다.
  - 사회·심리적 복지개념에 근거를 둔 가족생활의 질적 향상과 안정을 강조함으로써 건전한 정신건강을 누릴 수 있게 한다.

  ㉡ **사회사업방법론의 적용**: 개인, 집단, 지역사회가 사회적 기능을 수행할 때 장애가 되는 문제들에 대해 보다 효과적으로 대처할 수 있도록 도와주는 제 과정을 말한다.

② **가족계획사업에 있어서 개별지도론**

  ㉠ **개별지도방법의 목적**: 가족의 규모나 자녀의 터울 또는 임신조절법에 실패한 사람들에게 도움을 주며 그들로 하여금 인생의 목표를 확고히 하게 하는 데 그 목적이 있다.

기출문제

ⓛ 개별지도방법의 적용

- 관계형성 : 개별지도방법에 있어서의 전제조건은 사회사업가와 대상자 사이에 태도나 감정의 역동적 상호작용, 즉 관계조성이 이루어져야 한다는 점이다.
- 서비스의 개별화 : 개별화라는 것은 각 개인에게 서비스를 제공함에 있어서 각기 상이한 원리나 방법을 적용하는 것을 말하는데, 이를 통해 개인의 욕구나 특수성을 경시하는 데에서 오는 제약성을 해소할 수 있다.
- 감정의 의도적 표현 : 사회사업가는 수혜자가 가지고 있는 가족계획에 대한 부정적 감정을 긍정적 감정으로 전환시키기 위해 의도적인 감정표현을 해야 하며, 이를 통해 더 깊은 관계 조성을 이룰 수 있다.
- 자기현실과 자기결정의 권리인정 : 사회사업가는 대상자의 결정을 존중하며 그 욕구를 해결해 주도록 노력하고, 그 잠재력을 개발해 적극적으로 활용할 수 있도록 도움을 주어야 한다.

ⓒ 개인의 의지나 동기강화 : 워커는 상담과정에서 대상자들의 욕구나 관심을 파악하여 새로운 동기나 의지를 유발시키고 강화하여야 한다.

ⓔ 서비스의 연장과 그 사후조치 : 가족계획을 사회사업 서비스의 연장으로 전개함으로써 가족계획의 실효를 거둘 수 있다.

③ 가족계획사업에 있어서 집단지도론의 적용

ⓐ 집단지도방법의 의의 : 사회집단의 효율적 활용을 통해 가족계획에 대한 관념을 강화할 수 있고, 사회에 대한 집단의 영향력을 가족계획사업에 활용함으로써 가족계획의 바람직한 사회적 목적을 달성할 수 있다.

ⓑ 집단지도활용의 적용

- 교육적 · 예방적 목적의 달성 : 일반집단의 경우뿐 아니라 교육적 · 예방적 원조를 필요로 하는 특수집단에 더욱 중점적으로 적용된다.
- 집단의 상호작용성 활용 : 집단의 상호작용은 사회적 힘이며, 이것을 통해 개인의 성장과 발전을 이룰 수 있고 사회적 성장과 변화를 이룩하는 수단이 된다.
- 집단토의의 활용 : 집단토의를 통해 가족계획에 대한 정보를 전달할 수 있으며 가족계획에 대한 사람들의 태도와 사고를 변화시킬 수 있다.
- 집단지도를 통한 문제해결 : 집단성원들 간의 상호작용과정에서 발생한 문제를 해결하기 위해 의도적이고 조정적인 집단지도의 치료적 문제해결기능을 활용한다.

④ 가족계획사업에 있어서 지역사회조직방법의 적용

ⓐ 지역사회에 개입 : 워커는 지역사회 내에서 여론을 환기시킬 수 있는 지도자나 권력구조 내의 영향력 있는 사람, 주위의 사람들에게 영향력을 행사할 수 있는 사람들과 접촉하여 가족계획에 대한 교육이나 정보를 제공함으로써 지역사회에 개입할 수 있게 된다.

ⓑ 조직화 활동 : 한 지역 내의 주민집단 속에서 발생하는 사회제반적 문제들을 해결하기 위해서는 주민의 자발적 참여를 조직화하는 활동을 벌여야 한다.

ⓒ **지역사회의 연락조정**: 지역사회의 집단과 단체들 간의 상호연락과 조정, 적극적인 협동을 통해 가족계획사업을 도모할 수 있다.

    ⓔ **가족계획에 대한 지역사회 저항의 극복**: 가족계획에 대한 지역사회의 저항을 극복하기 위해서는 사회사업의 지식과 기술에 기초를 둔 접근방법을 활용한다.

    ⓜ **교육적 조치**: 교육적 기술은 모든 지역사회방법 중에서 가장 뚜렷하고도 기본적인 부분이라 할 수 있다. 따라서 매스컴, 강연회, 전람회 등의 교육홍보활동을 통해 효과를 거둘 수 있다.

(6) 한부모가족복지

① 한부모가족복지의 개념과 원칙

    ㉠ **한부모가족복지의 개념**: 한부모가족이 건강하고 문화적인 생활을 영위하는 데 필요한 조치를 마련해주는 것으로 한부모가족의 생활안정과 복지증진을 위한 공사차원의 조직적 활동이다.

    ㉡ **한부모가족복지의 이념**: 모든 한부모가족에게는 생활안정과 복지증진이 이루어져야 한다. 즉 아동이 처해 있는 환경에 관계없이 심신이 함께 건강하게 육성되기 위해서 필요한 조건과 그 모·부의 건강하고 문화적인 생활을 보장하는 것이다.

    ㉢ **한부모가족복지의 원칙**

- **한부모와 자녀의 일체성**: 한부모와 자녀의 복지가 일체적으로 보장되어야 한다.
- **생존권 및 최저생활의 보장**: 헌법에 명시된 권리로서 한부모가족에 대한 신체적·경제적·문화적 최저생활을 보장해야 한다.
- **자립기반 구축**: 한부모가족에 대한 복지는 소극적인 일시보호가 아닌 자립기반을 구축하게 하는 적극적인 것이어야 한다.
- **위기해소**: 생활의 안정과 균형을 유지하도록 사망이나 이별 등의 위기감, 상실감 등을 해소시켜 주어야 한다.

② 한부모가족의 문제

    ㉠ **기능적 측면**

- **정서적 안정상실**: 가족성원 내부의 역할재분배가 불가피하게 되므로 갈등을 초래하게 된다.
- **자녀양육 및 교육문제의 대두**: 아동들의 비행화 현상이 두드러지게 일어난다.
- **동일화 대상의 상실**: 동성이나 이성에 대해 정신적·육체적으로 바르게 이해할 수 있는 기회를 상실하게 된다.

    ㉡ **심리적 측면**: 가족구조의 결함에서 오는 좌절감, 실패감, 죄책감 등의 심리적 문제가 일어나게 된다.

    ㉢ **사회경제적 측면**: 대다수의 한부모가족은 경제적 능력이 취약하기 때문에 빈곤의 상태에서 벗어나기가 힘들다.

(7) 한부모가족지원법의 주요내용

① **목적**〈한부모가족지원법 제1조〉 ··· 이 법은 한부모가족이 건강하고 문화적인 생활을 영위할 수 있도록 함으로써 한부모가족의 생활 안정과 복지 증진에 이바지함을 목적으로 한다.

② **정의**〈한부모가족지원법 제4조〉

　　㉠ 모(母) 또는 부(父) : 다음의 어느 하나에 해당하는 자로서 아동인 자녀를 양육하는 자를 말한다.

　　　• 배우자와 사별 또는 이혼하거나 배우자로부터 유기(遺棄)된 자

　　　• 정신이나 신체의 장애로 장기간 노동능력을 상실한 배우자를 가진 자

　　　• 교정시설 · 치료감호시설에 입소한 배우자 또는 병역복무 중인 배우자를 가진 사람

　　　• 미혼자[사실혼(事實婚) 관계에 있는 자는 제외한다]

　　　• 위의 항목에 준하는 자로서 여성가족부령으로 정하는 자

　　　※ 청소년 한부모란 24세 이하의 모 또는 부를 말한다.

　　㉡ 한부모가족 : 모자가족 또는 부자가족을 말한다.

　　㉢ 모자가족 : 모가 세대주(세대주가 아니더라도 세대원을 사실상 부양하는 자를 포함한다)인 가족을 말한다.

　　㉣ 부자가족 : 부가 세대주(세대주가 아니더라도 세대원을 사실상 부양하는 자를 포함한다)인 가족을 말한다.

　　㉤ 아동 : 18세 미만(취학 중인 경우에는 22세 미만을 말하되, 병역법에 따른 병역의무를 이행하고 취학 중인 경우에는 병역의무를 이행한 기간을 가산한 연령 미만을 말한다)의 자를 말한다.

　　㉥ 지원기관 : 이 법에 따른 지원을 행하는 국가나 지방자치단체를 말한다.

　　㉦ 한부모가족복지단체 : 한부모가족의 복지 증진을 목적으로 설립된 기관이나 단체를 말한다.

⑤ **실태조사 등**〈한부모가족지원법 제6조〉 ··· 여성가족부장관은 한부모가족 지원을 위한 정책수립에 활용하기 위하여 3년마다 한부모가족에 대한 실태조사를 실시하고 그 결과를 공표하여야 한다. 또한, 여성가족부장관은 필요한 경우 여성가족부령으로 정하는 바에 따라 청소년 한부모 등에 대한 실태를 조사 · 연구할 수 있다.

⑥ **가족지원서비스**〈한부모가족지원법 제17조〉

　　㉠ 아동의 양육 및 교육 서비스

　　㉡ 장애인, 노인, 만성질환자 등의 부양 서비스

　　㉢ 취사, 청소, 세탁 등 가사 서비스

　　㉣ 교육 · 상담 등 가족 관계 증진 서비스

문 다음 중에서 「한부모가족지원법」에 의한 국가와 지방자치단체의 한부모가족에 대한 복지 조치에 해당하지 않는 것은?

▶ 2017. 3. 18. 서울특별시

① 영양 · 건강에 대한 교육, 건강검진 등의 의료서비스를 지원할 수 있다.

② 아동교육비, 의료비, 주택자금 등의 복지자금을 대여할 수 있다.

③ 청소년 한부모가 학업을 할 수 있도록 교육비 등을 지원할 수 있다.

④ 공공시설에 매점을 허가할 경우 한부모가족에게 우선적으로 허가할 수 있다.

Tip 「한부모가족지원법」 제2장 복지의 내용과 실시에는 국가와 지방자치단체의 한부모가족에 대한 복지 조치로 지원대상자 조사, 복지급여의 신청, 복지급여수급계좌, 복지 자금의 대여, 고용의 촉진, 고용지원 연계, 공공시설에 매점 및 시설 설치, 시설 우선이용, 가족지원서비스, 청소년 한부모에 대한 교육 지원, 자녀양육비 이행지원, 청소년 한부모의 자립지원, 아동 · 청소년 보육 · 교육, 국민주택의 분양 및 임대 등이 규정되어 있다.

정답 ①

기출문제

　　　　ⓜ 인지청구 및 자녀양육비 청구 등을 위한 법률상담, 소송대리 등 법률구조서
　　　　　비스
　　　　ⓗ 그 밖에 대통령령으로 정하는 한부모가족에 대한 가족지원서비스
　　⑦ 한부모가족복지시설〈한부모가족지원법 제19조〉
　　　　㉠ **모자가족복지시설** : 모자가족에게 다음의 어느 하나 이상의 편의를 제공하는
　　　　　시설
　　　　• 기본생활지원 : 생계가 어려운 모자가족에게 일정 기간 동안 주거와 생계를 지원
　　　　• 공동생활지원 : 독립적인 생활이 어려운 모자가족에게 일정 기간 동안 공동생활
　　　　　을 통하여 자립을 준비할 수 있도록 주거 등을 지원
　　　　• 자립생활지원 : 자립욕구가 강한 모자가족에게 일정 기간 동안 주거를 지원
　　　　㉡ **부자가족복지시설** : 부자가족에게 다음의 어느 하나 이상의 편의를 제공하는
　　　　　시설
　　　　• 기본생활지원 : 생계가 어려운 부자가족에게 일정 기간 동안 주거와 생계를 지원
　　　　• 공동생활지원 : 독립적인 생활이 어려운 부자가족에게 일정 기간 동안 공동생활
　　　　　을 통하여 자립을 준비할 수 있도록 주거 등을 지원
　　　　• 자립생활지원 : 자립욕구가 강한 부자가족에게 일정 기간 동안 주거를 지원
　　　　㉢ **미혼모자가족복지시설** : 미혼모자가족과 출산 미혼모 등에게 다음의 어느 하
　　　　　나 이상의 편의를 제공하는 시설
　　　　• 기본생활지원 : 미혼 여성의 임신·출산 시 안전 분만 및 심신의 건강 회복과 출
　　　　　산 후의 아동의 양육 지원을 위하여 일정 기간 동안 주거와 생계를 지원
　　　　• 공동생활지원 : 출산 후 해당 아동을 양육하지 아니하는 미혼모 또는 미혼모와
　　　　　그 출산 아동으로 구성된 미혼모자가족에게 일정 기간 동안 공동생활을 통하여
　　　　　자립을 준비할 수 있도록 주거 등을 지원
　　　　㉣ **일시지원복지시설** : 배우자(사실혼 관계에 있는 사람을 포함한다)가 있으나
　　　　　배우자의 물리적·정신적 학대로 아동의 건전한 양육이나 모의 건강에 지장
　　　　　을 초래할 우려가 있을 경우 일시적 또는 일정 기간 동안 모와 아동 또는
　　　　　모에게 주거와 생계를 지원하는 시설
　　　　㉤ **한부모가족복지상담소** : 한부모가족에 대한 위기·자립 상담 또는 문제해결
　　　　　지원 등을 목적으로 하는 시설

1 다음 중 「한부모가족지원법」에서 정의하는 용어의 뜻이 옳지 않은 것은?

① 청소년 한부모는 20세 이하의 모 또는 부를 말한다.
② 한부모가족은 모자가족 또는 부자가족을 말한다.
③ 지원기관은 국가나 지방자치단체를 말한다.
④ 아동이란 18세 미만의 자를

2 「가정폭력범죄의 처벌 등에 관한 특례법」에 규정된 내용으로 옳지 않은 것은?

① 누구든지 가정폭력 범죄를 알게 된 때에는 이를 수사기관에 신고할 수 있다.
② 판사는 피해자 또는 가정구성원의 주거, 직장 등에서 300미터 이내의 접근금지와 같은 임시조치를 할 수 있다.
③ 검사는 가정폭력사건을 수사한 결과 가정폭력행위자의 성행교정을 위하여 필요하다고 인정하는 때에는 상담 조건부 기소유예를 할 수 있다.
④ 진행 중인 가정폭력범죄에 대하여 신고를 받은 사법경찰관리(司法警察官吏)는 즉시 현장에 나가서 폭력행위의 제지, 행위자·피해자의 분리 및 범죄수사, 피해자를 가정폭력 관련 상담소 또는 보호시설로 인도(피해자의 동의가 있는 경우에 한함) 등의 조치를 취해야 한다.

3 한부모가족복지실시의 원칙에 해당하지 않는 것은?

① 필요즉응의 원칙
② 위기해소의 원칙
③ 일체성의 원칙
④ 생활조직체계 강화의 원칙

4 다음 중 가족의 기능이 아닌 것은?

① 성적 욕구충족

② 정서적 지지

③ 재화의 생산

④ 자녀출산과 자녀양육

5 다음 가족복지에 대한 설명 중 옳지 않은 것은?

① 가족복지는 가족의 행복을 유지시키고 가족생활을 보장하는 사회적 제노력을 말한다.

② 가족복지의 기능에는 의뢰적·조정적·개발적·회복적 기능이 있다.

③ 현대의 가족복지는 가족 내의 문제를 개개인의 문제로 독립하여 접근한다.

④ 가족문제의 분석법으로서 가장 총체적인 것은 역동적 분석접근방법이다.

6 보웬(Bowen)의 가족치료모델의 주요 개념에 해당하지 않는 것은?

① 가족구조   ② 삼각관계

③ 가족투사   ④ 출생순위

7 가족복지기관이 공공부조나 가족치료 등의 직접 원조를 통해 가족기능을 발휘하도록 원조하는 가족복지 기능은?

① 의뢰적 기능

② 조정적 기능

③ 개발적 기능

④ 회복적 기능

8 다음 중 가족치료의 개념으로 옳은 것은?

① 개인의 행동변화를 촉진시키는 데 그 목적을 두고 있다.

② 직무상의 관계로 인해 획득한 클라이언트에 대한 비밀상황은 누설해서는 안된다.

③ 가족을 한 단위로 보고 가족 내에 존재하는 역기능적인 요소들을 수정 또는 변화시킴으로써 가족의 원기능을 회복시켜 주는 것이다.

④ 사회사업의 한 방법으로서 집단에 속하는 개인이 프로그램 활동을 통해 상호작용을 지도하는 전문가의 도움으로 그들의 필요와 능력에 따라 타인과의 관계나 성장의 기회를 경험하게 한다.

9 모성상실이 아동의 모든 문제행동요인이 됨을 고려할 때 모자복지에서 보다 강조해야 할 원칙은?

① 조직생활체계 강화의 원칙

② 위기해소의 원칙

③ 모자일체성의 원칙

④ 생존권보장의 원칙

10 한부모가족 대상 지원정책으로 옳지 않은 것은?

① 긴급복지지원제도

② 국민기초생활보장법에 의한 주거급여

③ 한부모가족지원법에 의한 일정기간 시설보호

④ 한부모가족지원법에 의한 경제적 지원

11 다음 한부모가족복지의 원칙에 대한 내용 중 옳지 않은 것은?

① 한부모가족에 대한 신체적 · 경제적 · 문화적 최저생활을 보장해야 한다.
② 한부모가족에 대한 보호는 일시적으로 최소한에 그치는 것이 바람직하다.
③ 자녀들의 건전한 성장발달은 모와의 관계를 떠나서는 있을 수 없다.
④ 한부모가족에 대한 위기해소는 균형유지의 상태로 복귀할 수 있도록 해야 한다.

12 한부모가족지원법에 규정한 복지급여의 내용에 해당되지 않는 것은?

① 생계비
② 아동교육비
③ 아동양육비
④ 아동교육지원비

13 미누친(Minuchin)의 구조적 가족치료모델에 대한 설명으로 옳지 않은 것은?

① 가족을 재구조화하여 가족이 적절한 기능을 수행하도록 돕는 방법이다.
② 극단적인 가족문제는 가족 하위체계들의 경계가 지나치게 유리되거나 밀착된 경우이다.
③ 가족에 대한 개입을 할 때, 가족 내 권력구조와 힘의 불균형 상태에 초점을 둔다.
④ 가족의 역기능적 의사소통 유형을 회유형, 비난형, 계산형, 혼란형으로 구분하였다.

14 최근 우리나라의 가족생활주기 변화현상에 대한 설명으로 옳은 것은?

① 초혼 연령이 낮아지면서 가족생활주기가 시작되는 기간이 길어지고 있다
② 초혼 연령과 조혼인율이 지속적으로 증가하고 있어 저출산문제가 완화되고 있다.
③ 가부장적인 가족가치관이 주를 이루고 있어 가족 간 소통부재가 심각해지고 있다.
④ 평균수명 증가, 자녀 수 감소 등으로 인해 가족생활주기가 변화되고 있다.

15 다음 중 가족복지서비스의 유형을 모두 고른 것은?

> ㉠ 소득지원　　　　　　　　　　㉡ 가족보호
> ㉢ 학대가족에 대한 지원　　　　　㉣ 가족상담과 가족치료

① ㉠, ㉡, ㉢, ㉣　　　　　　　　② ㉠, ㉡, ㉢
③ ㉠, ㉡, ㉣　　　　　　　　　　④ ㉠, ㉡

정답및해설

1	①	2	②	3	①	4	③	5	③
6	①	7	④	8	③	9	③	10	①
11	②	12	②	13	④	14	④	15	①

1 ① "청소년 한부모"란 24세 이하의 모 또는 부를 말한다〈한부모가족지원법 제4조〉.

2 피해자보호명령〈가정폭력범죄의 처벌 등에 관한 특례법 제55조의2 제1항〉 … 판사는 피해자의 보호를 위하여 필요하다고 인정하는 때에는 피해자 또는 그 법정대리인의 청구에 따라 결정으로 가정폭력행위자에게 다음 각 호의 어느 하나에 해당하는 피해자보호명령을 할 수 있다.
㉠ 피해자 또는 가정구성원의 주거 또는 점유하는 방실로부터의 퇴거 등 격리
㉡ 피해자 또는 가정구성원의 주거, 직장 등에서 100미터 이내의 접근금지
㉢ 피해자 또는 가정구성원에 대한 「전기통신사업법」 제2조 제1호의 전기통신을 이용한 접근금지
㉣ 친권자인 가정폭력행위자의 피해자에 대한 친권행사의 제한

3 한부모가족복지의 원칙으로는 일체성의 원칙, 생존권 및 최저생활의 보장의 원칙, 생활조직체계의 강화의 원칙, 위기해소의 원칙, 자립기반 조성의 원칙이 있다.
① 필요즉응의 원칙은 공공부조의 실시상의 원칙이다.

4 ③ 재화의 생산은 경제제도의 기능에 속한다.
※ 가족의 기능
㉠ 성적 욕구충족 : 대부분의 사회에서는 사회적으로 인정하는 부부관계에서만 자연스러운 성적 욕구를 충족할 수 있도록 허용하고 있으며, 동시에 가족관계에 얽매여 비교적 안정된 관계를 지속하게 된다.
㉡ 자녀생산과 자녀양육 : 역사적으로 가족은 자녀를 낳고 기르는 기능을 수행하여 사망에 따르는 인구충원과 동시에 종족을 보전할 수 있었다. 부모는 낳은 자녀를 양육하고 교육할 책임이 따르는데, 자녀교육은 장차 자녀가 성장하여 사회생활에 필요한 가치관 · 언어 · 행동 · 전통문화 · 사회규범 등의 필요한 지식과 생활의 지혜를 가르치는 것이다. 이는 한 사회가 여러 세대를 통하여 문화적 집단으로 전통을 이어나가는 가족의 중요한 기능이다.
㉢ 경제적 협동 : 경제력이 있는 가족성원이 노동을 함으로써 생산능력이 적거나 없는 아동 · 노인 등을 부양한다.
㉣ 정서적 지지 : 인간은 본능적으로 인정받고, 소속감을 가지며 애정을 주고받고자 하는 욕구를 가지고 있는데 이러한 정서적 지지를 받을 수 있는 가장 적합한 사회기능집단이 가족이다. 가족은 생활하는 과정에서 상호간에 애정을 표현하고, 가족성원간에 동일시하며, 가족성원들이 소속감을 가지고 가족 내에서 부여된 지위와 역할을 수행함으로써 정신적으로 안정된 삶을 살게 된다.
㉤ 사회화 교육 : 사회화 교육은 사회생활을 하는 데 있어 필요한 사회적 역할을 수행하며 집단 · 가족 · 사회의 기대에 적절하게 반응하면서 적응할 수 있는 사회적 능력을 키워주는 것을 의미한다. 이러한 사회화 교육은 다른 교육기관을 통하여도 이루어지지만, 가족구조 내에서 가족성원간의 상호작용, 상대방의 기대와 반응, 모방 등을 통하여 가장 잘 이루어진다.

5 ③ 가족은 하나의 유기체로서 가족구성원의 문제는 가족 전체의 문제로 파악하여 진단과 치료를 하게 되는데, 이는 한 가족구성원의 지위나 역할, 태도 등이 필연적으로 다른 가족구성원과 가족 전체에 관련되기 때문이다.

6 ① 보웬(Bowen)의 가족치료모델의 주요 개념은 자아분화, 삼각관계, 핵가족의 정서형성과정, 가족투사, 다세대 전수과정, 출생순위, 정서적 단절, 사회적 정서전달과정이다.

7 가족복지의 기능
　㉠ 의뢰적(송치적) 기능 : 가족문제에 대해 가장 효과적인 서비스를 줄 수 있는 지역사회의 자원을 발견하여 사례를 소개 · 활용한다.
　㉡ 조정적 기능 : 가족복지기관이 가족 전체에게 가족으로서의 원만한 기능을 회복할 수 있도록 직접 서비스를 제공한다.
　㉢ 개발적 기능 : 지역사회활동이나 소집단활동 등 제반활동을 통해서 대상가족의 모든 가족성원이 그 지위에 알맞은 역할을 실행하는 기회, 능력, 태도를 발전 · 촉진시키는 기능이다.
　㉣ 회복적 기능 : 빈곤 · 실업 · 약물중독 · 부부불화 등의 장애요인을 가진 가족을 직접 원조하여 정상적인 가족기능을 회복시키는 것을 목적으로 한다. 이러한 목적을 달성하기 위한 방법으로는 공공부조에 의한 원조나 아동상담소, 직업지도, 주택알선, 가정지도, 가족계획지도, 가족치료 등이 있다.

8 가족치료의 개념 … 가족치료란 치료자가 전가족 체계를 치료의 대상으로 여기고 실시하는 모든 형태의 치료를 말하는데, 가족구성원들이 병리적 방어기제를 사용하는 대신에 건전한 적응방법의 발달을 통하여 적응능력을 기르고 가족구성원 사이와 대인관계에 병리적 요소를 약화시켜 건전한 가족의 원기능을 회복시켜 주는 것이다.

9 모성상실이 아동의 모든 문제행동요인이 됨을 고려할 때에는 자녀들의 건전한 성장발달은 모자의 긴밀하고도 일체적인 관계유지를 필요로 한다는 모자일체성의 원칙을 강조해야 한다.

10 ① 긴급복지지원제도는 기존의 사회복지제도로는 대처하기 어려웠던 일시적인 위기상황으로 긴급한 지원이 필요한 저소득층을 조기에 발견하여 신속하게 지원하는 제도이다.

11 한부모가족 복지의 원칙
　㉠ 한부모와 자녀의 일체성 : 한부모와 자녀의 복지가 일체적으로 보장되어야 한다.
　㉡ 생존권 및 최저생활의 보장 : 한부모가족에 대한 신체적 · 경제적 · 문화적 최저생활을 보장해야 한다.
　㉢ 자립기반 구축 : 한부모가족에 대한 복지기능의 관여는 소극적인 일시보호가 아닌 자립기반을 구축하게 하는 적극적인 것이어야 한다.
　㉣ 위기해소 : 생활의 안정과 균형을 유지하도록 사망이나 이별 등의 위기감, 상실감 등을 해소시켜 주어야 한다.

12 ② 한부모가족복지자금의 대여내용에 해당한다.
　※ 한부모가족복지의 급여내용과 대여내용의 구분〈한부모가족지원법 제12조, 13조〉
　　㉠ 급여내용 : 생계비, 아동교육지원비, 아동양육비, 그 밖에 대통령령이 정하는 비용
　　㉡ 대여내용 : 사업에 필요한 자금, 아동교육비, 의료비, 주택자금, 그 밖에 대통령령으로 정하는 한부모가족의 복지를 위하여 필요한 자금

13 ④ 사티어의 의사소통적 가족치료에서 가족의 역기능적 의사소통 유형을 회유형, 비난형, 계산형, 혼란형으로 구분하였다.

14 ① 초혼 연령이 높아지면서 가족생활주기가 시작되기 전까지의 기간이 길어지고 있다.
　② 조혼인율은 지속적으로 내려가고 초혼 연령은 지속적으로 올라가 저출산 문제가 심각해지고 있다.
　③ 가족가치관의 경우 부부간 의사결정방식에 있어 과거 남편주도형이 주를 이뤘던 것과 달리 부부공동형과 아내주도형이 증가하고 있다.

15 가족복지서비스의 유형에는 소득지원, 가족보호, 가정생활교육, 학대가족에 대한 지원, 가족상담과 가족치료, 가족옹호가 있다.

06 여성복지

section 1 여성복지

(1) 여성복지의 개념

① 개념 … 미혼모, 가출여성, 근로여성, 저소득여성 및 학대받는 여성 등과 같은 요보호여성뿐만 아니라 모든 여성들이 인간다운 생활을 영위할 수 있도록 정부 및 민간이 행하는 모든 조직적인 활동이다.

② 필요성
- ㉠ 가족형태의 변화
- ㉡ 취업여성의 증가 및 처우의 열악성
- ㉢ 성차별의 현실
- ㉣ 이중적 성윤리 및 성개방 풍조의 만연
- ㉤ 여성의 의식 및 욕구의 변화

(2) 여성문제

① 취업여성의 문제 … 여성의 사회진출이 활발해지고 출산율이 감소하면서 경제활동에 참여하는 여성비율이 크게 증가되었다. 여성취업이 늘면서 그에 따른 모성보호 및 자녀양육을 위한 사회복지욕구가 증가되고 있다.

② 여성세대주 또는 한부모가족의 문제 … 여성세대주 또는 한부모가족은 배우자와의 사별이나 이별로 인하여 가족 본래의 기능인 성적 기능, 경제적 기능, 교육의 기능 등에서 많은 장애를 안게 된다.

③ 학대받는 여성의 문제 … 가정 내에서 발생하는 아내에 대한 폭력은 신체적 폭력뿐만 아니라 정서적, 사회적 폭력까지 다양하며 최근 사회문제로 크게 대두되고 있다.

④ 미혼모의 문제 … 결혼관의 변화와 더불어 사회적으로 남녀의 이성교제가 자유로워지면서 혼전 성관계에 따른 임신이나 출산이 증가하고 있다. 미혼모를 보호하고 아이 양육을 위한 재정적, 제도적 대책이 강화되어야 한다.

⑤ 성폭력 피해여성과 성매매피해자의 문제가 있다.

🔖 여성주의 사회복지실천에 대한 내용으로 옳은 것을 모두 고른 것은?
▶ 2011. 5. 14. 상반기 지방직

㉠ 여성문제를 개인 내적인 측면에서 찾는 것이 아니라 사회구조적인 측면에서 파악한다.
㉡ 여성주의 사회복지실천에서는 클라이언트가 자기 내부에서 변화의 가능성을 찾도록 권한을 부여하는 것에 초점을 둔다.
㉢ 여성문제의 주요 요인은 여성의 자원과 권력의 결핍이므로 사회복지사는 여성 클라이언트와의 관계에서 전문가적 권위를 행사해야 한다.
㉣ 여성주의 사회복지실천에서는 여성문제의 원인을 남성의 가부장적 특성과 여성의 권력 결핍에서만 기인하는 것으로 본다.

① ㉠, ㉡   ② ㉠, ㉡, ㉢
③ ㉠, ㉡, ㉣   ④ ㉢, ㉣

Tip ㉢ 사회복지사는 클라이언트와 평등한 관계로서 서로에게 도움을 주고, 전문가나 권위적인 인물이 아닌 동반자나 동료로서의 역할을 한다.
㉣ 여성주의 사회복지실천에서는 여성 문제의 원인을 자기 자신의 문제와 사회구조적인 문제에서 기인하는 것으로 본다.

┃정답 ①

(3) 성매매피해자에 대한 복지

① **성매매의 개념** … 불특정인을 상대로 금품이나 그 밖의 재산상의 이익을 수수하거나 수수하기로 약속하고 성교행위, 구강·항문 등 신체의 일부 또는 도구를 이용한 유사성교행위를 하거나 그 상대방이 되는 것을 말한다.

② **성매매의 원인**
- ㉠ **개인적 요인** : 정신적·도덕적 타락, 정신적·심리적 결함에서 기인한다.
- ㉡ **가정문제** : 문제가정·빈곤가정·결손가정 등의 배경과 가정생활의 결함 때문이다.
- ㉢ **사회·문화적 요인** : 도시화, 성의 개방풍조, 향락추구의 사회분위기 등과 관련되어 있고 남녀 간의 불평등한 경제·사회적 제도 때문에 발생된다.

③ **금지행위**〈성매매알선 등 행위의 처벌에 관한 법률 제4조〉
- ㉠ 성매매
- ㉡ 성매매 알선 등 행위
- ㉢ 성매매 목적의 인신매매
- ㉣ 성을 파는 행위를 하게 할 목적으로 다른 사람을 고용·모집하거나 성매매가 행하여진다는 사실을 알고 직업을 소개·알선하는 행위
- ㉤ 성매매행위 및 그 행위가 행하여지는 업소에 대한 광고행위

④ **성매매피해자를 위한 지원시설**〈성매매방지 및 피해자보호 등에 관한 법률 제9조〉
- ㉠ **일반 지원시설** : 성매매피해자 등을 대상으로 1년의 범위에서 숙식을 제공하고 자립을 지원하는 시설
- ㉡ **청소년 지원시설** : 19세 미만의 성매매피해자 등을 대상으로 19세가 될 때까지 숙식을 제공하고 취학·교육 등을 통하여 자립을 지원하는 시설
- ㉢ **외국인 지원시설** : 외국인 성매매피해자 등을 대상으로 3개월의 범위에서 숙식을 제공하고, 귀국을 지원하는 시설
- ㉣ **자립지원 공동생활시설** : 성매매피해자 등을 대상으로 2년의 범위에서 숙박 등의 편의를 제공하고 자립을 지원하는 시설

⑤ **성매매의 대책**
- ㉠ **예방적 차원** : 건전한 성도덕관과 윤리관을 확립하여야 한다.
- ㉡ **사후치료적 대책** : 자활 격려 또는 부녀상담원의 전문인력화가 되어야 한다.

기출문제

기출문제

(4) 양성평등기본법의 주요내용

① **목적**〈양성평등기본법 제1조〉 … 이 법은 대한민국 헌법의 양성평등 이념을 실현하기 위한 국가와 지방자치단체의 책무 등에 관한 기본적인 사항을 규정함으로써 정치·경제·사회·문화의 모든 영역에서 양성평등을 실현하는 것을 목적으로 한다.

② **기본이념**〈양성평등기본법 제2조〉 … 이 법은 개인의 존엄과 인권의 존중을 바탕으로 성차별적 의식과 관행을 해소하고, 여성과 남성이 동등한 참여와 대우를 받고 모든 영역에서 평등한 책임과 권리를 공유함으로써 실질적 양성평등 사회를 이루는 것을 기본이념으로 한다.

③ **정의**〈양성평등기본법 제3조〉
  ㉠ **양성평등** : 성별에 따른 차별, 편견, 비하 및 폭력 없이 인권을 동등하게 보장받고 모든 영역에 동등하게 참여하고 대우받는 것을 말한다.
  ㉡ **성희롱** : 업무, 고용, 그 밖의 관계에서 국가기관·지방자치단체 또는 대통령령으로 정하는 공공단체의 종사자, 사용자 또는 근로자가 다음의 어느 하나에 해당하는 행위를 하는 경우를 말한다.
    • 지위를 이용하거나 업무 등과 관련하여 성적 언동 또는 성적 요구 등으로 상대방에게 성적 굴욕감이나 혐오감을 느끼게 하는 행위
    • 상대방이 성적 언동 또는 요구에 대한 불응을 이유로 불이익을 주거나 그에 따르는 것을 조건으로 이익 공여의 의사표시를 하는 행위
  ㉢ **사용자** : 사업주 또는 사업경영담당자, 그 밖에 사업주를 위하여 근로자에 관한 사항에 대한 업무를 수행하는 자를 말한다.

④ **국민의 권리와 의무**〈양성평등기본법 제4조〉
  ㉠ 모든 국민은 가족과 사회 등 모든 영역에서 양성평등한 대우를 받고 양성평등한 생활을 영위할 권리를 가진다.
  ㉡ 모든 국민은 양성평등의 중요성을 인식하고 이를 실현하기 위하여 노력하여야 한다.

⑤ **국가 등의 책무**〈양성평등기본법 제5조〉
  ㉠ 국가기관 등은 양성평등 실현을 위하여 노력하여야 한다.
  ㉡ 국가와 지방자치단체는 양성평등 실현을 위하여 법적·제도적 장치를 마련하고 이에 필요한 재원을 마련할 책무를 진다.

⑥ **양성평등정책 기본계획의 수립**〈양성평등기본법 제7조〉
  ㉠ 여성가족부장관은 양성평등정책 기본계획을 5년마다 수립하여야 한다.
  ㉡ 기본계획에는 다음 사항이 포함되어야 한다.

- 양성평등정책의 기본 목표와 추진방향
- 양성평등정책의 추진과제와 추진방법
- 양성평등정책 추진과 관련한 재원의 조달 및 운용 방안
- 그 밖에 양성평등정책을 위하여 필요하다고 대통령령으로 정하는 사항

ⓒ 여성가족부장관은 기본계획을 수립할 때에는 미리 관계 중앙행정기관의 장과 협의하여야 한다.

ⓔ 여성가족부장관은 기본계획을 수립할 때에는 동법 제19조에 따른 국가성평등지표를 활용하여야 한다.

ⓜ 기본계획은 동법 제11조에 따른 양성평등위원회의 심의를 거쳐 확정된다. 이 경우 여성가족부장관은 확정된 기본계획을 관계 중앙행정기관의 장과 특별시장·광역시장·특별자치시장·도지사·특별자치도지사에게 알려야 한다.

ⓗ 그 밖에 기본계획의 수립 및 변경 등에 필요한 사항은 대통령령으로 정한다.

⑦ **양성평등위원회**〈양성평등기본법 제11조〉

ⓐ 양성평등정책에 관한 중요사항을 심의·조정하기 위하여 국무총리 소속으로 양성평등위원회를 둔다.

ⓑ 위원회는 다음 각 호의 사항을 심의·조정한다.

- 기본계획 및 시행계획에 관한 사항
- 시행계획 등 양성평등정책 추진실적 점검에 관한 사항
- 양성평등정책 관련 사업의 조정 및 협력에 관한 사항
- 양성평등정책의 평가 및 제도 개선 등 성 주류화(性 主流化)에 관한 사항
- 제19조에 따른 국가성평등지수에 관한 사항
- 유엔여성차별철폐협약 등 대한민국이 체결한 여성 관련 국제조약 이행 점검에 관한 사항
- 여성, 평화와 안보에 관한 유엔 안전보장이사회 결의 1325호에 따라 수립한 국가행동계획의 이행 평가 및 개선방안에 관한 사항
- 그 밖에 양성평등정책을 위하여 필요하다고 대통령령으로 정하는 사항

ⓒ 위원회는 위원장 1명과 부위원장 1명을 포함한 30명 이내의 위원으로 구성한다.

ⓔ 위원회의 위원장은 국무총리가 되고, 부위원장은 여성가족부장관이 되며, 위원은 다음의 사람이 된다.

- 대통령령으로 정하는 관계 중앙행정기관의 장 및 이에 준하는 기관의 장
- 양성평등에 관한 전문지식과 경험이 풍부한 사람으로서 국무총리가 위촉하는 사람

ⓜ 그 밖에 위원회의 구성과 운영 등에 필요한 사항은 대통령령으로 정한다.

기출문제

기출문제

⑧ 시·도양성평등위원회〈양성평등기본법 제11조의2〉 ··· 특별시·광역시·특별자치시·도·특별자치도는 조례로 정하는 바에 따라 시·도의 양성평등정책에 관한 중요사항을 심의·조정하기 위하여 양성평등위원회를 둘 수 있다. 다만, 시·도 위원회의 기능을 담당하기에 적합한 다른 위원회가 있는 경우에는 해당 지방자치단체의 조례로 정하는 바에 따라 그 위원회가 시·도위원회의 기능을 대신하거나 시·도위원회의 기능을 포함하여 운영할 수 있다.

(5) 성매매방지 및 피해자보호 등에 관한 법률의 주요내용

① 목적〈성매매방지 및 피해자보호 등에 관한 법률 제1조〉 ··· 이 법은 성매매를 방지하고, 성매매피해자 및 성을 파는 행위를 한 사람의 보호와 피해회복 및 자립·자활을 지원하는 것을 목적으로 한다.

② 국가 등의 책임〈성매매방지 및 피해자보호 등에 관한 법률 제3조〉

  ⊙ 국가와 지방자치단체는 성매매를 방지하고, 성매매피해자 및 성을 파는 행위를 한 사람의 보호와 피해회복 및 자립·자활을 지원하기 위하여 다음의 사항에 대한 법적·제도적 장치를 마련하고 필요한 행정적·재정적 조치를 하여야 한다.

    • 성매매, 성매매알선 등 행위 및 성매매 목적의 인신매매 신고체계의 구축·운영

    • 성매매, 성매매알선 등 행위 및 성매매 목적의 인신매매를 방지하기 위한 조사·연구·교육·홍보, 법령 정비 및 정책 수립

    • 성매매피해자 등의 보호와 자립을 지원하기 위한 시설(외국인을 위한 시설을 포함한다)의 설치·운영

    • 성매매피해자 등에 대한 주거지원, 직업훈련, 법률구조 및 그 밖의 지원 서비스 제공

    • 성매매피해자 등에 대한 보호·지원을 원활히 하기 위한 관련 기관 간 협력체계의 구축·운영

    • 성매매, 성매매알선 등 행위 예방을 위한 유해환경 감시

  ⓛ 국가는 성매매 목적의 인신매매 방지를 위한 국제협력을 증진하기 위하여 노력하여야 한다.

③ 성매매 실태조사〈성매매방지 및 피해자보호 등에 관한 법률 제4조〉 ··· 여성가족부장관은 3년마다 국내외 성매매 실태조사(성접대 실태조사를 포함한다)를 실시하여 성매매 실태에 관한 종합보고서를 발간하고, 이를 성매매의 예방을 위한 정책수립에 기초자료로 활용하여야 한다.

기출문제

④ **성매매 예방교육**〈성매매방지 및 피해자보호 등에 관한 법률 제5조〉

　㉠ 국가기관, 지방자치단체, 초·중·고등학교, 그 밖에 대통령령으로 정하는 공공단체의 장은 성에 대한 건전한 가치관 함양과 성매매 방지 및 인권보호를 위하여 성매매 예방교육을 실시하고, 그 결과를 여성가족부장관에게 제출하여야 한다.

　㉡ ㉠에 따른 성매매 예방교육의 내용과 방법, 결과 제출 절차 등에 필요한 사항은 대통령령으로 정한다.

⑤ **지원시설의 종류**〈성매매방지 및 피해자보호 등에 관한 법률 제9조〉

　㉠ **일반 지원시설** : 성매매피해자 등을 대상으로 1년의 범위에서 숙식을 제공하고 자립을 지원하는 시설

　㉡ **청소년 지원시설** : 19세 미만의 성매매피해자 등을 대상으로 19세가 될 때까지 숙식을 제공하고, 취학·교육 등을 통하여 자립을 지원하는 시설

　㉢ **외국인 지원시설** : 외국인 성매매피해자 등을 대상으로 3개월의 범위에서 숙식을 제공하고, 귀국을 지원하는 시설

　㉣ **자립지원 공동생활시설** : 성매매피해자 등을 대상으로 2년의 범위에서 숙박 등의 편의를 제공하고 자립을 지원하는 시설

⑥ **지원시설의 업무**〈성매매방지 및 피해자보호 등에 관한 법률 제11조〉

　㉠ 일반 지원시설은 다음의 업무를 수행한다.

　　• 숙식 제공
　　• 심리적 안정과 피해회복을 위한 상담 및 치료
　　• 질병치료와 건강관리를 위하여 의료기관에 인도하는 등의 의료지원
　　• 수사기관의 조사와 법원의 증인신문(證人訊問)에의 동행
　　• 법률구조법에 따른 대한법률구조공단 등 관계기관에 필요한 협조와 지원 요청
　　• 자립·자활 교육의 실시와 취업정보 제공
　　• 국민기초생활 보장법 등 사회보장 관계 법령에 따른 급부(給付)의 수령 지원
　　• 기술교육(위탁교육을 포함한다)
　　• 다른 법률에서 지원시설에 위탁한 사항
　　• 그 밖에 여성가족부령으로 정하는 사항

　㉡ 청소년 지원시설은 ㉠의 업무 외에 진학을 위한 교육을 제공하거나 교육기관에 취학을 연계하는 업무를 수행한다.

　㉢ 외국인 지원시설은 ㉠의 제1호부터 제5호까지 및 제9호의 업무와 귀국을 지원하는 업무를 수행한다.

② 자립지원 공동생활시설은 다음 각 호의 업무를 수행한다.
  • 숙박 지원
  • 취업 및 창업을 위한 정보의 제공
  • 그 밖에 사회 적응을 위하여 필요한 지원으로서 여성가족부령으로 정하는 사항

⑦ **보수교육의 실시**〈성매매방지 및 피해자보호 등에 관한 법률 제20조〉
  ㉠ 여성가족부장관 또는 시·도지사는 상담소 등의 종사자의 자질을 향상시키기 위하여 보수교육을 실시하여야 한다.
  ㉡ 여성가족부장관 또는 시·도지사는 ㉠에 따른 보수교육에 관한 업무를 중앙지원센터 또는 대통령령으로 정하는 전문기관에 위탁할 수 있다.
  ㉢ ㉠에 따른 보수교육의 내용·기간 및 방법 등에 필요한 사항은 여성가족부령으로 정한다.

⑧ **상담소 등의 평가**〈성매매방지 및 피해자보호 등에 관한 법률 제26조〉… 여성가족부장관은 3년마다 상담소 등의 운영실적을 평가하고, 그 결과를 감독 및 지원 등에 반영할 수 있다.

(6) 성매매알선 등 행위의 처벌에 관한 법률의 주요내용

① **목적**〈성매매알선 등 행위의 처벌에 관한 법률 제1조〉… 이 법은 성매매, 성매매알선 등 행위 및 성매매 목적의 인신매매를 근절하고, 성매매피해자의 인권을 보호함을 목적으로 한다.

② **국가 등의 책무**〈성매매알선 등 행위의 처벌에 관한 법률 제3조〉
  ㉠ 국가 및 지방자치단체는 성매매, 성매매알선 등 행위 및 성매매 목적의 인신매매를 예방하고 근절하기 위한 교육 및 홍보 등에 관하여 법적·제도적 대책을 마련하고, 필요한 재원(財源)을 조달하여야 한다.
  ㉡ 국가는 성매매 목적의 인신매매를 방지하기 위하여 국제협력의 증진과 형사사법의 공조(共助) 강화에 노력하여야 한다.

③ **금지행위**〈성매매알선 등 행위의 처벌에 관한 법률 제4조〉
  ㉠ 성매매
  ㉡ 성매매알선 등 행위
  ㉢ 성매매 목적의 인신매매
  ㉣ 성을 파는 행위를 하게 할 목적으로 다른 사람을 고용·모집하거나 성매매가 행하여진다는 사실을 알고 직업을 소개·알선하는 행위
  ㉤ ㉠, ㉡ 및 ㉣의 행위 및 그 행위가 행하여지는 업소에 대한 광고행위

④ **성매매피해자에 대한 처벌특례와 보호**〈성매매알선 등 행위의 처벌에 관한 법률 제6조〉

㉠ 성매매피해자의 성매매는 처벌하지 아니한다.

㉡ 검사 또는 사법경찰관은 수사과정에서 피의자 또는 참고인이 성매매피해자에 해당한다고 볼 만한 상당한 이유가 있을 때에는 지체 없이 법정대리인, 친족 또는 변호인에게 통지하고, 신변보호, 수사의 비공개, 친족 또는 지원시설·성매매피해상담소에의 인계 등 그 보호에 필요한 조치를 하여야 한다. 다만, 피의자 또는 참고인의 사생활 보호 등 부득이한 사유가 있는 경우에는 통지하지 아니할 수 있다.

⑤ **신고의무 등**〈성매매알선 등 행위의 처벌에 관한 법률 제7조〉

㉠ 성매매방지 및 피해자보호 등에 관한 법률 제5조 제1항에 따른 지원 시설 및 같은 법 제10조에 따른 성매매피해상담소의 장이나 종사자가 업무와 관련하여 성매매 피해사실을 알게 되었을 때에는 지체 없이 수사기관에 신고하여야 한다.

㉡ 누구든지 이 법에 규정된 범죄를 신고한 사람에게 그 신고를 이유로 불이익을 주어서는 아니 된다.

㉢ 다른 법률에 규정이 있는 경우를 제외하고는 신고자 등의 인적사항이나 사진 등 그 신원을 알 수 있는 정보나 자료를 인터넷 또는 출판물에 게재하거나 방송매체를 통하여 방송하여서는 아니 된다.

1 다음 중 미혼모에 대한 복지서비스 제공의 법적 근거는?

① 모성보호법   ② 미혼모법
③ 한부모가족지원법   ④ 영유아보육법

2 미혼모의 발생요인 중 사회문화적인 요인에 해당하지 않는 것은?

① 호기심과 자기배척   ② 성윤리의 변화
③ 대중매체의 자극적인 영향   ④ 도시화에 따른 핵가족의 증대

3 다음 중 미혼모의 발생요인으로 볼 수 없는 것은?

① 금전만능사상과 사행심   ② 정상적인 가정해체의 파괴 및 붕괴
③ 성도덕의 변화집단   ④ 여성 근로자들을 위한 성교육의 결여

4 한국에서 여성복지가 대두되는 중요한 이유로서 가장 관계가 적은 것은?

① 여권신장을 위한 헌법보장의 미비
② 하위법까지의 철저한 평등의 미비
③ 요보호여성문제의 사회문제화
④ 가정과 사회와의 이중구조적인 특수상황

5 성매매피해자들을 위한 지원시설에 대한 설명으로 옳은 것은?

① 일반 지원시설의 장은 1년의 이내의 범위에서 여성가족부령으로 정하는 바에 따라 지원기간을 연장할 수 있다.

② 외국인 지원시설은 외국인 성매매피해자 등을 대상으로 5개월 이내의 범위에서 숙식을 제공하고, 귀국을 지원하는 시설이다.

③ 일반 지원시설은 성매매피해자 등을 대상으로 1년 이내의 범위에서 숙식을 제공하고 자립을 지원하는 시설이다.

④ 청소년 지원시설은 20세 미만의 성매매피해자 등을 대상으로 20세가 될 때까지 숙식을 제공하고 취학·교육 등을 통하여 자립을 지원하는 시설이다.

6 양성평등정책 기본계획의 수립에 대한 내용으로 옳지 않은 것은?

① 여성가족부장관은 양성평등정책에 관한 기본계획을 3년마다 수립하여야 한다.

② 기본계획에는 양성평등정책의 추진방향, 기본 목표, 재원의 조달방법이 포함되어야 한다.

③ 여성가족부장관은 기본계획을 수립할 때에는 미리 관계 중앙행정기관의 장과 협의하여야 한다.

④ 양성평등정책에 관한 중요 사항을 심의·조정하기 위하여 국무총리 소속으로 양성평등위원회를 둔다.

7 다음 성매매방지 및 피해자보호 등에 관한 법률에 관한 사항 중 옳지 않은 것은?

① 여성가족부장관 또는 특별시장·광역시장·특별자치시장·도지사·특별자치도지사는 상담소 종사자의 자질을 향상시키기 위하여 보수교육을 실시하여야 한다.

② 외국인 지원시설은 귀국을 지원하는 업무를 담당한다.

③ 상담소는 심리적 안정과 피해 회복을 위한 상담 및 치료를 담당한다.

④ 여성가족부장관은 3년마다 상담소 등의 운영실적을 평가하고, 그 결과를 감독 및 지원 등에 반영할 수 있다.

8 성매매방지 및 피해자보호 등에 관한 법률의 지원시설의 종류가 아닌 것은?

① 일반 지원시설   ② 아동 지원시설

③ 청소년 지원시설   ④ 외국인 지원시설

9 성매매방지 및 피해자보호 등에 관한 법률에서 일반 지원시설과 상담소의 공통 업무로 올바른 것은?

① 상담 및 현장 방문

② 지원시설 이용에 관한 고지 및 지원시설에의 인도 또는 연계

③ 성매매피해자의 구조

④ 질병치료와 건강관리를 위하여 의료기관에 인도하는 등의 의료지원

10 다음 중 중앙지원센터의 업무가 아닌 것은?

① 성매매피해자의 구조

② 성매매피해자 등에 대한 지원대책 연구 및 홍보활동

③ 지원시설 및 상담소 간 종합 연계망 구축

④ 성매매피해자 등의 자활·자립 프로그램 개발·보급

정답및해설

1	③	2	①	3	①	4	①	5	③
6	①	7	③	8	②	9	④	10	①

1 미혼모를 위한 별도의 보호조치 관련법은 없다. 미혼모, 부자가정 모두 「한부모가족지원법」에서 보호받고 있다.

2 ① 호기심과 자기배척은 클라이언트의 내적 문제요인에 해당된다.

3 물질주의에 따른 금전만능사상과 사행심은 윤락행위의 발생요인으로 지적할 수 있다.

4 여성의 사회적 불평등을 해결하기 위해 헌법 제34조 제3항 '국가는 여자의 복지와 권익의 향상을 위하여 노력하여야 한다'라고 규정되어 있다. 그러므로 헌법상으로 여성의 불평등 내지 요보호여성을 위한 각종 복지조치보다는 하위법의 미비, 사회문화적인 전통적 사상, 여성자신의 의식변화의 미확립 등이 대두되고 있다.

5 ① 1년 6개월의 범위 내에서 연장할 수 있다.
② 3개월 이내의 범위에서 숙식을 제공하고, 귀국을 지원하는 시설이다.
④ 19세 미만의 성매매피해자 등을 대상으로 19세가 될 때까지 제공한다.

6 양성평등정책 기본계획의 수립〈양성평등기본법 제7조〉
㉠ 여성가족부장관은 양성평등정책 기본계획을 5년마다 수립하여야 한다.
㉡ 기본계획에는 다음 각 호의 사항이 포함되어야 한다.
• 양성평등정책의 기본 목표와 추진방향
• 양성평등정책의 추진과제와 추진방법
• 양성평등정책 추진과 관련한 재원의 조달 및 운용 방안
• 그 밖에 양성평등정책을 위하여 필요하다고 대통령령으로 정하는 사항
㉢ 여성가족부장관은 기본계획을 수립할 때에는 미리 관계 중앙행정기관의 장과 협의하여야 한다.
㉣ 여성가족부장관은 기본계획을 수립할 때에는 법에 따른 국가성평등지표를 활용하여야 한다.
㉤ 기본계획은 법에 따른 양성평등위원회의 심의를 거쳐 확정된다. 이 경우 여성가족부장관은 확정된 기본계획을 관계 중앙행정기관의 장과 특별시장·광역시장·특별자치시장·도지사·특별자치도지사에게 알려야 한다.
㉥ 그 밖에 기본계획의 수립 및 변경 등에 필요한 사항은 대통령령으로 정한다.

7 ③ 일반 지원시설에서 담당하는 업무이다.
※ 상담소의 업무〈성매매방지 및 피해자보호 등에 관한 법률 제18조〉
㉠ 상담 및 현장 방문
㉡ 지원시설 이용에 관한 고지 및 지원시설에의 인도 또는 연계
㉢ 성매매피해자의 구조
㉣ 질병치료와 건강관리를 위하여 의료기관에 인도하는 등의 의료지원
㉤ 수사기관의 조사와 법원의 증인신문에의 동행
㉥ 법률구조법에 따른 대한법률구조공단 등 관계기관에 필요한 협조와 지원 요청

    ⓐ 성매매 예방을 위한 홍보와 교육
    ⓞ 다른 법률에서 상담소에 위탁한 사항
    ⓩ 성매매피해자 등의 보호를 위한 조치로서 여성가족부령으로 정하는 사항

8 지원시설의 종류〈법 제9조〉
    ㉠ 일반 지원시설
    ㉡ 청소년 지원시설
    ㉢ 외국인 지원시설
    ㉣ 자립지원 공동생활시설

9 일반 지원시설과 상담소의 공통 업무
    ㉠ 질병치료와 건강관리를 위하여 의료기관에 인도하는 등의 의료지원
    ㉡ 수사기관의 조사와 법원의 증인신문에의 동행
    ㉢ 법률구조기관 등에 필요한 협조와 지원 요청

10 ① 상담소에서 담당하는 업무이다.
    ※ 중앙지원센터의 업무〈성매매방지 및 피해자보호 등에 관한 법률 제19조〉
      ㉠ 지원시설·자활지원센터·상담소 간 종합 연계망 구축
      ㉡ 성매매피해자 구조체계 구축·운영 및 성매매피해자 구조활동의 지원
      ㉢ 법률·의료 지원단 운영 및 법률·의료 지원체계 확립
      ㉣ 성매매피해자 등의 자활·자립 프로그램 개발·보급
      ㉤ 성매매피해자 등에 대한 지원대책 연구 및 홍보활동
      ㉥ 성매매 실태조사 및 성매매 방지대책 연구
      ⓐ 성매매 예방교육프로그램의 개발
      ⓞ 상담소 등 종사자의 교육 및 상담원 양성, 상담기법의 개발 및 보급
      ⓩ 그 밖에 여성가족부령으로 정하는 사항

07 의료 및 정신보건사회복지

기출문제

section 1 의료사회사업

(1) 의료사회사업의 개념

① 의료사회사업의 정의 … 의료사회사업은 생태체계론적 시각에서 환자와 가족체계, 병원체계, 사회환경체계와의 상호작용을 증진함으로써 환자와 가족의 질병, 장애, 상해로 인한 스트레스를 경감하고, 이들의 가능한 사회기능을 증진, 유지, 회복하기 위한 활동이다.

   ㉠ 핀크(A. Fink) : 핀크는 의료사회사업을 질병에 관련된 개인적 또는 사회적 문제들을 의료를 통해 처리하여 최대의 유익을 가져올 수 있도록 환자를 원조하는 과정이라고 정의하였다.

   ㉡ 프리드랜더(A. Friedlander) : 환자가 이용가능한 보건 서비스를 가장 효과적으로 활용할 수 있도록 진료소, 병원 기타 의료서비스 시설 등에서 실시되는 개별사회사업 또는 집단사회사업의 실제라 정의하였다.

② 의료사회사업의 개념

   ㉠ 기술적 개념 : 의료사회사업은 사회사업가가 의료팀의 일원으로 참가하여 사회사업의 전문적인 기술이나 방법들을 가지고 환자의 질병치료와 회복 및 사회복귀기능을 강화시키는 것을 목적으로 환자와 그 가족의 심리적·사회적·경제적 문제를 해결하거나 조정해주는 전문적인 활동을 말한다.

   ㉡ 정책적 개념 : 의료사회사업은 질병의 예방과 건강증진 및 향상을 목적으로 하며 보건의료영역에서 사회복지정책적 방법을 활용하여 보건의료의 수요와 서비스의 전달체계의 확대, 효율적 운영, 질적 향상 등을 도모하는 광범위한 의료복지의 한 영역이라 할 수 있다.

(2) 의료사회사업의 기능

① 의료사회사업의 일반적 기능

   ㉠ 의료진과의 협력을 위해 개별사회사업을 활용한다.

   ㉡ 환자에 대한 직접적인 서비스보다는 의사나 의료팀에 대한 원조서비스를 제공한다.

   ㉢ 환자와 가족 간에 밀접한 관계를 형성하게 하여 의료 및 사회사업서비스를 제공받도록 한다.

   ㉣ 지역사회의 제반자원을 활용하여 환자 스스로가 문제를 해결하도록 도와준다.

기출문제

② 병원 내에서의 의료사회사업의 기능

  ㉠ **의료진과의 협동** : 환자의 가족관계나 사회적 관계 및 기능에 관해 해석하고 평가하여 의료에 도움을 준다.

  ㉡ **환자의 가족에 대한 직접적인 서비스** : 환자의 정서적 불안을 해소시키기 위한 면접활동과 가족에 대한 경제적 원조, 심신장애인의 재활 등에 대한 직접적인 서비스를 제공한다.

  ㉢ **법적 서비스와 민간적 서비스 사이를 연계** : 환자와 관계된 사람들과 연계하여 경제적 원조 및 심리적 위로나 안정 등을 환자에게 제공하며 환자의 자립심을 높일 수 있는 건설적 · 진취적 생활을 할 수 있도록 원조한다.

  ㉣ **교육적 기능** : 의대생이나 간호학생, 의료사회사업가 기타 사회사업 관련 학생들의 훈련장 및 교육장으로서의 기능을 행한다.

  ㉤ **사회와의 협동** : 의료관련 사회조사의 참여, 지역사회서비스에의 관여, 지역사회 복지계획 및 대책수립 등에 의료사회사업의 전문적 지식이나 경험을 활용한다.

(3) 의료사회사업의 내용

① **환자의 문제**

  ㉠ **질병에 따른 심리적 대응문제**

    • **건강상태에 대한 지나친 걱정** : 환자는 신체의 질환에 지나친 신경을 쓰게 되어 오히려 질환과 무관한 징후를 보이기도 한다.

    • **자기중심적** : 자기본위로 생각하고 행동하게 된다.

    • **의존성** : 환자는 자주적 · 독자적으로 행동할 수 없고 남에게 자기행동에 대한 책임도 질 수 없게 되어 남에게 의존하려는 경향이 많아진다.

    • **애정에 대한 욕구** : 환자는 생활의 변화로 인해 심리적으로 불안하여 다른 사람의 애정이나 동정을 갈망하게 된다.

    • **불안과 공포** : 환자는 진단결과에 대한 두려움이나 병의 완치가능성에 대해 불안해하기 쉽다.

    • **열등의식과 공격성** : 질병에 걸리게 되면 신체적 자아에 손상을 가져오기 때문에 열등의식이나 공격성이 나타나게 된다.

  ㉡ **사회적 문제**

    • **직업문제** : 실업, 직장적응의 문제, 직업전환 문제 등의 직업에 관련된 문제가 나타나게 된다.

    • **사회복지문제** : 환자가 퇴원하기 전에 직장이나 사회 관계면에서의 적응태세가 갖추어져 있지 않으면 여러가지 심리적 · 정서적 장애를 보이게 된다.

ⓒ **경제적 문제** : 질병에 따른 경제적 문제는 진료비 및 요양비의 문제라 할 수 있다. 따라서 지불능력이 없는 환자에 대해서는 경제적 자원조달이나 지원 등이 이루어질 수 있도록 법적 · 제도적 방법이 마련되어야 한다.

ⓔ **정신지체질환의 문제** : 정서적 · 사회적 갈등이나 스트레스 등은 신체기능의 불균형을 초래하게 되고 그런 상황이 지속되다 보면 질환으로 변환하게 되므로, 환자가 정서적 · 심리적 요인으로 인한 신체장애를 초래하지 않도록 도와주어야 한다.

② **의료사회사업가의 역할과 활동**

ⓐ **스크리닝과 사례발굴** : 의사가 의뢰하는 사례뿐 아니라 고위험사례나 조기개입으로 퇴원이 앞당겨질 수 있는 환자, 퇴원 후 계획에 도움이 필요한 가족 등을 스크리닝하여 사례를 발굴한다.

ⓑ **위기개입** : 응급상황 또는 회복이 불투명한 질환 등과 같은 위기상황에서 환자와 가족이 정서적 균형을 찾고 불확실한 미래에 대비하도록 개입한다.

ⓒ **심리사회적 사정과 개입** : 의료사회복지사는 환자와 가족의 심리적 · 사회적 · 환경적 요인, 환자의 욕구와 강점을 단기간에 파악하고 집중적 서비스를 계획 · 실행 · 평가한다.

ⓓ **퇴원 계획** : 환자를 집이나 다른 시설로 이전하기 위한 활동으로서 퇴원 후에도 보호의 계속성이 유지되도록 환자를 위한 서비스와 자원을 조정한다.

ⓔ 환자와 가족에 대한 정보 제공과 의뢰

ⓕ 재정적 지원

ⓖ **사례 자문, 다학문 간 협력, 지역사회기관과 협력** : 의료가 주요 목적인 이차세팅에서 활동하는 의료사회복지사는 특정 질환에 대한 지식뿐 아니라 질환과 관련환 환자와 가족의 심리사회적 욕구와 사회환경적 맥락을 파악하고, 팀의 일원으로 다른 전문직과 협력 · 자문한다.

ⓗ 집단지도와 건강교육

ⓘ 평가와 연구

ⓙ 프로그램 자문

ⓚ 기관계획, 지역사회계획, 자원개발

ⓛ 정책개발, 법률개정

(4) 의료사회사업의 기술 및 실천분야

① **의료사회사업기술의 전제조건**

ⓐ 의료사회문제의 실태 및 현황의 파악

ⓑ 기술을 의료사회문제의 해결수단으로 인식

ⓒ 기술과 제도와의 관련성을 정확히 파악

ⓔ 기술을 뒷받침할 수 있는 사상으로 인간의 생존권과 존엄성을 중시하는 가치관을 인식

② 의료사회사업기술의 내용

　ⓐ 개인과 집단에 적용하는 기술

　ⓑ 관계직종 및 지역집단과의 연락에 관련된 기술

　ⓒ 사회조사기술(면접기술)

　ⓔ 지역사회에 적용하는 기술

③ 의료사회사업의 실천분야

　ⓐ 일반의료사회사업 : 환자치료상의 전인적인 문제, 환자의 질환 및 치료과정에 영향을 미치는 심리사회적인 문제, 빈곤환자의 치료비문제, 퇴원 후의 경제적 생활문제 등에 중점을 두어 전문적인 서비스와 자원조정 과정활동을 실시한다. 이에 따른 사회사업가의 임무는 다음과 같다.

　　• 환자에 대한 임무 : 환자에게 환자 자신의 질병치료에 관련된 심리사회적 문제를 이해시키고 병원의 의료자원을 환자가 적극적으로 활용하고 적응할 수 있도록 도와준다.

　　• 의료팀에 대한 임무 : 환자의 개인적인 생활사에 대한 정보를 조사·수집하여 의료진이 환자를 전인적으로 이해하고 치료할 수 있도록 도와준다.

　　• 가족원에 대한 임무 : 환자질환의 특성 및 예후, 환자의 반응상태 등을 설명해주어 가족이 환자의 보조치료자적인 역할을 수행하도록 한다.

　　• 퇴원계획 및 사후지도를 수행하여 생활보호가 필요한 사람에게 지원을 제공하거나 경제적 자립을 할 수 있도록 도와준다.

　ⓑ 재활의료사회사업 : 장애인들에게 신체적 기능회복을 위한 치료 및 신체기능 훈련의 신체적 재활, 사회에 적응하게 하는 정신적 재활, 경제적인 자립을 위한 직업적 재활 등을 수행해야 하는데 이에 따른 사회사업가의 역할은 다음과 같다.

　　• 환자의 심리적 치료자·교정자

　　• 환자상태의 평가진단에 따른 훈련 및 서비스 계획의 참여자

　　• 재활자원(인적·물적·정신적)의 동원자

　　• 장애에 대한 사회적 편견을 교정하는 사회교육자·사회계몽자

　ⓒ 지역사회 의료사회사업 : 주로 한부모가족복지사업, 감염병관리, 환경위생, 보건교육, 순회의료봉사 등의 지역사회라는 지리적·사회적 기능영역으로 구분된 범위에서 실시되는 의료복지사업이다. 이에 따른 사회사업가의 임무는 다음과 같다.

기출문제

- 가정방문을 통한 가정실태 파악 후 의사 및 관계기관과 사회사업기관이나 국·공립 의료기관에 의뢰한다.
- 지역주민 대상의 가족계획, 공중보건 및 의료교육 등을 실시하여 주민 스스로 보건관리문제의 해결능력을 키우게 한다.
- 지역사회단체(어머니회, 신용협동조합, 보건소 등)들에게 사회교육을 실시한다.
- 무의촌 이동진료계획 및 실천으로 병원의 예방과 치료, 보건위생 계몽운동 등을 전개시켜 나간다.
  - ㉣ **군의료사회사업** : 군의료사회사업은 그 활동원칙과 역할, 특성 등에 있어서는 일반의료사회사업과 동일하지만 전투력 강화를 저해하는 심리사회적·정신적 요인들을 조사·분석·평가하여 군조직성원의 질병치료에 기여하는 활동이 다른 점이라 할 수 있다.

(5) 의료사회사업에 있어서의 유의점

① **인간으로서의 환자** … 모든 인간은 각자 독자적 성격(personality)을 소유하고 있다.

② **심신상관적 접근** … 환자를 치료함에 있어 신체적 요소와 동시에 정서적 요소를 함께 고찰하는 것을 의미한다. 정신신체의학의 발달로 정신과 신체의 상관성에 기초한 정신치료법으로 많은 종류의 질병들을 치료할 수 있다.

③ **병에 대한 환자의 반응**
  - ㉠ 어떤 환자는 질병으로 인한 열등감 때문에 방어수단을 적극적이고 충분하게 활용하지 못한다.
  - ㉡ 어떤 환자들은 자신의 병을 부인하려고 한다.
  - ㉢ 바람직한 반응을 보이는 환자는 적극적으로 자신의 병을 인정하고 병의 완치를 위해 전력으로 노력한다.
  - ㉣ 어떤 환자는 병의 호전보다는 질병상태에 더욱 만족한다.
  - ㉤ 의료사회사업가는 적절한 기술과 방법을 사용하여 환자가 적극적이고 긍정적이며 바람직한 태도를 가질 수 있도록 도움을 주어야 한다.

기출문제

section 2 정신보건사회복지

(1) 정신보건사회복지의 개념

① 정신보건사회복지의 정의 … 정신보건사회복지사가 정신적·정서적 장애를 가진 환자나 가족을 대상으로 정신병원이나 정신의료기관 등에서 정신과 의사, 심리학자, 정신과 간호사, 작업치료사로 구성된 치료팀의 일원으로 참여하여 정신적·정서적 장애인의 정신건강 회복과 정신위생의 증진을 목적으로 실시하는 것이다.

  ㉠ 핀크(A. Pink)의 정의: 정신적·정서적인 질병에 대해 전적인 책임을 가지고 있는 정신과 의사가 의료진료기관에서 실시하는 개별사회사업이다.

  ㉡ 프렌치(L. French)의 정의: 정신과 의사와 의료사회사업가와의 직접적이고 책임성 있는 협력아래 정신 또는 정서장애인들에 실시하는 의료사업으로 집단사회사업이나 집단치료 등이 정신의료사회사업에 적용된다.

> **Point 팁** 정신보건사회복지의 대상
>
>   ㉠ 환경적인 압력에 의하여 성격요소가 왜곡되어 사회적 역할을 수행할 수 없는 자
>
>   ㉡ 개인의 정신 생물학적 발달과정에서 여러 요인(신체적 발육장애, 지나친 자극이나 만족, 경험의 결핍 등)들로 인해 사회화가 이루어지지 않아 미성숙 단계에 있거나 고착·퇴행 등 정서적 문제를 가진 자
>
>   ㉢ 자신의 욕구에만 집착하여 주위의 일에 무관심하거나 타인의 규칙을 인정하고 판단할 수 있는 현실검정능력이 없는 자
>
>   ㉣ 타인을 자신과 같은 인간으로 자각하고 동일시하는 데 필요한 상호성의 결함이 있는 자

② 지역사회에서의 정신보건사회복지의 원칙

  ㉠ 특정인구집단의 도움을 받는다.

  ㉡ 환자와의 직접적 접촉보다는 자문에 많은 시간을 할애한다.

  ㉢ 지역사회자원을 최대한 활용한다.

  ㉣ 질병에 대한 인식의 증대와 질병의 조기발견은 정신질병의 예방에 도움이 된다.

  ㉤ 환자에게 단순하고 즉각적인 서비스를 제공해야 한다.

(2) 정신보건사회복지의 발달과정

① 영국
- ㉠ 1880년대 : 사회복지단체가 주체가 되어 시설연계, 보호 및 지도
- ㉡ 1920년대 : 아동상담소와 함께 참여하기 시작(아동상담소 : 초기 민간단체에 의해 설립 → 정부가 설립)
- ㉢ 1929년 : 런던경제대학에서 정신보건사회사업훈련센터 설치
- ㉣ 1930년 : 17명의 회원으로 영국정신보건사회복지사협회가 창립
- ㉤ 1930년대 : 정신의학발달로 의해 사회복지사도 정신병원 중심으로 활동(아동 상담소의 정신보건사회복지사보다 정신병원의 사회복지사가 더 광범위한 역할수행)
- ㉥ 1944년 : 정신장애아동의 복지증진을 위한 교육법 제정
- ㉦ 1959년 : 정신보건법 제정
- ㉧ 1960년대 : 지역사회 정신건강보호가 강조됨에 따라 도시 인구수에 비례하여 정신보건사회복지사가 채용되기 시작

② 미국
- ㉠ 1773년 : 최초로 정신병원 설립
- ㉡ 1900년대 초 : 정신위생운동의 선구자(Beers)
- ㉢ 1904년 : 환자의 가정을 직접 방문함으로 최초로 정신보건사회복지 원리 적용(Meyer)
- ㉣ 1905년 : Cabot와 Cannon이 사회복지 프로그램을 처음 시도
- ㉤ 1905년 : 메사추세츠종합병원에서 사회복지사 최초 채용
- ㉥ 1906년 : 맨해튼 주립병원에서 정신의료사회복지사 채용
- ㉦ 1913년 : 보스톤정신병원의 사회사업과에서 '정신의료사회사업'이라는 용어 최초로 사용
- ㉧ 1918년 : 스미스대학에서 최초로 정신의료사회복지사양성을 위한 교과과정을 둠
- ㉨ 1926년 : 미국정신보건사회복지사협회 결성
- ㉩ 1955년 : 전미사회복지사협회로 통합
- ㉪ 1986년 : 정신보건서비스계획법에 따라 정부의 예산지원을 받으려면 사례관리를 의무적으로 제공해야 함

③ 한국
- ㉠ 한국전쟁 후 : 정신보건사회복지사인 Morgan에 의해 사회복지사의 필요성 인식
- ㉡ 1910년 : 대한의원부속학교에 정신의학강좌 개설
- ㉢ 1913년 : 조선총독부의원에 정신과 병실 설치

ⓔ 1917년 : 세브란스학교에 신경정신과 개설

ⓜ 1919년 : 최초로 사립 정신위생시설(10병상) 개설

ⓗ 1930년 : 정신질환자 치료로 인슐린요법, 전기충격요법 및 작업요법 실시

ⓢ 1945년 : 정신의학회가 조직되면서 체계적 연구 성립

ⓞ 1960년 : 외국의 정신질환치료요법 도입

ⓩ 1962년 : 국립정신병원, 카톨릭의대부속 성모병원의 신경정신과에서 환자의 진단 및 사후지도를 위해 사회사업가가 팀워크로 참여하면서 정신의료사회사업의 발달계기를 마련

ⓒ 1971년 : 정신보건사회복지사 근무시작

ⓚ 1973년 : 종합병원에 사회복지사 1인 이상 두도록 명시

ⓣ 1980년 : 종합병원에서도 정신보건사회복지사 채용

ⓟ 1995년 : 정신보건법 제정

ⓗ 2016년 : 「정신보건법」을 「정신건강증진 및 정신질환자 복지서비스 지원에 관한 법률」로 변경

(3) 정신보건사회복지의 모델

① 의료적 모델

　㉠ 치료방법 : 의료적 모델은 정신적 문제의 원인을 정신장애나 정신장애인 개인 자신에게 있는 것으로 보고 신체적 질환을 치료하듯이 정신질환을 치료하는 것으로 정신치료사가 중심이 되어 약물치료, 전기충격요법, 심리정신치료 같은 증상제거치료방법을 사용한다.

　㉡ 의료적 모델의 문제점
　　• 다양한 전문가들의 참여배제
　　• 사회사업가의 역할이 정신과 의사를 돕는 부수적인 것으로 전락
　　• 환자들의 사회적 오명의 문제
　　• 고액의 진료비 부담
　　• 예방 및 재활기능의 무시

② 지역사회 정신보건모델

　㉠ 등장배경 : 이 모델은 종래의 치료중심적·증상지향적인 의료적 모델의 단점을 극복하기 위해 나타났는데, 정신질환은 사회적 요인에 의한 것일 확률이 높기 때문에 개인이나 가족단위의 대처나 의료적 치료만으로 개선시키기 힘들다는 인식하에 나타나게 되었다.

　㉡ 목적 : 정신질환자들이 거주하는 지역사회 내에서의 예방 및 사회복귀뿐만 아니라 나아가 전지역주민의 정신건강 향상에 중점을 두고 있다.

ⓒ 장점
- 입원치료뿐 아니라 지역사회 내 부분입원·외래·자문 등을 통해 재활·직업복귀 등의 제문제에 쉽게 대처할 수 있다.
- 다양한 서비스를 통한 포괄적이고 지속적인 환자의 추적치료가 가능하게 되어 재입원이나 만성화 등을 방지할 수 있다.
- 정신과 진료기관의 단점인 비기능화, 비인간화, 질병의 만성화 등을 억제시킬 수 있다.
- 정신과 의사뿐 아니라 사회사업가를 비롯한 다양한 전문가들의 개입이 가능해졌다.

ⓓ 단점
- 전문가들의 역할갈등, 프로그램 효과성 측정의 곤란, 지역사회 자원통합의 어려움 등으로 인해 재입원이 증가하는 경향이 나타나기 쉽다.
- 경제적인 이유만으로 특별한 대안없이 탈시설화를 부추겼다.
- 환자를 추적하고 재활하는 체계가 일관성 없이 짜여져 있고 제도의 밑받침이 이루어지지 않았다.

(4) 정신보건사회복지의 기능적 접근

① 진단과정

ⓐ 진단의 정의 : 정신의학기관에서의 진단이란 정신의학자의 임상진단과 심리학자의 심리검사 결과상의 진단, 사회사업가가 환자 및 가족들의 사회적 환경을 파악·조사한 심리사회적 진단 등을 정신의학·사회학 이론과 사회사업의 전문적인 방법과 기술을 활용하여 최종적으로 역동적 진단을 내리게 되는 것이다.

ⓑ 사정과정 : 환자의 성격형성에 사회적·정서적·심리적인 환경이 어떻게 영향을 끼쳤는가를 파악해야 한다.
- 환자의 증상을 기술하며 그의 생리적 및 정신생리적 생활력을 파악한다.
- 가족역사와 가족성원들 간의 인간관계를 파악한다.
- 환자의 성격형성의 직접적인 원인이 될 수 있는 유아 시의 병리적 과정을 알아보고, 이러한 병리가 인격형성에 어떠한 작용과 영향을 주었는가를 알아본다.
- 유아 시의 제경험뿐 아니라 성인기의 대인관계 등이 정신질환에 미친 영향 등을 파악하고 역동적·심리적 힘의 형성을 알아본다.
- 환자의 성격형성 동기와 인생관을 알아본다.
- 환자 스스로가 자신의 정신적 어려움과 정신장애를 다루어 온 방법에 대해 파악한다.
- 어떤 방어기제를 사용했는가를 알아본다.

기출문제

ⓒ 역동적 진단을 위한 사회사업가의 역할
- 질병발생 전후의 환자상태(기분 · 말투 · 행동양상의 변화 등)에 대한 가족들의 관찰내용을 알아본다.
- 환자의 가족들은 환자의 성장과정에서의 대인관계의 특성이나 기본적인 성격 특성들을 이루는 요인들에 대한 정보제공자라 할 수 있으므로 환자의 가족들에게서 환자에 대한 정보를 수집한다.
- 환자와 가족이 속한 환경의 특수한 사회적 · 문화적 · 도덕적 금기 · 규칙 · 지침 등에 대해 조사해야 한다.
- 환자의 탈선정도를 측정하기 위해 환자의 병전상태를 알아보는 것이 필요하다.
- 환자가 스트레스에 어떻게 반응하며, 반응하는 데 영향을 미치는 심리적 요인은 무엇인가를 파악하고 어떤 스트레스에 반응하는가에 대해 알아보는 것이 필요하다.
- 가족들이 환자의 증상을 계속 유지시키므로 나타날 수 있는 부차적 요인들을 역동적으로 이해할 수 있도록 해야 한다.

② 치료과정
ⓐ 치료의 방법 : 사회치료, 특히 개별사회사업, 집단사회사업, 환자가족의 가족치료, 작업요법, 레크레이션요법, 야외요법 등이 있다.

ⓑ 개별사회사업적 치료
- 환자의 개인력, 가족력, 병전 성격, 질병에 대한 반응 및 방어기제사용 등을 바탕으로 한 지지적 요법을 중심으로 현실감과 자아강화를 위한 접근을 한다.
- 경증환자는 자기인식을 위한 통찰요법을 시도한다.
- 환자가 치료적인 자원들을 적절하게 활용할 수 있도록 개별적으로 지도하고 상담하여 치료과정에서 생길 수 있는 긴장과 방향 등의 문제를 해결하도록 한다.

ⓒ 집단사회사업적 치료
- 환자를 치료할 때 개별적 치료 못지 않게 집단을 활용하는 것이 효과적인 경우가 많다.
- 집단치료는 통제된 집단상호작용을 통해 개인성원의 성격과 행위의 급격한 개선을 목적으로 실시된다.
- 1905년 결핵환자에게 적용한 것을 비롯하여 1912년 심리극이 실시되었고, 1925년 부로우에 의한 집단정신분석학적 치료가 실시되었다.

(5) 정신보건사회복지사의 활동과 역할

① 정신보건사회복지사의 활동

  ㉠ 심리사회적 · 정신적 문제 해결

  ㉡ 집단을 통한 환자문제 해결

  ㉢ 행정사무

  ㉣ 경제적 문제 해결

  ㉤ 집단 및 치료계획을 위한 연구 · 조사

  ㉥ 지역사회자원과의 연결

  ㉦ 사회복귀 및 재활문제 해결

  ㉧ 교육 및 기타 등

② 정신보건사회복지사의 역할

  ㉠ **진단을 위한 역할**: 환자가 병원에 의뢰되었을 때 개인력 검사, 사회환경조사를 통해 정신의료사회사업가는 초기 접수된 환자를 진단하고 치료계획을 수립하는 과정에 참여하게 되는데, 이것은 경우에 따라서 조기치료를 가능하게 한다.

  ㉡ **치료를 위한 역할**

  • 개별치료의 역할: 주로 환자를 둘러싼 외적인 장애를 감소시키려고 노력하고 동시에 그 장애에 대한 환자의 대처 대응능력을 증가시키려고 노력한다.

  • 집단치료의 역할: 입원환자를 대상으로 한 집단치료는 같은 문제를 갖고 입원한 환자의 집단, 비슷한 연령의 집단 등 소그룹을 대상으로 어떤 주제하에 그들이 생각하는 바를 토론하게 하고 피드백(feedback)을 통하여 측면적인 원조를 해주어 해결방안을 모색하도록 해준다.

  • 집단활동을 통한 행동치료 역할: 의도적으로 계획한 프로그램을 통해 환자로 하여금 억압된 적개심, 공격성 등의 감정을 적절하게 발산하도록 하며 창작활동을 통한 잠재적 개발의 기회를 마련해 준다.

  ㉢ **퇴원 및 사후보호의 역할**: 치료 종결 · 퇴원에 대한 구체적 준비를 위해 사회복귀에 따른 불안, 갈등을 처리하고 자립시키기 위한 도움을 준다. 환자의 가족들에 대해서도 개별상담 및 집단상담을 통하여 보다 효과적으로 협력할 수 있도록 하고, 가정에 적응하고 사회에 복귀한 환자와 가족에 대한 조력화와 후속치료를 통해 정신의료사회사업서비스를 제공한다.

기출문제

❓ 정신보건사회복지에 대한 설명으로 옳지 않은 것은?

▶ 2014. 4. 19. 안전행정부

① 보건복지부장관은 정신보건전문요원의 자격증을 교부할 수 있으며, 정신보건전문요원은 정신보건사회복지사 · 정신보건임상심리사 및 정신보건간호사로 구분된다.

② 정신보건사회복지사는 정신질환자에 대한 개인력 조사 및 사회조사, 정신질환자와 그 가족에 대한 사회사업지도 및 방문지도 등을 업무로 한다.

③ 정신질환자사회복귀시설은 정신질환자를 정신의료기관 및 정신요양시설에 입원(입소)시키지 아니하고 사회복귀촉진을 위한 훈련을 행하는 시설을 말한다.

④ 정신보건사회복지사 수련제도가 시행되고 있으며, 정신보건사회복지사는 1급, 2급, 3급으로 구분되어 있다.

Tip ④ 정신보건사회복지사는 사회복지사 1급 자격증 소지자로서 정신보건분야에서 일정한 수련기간을 거친 전문사회복지사를 말하며 수련기간 및 경력에 따라 1급, 2급으로 구분된다.

| 정답 ④

(6) 정신보건사회복지의 실천분야

① 정신병원

　　㉠ 입원 시 사회복지사의 역할

- 환자나 환자의 가족에게 환자의 치료에 유용한 기관임을 인식시키고 모든 치료활동을 소개하여 협력하도록 한다.
- 환자의 개인력, 가족력 등의 사회력을 조사하여 가족에게 질병의 역동적 의미를 이해시킨다.
- 조사결과 환자의 가족에 대한 가족치료와 필요한 경우에는 가족에게 그 사실을 이해시킨다.
- 환자와의 개별적 · 소집단적 방법 및 활동을 통해 병원생활의 적응과 병적 행동, 사고 · 감정을 변화시키도록 돕는 동시에 가족에게도 치료적인 행동을 하게 한다.

　　㉡ 퇴원 시 사회복지사의 역할

- 가정으로 돌아갈 수 있도록 모든 퇴원준비를 하고 가족성원들에게도 준비를 시킨다.
- 퇴원 후에 지속적인 치료활동이 이루어질 수 있도록 퇴원계획을 세운다.
- 모든 재활활동에 적극적으로 참여하여 환자의 사회복지와 기능향상을 돕는다.

② 정신의료진료소

　　㉠ 진료소에서의 사회복지사의 치료적 활동

- 환자의 욕구에 맞는 진료서비스를 제공한다.
- 유용한 서비스를 활용할 수 있도록 도와준다.
- 자신의 문제를 인식한다.
- 지역사회자원을 활용하도록 의뢰한다.
- 치료과정에서 환자나 그 가족에게 직접적인 서비스를 제공한다.
- 환자 자신의 적응노력을 강화시키며 유용한 자원의 활용을 촉진시킨다.

　　㉡ 사회복지사가 중점적으로 실시해야 할 행동

- 환자의 현실문제에 관련된 생활속에서 구체적인 서비스를 제공해야 한다.
- 지역사회자원이나 가족성원의 협력을 조성하는 일을 수행해야 한다.
- 보호자 중심의 교육활동 및 지역사회교육을 통한 예방활동에 적극적으로 참여하고 홍보해야 한다.

③ 아동상담소

　　㉠ 아동상담소의 활동 : 아동의 정서적 부적응과 비행 등을 조사 · 진단 · 치료하는 활동을 주로 한다.

　　㉡ 사회복지사의 역할

- 아동정신질환은 치료 목적보다는 진단 목적으로 실시되어야 하며 보호자에게 안도감을 주어야 한다.

- 치료자와 환자 부모와의 관계를 통해 사회 정신의학적 문제와 심층원인에 관한 전문적 면담을 중요시하여야 한다.
- 아동 개개인에 대한 개별적 면담치료와 환자가족과의 전문적 상담 및 교육적 활동, 사회적응을 위한 사회자원의 활용과 동원 등이 중요한 역할이다.

④ 지역사회 정신건강센터

    ㉠ **지역사회 정신건강의학의 내용** : 지역사회로의 귀환 조치, 다양한 지역사회 보건서비스의 통합, 비정신의학기관에서의 정신의학적 상담과 서비스, 지역사회 정신병원에 대한 보조서비스 수립

    ㉡ **지역사회 정신건강센터의 주요 기능** : 입·퇴원환자 보호, 응급환자 보호, 개방병원환자 보호, 지역사회 자문회의, 교육 프로그램 운용

    ㉢ **사회복지사의 활동영역** : 예방적 사업, 예비적 사업, 일탈자에 대한 사후보호 및 재활사업, 만성환자(병원치료 부적격자)에 대한 사회적 재교육사업, 교육사업 및 조사연구사업

(7) 정신건강증진 및 정신질환자 복지서비스 지원에 관한 법률의 주요내용

① 목적〈정신건강증진 및 정신질환자 복지서비스 지원에 관한 법률 제1조〉 … 이 법은 정신질환의 예방·치료, 정신질환자의 재활·복지·권리보장과 정신건강 친화적인 환경 조성에 필요한 사항을 규정함으로써 국민의 정신건강증진 및 정신질환자의 인간다운 삶을 영위하는 데 이바지함을 목적으로 한다.

② 기본이념〈정신건강증진 및 정신질환자 복지서비스 지원에 관한 법률 제2조〉

    ㉠ 모든 국민은 정신질환으로부터 보호받을 권리를 가진다.

    ㉡ 모든 정신질환자는 인간으로서의 존엄과 가치를 보장받고, 최적의 치료를 받을 권리를 가진다.

    ㉢ 모든 정신질환자는 정신질환이 있다는 이유로 부당한 차별대우를 받지 아니한다.

    ㉣ 미성년자인 정신질환자는 특별히 치료, 보호 및 교육을 받을 권리를 가진다.

    ㉤ 정신질환자에 대해서는 입원 또는 입소(입원 등)가 최소화되도록 지역 사회 중심의 치료가 우선적으로 고려되어야 하며, 정신건강증진시설에 자신의 의지에 따른 입원 또는 입소(자의입원 등)가 권장되어야 한다.

    ㉥ 정신건강증진시설에 입원 등을 하고 있는 모든 사람은 가능한 한 자유로운 환경을 누릴 권리와 다른 사람들과 자유로이 의견교환을 할 수 있는 권리를 가진다.

ⓐ 정신질환자는 원칙적으로 자신의 신체와 재산에 관한 사항에 대하여 스스로 판단하고 결정할 권리를 가진다. 특히 주거지, 의료행위에 대한 동의나 거부, 타인과의 교류, 복지서비스의 이용 여부와 복지서비스 종류의 선택 등을 스스로 결정할 수 있도록 자기결정권을 존중받는다.

ⓞ 정신질환자는 자신에게 법률적·사실적 영향을 미치는 사안에 대하여 스스로 이해하여 자신의 자유로운 의사를 표현할 수 있도록 필요한 도움을 받을 권리를 가진다.

ⓩ 정신질환자는 자신과 관련된 정책의 결정과정에 참여할 권리를 가진다.

③ 정의〈정신건강증진 및 정신질환자 복지서비스 지원에 관한 법률 제3조〉

ⓣ 정신질환자 : 망상, 환각, 사고(思考)나 기분의 장애 등으로 인하여 독립적으로 일상생활을 영위하는 데 중대한 제약이 있는 사람을 말한다.

ⓛ 정신건강증진사업 : 정신건강 관련 교육·상담, 정신질환의 예방·치료, 정신질환의 재활, 정신건강에 영향을 미치는 사회복지·교육·주거·근로 환경의 개선 등을 통하여 국민의 정신건강을 증진시키는 사업을 말한다.

ⓒ 정신건강복지센터 : 정신건강증진시설, 사회복지사업법에 따른 사회복지시설, 학교 및 사업장과 연계체계를 구축하여 지역사회에서의 정신건강증진사업 및 제33조부터 제38조까지의 규정에 따른 정신질환자 복지서비스 지원사업을 하는 다음의 기관 또는 단체를 말한다.

• 제15조 제1항부터 제3항까지의 규정에 따라 국가 또는 지방자치단체가 설치·운영하는 기관
• 제15조 제6항에 따라 국가 또는 지방자치단체로부터 위탁받아 정신건강증진사업 등을 수행하는 기관 또는 단체

ⓡ 정신건강증진시설 : 정신의료기관, 정신요양시설 및 정신재활시설을 말한다.

ⓜ 정신의료기관이란 다음의 어느 하나에 해당하는 기관을 말한다.

• 의료법에 따른 정신병원
• 의료법에 따른 의료기관 중 제19조제1항 후단에 따른 기준에 적합하게 설치된 의원
• 의료법에 따른 병원급 의료기관에 설치된 정신건강의학과로서 제19조제1항 후단에 따른 기준에 적합한 기관

ⓗ 정신요양시설 : 제22조에 따라 설치된 시설로서 정신질환자를 입소시켜 요양서비스를 제공하는 시설을 말한다.

ⓢ 정신재활시설 : 제26조에 따라 설치된 시설로서 정신질환자 또는 정신건강상 문제가 있는 사람 중 대통령령으로 정하는 사람(정신질환자등)의 사회적응을 위한 각종 훈련과 생활지도를 하는 시설을 말한다.

④ 정신건강전문요원의 자격 등〈정신건강증진 및 정신질환자 복지서비스 지원에 관한 법률 제17조〉

   ㉠ 보건복지부장관은 정신건강 분야에 관한 전문지식과 기술을 갖추고 보건복지부령으로 정하는 수련기관에서 수련을 받은 사람에게 정신건강전문요원의 자격을 줄 수 있다.

   ㉡ ㉠에 따른 정신건강전문요원은 그 전문분야에 따라 정신건강임상심리사, 정신건강간호사 및 정신건강사회복지사로 구분한다.

Point 팁

> **정신건강전문요원의 자격 등**(2020. 4. 7. 개정, 2022. 4. 8. 시행 사항)
> ㉡ ㉠에 따른 정신건강전문요원은 그 전문분야에 따라 정신건강임상심리사, 정신건강간호사, 정신건강사회복지사 및 정신건강작업치료사로 구분한다.

   ㉢ 보건복지부장관은 정신건강전문요원의 자질을 향상시키기 위하여 보수교육을 실시할 수 있다.

   ㉣ 보건복지부장관은 ㉢에 따른 보수교육을 국립정신병원, 고등교육법 제2조에 따른 학교 또는 대통령령으로 정하는 전문기관에 위탁할 수 있다.

   ㉤ 정신건강전문요원은 다른 사람에게 자기의 명의를 사용하여 정신건강전문요원의 업무를 수행하게 하거나 정신건강전문요원 자격증을 빌려주어서는 아니 된다.

   ㉥ 누구든지 정신건강전문요원 자격을 취득하지 아니하고 그 명의를 사용하거나 자격증을 대여받아서는 아니 되며, 명의의 사용이나 자격증의 대여를 알선하여서도 아니 된다.

   ㉦ 보건복지부장관은 정신건강전문요원이 다음 각 호의 어느 하나에 해당하는 경우에는 그 자격을 취소하거나 6개월 이내의 기간을 정하여 자격의 정지를 명할 수 있다. 다만, 다음 중 첫 번째 또는 두 번째 사항에 해당하면 그 자격을 취소하여야 한다.

   • 자격을 받은 후 정신건강전문요원 결격사유의 어느 하나에 해당하게 된 경우 (취소해야 함)

   • 거짓이나 그 밖의 부정한 방법으로 자격을 받은 경우 (취소해야 함)

   • ㉤을 위반하여 다른 사람에게 자기의 명의를 사용하여 정신건강전문요원의 업무를 수행하게 하거나 정신건강전문요원 자격증을 빌려준 경우

   • 고의 또는 중대한 과실로 ◎에 따라 대통령령으로 정하는 업무의 수행에 중대한 지장이 발생하게 된 경우

   ◎ ㉠부터 ㉢까지의 규정에 따른 정신건강전문요원 업무의 범위, 자격·등급에 관하여 필요한 사항은 대통령령으로 정하고, 수련과정 및 보수교육과 정신건강전문요원에 대한 자격증의 발급 등에 관하여 필요한 사항은 보건복지부령으로 정한다.

문 「정신건강증진 및 정신질환자 복지서비스 지원에 관한 법률」(이하 정신건강복지법)에 대한 설명으로 옳지 않은 것은?

▶ 2019. 6. 15. 제1회 지방직

① 정신건강복지법은 정신질환의 예방·치료, 정신질환자의 재활·복지·권리보장과 정신건강 친화적인 환경 조성에 필요한 사항을 규정하고 있다.

② 2016년 「정신보건법」이 정신건강복지법으로 전부개정되었다.

③ 정신건강전문요원은 그 전문분야에 따라 정신건강간호사, 정신건강요양보호사 및 정신건강사회복지사로 구분한다.

④ 국가와 지방자치단체는 정신건강복지센터와 정신건강증진시설, 사회복지시설, 학교 및 사업장 등을 연계하는 정신건강서비스 전달체계를 확립하여야 한다.

Tip ③ 「정신건강증진 및 정신질환자 복지서비스 지원에 관한 법률」상 정신건강전문요원은 그 전문분야에 따라 정신건강임상심리사, 정신건강간호사 및 정신건강사회복지사로 구분한다.

⑤ 정신건강전문요원의 업무 범위〈정신건강증진 및 정신질환자 복지서비스 지원에 관한 법률 시행령 별표2〉

구분	업무의 범위
공통 업무	• 정신재활시설의 운영 • 정신질환자등의 재활훈련, 생활훈련 및 작업훈련의 실시 및 지도 • 정신질환자등과 그 가족의 권익보장을 위한 활동 지원 • 법 제44조 제1항에 따른 진단 및 보호의 신청 • 정신질환자등에 대한 개인별 지원계획의 수립 및 지원 • 정신질환 예방 및 정신건강복지에 관한 조사·연구 • 정신질환자등의 사회적응 및 재활을 위한 활동 • 정신건강증진사업 등의 사업 수행 및 교육 • 그 밖에 위의 규정에 준하는 사항으로 보건복지부장관이 정하는 정신건강증진 활동
정신건강 임상심리사	• 정신질환자 등에 대한 심리 평가 및 심리 교육 • 정신질환자등과 그 가족에 대한 심리 상담 및 심리 안정을 위한 서비스 지원
정신건강 간호사	• 정신질환자등의 간호 필요성에 대한 관찰, 자료수집, 간호 활동 • 정신질환자등과 그 가족에 대한 건강증진을 위한 활동의 기획과 수행
정신건강 사회복지사	• 정신질환자등에 대한 사회서비스 지원 등에 대한 조사 • 정신질환자등과 그 가족에 대한 사회복지서비스 지원에 대한 상담·안내

⑥ 정신재활시설의 종류〈정신건강증진 및 정신질환자 복지서비스 지원에 관한 법률 제27조〉

㉠ **생활시설**: 정신질환자 등이 생활할 수 있도록 주로 의식주 서비스를 제공하는 시설

㉡ **재활훈련시설**: 정신질환자 등이 지역사회에서 직업활동과 사회생활을 할 수 있도록 주로 상담·교육·취업·여가·문화·사회참여 등 각종 재활활동을 지원하는 시설

㉢ **그 밖에 대통령령으로 정하는 시설**

• 생산품판매시설: 정신질환자 또는 장애를 가진 사람(정신질환자 등)이 생산한 생산품의 판매·유통 등을 지원하는 시설

• 중독자재활시설: 알코올 중독, 약물 중독 또는 게임 중독 등으로 인한 정신질환자 등을 치유하거나 재활을 돕는 시설

• 종합시설: 2개 이상의 정신재활시설의 기능을 복합적·종합적으로 제공하는 시설

‖정답 ③

⑦ **정신재활시설의 구체적인 종류 및 사업**〈정신건강증진 및 정신질환자 복지서비스 지원에 관한 법률 시행규칙 별표10〉

기출문제

종류		사업
1. 생활시설		가정에서 생활하기 어려운 정신질환자등에게 주거, 생활지도, 교육, 직업재활훈련 등의 서비스를 제공하며, 가정으로의 복귀, 재활, 자립 및 사회적응을 지원하는 시설
2. 재활 훈련시설	주간 재활시설	정신질환자등에게 작업·기술지도, 직업훈련, 사회적응훈련, 취업지원 등의 서비스를 제공하는 시설
	공동 생활가정	완전한 독립생활은 어려우나 어느 정도 자립능력을 갖춘 정신질환자등이 공동으로 생활하며 독립생활을 위한 자립역량을 함양하는 시설
	지역사회 전환시설	지역 내 정신질환자등에게 일시 보호 서비스 또는 단기 보호 서비스를 제공하고, 퇴원했거나 퇴원계획이 있는 정신질환자등의 안정적인 사회복귀를 위한 기능을 수행하며, 이를 위한 주거제공, 생활훈련, 사회적응훈련 등의 서비스를 제공하는 시설
	직업 재활시설	정신질환자등이 특별히 준비된 작업환경에서 직업적응, 직무 기능향상 등 직업재활훈련을 받거나 직업생활을 할 수 있도록 지원하며, 일정한 기간이 지난 후 직업능력을 갖추면 고용시장에 참여할 수 있도록 지원하는 시설
	아동·청소년 정신건강 지원시설	정신질환 아동·청소년을 대상으로 한 상담, 교육 및 정보제공 등을 지원하는 시설
3. 중독자재활시설		알코올 중독, 약물 중독 또는 게임 중독 등으로 인한 정신질환자등을 치유하거나 재활을 돕는 시설
4. 생산품판매시설		정신질환자등이 생산한 생산품을 판매하거나 유통을 대행하고, 정신질환자등이 생산한 생산품이나 서비스에 관한 상담, 홍보, 마케팅, 판로개척, 정보제공 등을 지원하는 시설
5. 종합시설		제1호부터 제4호까지의 정신재활시설 중 2개 이상의 정신재활시설이 결합되어 정신질환자등에게 생활지원, 주거지원, 재활훈련 등의 기능을 복합적·종합적으로 제공하는 시설

1 다음 중 정신보건사회복지사의 역할이 아닌 것은?

① 이용가능한 제자원과 지역사회자원의 매개역할을 한다.
② 정신보건사회복지사의 1차적인 역할은 의학적 치료를 수행하는 데 있다.
③ 치료팀의 활동에 참여해 조사 · 진단 · 계획 · 치료 및 사후보조에 있어 수평적 입장에서 활동한다.
④ 가족들로 하여금 환자에게 고용, 주택, 재정적 자원 및 보호를 제공할 수 있도록 개별적으로 노력한다.

2 정신보건사회복지의 실천분야에서 사회복지사의 역할에 대한 설명으로 옳은 것은?

① 정신병원 입원 시 사회복지사는 환자와의 그룹별 · 대규모집단 활동을 통해 병원생활의 적응과 병적 행동, 사고 · 감정을 변화시키도록 돕고 가족에게도 치료적인 행동을 하게 한다.
② 정신의료진료소에서 환자의 욕구에 맞는 진료서비스를 제공하고, 유용한 서비스를 활용할 수 있도록 도와주는 것은 사회복지사의 치료적 활동이다.
③ 아동상담소에서 사회복지사는 아동정신질환의 치료에 목적을 두고 치료활동에 보호자를 적극적으로 동참시켜야 한다.
④ 지역사회 정신건강센터에 속한 사회복지사는 예방적 활동보다는 일탈자에 대한 사후 보호 및 재활사업, 만성 환자에 대한 사회적 재교육사업 등의 영역에서 활동한다.

3 병원 내 의료사회사업에서 가장 직접적인 서비스는?

① 환자와 관계 있는 사람들과 연락 및 경제적 원조 등을 담당한다.
② 환자의 정서적 불안을 해소시킬 수 있는 면접이나 가족에 대한 지도 등을 담당한다.
③ 환자의 제반 가족적 · 사회적 관계나 기능에 대해 해석하고 평가할 수 있는 전문적 지식을 통해 의료에 기여한다.
④ 의료에 관련된 사회조사에의 참가나 지역사회 서비스에의 관여를 통해서 전문적 지식이나 경험을 활용한다.

4 지역사회 정신건강센터의 주요 기능이 아닌 것은?

① 입 · 퇴원환자의 보호

② 교육 프로그램 운용

③ 응급환자의 치료

④ 개방병원의 환자보호

5 다음 중 반드시 정신건강전문요원의 자격이 취소되는 경우를 모두 고른 것은?

> ㉠ 자격을 받은 후 결격사유 중 어느 하나에 해당하게 된 경우
> ㉡ 거짓이나 그 밖의 부정한 방법으로 자격을 받은 경우
> ㉢ 다른 사람에게 자기의 명의를 사용하여 정신건강전문요원의 업무를 수행하게 한 경우
> ㉣ 고의 또는 중대한 과실로 대통령령으로 정하는 업무의 수행에 중대한 지장이 발생하게 된 경우

① ㉠, ㉡　　　　　　　　　② ㉠, ㉢

③ ㉡, ㉢　　　　　　　　　④ ㉢, ㉣

정답및해설

1	②	2	②	3	②	4	③	5	①

1 정신보건사회복지사의 역할은 환자가 사회에 적응할 수 있도록 영향력을 행사하여 환자로 하여금 그가 가지고 있는 개인적·가족적 또는 사회적 문제들을 해결하도록 도와주는 데 있다.
② 정신보건사회복지사의 역할은 의학적 치료나 심리적 검사를 행하는 데 있지 않다.

2 ① 정신병원 입원 시 사회복지사는 환자와의 개별적·소집단적 활동을 통해 병원생활의 적응과 병적 행동, 사고·감정을 변화시키도록 도와야 한다.
③ 아동정신질환은 치료 목적보다는 진단 목적으로 실시되어야 하며 보호자에게 안도감을 주어야 한다.
④ 일탈자에 대한 사후 보호 및 재활사업, 만성환자에 대한 사회적 재교육사업 뿐만 아니라 예방적 사업 및 예비적 사업도 사회복지사의 활동영역에 포함된다.

3 ② 병원 내에서 의료사회사업가가 수행하는 가장 직접적 서비스로는 환자의 정서적 불안을 해소시킬 수 있는 면접, 가족에 대한 경제적 지도, 심신장애인의 재활문제 해결에의 원조 등이 있다.

4 지역사회 정신건강센터의 주요 기능… 입·퇴원환자의 보호, 응급환자의 보호, 개방병원의 환자보호, 지역사회의 자문취급, 교육 프로그램의 운용

5 정신건강전문요원의 자격 등〈정신건강증진 및 정신질환자 복지서비스 지원에 관한 법률 제17조 제5항〉
보건복지부장관은 정신건강전문요원이 다음 각 호의 어느 하나에 해당하는 경우에는 그 자격을 취소하거나 6개월 이내의 기간을 정하여 자격의 정지를 명할 수 있다. 다만, 제1호 또는 제2호에 해당하면 그 자격을 취소하여야 한다.
1. 자격을 받은 후 제18조 각 호의 어느 하나에 해당하게 된 경우
2. 거짓이나 그 밖의 부정한 방법으로 자격을 받은 경우
3. 제5항을 위반하여 다른 사람에게 자기의 명의를 사용하여 정신건강전문요원의 업무를 수행하게 하거나 정신건강전문요원 자격증을 빌려 준 경우
4. 고의 또는 중대한 과실로 제8항에 따라 대통령령으로 정하는 업무의 수행에 중대한 지장이 발생하게 된 경우

section 1 산업복지

(1) 산업복지의 정의 및 원칙

① 산업복지의 정의 … 산업복지는 전문적 사회복지의 지식과 기술을 적용하여 산업현장에서 발생하는 사회심리적 문제를 효과적으로 해결함으로써 근로자와 그 가족의 복지를 추구하려는 노력이다.

    ㉠ 바커(Barker) : 고용조직이나 노동조합 또는 그 양쪽의 후원하에 직장 내외에서 근로자 전체의 질을 향상시키기 위해 실시되는 전문사회복지의 실천이라고 정의하였다.

    ㉡ 일반적 정의 : 산업복지는 사회복지의 이론과 기술을 활용하여 경영과 노동 또는 양자의 연합적 후원 아래 근로자와 그 가족의 욕구충족을 돕고 직장 내외에서 그들의 생활의 질을 향상시키기 위한 전문사회복지의 한 분야라 할 수 있다.

② 산업복지의 원칙

    ㉠ 사회복지의 이론과 기술을 기업의 경영, 특히 노무관리에 적용한다.

    ㉡ 산업복지사는 기업의 경영관리에 대하여 어떤 권한도 가지지 않아야 하며, 직원에 대하여도 권한적으로 중립적 입장에 서야 한다.

    ㉢ 산업복지의 문제대상은 기업 내지 직장과 개인, 집단 및 지역사회와의 부적응에 관련된 문제이다.

    ㉣ 산업복지의 기능에 관한 원칙은 사회복지의 일반적 기능을 기업사회에 적용함으로써 유도된다.

③ 산업복지사의 역할

    ㉠ 변화자의 역할 : 사회복지의 실제와 역할을 산업장면으로 변화시켜, 적절한 서비스를 제공하고 조력한다.

    ㉡ 탐구자의 역할 : 서비스 제공을 위한 프로그램과 지역사회간의 공식 · 비공식적 지침을 탐구한다.

    ㉢ 중재자의 역할 : 노사 간의 문제에 있어 중립적인 입장에서 중재를 한다.

    ㉣ 자문가의 역할 : 산업분야에서 취급되는 많은 문제들을 경영자와의 자문을 통하여 사전에 예방한다.

기출문제

(2) 산업복지의 기능

① **비용절감의 기능** … 근로자가 가지는 자연적·산업적 위해를 제거하여 노동력을 보호함으로써 지출비용을 절감하고 기업의 이윤증대에 기여하게 된다. 복지투자는 비용절감의 효과를 이룩할 수 있다는 생산적 측면을 부각시켜 주는 기능이다.

② **노동력 안정의 기능** … 산업복지의 서비스가 부가급부를 통하여 노동력의 이동을 감소시킴으로써 노동력의 안정을 도모하게 된다. 또한 산업사회근로자의 불평·불만을 해소하고 근로자의 권리옹호를 위한 노동조합결성의 필요성을 사전에 해결할 수 있다.

③ **박애전달의 기능** … 고용주가 가지는 근로자에 대한 강한 책임감을 산업사회사업을 통해 충분히 전달할 수 있다. 산업복지는 직무와 조직의 인간화와 비화폐적 보상을 제공함으로써 고용주가 근로자에 대한 책임을 충실히 완수할 수 있도록 하는 실제적인 방법론을 제공한다.

④ **노동력 표준화의 기능** … 산업복지는 근로자가 가지는 다양한 욕구들을 수렴하여 개별 근로자가 가지는 노동의 장애요소들을 제거함으로써 효율적인 노동력 활용을 용이하게 한다.

⑤ **사회적 책임의 수행기능** … 산업복지는 기업과 지역사회와의 상호작용에 개입하여 조정함으로써 기업이 사회적 기관으로서 또한 지역사회의 구성인자로서 보다 바람직한 사회적 책임을 수행할 수 있게 된다.

⑥ **기타** … 산업복지는 기존의 기능을 보강하고 새로운 기능을 창출할 수 있는데, 가능한 새로운 기능은 긍정적 행동의 자문, 산업 내에서 활동하는 타전문직들과의 연락조정, 지역사회홍보, 조직의 인간화 활동 등이 있다.

(3) 산업복지 프로그램

① **개별상담** … 근로자 문제에 대한 상담서비스를 제공하는 것으로 근로자 자신의 힘으로 문제를 해결하여 인격적 성숙 및 능률적인 노동활동을 할 수 있도록 도와준다.

② **자문** … 상위직 근로자가 부하직원을 보다 원활하게 통솔할 수 있도록 자문하는 것으로 감독자, 인사관리자, 의료전문가, 노조간부, 비공식조직의 지도자 등에 대해 개별면담 또는 회의와 같은 형태로 실시한다.

③ **집단지도** … 교육강좌, 업무회의, 분임조회의, 대책회의 등에 도움을 주는 것으로 근로자의 자생적 집단을 원조하며 집단활동을 통한 특정개인의 문제해결을 지원하고 자조집단을 구성하여 도움을 주기도 한다.

기출문제

④ **교육활동** … 생애설계, 퇴직계획 준비 기타 건강 및 가정경제 등에 대한 교육기회를 마련한다.

⑤ **위기개입** … 산업재해나 해고 등의 심각한 심리적·정서적 문제에 개입하여 위기를 극복할 수 있도록 원조해 준다.

⑥ **근로자 가족복지서비스** … 근로자 자녀를 위한 탁아소 및 가정부 서비스, 부부상담, 재정문제상담, 법적 도움 등을 제공한다.

⑦ **지역사회 조직활동** … 기업체의 협의회를 구성하여 지역사회문제에 대처하기도 한다.

⑧ **기타** … 근로자들의 욕구 및 기초자료파악을 위한 조사활동과 대외홍보활동 등이 있다.

section 2 자원봉사활동

(1) 자원봉사활동의 개념과 특성

① **자원봉사활동의 개념** … 자원봉사는 자원봉사정신, 자발적 활동, 자발적 조직이라는 3가지 요소를 중심내용으로 하고 있다. 자원봉사란 복지향상을 위해 휴머니즘과 사회연대의식에 기초하여 자발적으로 비공식적 또는 공식적 자원봉사기관에서 계획되고 의도된 실천노력이다.

② **자원봉사활동의 특성**

㉠ **자아실현성** : 자원봉사활동은 각 개인이 사회적으로 자신의 존재를 자각하고 타인에게 또는 타인과 함께 봉사활동을 경험함으로써 인격적 성장을 가져옴과 동시에 자신의 잠재능력을 실현한다.

㉡ **자발성 및 자주성** : 자발성·자주성이란 자원봉사가 자신의 의사로 활동하는 것이지 권력이나 외부의 세력 등 타의에 의해 강제로 활동하는 것이 아니라는 것이다. 따라서 자원봉사활동은 개인의 자유의지에 따라 자발적으로 이루어지는 활동이어야 하며, 이웃이라는 연대감 속에서 도움을 주고받아야 한다.

㉢ **무보수성** : 자원봉사활동은 금전적·물질적 대가를 바라고 행하는 것이 아니며 순수한 의미에서의 봉사활동이다. 즉, 이것은 직업이 아니라 비영리적 행위로서 금전적 보수를 기대하지 않고 활동하는 것을 말한다.

㉣ **이타성** : 자원봉사활동은 타인의 생명을 존중하며 이웃과 더불어 사는 가치관에 바탕을 두고 있다.

ⓜ **사회성** : 자원봉사활동은 사회에 영향을 주고, 사회적 책임을 다한다. 사회성 이란 각 개인이 다른 사람들과 공통성을 가졌다고 의식하고, 소속감을 느낄 때 발생한다. 그러므로 자원봉사활동은 자기발전과 성숙에 기반이 되는 사 회성을 강화시킬 수 있다.

ⓗ **공동체성** : 자원봉사활동은 공동체 의식을 높일 뿐 아니라 그러한 생활을 실 현하는 것이다. 공동체성은 사회에 대한 소속감, 주인의식, 적극적인 참여 없이는 불가능하며, 자원봉사활동은 이 특성을 기초로 한다.

ⓢ **공공성** : 자발성에 바탕을 둔 행위가 자신만의 이익이 아니고 지역사회의 구 성원이나 욕구를 지닌 사람들의 복지향상과 관련된 것이어야 한다. 이것은 자원봉사활동이 자신의 이익이나 어느 특정종교의 확장, 특정집단의 이익이 나 특권을 지지하는 활동이어서는 안된다는 것을 의미한다.

ⓞ **민주성** : 자원봉사활동은 영리적 보상을 받지 않고 인간존중의 정신과 민주주 의 원칙에 입각하여 필요한 서비스를 제공함으로써 사회의 공동선을 실현시 키는 데 있다.

ⓩ **개척성 및 지속성** : 자원봉사활동에서는 모두가 공동체 건설에 헌신한다는 개 척자적 사명의식이 필요하다. 또한 자원봉사활동은 일회적이고 우연한 활동 이 아니라 의도되고 계획된 활동을 말하며, 일정기간 지속되는 프로그램을 가지고 있어야 하며, 활동 자체가 임의로 변경되거나 단절되어서는 안된다.

(2) 자원봉사활동의 기능과 역할

① 기능

ⓐ **시설 및 기관의 서비스 기능** : 자원봉사자는 시설과 지역 간의 보이지 않는 심리적 장벽 · 거리감을 제거하며, 시설수용자의 고독감을 덜어줌과 동시에 생의 희망을 갖게 해준다.

ⓑ **가정서비스 기능** : 이웃 가정을 대상으로 하며 인간성 회복과 건전한 성장, 가정이 당면한 특수문제에 필요한 것을 지원하여 도움을 주는 것이다.

ⓒ **지역형성 기능** : 주민들의 협동과 노력으로 지역사회의 필요와 문제를 해결하 고 예방함으로써 참여능력과 처리능력을 향상시키는 것이다.

ⓓ **사회제도의 개발과 수정의 기능** : 자원봉사활동은 불합리적인 사회제도에 대 한 인식의 첫 단계로, 여론을 형성하여 제도의 개선 또는 수정을 가져온다.

② 역할

ⓐ **인간화 역할** : 사회의 비인간적 요소와 분위기를 보다 인간적으로 전환시킨다.

ⓑ **사회화 역할** : 부적합한 사회화의 과정을 개선 · 원조한다.

ⓒ **민주화 역할** : 민주적 가치와 실천방식을 조기에 정착시킨다.

ⓓ **문제해결의 동반자적 역할** : 다양한 자원과의 공동작업을 수행한다.

(3) 자원봉사활동의 활성화 방안

기출문제

① 상담 · 조언 및 배경조정활동을 통하여 자원봉사활동의 동기와 대상, 성격 및 특기 등을 파악하고 관련지식을 제공하여 요구와 능력에 따라 그들의 활동수준을 조정한다.

② 관련정보들을 수집 · 정비하고 제공해 주어 스스로 활동영역과 내용을 결정하고 개입하도록 한다.

③ 효율적인 자원봉사활동을 수행할 수 있도록 학습의 기회를 제공하여 기초적인 지식을 갖고 활동에 임하도록 한다.

④ 타지역기관과의 원활한 상호보완성을 발휘할 수 있도록 자원봉사기능의 조정활동이 요구된다.

⑤ 활동의 계속성과 정착성의 저해를 야기시키는 제반문제요인들을 파악하여 타자 간의 갈등이나 문제들을 해소시켜 원만한 관계가 유지되도록 한다.

(4) 자원봉사활동 기본법의 주요내용

① 목적〈자원봉사활동 기본법 제1조〉… 이 법은 자원봉사활동에 관한 기본적인 사항을 규정함으로써 자원봉사활동을 진흥하고 행복한 공동체 건설에 이바지 함을 목적으로 한다.

② 기본방향〈자원봉사활동 기본법 제2조〉
   ㉠ 자원봉사활동은 국민의 협동적인 참여능력을 높일 수 있는 방향으로 추진하여야 한다.
   ㉡ 자원봉사활동은 무보수성 · 자발성 · 공익성 · 비영리성 · 비정파성 · 비종파성의 원칙 아래 수행될 수 있도록 하여야 한다.
   ㉢ 모든 국민은 나이 · 성별 · 장애 · 지역 · 학력 등 사회적 배경에 관계없이 누구든지 자원봉사활동에 참여할 수 있도록 하여야 한다.
   ㉣ 자원봉사활동의 진흥을 위한 정책은 민 · 관 협력의 기본정신을 바탕으로 하여 추진하여야 한다.

③ 용어의 정의〈자원봉사활동 기본법 제3조〉
   ㉠ **자원봉사활동** : 개인 또는 단체가 지역사회 · 국가 및 인류사회를 위하여 대가 없이 자발적으로 시간과 노력을 제공하는 행위를 말한다.
   ㉡ **자원봉사자** : 자원봉사활동을 하는 사람을 말한다.
   ㉢ **자원봉사단체** : 자원봉사활동을 주된 사업으로 행하거나 이를 지원하기 위하여 설립된 비영리 법인 또는 단체를 말한다.
   ㉣ **자원봉사센터** : 자원봉사활동 개발 · 장려 · 연계 · 협력 등의 사업을 수행하기 위하여 법령과 조례 등에 따라 설치된 기관 · 법인 · 단체 등을 말한다.

④ **자원봉사활동의 범위**〈자원봉사활동 기본법 제7조〉

㉠ 사회복지 및 보건 증진에 관한 활동

㉡ 지역사회 개발·발전에 관한 활동

㉢ 환경보전 및 자연보호에 관한 활동

㉣ 사회적 취약계층의 권익 증진 및 청소년의 육성·보호에 관한 활동

㉤ 교육 및 상담에 관한 활동

㉥ 인권옹호 및 평화구현에 관한 활동

㉦ 범죄 예방 및 선도에 관한 활동

㉧ 교통질서 및 기초질서 계도에 관한 활동

㉨ 재난 관리 및 재해구호에 관한 활동

㉩ 문화·관광·예술 및 체육 진흥에 관한 활동

㉪ 부패 방지 및 소비자 보호에 관한 활동

㉫ 공명선거에 관한 활동

㉬ 국제협력 및 국외봉사활동

㉭ 공공행정 분야의 사무 지원에 관한 활동

㉮ 그 밖에 공익사업의 수행 또는 주민복리의 증진에 필요한 활동

⑤ **자원봉사진흥위원회의 심의사항**〈자원봉사활동 기본법 제8조〉

㉠ 자원봉사활동의 진흥을 위한 정책 방향의 설정 및 협력·조정

㉡ 자원봉사활동의 진흥을 위한 국가기본계획과 연도별 시행계획에 관한 사항

㉢ 자원봉사활동의 진흥을 위한 제도 개선에 관한 사항

㉣ 그 밖에 자원봉사활동의 진흥에 필요한 사항

⑥ **한국자원봉사협의회의 활동**〈자원봉사활동 기본법 제17조〉

㉠ 회원단체 간의 협력 및 사업 지원

㉡ 자원봉사활동의 진흥을 위한 대국민 홍보 및 국제교류

㉢ 자원봉사활동과 관련된 정책의 개발 및 조사·연구

㉣ 자원봉사활동과 관련된 정책의 건의

㉤ 자원봉사활동과 관련된 정보의 연계 및 지원

㉥ 그 밖에 자원봉사활동의 진흥과 관련하여 국가 및 지방자치단체로부터 위탁받은 사업

기출문제

section 3 재가복지

(1) 재가복지의 개념

① 재가복지의 정의 ··· 여러가지 도움을 필요로 하는 노인 · 장애인 · 아동들을 시설에 수용하지 않고 지역사회 내에서 재가복지요원이 가정방문을 하거나 재가복지센터를 통원하게 하여 일상생활을 위한 서비스와 자립할 수 있는 프로그램을 제공하는 것을 의미한다.

② 재가복지의 특성

㉠ 방문 또는 통원방식의 서비스 : 종래의 시설서비스와는 달리 서비스 제공자가 대상자의 가정을 방문하거나 대상자를 이용시설에 통원하게끔 하는 서비스가 이루어진다.

㉡ 비집중적 보호대상자 : 집중적인 보호를 필요로 하는 심각한 장애를 가진 노인이나 장애인은 전문병원이나 수용시설에 수용 · 보호하여야 하지만 이들을 제외한 생활상의 장애를 가진 노인이나 장애인이 재가복지의 주요 대상자가 된다.

㉢ 부분적 보호의 제공 : 집중적인 보호를 제공하기보다는 서비스 시간 및 내용에 있어서 부분적인 보호를 제공한다.

㉣ 사적 보호의 원칙 : 방문이나 통원치료를 받는 것을 제외하고는 가족원이나 가까운 이웃 등 사적이고 비공식적인 보호를 받는 것을 전제로 하고 있다.

㉤ 서비스 제공의 지역적 위치의 중요성 : 대상자의 가정과 가까운 지역에 서비스를 제공하는 인력 및 시설이 배치되어야 한다.

(2) 재가복지봉사서비스의 기본원칙

① 적극성의 원칙 ··· 대상자의 요청을 기다리지 않고 직접 찾아다니며 어떤 서비스를 필요로 하는지 파악한 후 서비스를 제공한다.

② 능률성의 원칙 ··· 최소의 비용으로 최대의 효과성을 얻기 위하여 모든 자원을 효율적으로 동원하고 집행한다.

③ 연계성의 원칙 ··· 대상자의 다양한 서비스 욕구를 적절히 충족시키기 위하여 행정기관, 사회봉사단체 등 관련기관과 연락체계를 갖추고 필요할 때 도움을 받을 수 있도록 한다.

④ 자립성의 원칙 ··· 대상자들이 신체적 · 정신적 · 사회적으로 자립 · 자활할 수 있도록 원조해 준다.

⑤ 기타 ··· 권리성, 접근성, 공평성이 있다.

기출문제

(3) 재가복지의 내용

① 재가복지봉사서비스

    ㉠ 방문간호서비스 : 재가복지의 필수적인 서비스 프로그램이다. 구체적인 서비스로는 안마, 병수발, 잠자리정리, 병원안내 및 동행, 개인행위(손톱이나 발톱손질 등), 차량지원, 병원수속 대행, 보건소 안내, 약품구입, 산책 및 신체운동 등이 있다.

    ㉡ 가사지원 서비스 : 노인, 장애인, 소년소녀가장 세대의 가사를 도와주는 시비스 프로그램이다. 구체적인 서비스로는 집안청소, 식사준비 및 취사, 시장보기, 다림질, 세탁 등의 집안일을 돌보는 것이 있다.

    ㉢ 식사서비스 : 거동이 불편한 노인을 주요 대상으로 하여 매일 또는 주1회 정도 식사서비스를 제공하는 서비스 프로그램이다. 자택으로 방문하여 식사를 만들어주는 방법과 자동차를 이용하여 음식을 배달하는 방법이 있다.

    ㉣ 목욕서비스 : 대상자 가정에 욕실이 있는 경우 주 1 ~ 2회 방문하여 목욕 서비스를 제공한다. 욕실이 없는 경우에는 목욕차를 가지고 가거나, 자동차를 이용하여 재가복지센터로 데리고 와 목욕을 시키는 프로그램이다.

    ㉤ 기타 서비스 : 이외에도 이불건조서비스, 주택개량 및 개선 서비스, 재활과 보호기구의 제공 및 대여 서비스, 전화서비스, 심부름서비스, 교통안내 및 외출 서비스, 보행보조서비스 등이 있다.

② 이용시설서비스

    ㉠ 이용시설을 통한 서비스가 필요한 경우

      • 가정에서만 생활하고 있는 노인 또는 장애인이 사회적 고립에서 벗어나 자립생활을 하도록 하고 심신의 기능저하를 방지하기 위한 것이다.

      • 노인이나 장애인을 부양하는 보호자들의 수고와 노력을 덜어주기 위한 것이다.

      • 여성취업이 증가하면서 낮 동안 보호의 필요성이 증대되었기 때문이다.

    ㉡ 이용시설을 통한 서비스의 예

      • 단기보호서비스 : 집에서 보호받는 노인이나 장애인을 단기간 동안 수용 · 보호하는 프로그램으로 보호자가 여러 사정(병, 여행 등)으로 인하여 대상자를 보호할 수 없을 때 이용하는 서비스이다.

      • 주간보호서비스 : 대상자의 보호 및 감독 서비스 이외에 상담서비스, 질병 및 의료재활 서비스, 안정과 휴양의 장소 등을 제공한다.

③ 재가복지의 전문인력

　　㉠ **사회복지전문가**: 전문적인 지식을 활용하여 사업 전체를 상호조정하는 역할을 담당한다. 재가복지를 위해서는 사회복지전문가 외에 의사, 간호사, 작업요법사, 물리치료사 등의 전문가들이 필요하다.

　　㉡ **재가복지요원**: 영국의 경우 파트타임 사회복지사, 보조 사회복지사, 파트타임 가정봉사원 등이 재가복지요원으로 활동하고 있으며 일본에서는 개호사라고 불리는 재가복지요원이 활동하고 있다.

(4) 우리나라 재가복지의 현황

① 재가복지의 발달과정

　　㉠ 1980년대 후반에 사회보장제도가 정착되면서 그 필요성이 인식되기 시작하였다.

　　㉡ 요보호대상 중심의 수용시설 위주의 서비스에서 가정 내의 대상자(노인, 장애인, 아동 등)에 대한 보편적 서비스로 전환해야 한다는 점이 강조되었다.

　　㉢ 재가복지가 처음 시작된 분야는 노인복지분야로서 한국노인복지회가 1982년부터 노인결연사업, 상담사업을 실시하였다. 1987년 이후부터는 여러 노인종합복지관에서 재가복지를 시작하였고 가정봉사원 파견사업을 확대ㆍ실시하였다.

　　㉣ 1983년부터 장애인종합복지관에서도 지역사회 중심의 재활사업의 일환으로 장애인순회진단을 시작하였다.

　　㉤ 1990년 한국사회복지협의회는 사회봉사안내소를 지역복지봉사센터로 명칭을 변경하고 가정과 시설 모두에 자원봉사자를 파견하기 시작하였다.

　　㉥ 1992년 정부는 재가복지봉사센터를 설치하여 거동이 불편한 노인, 장애인, 소년소녀가장 등을 직접 방문하여 이들이 필요로 하는 서비스를 제공하게 되었다.

　　㉦ 1993년 노인복지법 개정을 통해 재가노인복지사업이 제도화되었다.

② 재가복지의 내용

　　㉠ **재가복지서비스 대상자**: 해당 지역에 거주하는 주민으로 경우에 따라 인접주민도 포함될 수 있다. 저소득자층을 우선으로 하지만 그 범위는 기초생활보호대상자 기타 저소득층 가정으로서 서비스가 필요하다고 인정되는 자로 하였다.

　　ⓒ 재가복지서비스의 내용
　　　• 가사서비스 : 집안청소, 식사준비 및 취사, 시장보기 등
　　　• 간병서비스 : 병수발, 병원안내 및 동행 등
　　　• 정서적 서비스 : 상담, 여가지도, 취미활동제공, 말벗 등
　　　• 결연서비스 : 대상자에 대한 재정적 지원이나 의부모・의형제를 맺어주는 것 등
　　　• 보건의료서비스 : 자원봉사자나 의료인인 경우 간단한 진료나 질병상담 등의 의료서비스를 제공하고 비의료인인 경우에는 보건기관에서 민간기관의 가정방문진료를 받을 수 있도록 알선하는 것 등
　　　• 자립지원서비스 : 탁아, 직업보도, 기능훈련, 취업알선 등
　　　• 교육서비스 : 대상자를 보살피는 방법이나 요령을 가족, 이웃 등에게 교육시키는 것 등
　　　• 시설이용서비스 : 대상자를 기존의 복지관시설로 옮겨 필요한 서비스를 받을 수 있게 하는 복지관시설을 이용하는 것 등
　　ⓒ 재가복지 전문인력 : 재가복지를 전담하는 인력은 사회복지사 2명, 운전기사 1명으로 구성되어 있기 때문에 대부분의 인력을 자원봉사자로 충당하고 있다. 자원봉사자는 자신이 원하는 시간에 봉사활동을 수행할 수 있다.

③ 재가복지의 발달조건
　　㉠ 체계적인 지역별 욕구조사 실시 : 체계적인 재가복지를 실시하기 위해서는 지역별 대상자 수 및 대상자 욕구에 대한 포괄적이고 전문적인 조사가 실시되어야 한다.
　　㉡ 전문인력의 확보 : 자원봉사자에게 전적으로 의존하게 되면 대상자에게 질 높은 서비스를 제공하기 어렵게 되므로 질 높은 서비스를 제공하기 위해서는 전문 재가복지요원의 확보가 필요하다.
　　㉢ 이용시설의 확충 : 현재는 재가복지 대상자에게 주간보호 등의 이용시설 서비스가 마련되어 있지 않기 때문에 이용시설이나 중간시설을 마련하거나 기존 시설을 지역사회에 개방하는 방안을 마련해야만 한다.
　　㉣ 대상자의 확충 : 우리나라는 재가복지의 대상이 저소득층으로 한정되어 있는데, 현실적으로 중산층 이외의 사람들도 재가복지서비스나 이용시설을 필요로 하는 경우가 많기 때문에 이들을 대상자에 포함시키는 방안이 마련되어야 한다.

section 4 교정복지

(1) 교정복지의 개념

① **정의** ··· 사회적응에 실패한 범죄인 및 비행청소년들의 재활을 도와주는 것으로 범죄인 및 비행청소년들의 사회적 적응능력을 배양시켜 재범을 방지하고 원만한 사회복귀를 돕는 정책적 처우 및 조직적 서비스 지원활동이다.

② **종류**

　　㉠ **시설 내 교정**: 시설 내 교정은 범죄인이나 비행청소년들을 교도소나 소년원 및 감호소와 같은 교정시설에 수용하여 처우하는 것을 말하는데, 범죄인들은 이와 같은 시설에서 교정하는 데에는 한계가 있으며 오히려 교도소가 범죄인 양성소로 전락했다는 비판을 받고 있다.

　　㉡ **시설 외 교정**: 시설 외 교정은 사회 내 처우로 범죄인을 교정시설에 수용하지 않고 가석방 또는 가퇴원시켜 사회 내에서 지도감독 및 보호후원의 방법으로 교정처우하는 것을 말한다. 이러한 시설 외 교정의 종류로는 보호관찰제도, 통학제도, 갱생보호제도, 사회의 중간시설 운영, 그룹홈, 시설 외부로의 통근, 사회봉사명령 등이 있으며 우리나라에는 보호관찰제도 및 사회봉사명령제도를 도입하여 실시하고 있다.

③ **교정복지의 기본원리**

　　㉠ **인도주의**: 절대적 응보사상에 기초한 행형에 대한 반성을 촉구하고 고통증대의 금지, 구금기간의 활용, 개선수단의 개별화, 사형폐지, 고문의 금지 등의 인간성의 존중과 인권의 보장을 중요시한다.

　　㉡ **과학주의**: 범죄의 원인, 범죄인에 대한 과학적 분석 및 분류, 인격조사, 교정처우, 사회복귀 등의 처우에 대한 과학화·개별화를 중요시한다.

　　㉢ **처우의 사회화**: 범죄인이 사회에 복귀하여 잘 적응하게 하기 위해서는 고립된 환경 속에 있게 하기보다는 일반사회와 상호작용을 할 수 있게 하여야 한다. 또한 사회생활을 영위할 자유와 기능을 제공하여 범죄인 스스로가 자신의 일을 처리할 수 있도록 하여야 한다. 이를 이루기 위해서는 개방 교도소의 설치, 개방처우의 촉진 등이 실현되어 수형자의 책임감·신뢰·자율 등이 보장되어야 한다.

(2) 교정복지의 주요 제도

① **보호관찰제도** : 범죄자를 만기 전에 가석방 또는 가퇴원시킬 때나 범죄자가 집행유예나 선고유예의 판결을 받았을 때, 유예기간 동안 보호관찰관의 관찰 아래 사회생활을 하게 하여 사회의 준수사항을 지키게 되면 형의 집행을 종료시키는 제도이다. 만약에 유예기간중에 재범을 하거나 위반사실이 발견되면 유예처분을 취소하고 교정시설에 수용하게 된다.

② **사회봉사 및 수강명령**

　ⓐ **사회봉사명령제도** : 법원이 주로 단기자 유형을 선고해야 할 범죄인에 대하여 자유형 대신 일정기간 무보수로 봉사작업을 하도록 명하는 것이다. 이는 구금조치를 수반하지 않으므로 범죄인의 개인적 또는 사회적 기능을 저해할 염려가 적고 경제적 운영이 가능한 제도라 할 수 있다.

　ⓑ **수강명령제도** : 비교적 비행성이 약한 범죄인들에 대하여 일정기간 수강센터에 참석하여 강의·훈련 또는 상담을 받도록 하는 것을 말한다. 이는 벌금을 납부하지 않는 경우, 감독명령이나 보호관찰명령에 따른 준수사항을 위반했을 경우 등 다른 명령을 이행하지 아니한 때에도 부과될 수 있다.

③ **갱생보호제도** … 일반적으로 갱생보호라 함은 범죄인으로 처벌되었던 자 또는 처벌이 유예되거나 형벌법령에 저촉될 위험이 있는 자를 사회 내에서 보호·지도하는 교정사업을 말한다. 이것은 비강제적 제도이며 범죄자의 재범을 방지하고 사회복귀에 필요한 원조를 베풀어 줌으로써 자활의 기반을 조성하고 개인 및 공공의 복리증진을 도모하려는 목적에서 실시되었다.

(3) 교정사회복지사의 역할

① 교정대상자의 인적관계 또는 사회관계를 조사하여 그들의 생활을 지도·교육한다.

② 법적 규제를 받고 있는 대상자를 대신하여 일부의 특수한 행위를 대행한다.

③ 대상자의 조속한 정상화에 필요한 개인, 단체, 기관과 접촉하고, 가능한 자원을 동원·활용한다.

④ 대상자의 행동규제를 최대한 준수하면서 워커가 지니고 있는 전문적 기술을 최대한 활용한다.

⑤ 대상자의 가치체계에 영향을 줄 수 있는 집단의 도움을 얻어, 교정대상자의 문화형식을 변화시킨다.

⑥ 타전문가와 협조하여 교정의 다면적 접근이 가능하도록 하는 조정역할을 담당한다.

⑦ 자기통제를 통한 내적 성장을 가져오도록 한다.

(4) 소년비행

① 소년비행의 개념

    ㉠ **정의** : 19세 미만의 자로 범죄행위를 하거나 그 성격상 또는 환경적 요인에 의해 범죄행위를 할 우려가 있는 소년을 총칭한다.

    ㉡ **원인**

        • 개인적 요소 : 유전, 인종, 신체적 특징, 성격, 정신이상 등이다.

        • 환경적 요소 : 가정, 이웃과 친화, 교육, 대중매체, 경제적 조건 등이다.

        • 개인적 요소와 환경적 요소를 분리시키기 어렵기 때문에 개인의 생물학적 특성이나 심인성 요인을 중시하는 사회학적 시각이 더 적합하다.

    ㉢ **소년비행의 특징** : 즉흥성, 집단성, 공격성, 목적을 위해 살상까지 서슴지 않는 과잉성, 흉악화 · 조폭화 · 저연령화 경향이 있다.

② 비행이론

    ㉠ **낙인이론** : 범법자들에게 사회적 낙인을 찍어 오명을 씌운 뒤 사회의 최하위층의 위치로 전락시키는 것이다. 그러나 이 이론은 범죄나 비행 자체에 대한 사회적 반발보다는 오히려 상습적인 범법자가 되지 않도록 하는 것에 목적이 있다.

    ㉡ **일치이론** : 여러 다른 이론 등의 여러 부분들과 요소들을 통합시키고자 하는 이론이다.

    ㉢ **사회통제이론** : 개인보다는 집단을, 구성원 자체보다는 제도에 중점을 두고 사회에는 융화와 질서보다 혼란과 갈등이 산재해 있다는 전제하에 사회통제를 교정의 접근방법으로 활용하는 것이다. 또한 이 이론에서 비행은 학습되며 비행의 원인도 개인에 있는 것이 아니라 사회와 개인의 관계 속에 있다는 것을 주장하고 있다.

기출문제

(5) 소년법의 주요내용

① **목적**〈소년법 제1조〉 … 이 법은 반사회성이 있는 소년의 환경 조정과 품행 교정을 위한 보호처분 등의 필요한 조치를 하고, 형사처분에 관한 특별조치를 함으로써 소년이 건전하게 성장하도록 돕는 것을 목적으로 한다.

② **보호의 대상**〈소년법 제4조〉

    ㉠ 죄를 범한 소년

    ㉡ 형벌 법령에 저촉되는 행위를 한 10세 이상 14세 미만인 소년

    ㉢ 다음에 해당하는 사유가 있고 그의 성격이나 환경에 비추어 앞으로 형벌 법령에 저촉되는 행위를 할 우려가 있는 10세 이상인 소년

- 집단적으로 몰려다니며 주위 사람들에게 불안감을 조성하는 성벽이 있는 것
- 정당한 이유 없이 가출하는 것
- 술을 마시고 소란을 피우거나 유해환경에 접하는 성벽이 있는 것

1 자원봉사활동의 원칙으로 옳지 않은 것은?

① 활동의 원점을 기본적 인권의 양호에 둔다.
② 활동에 있어 민주주의의 정신과 방법을 존중한다.
③ 개인성과 사회성을 가져야 한다.
④ 시민적 성격을 견지한다.

2 소년비행의 유형에 대한 설명으로 옳지 않은 것은?

① 범죄소년은 14세 이상 19세 미만의 소년으로 형벌법령에 저촉되는 행위를 한 자를 말한다.
② 촉법소년은 10세 이상 14세 미만의 소년으로 형벌법령에 저촉되는 행위를 한 자를 말한다.
③ 우범소년은 14세 이상 20세 미만의 소년으로 범법할 우려가 있는 자를 말한다.
④ 불량행위소년은 19세 미만의 자로서 타인의 덕성을 해치는 풍기문란 행위자를 말한다.

3 다음 산업복지의 기능과 원칙에 관한 설명 중 옳지 않은 것은?

① 노사관계의 개선과 인간관계 관리의 기능을 한다.
② 사회복지의 이론과 기술을 기업경영과 노무관리에 활용한다.
③ 산업복지사는 기업의 경영관리에 있어 중립적인 입장에서 실행하므로 노사의 관계에 관여하지 않는 것이 원칙이다.
④ 산업복지의 기능에 관한 원칙은 사회복지의 일반적 기능을 기업사회에 적용해야 한다.

4 **자원봉사활동의 역할로 옳지 않은 것은?**

① 사회자원의 재분배에 기여한다.
② 부적합한 사회화 과정의 개선과 그 원조에 기여한다.
③ 민주적 가치와 실천방안을 조기에 정착할 수 있도록 기여한다.
④ 사회의 비인간적 요소와 분위기를 보다 인간적으로 전환하도록 기여한다.

5 **자원봉사활동을 촉진시키기 위한 고려사항이 아닌 것은?**

① 상담과 조언 또는 배경조정활동이 요구된다.
② 기능에 대한 조정활동이 필요하다.
③ 정보의 제공 또는 정비가 필요하다.
④ 금전적 보상을 주도록 노력해야 한다.

6 **재가복지운영의 기본원칙이 아닌 것은?**

① 소극성   ② 연계성
③ 능률성   ④ 자립성

7 **다음 중 교정복지시설 외의 교정에 속하지 않는 것은?**

① 감호보호   ② 갱생보호
③ 사회봉사명령   ④ 보호관찰

8 법무부 소속의 특수교육시설로서 비행청소년의 사회 재적응교육을 담당하는 곳은?

① 소년원
② 소년교도소
③ 소년직업보도소
④ 소년감별소

9 다음 중 교정사회복지사의 역할에 해당하지 않는 것은?

① 교정대상자의 사회관계를 조사하여 그들의 생활을 지도하고 교육한다.
② 법제규제를 받고 있는 대상자를 대신하여 일부의 특수한 행위를 대행한다.
③ 대상자의 행동규제를 최대한 준수하면서 워커가 지니고 있는 전문적 기술을 최대한 억제한다.
④ 대상자의 조속한 정상활동이 필요한 개인, 단체 기관과 접촉하고 가능한 자원을 동원·활용한다.

10 비행소년의 일시보호기간 중 그들에 관한 세부자료를 수집하고, 법원에 통고하며, 적절한 오락이나 종교적 서비스를 제공하는 것은?

① 소년경찰제도
② 소년원제도
③ 소년분류심사원제도
④ 보호관찰

정답및해설

1	③	2	③	3	③	4	①	5	④
6	①	7	①	8	①	9	③	10	③

1　③ 공공성과 사회성을 가져야 한다.

2　③ 우범소년은 10세 이상 19세 미만의 소년으로 보호자의 정당한 감독에 복종하지 않거나 정당한 이유 없이 가정에서 이탈하거나 부도덕한 자와 교제하는 등의 사유로 장래에 범법할 우려가 있는 자를 말한다.

3　③ 산업복지사는 기업의 경영관리에 있어 중립적인 입장에 서서 노사관계에 관여한다.

4　② 사회화 역할
　　③ 민주화 역할
　　④ 인간화 역할
　　※ 자원봉사자의 역할
　　　㉠ 인간화의 역할 : 사회의 비인간적 요소와 분위기를 보다 인간적으로 전환시킨다.
　　　㉡ 사회화의 역할 : 부적합한 사회화의 과정을 개선·원조한다.
　　　㉢ 민주화의 역할 : 민주적 가치와 실천방식을 조기에 정착시킨다.
　　　㉣ 문제해결의 동반자적 역할 : 다양한 자원과의 공동작업을 수행한다.

5　④ 자원봉사활동은 금전적·물질적 대가를 기대하지 않고 활동하는 것이다.
　　※ 자원봉사활동의 활성화 방안
　　　㉠ 상담·조언 및 배경조정활동을 통해 자원봉사 활동의 동기와 대상·성격 및 특기 등을 파악하고 관련지식을 제공하여 요구와 능력에 따라 그들의 활동수준을 조정한다.
　　　㉡ 관련정보들을 수집·정비하고 제공해 주어 스스로 활동영역과 내용을 결정하고 개입하도록 한다.
　　　㉢ 효율적인 자원봉사 활동을 수행할 수 있도록 학습의 기회를 제공하여 기초적인 지식을 갖고 활동에 임하도록 한다.
　　　㉣ 타지역 기관과의 원활한 상호보완성을 발휘할 수 있도록 자원봉사 기능의 조정활동이 요구된다.
　　　㉤ 활동의 계속성과 정착성의 저해를 야기시키는 제반의 문제요인들을 파악하여 타자간의 갈등이나 문제들을 해소시켜 원만한 관계가 유지되도록 한다.

6　재가복지운영의 기본원칙
　　㉠ 적극성의 원칙 : 대상자의 요청을 기다리지 않고 직접 찾아다니며 어떤 서비스를 필요로 하는지 파악한 후 서비스를 제공한다.
　　㉡ 능률성의 원칙 : 최소의 비용으로 최대의 효과성을 얻기 위하여 모든 자원을 효율적으로 동원하고 집행한다.
　　㉢ 연계성의 원칙 : 대상자의 다양한 서비스 욕구를 적절히 충족시키기 위하여 행정기관, 사회봉사단체 등 관련기관과 연락체계를 갖추고 필요할 때 도움을 받을 수 있도록 한다.
　　㉣ 자립성의 원칙 : 대상자들이 신체적·정신적·사회적으로 자립·자활할 수 있도록 원조해 준다.
　　㉤ 기타 : 권리성, 접근성, 공평성이 있다.

7 시설 외 교정…시설 외 교정은 사회 내 처우로 범죄자를 교정시설에 수용하지 않고 가석방 또는 가퇴원시켜 사회 내에서 지도감독 및 보호후원의 방법으로 교정처우하는 것을 말한다. 이러한 시설 외 교정의 종류로는 보호관찰제도, 통학제도, 갱생보호제도, 사회의 중간시설 운영, 그룹홈, 시설 외부로의 통근, 사회봉사명령 등이 있으며 우리나라에는 보호관찰제도 및 사회봉사명령제도를 도입하여 실시하고 있다.

8 ① 소년원은 입원자교육, 기본교육, 사회복귀교육 등을 통하여 비행청소년의 사회 재적응교육을 담당한다.

9 ③ 대상자의 행동규제를 최대한 준수하면서 워커가 지니고 있는 전문적 기술을 최대한 활용한다.
※ 교정사회복지사의 역할
　㉠ 교정대상자의 인적관계나 사회관계 등을 조사하여 그들의 생활을 지도하고 교육한다.
　㉡ 대상자의 가치체계에 영향을 미칠 수 있는 집단의 도움을 받아 교정자의 문화적 유형을 변화시킨다.
　㉢ 대상자의 상황에 따라 필요한 개인, 단체, 기관들과 접촉하고 동원 가능한 자원을 최대한 활용한다.
　㉣ 법적 규제상태에 있는 대상자를 대신하여 일부 특수한 행위를 대행하여 준다.
　㉤ 다른 전문가들과 협조하여 교정의 다면적 접근이 용이하도록 하는 조정역할을 담당한다.
　㉥ 대상자의 행동을 최대한 규제하면서 워커가 지닌 전문적 기술을 최대한 활용한다.

10 ① 범죄를 범한 소년과 범죄할 우려가 있는 소년에 대해 범죄로부터 소년과 사회를 보호하기 위해 경찰의 입장에서 특별지도활동을 전개하는 것을 말한다. 우리나라의 경우 각 경찰서 보안과 소속의 소년계가 전담하고 있다.
② 가정법원 소년부에서 송치된 비행청소년들을 보호·수용하여 교정교육을 하는 특수교육기관으로 학교교육, 직업훈련, 심성순화활동(인격교육), 심신치료, 심신의 건전한 육성·보호를 통하여 보호소년이 사회생활에 원만하게 적응하고 전인적인 성장발달을 할 수 있도록 한다.
③ 소년분류심사원은 소년법 및 소년원법에 따라 법원 소년부로부터 위탁된 소년을 수용하여 그 자질을 감별하는 국가기관이다. 소년분류심사원은 분류심사의 결과를 법원소년부에 보내어 보호처분의 참고자료로 제공하고 소년원 및 보호관찰소에 교정처우지침을 제시하며 사회에 복귀하는 소년에 대하여서는 보호자에게 필요한 권고를 하고 재범방지에 힘쓴다.
④ 교정시설에 수용하지 않고 일상 사회생활을 영위하면서 재범에 빠지지 않도록 대상자를 지도·감독하고 원호하는 사회 내 처우를 말한다.

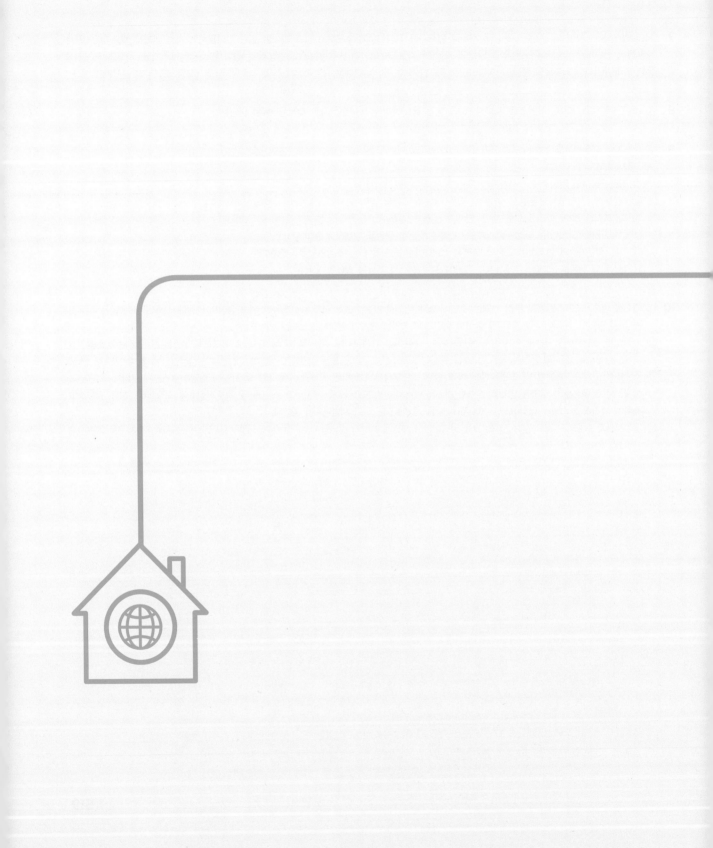

부록

최신 기출문제분석

2020. 6. 13. 지방직 / 서울특별시 시행

2020. 7. 11. 인사혁신처 시행

1 윌렌스키(Wilensky)와 르보(Lebeaux)의 제도적 개념에 대한 설명으로 옳은 것은?

① 제도적 개념에서는 가족 또는 시장 같은 다른 사회제도의 기능이 원활하게 수행되지 못할 때 사회복지 제도를 활용하는 것으로 본다.

② 제도적 개념에서의 사회복지는 보충적, 일시적, 대체적 성격을 지닌다.

③ 제도적 개념에서는 사회복지가 그 사회의 필수적이고 정상적인 제일선(first line)의 기능을 수행하는 것으로 이해한다.

④ 제도적 개념에서의 사회복지는 대상범위를 기준으로 볼 때 선별적 사회복지와 연결되어있다.

Point

③ 윌렌스키와 르보의 제도적 개념에서 사회복지는 1차적 기능이며, 제도적으로 국가가 적극 개입함으로써 개인이나 집단이 만족할 만한 수준의 복지가 구현될 수 있는 모델이다.

①, ②, ④는 잔여적 개념에 해당한다.

※ 윌렌스키와 르보의 사회복지의 기능

ⓐ 잔여적 개념(보충적 개념, 보완적 개념)
  ⓐ 가족이나 시장이 정상적인 기능을 수행하지 못할 때 이의 보완적 기능을 사회복지가 담당한다.
  ⓑ 사회복지의 혜택을 받는 사람들은 비정상적·병리적인 사람이고 적응을 하지 못하는 사람으로 간주한다.
  ⓒ 급격한 사회변화를 반영하지 못하고 있으며, 현대 사회복지활동의 다양한 측면들을 충분히 설명하지 못하고 있다.
  ⓓ 사회복지는 그 기능을 임시로 보충할 뿐이며, 사회복지활동이 사회를 유지하고 발전시키는 데 필수적이라고 생각되지는 않는다.
  ⓔ 초기산업사회 및 자유주의 국가에서 나타난다.

ⓛ 제도적 개념
  ⓐ 현대의 산업사회에 있어서 가족과 시장경제 제도는 제 기능을 발휘할 수 없기 때문에 사회복지가 사회유지에 필수적 기능을 해야 한다는 것이다.
  ⓑ 사회복지서비스가 1차적 기능이며, 제도적으로 국가가 적극 개입함으로써 개인이나 집단이 만족할 만한 수준의 복지가 구현될 수 있는 모델이다.
  ⓒ 어떤 긴급함이나 비정상적인 문제들에 국한되지 않는 광범위한 제도나 정책을 수립함으로써 사회복지문제에 예방적·조직적·계획적으로 대처하려는 것이다.
  ⓓ 사회복지는 현대의 산업사회에서 각 개인의 자아완성을 돕기 위해 타당하고 정당한 기능을 수행하는 것으로 받아들여진다.
  ⓔ 후기산업사회의 복지국가에서 많이 나타난다.

Answer   1.③

2 우리나라 사회보장제도 가운데 주요 재원조달방식이 다른 것은?

① 국민기초생활보장제도

② 국민연금제도

③ 건강보험제도

④ 고용보험제도

① 국민기초생활보장제도는 공공부조로서 공적 재원인 조세로 조달된다.
②③④ 사회보험으로서 가입자의 보험료로 조달됨이 원칙이다.

3 사회복지실천 방법 중 직접실천에 해당하는 것은?

① 독거어르신 도시락 배달 연계

② 요보호아동 지원 프로그램 개발

③ 정신장애인 취업적응 훈련 실시

④ 장애인 편의시설 확보를 위한 시민공청회

직접실천과 간접실천
㉠ 직접실천 : 클라이언트를 직접 변화시킴으로써 클라이언트의 문제를 해결하는 실천방식이다. 주로 개인, 집단, 가족을 대상으로 클라이언트를 직접 대면하여 개입, 정보제공, 기술교육 제공, 상담 등을 실행한다.
• 의사소통기술 : 클라이언트의 정서적 안정과 인지구조의 변화, 클라이언트 자신과 문제 상황, 자원 등에 대한 상황인식 능력의 향상 등
• 행동변화기술 : 강화, 처벌, 소거, 모델링, 체계적 탈감법
㉡ 간접실천 : 클라이언트를 돕기 위해 클라이언트 이외의 개인, 소집단, 조직 또는 지역사회에 주의를 기울이는 활동들이다. 사회복지 정책, 행정 등으로 사회복지에 필요한 환경을 조성하는 실천유형으로, 비록 클라이언트를 직접 만나는 실천 유형은 아니지만 사회복지의 지속성을 확보하고 효율성을 향상시키는 데 결정적 영향을 미치게 되는 실천방법으로, 서비스 연계, 공청회 개최, 홍보활동, 프로그램 개발, 예산확보 운동, 캠페인 등이 있다.
• 지원서비스 : 재정지원, 의료 서비스 연결, 보육서비스 연결 등
• 서비스 조정에 관련된 활동
• 프로그램 계획과 개발을 위한 활동 등

Answer 2.① 3.③

4 19세기 인보관운동(settlement house movement)에 대한 설명으로 옳은 것만을 모두 고르면?

> ㉠ 문제의 원인을 개인에게서 찾고자 하였다.
> ㉡ 집단사회사업과 지역사회복지 발전의 기초가 되었다.
> ㉢ 문제의 원인을 사회적 환경에서 찾고자 하였다.
> ㉣ 원조의 중복을 막기 위해 빈민의 생활상태를 조사하였다.

① ㉠, ㉢   ② ㉠, ㉣
③ ㉡, ㉢   ④ ㉡, ㉣

Point

㉠, ㉣ 자선조직협회(COS)는 빈곤을 개인의 도덕적 책임으로만 돌리고 빈곤발생의 사회적 기반에 대해서는 등한시하였다. 또한 자선기관 간 중복과 재원낭비를 방지하고자 우애방문원에 의한 빈민 가정 방문, 조사, 등록을 하였다.

	자선조직협회	인보관운동
주체	• 신흥자본가, 상류층(기득권층)	• 젊은 대학생과 중류층 중심
빈곤관	• 빈곤은 개인의 책임 • 자유주의 사회개량운동 • 자조윤리를 강조한 빈민개량운동	• 빈곤은 사회구조적 원인 • 실직하게 되는 것은 개인의 무지나 게으름과 같은 도덕적인 문제가 아니라 산업화의 착취의 결과라 주장
이데올로기	• 사회진화론, 보수주의 • 인도주의적 기능과 사회통제적 기능을 동시에 담당 • 정부가 제공하는 원조에 대한 수혜 자격을 평가: 조사와 등급제를 통한 빈민통제(사회통제적 기능)	• 진보주의, 급진주의 • 빈곤의 원인이 사회환경에 있음 • 계층별 도덕성 강조
서비스	• 서비스조정에 초점 • 원조의 중복제공 방지	• 서비스 자체 • 사회개혁시도
주요내용	• 개별사회사업을 탄생시킴. 개별원조기술 최초로 발전시킴. 사회복지의 과학성을 높임 • 기관등록: 기관끼리 협력해서 중복 구제를 막음. 사회복지 구제의 효율성 높임. • 공공의 구빈정책에는 반대 • 부자와 빈자의 불평등 인정	• 3R운동 : Residence(거주), Research(조사), Reform(개혁) • 연구조사를 통해 사회제도를 개혁해야 한다는 기본개념 • 바네트 목사에 의하여 주도 • 박애보다는 법규 중시(입법에 영향)
영향	• 현대 개별사회사업가의 시초 • 기능론적 시각	• 집단사회사업 발달의 효시 • 원인론적 시각

Answer 4.③

5 소득재분배에 대한 설명으로 옳지 않은 것은?

① 수직적 소득재분배는 고소득층에서 저소득층으로 소득이 이전되는 것을 의미한다.

② 수평적 소득재분배는 동일 계층 내에서 소득이 이전되는 것을 의미한다.

③ 세대 간의 소득재분배는 서로 다른 세대 간에 소득이 이전되는 것을 의미한다.

④ 시간적 소득재분배는 자녀세대의 소비를 위해서 자신의 미래 소비를 포기하고 소득을 이전하는 것을 의미한다.

> **Point**
>
> ④ 시간적 소득재분배…한 개인이 일생의 소득을 전 생애기간으로 재분배하는 것으로, 소득이 높았던 시기의 소득을 노후 등 소득이 낮은 시기로 이전함으로써 전 생애동안 안정적인 소비활동을 위한 것이다.
>
> ※ 시간적 소득재분배
> ㉠ 단기적 재분배 : 사회적 욕구의 충족을 위해 현재의 자원을 사용하여 소득재분배(공공부조)
> ㉡ 장기적 재분배 : 생애에 걸쳐, 세대에 걸쳐 이루어지는 소득재분배(국민연금, 적립방식의 연금)

6 「국민기초생활 보장법」상 사회복지시설에 해당하는 것은?

① 사회복지관

② 지역자활센터

③ 노숙인종합지원센터

④ 아동일시보호시설

> **Point**
>
> ② 지역자활센터 : 보장기관은 수급자 및 차상위자의 자활 촉진에 필요한 다음의 사업을 수행하게 하기 위하여 사회복지법인, 사회적협동조합 등 비영리법인과 단체를 법인 등의 신청을 받아 지역자활센터로 지정할 수 있다. 이 경우 보장기관은 법인 등의 지역사회복지사업 및 자활지원사업 수행능력 · 경험 등을 고려하여야 한다. 〈국민기초생활 보장법, 제16조〉
> ① 사회복지관 : 사회복지사업법에 근거를 두고 있다.
> ③ 노숙인종합지원센터 : 노숙인 등의 복지 및 자립지원에 관한 법률에 근거를 두고 있다.
> ④ 아동일시보호시설 : 아동복지법에 근거를 두고 있다.

Answer 5.④ 6.②

7 이용권(바우처)의 장점이 아닌 것은?

① 서비스 공급자 간 경쟁을 촉발하여 서비스의 질을 높이는 효과를 거둘 수 있다.

② 현물급여에 비해 서비스 수요자의 '소비자 선택권'을 보장할 수 있다.

③ 사회 내의 불이익집단 또는 특별히 사회에 공헌한 사람들에게 더 많은 기회를 제공할 수 있다.

④ 서비스 사용 용도를 명시하고 있어 현금급여에 비해 정책 목표를 달성하는 데 용이하다.

> **Point**
> 길버트와 스펙트(테렐)의 급여체계 중 '기회'에 해당하는 내용이다. 기회로 제공되는 경우 기회는 무형의 급여로, 어떤 개인이나 집단에 대해 이전에는 부정되었던 급여에 대해서 접근을 가능하게 만든다. 대부분 고용과 교육에서의 기회를 중요시하며 노동 시장의 경쟁에서 불리함을 제거하는 특징이 있다.

8 사회복지실천에서 성인지 관점(gender-sensitive perspective)에 대한 설명으로 옳지 않은 것은?

① 가족 내 성역할 분업을 강조하는 관점이다.

② 성차별로 인한 문제를 분석하거나 개입할 때 사용할 수 있는 관점이다.

③ 여성과 남성은 생물학적 · 사회문화적 경험의 차이로 서로 다른 이해나 요구를 가진다고 보는 관점이다.

④ 정책이나 개입이 여성과 남성에게 미치는 효과를 평가하고 그것을 반영하도록 하는 관점이다.

> **Point**
> ① 성인지 관점은 가부장주의 사회에서 당연시되던 남녀의 고정된 역할분담이나 불평등과 같은 기존의 질서와 구조에 의문을 제기하면서 나타났다.
> ※ 성인지 관점…성인지적 관점이란 남성과 여성이 처한 현실에 따라 그 효과가 다를 수 있다는 문제의식에서 출발해 여성과 남성의 삶을 비교하고, 여성 특유의 경험을 반영하며, 특정 개념이 특정 성에게 유리하거나 불리하지 않은지, 성 역할 고정관념이 개입되어 있는지 아닌지에 대하여 각종 제도나 정책을 검토하는 관점을 말한다.

Answer 7.③ 8.①

9 사례관리(case management)에 대한 설명으로 옳지 않은 것은?

① 다양하고 복잡한 욕구를 가진 클라이언트가 주요 대상이다.

② 클라이언트의 욕구충족을 위해 지역사회 자원을 연계시킨다.

③ 사례관리자는 사정자, 조정자, 중개자, 평가자, 옹호자 등 복합적 기능을 수행할 수 있다.

④ 사례개입의 목표달성을 위해서라면 언제든 클라이언트의 자기결정을 제한하는 것이 정당하다.

    ④ 사례관리의 개입원칙 중 클라이언트의 자율성 극대화 원칙은 클라이언트의 선택에 대한 자유를 최대화하고 지나친 보호를 하지 않는 것을 의미한다. 이는 클라이언트의 자기결정권을 가능한 보장하고자 하는 것이다.

10 장애인고용촉진 및 직업재활법 상 사업주의 장애인 고용 의무를 상시 '몇 명' 이상의 근로자를 고용하는 사업주로 규정하고 있는가?

① 10명

② 30명

③ 50명

④ 100명

    ③ 장애인고용촉진 및 직업재활법 제28조(사업주의 장애인 고용 의무) 제1항 : 상시 50명 이상의 근로자를 고용하는 사업주(건설업에서 근로자 수를 확인하기 곤란한 경우에는 공사 실적액이 고용노동부장관이 정하여 고시하는 금액 이상인 사업주)는 그 근로자의 총수(건설업에서 근로자 수를 확인하기 곤란한 경우에는 대통령령으로 정하는 바에 따라 공사 실적액을 근로자의 총수로 환산한다)의 100분의 5의 범위에서 대통령령으로 정하는 비율이상에 해당(그 수에서 소수점 이하는 버린다)하는 장애인을 고용하여야 한다.

11 **지적장애인에게 일상생활기술훈련을 실시하는 사회복지사의 역할은?**

① 교육자(educator)

② 중재자(mediator)

③ 중개자(broker)

④ 옹호자(advocate)

① 교육자는 사회복지사는 정보를 제공하고 행동과 기술을 지도하는 등 클라이언트가 자신의 능력을 강화시킬 수 있도록 가르치는 역할을 한다.

② 중재자 : 사회복지사는 클라이언트와 상대방 등이 서로 간에 갈등을 해결하도록 설득 및 화해의 절차들을 통해 공동의 기반을 발견하도록 조력한다.

③ 중개자 : 사회복지사는 도움을 필요로 하는 개인이나 집단을 지역사회의 자원 및 서비스와 연결하는 역할을 한다.

④ 옹호자 : 사회복지사는 클라이언트를 대신해서 계약된 목적을 달성하기 위해 클라이언트 개인이나 가족의 권리를 주장하고 옹호하며 정책적 변화를 모색하기 위한 활동을 한다.

12 **지역사회에서 이루어지는 활동과 워렌(Warren)이 제시한 지역사회의 기능을 바르게 연결한 것은?**

① 지역주민이 자원봉사 활동을 하는 것 : 사회통제 기능

② 아동을 가정과 학교에서 교육시키는 것 : 사회화 기능

③ 이웃 간의 상호작용이나 유대감으로 자신의 행동을 자제하는 것 : 사회통합 기능

④ 지역주민이 지역에서 상품을 생산·비하는 것 : 상부상조 기능

① 사회통합 기능

③ 사회통제 기능

④ 생산·분배·소비의 기능

※ 워렌(Warren)이 제시한 지역사회의 기능

㉠ 생산·분배·소비 기능(경제제도)

• 일상생활에 필요한 재화와 서비스를 지역주민 간에 교환하는 경제적 기능을 담당한다. 즉, 경제제도와 일상생활을 영위하는데 필요로 하는 재화와 서비스를 생산, 분배, 소비하는 기능을 한다.

㉡ 사회화 기능(가족제도)

• 개인들이 사회와 이를 구성하는 사회적 단위들의 지식, 기본적인 가치, 행동유형 등을 터득하는 과정을 말한다.

• 가족, 집단, 조직 등 모든 사회적 단위는 그 구성원들이 살아가는 데 필요한 정보를 직접·간접적으로 전달하는 기능을 수행한다.

㉢ 사회통제 기능(정치제도)

• 그 지역사회 구성원들이 사회적 역할, 규범, 가치 등에 순응하도록 돕는 과정을 말한다.

• 이를 위해 사회적으로 법률, 규칙, 규정 등을 제정하고, 이를 집행함으로써 일정한 강제력을 행사하며 그 지역사회의 질서를 지키고 사회 해체를 막는 기능을 수행한다.

Answer 11.① 12.②

ⓔ 사회통합 기능(종교제도)
  • 사회구성원 상호간의 신뢰를 바탕으로 사기를 진작시킴으로써 사회적 규범을 자발적으로 따르도록 사회에 대한 충성심을 강화하는 기능이다.
  • 지역사회 구성원들은 공식적 조직뿐만 아니라 지역교회, 시민조직 또는 비공식적 집단 등을 통해 사회적 상호작용의 기회를 갖게 된다.
ⓜ 상부상조 기능
  • 지역사회구성원의 개인적 어려움을 보상 없이 지원하는 기능으로, 사회복지제도 사회구성원들이 주요 사회제도로 자기들의 욕구를 충족할 수 없는 경우 필요로 하는 사회적 기능이다.
  • 가족, 친인척, 이웃, 친구와 같은 1차적 집단에서 정부, 사회복지기관 및 조직 등으로 옮겨지고 있다.
  • 사회가 다양해지고 복잡해짐에 따라 개인과 집단이 각 기능을 전문적으로 수행하면서 전문화된 사회제도가 생겨나게 된다.

13 강점관점(strength perspective)에 대한 설명으로 옳지 않은 것은?

① 개인을 진단에 따른 증상을 가진 자로 규정한다.
② 클라이언트의 문제는 그에게 도전과 기회의 원천이 될 수 있다.
③ 변화를 위한 자원은 클라이언트 체계의 장점, 능력, 적응기술이다.
④ 클라이언트의 잠재역량을 인정하여 자신의 삶을 통제할 수 있도록 힘을 부여하는 것이 중요하다.

Point
① 개인을 진단에 따른 증상을 가진 자로 규정하는 것은 병리관점이다.
※ 사회복지실천의 관점

	병리(pathology)중심	강점(strength)중심
개인	진단에 따른 증상을 가진 자	독특한 존재로 강점, 기질 등 자원을 가진 자
치료의 초점	문제	가능성
클라이언트의 진술	전문가에 의해 재해석되어 진단 활용	그 사람을 알아보고 평가하는 중요 방법의 하나
사회복지사-진술	클라이언트의 진술에 회의적	클라이언트의 진술을 인정
유아기 사건	성인기의 병리를 예측할 수 있는 전조	개인을 약하게도 할 수 있고 강하게도 할 수 있음
치료의 핵심	실무자에 의해 고안된 치료계획	개인, 가족, 지역사회의 참여
클라이언트 삶의 전문가	사회복지사	개인, 가족, 지역사회
개인적 발전	병리에 의해 제한됨	항상 개방되어 있음
변화를 위한 자원	전문가의 지식과 기술	개인, 가족, 지역사회의 장점, 능력, 적응기술
돕는 목적	행동, 감정, 사고, 관계에 부정적인 개인적, 사회적 결과와 증상의 영향을 감소시키는 것	그 사람의 삶에 함께하며 가치를 확고히 하는 것

Answer 13.①

14 빈곤과 관련된 개념에 대한 설명으로 옳지 않은 것은?

① 주관적 빈곤선은 적절한 생활수준을 유지하는 데 필요한 소득수준에 대한 개인들의 평가에 근거하여 결정된다.

② 빈곤율(poverty rate)은 빈곤개인이 전체인구에서 차지하는 비율로 정의된다.

③ 빈곤갭(poverty gap)은 모든 빈곤층의 소득을 빈곤선 수준으로 끌어올리는 데 필요한 총소득이다.

④ 상대빈곤은 최저생계비를 기준으로 결정된다.

④ 최저생계비를 기준으로 하는 것은 절대적 빈곤의 개념이다. 상대적 빈곤은 평균 또는 중위소득의 비율, 소득 분배상의 일정 비율, 타 운젠드 방식 등을 기준으로 한다.

15 복지국가 발전 이론에 대한 설명으로 옳지 않은 것은?

① 산업화이론 : 산업화과정에서 발생한 새로운 욕구를 산업화를 통해 확보한 자원으로 해결하는 과정에서 복지 국가가 생성되었다.

② 독점자본이론 : 거대자본과 국가가 융합하여 자본주의체제의 영속화를 도모하는 과정에서 국가가 임금문제나 실업문제에 개입하면서 복지국가가 등장하게 되었다.

③ 사회민주주의이론 : 사회적 분배를 둘러싼 다양한 이익집단들의 경쟁에서 정치적 힘이 강해진 집단의 요구를 정치인들이 수용하면서 복지국가가 등장하게 되었다.

④ 국가중심이론 : 중앙집권적이거나 조합주의적인 국가구조의 형태와 정치인의 개혁성 등이 사회복지의 수요를 증대시켜서 복지국가가 발전하게 되었다.

Point

③ 사회민주주의이론은 노동자 계급의 정치세력화로 인하여 복지국가가 등장하게 되었다. 보기의 설명은 다원주의론에 관한 설명이다.

※ 다원주의론(이익집단이론)

㉠ 민주주의 사회를 전제로 하고 있으며, 다원화된 집단과 이들 간의 경쟁과 제휴정치를 통하여 복지국가가 발전한다고 본다.

㉡ 다양한 집단의 정치적 참여를 중시하고, 권력이 국가보다는 시민사회에 분산되어 있으며 국가가 중립적 위치에서 다양한 집단들의 경쟁과 갈등을 조절하고 협의를 이끌어 내는 시스템 관리자로서 기능한다고 본다.

Answer 14.④ 15.③

16 국내 노인 대상 복지 서비스 및 제도에 대한 설명으로 옳은 것은?

① 노인돌봄종합서비스와 응급안전서비스는 독거노인만을 대상으로 제공된다.

② 「노인복지법」에 근거하여 매년 10월을 경로의 달로 규정하고 있다.

③ 노인장기요양보험제도는 만 65세 이상 노인에게만 적용된다.

④ 치매국가책임제는 「치매관리법」이 제정되기 이전부터 시행되어 왔다.

> **Point**
> ① 노인돌봄종합서비스는 만 65세 이상 노인으로 가구 소득이 기준 중위소득 160% 이하인 경우를 대상으로 하고 있고 응급안전서비스는 독거노인, 보호가 필요한 장애인에게 제공된다.
> ③ 노인장기요양보험제도는 만 65세 이상 또는 65세 미만의 노인 등이 노인성질병(치매, 뇌혈관성 질환)이 있는 자에게 적용된다.
> ④ 「치매관리법」 이후 고령사회로 진입하면서 노인과 그 가족이 전부 떠안아야 했던 치매로 인한 고통과 부담을 정부가 책임지는 복지정책이 치매국가관리제이다.

17 다음 대화에서 사회복지사가 사용한 상담기술은?

> 클라이언트 : 내가 매일 주민센터 가서 아무리 얘기해도 듣는 건지, 안 듣는 건지…공무원들한테는 얘기해도 소용없어.
>
> 사회복지사 : 여러 번 주민센터에 가서 얘기하셨는데, 그곳의 공무원들이 잘 들어주지 않는다는 말씀이신가요?

① 직면기술

② 해석기술

③ 재보증기술

④ 명료화기술

> **Point**
> ④ 명료화 : 클라이언트의 생각이나 감정, 경험을 명확히 이해하기 위해 클라이언트의 진술이 추상적이거나 혼란스러운 경우에 보다 구체적으로 표현하도록 클라이언트에게 요청하는 것이다.
> ① 직면 : 클라이언트의 생각과 행동의 불일치나 모순점을 이야기해주거나, 클라이언트가 자신의 문제의 존재와 문제 내용에 대해 회피, 부정, 왜곡 등을 하거나 자신의 행동의 결과에 대해 인식하기를 거부하는 경우에 자신에 대한 인식력을 향상시키기 위한 기법이다.
> ② 해석 : 클라이언트가 표현한 문제에 숨겨진 의미를 발견하고자 하는 것으로, 문제 이면에 담겨 있는 이슈들을 파악하는 과정이다.
> ③ 재보증 : 자신의 능력이나 자질에 대해 회의적인 클라이언트를 대상으로 이들의 자신감을 향상시키기 위해 활용하는 기술이다.

Answer 16.② 17.④

18 브래드쇼(Bradshaw)의 욕구개념에 대한 설명으로 옳은 것은?

① 감지적 욕구(felt need) : 실제의 욕구충족을 위한 구체적인 행위 혹은 서비스 수요로 파악되는 욕구를 의미한다.

② 표현적 욕구(expressed need) : 특정 집단 구성원의 욕구와 유사한 다른 집단 구성원들의 욕구를 비교할 때 나타나는 욕구를 의미한다.

③ 비교적 욕구(comparative need) : 욕구상태에 있는 당사자의 느낌에 의해 인식되는 욕구를 의미한다.

④ 규범적 욕구(normative need) : 전문가가 규정해 놓은 바람직한 욕구 수준에 미치지 못할 때 그 차이로 규정되는 욕구를 의미한다.

> ① 감지적 욕구(felt need) : 욕구상태에 있는 당사자의 느낌에 의해 인식되는 것인데, 이것은 어떤 욕구상태에 있는지 또는 어떤 서비스를 필요로 하고 있는지 물어서 파악하는 욕구이다.
> ② 표현적 욕구(expressed need) : 감지된 욕구가 실제의 욕구충족 추구행위로 나타난 것이며, 수요라고도 할 수 있다.
> ③ 비교적 욕구(comparative need) : 어떤 서비스를 받고 있는 사람들과 비슷한 특성을 갖고 있으면서도 서비스를 받지 않고 있는 사람들을 욕구상태에 있는 것으로 규정하는 것을 말한다.

19 우리나라 사회복지사 윤리강령의 내용으로 옳지 않은 것은?

① 클라이언트를 대상으로 연구하는 사회복지사는 저들의 권리를 보장하기 위해, 자발적이고 고지된 동의를 얻어야 한다.

② 사회복지사는 한국사회복지사협회의 윤리적 권고와 결정을 존중하여야 한다.

③ 사회복지사는 슈퍼바이저의 전문적 지도와 조언을 존중해야 하며, 슈퍼바이저는 사회복지사의 전문적 업무수행을 도와야 한다.

④ 사회복지사는 동료 혹은, 다른 기관의 클라이언트라 하여도 저들의 이익을 위해 최상의 서비스를 제공하여야 한다.

> 동료의 클라이언트와의 관계
> ㉠ 사회복지사는 적법하고도 적절한 논의 없이 동료 혹은 다른 기관의 클라이언트와 전문적 관계를 맺어서는 안 된다.
> ㉡ 사회복지사는 긴급한 사정으로 인해 동료의 클라이언트를 맡게 된 경우 자신의 의뢰인처럼 관심을 갖고 서비스를 제공한다.

(Answer) 18.④ 19.④

20 다음 설명에 해당하는 제도를 실시한 조선 시대의 구제기관은?

> 풍년이 들어 곡물 가격이 떨어지면 국가는 곡식을 사들여 저장하고, 흉년이 들어 곡물 가격이 오르면 국가는 저장한 곡물을 방출하여 곡물 가격을 떨어뜨렸다. 이 제도는 곡물 가격의 변동에 따라 생활을 위협받는 일반 농민을 보호하고 물가를 안정시키기 위한 정책이었다.

① 사창
② 의창
③ 흑창
④ 상평창

    ④ 상평창 : 물가를 조절하는 기구로서, 흉년이 들어 곡가가 오르면 시가보다 싼 값으로 내다 팔아 가격을 조절함으로써 백성들의 생활을 안정시켰다.
    ① 사창 : 조선시대 각 지방 군현의 촌락에 설치된 곡물 대여 기관이다.
    ② 의창 : 흑창이 변화한 것으로 규모가 확대되었으며, 미곡뿐만 아니라 소금이나 기타 생필품을 구휼하였다.
    ③ 흑창 : 고구려의 진대법으로부터 영향을 받아 태조 때 설치한 빈민구제기관으로, 평상시에 관곡을 저장하였다가 비상시에 빈궁한 백성에게 대여하고, 수확기에 거두어들이는 것이다.

1 사회복지(social welfare)에서 '사회적(social)'이 의미하는 것으로 적절하지 않은 것은?

① 개인, 집단, 사회 전체 간의 사회 내적인 관계를 의미한다.
② 영리적인 요소보다는 비영리적인 속성을 갖는다는 의미이다.
③ 공동체적 삶의 요소를 중시하는 의미이다.
④ 이타적 속성이 제거된 개인적 삶의 요소를 중시함을 의미한다.

'사회적'이라는 의미는 물질적이거나 영리적인 요소보다는 비영리적이며 이타적 속성의 공동체적 삶의 요소에 관심을 기울이는 것을 말한다.

2 다음에서 설명하는 사회복지제도는?

> 일정 수준 이하의 소득계층에 대해 신청주의원칙에 입각하여 자산조사를 실시한 후 조세를 재원으로 하여 최저생활 이상의 삶을 보장하는 제도이다.

① 공공부조
② 공적연금
③ 사회서비스
④ 사회보험

② 공적연금 : 국가가 운영주체가 되는 연금으로, 한국에서는 국민연금, 공무원연금, 군인연금, 사립학교교직원연금이 이에 해당한다.
③ 사회서비스 : 사회서비스란 '삶의 질 향상을 위해 사회적으로는 꼭 필요하지만 민간기업들이 저(低)수익성 때문에 참여하지 않는 복지 서비스를 뜻한다.
④ 사회보험 : 사회보장제도의 핵심적 제도로서, 국민에게 발생하는 사회적 위험을 보험방식에 의해 대처함으로써 국민건강과 소득을 보장하는 제도이다.

Answer 1.④ 2.①

3 사회보험에 대한 설명으로 옳은 것만을 모두 고르면?

> ㉠ 기여에 근거해 급여가 제공되기 때문에 권리성이 강하다.
> ㉡ 자산조사를 통해 급여를 제공한다.
> ㉢ 미래에 닥칠 위험에 대응하기 위한 예방적 성격을 갖는다.
> ㉣ 누구나 일정한 인구학적 요건만 갖추면 급여를 지급한다.

① ㉠, ㉡

② ㉠, ㉢

③ ㉡, ㉣

④ ㉡, ㉢, ㉣

> **Point**
> ㉡ 공공부조에 대한 설명이다.
> ㉣ 65세 혹은 70세 이상의 노인이면 누구나 급여자격을 주는 보편적 연금과 아동을 키우는 가구에게는 누구나 자격을 주는 아동수당 등이 해당된다.

4 1980년대 대처리즘과 레이거노믹스의 복지정책 기조가 아닌 것은?

① 복지비용의 삭감 및 지출 구성의 변화

② 공공서비스를 포함한 공공부문의 국가책임 확대

③ 지방정부의 역할 축소

④ 기업에 대한 규제 완화

> **Point**
> ② 대처리즘과 레이거노믹스는 사회복지부문에 대한 정부 예산을 대폭 삭감하고 국가의 개입을 축소하였다. 신자유주의는 세계화(또는 지구화)와 지방화(또는 분권화)를 기치로 작은 정부, 큰 시장, 공공부문의 시장화, 규제완화(또는 탈규제화), 민영화, 노동의 유연화(정규직의 축소 및 탄력적 고용·보수체계) 등을 추구한다.

Answer 3.② 4.②

5 **서구 사회복지의 발달과정에 대한 설명으로 옳지 않은 것은?**

① 중세시대 사회복지는 교회나 수도원을 중심으로 한 자선의 형태로 수행되었다.

② 엘리자베스 구빈법은 빈민구제에 대한 국가의 책임을 인정한 법이다.

③ 영국의 자선조직협회는 우애방문원을 통해 가정방문 및 조사, 지원활동을 실시하였다.

④ 국가주도 사회보험제도는 20세기 초 영국에서 최초로 도입되었다.

④ 19세기 독일에서 세계 최초로 사회보험제도가 등장하였다. 세계 최초의 의료보험, 산재보험, 노령폐질연금 정책을 실시하였으며 노동운동을 선동하는 사회주의자들을 직접적으로 탄압하고 노동자계급을 국가내로 통합시키기 위한 회유책을 동시에 진행하였다.

6 **우리나라 「사회복지사 윤리강령」에 대한 설명으로 옳지 않은 것은?**

① 윤리강령은 전문과 윤리기준으로 구성되어 있다.

② 윤리기준은 기본적 윤리기준 이외에 클라이언트, 동료, 협회, 국가에 대한 윤리기준을 각각 제시하고 있다.

③ 기본적 윤리기준에는 전문가로서의 자세, 전문성 개발을 위한 노력 등의 내용으로 구성되어 있다.

④ 사회복지윤리위원회의 구성과 운영에 관한 내용도 포함되어 있다.

② 기본적인 윤리기준 이외에 사회복지사의 클라이언트, 동료, 사회, 기관에 대한 윤리기준을 각각 제시하고 있다.
① 윤리강령은 전문과 윤리기준으로 구성되어 있다.
③ 기본적 윤리기준에는 전문가로서의 자세, 전문성 개발을 위한 노력, 경제적 이득에 대한 태도에 대한 윤리기준을 각각 제시하고 있다.
④ 사회복지윤리위원회의 구성과 운영에 대한 내용도 포함하고 있다.

Answer 5.④ 6.②

7 사례와 방어기제의 연결이 옳지 않은 것은?

① 다 엄마 때문에 실패했잖아 – 투사

② 대소변을 잘 가리던 아이가 동생이 태어나자 어머니의 관심을 끌기 위해 다시 대소변을 가리지 못하게 되었다 – 퇴행

③ 당신이 잘못해 놓고 더 화를 내면 어떡해? – 부정

④ 저 남편은 부인을 때리고 나서는 꼭 퇴근 시간에 꽃을 사오더라 – 취소

 Point

> 부정은 자아가 현재의 상황에 있는 위협적 요소를 감당할 수 없는 경우 위험하거나 고통스러운 생각을 인식하지 않으려는 것을 뜻한다. ③번의 사례의 경우 '부정'에 해당하는 사례는 아니며 다양하게 해석될 수 있으나 문제의 책임을 타인에게 전가하고 있으므로 투사에 해당하는 사례로 볼 수 있다.
> ① 투사 : 물체에 대한 책임을 타인에게 돌리거나 전가하는 것이다.
> ② 퇴행 : 심한 좌절 또는 스트레스를 받았을 때 유치한 수준(주로 고착 시기)으로 후퇴하는 현상을 말한다.
> ④ 취소 : 자신의 욕구와 행동으로 인하여 타인에게 피해를 주었다고 느낄 때, 원상복구 하려는 일종의 속죄 행위이다.

8 사회복지 실천과정에서 사회복지사의 과업에 대한 설명으로 옳은 것은?

① 접수단계 – 클라이언트와 긍정적 관계조성 및 상호신뢰 확보

② 사정단계 – 개입을 통해 획득한 효과의 유지와 강화

③ 개입단계 – 가계도 및 생태도 등을 활용한 클라이언트의 객관적 정보파악

④ 종결단계 – 클라이언트의 문제해결을 위해 상담, 자원연계, 교육 등 다양한 실천기술 활용

Point

> ① 접수단계 – 실천과정의 초기 국면에서 무엇보다 중요한 것은 관계 또는 라포(rapport)를 형성하는 것이다.
> ② 사정단계 – 수집된 자료들을 해석, 의미부여, 실천적 개입을 위한 계획을 세우는 과정을 말한다.
> ③ 개입단계 – 사회복지사와 클라이언트가 상호 합의하여 결정한 문제 해결을 위한 구체적 행동을 하는 단계이다.
> ④ 종결단계 – 사회복지사와 클라이언트의 전문적 관계가 종료되는 원조 과정의 마지막 단계이다.

Answer 7.③ 8.①

9 사회복지 조사연구의 과정을 순서대로 바르게 나열한 것은?

> ㉠ 조사설계
> ㉡ 문제설정
> ㉢ 자료처리 및 분석
> ㉣ 자료수집
> ㉤ 결과해석 및 보고서 작성

① ㉠→㉡→㉢→㉣→㉤
② ㉠→㉡→㉣→㉢→㉤
③ ㉡→㉠→㉣→㉢→㉤
④ ㉡→㉠→㉢→㉣→㉤

사회복지 조사연구는 문제설정 → 조사설계 → 자료수집 → 자료처리 및 분석 → 결과해석 및 보고서 작성 순으로 이루어진다.

10 노후소득보장제도에 대한 설명으로 옳지 않은 것은?

① 기초노령연금법이 폐지되고 기초연금법이 시행되고 있다.
② 기초연금 수급권자 선정기준은 65세 이상 전체 노인 중 소득과 재산이 적은 하위 80%이다.
③ 국민연금의 가입대상은 국내에 거주하는 국민으로 18세 이상 60세 미만인 자이다. 다만, 별정우체국 직원 등 특수직역연금 대상자는 제외한다.
④ 국민연금은 노령, 장애, 사망에 대하여 연금급여가 지급되므로 은퇴뿐만 아니라 다양한 사회적 위험에 대비하여 국민생활안정에 기여하는 목적을 갖는다.

② 기초연금은 노후 보장과 복지 향상을 위해 65세 이상의 소득인정액 기준 하위 70% 어르신에게 일정 금액을 지급하는 제도이다.

Answer 9.③ 10.②

11 에스핑 엔더슨(Esping-Andersen)의 복지국가 유형 중 자유주의 복지국가에 대한 설명으로 옳은 것은?

① 탈상품화의 정도가 매우 높다.
② 민간부문의 역할은 미미하고, 공공부분의 역할을 강조한다.
③ 공공부조 프로그램을 상대적으로 중시한다.
④ 보편주의적 원칙을 강조한다.

Point

① 탈상품화의 정도가 매우 낮다.
② 국가의 역할은 주변적이다.
④ 사회민주적 복지국가에서 보편주의 원칙에 따라 사회권에 기초한 요구들을 충족 시켜준다.
※ 에스핑 안데르센의 복지국가 유형 간 비교

복지체계	자유주의	보수주의	사민주의
탈상품화 수준	낮음	중간	높음
계층화	계층 간 대립 심화	계층 간 차이 유지	계층 간 연대·통합
사회권의 기초	도움이 필요한 욕구	고용지위	시민 됨
주된 프로그램	공공부조	현금급여	현금급여+사회서비스
급여	낮고 잔여적	기여에 비례	높고 재분배적
국가의 역할	주변적	보조적	중심적
해당 국가	미국, 캐나다 등	독일, 프랑스 등	스웨덴, 노르웨이 등

12 사례관리의 등장 배경이 아닌 것은?

① 시설중심의 서비스 제공
② 복잡하고 분산된 서비스 체계
③ 클라이언트와 그 가족의 과도한 책임
④ 다양한 문제와 욕구를 가진 클라이언트의 증가

Point

① 사례관리는 탈시설화 및 재가복지 서비스의 경향으로 그 필요성이 대두되었다.
※ 사례관리의 등장 배경
  ㉠ 사회인구학적 변화
  ㉡ 다양한 문제와 욕구를 가진 클라이언트의 증가
  ㉢ 탈시설화
  ㉣ 서비스 공급주체의 다원화 및 서비스의 지방분권화
  ㉤ 복잡하고 분산된, 즉 통합적이지 못한 서비스 체계
  ㉥ 클라이언트와 그 가족에게 부과되는 과도한 책임
  ㉦ 사회적(비공식적) 지지체계의 중요성에 대한 인식
  ㉧ 복지국가의 재정적 위기
  ㉨ 서비스 비용의 억제

Answer 11.③ 12.①

13 학생 A의 폭력 문제를 안고 있는 가정을 대상으로 사례관리를 실시하려고 한다. 사례관리 과정을 순서대로 바르게 나열한 것은?

○ 문제와 관련된 전문가들이 모여 필요한 서비스를 확인하고 서비스의 우선순위를 정한다.
○ 학생 A의 폭력 정도와 이유에 대해 학생 A 및 가족들과 인터뷰한다.
○ 서비스를 제공하면서 학생 A의 폭력성 변화 여부를 점검한다.
○ 가족구성원에게 사례관리에 대해 어떻게 느꼈는지 조사한다.

---

① ㉠→㉡→㉢→㉣
② ㉡→㉠→㉢→㉣
③ ㉣→㉠→㉡→㉢
④ ㉣→㉡→㉠→㉢

Point
사례관리의 서비스 과정은 '접수→사정→계획(개입)→실행(개입)→점검 및 재사정→평가'의 순서로 진행된다. 제시된 사례는 ㉡ (사정) →㉠ (계획)→㉢ (개입, 점검)→㉣ (평가 및 종결)의 순서로 진행된다.

14 노인장기요양보험제도에 대한 설명으로 옳은 것만을 모두 고르면?

㉠ 장기요양급여 운영, 장기요양제도의 특성을 살릴 수 있도록 「국민건강보험법」과는 별도로 「노인장기요양보험법」을 제정하였다.
㉡ 관리운영기관은 「국민건강보험법」에 의하여 설립된 국민건강보험공단이다.
㉢ 수급대상자는 65세 이상의 노인 또는 65세 미만 자로 노인성질병이 없는 장애인이다.
㉣ 「노인장기요양보험법」상 서비스는 소득에 비례해서 차등되게 제공된다.
㉤ 장기요양기관을 통해 신체활동 또는 가사지원 등의 서비스를 제공한다.

---

① ㉠, ㉡, ㉤
② ㉠, ㉢, ㉣
③ ㉡, ㉢, ㉣
④ ㉡, ㉣, ㉤

Point
㉢ 노인요양장기보험제도에서 노인은 65세 이상의 노인 또는 65세 미만의 자로서 치매·뇌혈관성질환 등 대통령령으로 정하는 노인성질병을 가진 자를 말한다.
㉣ 장기요양급여는 노인 등의 심신상태·생활환경과 노인 등 및 그 가족의 욕구·선택을 종합적으로 고려하여 필요한 범위 안에서 이를 적정하게 제공하여야 한다.

Answer 13.② 14.①

15 **가족복지정책에 대한 설명으로 옳지 않은 것은?**

① 육아휴직제도는 만 8세 이하 또는 초등학교 2학년 이하의 자녀를 가진 근로자에게 1년 이내의 휴직을 허용하는 것이다.

② 출산전후휴가란 산모와 태아의 건강보호를 위해 임신 중인 근로자가 출산전후에 유급출산휴가를 사용하는 것을 말한다.

③ 양육수당은 어린이집을 이용할 경우 소득을 고려하여 '아이행복카드'를 통해 보육료를 차등 지원하는 제도이다.

④ 아이돌봄 서비스는 맞벌이 가정, 다문화가족 등 양육 부담 가정에 아이돌보미가 돌봄을 제공하는 서비스이다.

Point

③ 양육수당은 어린이집이나 유치원을 다니지 않는 아동에게 지급하는 복지 수당으로, 아동에 대한 부모의 양육비용 부담 경감을 위해 시행되었다.

④ 아이돌봄 서비스 : 양육공백이 발생하는 만 12세 이하 자녀가 있는 가정을 정부에서 지원하고, 양육공백이 발생하지 않는 가정은 전액 본인부담으로 이용할 수 있다.

16 **다양화·전문화되는 사회복지 욕구에 능동적으로 대응할 수 있도록 최근 「사회복지사업법」을 개정하여 전문사회복지사제도를 도입하고, 2020년 12월 시행을 앞두고 있다. 이에 따른 전문사회복지사가 아닌 것은?**

① 의료사회복지사

② 학교사회복지사

③ 정신건강사회복지사

④ 교정사회복지사

Point

사회복지사의 등급은 1급·2급으로 하되, 정신건강·의료·학교 영역에 대해서는 영역별로 정신건강사회복지사·의료사회복지사·학교사회복지사의 자격을 부여할 수 있다. 〈사회복지사업법 제11조 제2항〉

Answer 15.③ 16.④

17 국민기초생활보장제도에 대한 설명으로 옳지 않은 것은?

① 소득인정액은 개별가구의 소득평가액과 재산의 소득환산액을 합한 금액이다.

② 부양의무자는 수급권자를 부양할 책임이 있는 사람으로서 수급권자의 1촌 직계혈족 및 그 배우자가 된다.

③ 기준 중위소득은 보건복지부장관이 고시하는 국민 가구소득의 중위값을 말한다.

④ 의료급여와 생계급여는 부양의무자 기준을 적용하지 않는다.

Point

④ 의료급여와 생계급여는 부양의무자 기준을 적용하며 그와 함께 소득인정액 기준이 다르게 적용된다.
- 생계급여 : 생계급여 수급권자는 부양의무자가 없거나, 부양의무자가 있어도 부양능력이 없거나 부양을 받을 수 없는 사람으로서 그 소득인정액이 중앙생활보장위원회의 심의 · 의결을 거쳐 결정하는 금액 이하인 사람으로 한다. 이 경우 생계급여 선정기준은 기준 중위소득의 100분의 30 이상으로 한다〈국민기초생활보장법, 제8조〉.
- 의료급여 : 의료급여 수급권자는 부양의무자가 없거나, 부양의무자가 있어도 부양능력이 없거나 부양을 받을 수 없는 사람으로서 그 소득인정액이 중앙생활보장위원회의 심의 · 의결을 거쳐 결정하는 금액 이하인 사람으로 한다. 이 경우 의료급여 선정기준은 기준 중위소득의 100분의 40 이상으로 한다〈국민기초생활보장법, 제12조의3〉.

18 장애인복지 이념에 대한 설명으로 옳지 않은 것은?

① 인권존중 – 인간은 누구나 인간으로서 존엄하고, 인간으로서의 평등한 가치를 지닌다는 인식을 기반으로 하는 것을 의미한다.

② 정상화 – 장애인이 주거, 일과, 여가 등 가능한 한 보편에 가까운 생활을 하는 것으로서 장애인에게 사회적으로 가치 있는 일을 부여하고 지원하는 과정을 의미한다.

③ 자립생활 – 장애인이 자기결정권을 가지고 자신이 바라는 생활목표나 생활양식을 선택하여 살아가는 것을 의미한다.

④ 사회통합 – 장애인을 사회적으로 기여할 수 없는 무가치한 존재로 인식하여 비장애인 중심의 일반 사회에서 격리 보호하는 것이 타당하다는 의미이다.

Point

④ 사회통합 : 장애인을 가정과 사회 · 정상적인 사람과 격리시키거나 유별나고 특별한 사람으로 취급하여 처우하는 것이 아니라 사회 속에서 정상인과 함께 생활할 수 있는 사람으로 인식하여 통합적으로 처우하는 것이다.

Answer 17.④ 18.④

19 측정수준과 그에 대한 예시를 옳게 짝 지은 것은?

① 명목척도 – 학점, 몸무게

② 서열척도 – 결혼 여부, 성별

③ 등간척도 – 토익(TOEIC) 점수, 지능지수(IQ)

④ 비율척도 – 학년, 온도

Point

> ③ 등간척도 : 측정대상의 서열 간의 간격이 동일하도록 수치를 부여하는 것으로 시험점수, 온도 등이 그 예이다.
> ① 명목척도 : 단순히 분류하기 위하여 측정대상의 속성에 부호나 수치를 부여하는 것으로 성, 인종, 결혼 여부 등이 그 예이다.
> ② 서열척도 : 측정대상에 서열이나 순위를 매길 수 있도록 수치를 부여하는 것이나, 서열 간의 동일한 간격이나 절대량을 지적하지는 않
>   는다. 그 예로 사회계층, 선호도, 서비스 평가 등을 들 수 있다.
> ④ 비율척도 : 측정대상의 속성에 절대적인 영을 가진 척도로 수치를 부여하는 것으로 연령, 무게, 출생률, 사망률 등이 그 예이다.

20 시장실패에 따른 국가개입의 필요성을 주장하는 논거 중 정보의 비대칭성과 관련 있는 것만을 모두 고르면?

㉠ 공공재	㉡ 외부효과
㉢ 중고차 매매시장	㉣ 역의 선택

① ㉠, ㉡

② ㉡, ㉢

③ ㉢, ㉣

④ ㉡, ㉢, ㉣

Point

> ㉢, ㉣ : 생산자에게 유리한 정보, 소비자에게 불리한 정보의 비대칭성으로 인해 소비자의 합리적인 선택을 이끌어내기 어렵게 되는 문제
>   가 발생한다.
> ㉠ 공공재 : 다른 사람의 부담에 의해 생산된 공공재를 공짜로 소비하는 무임승차자가 발생한다.
> ㉡ 외부효과 : 어떤 경제주체의 행위가 시장기구를 통하지 않은 상태에서 다른 경제주체의 경제활동에 영향을 미치는 경우를 말한다.

Answer 19.③ 20.③

MEMO

MEMO

봉투모의고사 **찐!5회** 횟수로 플렉스해 버렸지 뭐야 ~

서울시설공단 봉투모의고사(일반직)

광주도시철도공사 봉투모의고사(업무직)

합격을 위한 준비
서원각 온라인강의

요점만 담은
알짜이론

믿고보는
교수진

www.sojungedu.co.kr

공 무 원	자 격 증	취 업	부사관/장교
9급공무원	건강운동관리사	NCS코레일	육군부사관
9급기술직	관광통역안내사	공사공단 전기일반	육해공군 국사(근현대사)
사회복지직	사회복지사 1급		공군장교 필기시험
운전직	사회조사분석사		
계리직	임상심리사 2급		
	텔레마케팅관리사		
	소방설비기사		